KAISERTHUM RUSSLAND
Weisses Meer
S. Petersburg
Ladoga See
Livland
Riga
Moskau
Kasan
Saratow
Orenburg
Uralische Kosaken
Kirghis Kosaken
Kiew
Charkow
Poltawa
Wolhynien
Podolien
Ukraine
Donische Kosaken
Kalmüken
Astrachan
Meer v. Asow
SCHWARZES MEER
KASPISCHES MEER
Georgien
Grusien
Truchmenen
Turkmanen
Aral See
PERSIEN
Teheran
Smyrna
Haleb
Damask
Beirut
Jerusalem
Jaffa
Alexandria
Cairo
Suez
MEER
EGYPTEN
PLAN VON MOSKAU.
Namen der Stadttheile
Kreml
Kitaygorod
Bielogorod
Semlänoigorod
Vorstädte

MANESSE BIBLIOTHEK DER WELTGESCHICHTE

HENRY A. KISSINGER

Das Gleichgewicht der Großmächte

Metternich, Castlereagh
und die Neuordnung Europas
1812–1822

Mit einem Nachwort von
Fred Luchsinger

MANESSE VERLAG
ZÜRICH

Vorwort

Beim Niederschreiben dieses Buches haben mir viele Menschen Rat und Hilfe angedeihen lassen, von deren Interesse und Bereitwilligkeit ich profitierte. Besonderen Dank schulde ich folgenden Personen:

McGeorge Bundy führte mit mir viele richtungweisende Gespräche und erörterte mit mir einen Teil meines Manuskriptes.

Carl J. Friedrich ermutigte mich in meinem Versuch, eine historische Studie mit einer solchen mehr politischer Art zu vereinen.

Klaus Epstein überlas fast das ganze Manuskript und milderte einige meiner Verallgemeinerungen dank seiner außerordentlichen Geschichtskenntnisse.

Stephen Graubard überlas einen Teil des Manuskriptes, und ihm verdanke ich in unseren abendlichen Gesprächen manche Anregung.

John Conway gab mir die Deutung des Wesens des Konservativismus.

Corrine Lyman hat das ganze Manuskript überarbeitet und gab viele außerordentlich hilfreiche Anregungen. Nancy Jarvi schrieb das Manuskript in die Maschine.

Ohne die Geduld meiner Frau und ohne ihren Beistand hätte ich das Werk nie vollenden können.

Ich habe dieses Buch Professor William Y. Elliott gewidmet, dem ich geistig und menschlich mehr verdanke, als ich ihm je werde zurückerstatten können.

Ich brauche wohl nicht hinzuzufügen, daß die Unzulänglichkeiten dieses Buches auf mein eigenes Konto gehen.

H. K.

ERSTES KAPITEL

Einleitung

I

Es kann kaum überraschen, daß eine von der atomaren Vernichtung bedrohte Generation sehnsüchtig an jene Zeiten zurückdenkt, in denen die Diplomatie weniger harte und drastische Folgerungen kannte, in denen Kriege begrenzt geführt wurden und eine weltweite Katastrophe nahezu undenkbar war. Angesichts dieser Umstände ist es auch nicht verwunderlich, wenn das Streben nach Frieden zum obersten Gebot wird, oder daß die Notwendigkeit des Friedens als Motor für das Streben nach Frieden angesehen wird.

Doch die Sicherung des Friedens ist nicht so leicht wie der Wunsch danach. Es kommt nicht von ungefähr, daß die Nemesis eine tragende Figur der Geschichte ist, die den Menschen vernichtet, indem sie seine Wünsche anders erfüllt, als er es sich dachte, oder aber seinem Streben zu sehr nachgibt. Jene Zeiten, die rückblickend so friedlich erscheinen mögen, waren gar nicht so friedfertig. Jenen Menschen, die unablässig nach dem Frieden zu streben schienen, gelang es nur selten, den Frieden zu bewahren. Jedesmal, wenn die Erhaltung des Friedens – Frieden, gedacht als Verhinderung des Krieges – oberstes Ziel eines Staates oder einer Staatengruppe war, hing das Schicksal des internationalen Systems von dem rücksichtslosesten Mitglied der internationalen Gemeinschaft ab. Jedesmal, wenn die internationale Ordnung eingestehen mußte, daß gewisse Prinzipien selbst auf Kosten des Friedens nicht miteinander vereinbar waren, war eine auf dem Gleichgewicht der Kräfte beruhende Stabilität am wenigsten denkbar.

Die Stabilität beruhte dann im allgemeinen nicht auf dem Streben nach Frieden, sondern auf einer allgemein anerkannten Legitimität. «Legitimität» darf man in diesem Zusammenhang nicht mit Gerechtigkeit verwechseln. Sie will nichts anderes sagen als ein internationales Übereinkommen über das Wesen brauchbarer Arrangements und über erlaubte Ziele und Methoden der Außenpolitik. Sie schließt in sich ein, daß alle Großmächte im großen und ganzen eine bestimmte internationale Ordnung respektieren, zumindest in einem Ausmaß, daß kein Staat mit dieser Ordnung so unzufrieden ist, daß er, wie etwa Deutschland nach dem Versailler Friedensvertrag, seiner Unzufriedenheit durch eine revolutionäre Außenpolitik Ausdruck verleiht. Eine legitime Ordnung schließt Konflikte nicht aus, begrenzt aber deren Zielsetzung. Es mag auch noch zu Kriegen kommen, doch sie werden ausgefochten im Namen der bestehenden internationalen Struktur, und der nachfolgende Friede wird als besserer Ausdruck der «legitimen» allgemeinen Überzeugung gerechtfertigt. Diplomatie im klassischen Sinn als das Mittel, Differenzen durch Verhandlung zu bereinigen, ist nur im Rahmen «legitimer» internationaler Ordnungen möglich.

Sobald eine Macht die internationale Ordnung oder die Art ihrer Legitimität ablehnt, werden die Beziehungen zwischen ihr und den anderen Mächten revolutionär. Dann geht es nicht um die Beilegung von Differenzen innerhalb eines gegebenen Systems, sondern dann geht es um das System selbst. Bereinigungen sind auch hier möglich, doch man sieht in ihnen taktische Manöver, um die eigene Stellung für die unvermeidlich kommende große Auseinandersetzung zu verbessern, oder man betrachtet sie als Mittel, die Moral des Gegners zu erschüttern. Die revolutionäre Macht mag dabei durchaus von defensiven Motiven bewegt werden, es mag ihr ernst sein mit den Bekundungen, sich bedroht zu fühlen. Der charakteristische Zug der revolutionären Macht liegt jedoch nicht darin, daß sie sich bedroht fühlt – solche Gefühle gehören einfach zum Wesen internationaler Beziehungen zwischen souveränen Staaten –, sondern es geht darum, daß nichts die revolutionäre Macht beruhigen kann. Nur die absolute Sicherheit – also die Neutralisierung des Gegners – wird von ihr als ausreichende Garantie angesehen, mit der Folge, daß das Verlangen eines Staates nach absoluter Sicherheit zur absoluten Unsicherheit für alle anderen führt.

Unter solchen Umständen kann Diplomatie, jene Kunst, die Ausübung der Macht in Schranken zu halten, nicht funktionieren. Es ist falsch, glauben zu wollen, Diplomatie könne immer internationale Meinungsverschiedenheiten beilegen, wenn nur «guter Wille» und «die Bereitschaft, zu einem Übereinkommen zu gelangen», bestünden. Bei einer revolutionären Ordnung wird nämlich jede Macht ihrem Gegner vorwerfen, daß es ihm gerade an diesen Eigenschaften fehle. Auch dann mögen sich Diplomaten noch treffen. Doch sie können einander nicht überzeugen, weil sie nicht mehr eine gemeinsame Sprache sprechen. Wenn es an einem allgemeinen Übereinkommen darüber mangelt, was man unter einer vernünftigen Forderung versteht, sind diplomatische Konferenzen angefüllt mit ständigen Wiederholungen der eigenen Ausgangspositionen, mit Beschuldigungen der anderen Seite und mit Vorwürfen, der andere sei unvernünftig oder hinterhältig. Sie werden zu fein ausgeklügelten Schauspielen in dem Versuch, die noch unentschiedenen Mächte für eine der gegnerischen Seiten zu gewinnen.

Das ist eine Lehre, die gerade jene Mächte nur schwer erlernen, die an lange Jahre äußerer Ruhe gewöhnt sind und an sich selbst noch keine Katastrophe erlebten. Aufgrund der langen Perioden allgemeiner Stabilität, die so aussahen, als würden sie ewig dauern, sind sie kaum in der Lage, die Erklärung der revolutionären Macht wörtlich zu nehmen, daß sie den bestehenden Rahmen zu sprengen beabsichtigt. Verteidiger des Status quo neigen zunächst dazu, in den Bekundungen der revolutionären Macht nur taktische Schritte zu sehen. So als würde diese Macht in Wirklichkeit die bestehende Legitimität anerkennen und lediglich um der eigenen Verhandlungsposition willen übertreiben; so, als ob sie in ganz bestimmten Mißständen begründet läge, die man durch begrenzte Konzessionen mildern könnte. Wenn jemand rechtzeitig vor der drohenden Gefahr warnt, sieht man in ihm einen Hetzer. Wer zu einer Anpassung an die Gegebenheiten rät, gilt als wohlabgewogen und vernünftig, denn er hat alle guten «Gründe» auf seiner Seite: Argumente, die im Rahmen der bestehenden Ordnung als allgemein gültig anerkannt sind. Wenn es nicht nur um einen Zeitgewinn geht, ist eine

Politik des «appeasement», der Beschwichtigung, der Ausfluß des Unvermögens, eine Politik unbegrenzter Ziele zu begreifen.

Dabei liegt es gerade im Wesen einer revolutionären Macht, daß sie vom Glauben an die Richtigkeit der eigenen Sache getragen wird, daß sie bereit, ja geradezu gierig darauf ist, ihre eigenen Prinzipien bis zur letzten Konsequenz zu treiben. Welche Ziele eine revolutionäre Macht sonst noch erstreben mag, immer tendiert sie dazu, wenn nicht die ganze Legitimität der internationalen Ordnung, so doch zumindest die Grenzen zu sprengen, innerhalb deren sich die Ordnung abspielt. Das Charakteristische einer stabilen Ordnung ist ihre Spontaneität; das Wesen einer revolutionären Lage ist ihr Selbstbewußtsein. Der Glaube an bestimmte Bindungen gilt in einer Zeit der Legitimität für so selbstverständlich, daß man niemals darüber spricht, und darum erscheinen solche Zeiten der Nachwelt als hohl und selbstherrlich. In revolutionären Zeiten stehen hingegen die neuen Grundsätze so sehr im Mittelpunkt, daß man ständig über sie spricht. Aber gerade die ständige Wiederholung entzieht ihnen bald jede Bedeutung, und es kommt nicht selten vor, daß beide Seiten nach einer Weile feststellen, daß sie ihre Version vom «wahren» Wesen der Legitimität mit den gleichen Begriffen belegen. Und weil in revolutionären Zeiten die miteinander ringenden Systeme weniger darauf aus sind, ihre Differenzen zu bereinigen, als die Stellung des anderen zu erschüttern, tritt an die Stelle der Diplomatie entweder der Krieg oder das Wettrüsten.

2

Dieses Buch handelt von einem Jahrzehnt, in dem diese Probleme in ihrer ganzen Schärfe auftraten: Es geht um die letzten Jahre und die Nachwehen der Französischen Revolutionskriege. Nur wenige Zeiten lassen das Dilemma so gut erkennen, das sich stellt, wenn eine revolutionäre Macht auftaucht, wenn Begriffe ihren Inhalt wechseln, ja wenn selbst die bekanntesten Beziehungen ihren Sinn ändern. Eine neue Philosophie meldete sich kühn zu Wort mit der Forderung, sie werde die bestehende Struktur aller Bindungen ändern, und das revolutionäre Frankreich wurde zum Werkzeug dieses Anspruchs. «Wie kann Autorität legitimiert werden?» definierte Rousseau als Kernfrage aller Politik, und seine Gegner konnten trotz aller Bemühungen diese Frage nicht wieder ungestellt machen. Das Ringen ging von nun an nicht mehr um die Beilegung von Differenzen innerhalb eines allgemein akzeptierten Rahmens, sondern es ging um den Wert des Rahmens selbst. Der politische Kampf war doktrinär geworden. Das Gleichgewicht der Kräfte, das während des ganzen 18. Jahrhunderts so fein funktioniert hatte, verlor plötzlich seine Flexibilität, und das europäische Gleichgewicht schien nur ein ungenügender Schutz für jene Mächte, die sich einem Frankreich gegenüber sahen, das davon ausging, daß seine politischen Maximen mit denen der anderen Staaten unvereinbar seien. Doch die halbherzigen Bemühungen Preußens und Österreichs, dem legitimen Herrscher Frankreichs wieder seine alte Stellung zu verschaffen, beschleunigten nur den revolutionären Elan. Eine auf allgemeiner Wehrpflicht beruhende französische Armee – ein bis dahin auch für den absolutistischsten Herrscher von Gottes Gnaden unvorstellbares Instrument – schlug die angreifenden Armeen zurück und überschwemmte die Niederlande. Bald danach tauchte ein Eroberer auf, der danach trachtete, die moralischen Forderungen der Französischen Revolution zur Wirklichkeit werden zu lassen. Unter der Wucht Napoleons brach nicht nur das System der Legitimität des achtzehnten Jahrhunderts auseinander, sondern mit ihm auch die physischen Bande, die zumindest den Zeitgenossen damals als Zubehör der Stabilität galten.

Trotz seiner Ausdehnung demonstrierte das Napoleonische Reich jedoch lediglich, wie schwankend eine Eroberung ist, die von den unterworfenen Völkern innerlich nicht akzeptiert wird. Napoleon war es zwar gelungen, das alte Konzept der Legitimität zu stürzen, er wußte aber keine Alternative anzubieten. Von der Memel bis zur Biskaya war Europa geeint. Doch Gewalt war an die Stelle von Bindung getreten. Der materielle Erfolg der Französischen Revolution hatte seine moralische Grundlage unter den Füßen verloren. Europa war geeint, doch nur im Negativen; in seinem Widerstand gegen eine Macht, die als fremd empfunden wurde (worin man den sichersten Hinweis für das Fehlen der Legitimität sehen kann), in einem Bewußtsein des ‹Andersseins›, das sich bald mit moralischen Forderungen füllte und zur Grundlage des Nationalismus wurde.

Nach Napoleons Niederlage in Rußland stellte sich für Europa in besonders drastischer Form das Problem, eine legitime Ordnung aufzubauen. Allgemeiner Widerstand gegen etwas kann zu weitestgehender Übereinstimmung führen. Doch nicht selten wird aus der Einigkeit Uneinigkeit, wenn es gilt, etwas Neues an die Stelle des Alten zu setzen. Aus diesem Grund beginnen wir unsere Untersuchung mit dem Jahr 1812. Von welcher Seite man die Dinge auch immer angehen mag – und man hat dem Jahr 1812 die verschiedensten Interpretationen zukommen lassen, von der moralischen Verurteilung der nationalen Selbstbestimmung bis zur Würdigung des tragischen Schicksals des Helden –, dieses Jahr kennzeichnet den Augenblick, als es deutlich wurde, daß Europa nicht auf dem Boden der Gewalt organisiert werden kann.

Die Alternative war jedoch bei weitem nicht so sichtbar. Es war klar, daß neue Kräfte in der Welt aufgebrochen waren, die eine Teilnahme des Volkes an den Regierungsgeschäften verlangten. Es schien aber genauso klar zu sein, daß diese Kräfte für ein Vierteljahrhundert allgemeiner Unordnung verantwortlich waren. Die Französische Revolution hatte den göttlichen Rechten der Könige einen vielleicht tödlichen Schlag beigebracht. Und doch wurden gerade die Vertreter dieser Gruppe aufgerufen, eine Generation des Blutvergießens abzulösen. Angesichts dieser Umstände ist es nicht so überraschend, wie unvollkommen die spätere Lösung war, sondern wie lebenskräftig. Es ist nicht überraschend, wie «reaktionär» sie im Verhältnis zu den selbstherrlichen Lehren des neunzehnten Jahrhunderts stand, sondern wie ausgewogen sie war. Sie hat kaum alle Hoffnungen einer idealistisch eingestellten Generation erfüllt, doch sie gab dieser Generation etwas, was vielleicht noch kostbarer war: eine Periode der Stabilität, die es gestattete, daß diese Generation ihre Hoffnungen ohne einen großen Krieg und ohne eine permanente

Revolution schließlich doch zu verwirklichen vermochte. Unser Bericht endet mit dem Jahr 1822, als eine neue internationale Ordnung als Ergebnis revolutionären Ringens jene Form angenommen hatte, die sie für mehr als eine Generation lang behalten sollte. Die nachfolgende Zeit der Stabilität war der beste Beweis dafür, daß es sich um eine «legitime» Ordnung gehandelt hat, um ein Ordnungssystem, das alle bedeutenden Staaten anerkannten, so daß sie von nun an eher danach strebten, Schwierigkeiten im Rahmen des Systems zu beseitigen, als etwa das System zu stürzen.

Daß Europa aus dem scheinbaren Chaos gestärkt wieder hervorging, war vor allem das Werk von zwei großen Männern: Castlereagh, dem britischen Außenminister, der die internationalen Verträge aushandelte, und dem österreichischen Minister Metternich, der das System «legitimierte». Das soll nicht heißen, eine internationale Ordnung sei das Ergebnis persönlicher Intuition gewesen. Jeder Staatsmann muß danach trachten, das von ihm für richtig Gehaltene an dem Möglichen zu messen. Was für richtig gilt, hängt von der inneren Struktur seines Staates ab. Doch was möglich ist, wird bestimmt von der Kraft und der geographischen Lage des eigenen sowie der Kraft, der Entschlossenheit und der inneren Struktur der anderen Staaten. Im Bewußtsein, daß England als Inselstaat gesichert war, neigte Castlereagh darum zu Widerstand nur im Fall *offener* Aggression. Metternich aber, Vertreter eines Staates aus dem Herzen des Kontinents, strebte vor allem danach, Umstürze zu *verhindern*. Von der Überzeugung getragen, daß die eigenen inneren Institutionen unantastbar seien, entwickelte die Inselmacht die Lehre von der

«Nichteinmischung» in die inneren Angelegenheiten anderer Staaten. Unter dem Druck der Verwundbarkeit seiner inneren Struktur in einem Zeitalter des Nationalismus beharrte der österreichisch-ungarische Vielsprachenstaat auf dem allgemeinen Recht der Einmischung, wenn es galt, sozialen Aufstand niederzuschlagen, wo auch immer er losbrechen möge. Weil Großbritannien nur in Gefahr war, falls Europa unter die Vormacht eines einzigen Staates fallen würde, ging es Castlereagh in erster Linie darum, ein Gleichgewicht von Kräften zu schaffen. Weil das Gleichgewicht der Kräfte nur das Maß der Aggression begrenzt, die Aggression aber nicht verhindert, suchte Metternich das Gleichgewicht dadurch zu stützen, daß er die Lehre von der Legitimität entwickelte und sich selbst zu ihrem Wächter erhob.

Auf dem Totenbett mußten beide erkennen, daß sie ihre Ziele nicht erreicht hatten. Castlereagh war es nicht gelungen, Großbritannien zu einem ständigen Mitglied im Konzert der Mächte Europas zu machen. Metternich war es nicht gelungen, das Prinzip der Legitimität zu erhalten, um dessen Begründung er sich so sehr bemüht hatte. Und doch waren ihre Leistungen nicht unbedeutend. Es folgte eine fast hundertjährige Periode des Friedens, einer Stabilität, die so durchdringend war, daß sie vielleicht zu der späteren Katastrophe mit beitrug. Denn in der langen Friedenszeit verlor sich das Gefühl für das Tragische. Man vergaß, daß Staaten sterben können, daß Strömungen unaufhaltsam sein können und daß Angst ein Mittel für sozialen Zusammenhalt bilden kann. Die Hysterie der Freude, die Europa bei dem Ausbruch des Ersten Weltkriegs ergriff, war das Symptom eines einfältigen Zeitalters, aber auch einer

Zeit, die sich sicher fühlte. Es ließ einen tausendfach verbreiteten Glauben sichtbar werden, eine Hoffnung auf eine Welt, die alle Segnungen ihrer Zeit genoß und als um so angenehmer empfand, da man kein Wettrüsten und keine Kriegsangst gekannt hatte. Welcher Minister, der im August 1914 eine Kriegserklärung aussprach, wäre vor ihr nicht zurückgeschreckt, hätte er gewußt, welches Gesicht die Welt 1918 haben würde, von dem Gesicht der heutigen Welt ganz zu schweigen?

Daß man sich eine solche Welt 1914 überhaupt nicht vorstellen konnte, ist ein Zeugnis für die Arbeit der Staatsmänner, mit denen wir uns in diesem Buch beschäftigen.

KLEMENS FÜRST VON METTERNICH

ZWEITES KAPITEL

Der Staatsmann des Kontinents

I

Napoleons Niederlage in Rußland stellte Europa unerwartet vor die Aufgabe, eine neue internationale Ordnung zu schaffen. Das Problem Österreich nahm dabei geradezu symbolische Bedeutung an, sowohl aus geographischen als auch aus historischen Gründen. Im Herzen Europas, inmitten potentieller feindlicher Mächte gelegen, ohne natürliche Grenzen und aus Deutschen, Slawen, Magyaren und Italienern als Vielsprachenstaat gebildet, war Österreich der Seismograph Europas. Es mußte mit Gewißheit damit rechnen, im Fall einer größeren Umwälzung deren erstes Opfer zu werden, weil ein Krieg nur die zentrifugalen Elemente eines Staates verstärken kann, dessen einziges einigendes Band die gemeinsame Krone war. Weil Österreich Stabilität so notwendig brauchte und Rechtmäßigkeit Ausdruck des Status quo ist, stand Österreich auf der Seite derer, die das Gefühl für Grenzen und die Bedeutung des Gleichgewichts hatten und für Gesetzmäßigkeit und Heiligkeit der Verträge fochten. «Österreich», so sagte Talleyrand, «ist das Oberhaus Europas.»

Seine innere Struktur symbolisierte fast noch mehr als seine geographische Lage das Dilemma Europas. Bis zum Ende des achtzehnten Jahrhunderts war das österreichische Reich einer der lebenskräftigsten Staaten Europas. Noch 1795 konnte Freiherr vom Stein die Festigkeit und den Wohlstand der österreichischen Monarchie mit der Preußens vergleichen. Jetzt aber rumorte es, als die russischen Armeen nach Westen vordrangen, und es begann die Entwicklung Österreichs zu einem «Gefängnis der Nationen». Nicht etwa, daß das Regierungssystem bedrückender wurde, sondern ausschließlich weil seine Legitimität immer mehr in Frage gestellt war. Denn Gefangenschaft ist nicht nur ein physischer, sondern auch ein psychologischer Status. Niemand war es im achtzehnten Jahrhundert eingefallen, den Habsburger Kaiser als «Ausländer» anzusehen, nur weil er eine deutsche Dynastie verkörperte. Weil sich aber gerade dieses Gefühl im neunzehnten Jahrhundert herausbildete und die Defensive jede Anpassung schwierig macht, mußte die österreichische Politik allmählich immer weniger flexibel werden. Österreich hatte sich nicht gewandelt, aber die Geschichte begann, Österreich zu überrunden.

Die geschlagenen Reste der Grande Armée, die im Winter 1812 in Mitteleuropa eintrafen, bedeuteten für Österreich Zeichen des Erfolges und der Gefahr: des Erfolges, denn nun konnte Österreich nach dem Zusammenbruch von Napoleons Armee zum ersten Mal seit drei Jahren wieder eine echte unabhängige Politik betreiben, eine Politik, die nicht von dem Bewußtsein bedrängt war, daß die Existenz des Staates von dem Willen eines einzigen Mannes abhänge; und der Gefahr, weil man noch nicht erkennen konnte, was sich nach dem Chaos der sich auflösenden französischen

Macht herausbilden würde. Die neuen Gedanken des Nationalismus und der «rationellen Verwaltung» konnten nicht anders als zersetzend für einen so feingefügten Bau sein, wie es dieser letzte Überlebende aus feudalen Zeiten war. Es stand auch noch nicht fest, ob an die Stelle des Drucks von Westen nun ein ähnlicher aus dem Osten treten würde. Wie sollte man die Ohnmacht und die Auflösung des Staates verhindern? Wie konnte man Frieden und Ausgleich, Sieg und zugleich Legitimität gewinnen?

Wenn es um die Existenz von Reichen geht, sind die Überzeugungen ihrer Staatsmänner die Medien für das Weiterleben. Der Erfolg hängt dann von der Übereinstimmung zwischen diesen Überzeugungen und den besonderen Erfordernissen des Staates ab. Es war das Schicksal Österreichs, in jenen Jahren der Krisen von einem Mann gelenkt zu werden, der den Staat in sich selbst verkörperte. Es war Österreichs Schicksal und nicht sein Glück, denn ähnlich wie in einer griechischen Tragödie führte der Erfolg von Clemens von Metternich unabwendbar schließlich doch zum Zusammenbruch des Staates, für dessen Erhaltung er so lange gekämpft hatte.

Metternich war, wie der Staat, den er repräsentierte, das Produkt eines Zeitalters des Übergangs. Er wurde im achtzehnten Jahrhundert geboren, jenem Jahrhundert, von dem Talleyrand meinte, daß niemand, der nach der Französischen Revolution lebt, je wissen würde, wie angenehm und süß das Leben sein kann. Und das Bewußtsein aus den Jahren seiner Jugend verließ auch Metternich nie. Mochten auch die Zeitgenossen vielleicht über seinen Glauben an die Grundsätze der Vernunft, über seine zerbrechliche Philosophiererei und seine schönen Epigramme lächeln, sie verstanden nicht, daß es ein Versehen der Geschichte war, das Metternich in einen revolutionären Kampf stellte, der seinem ganzen Temperament so fremd war. Denn ähnlich dem Jahrhundert, das ihn formte, paßte sein Stil besser in Zeiten, in denen man gegebene Faktoren manipuliert, als etwa in Zeiten des Willenskampfes. Er paßt in jene Jahre, da man durch Maßhalten besser sein Ziel erreicht als durch Maßlosigkeit. Er war eine Rokokofigur, komplex, feingeschnitten, ganz auf das Äußere bedacht, so wie ein feingeschliffenes Prisma. Sein Gesicht war schön, aber ohne Tiefe. Seine Redegabe war brillant, aber ohne den letzten Ernst. Sei es daheim im Salon oder auf Sitzungen des Kabinetts – elegant und geschmeidig, war er das *Beau-ideal* der Aristokratie des achtzehnten Jahrhunderts, die sich nicht durch ihre Taten, sondern durch ihre Existenz rechtfertigte. Und wenn er mit der neuen Zeit nie recht fertig wurde, so nicht etwa, weil er ihren Ernst nicht verstanden hat, sondern weil er sie verschmähte. Auch hierin war sein Schicksal das Schicksal Österreichs.

Das war der Mann, der länger als eine Generation Österreich und oft ganz Europa mit den gleichen Methoden geradezu nonchalanter Manipulation regierte, wie er sie in seiner Jugend gelernt hatte. Doch auch die größte Weitschweifigkeit konnte nicht die Tatsache verdunkeln, daß er in einem revolutionären Ringen stand und daß dadurch auch in die feinsten und geschicktesten Manöver Metternichs ein bestimmtes Maß unbeabsichtigter Spannung hineinkam. Er mochte siegen, doch er gewann nie Verständnis, und darum griff er zu der stolzesten Behauptung der Aufklärung, dem Glauben an die universelle Richtigkeit der Lehre von der Vernunft. Er nutzte sie mit zunehmendem Selbstbewußtsein als Waffe in dem revolutionären Kampf. Wäre Metternich fünfzig Jahre früher geboren worden, wäre er sicher auch ein Konservativer gewesen, es hätte dann aber nicht pedantischer Ausarbeitungen über das Wesen des Konservativismus bedurft. Er wäre mit seinem unbestreitbaren Charme und seiner Grazie durch die Räume der vornehmen Welt geschritten und hätte mit leichter Hand seine Diplomatie gelenkt, auf indirektem Weg, der ein Symbol der Sicherheit ist in einer Welt, in der Einmütigkeit darüber besteht, was man nicht tun darf. Er hätte sich auch dann mit Philosophie befaßt, wie es im achtzehnten Jahrhundert eben Brauch war. Er hätte aber in der Philosophie kein Mittel der Politik gesehen. Doch in einem Jahrhundert, das scheinbar von permanenter Revolution beherrscht war, bot die Philosophie das einzige Mittel, das allgemein Gültige vor willkürlichen Einflüssen zu schützen. Aus diesem Grund eben focht Metternich so nachdrücklich dagegen, daß sein Name mit einer Zeitspanne gleichgesetzt werde, eine Einstellung, die scheinbar gar nicht zu seiner sonstigen Eitelkeit paßt.

Wenn es ein «Metternichsches System» gäbe, so wären seine Erfolge lediglich persönlicher Art gewesen. «Die Individualisierung einer Idee», so sagte er, «führt stets zum falschen Schluß, als könne eine Individualität die Sache, welche die erstere vertritt, sein; eine von Haus aus schiefe Ansicht, denn dort, wo sie tatsächlich anwendbar ist, bedingt sie das Nichtbestehen der Sache und eines für dieselbe geltenden Scheines.»[1] Es ist das

Dilemma des Konservatismus, daß er anonym durch das, was er *ist*, und nicht durch das, was er *sagt*, eine Revolution bekämpfen muß. So kam es, daß Metternich in seinem nie endenden Kampf gegen die Revolution auf die Lehren des Zeitalters zurückgriff, in dem er groß geworden war, sie aber so starr auslegte, wie es nicht nötig gewesen wäre, wären diese Lehren noch Allgemeingut gewesen. Er gehörte noch zu der Generation von Menschen, denen das »Goldene Zeitalter» mehr bedeutete als ein eitler Traum. Für ihn gab es noch jene Einheit des Universums, die den edlen Neigungen der Menschheit entsprach; einen wohlgeordneten Mechanismus, dessen Kenntnis den Erfolg sichert und dessen Gesetze nicht ohne Strafe verletzt werden können: «Die Staaten, gerade wie die Menschen, handeln nur zu oft den ewigen Vorschriften zuwider; ihr ganzer Unterschied liegt in der Schwere des Vergehens.»[2] «Die gesellschaftliche Ordnung hat ihre Gesetze wie die Natur und wie der Mensch. Den alten Institutionen ergeht es wie den Greisen; sie werden nie wieder jung ... Immer und immer geht die soziale Ordnung diesen Weg, und es kann nicht anders sein, da es Naturgesetz ist... Die moralische Welt hat ihre Stürme wie die materielle Welt.»[3] «Die Welt bedeckt sich nicht mit Trümmern, ohne daß sie Menschen zermalmen.»[4] Metternich nutzte diese Lehren der Philosophie des achtzehnten Jahrhunderts im Kampf gegen Revolution und Liberalismus, nicht weil diese in sich schlecht seien, sondern weil sie ihm unnatürlich erschienen, nicht weil er nicht in einer Welt leben wollte, so wie sie seine Gegner zu schaffen versuchten, sondern weil seiner Meinung nach diese Welt dem Untergang geweiht sein mußte. Revolution war ihm das Aufzwingen eines Willens und einer Macht, während das Wesen des Lebens im Maßhalten lag, dessen Ausdruck die Regelmäßigkeit und dessen Mechanismus ein Gleichgewicht war.

Aus diesen Gründen hielt sich der konservative Staatsmann für den großen Realisten und seine Gegner für Träumer. «Meine Handlungsweise ist eine prosaische und nicht eine poetische»,[5] schrieb Metternich in seinem politischen Testament. «Ich gehe aus von einer ruhigen Beobachtung der irdischen Dinge; von jenen der anderen Welt weiß ich nichts, und eben deshalb sind sie mir ein Gegenstand des Glaubens, der in strengem Gegensatz zum Wissen steht ... Mit den gesellschaftlichen Stellungen verhält es sich anders; man darf sich da nicht einmischen, oder man muß sie, nachdem man sie genau kennengelernt, kaltblütig beurteilen, ihnen ohne Haß und Vorliebe folgen ... Ich bin zum Historiker und nicht zum Romandichter geboren, und wenn ich *errate*, so geschieht dies, weil ich *weiß*. Die Erfindungen sind die geschworenen Feinde des historischen Elements; auf seinem Gebiet sind nur die Entdeckungen möglich, was aber nicht existiert, kann nicht entdeckt werden.»[6] So lautete der Glaube des Philosophenkönigs, des idealen Herrschers des achtzehnten Jahrhunderts, der über jener Ebene stand, auf der persönliche Gefühle herrschen, kühl, beherrscht, überlegen. Die Politik war die Wissenschaft der Lebensinteressen der Staaten[7], sie war Gesetzen unterworfen ähnlich denen der physikalischen Welt. Der Staatsmann war ein Philosoph, der diese Forderungen kannte, der seinen Aufgaben aber nur verhalten nachkam, denn sie lenkten ihn von der Quelle der einzigen wahren Freude ab, dem Nachdenken über die Wahrheit[8]. Er war nur seinem Gewissen und der Geschichte verantwortlich. Dem Gewissen, weil es sein Bild von der Wahrheit barg, und der Geschichte, weil nur sie allein über die Richtigkeit entschied.

Die Reaktion gegen Metternichs Selbstzufriedenheit und gegen seinen starren Konservatismus hat seit mehr als einem Jahrhundert die Neigung, seinen Leistungen jede Wirklichkeit abzusprechen. Doch ein Mann, der allmählich jede Koalition beherrschte, an der er teilnahm, den zwei ausländische Monarchen für vertrauenswürdiger hielten als ihre eigenen Minister, der drei Jahre lang im Grund genommen Ministerpräsident von Europa war, ein solcher Mann konnte nicht ohne große Gaben sein. Zugegeben, der Erfolg, den er gern der überlegenen Moral seiner Lehren zuschrieb, beruhte sehr oft auf dem außerordentlichen Geschick seiner Diplomatie. Sein Genius war mehr instrumental, nicht schöpferisch. Er glänzte bei Manipulationen, aber nicht in der Konstruktion.

In der Schule der Kabinettsdiplomatie des achtzehnten Jahrhunderts erzogen, gab er klugen Manövern gegenüber dem Frontalangriff den Vorzug, wobei sein rationalistischer Geist ihn oft dazu verleitete, eine gut formulierte Erklärung schon als vollendete Tat zu nehmen. Napoleon sagte ihm nach, er verwechsle Politik mit Intrige, und der Gesandte Hannovers in Wien, Hardenberg, schrieb die nachstehende Analyse Metternichscher diplomatischer Methoden auf dem Höhepunkt der Krise von 1812: «Mit einer hohen Meinung von der Überlegenheit seiner Gaben... liebt er die Finesse in der Politik und hält sie darin für nötig. Da er nicht Tatkraft genug hat, um, wo es nötig wäre, von den Hilfsmitteln des Landes Gebauch zu machen ... glaubt er den Charaktermut und die Kraft durch List ersetzen zu können ... Am liebsten möchte er von irgendeinem glücklichen Zufall, wie zum Beispiel dem Tod Bonapartes, großen Erfolgen Rußlands gegen ihn oder von irgendeinem anderen unvorhergesehenen Ereignis den günstigen Augenblick erwarten, wo er ohne zuviel Anstrengung Österreich eine Rolle spielen lassen könnte.»[9] Friedrich von Gentz, eine lange Zeit Metternichs enger Mitarbeiter, hinterließ die wahrscheinlich knappste Schilderung Metternichscher Methoden sowie seiner Person: «Kein Mann der großen Leidenschaften, des kühnen Zuges, kein Genie, aber ein großes Talent; froid, calme, imperturbable et calculateur par excellence.»[10]

Das also war der Staatsmann, dem 1812 das Schicksal Österreichs anvertraut war: ein Doktrinär, aber im universalen Sinn des achtzehnten Jahrhunderts. Weitschweifig, denn gerade die Sicherheit seiner Überzeugungen ließ ihm eine breitestmögliche Wahl der Mittel. Praktisch und großzügig, kalt in der Staatskunst. Seine charakteristische Eigenschaft war der Takt, das Gefühl für die Nuance. Solch ein Mann hätte das achtzehnte Jahrhundert beherrscht, aber er war bedeutend zu jeder Zeit. Er war nur ein mittelmäßiger Stratege, aber ein großartiger Taktiker, ein Meister, die Situation zu nutzen, wenn der Rahmen gezogen oder die Ziele von außen gesetzt waren. Das entsprach auch der Lage des Jahres 1812, und für Metternich ging es nicht so sehr um die Befreiung Europas als um die Restauration des moralischen wie auch des tatsächlichen Gleichgewichts.

2

Metternich, dieser durch und durch österreichische Staatsmann, lernte Österreich erst mit dem dreizehnten Lebensjahr kennen und lebte dort erst, seit er siebzehn war. Im Rheinland geboren, mit Studien in Straßburg, Mainz und Brüssel, wo sein Vater Generalgouverneur der Niederlande war, weiter erzogen, hatte Metternich die typische Erziehung des Aristokraten des achtzehnten Jahrhunderts. Als Kosmopolit und Rationalist beherrschte er Französisch besser als Deutsch. So typisch Metternich auch für die Aristokratie des achtzehnten Jahrhunderts war, er folgte nicht ihren von Wunschdenken geprägten Einschätzungen der Französischen Revolution. Er sah in den Kriegen Napoleons keine Kriege des achtzehnten Jahrhunderts, Schlachten mit begrenzten Zielen, die die Grundlage der allgemein anerkannten Bindungen unberührt ließen. Er hielt es auch nicht für möglich, den Eroberer durch einen Kompromiß zufriedenzustellen oder durch Konzessionen oder Bündnisse zu mäßigen.

«Alle Nationen haben Fehler gemacht», schrieb er 1807, «wenn sie sich im Interesse des Friedens auf einen Vertrag mit Frankreich einließen, ohne sich sogleich auf einen neuen Krieg vorzubereiten. Mit einem revolutionären System ist kein Frieden möglich, weder mit einem Robespierre, der Schlösser bekriegt, noch mit einem Napoleon, der Staaten bekriegt.»[11] Dieser Glaube wurde noch durch seine Überzeugung gestärkt, daß das Prinzip der Solidarität der Staaten das Prinzip der Revolution übersteige: «Ein isolierter Staat existiert nur in den Abstraktionen sogenannter Philosophen. In der Gesellschaft der Staaten hat jeder Staat außer seinen Sonderinteressen auch solche, die ihm mit anderen Staaten gemein sind. Die großen Axiome der politischen Wissenschaft gehen hervor aus der Erkenntnis der wahrhaft politischen Interessen *aller* Staaten; in diesen Generalinteressen ruht die Bürgschaft ihrer Existenz, wogegen die Einzelinteressen, deren Pflege in den Augen einer unruhigen und kurzsichtigen Politik die politische Weisheit ausmacht, nur einen sekundären Wert besitzen... Die moderne Geschichte zeigt uns die Anwendung des Prinzips der Solidarität und des Gleichgewichts und bietet uns das Schauspiel der vereinten Anstrengungen mehrerer Staaten gegen die jeweilige Übermacht eines einzelnen, um die Ausbreitung seines Einflusses zu hemmen und ihn zur Rückkehr in das gemeine Recht zu zwingen... Wenn man in diese Wahrheiten eindringt, was wird aus der selbstsüchtigen Politik, der Politik der Phantasie oder armseligen Gewinns?»[12]

1801, als Metternich seine diplomatische Laufbahn begann, schien die Solidarität der Staaten jedoch unerreichbar, denn «nichts ist schwieriger, als ewige und unbestreitbare Prinzipien auf eine Verhaltensweise abzustimmen, die diesen direkt entgegengesetzt ist»[13]. So blieb nur die Aufgabe übrig, ein Kräftegleichgewicht zu schaffen, allerdings nicht, um weltweiten Frieden zu garantieren, sondern um wenigstens einen tragbaren Waffenstillstand zu erreichen.

Als Metternich mit achtundzwanzig Jahren zum österreichischen Gesandten in Sachsen ernannt wurde, lassen seine ersten diplomatischen Berichte den Gedanken dieses Gleichgewichts, der später sein ganzes Leben hindurch zum Leitbild seiner Politik wurde, klar erkennen: Die Macht Frankreichs muß beschnitten werden. Österreich und Preußen müssen die Schlesischen Kriege vergessen. Ihre natürliche Politik liegt nicht in einem Gegeneinander, sondern in einem Miteinander. Ein Gleichgewicht ist nur durch ein von England gestütztes starkes Mitteleuropa zu erreichen, denn die Interessen eines ausschließlich auf Handel konzentrierten Staates und einer Macht rein kontinentalen Charakters würden nie zu Rivalitäten gegeneinander führen.[14]

Ein auf Überlegungen der Macht gestütztes Gleichgewicht ist aber gerade das, was am schwierigsten zu schaffen ist, zumal in einer revolutionären Zeit, die langen Jahren des Friedens folgt. Gefangen von der Erinnerung an die langjährige Stabilität, neigen Staaten dann dazu, ihre Sicherheit durch Nichtstun zu erreichen und Ohnmacht mit Mangel an Provokation zu verwechseln. Der Eroberer soll durch Vernunft oder vielleicht Zusammenarbeit gezähmt werden, kurz, durch eine Politik, die sich tödliche Bedrohung oder totale Vernichtung gar nicht vorstellen kann. Gewöhnlich sind Koalitionen gegen Revolutionen erst nach einer ganzen Reihe von Rückschlägen, Enttäuschungen und Aufständen zustande gekommen, denn die Staaten, die die Legitimität und den Status quo verkörpern, können nicht «wissen», daß ihr Gegner der «Vernunft» nicht zugänglich ist, solange er es nicht bewiesen hat. Er wird es aber erst bewiesen haben, wenn das internationale System schon zusammengebrochen ist.

Metternich mußte das erleben, als er 1804 nach Preußen geschickt wurde, um dort über ein Bündnis zu verhandeln. Er traf auf einen Hof, der in Vorbereitungen für die Selbstverteidigung die sicherste Provokation eines Krieges sah und gemeinsame Handlungen für die Saat allgemeinen Unterganges hielt. Fast als einziger seiner Zeitgenossen erkannte Metternich die Schwäche Preußens, das zwar immer noch von dem Nimbus Friedrichs des Großen zehrte, durch lange Jahre des Friedens aber demoralisiert war. «Es besteht eine Verschwörung von mittelmäßigen Menschen», schrieb er in seiner schonungslosen Art, «denen vor jeder tatkräftigen Maßnahme graut... Kein Mensch ist berechtigt, den König zu erinnern, daß sein zahlreiches Heer unter Umständen auf dem Schlachtfeld mit mehr Erfolg verwendet werden kann als auf den Ebenen von Berlin und Potsdam. Die preußische Monarchie, deren Oberfläche sich seit dem Tod Friedrichs des Großen fast verdreifacht hat, hat an wirklicher Kraft nur verloren. Friedrich Wilhelm III. wird sicherlich niemals aus dem Mittelpunkt seiner weiten Staaten eine Sprache geführt haben ähnlich der, welche Friedrich II. nicht fremd war in den Mauern einer Hauptstadt, die niemals aufhörte, das Hauptquartier eines großen Feldlagers zu sein.»[15]

Die Schaffung des Gleichgewichts hing somit nicht ausschließlich von der Stärke ab, sondern auch von der Entschlossenheit, sie zu nutzen. Wenn die Angst vor Frankreich gemeinsame Handlungen verhinderte, so könnte vielleicht die Angst vor Rußland sie zuwege bringen. «Wir werden Preußen nur in Rußland gewinnen», sagte Metternich und begann einen diplomatischen Feldzug, der russische Truppen an die Grenzen Preußens brachte, mit einem Ultimatum, entweder ein Bündnis zu schließen oder Krieg zu führen. Der König von Preußen jedoch weigerte sich, einen so offenkundigen Bruch der «normalen Beziehungen» zwischen Staaten hinzunehmen, und drohte mit bewaffnetem Widerstand. Nur durch den Eingriff Napoleons wurde ein Krieg verhindert. Er ließ seine Truppen durch einen Teil preußischen Territoriums marschieren und brachte somit den Zorn Friedrich Wilhelms gegen sich auf, was er als Eroberer Europas nie geschafft hatte. Alles schien jetzt gewonnen. Ein Bevollmächtigter Preußens wurde nach Wien entsandt, um die letzten Regelungen für einen Bündnisvertrag abzusprechen. Die preußische Armee setzte sich gegen die Flanken der nach Böhmen eindringenden französischen Truppen in Marsch, russische Verbände marschierten durch Polen. Es sah so aus, als würde sich eine entscheidende Niederlage Napoleons abzeichnen.

Ängstliche Menschen werden aber häufiger vom Zaudern befallen, als angesichts großer Möglichkeiten von Kühnheit beherrscht. Die Überlieferungen und Erfahrungen eines Jahrhunderts ununterbrochener Expansionen, die «Regeln» der Kabinettsdiplomatie, denen zufolge das höchste Risiko nur in Stunden äußerster Not eingegangen werden darf, veranlaßten Preußen, weiter zu zaudern. Es liegt im Wesen der Mittelmäßigkeit begründet, daß sie den greifbaren Vorteil einem nicht klar erkennbaren Gewinn vorzieht. Darum wählte Preußen gerade diesen Augenblick, um einen Streit um eine Militärgrenze längs der Weser zu entfachen, und unterbreitete den Vorschlag einer bewaffneten Vermittlung mit «vernünftigen» Bedingungen, um nochmals einen Beweis für die Treulosigkeit Napoleons zu bekommen[16]. Vergeblich predigte Metternich seine Lehre von dem Gleichgewicht, von der Sicherheit, die auf den Beziehungen der Staaten zueinander, nicht aber auf territorialer Ausdehnung beruhte. Vergeblich fragte Metternich, wie ein Staat in eigener Sache vermitteln könne[17]. Es ging nicht um ein Problem der Logik. Während Preußen zögerte, marschierte die französische Armee eiligst nach Süden und schlug Österreicher und Russen bei Austerlitz.

Wieder war ein Punkt erreicht, wo nach der Theorie der begrenzten Kriege eigentlich alles für einen Friedensschluß sprach, während die Tatsache, daß es sich um ein revolutionäres Ringen handelte, einen Fortgang des Kampfes erwarten ließ. Nun mußte Metternich mit seiner eigenen Regierung ringen. Er behauptete immer wieder, Napoleons scheinbare Omnipotenz sei nichts anderes als die Reflexion der Uneinigkeit seiner Gegner, und die vereinigten alliierten Armeen seien zahlenmäßig weit stärker als die Truppen Napoleons. Er schlug vor, die Niederlage freimütig einzugestehen, sie aber als moralischen Ausgangspunkt für eine Erneuerung zu nutzen[18]. So jedoch wie Preußen die Krise nutzte, um Gewinn einzuheimsen, sah Österreich in ihr die Möglichkeit, seine Verluste klein zu halten, und schloß einen Separatfrieden. In der Zwischenzeit marschierte Napoleons Armee gegen Preußen auf, nicht um es schon zu vernichten, sondern nur um es einzuschüchtern und in eine Komplizenschaft durch die Eingliederung Hannovers und damit die Isolierung Großbritanniens zu zwingen. Die russischen Armeen kehrten nach Polen zurück. «Hunderttausend Mann haben Heere in ihrer fünffachen Stärke geschlagen», rief Metternich aus, «Wo fällt Manna? Wo senkt sich der Gott aus den Kulissen?» Und er fügte hinzu, daß ihn ein Zustand bedingter Verzweiflung ergriffen habe, aber daß erst der Tod, der alle

Hoffnung zerstört, ihm unbedingte Verzweiflung bringen könne[19]. Man darf sich also nicht wundern, daß Metternich von nun an jede österreichische Bindung so lange hinauszuzögern suchte, bis sich alle sonst möglichen Bundesgenossen gebunden hatten; daß er den Bekundungen der Loyalität mißtraute, wenn sie auf Versprechungen für die Zukunft beruhten; daß er Bündnissysteme erst nach Zeiten des Hinhaltens aufbaute, was denen unverständlich erschien, die sich um die Zusammenarbeit mit Österreich bemühten. Metternich kam es aber entscheidend darauf an, die moralische Stärke der Koalition zu prüfen.

3

Es liegt im Wesen von Staatsmännern, die sich der Politik der kleinen Gewinne verschrieben haben, in einem Hin- und Herschwanken einen Ersatz für Taten zu sehen. Wenn sich eine Politik von den Ereignissen treiben, die Ereignisse auf sich zukommen läßt, wird es oft so sein, daß man, falls sich eine Entscheidung als falsch erweist, zum extremen Gegenstück greift, ohne nach Mittelwegen zu suchen. So geschah es auch mit Preußen, das durch sein Zögern die Niederlage von 1806 mitverursacht hatte und nun plötzlich erkannte, daß seine Stellung trotz der Eingliederung Hannovers relativ schwächer war als zuvor. Jetzt stürzte sich das Land törichterweise in einen Krieg mit Frankreich, den es im vorhergegangenen Jahr mit aller Kraft vermieden wissen wollte. Es gelang jedoch nicht, Napoleon im Alleingang zu schlagen. Preußen erlitt bei Jena und Auerstädt das Schicksal, das Österreich bei Austerlitz getroffen hatte. Wiederum erwies sich die zugesagte russische Unterstützung als illusorisch. Nach einer russischen Niederlage bei Friedland trafen sich Napoleon und Alexander auf einem Floß auf der Memel bei Tilsit und vollendeten hier die Aufteilung der Welt.

Doch der vollständige Zusammenbruch der bisherigen Staatenstruktur schien paradoxerweise Metternichs Glauben an einen Endsieg zu stärken. Jetzt nämlich war es deutlich, welche Kluft zwischen Napoleons materieller und seiner moralischen Grundlage klaffte, jetzt, nachdem die mittelstarken Mächte beseitigt und die Zeit vorbei war, da man mit unbegrenzten Siegen in begrenzten Kriegen etwas erreichen konnte. Der Sieg beruhte künftig auf innerer Stärke, und nach Meinung von Metternich mußte Napoleon an innerer Kraft verlieren, weil es ihm nicht gelungen war, seinen Eroberungen innere Bindungen zu geben, und er ständig weitere Gewalt anwenden mußte. In der Zwischenzeit war Metternich zum Botschafter in Paris ernannt worden, von wo aus er ganze Stöße von klugen, durchdachten, respektvollen, aber unnachgiebigen Vorschlägen über die Reorganisation der Verwaltung und eine Fortsetzung der militärischen Rüstung machte und den Rat gab, allen Vorschlägen Napoleons auf eine Abrüstung auszuweichen und statt dessen den nationalen Zusammenhalt zu stärken. «Die öffentliche Meinung», schrieb Metternich 1808, «ist eine der stärksten Waffen, die ähnlich der Religion in die verschwiegensten Ecken dringt, wo jede administrative Maßnahme ihren Einfluß verliert; obwohl die öffentliche Meinung etwas Ähnliches ist, als wenn man moralische Prinzipien aufstellt, so ist sie doch ein Kult besonderer Art... Die Nachwelt wird kaum glauben, daß wir Schweigen in diesem Jahrhundert der Worte für eine wirkungsvolle Waffe hielten.»[20] In einer Depesche kurz nach den Nachrichten über Tilsit im Jahr 1807 faßte er seine Ziele wie folgt zusammen: «Es wird dank der Klugheit unserer Regierung der Tag kommen, da hunderttausend Mann die entscheidende Rolle in einem in voller Anarchie sich befindenden Europa spielen; es wird ein Augenblick sein, wie er immer großen Unterdrückungen gefolgt ist. Niemand kann das Datum voraussagen, sicher ist aber, daß es nur durch das Leben eines einzigen Individuums hinausgezögert wird, das noch dazu keinerlei Vorkehrungen getroffen hat, das unvermeidbare Chaos abzuwenden.»[21] Mit Stärke mag man die Welt erobern. Sie vermag sich aber nicht aus sich selbst heraus zu legitimieren. Es sei Österreichs Aufgabe, dafür zu sorgen, daß es das Refugium für alle jene althergebrachten Prinzipien und würdigen Formen bleibt, wodurch im Lauf der Zeit Österreich naturnotwendig machtvolle Bundesgenossen gewonnen werden würden[22].

Es sah so aus, als würde Napoleons Krieg in Spanien Metternich recht geben. Zum ersten Mal sah sich Napoleon einem Gegner gegenüber, der sich nicht nach einer verlorenen Schlacht ergeben hatte und dessen eigene Kraftquellen die Frankreichs nicht vergrößerten. Die anfänglichen Rückschläge, welche Napoleons Ersatzarmee hinnehmen mußte, erschütterten den Mythos seiner Unbesiegbarkeit. 1808 schrieb Metternich: «Wir haben ein großes Geheimnis erfahren. Napoleon hat nur eine Armee, die Grande Armée, und die französischen Rekruten sind nicht besser als die anderer Nationen.» Für ihn war es klar, daß Spanien militärisch geschlagen

BEGEGNUNG DES ZAREN ALEXANDER I.
MIT NAPOLEON
AUF DER MEMEL BEI TILSIT 1807

werden würde, aber deswegen noch nicht zur Ruhe kam. Metternich glaubte, daß Napoleons Charakter jeden Gedanken an einen Rückzug aus Spanien verbieten und Spanien damit zu einem ständigen Sog für französische Kraft werden würde. Fast noch wichtiger war der moralische Gewinn. Austerlitz hatte gezeigt, daß es gefährlich war, Napoleons Gegner zu sein; Jena, daß es vernichtend war, neutral zu bleiben; Spanien jedoch bewies jetzt ohne Zweifel, daß es tödlich war, Napoleons Freund zu sein.

Welche Alternativen blieben demnach? Zu sich selbst zu finden, meinte Metternich, und keinen Augenblick darauf zu verwenden, einstige Verluste wiedergutzumachen[23]. Zweifellos war Napoleon darauf aus, Österreich zu zerschlagen. Sowohl hinsichtlich seiner geographischen Ausdehnung als auch wegen der Prinzipien, die es verkörperte, war Österreichs Existenz mit Napoleons Universalherrschaft unvereinbar[24]. Doch Eroberungen war jetzt eine Grenze gesetzt, wie das Beispiel Spanien gelehrt hatte. Ein entschlossener Gegner mußte darüber hinaus allmählich auch innerhalb Frankreichs Bundesgenossen finden, und zwar bei all jenen Menschen, die genug des Ruhmes hatten und jetzt möglichst ungestört dessen Früchte genießen wollten; das galt vor allem für Talleyrand und Fouché, von denen Metternich sagte, sie seien wie Seeleute, die bereit sind, gegen einen waghalsigen Steuermann zu meutern, doch erst wenn das Schiff auf einen Felsen gelaufen ist[25]. Jeder Krieg jenseits der sogenannten natürlichen Grenzen des Rheins, der Alpen und der Pyrenäen gelte nicht mehr als Krieg Frankreichs, sondern als Krieg Napoleons, soll Talleyrand laut Metternich gesagt haben.

Metternich suchte aber nicht nur nach Bundesgenossen innerhalb Frankreichs. Erneut verwies er auf seinen Plan eines österreichisch-russischen Ausgleichs. Er schlug vor, man solle den Zaren unmittelbar mit einer freimütigen Darstellung der österreichischen Gedanken angehen und unter Schilderung der eigenen Schwierigkeiten einen spezifizierten Vorschlag für militärische Zusammenarbeit machen[26]. Er legte dem damals in Paris weilenden russischen Außenminister Rumanzew dar, wie unnatürlich das Bündnis zwischen Rußland und Frankreich war und daß es unmöglich sei, in Europa einen dauerhaften Frieden ohne eine starke Mitte zu schaffen[27]. Seine Erläuterungen über das Wesen des Gleichgewichts erwiesen sich jedoch als fruchtlos. Auch 1809 wie schon 1805 und 1806 stand Rußland passiv Gewehr bei Fuß, während der Eroberer sich seinen Grenzen näherte.

So befand sich Österreich 1809 in einem Kampf um seine Existenz in einem Krieg, der zu Zeiten Metternichs zum ersten und letzten Mal im Namen der nationalen Einheit und von einer auf der Wehrpflicht beruhenden Armee geführt wurde. Selbst Metternich war von der Welle nationaler Begeisterung ergriffen worden, die ihm, dem Kosmopoliten, sonst so fremd war. «Napoleon gründet seine Hoffnungen», so schrieb er an seinen Vorgesetzten Stadion, «auf die Langsamkeit unserer Bewegungen, auf die Ruhepause, die er nach unserem ersten Erfolg haben wird, auf unseren mangelnden Mut und auf die Lähmung, die unserer ersten Niederlage folgen wird... Wir sollten seine Grundgedanken aufgreifen. Wir sollten uns erst einen Tag nach der Schlacht für die Sieger und erst vier Tage nach einer Niederlage für die Geschlagenen halten. Wir sollten immer das Schwert in der einen und den Palmzweig in der anderen Hand tragen, stets bereit zu Verhandlungen, aber verhandeln stets unter gleichzeitigem Vormarsch... Ein Mensch kann nicht die gleichen Risiken eingehen wie ein altes Reich... Wir sind zum ersten Mal aus uns heraus stark. Lassen Sie uns handeln. Lassen Sie uns stets daran denken, daß das Jahr 1809 entweder das Ende einer alten Zeit oder der Anfang einer neuen sein wird.»[28]

Es war jedoch keines von beiden. Im großen Universum mögen die Dinge zueinander in Harmonie stehen; doch gilt dies nicht für jeden begrenzten Zeitabschnitt, und besonders nicht für einen kurzen. Das beste Heer, das Österreich bis dahin je aufgestellt hatte, wurde geschlagen, und der ängstliche Kaiser bat um Frieden. Nie wieder sollte Österreich unter Metternich es allein versuchen oder sein Schicksal an die moralische Kraft des Volkes binden. Der Krieg von 1809 war daher weder das Ende noch der Anfang einer Ära, sondern höchstens ein Wendepunkt und ein Fortgang. Er war ein Wendepunkt, denn er stärkte die ohnehin schon große Zurückhaltung des Kaisers, sich weiterhin auf die verschiedenen Nationalitäten seines Reiches zu stützen. Von nun an trachtete er danach, Sicherheit in der Stabilität, in einer möglichst geringen Änderung der bestehenden Verhältnisse zu finden. Der Krieg war eine Fortsetzung einer Regierungsweise, die ihren Elan und ihr Selbstvertrauen verloren hatte, die ihre Grenzen kannte, aber kaum ihre Ziele, besonders nicht ihre innenpolitischen Aufgaben, und die ihre Risiken durch eine sorgfältige Auswahl einer möglichst großen Zahl von Bundesgenossen zu mindern trachtete. 1809 wurden die Grundlagen des «Metternichschen Systems» gelegt.

1809 war zugleich das Jahr, in dem Kaiser Franz Metternich zu seinem Außenminister machte, ein Posten, den er neununddreißig Jahre lang innehatte. Es war eine symbolische Lehre, die Österreich aus diesem Krieg zog, daß der Mann, der mehr als irgendein anderer für den Krieg eingetreten war, jetzt zum Baumeister des Friedens wurde, der durch Schläue, Geduld und Geschicklichkeit wiedergutmachte, was man durch ein totales Engagement verloren hatte.

4

Ein geschlagener und von Auflösung bedrohter Staat hat im großen und ganzen zwei Chancen: offener Widerstand oder Überzeugungskraft. Betrachtet er die Niederlage als Ausfluß mangelnder Entschlossenheit, aber nicht mangelnder Stärke, so wird er versuchen, die Schwäche auf dem Schlachtfeld durch größere Mobilisierung seiner Kräfte, durch höhere Moral wiedergutzumachen, bis sich eine günstigere Gelegenheit bietet, mit dem Gegner erneut die Waffen zu kreuzen. Das war die österreichische Haltung nach 1805. Die andere Möglichkeit liegt darin, daß die Nation ihre Ohnmacht erkennt und durch Anpassung an die Wünsche des Siegers ihre nationale Substanz zu retten trachtet. Das ist nicht notwendigerweise eine heroische Politik, obwohl sie unter bestimmten Umständen die heroischste aller Möglichkeiten sein kann. Mit dem Gegner zusammenzuarbeiten, ohne das eigene Herz zu verkaufen, ihn zu stützen, ohne selbst das Gesicht zu verlieren, hinter einer

Maske und unter erzwungenem Schweigen an der Befreiung zu arbeiten – welch schwerere Probe moralischer Kraft kann man sich denken?

Das war jedenfalls die Politik Österreichs nach 1809, wie sie zumindest zum Teil ihm von seiner Ohnmacht vorgeschrieben war. Der Frieden beraubte Österreich eines Drittels seines Staatsgebiets, seiner Verteidigungsstellungen und seines Zugangs zum Meer. Längs der Adriatischen Küste ließ die neue französische Provinz Illyrien erkennen, was man mit Ungarn vorhatte, und das Herzogtum Warschau im Norden bedeutete eine Hypothek auf das gute Benehmen Österreichs. Das Reich war auch finanziell so ruiniert, daß Napoleon dem Heer nicht einmal Beschränkungen auferlegte, weil er nur zu gut wußte, daß Österreich gar nicht genügend Kraft hatte, um eine nennenswerte Streitmacht zu unterhalten. «Wenn Österreich noch nach 1805», so trug Metternich in einer ersten Lagebeurteilung seinem Kaiser vor, «stark genug war, auf eine allgemeine Befreiung hinzuarbeiten ..., so müssen wir jetzt unsere Sicherheit in unserer Anschmiegung an das französische System suchen. Wie wenig wir auch in dieses System taugen, weil es eigentlich gegen alle Grundsätze einer richtigen Politik gerichtet ist, brauche ich kaum zu wiederholen... Ohne Rußlands Beistand wird nie mehr ein Widerstand zu denken sein. Dieser schwankende Hof wird geschwinder erwachen, wenn er sich durch seinen elenden politischen Gang kein ausschließendes Verdienst mehr zu erwerben weiß ... Uns bleibt demnach nur ein Ausweg: *unsere Kraft auf bessere Zeiten aufzuheben*, an unserer Erhaltung durch *sanftere Mittel* ... *zu arbeiten.*»[29]

Alle Grundpfeiler Metternichscher Politik finden sich in diesen Worten vereint: die Überzeugung, daß ein System der Eroberung jede Organisation einer internationalen Gemeinschaft sprengt; das Mißtrauen gegen Rußland; der Fehlschlag von Allianzen; die Beweglichkeit in der Taktik, um ein Ziel zu erreichen, das, weil es universelle Gesetze widerspiegelt, trotz seiner Entfernung doch unumgänglich sein würde. Metternich schlug eine Politik vor, die wir heute vielleicht die der «Kollaboration» nennen würden. Es ist eine Politik, die nur ein Staat führen kann, der sich seiner moralischen Stärke bewußt oder der vom Bewußtsein seiner moralischen Ohnmacht geschlagen ist. Es ist eine Politik, die besonders die innenpolitischen Bindungen belastet, denn sie kann nie durch ihre eigentlichen Motive legitimiert werden. Ihr Erfolg hängt davon ab, daß sie aufrichtig erscheint. Sie hängt von der Fähigkeit ab, wie Metternich es einmal ausdrückte, als Narr zu erscheinen, ohne es zu sein. Wenn man seine Karten aufdeckt, bedeutet das die Katastrophe. Hat man zu vollkommenen Erfolg, kann das die allgemeine Auflösung einleiten. In geschichtlichen Perioden dieser Art unterscheiden sich der Knecht und der Held, der Verräter und der Staatsmann nicht durch ihre Taten, sondern durch ihre Motive. Wann beginnt die Kollaboration dem Kern der Nation zu schaden? Von welchem Punkt an wird sie zu einer Entschuldigung für den bequemsten Weg? Das sind Fragen, die nur von Menschen gelöst werden können, die durch diese harte Probe gegangen sind, nicht aber durch abstrakte Überlegungen. Nur ein innerlich festgefügter, auf hoher moralischer Ebene stehender gesellschaftlicher Organismus kann eine

Kollaboration erfolgreich bestehen, denn sie verlangt ein Maß an Vertrauen in die Führung, das jeden Verdacht des Verrats undenkbar macht. Die moralische Kraft Österreichs, auf die Metternich für seinen Sieg im Krieg gerechnet hatte, hatte versagt. Sie rettete Österreich aber in einer Zeit eines demütigenden Friedens.

Metternichs Politik war demnach: alle Möglichkeiten offenlassen, sich die größtmögliche Handlungsfreiheit erhalten, aber alle Engagements so begrenzen, wie es zum Gewinn des französischen Zutrauens erforderlich ist. Österreich trat der Kontinentalsperre gegen England bei, brach aber die diplomatischen Beziehungen mit England nie ab. Metternich hielt enge Fühlung mit Hardenberg, dem Gesandten Hannovers und damit indirekt Gesandten des Prinzregenten von Großbritannien. Er ging sogar so weit, auf dem Weg über Hardenberg den Wunsch zum Ausdruck zu bringen, daß die Beziehungen zwischen Österreich und Großbritannien nicht nur freundschaftlich bleiben, sondern zu beiderseitigen Beratungen ausgedehnt werden mögen[30]. Mit Rußland blieb es bei den korrekten Beziehungen, doch ließ Metternich deutlich erklären, daß es das gute Verhältnis zu Frankreich, nicht russischer Beistand sei, das nach seiner Meinung die Grundlage österreichischer Politik bilde. Für die Existenz Österreichs kam es vor allem darauf an, den französischen Druck zu mildern. Das konnte nicht erreicht werden, und Verhandlungen wären sinnlos gewesen, ohne eine gewisse Vertrauensbasis. Vertrauen verlangte wiederum ein Prinzip, auf das sich möglicherweise auch Napoleon einlassen konnte, ein Prinzip, das in möglichst geringem Umfang die Interessen Österreichs mit denen Frankreichs verband.

Wie verträgt sich der Anspruch auf Weltherrschaft mit der Forderung nach Gleichgewicht? Wie verträgt sich ein Staat, für den jede Beschränkung eine Herausforderung bedeutet, mit einem Reich, für das das Wahren der Schranken Voraussetzung seiner Weiterexistenz ist?

In dem napoleonischen Gebäude gab es jedoch einen schwachen Punkt, auf den Metternich immer wieder hinzielte. Legitimität bedeutet Billigung durch die anderen, nicht aber Zwang. Metternich legte den Finger auf die Wunde, daß trotz aller Eroberungen das Schicksal des französischen Reiches von einem einzelnen Menschen abhing. Darum appellierte Metternich an das Gefühl der Unsicherheit des Parvenüs, um das einzige Band zu knüpfen, das Napoleon als ein Recht respektieren würde. Er tauschte Legitimität auf Zeit und die Hoffnung auf die Zukunft gegen das Versprechen der Weiterexistenz. Er fädelte die Heirat zwischen der Tochter des Kaisers Franz, des letzten Kaisers des Heiligen Römischen Reichs, ein, dessen Haus seit mehr als fünfhundert Jahren herrschte, mit Napoleon, dem Korsen, der seit zehn Jahren herrschte. «Napoleon spricht bei allen Gelegenheiten, wo er zerstört, von Garantien», schrieb Metternich 1810 an seinen Kaiser. «Dieser Ausdruck im herkömmlichen Sinn läßt sich keineswegs mit seiner Handlungsweise vereinigen. Eine Garantie beruht gewöhnlich nur auf dem politischen Stand der Verhältnisse einer Macht gegen eine oder mehrere andere. Napoleon würdigt in einer Garantie nicht eigentlich die politische Seite, er zielt auf *Wirklichkeit*, auf ein Unterpfand. So wird selbst jede Usurpation für ihn eine Garantie *seiner Stärke,* seiner eigenen oder der Existenz seiner Dynastie. In diesem Sinn motiviert er stets den Sturz eines neuen Thrones als eine Garantie ... In der Vermählung mit der Tochter Eurer Majestät fand Napoleon in seinem Sinn eine Garantie, welche er früher auf dem Weg des Sturzes des österreichischen Thrones vergeblich gesucht hatte.»[31] So überbrückte Metternich die Kluft zwischen zwei einander widerstreitenden Legitimitäten, was charakteristisch für Revolutionen ist, dadurch, daß er Napoleons Konzept der Legitimität – der einzigen, die dieser anerkannte – kaltblütig gegen ihn nutzte. Und so, wie Napoleons Eroberungen auf der Tatsache beruhten, daß sich seine Gegner keine Politik unbegrenzter Ziele vorstellen konnten, genauso fußte Napoleons Niedergang schließlich auf seiner eigenen Unfähigkeit, die Unstabilität dynastischer Beziehungen zu begreifen.

Metternich wartete nicht lange, um aus der neuen Lage Vorteile zu ziehen. Er reiste nach Paris, um der neuen Kaiserin die Eingewöhnung zu erleichtern – und Napoleons nächsten Schritt abzutasten. Er erreichte nur geringe Konzessionen: eine geringfügige Herabsetzung in der Höhe der österreichischen Kriegsentschädigung, die Erlaubnis, in Belgien eine Anleihe aufzulegen und zwischen Napoleon und dem Papst zu vermitteln. Als er abreiste, hatte er aber eine Überzeugung von unschätzbarem Wert gewonnen: Ein Angriff Frankreichs auf Rußland war unabwendbar und würde wahrscheinlich im Sommer 1812 erfolgen, und Österreich mußte somit, allein schon aus diesem Grund, bis dahin eine Atempause haben. Obgleich Österreich die Zwischenzeit nutzte, um seine finanziellen Kräfte zu erneuern, stellte der drohende Krieg es vor ein neues Dilemma. Denn jetzt schien das so sehnsüchtig erhoffte Bündnis mit

Rußland greifbar und das Ziel eines kontinentalen Gleichgewichts wieder in Reichweite zu sein. Sogar das nach dem Frieden von Tilsit zu einer Macht zweiten Ranges abgesunkene Preußen streckte Fühler nach einem Bundesgenossen aus. Metternich jedoch war sich völlig darüber im klaren, daß sich Österreich nach der Niederlage von 1809 keinen neuen Fehler leisten konnte. Er wußte, daß eine weitere Niederlage im Krieg oder selbst nur ein langer Krieg zur Auflösung des Staates führen würde, und er vertraute weder auf die physische Stärke Preußens noch auf die moralische Widerstandskraft Rußlands. In einem Memorandum an den Kaiser argumentierte Metternich, ein Bündnis mit Frankreich stehe andererseits außerhalb jeder Frage, denn es würde die Quelle österreichischer Stärke, seine moralische Überlegenheit, unterminieren, während eine Neutralität die Feindschaft Rußlands zur Folge hätte, ohne die Freundschaft Frankreichs zu gewinnen. Österreich hätte dann keine Stimme bei den späteren Friedensregelungen und wäre zu einer Hinterbänklerrolle verdammt[32].

Eine Reihe Paradoxa mögen den Philosophen reizen, für den Staatsmann sind sie jedoch ein Alpdruck, denn er muß über sie nicht nur nachdenken, sondern er muß sie lösen. Ein Bündnis mit Rußland könnte zur Niederlage Napoleons führen, möglicherweise aber auch die Fackel des Krieges auf Österreich werfen und mit einem weiteren Betrug seitens Rußlands enden. Ein Zusammengehen mit Frankreich mußte die moralische Stellung Österreichs erschüttern, während eine bewaffnete Neutralität über seine Kräfte gehen würde. Österreich war damit genau an dem Punkt angelangt, von wo an eine Kollaboration nur noch sinkende Zinsen abwirft. Es stand an der Grenze zwischen passivem Widerstand und Verlust des eigenen Willens. Metternich versuchte nun, dem Dilemma dadurch auszuweichen, daß er seine Bindungen möglichst begrenzt hielt in einer Zeit, in der die anderen Mächte die ihren erweiterten. Er hoffte, für Österreich ein gewisses Maß an Handlungsfreiheit wiederzugewinnen und gleichzeitig die Krise zur Erstarkung zu nutzen. Die Mittel, deren er sich bediente, waren ein weiterer Schritt auf dem Weg der Anpassung an Frankreich, doch in einer Weise getarnt, die Metternichs inneren Vorbehalt erkennen ließ. Man schloß mit Frankreich einen Bündnisvertrag, demzufolge ein österreichisches Hilfskorps in Stärke von dreißigtausend Mann unter dem unmittelbaren Oberbefehl von Napoleon stehen und von den Franzosen mitversorgt werden sollte. Als Gegenleistung garantierte Napoleon die Unverletzlichkeit Österreichs und versprach Österreich nicht nur territoriale Kompensationen im Verhältnis zu seiner Größe, sondern als «Denkmal» zusätzliche territoriale Gewinne, die das dauernde Einvernehmen zwischen Frankreich und Österreich symbolisieren sollten[33]. Was man auch immer von dem moralischen Gehalt dieses Schrittes denken mag, so besteht doch kein Zweifel, daß er Metternichs Zielen diente. Österreich konnte aufrüsten, und zwar nicht nur ohne auf Widerstand zu stoßen, sondern sogar mit Unterstützung Frankreichs. Es hatte sich eine Stimme in den künftigen Friedensverhandlungen gesichert und den symbolischen Ausdruck einer Sonderstellung im französischen System errungen. Der territoriale Zuwachs hing von einem Sieg der Franzosen ab – und würde in diesem Fall als Gegengewicht gegen Frankreich dienen –, wäre aber im Fall einer französischen Niederlage bedeutungslos. Mit gutem Grund konnte Metternich den österreichischen Kriegsbeitrag bezeichnen als «weder einen Eroberungskrieg, noch einen Verteidigungskrieg, sondern als einen Erhaltungskrieg»[34]. Es war ein Bündnis *infiniment limité*[35].

Es blieb nun noch übrig klarzumachen, wo die Grenzen des österreichischen Engagements lagen. Metternich berichtete Hardenberg, Österreich habe keine Wahl. Es würde niemals aufhören, sich als Kern des Widerstandes gegen Napoleon zu betrachten. Er fügte aber hinzu, ein offener Widerstand wäre töricht, solange Österreich nicht stärker sei, und verlangte, Großbritannien möge seine Ablenkungsmaßnahmen in Spanien verstärken[36]. Gleichzeitig versicherte er Rußland, Österreich habe keine aggressiven Absichten, und machte sogar den verblüffenden Vorschlag, Österreich und Rußland sollten sich auf eine Kriegführung einigen, die das österreichische Hilfskorps sichere und dafür sorge, daß es an den Hauptoperationen nicht ernstlich beteiligt werde. Er regte an, Rußland solle Truppen in Galizien konzentrieren, so daß Österreich seine Inaktivität damit rechtfertigen könne und zugleich einen Vorwand für die Aufstellung eines weiteren Armeekorps habe[37]. Andererseits wich er aber allen russischen Ansinnen aus, diese Gedanken schriftlich niederzulegen. In der festen Absicht, das Schicksal Österreichs nicht schon im ersten Gefecht aufs Spiel zu setzen, bemühte sich Metternich, durch die Geschicklichkeit seiner Manöver eine isolierte Stellung zu gewinnen – die begünstigteren Mächten eine insulare Lage liefert –, bis er eine Kräftekonstellation erreicht hatte, so daß

Österreich seine wirkliche und traditionelle Rolle spielen könnte: die Organisation der Koalition und die Legitimierung des Friedens.

5

So also war Metternichs Stellung, als die ersten Nachrichten von der französischen Niederlage in Rußland eintrafen. Der Krieg von 1805 hatte ihn gelehrt, auf welch schwachen Füßen Allianzen stehen, der Krieg von 1809, wie notwendig sie sind. Die Ereignisse von 1805 hatten ihn überzeugt, daß eine unmittelbare Gefahr sowohl eine Isolierung als auch eine Koalition rechtfertigt und daß eine kontinentale Politik nicht *ad hoc* geführt werden kann. Die Niederlage von 1809 erweckte in ihm den Glauben, daß nationaler Elan kein Ersatz für materielle Stärke ist. Während dieser ganzen Zeitspanne hindurch war Rußlands Haltung zweideutig. Rußland trug mit dazu bei, daß die Mächte vernichtet wurden, die als Barriere gegen Frankeich hätten dienen können, und bis das eigene Hoheitsgebiet bedroht war, hatten russische Truppen sich nach der ersten Niederlage vom Kampffeld abgesetzt. Jetzt, da russische Truppen nach Westen marschierten, fürchtete sich Metternich vor ihrem Erfolg genauso wie vor ihrer Unentschlossenheit. Er hatte schließlich nicht ein Jahrzehnt lang im Interesse des Gleichgewichts gekämpft, um nun an die Stelle einer westlichen Vormacht die Herrschaft aus dem Osten treten zu lassen. Er hatte auch nicht etwa Österreich wieder allmählich Kraft eingeflößt, nur um diese jetzt in einem Anflug von Begeisterung aufs Spiel zu setzen. Als Rußland darauf hinwies, der Augenblick sei nun gekommen, da Österreich von der einen auf die andere Seite übertreten solle, antwortete Metternich, daß Österreich für seine gegenwärtige Lage nicht verantwortlich sei, daß ein Staat, dessen Existenz auf der Anerkennung der Heiligkeit von Verträgen beruhe, nicht einfach Bündnisse brechen könne und daß die österreichische Politik nicht auf Stimmungen, sondern auf kühler Berechnung basiere[38].

Jetzt war in der Tat die Zeit gekommen, in der, wie Metternich vorhergesagt hatte, hunderttausend Mann eine überragende Rolle in einem von allgemeiner Anarchie geschüttelten Europa spielen konnten. Österreich hatte aber nur knapp ein Fünftel dieser Zahl, und die Hälfte davon stand unter Napoleon in Rußland. Noch bedeutsamer war, daß Österreich nicht nur erst die russische Entschlossenheit, sondern auch die von Rußland beabsichtigte Art der Kriegführung erkunden mußte. Denn Österreich ging es nicht um die Freiheit der Völker, sondern um die Freiheit der historisch gewachsenen Staaten. Ein Volkskrieg hätte möglicherweise zur Auflösung des Vielsprachenreiches geführt. Ein nationaler Kreuzzug konnte zum Sturz der Dynastien führen, auf denen Österreichs Stellung in Deutschland beruhte. «Wie schwer ist es doch, einen großen Mann zu stürzen», rief Metternich aus. *(«Que la chute d'un grand homme est lourde.»)* «... Alle Planungen der armen Mittelmächte müssen darauf gerichtet sein, nicht zermalmt zu werden.»[39]

Alles hing daher nicht nur entscheidend von der Niederlage Napoleons, sondern auch von der Art und Weise ab, wie sie ihm beigebracht wurde. Es ging nicht nur um die Schaffung einer Koalition, sondern auch um das Grundprinzip, in dessen Namen diese kämpfen sollte.

«Ist ein großer Staat zu einer ihm gefahrdrohenden Handlungsweise verurteilt», sagte Metternich während des Krimkrieges in einer Lage, die er immer wieder ähnlich der von 1813 hielt, «so muß er sich wenigstens das Recht sichern, die Stelle des obersten Leiters der Unternehmung zu haben.»[40] Das war für das große Reich in der Mitte des Kontinents um so wichtiger, als Österreich ja mitten zwischen zwei Gegnern lag, deren Rücken entweder durch das Meer oder durch die Steppe geschützt war: «Sieht Österreich sich zu einem solchen Krieg genötigt, so muß es sich nicht allein Alliierte auf dem materiellen, sondern ebenfalls auf dem moralischen Gebiet gesichert haben.»[41] Es war jedoch klar, was Österreichs moralische Stellung verlangte: einen Krieg zwischen Staaten, nicht zwischen Völkern, eine Koalition, die unter der Doktrin des Konservativismus und der Stabilität stehen, und die, wenn möglich, lieber im Namen bestehender Verträge als durch deren Bruch zustande kommen sollte.

Machtpolitische Überlegungen lösten darüber hinaus bei Metternich Vorsicht aus. Denn Napoleon war zwar in Rußland geschlagen, noch aber Herr über die Niederlande, Italien und Illyrien. Die zweitrangigen deutschen Länder des Rheinbundes waren noch seine Satelliten, Preußen sein Bundesgenosse. Auch war Metternich bei seiner vorsichtigen Politik von der Überzeugung getragen, daß nun die Zeit gekommen sei, um die gute Kenntnis, die er von Napoleons Charakter gewonnen hatte, zu nutzen. «Namentlich dürften die Jahre interessant sein», schrieb er 1820, «welche ich, gleichsam bei einer Schachpartie, mit Napoleon zugebracht habe und während welcher wir uns nicht aus den Augen ließen, ich, um ihn matt zu setzen, er, um mich samt allen Schachfiguren zu zermalmen.»[42] Hierin symbolisierte sich das Kernproblem der Zeit: der Mann des Willens und der Mann der Vernunft, das Prinzip der Universalität und das Gefühl für die Grenzen, das Bekenntnis zur Macht und der Anspruch auf Legitimität. Was das Jahr 1812 auch sonst noch gebracht haben mag, es hatte gezeigt, daß die Partie nun nicht mehr dadurch zu gewinnen war, daß man entweder seinen Gegner oder die Figuren zermalmte. Man mußte die Partie jetzt nach den Spielregeln spielen, bei denen es auf Geschicklichkeit und Klugheit, nicht aber auf brutale Stärke ankommt. Je länger Napoleon brauchte, diese Tatsache zu erkennen, um so sicherer war sein späterer Fall. Auf das Ganze gerichtete Forderungen können, wenn sie mit der nötigen Stärke vorgetragen werden oder nur auf halbe Entschlossenheit stoßen, allein durch ihre eigene Wucht den Bau internationaler Ordnungen aus den Angeln heben. Wenn die Mittel aber begrenzt sind und der Gegner entschlossen ist, kann die Erinnerung an vergangene Erfolge zu einer Selbsttäuschung führen, die zum Vorspiel für den Niedergang wird.

Metternich entschied sich darüber hinaus nicht zu einem Spiel kühner Züge, bei denen man alles riskiert, um zu einem schnellen Matt zu gelangen. Er war vielmehr zurückhaltend und abwartend. Er spielte ein Spiel, bei dem der Vorteil in einer allmählichen Verschiebung der Lage lag, bei dem die Züge des Gegners genutzt wurden, um ihn zu lähmen, und dann, um ihn zu vernichten, während der Spieler erst all seine Kräfte sammelt. Es war ein Spiel, dessen Waghalsigkeit in der Einsamkeit lag, mit der es gespielt werden mußte, angesichts des Unverständnisses und der Abneigung, die Freund und Feind gleichermaßen dem Spiel entgegenbrachten. Es war ein Spiel, dessen Mut darin lag, daß ein einziger falscher Zug zur Niederlage, zum Verlust des Vertrauens und zur Isolierung führen konnte, dessen Größe von der Geschicklichkeit der Züge abhing und nicht vom Geist des großen Konzepts. Es war ein Spiel, an dessen Ende Österreich an der Spitze der Allianz stand, bei dem Österreich den Krieg von seinem Gebiet hatte abhalten können und das auf einer Koalition der Kabinette und nicht auf einem Bündnis der Völker beruhte und zu einem Frieden geführt hatte, dessen Rechtfertigung und Legalität mit der der Existenz Österreichs übereinstimmten. Das Spiel war nicht heroisch, aber es rettete ein Reich.

Metternichs Eröffnungszug war eine Depesche an den österreichischen Geschäftsträger im französischen Hauptquartier in Wilna am 9. Dezember, als bekannt geworden war, daß Napoleon eine Schlappe hatte hinnehmen müssen, man aber noch nicht wußte, wie ernst er geschlagen war. Geschickt und sarkastisch, gleichzeitig versöhnlich und drohend, ließ er das Maß der künftigen Stoßrichtung erkennen und umriß die Art des Spiels, um das es jetzt gehen sollte. Die Bedeutung der Depesche beruhte weniger auf seinem Inhalt, der nur der erste Schritt in einem verwickelten Manöver war, dessen volle Tragweite sich erst nach sieben Monaten erkennen ließ, sondern lag in dem Ton, in dem Bekenntnis zur Unabhängigkeit, die für Metternich in der Politik das gleiche war wie im menschlichen Leben die Gesundheit[43]. Das Schreiben begann mit einer heroischen Bemerkung zur Lage: «Dem Ersten Feldherrn unseres Jahrhunderts läßt Österreich zu viel Gerechtigkeit widerfahren, um sich über seine militärischen Maßnahmen ein eigenes Urteil zu gestatten. Der Fall war neu, das Kabinett von St. Petersburg hatte so viele Beweise der Wandelbarkeit und der Schwäche gegeben, daß die kältesten Berechnungen zur Annahme der Möglichkeit berechtigten: der Schrecken, den ein Unternehmen so unvorhergesehen, so weit von aller Wahrscheinlichkeit entfernt, wie die Besitznahme von Moskau, erwecke, werde den Kaiser Alexander bestimmen, in Unterhandlungen einzutreten. Diese Hoffnung ist zuschanden geworden; Rußland war bisher nur das Preisgeben seiner Bundesgenossen leicht geworden, zum Preisgeben seiner eigensten Interessen ist es nicht zu bringen gewesen...»

Dieser Absatz war die Einleitung zu einer langen Analyse der militärischen und psychologischen Möglichkeiten, die schließlich darin gipfelte, daß alle Siege der Grande Armée nutzlos waren, die Eroberung Rußlands unmöglich sei und ein Motiv für einen Separatfrieden nicht existiere. Was sei demnach die Lösung? Österreich, so antwortete Metternich, wolle seine guten Dienste für die Verhandlungen zu einem allgemeinen Frieden anbieten. Nur Österreich, so erklärte er, könne sich an die anderen Nationen wenden, ohne deren Würde zu verletzen, während es doch mit Frankreich durch Familienbande verbunden sei. Der Staat, der fünfzig Millionen Menschen im Herzen Europas umschließe, habe die Pflicht, selbst Frankreich gegenüber von Frieden zu sprechen. Der bedrohlichen Bekundung von Österreichs guten Absichten folgte eine weitere Zweideutigkeit: «Der Kaiser der Franzosen scheint vorhergesehen zu haben, was heute geschieht, wenn er mir so oft sagte, die Heirat habe das Angesicht der Lage Europas verwandelt. Der Augenblick naht, er kann schon gekommen sein, wo Napoleon den wahren Vorteil aus dieser glücklichen Allianz ziehen kann.» Metternich schloß mit einer Phrase, die er nicht nur unterstrich, sondern noch besonders betonte und die mehr als gewagt war: «Als unser erhabener Herr von der Räumung Moskaus hörte, hat er in wenigen Worten den Kern seiner Gefühle und seiner Politik ausgesprochen: ‹Der Augenblick ist gekommen, wo ich dem Kaiser der Franzosen zeigen kann, wer ich bin!› Ich begnüge mich, diese Worte seiner Majestät, die so einfach und gleichzeitig so energisch sind, zu wiederholen, und ermächtige Sie, sie dem Herzog von Bassano (dem französischen Außenminister) anzuführen; durch irgendeinen Kommentar könnten sie nur verlieren.»[44]

So eröffnete Metternich einen Feldzug, der zu einer Koalition gegen Napoleon führen sollte, indem er seinem Gegner den Frieden anbot. Auf diese Weise erhielt er als ersten Schritt das französische Einverständnis, aus dem Bündnis in die Neutralität überzuwechseln, von der Neutralität zur Vermittlerrolle, von der Vermittlerrolle in den Krieg, und das alles im Namen bestehender Verträge und ursprünglich motiviert mit der Sorge um den großen Bundesgenossen. Man mag sich fragen, warum Metternich ein indirektes Verfahren wählen mußte, eine so hinterhältige Methode, die doch so schwer zu rechtfertigen ist. Warum versuchte er nicht, im Innern die österreichische Lage dem allgemeinen nationalen Elan anzupassen, der Europa ergriffen hatte? Ein Staatsmann muß mit dem Material arbeiten, das er zur Verfügung hat, und der innere Bau Österreichs war starr, er war paradoxerweise viel starrer als der internationale Bau. Ehe wir uns jedoch der Wirkung hingeben, die die innere Struktur Österreichs auf Metternichs Außenpolitik ausübte, müssen wir uns einem anderen Staatsmann zuwenden, dem Außenminister der Macht, die gegen Napoleon am ausdauerndsten gekämpft hat. Auch er versuchte, eine Koalition ins Leben zu rufen, und auch er betrat die Szene mit einem Friedensplan in der Hand.

HENRY ROBERT
VISCOUNT CASTLEREAGH

DRITTES KAPITEL

Der Staatsmann der Insel

I

Die Erinnerung ist bei Staaten der Prüfstein für die Richtigkeit ihrer Politik. Je grundlegender die Erfahrung, um so tiefgreifender wertet eine Nation die Gegenwart im Licht der Vergangenheit. Es kann sogar vorkommen, daß eine Nation so starke Erinnerungen mit sich herumträgt, daß sie zum Gefangenen ihrer eigenen Vergangenheit wird. Das galt für das Großbritannien des Jahres 1812 jedoch nicht. Es hatte einen Schock hinnehmen müssen, ihn aber überstanden. Obwohl jedoch seine moralische Stellung unerschüttert blieb, so war es doch am Ende nahezu eines Jahrzehnts der Isolierung der festen Überzeugung, niemals wieder allein in einer solchen Lage stehen zu wollen.

Könnte man beliebig die Konturen eines Menschen zeichnen, der dieser Entschlossenheit Nachdruck verleihen soll, so käme man sehr bald auf Lord Castlereagh, der gerade zu dem Zeitpunkt britischer Außenminister wurde, als sich die Grande Armée an der Memel sammelte. Er war in Irland geboren und stammte aus einer alten, aber nicht gerade berühmten Familie. Er hatte die typische Erziehung des britischen Landadels in einer Zeit genossen, als die Bindungen zum europäischen

Festland nur locker waren und die Außenpolitik sich darauf beschränkte, Koalitionen gegen die revolutionäre Flut zu schmieden. Seine Laufbahn war stetig, aber nicht besonders aufsehenerregend. In der Öffentlichkeit wurde er durch das Niederwerfen des irischen Aufstandes und die Auflösung des irischen Parlaments bekannt, was mit dazu beitrug, ihm den Ruf eines Gegners des Liberalismus einzubringen. Unter Pitt war er Kriegsminister gewesen, und gerade diese Begegnung bildete die Grundlage für seine spätere Politik. Den größten Teil der hier behandelten Zeitspanne stand er im Schatten des brillanten Canning. 1809 mußten beide Männer nach einem Duell ihre öffentlichen Ämter niederlegen. Castlereagh kehrte 1812 als Außenminister und Führer des Unterhauses in die Politik zurück. Das war unter dem Kabinett des Lord Liverpool, dem man nur wenige Monate Lebensdauer gegeben hatte. Canning galt als so erfahren auf dem Gebiet der Außenpolitik, daß Castlereagh anbot, ihm das Außenministerium zu überlassen, vorausgesetzt, daß er seine Stellung als Führer des Unterhauses beibehalten könne. Doch die Chancen des Kabinetts Liverpool galten als so schlecht, daß Canning das Angebot ausschlug, mit dem Ergebnis, daß er sein Ziel ein weiteres Jahrzehnt nicht erreichte. Castlereaghs Stellung in der Geschichte begann somit beinahe nur als Nebenfigur, genauso unauffällig, wie er als Mensch war.

Und doch war es gerade er, der die Beziehungen zwischen dem europäischen Festland und Britannien wiederherstellte, der die Koalition aufrechterhielt und der eine Lösung aushandelte, die in groben Umrissen über fünfzig Jahre währte. Psychologen mögen sich die

Köpfe darüber zerbrechen, wie es sich erklärt, daß dieser irische Adlige, dessen Laufbahn nichts an profunden Gedanken erkennen ließ, zum europäischsten der britischen Politiker werden sollte. Man kann sich kaum einen größeren Unterschied vorstellen als zwischen ihm und seinem Mitspieler Metternich. Metternich war elegant, beweglich, rational; Castlereagh solide, schwerfällig, pragmatisch. Der eine war witzig und redegewandt, wenn auch ein wenig pedantisch; der andere schwerfällig in seiner Ausdrucksweise, wenn auch in der parlamentarischen Debatte recht wirkungsvoll. Metternich war der Doktrinär, Castlereagh der Mann der Tatsachen. Nur wenig Menschen haben so wenig persönlichen Eindruck hinterlassen. Kalt und reserviert ging Castlereagh einsam seinen Weg, menschlich so unnahbar, wie seine Politik der Mehrzahl seiner Landsleute unverständlich blieb. Man sagte, er sei wie die glänzende Spitze eines blanken Eisberges, kalt, schön, weitab und von einer Statur, daß niemand zu ihm konnte und auch nur wenige danach strebten. Erst nach seinem tragischen Tod erkannte die Welt, was hinter dieser Einsamkeit steckte.

Als Symbol britischer geschichtlicher Erkenntnisse eignet sich aber kaum jemand besser als Castlereagh, denn Großbritannien stand nicht im Krieg gegen eine revolutionäre Lehre, es ging auch bei weitem nicht um eine Alternative, sondern Britannien kämpfte gegen einen Weltherrschaftsanspruch. Es ging nicht um Freiheit, sondern um Unabhängigkeit; nicht um eine Gesellschaftsordnung, sondern um ein Gleichgewicht. Daraus erklären sich die ständigen Mißverständnisse mit den kontinentalen Staaten, besonders mit Österreich. Für sie ging es in diesem Krieg nicht nur um die Unabhängigkeit, sondern um *ihre* Unabhängigkeit im Sinn ihrer geschichtlichen Erfahrung. Für Großbritannien ging es um ein Europa, in dem keine Übermacht geduldet werden könne. Für Österreich war der Krieg ein Kampf um die Erhaltung eines gesellschaftlichen Ordnungssystems. Für Großbritannien bedeutete der Krieg das Zusammenbringen «großer Massen», wie es zur Eindämmung Frankreichs nötig schien[1]. Als 1821 Metternich die Lehre von dem Recht der allgemeinen Einmischung im Kampf gegen die Gefahr einer Weltrevolution prägte, erinnerte ihn Castlereagh daran, daß Großbritannien die Kriege gegen Napoleon aus materiellen Überlegungen geführt habe, weil britische Interessen entscheidend auf dem Spiel standen. Es sei ihm aber nicht um die vage Verkündung von Grundsätzen gegangen[2].

Darum lassen sich die britischen Ziele besser negativ als mit positiven Begriffen umschreiben. Sie spiegelten die Politik eines Inselstaates einem Kontinent gegenüber wider, der, falls er unter einer Herrschaft geeint wäre, eine tödliche Bedrohung bedeuten würde; einer Gesellschaftsstruktur, die sich ihrer Einmaligkeit bewußt war – und dieses Bewußtsein ist wichtiger als die Tatsache der Einmaligkeit –, so daß sich Britannien von innenpolitischen Umwälzungen in fremden Staaten nur dann bedroht fühlte, wenn diese mit gewaltsamer Ausdehnung verbunden waren. Es war ein defensives Konzept der Außenpolitik, in dem Großbritannien die Rolle dessen spielte, der in Europa für das Gleichgewicht zu sorgen hatte. Da man sich das Gleichgewicht eher politisch als sozial vorstellte, ging man davon aus, daß es auf eine Balance etwa gleichstarker Staaten ankomme, nicht aber auf ein Prinzip der Legitimität. Großbritannien, das die *Ausdehnung* der Französischen Revolution bekämpft hatte, rang um ein Europa, dessen Struktur Eroberungen ausschließen sollte. Österreich und mit ihm die anderen Festlandmächte, die durch die *Tatsache* der Französischen Revolution an den Rand der Auflösung gebracht worden waren und für die sowohl geographisch als auch psychologisch eine Isolierung unmöglich war, kämpften für ein Europa, dessen «Legitimität» eine überragende Vormachtstellung des einen oder anderen undenkbar erscheinen lassen sollte. Weil derjenige, der für die Aufrechterhaltung des Gleichgewichts sorgen will, das nur tun kann, solange die Meinungsverschiedenheiten der anderen Staaten untereinander größer sind als ihre gemeinsamen Meinungsverschiedenheiten ihm gegenüber, litt Großbritannien ständig unter dem Alpdruck, es könnte auf dem Festland ein Frieden ohne es geschlossen werden. Weil keine Gemeinschaft ständig nur in der Abwehr gegen Kräfte leben kann, die ihren Mythos angreifen, war der Alpdruck Europas die permanente Revolution[3].

Damit soll nicht gesagt sein, daß die britischen Politiker nicht gewisse innenpolitische Ordnungen für wünschenswerter hielten als andere. Ihre Neigung dem einen oder dem anderen gegenüber basierte aber auf der größeren Wahrscheinlichkeit, daß diese oder jene Regierungsformen das europäische Gleichgewicht aufrechterhalten würden. Das Kabinett Liverpool war ein unendlich weniger kompromißbereiter Gegner gegen Napoleons Herrschaft, als es etwa die österreichische Regierung war. Doch diese Gegnerschaft hatte nichts mit der «Legitimität» der Bourbonen zu tun. Sie rührte von der Überzeugung her, daß mit Napoleon auf die Dauer kein Frieden möglich sein würde. Als Napoleon von Elba entflohen war, sagte Castlereagh: «Wer kann sagen, daß Europa ruhig, unabhängig und sicher leben kann, wenn er wieder die Geschicke Frankreichs bestimmt. Ich bin der Meinung, daß in der jetzt in Frankreich sich stellenden Frage die viel wichtigere Frage eingeschlossen ist, ob Europa zu jenem moralischen System zurückkehren kann, bei dem die Interessen der Menschheit gesichert sind, oder ob wir weiterhin wie auch in den vergangenen zwanzig Jahren gezwungen sein werden, ein militärpolitisches System aufrechtzuerhalten; ob Europa in Zukunft den Anblick einer Vereinigung freier oder bewaffneter Nationen bieten wird.»[4]

Wenn Castlereagh sich der Revolution entgegenstellte, so nicht, wie Metternich, weil diese ‹unnatürlich›, sondern weil sie unruhestiftend war. Die heftige Kritik, welche die Liberalen an Castlereagh übten, verfälscht seine Absichten. Er befürwortete stets mäßigende oder versöhnliche Schritte – wenn auch nie ‹liberale›[5] –, sobald er es seiner Meinung nach nur ungefährdet tun konnte. Die Ruhe in Europa ging ihm über alles. Die Lehre von den Regierungsformen war für ihn weniger wichtig als internationale Ruhe.

«Wir wollen in Italien keinen Aufstand, sondern eine disziplinierte Kraft unter Herrschern, denen wir trauen können»[6], schrieb er 1818 an Lord William Bentinck, der sich anschickte, die Segnungen der britischen Verfassung den zögernden Sizilianern beizubringen, und er fügte die folgende Lehre von dem Primat der Außenpolitik über die Innenpolitik bei; von dem Gleichgewicht der Macht, die über dem Gleichgewicht der Gesellschaftsstruktur steht: «... Ich kann mich nicht zu dem Wunsch durchringen, daß umfangreiche Experimente über die Regierungsformen, wie sie allgemein schon in Europa stattfinden, durch ähnliche Neuschöpfungen in Italien noch vergrößert werden sollten. Man kann nicht übersehen, daß sich in Europa tiefgreifende moralische Wandlungen abzeichnen und die Grundsätze der Freiheit immer mehr in Erscheinung treten. Die Gefahr ist die, daß die Umwälzung zu schnell kommen könnte ... um die Welt glücklicher und besser zu machen. Wir haben jetzt neue Verfassungen in Frankreich, Spanien, Holland und Sizilien. Warten wir das Ergebnis ab, ehe wir zu weiteren Versuchen ermutigen ... In Italien kommt es ganz besonders darauf an, sich zurückzuhalten, wenn wir in Übereinstimmung mit Österreich und Sardinien handeln wollen ...» In diesen Worten schlug sich die Abneigung des englischen Tory gegen plötzliche oder doktrinäre Wandlungen nieder, und in ihnen findet sich das Bekenntnis des britischen Politikers zu dem kontrollierenden und steuernden Wesen der Koalition.

Um diese aus dem Krieg geborene Koalition als dauerhaften Ausdruck des Gleichgewichts ging es Castlereagh. Da für ihn der Krieg Abwehr einer Hegemonie bedeutete, war es natürlich, daß er in dem Bündnissystem einen Schutz vor künftigen Aggressionen sah. Da die Revolutionskriege wegen der Schrankenlosigkeit des napoleonischen Herrschaftsanspruchs solch große Ausmaße angenommen und das Vertrauen untergraben hatten, war die Wiederherstellung des Vertrauens im

Rahmen der internationalen Beziehungen erste Voraussetzung für einen dauerhaften Frieden.

«Wenn die Eifersüchteleien nicht unterdrückt werden», schrieb er 1814 an Lord William Bentinck, «... geht es nicht um militärische Übereinstimmung, sondern wir sollten uns dann auf einen Krieg unter uns vorbereiten; und wenn es den einzelnen Partnern nicht gelingt, sich nicht nur auf freundschaftlichen Fuß miteinander zu stellen, sondern auch vertrauensvolle Beziehungen zu knüpfen, dann wird gerade jenes Übel entstehen, das man zu verhindern trachtet.»[7]

Mit einem Wort, Großbritannien als der Staat, dessen einziges Interesse auf dem Festland die Stabilität war, sollte als Vermittler auftreten. Als relativ an den Interessen der Festlandstaaten unbeteiligte Nation sollte Großbritannien die Lösungen befürworten können, die zur allgemeinen Beruhigung beitragen würden. Das konnte Britannien aber nur erreichen, wenn es sich nicht dem Verdacht aussetzte, eigensüchtige Motive zu haben. Aus diesem Grund beharrte Castlereagh immer wieder auf Mäßigung, auf einem Frieden des Gleichgewichts und nicht des Übergewichts. Er wollte einen Frieden der Harmonie, nicht der Rache. Auf einer Reise zum Hauptquartier der verbündeten Herrscher in Basel sagte er zu seinem Reisegenossen Ripon, es «gehöre zu den Schwierigkeiten, die er von den kommenden Verhandlungen erwarte, daß es zwischen den großen Mächten als Einheit keine vertrauensvollen Beziehungen gäbe und daß viele Forderungen dadurch modifiziert werden könnten, daß man die entsprechenden Partner zu offenen und von Vertrauen getragenen Aussprachen über alle großen schwebenden Probleme bringen sollte.»[8] Als er gerade wieder einmal mit seiner jeder Einmischung auf dem Kontinent abholden Regierung rang, schrieb er: «Unser Ansehen auf dem Kontinent als Ausdruck unserer Stärke, unserer Macht und unserer Vertrauenswürdigkeit ist von realerer Wirkung als irgendeine Erwerbung.»[9]

In einem Punkt allerdings war die Inselnation nicht bereit nachzugeben: ihre Seemachtstellung. Weil die Herrschaft über die Meere es Großbritannien ermöglicht hatte, zehn Jahre der Isolierung zu überleben, gewann das Seerecht ein über sein eigentliches Gewicht hinausgehendes Maß an Bedeutung. Doch wer will mit einem Volk über die Auswertung seiner Geschichte streiten? Die Vergangenheit ist das einzige Mittel, der Zukunft ins Auge zu sehen, und was «wirklich» passierte, ist oft weniger wichtig als das, was passiert sein soll. Die Blockade und das Recht zur Durchsuchung neutraler Schiffe galten als entscheidende Faktoren, die zur Beendigung von Napoleons Herrschaft geführt hatten, so daß Castlereagh nichts anderes als eine alte Erkenntnis britischer Politik darlegte, wenn er an Cathcart, den britischen Gesandten am Zarenhof, schrieb: «Großbritannien mag aus dem Kongreß verjagt werden. Es wird sich aber nicht aus seinen Seerechten vertreiben lassen, und wenn die Festlandmächte ihre eigenen Interessen richtig erkennen, werden sie das auch nicht versuchen.»[10]

Bis zu diesem Punkt stimmte Castlereaghs Ansicht über die außenpolitischen Beziehungen mit denen seines Landes überein oder erschien dem Land wenigstens verständlich. Als Castlereagh jedoch daranging, das Bündnis gegen Napoleon zu einer internationalen

Organisation zur Sicherung des Friedens umzugestalten, führte das nicht nur zur Trennung von seinem Land und seinem Kabinett, sondern auch von seinen Alliierten. Denn Zusammenarbeit, die auf einem Engagement beruhte, das ausschließlich gegen französische Aggression gerichtet war, erwies sich für die Festlandstaaten als zu wenig, für die Innenpolitik Großbritanniens aber als zu viel.

Den Festlandmächten konnte ein so begrenztes Bündnis nicht genügen, denn sie hatten um sich herum nur einen schmalen Sicherheitsgürtel. Es war sehr wohl richtig von Castlereaghs Standpunkt aus, wenn er Metternich vor einer Außenpolitik warnte, die auf vorbeugende Maßnahmen aus war[11]. Aber Metternich hatte keinen Kanal, hinter den er sich zurückziehen oder über den hinweg er sich im günstigst erscheinenden Augenblick wieder einmischen konnte. Für seine Sicherheit kam es auf die erste, nicht auf die letzte Schlacht an. Vorbeugung war für ihn die *einzige* Politik. Eine Bindung an Europa, und sei sie noch so begrenzt, war aber innenpolitisch für Britannien nicht tragbar. Canning, nicht aber Castlereagh, sprach für die Nation, als er davor warnte, daß ein Entschluß, ständig an europäischen Kongressen teilzunehmen, Großbritannien in eine neue und recht fragwürdige Politik verstricken würde: «Es würde Großbritannien tief in alle politischen Fragen des Kontinents verwickeln, während in Wahrheit unsere Politik doch immer auf Nichteinmischung gerichtet ist, solange es nicht um besondere Notfälle geht, dann aber mit befehlender Stärke.»[12]

So lautete die Lehre von der Nichteinmischung, der Kehrseite des Glaubens an die Einmaligkeit britischer

Institutionen. Sie drückte die Überzeugung aus, daß Wandlungen in der Regierungsform im Ausland britische Institutionen nicht treffen würden, daß die Bedrohungen der britischen Sicherheit politischer, aber nicht gesellschaftspolitischer Art seien. Die Frage, wer Herr über die Schelde-Mündung ist, war für Großbritannien wichtig, weil davon die ungehinderte Herrschaft über die See-Enge abhing. Es war aber nicht wichtig, wer auf dem Thron von Neapel saß, zumindest nachdem Murat gestürzt war.

Parallel zu dieser Überzeugung lief das Übertragen britischer innenpolitischer Anschauungen auf internationale Ebenen. Das Recht jeder Nation, sich die Form der Regierung selbst zu wählen, war ein Axiom, das beide Seiten des Unterhauses anerkannten. Einmischung in die politischen Vorgänge fremder Staaten könnten notfalls angesichts besonderer Notwendigkeiten hingenommen werden, waren aber nie zu billigen, besonders nicht als ein anerkanntes Recht. Es waren Parlament und öffentliche Meinung, die Castlereaghs Außenpolitik Zügel anlegten: «Wir handeln unter dem Druck der Notwendigkeit, stets eine Form zu wahren, die unsere Wachsamkeit rechtfertigen würde, so als ob sie im Parlament erarbeitet worden wäre.»[13]

Castlereagh sprach für das Unterhaus, wenn auch nicht für sich selbst, als er auf den Vorschlag des Zaren, in die spanische Revolution einzugreifen, antwortete: «Wenn das territoriale Gleichgewicht in Europa gestört ist, kann Großbritannien wirkungsvoll eingreifen. Unsere Regierung wird aber die letzte in Europa sein, von der man erwarten oder die es sich erlauben kann, sich um Dinge zu kümmern, die absoluten Charakter haben ... Man wird uns auf dem Plan finden, wenn das europäische System in akuter Gefahr ist. Unser Land jedoch will und kann nicht zugunsten abstrakter Prinzipien und Vorbeugung eingreifen. Das wäre auch nicht Sinn unseres Bündnisses in seiner ursprünglichen Form. Dieser Sinn ist auch nie meinem Parlament unterbreitet worden. Wäre er unterbreitet worden, hätte das Bündnis nie und nimmer die Zustimmung des Parlaments gefunden.»[14]

Alle Grundelemente Castlereaghscher Politik finden sich in diesem Brief vereint: Das Gleichgewicht Europas ist politischer Art, und Großbritannien wird gegen jeden Versuch kämpfen, es umzustoßen. Die Bedrohung muß aber offenkundig und darf nicht nur spekulativer Art sein. Die dagegen zu unternehmenden Schritte müssen defensiv, nicht vorbeugend sein. Revolutionen sind zwar unerwünscht, bedeuten aber keine akute Gefahr. Auf den Versuch des Zaren, die Allianz zur Unterdrückung einer Revolution in Neapel zu bewegen, sagte Castlereagh dem russischen Botschafter Lieven: «Die Politik Ihres Kaisers ist eine vergebliche Hoffnung, ein schönes Phantom, dem vor allem England nicht folgen kann ... Man schlägt heute vor, die Revolution niederzudrücken. Solange diese Revolution jedoch nicht deutlichere Gestalt gewinnt, ist England nicht bereit, sie zu bekämpfen. Bei allen anderen rein politischen Fragen wird England bereit sein, so zu handeln wie alle anderen Regierungen.»[15]

«Bei allen *anderen rein* politischen Fragen» – das war das außenpolitische Konzept eines Inselstaates, der wußte, daß seine innenpolitische Struktur von außen nicht zu erschüttern war. Die Unterscheidung zwischen politischen und gesellschaftlichen Elementen war für Metternich, den kontinentalen Staatsmann, immer unannehmbar. Doch der Unterschied trat 1812 noch nicht so deutlich hervor. Die Gefahr für das Gleichgewicht war klar, die Notwendigkeit eines Bündnisses lag auf der Hand. Die Revolution im Gewand einer Militärdiktatur mußte unterdrückt werden, gleichgültig ob nun im Namen des gesellschaftlichen oder des territorialen Gleichgewichts. Somit war es nur natürlich, daß Metternich seine Kampagne mit einem Friedensangebot begann, um den moralischen Rahmen abzustecken, während Castlereagh territoriale Lösungen anregte, um das physische Gleichgewicht zu erreichen.

2

Castlereagh hatte stets dann die besten Erfolge, wenn die Ziele klar umrissen waren, wenn es galt, eine Koalition aufrechtzuerhalten, einen Vertrag auszuhandeln oder eine Meinungsverschiedenheit beizulegen. Das war die Lage im Jahr 1813, und sein Ziel war die Befreiung Europas sowie die Wiederherstellung des Gleichgewichts der Kräfte. Europa war aber nicht ohne Niederlage Napoleons zu befreien. Für Castlereagh war das so klar, daß Metternichs Geschicklichkeiten wie Ausflüchte erschienen. Von einem Staatsmann des «offenen Wortes», der auf Europa von dem sicheren Hort jenseits des Kanals und aus einer ein Jahrzehnt langen relativen Isolierung blickte, konnte man kaum erwarten, daß er eine Politik begrüße, die von Frieden sprach, während sie sich für den Krieg vorbereitete, um so weniger, als der Erfolg solcher Politik von ihrer scheinbaren Ernsthaftigkeit abhing. Er antwortete daher auf Metternichs Eröffnungen mit besonders scharfen Worten und kritisierte in seiner legalistischen Ausdrucksweise Metternichs Methoden als ein Konzept der Außenpolitik, bei der der Schein die einzige Realität sei. Er legte die Doppelzüngigkeit offen, von der der Erfolg der Metternichschen Politik abhing: Österreich, so hieß es, sei eine Hilfsmacht Frankreichs. Es hätte in den Krieg gegen Rußland entweder mit Hinweis auf die Notwendigkeit oder aber die Gerechtigkeit eintreten können. Im ersteren Fall müßte Österreich nun, da es von dem Druck der Notwendigkeit befreit sei, sein Engagement beenden und seinen eigenen Weg gehen. Wenn jedoch Österreich Napoleons Krieg als gerechten Krieg betrachte, dann verlange es in Wirklichkeit von Großbritannien, sich dem kontinentalen System zu verschreiben. England könne darum den österreichischen Friedensbemühungen so lange nicht beipflichten, wie Österreich nicht die Bereitschaft zur Unabhängigkeit habe erkennen lassen[16].

Castlereagh fürchtete aber einen Frieden auf dem Festland ohne Großbritannien sogar noch mehr als Österreichs Bemühungen, Großbritannien zu voreiligen Handlungen zu zwingen. Jede Lösung, und sei sie auch noch so unbefriedigend, schien ihm besser als ein weiterer Ausschluß gerade des Landes aus dem Gleichgewicht der Mächte, das dieses Gleichgewicht balancierte. Darum lag es auf der Hand, daß Castlereagh die Kontinentalmächte für sich zu gewinnen trachtete, indem er den britischen Zielen eine denkbar umfassende Formulierung gab und dabei auf seinen großen Mentor Pitt zurückgriff.

Pitt hatte sich 1804 vor einer Lage gesehen, die der Castlereaghs von 1813 nicht unähnlich war. Damals wie auch 1813 bemühte sich Europa, das Gleichgewicht wiederherzustellen gegen den Versuch einer Alleinherrschaft, obwohl das Wesen der Bedrohung noch nicht allgemein erkannt war und man noch vielerorts der Illusion nachhing, Separatlösungen seien möglich. Zur gleichen Zeit, da Metternich das schwankende Preußen zu überzeugen gesucht hatte, daß eine friedliche Koexistenz mit dem napoleonischen Frankreich unmöglich sei, hatte der junge russische Zar Alexander einen Beauftragten nach England geschickt, um ein Bündnis abzusprechen und um britische Hilfsgelder nachzusuchen. Der Zar war damals noch in der liberalen Phase seines Lebens und begnügte sich nicht mit einer Allianz, nur um Napoleons Stellung zu schmälern oder sein Reich zu stürzen. Die Koalition sollte zu einem Kreuzzug mit dem Ziel weltweiten Friedens werden.

Der kühl rechnende Pitt mag sich sehr über den Plan gewundert haben, den der russische Gesandte hier unterbreitete. Das alte Europa, so argumentierte Alexander, sei für immer dahin, und ein neues müsse geschaffen werden. Nichts weniger als die Beseitigung der letzten Reste des Feudalismus und eine Reform der Völker durch das Zugeständnis liberaler Verfassungen könnte die Stabilität wiederherstellen. Nicht einmal das Ottomanische Reich war von dieser Möglichkeit ausgeschlossen. Damit keine Macht den Gleichklang zwischen den konstitutionellen Staaten stören könne, hatte Alexander einige Sicherheitsmaßnahmen eingebaut. Die Staaten sollten gehalten sein, ihre Meinungsverschiedenheiten Dritten zur Vermittlung vorzulegen.

Jeder Staat, der sich gegen das neue Europa versündigte, sollte automatisch eine sofortige Koalition aller anderen Mächte auslösen. Großbritannien und Rußland sollten dank ihrer geographischen Lage diesen Zustand garantieren[17]. Alexander hatte auch auf einige territoriale Lösungen besonders bezüglich Sardiniens Bezug genommen und auch einen vagen Plan für die Reorganisation Deutschlands angedeutet, doch im Grunde genommen interessierte das alles Alexander wenig. Der Frieden sollte aufgrund gesellschaftlicher Harmonie geschaffen werden, und der Krieg sollte unmöglich, weil undenkbar sein.

Pitt aber war nicht bereit, sich in einen Kreuzzug der konstitutionellen Freiheit zu stürzen. Er war auch nicht bereit, die Preisgabe britischer Seerechte auch nur in Betracht zu ziehen, was nach den Vorschlägen des Zaren der britische Beitrag zu einer internationalen Neuordnung hätte sein sollen. Andererseits wollte er aber auch nicht, daß die Koalition wegen ihrer Meinungsverschiedenheit auf dem Gebiet der politischen Philosophie auseinanderbreche. Um aus diesen Schwierigkeiten herauszukommen und den Zaren zu veranlassen, seine Vorschläge für eine soziale Verbesserung bis zur Friedenskonferenz aufzuschieben, versuchte Pitt, dem britischen Hauptziel, der Beschneidung der französischen Macht, konkreten Ausdruck zu verleihen. So entstand der Pitt-Friedens-Plan, geboren 1805, aber zu neuem Leben erweckt im Jahr 1813, als Grundlage für eine Nachkriegslösung.

Pitts Plan begann damit, daß die russischen Anregungen auf drei Hauptziele zusammengeschnitten wurden, die er wie folgt formulierte: «a) Errettung der Länder

WILLIAM PITT

von der Herrschaft Frankreichs, die es seit Beginn der Revolution unterworfen hatte, und Beschneidung Frankreichs auf seine Grenzen zur Zeit des Ausbruchs der Revolution, b) Absprachen über die Gebiete, die von Frankreich abgelöst werden, so daß sie ihr eigenständiges Leben und Glück erreichen und gleichzeitig eine wirkungsvollere Barriere gegen künftige französische Ausdehnungsbestrebungen bilden mögen, und c) gleichzeitig mit der Friedenregelung Schaffung eines allgemeinen Vertrags und einer Garantie zu gegenseitigem Schutz der Sicherheit der einzelnen Mächte und Wiederherstellung eines allgemeinen Staatsrechtssystems in Europa.»[18]

Diese Vorschläge waren nichts anderes als abstrakte Formulierungen wünschenswerter Ziele. Pitt machte sich darum daran, ein Gebäude zu entwerfen, das sie mit Leben erfüllte. Da Großbritannien und Rußland, so argumentierte er, beide keine territorialen Ansprüche hätten und die Dinge von einer höheren Warte aus sehen könnten, müßten sie ein Übereinkommen über das europäische Gleichgewicht treffen und dafür sorgen, daß es auch von den anderen Staaten akzeptiert werde. Weil die französische Hegemonie dazu geführt habe, daß die zweitrangigen Mächte zu Satelliten wurden, sollte sich das neue Gleichgewicht der Kräfte auf einen kontrollierenden Einfluß der Großmächte stützen. Die Wiederherstellung der nationalen Unabhängigkeit müsse ohne Zweifel das erste Ziel des Bündnisses sein. Doch gäbe es eine Reihe von Staaten, die gezeigt hätten, sei es durch ihren schnellen Zusammenbruch, sei es durch ihre Hörigkeit gegenüber Frankreich, daß sie für eine Selbstregierung ungeeignet seien. Ihre Hoheitsgebiete sollten dazu verwendet werden, die Großmächte zum Beitritt zur Koalition zu gewinnen und somit jene «großen Massen» zu schaffen, die Frankreich im Zaum halten würden. Zu den zu beseitigenden Staaten gehörten Genua, die kirchlichen Besitzungen auf der linken Rheinseite und die spanischen Besitzungen in Norditalien. Österreich und Preußen sollten die Hauptnutznießer sein, Österreich in Italien und Preußen in Deutschland. Dadurch, daß Österreich zu einer starken Macht in Italien würde, hoffte Pitt die Rivalität zwischen Österreich und Preußen in Deutschland zu beseitigen, die so oft Vorwände für französische Interventionen geliefert hatte.

Europa sollte also aus einer Gemeinschaft von fünf Großmächten bestehen: Großbritannien, Frankreich, Rußland, Österreich und Preußen. Um Frankreich herum sollte ein Ring zweitrangiger Mächte gelegt werden, von denen jede eine befestigte Grenze haben sollte, um einen ersten französischen Ansturm abzufangen, und dahinter jeweils eine Großmacht als Stütze. Holland mit Preußen im Rücken sollte den Norden bewachen. Sardinien, gestützt von Österreich, den Süden. Das österreichisch-preußische Bündnissystem sollte das Mittelstück schützen. Dieses ganze Arrangement sollte durch einen allgemeinen Vertrag zwischen den Großmächten gesichert werden, welche die territorialen Lösungen zu garantieren hätten. Hinzutreten sollte ein Sondervertrag zwischen Rußland und Großbritannien, um ebendiese Garantien zu garantieren.

Hier zeigte sich in dürren Worten, worum es im Kern für Großbritannien ging. Es war ein Krieg um die Sicherheit, nicht zugunsten einer Doktrin; ein Krieg gegen Eroberungen, nicht gegen eine Revolution. Sein Ziel war, ein stabiles Gleichgewicht der Mächte dadurch zu schaffen, daß Frankreich beschnitten, die Mittelmächte aber vergrößert würden. Darüber hinaus sollte eine territoriale Garantie als Ausdruck dieses Gleichgewichts das Ganze stützen, wiederum überlagert durch eine Sondergarantie der «selbstlosen» Mächte als Symbol guter internationaler Ordnung. Nur in zwei Punkten erwies sich Großbritannien als unnachgiebig: Über die Seerechte schwieg sich Pitts Plan bezeichnenderweise aus, und Holland war frei von dem Einfluß irgendeiner Großmacht.

Der Pragmatismus dieses Planes war zugleich seine Stärke und seine Schwäche. Er führte zu einer Einseitigkeit in der Zielsetzung, welche es Großbritannien ermöglichte, sich seine Hauptziele vor denen der anderen Mächte zu sichern. Er umfaßte aber zugleich ein mechanisches Konzept internationaler Beziehungen, das keinen Spielraum für Umgruppierungen innerhalb der Mächte ließ. Das Gleichgewicht, auf das er zielte, basierte auf defensiven Grundgedanken: der Bedrohung durch ein aggressives Frankreich. Solange diese Gefahr allgemein anerkannt wurde, genügte sie, um das Gleichgewicht der Kräfte zu legitimieren. Wenn aber neue Probleme auftraten und Gefahren von anderen Seiten drohten, mußte das Wesen des Gleichgewichts neu definiert werden. Bei dieser neuen Definition konnte die alte Einmütigkeit kaum wiedergewonnen werden, denn nur in revolutionären Zeiten fühlen sich die meisten Staaten gleich bedroht. Nur dann sind defensive Koalitionen Allgemeingut. Gerade die Stabilität des Friedens tendiert zur Auflockerung eines Kriegsbündnisses, wenn dieses durch nichts anderes zusammengehalten wird als durch die Erinnerung an die gemeinsame Gefahr.

Das alles lag aber noch in ferner Zukunft. Die Grande Armée war geschlagen, und die britische Isolierung schien sich dem Ende zu nähern. Jetzt griff Castlereagh Pitts Plan wieder auf und schickte ihn an Cathcart mit folgendem Begleitbrief: «Über die politischen Lösungen in Europa kann man in diesem frühen Stadium wohl erst sehr schwer entscheiden... Die wesentlichsten Züge, über die wir uns einig sind, lauten, daß wir große Massen brauchen, um Frankreich niederzuhalten, daß Preußen, Rußland und Österreich so stark werden wie eh und je und daß die kleineren Staaten entweder zur Stärkung zusammengefaßt werden oder dafür zahlen müssen, daß sie einen Widerstand verspielt haben... Als eine Richtschnur, von der Sie ausgehen können, sende ich Ihnen... einen Bericht, auf den das Bündnis von 1805 gegründet war. Der Kaiser von Rußland hat vermutlich dieses interessante Dokument nicht in seinem Hauptquartier (... Ich entsinne mich noch gut der mehreren Unterhaltungen mit Herrn Pitt über Detailfragen, *bevor er den Bericht niederlegte*). Einige der Anregungen mögen heute nicht brauchbar sein, doch das Ganze ist ein derart großartiger Rahmen für die Restaurierung Europas, daß ich mich glücklich schätzen würde, wenn Euer Lordschaft es auf bestimmte Vorschläge reduzieren und zu erfahren trachten wollten, was der Kaiser über den Inhalt denkt.»[19] So wurde der Pitt-Plan zum Vorbild für Castlereaghs Politik. Er war so erfolgreich, dessen Ziele zu verwirklichen, daß er 1815 den Pitt-Plan als Rechtfertigung der Wiener Lösungen dem Unterhaus vorlegen konnte.

Im April 1813 war es aber noch nicht so weit. Noch stand nicht fest, ob Krieg oder Frieden herrschen würden, und falls es zum Krieg käme, welcher Art dieser Krieg sein würde. Die Koalition mußte noch gebildet werden. Napoleons neues Heer war noch zu prüfen. Österreich befand sich noch mitten in seinen verwickelten Vorbereitungen und sprach von Vermittlung, während Castlereagh nur mit Mühe seine Ungeduld zu bändigen vermochte. Der große Wächter der Koalition mußte untätig bleiben, bis die Koalition errichtet war. Damit war Metternich beschäftigt, und alles mußte warten, bis er sein Werk vollendet hatte.

VIERTES KAPITEL

Metternich und die Definition des politischen Gleichgewichts

I

«Alles, was gegenwärtig die Blicke fesselt», schrieb Metternich einmal, «ist nur das Vorspiel eines Stückes in vielen Akten, die sich nach und nach entwickeln werden, wie dies im Theater geschieht, wenn der Vorhang einmal aufgezogen ist. Dann erklären, das Stück werde nicht aufgeführt, ist eine Albernheit. Es wird zu Ende gespielt durch die Schauspieler ... oder durch die Zuschauer, welche auf die Bühne steigen ... Verständige Männer erblicken aber niemals darin das Wesen der Frage; für sie liegt es in der Entscheidung, ob der Vorhang aufgezogen werden soll oder nicht, ob das Publikum versammelt werden soll oder nicht, vor allem jedoch um den Wert oder Unwert des Stückes ...»[1] Gegen Ende des Jahres 1812 hatte sich der Vorhang gehoben, doch man sah eine Bühne in Unordnung, auf der ein sorgfältiger Bühnenmeister unbemerkt die Figuren hin- und herschob, bis er eine Form gefunden hatte, wie er sie haben wollte. Und da der Bühnenbildner nicht bereit war, den Grund für das Arrangement, auf das er hinauswollte, preiszugeben, widerstand er, gelegentlich sogar zornig, allen Aufforderungen von außen, sich mit seiner Arbeit zu beeilen.

Als Metternich Napoleon seine Dienste zur Vermittlung eines *allgemeinen* Friedens anbot, verschrieb er sich einer Politik, von der er wußte, daß es keinen Weg zurück gab. Hätte Metternich lediglich die Bürde des Bündnisses mit Frankreich abschütteln wollen, hätte er seine Dienste für einen Separatfrieden mit Rußland anbieten und für den Fall des Fehlschlagens sich in die Neutralität zurückziehen können. Dadurch, daß er aber nach einem allgemeinen Frieden strebte, engagierte er die Interessen Österreichs in der direktesten Form. Sollte sich Napoleon weigern, die Bedingungen zu akzeptieren, die Metternich zu entwickeln sich anschickte, blieb keine Wahl, als sich in die Reihe seiner Feinde einzugliedern. Denn die Bedingungen würden als genau die Kontur Europas definiert werden, die Österreich mit der eigenen Sicherheit für vereinbar hielt. Metternich, der sich so oft rühmte, Napoleons Charakter zu kennen, kann kaum erwartet haben, daß Napoleon seine Bedingungen annehmen würde. Nicht etwa weil die Bedingungen nicht großzügig gewesen seien, sondern eben weil es Bedingungen waren.

Es kann darum kein Zweifel bestehen, daß Metternich sich der Schwere des Schrittes bewußt war, als er im Namen des Bündnisses mit Frankreich einen diplomatischen Feldzug eröffnete, an dessen Ende Österreichs moralische und militärische Führerstellung in einer antifranzösischen Koalition eine gegebene Tatsache war, über die sich weitere Verhandlungen erübrigten. Weil der Erfolg seiner Aktion davon abhing, den Anschein der Aufrichtigkeit zu erhalten, galt es, jeden Zweifel an den österreichischen Motiven zu vermeiden. Russischen Aufforderungen, die Politik zu erläutern, wich er aus oder beantwortete sie nicht. Als Lord Cathcart einen Vertrauten schickte, um Österreich zu einem schnellen Kriegseintritt zu bewegen, verzögerte Metternich die Antwort mit dem Bemerken, er kenne keinen Lord Cathcart, und später meinte er, er werde sich mit England in London unterhalten. Weil die österreichische Verhandlungsposition auf dem Anschein der Unabhängigkeit basierte, wurde Handlungsfreiheit Metternichs Hauptziel. «Das erste, das Unwandelbarste aller Interessen Österreichs ist die Unabhängigkeit», schrieb Metternich Anfang Januar 1813. «Große Erfolge der einen oder anderen kriegführenden Macht, ohne Erschöpfung ihrer Streitmittel, war eine Aussicht, welche für Österreich neue Unbequemlichkeiten herbeiführen könnte... Österreich sieht sich am Anfang des Jahres 1813 stark durch die Schwäche der beiden anderen Kaiserhöfe... Von dieser Wahrheit überzeugt, haben wir allen unseren Schritten Frankreich gegenüber das Gepräge jener Unabhängigkeit aufgedrückt, deren Gefühl sich natürlicherweise mit jedem Tag positiver bei uns aussprechen muß.»[2]

Diese Unabhängigkeit war jedoch recht paradox, was sich an der Indirektheit der Maßnahmen, dem Ton der Sprache und dem Zögern zeigte, mit dem man Napoleons Wünschen nachkam. Es war eine Unabhängigkeit, die sich allmählich um so wirkungsvoller erwies, als sie im Namen des Bündnisses mit Frankreich vollendet wurde. Ihren ersten Ausdruck fand sie in Form von Weisungen für den österreichischen Gesandten Bubna, der nach außen hin die Aufgabe hatte, das Bündnis den neuen Verhältnissen anzupassen, in Wirklichkeit aber Napoleons Absichten und irgendwelche unbequemen französischen Maßnahmen erkunden sollte[3]. Die Weisungen, die Napoleon gegenüber wiederholt werden sollten, warfen erneut die Frage österreichischer Vermittlung auf und verbanden damit die Stellung des österreichischen Hilfskorps, welches das Kernstück österreichischer Macht repräsentierte. Die Weisungen begannen mit der üblichen zweideutigen Bezugnahme auf Napoleons Niederlage: Trotz einer endlosen Reihe von Fehlern, trotz des völligen Fehlens eines militärischen Talents sei Rußland siegreich geblieben. Es sei ein Sieg mit unberechenbaren Konsequenzen. «Die Menschen Europas», argumentierte Metternich doppelsinnig, «haben im Lauf der letzten zwanzig Jahre gelernt, militärische Stärke richtig zu werten. Über die vermutlichen Weiterungen der jüngsten Ereignisse geben sie sich keinen Täuschungen hin.» Die einzige Lösung sei ein Frieden, von einem Österreich vermittelt, das Napoleon zutiefst verbunden sei, aber sich noch stärker seinen eigenen Menschen verpflichtet fühle. Sollte jedoch der Krieg weiter andauern, so fuhr Metternich fort, dann sei es evident, daß der *gemeinsamen Sache* am besten gedient sei, wenn sich das österreichische Hilfskorps nach Galizien zurückziehe und sich von dort mit dem Beobachtungskorps vereine, für dessen Aufstellung Metternich 1812 durch Arrangieren einer russischen «Bedrohung» die Erlaubnis erhalten hatte[4]. Während Metternich also das moralische Klima für die Unabhängigkeit schuf, sammelte er vorsichtig alle Kräfte, um dieser Nachdruck zu verleihen. Napoleon sollte erfahren, daß eine zu herzliche Umarmung erdrücken kann.

Es folgte ein Ringen ähnlich einem japanischen Spiel und mit ähnlich undurchsichtigen Regeln, denn beide

Seiten waren darauf bedacht, das wirkliche Problem im Hintergrund zu halten, nach außen den Schein zu wahren, aber alle Möglichkeiten offenzuhalten: Napoleon, um sein Heer neu aufzustellen und Österreich, sei es durch Geschicklichkeit oder Drohungen, in die Bresche schieben zu können, welche der Zusammenbruch der Grande Armée gerissen hatte; Metternich, um Zeit zu gewinnen, um die Entschlossenheit seiner möglichen Alliierten zu prüfen und für den Fall, daß sich diese als zu zögernd herausstellen sollten, seinen Rückzug zu decken sowie die Stärke aufzubauen, mit der er Napoleon trotzen konnte, ohne Österreich dem ersten Schlag auszusetzen. Es war ein Ringen um die größere Ausdauer, bei der die Streiche mit größter Geschicklichkeit ausgeteilt werden mußten oder hinzunehmen waren, als gäbe es gar keinen Unterschied zwischen Schein und Sein. Es war ein Ringen um die Geduld, bei dem Nadelstiche lächelnd hinzunehmen waren und bei dem man Zweideutigkeiten übersah, als gäbe es im Leben gar nichts anderes. Ein Mensch, der gewöhnt ist zu befehlen, tut sich schwer zu lernen, wie man verhandelt, denn verhandeln heißt, die begrenzte Macht anzuerkennen. Ein im Herzen Europas gelegener Staat kann nur Sicherheit finden in einer Welt, in der Verhandlungen die normale Form internationaler Beziehungen bilden. Für Napoleon kam alles darauf an, seine ungeschwächte Allmacht zur Schau zu stellen, für Metternich galt es, Frankreich zu demonstrieren, wo die Grenzen seiner Macht waren.

Das führte zu einem merkwürdigen und nicht schlüssigen Dialog, denn beide Seiten hüteten sich, die volle Schwerkraft ihrer Stellung in die Waagschale zu werfen.

Bei seinem ersten Gespräch mit Bubna am 31. Dezember legte Napoleon den Schwerpunkt auf die französische Überlegenheit, auf seine Entschlossenheit, Rußland erneut anzugreifen, und verlangte eine Verdoppelung des österreichischen Hilfskorps. Metternich, dem bereits der französische Botschafter in Wien ähnliche Vorschläge unterbreitet hatte, antwortete unter dem 3. Januar, die Fortsetzung eines derart «unpolitischen» Krieges würde die moralische Stellung der Monarchie schwächen. Ominös fügte er hinzu, für Österreich habe zu viel davon abgehangen, die französische Stärke richtig einzuschätzen, als daß es sich Täuschungen über den tatsächlichen Zustand erlauben könne, und daß Österreich sehr wohl zwischen Rekruten und einer Armee zu unterscheiden wisse[5]. Der französische Außenminister, Herzog von Bassano, argumentierte, Metternich täusche sich hinsichtlich der wirklichen französischen Stärke. Ein erfahrener österreichischer Beobachter in Paris würde ihn bald über Napoleons starke Stellung aufklären. Die Drohung in Metternichs Brief vom 9. Dezember[6], wonach Österreich fünfzig Millionen Menschen in Schach halte, war nicht unbemerkt geblieben. Aber Bassano warnte nun, ein Krieg zwischen Österreich und Frankreich würde ein Krieg um die Existenz sein, und nicht nur ein politischer Krieg[7]. Metternich, der das nur zu gut wußte, hatte kein Interesse an Gegenbeschuldigungen, geschweige denn an einer Kraftprobe. Wie könne Österreich, so antwortete er scheinheilig, beschuldigt werden, seine Kräfte mit denen Frankreichs zu vergleichen, wo es doch nur versuche, sein Hoheitsgebiet, also das eines französischen Alliierten, gegen die russische Flut zu schützen?

Österreich, das fünfzig Millionen Menschen in Schach halte, so schloß Metternich, hinterhältig auf dieser Kundgebung der eigenen Stärke beharrend, verdiene die moralische Unterstützung Frankreichs statt französischen Mißtrauens[8]. In der Zwischenzeit, unter dem 7. Januar, hatte Napoleon einen umfangreichen Brief an den österreichischen Kaiser geschickt und in ihm wiederum seine Machtmittel aufgezählt und eine Verdoppelung des österreichischen Hilfskorps sowie das Durchmarschrecht für französische Truppen durch österreichisches Gebiet verlangt und dafür französische Hilfsgelder angeboten.

Alles hing jetzt von dem Schicksal des österreichischen Hilfskorps ab, das vorsorglich mit Kadern versehen worden war und den Schlüssel zu einer Mobilmachung bildete. Das Hauptziel der österreichischen Politik – die politische Beweglichkeit – war erreicht worden. Denn Napoleon hatte anläßlich seines Gesprächs mit Bubna am 31. Dezember seine Bereitschaft bekundet, die österreichischen Friedensbemühungen hinzunehmen, hatte jedoch verlangt, daß sie durch eine zahlenmäßige Vergrößerung des Hilfskorps gestärkt würden[9]. Auf diese Weise zeigte Napoleon das Ausmaß seines Unverständnisses der Lage. Österreichs Zögern hielt er für Feigheit, die er dadurch zu überwinden versuchte, daß er Österreich mit dem Bewußtsein eigener Kraft zu stärken trachtete. Metternich jedoch suchte Stärke, um, wenn nötig, Napoleon trotzen zu können. Napoleon sah in dem Hilfskorps den Schild, hinter dem er seine Armee neu aufbauen könne. Metternich sah in ihm das Kernstück österreichischer Unabhängigkeit. Weil der Parvenü aus Korsika politische Bindungen mit persönlichen Beziehungen gleichsetzte, konnte er sich nicht vorstellen, daß ein Vater gegen seinen Schwiegersohn Krieg führen könne. Weil das Haus Habsburg während seiner fünfhundertjährigen Herrschaft gelernt hatte, daß Geschichte über das Individuum hinwegschreitet, trachtete es lediglich nach Mitteln, das eigene Weiterleben zu sichern.

Der Befehlshaber des Hilfskorps, Schwarzenberg, wurde autorisiert, unmittelbar mit seinem russischen Gegenüber Fühlung aufzunehmen, und benutzte diese Erlaubnis, um eine «theoretische» Schlacht zu schlagen, deren Hinterhältigkeit selbst einem chinesischen General zur Ehre gereicht hätte. Er forderte den russischen Befehlshaber auf, seine Operationen von der Südflanke auf die Nordseite des österreichischen Korps zu verlegen, und regte eine Flankenbewegung an, die ihm keine andere Wahl ließ, als sich nach Galizien zurückzuziehen[10]. Metternich billigte dieses Manöver und befahl schließlich, das Hilfskorps habe sich in Richtung auf Krakau abzusetzen. Am 30. September wurde Schwarzenberg bevollmächtigt, einen Waffenstillstand von unbegrenzter Dauer abzuschließen[11].

So war das österreichische Hilfskorps gerettet, und Österreich hatte durch ein kaum zu übertreffendes Manöver echter Kabinettsdiplomatie seine Handlungsfreiheit wiedergewonnen. Im Namen von Kaiser Franz, aber von Metternich entworfen, gingen zwei Briefe an Napoleon. Der erste enthielt die Antwort auf Napoleons Forderungen vom 7. Januar, und der zweite gab den Rückzug Schwarzenbergs von der Weichsel bekannt. Der erste Brief, datiert vom 23. Januar, begann wiederum mit den nun schon fast pflichtgemäßen Bekun-

FELDMARSCHALL KARL PHILIPP
FÜRST VON SCHWARZENBERG

dungen österreichischer Freundschaft, verbunden mit erneuten Zitaten über die französischen Rückschläge und den sich daraus ergebenden Folgerungen für Österreichs relativer Stärke: «... Mit schmerzlichen Gefühlen habe ich zur Kenntnis genommen, daß Euer Majestät mir nicht das Vertrauen entgegenbringt..., welches ich mir nach so vielen Zeichen freundschaftlicher Sorge verdient habe... Ich gebe mich keinen Täuschungen hin, und ich schreibe nicht der militärischen Stärke des Feindes jenes Unglück zu, das jenseits der Überlegungen menschlicher Kraft steht... Ich zweifle nicht im geringsten an der militärischen Stärke Frankreichs. Ich gründe im Gegenteil auf sie... die Hoffnung auf den Frieden.»[12] Mit dieser ironischen Phrase nahm Metternich die Aufzählung der französischen Macht zur Kenntnis und zog aus ihr genau die entgegengesetzte Folgerung, als Napoleon beabsichtigt hatte: Er nutzte sie als weiteres Argument für den Frieden.

Österreich sei, so heißt es in dem Brief weiter, sogar noch über Napoleons Wünsche hinausgegangen. Es würden nicht nur sechzigtausend, sondern hunderttausend Mann mobilisiert: «In den Flanken des Gegners postiert, sind sie dazu bestimmt, Rußland einzuschüchtern und selbst England zur Vorsicht zu mahnen.» Doch selbst diese großsprecherischen Worte liefen nochmals in ein Argument für den Frieden aus, denn nur die Hoffnung auf Frieden könne die Völker Österreichs veranlassen, so große Opfer für die Aufstellung der besagten Streitkräfte zu bringen. Der Brief bedeutete ein Ausweichen und zugleich eine Falle. Im Namen der gemeinsamen Kriegsanstrengungen wurden alle Forderungen Napoleons abschlägig beschieden, und gleichzeitig diente dieser Brief dazu, Napoleon einer österreichischen Vermittlung noch geneigter zu machen. Die Folgerung, daß die neu erstandene österreichische Stärke gegen die Macht eingesetzt werden sollte, die in den Augen des österreichischen Kabinetts jede Lösung verhinderte, blieb Metternich noch vorbehalten.

Der zweite Brief vom 24. Januar schildert das Dilemma der österreichischen Position. Darin wurde deutlich gemacht, daß die so großzügig aufgestellten hunderttausend Mann zur Verteidigung Österreichs, nicht im Interesse Frankreichs, zusammengezogen werden würden. Wenn auch im Tonfall unterwürfig, so konnte doch nichts die Tatsache verbergen, daß nunmehr der Weg durch Polen frei war. Mit einem Zynismus, der Metternichs steigendes Selbstbewußtsein erkennen läßt, daß *er* auf dem Gebiet der Kabinettspolitik der Herr sei, wurde in dem Brief dargelegt, der Rückzug des Hauptquartiers der Grande Armée – der sogenannten Armee, wie sie Metternich in einem Begleitbrief spitz betitelt –, hätte die Verbindungen mit Schwarzenberg unterbrochen. «In einer so ernsten Situation, in welcher der Stellvertreter Eurer Majestät sein Hauptquartier verließ, sehe ich mich genötigt, durch unmittelbare Maßnahmen für mein Hilfskorps Sorge zu tragen ... Ich zweifle nicht daran, daß meine Befehle den Absichten Eurer Majestät entsprechen.»[13] Als Bubna diesen Abschnitt Napoleon vortrug, zeigte dieser Zeichen tiefer Bewegung, nicht der Wut, wie Bubna berichtete, sondern der Fassungslosigkeit über einen unerwarteten Wandel der Ereignisse, dessen volle Tragweite Napoleon sehr wohl erkannte[14]. Der Rückzug des österreichischen Korps und die Sicherheit, mit der Metternich hier Nachrichten übermittelte, waren mehr als nur ein Akt der Unabhängigkeit. Sie waren eine Demonstration der Ohnmacht Napoleons. Zum ersten Mal blieb ihm nichts weiter übrig, als Maßnahmen hinzunehmen, auf die er unter anderen Umständen wahrscheinlich mit einer Kriegserklärung geantwortet hätte.

Der Unterschied zwischen dem Abfall Preußens und dem Abfall Österreichs ist typisch für die Prinzipien, um die es in der damaligen Zeit ging. Der Waffenstillstand des Generals Yorck, Befehlshabers des preußischen Hilfskorps, bei Tauroggen wurde zum Symbol nationaler Unabhängigkeit und der Freiheit von ausländischen Banden. Er wurde prompt vom preußischen König verworfen, der an Napoleon als den Sieger von Jena und Auerstädt dachte. Der Rückzug des österreichischen Korps erfolgte von Staats wegen und wurde Napoleon offiziell mitgeteilt. Preußen brach mit Napoleon, indem es bestehende Verträge verletzte. Österreich gewann im Namen der Verträge seine Freiheit zurück. Politik des patriotischen Elans oder Kabinettsdiplomatie, Volkskrieg oder Krieg zwischen Staaten – das waren die Alternativen des Jahres 1813. Metternich hatte keinerlei Zweifel, für welche Alternative Österreich sich zu entscheiden habe. Für sie den Rahmen abzustecken, war sein nächstes Ziel.

2

Hätte Castlereagh das ganze Spiel Metternichs gekannt, hätte er sich wahrscheinlich nicht so sehr Sorgen um die Möglichkeit eines Separatfriedens mit Frankreich gemacht. Nachdem Metternich seine Handlungsfreiheit wiedergewonnen hatte, ging ihm nun alles darum, die Lage offen zu halten, andere Mächte zu binden und Napoleon zu schwächen. Metternich hatte erkannt, daß seine Taten es für Österreich unmöglich gemacht hatten, noch einmal einen totalen französischen Sieg zuzulassen. Ein Napoleon mit nur begrenzter Macht mochte Österreichs Eigenwilligkeit hinnehmen, weil ihm keine andere Wahl blieb. Ein siegender Napoleon würde diese Freundschaft, die lähmt, und diese Vermittlung, die isoliert, nie vergeben.

Der Rückzug des österreichischen Korps hatte in der Tat einen doppelten Zweck: Einmal waren damit die Streitkräfte des Reichs zusammengezogen, und zum andern bot sich die Möglichkeit, die russische Entschlossenheit zu prüfen, weil nun der Weg durch Polen frei war. Metternich wußte sehr wohl, daß einflußreiche Persönlichkeiten im russischen Heer einschließlich des Oberbefehlshabers Kutusow dafür plädierten, die Verfolgung der Grande Armée an der russischen Grenze abzubrechen. Als jetzt russische Truppen darangingen, die Weichsel zu überschreiten, war diese Gefahr zwar gebannt, doch das Ausmaß der russischen Operationen hing nun zumindest zum Teil von preußischer Unterstützung ab. Nach den Niederlagen des vergangenen Jahres hatte Rußland nicht mehr die Kraft, einen Vormarsch ohne Hilfe Dritter bis nach Mitteleuropa hinein fortzusetzen. Metternich bemühte sich daraufhin, Preußen mit in den Krieg zu ziehen und Rußland zu einem Feldzug außerhalb seiner Grenzen zu veranlassen.

Somit nutzte Metternich seine neugewonnene «Beweglichkeit», um den Lauf der Dinge von Österreichs Grenzen abzulenken und selbst weit genug vom Schuß zu bleiben, bis sich Rußland genauer über seine Ziele ausgelassen hatte. Denn Metternich hatte Grund genug, einen russischen Erfolg fast genauso zu fürchten wie russische Unentschlossenheit. Ein von dem polnischen Patrioten Czartorisky entworfenes Dokument war «dank außergewöhnlicher Umstände» in seinen Besitz gekommen – vermutlich durch einen Überfall von «Wegelagerern», was eine beliebte Methode der österreichischen Geheimpolizei war. Darin wurde die Vereinigung aller polnischen Provinzen zu einem Königreich Polen verlangt, das mit Rußland nur durch die Person des Monarchen verbunden sein sollte[15].

Metternich, der gegen die Errichtung des Herzogtums Warschau durch Napoleon als Symbol polnischen Nationalismus gekämpft hatte, war nicht bereit, nun diesen Nationalismus als Folge von Napoleons Niederlage befriedigt zu sehen. Die Methode, deren er sich zur Lösung dieses Problems bediente, illustriert die Geschicklichkeit seiner Taktik genauso wie deren Einfallsreichtum: Er leitete die erbeuteten Dokumente an Napoleon weiter. Er erbrachte damit den Beweis für seine Loyalität, noch dazu bei einem Thema, das er lieber in der französischen als in der österreichischen Presse hochgespielt sehen wollte, und hielt Napoleon gleichzeitig vor Augen, wie eitel alle Hoffnung auf einen Separatfrieden mit Rußland sein müsse[16]. Denn Rußland konnte kaum den Sturz des Herzogtums Warschau, Napoleons ureigenen Kindes, erstreben, ehe es nicht einen überzeugenden Sieg errungen hatte. So begann das Ringen um Polen, das zwei Jahre hin und her gehen sollte und das Europa beinahe in einen weiteren Krieg gestürzt hätte.

FELDMARSCHALL MICHAIL KUTUSOW
FÜRST SMOLENSKIJ

Eine Auseinandersetzung über das Schicksal Polens schien jedoch noch zu früh. Preußen hatte sich noch nicht erklärt, und Rußland konnte ohne Hilfe nicht viel weiter vorrücken. In diesem Augenblick entsandte Preußen den Bevollmächtigten Knesebeck nach Wien, bot ein Bündnis an und bat um Rat.

Preußen steckte in einem verzweifelten Dilemma. Die Niederlage von 1806 hatte es zu einer Macht zweiten Ranges zurückgeworfen, und es war nur noch ein Drittel so groß wie vorher. Die Rolle, die es im Krieg gegen Rußland gespielt hatte, unterstrich seine Stellung als Vasall Napoleons. Das Land hatte als Nachschubbasis für die Grande Armée gedient, sein Korps unter einem französischen Marschall gefochten. Als nun die russischen Armeen nach Westen vordrangen, schien das Schicksal Polens auch Preußen bevorzustehen, jenem Staat, den Friedrich der Große durch eisernen Willen zu einer Großmacht emporgehoben hatte.

Angesichts der Erfahrungen und der Ohnmacht, wie sie die jüngsten Jahre gezeigt hatten, schrak das preußische Kabinett vor den Gefahren zurück, die in allen nur denkbaren Möglichkeiten lauerten: einem erneuten französischen Vormarsch, großen russischen Siegen, Leidenschaften der Bevölkerung oder österreichischer Neutralität. Das preußische Kabinett wußte, wovor es Angst hatte, kannte aber weder Ziele noch das Ausmaß seiner Macht. Der russische Vormarsch hatte lediglich ein weiteres Problem aufgeworfen. Russische Gesandte forderten mit Nachdruck eine Erklärung Preußens gegen Napoleon und drohten, im Fall des Sieges Ostpreußen behalten zu wollen. Gleichzeitig fegte eine Welle der nationalen Begeisterung über den Rumpfstaat, und Freiherr vom Stein sammelte in Ostpreußen die Stände gegen den König. Die einzige Alternative schien für Preußen entweder ein Vernichtungskrieg oder die nationale Selbstauflösung zu sein. Aufgabe Knesebecks war, die Bitte auszusprechen, Preußen in Europa nicht zwischen Rußland und Frankreich allein zu lassen.

Metternich sah sich damit in eine schwierige Lage versetzt. Im Gegensatz zu den engstirnigeren Politikern der «österreichischen Schule» hatte er immer den Standpunkt vertreten, ein starkes Preußen sei eine Vorbedingung für Österreichs Sicherheit und das europäische Gleichgewicht. Im Januar 1813 konnte Preußen aber nur auf Kosten Frankreichs stark werden, nicht durch ein Bündnis mit Österreich. Abgesehen davon, daß ein solches die österreichische Vermittlung schon beendet hätte, ehe sie eigentlich begonnen hatte, hätte es auch die «Friedens-Partei» am preußischen Hof gestärkt, der eine neutrale Mitte vorschwebte, welche die beiden großen streitenden Parteien trennen sollte – als ob Neutralität ein Akt des Willens sei und nicht von dem Maß der Stärke abhänge, ihr Nachdruck zu verleihen[17]. Ein Verweigern des Bündnisses hätte unweigerlich Preußen in die Arme Rußlands getrieben und damit dessen Einfluß weit nach Mitteleuropa hinein ausgedehnt. Wie konnte man also Preußen in einen Krieg verwickeln und trotzdem die Möglichkeiten einer späteren Zusammenarbeit offenlassen? Wie Rußland binden, aber sein Übergewicht abwenden?

Metternich entwand sich diesem Dilemma, indem er die Interessen Österreichs und Preußens als so gleichartig und als so offenkundig gemeinsam bezeichnete, daß es ausdrücklicher Übereinkünfte gar nicht bedurfte.

Abschriften aller Berichte an Paris waren bereits dem preußischen Ministerium zugeleitet worden, um die zunehmende Selbständigkeit der österreichischen Tonart zu demonstrieren. Jetzt ging Metternich einen Schritt weiter. Bei seinem ersten Gespräch mit Knesebeck betonte er, Österreich fürchte durchaus kein Bündnis zwischen Preußen und Rußland, sondern begrüße es sogar als einen Beweis russischer Entschlossenheit[18]. Zur Unterstreichung schickte er einen Bericht an seinen Botschafter in Berlin, in welchem angeregt wurde, daß Preußen unter dem Vorwand, die Oder verteidigen zu wollen, sein Heer in Schlesien neu aufbaue. Dabei fügte Metternich sardonisch hinzu, das müsse aber anders geschehen als das Beispiel, das General Yorck[19] geliefert hätte. Preußen wurde somit bedeutet, beide Mittelmächte könnten das österreichische Spiel gemeinsam betreiben. Metternich identifizierte die österreichischen Interessen mit der Sache Preußens. Er war noch nicht gebunden, Preußen beim Verfolgen seiner Ziele zu helfen, er konnte andererseits aber auch nicht zulassen, daß Preußen die vollen Folgen von Napoleons Zorn treffen würden.

Doch während Metternich einerseits einen preußischen Frontwechsel wünschte, um Rußland nach Mitteleuropa hineinzuziehen, so strebte er doch andererseits danach, daß Preußen seine Bindungen nicht allzu fest knüpfe, um mit ihm später besonders in der polnischen Frage zusammenarbeiten zu können. Ein durch Österreich gestütztes Preußen sollte der Rammbock gegen russische Ambitionen sein, nicht aber etwa ein verlängerter Arm russischer Politik. Darum mußte er klarlegen, daß die österreichische Zurückhaltung nur zeitbedingt war und aus taktischen Gründen erfolgte, um desto sicherer die gemeinsamen Ziele erreichen zu können. Die Methode, für die er sich entschied, war so indirekt, wie man es sich nur denken kann: Er entschloß sich zu einer Ausarbeitung über die Absichten Österreichs, welche Knesebeck am 14. Januar entwarf, und die Metternich korrigierte. Er schickte sie dann mit einem Begleitbrief nach Berlin ab, in welchem der Inhalt des Memorandums mißbilligt wurde, um sich für den Fall abzusichern, daß die Nachricht in französische Hände fiel[20]. Das Memorandum begann mit einem Vergleich zwischen der Lage Preußens und der Österreichs: Preußen habe bei der Unterzeichnung seines Bündnisses mit Frankreich so offensichtlich unter Druck gehandelt, daß es nun mit gutem Grund die Bande zerreißen könnte, sobald der Druck von außen nachgelassen habe. Österreich sei jedoch mit Frankreich durch Heirat und einen Vertrag verbunden, der im Schein der Freiheit unterzeichnet worden war. Darum könne es nicht einfach von einer Seite auf die andere übertreten, ohne die Würde seines Herrschers dadurch zu verletzen. Österreichs Aufgabe müsse darin liegen, mit Zustimmung Napoleons die Handlungsfreiheit wiederzuerlangen. *Es müsse von seinen Bindungen an Frankreich durch Frankreich selbst freigegeben werden.* Dieses Ziel sei erreicht worden. Von dem Augenblick an, da Napoleon die österreichische Vermittlung akzeptiert habe, habe sich Österreichs Stellung vollständig verschoben.

Obschon Österreich nunmehr seine Handlungsfreiheit wiedergewonnen habe, so könne es doch nicht weiter in dieser Richtung fortschreiten, heißt es warnend in dem Memorandum Knesebecks, ehe nicht

Rußland seine Absichten klarer habe erkennen lassen. Bis dahin würde sich Österreich auf folgende Schritte beschränken: Es würde sein Hilfskorps langsam in Richtung auf Schlesien in Marsch setzen. Es würde ferner in unmittelbarem Verhältnis zum russischen Vormarsch jeweils die Provinz zu den Waffen rufen, die mit russischen Streitkräften in Berührung komme. Es werde die Bundesgenossen Frankreichs zu lähmen trachten, indem es durch das Beispiel demonstriere, daß Frankreichs Ersuchen nach Hilfe abgewiesen werden könne und solle. Österreichs passive Aktivität sei somit dazu angetan, Rußland zum Ausnutzen seiner Vorteile zu zwingen und Deutschland zu ermutigen, seinen eigenen Weg zu gehen, ohne auf den solidarischen heroischen Einsatz Österreichs zu bauen.

Hieran kann man erkennen, wie klar Metternich die Lehre aus dem Jahr 1805 gezogen hatte. Die Koalition sollte auf denkbar breiter Basis stehen, und Österreich wollte sich so lange nicht selbst engagieren, bis alle Risiken verkleinert waren. Der nächste Absatz ließ erkennen, daß auch die Erfahrung aus dem Jahr 1809 nicht vergessen war. Bei der Umschreibung der österreichischen Endziele heißt es, es gehe um eine «große, *freiwillige* Allianz» im Herzen Europas, die sich auf *unabhängige Staaten* und die Achtung des Eigentums gründe, eine Allianz, die das bestehende System *erzwungener* Koalitionen durch ein System der Gerechtigkeit ersetze und sich allen Anzeichen der Ausdehnung, *gleich von welcher Seite diese kommen mögen,* widersetzen würde. Für diese Darlegung des legitimierenden Prinzips, in dessen Namen Österreich gegen Napoleon kämpfen würde, war jedes Wort wohl abgewogen. Mit einer *freiwilligen* Allianz von Staaten deutete Metternich seine Entschlossenheit an, eine Vereinigung Deutschlands auf der Grundlage der nationalen Selbstbestimmung zu vereiteln. Ein System der Gerechtigkeit sollte an die Stelle von Napoleons System der Gewalt treten, es sollte aber auf der Sicherheit des Eigentums beruhen und damit alle umwälzenden Reformen verhindern, wie sie der nationalen Begeisterung im Norden vorschwebten. Vor allem aber würde Österreich nicht gegen Napoleon als Menschen, sondern gegen Frankreichs Hegemonie kämpfen. Auch war Österreich nicht bereit, an Stelle eines universalen Herrschers einen anderen zu dulden.

Mit dieser Warnung vor Rußlands Absichten in Polen und Preußens Neigungen in Deutschland umriß Metternich das Wesen der österreichischen Beteiligung: Österreich gründete seine Hoffnungen nicht auf die Ideale einer ungeduldigen Generation, sondern auf die Weisheit historischer Erfahrung, nicht auf Begeisterung der Völker, sondern auf Auswertung der Psychologie des Eroberers. «Überhaupt ist das ganze Benehmen Österreichs», schrieb Metternich in einer Randnotiz, «auf Napoleons Charakter gegründet, und dieser Charakter und die Erfahrung, die Österreich mit auswärtigen Kabinetten, insbesondere mit denen in Süddeutschland, gemacht hat, müssen den Gesichtspunkt seines jetzigen Benehmens angeben.»[21] So lenkte Metternich den moralischen Eifer Rußlands und den nationalen Trieb Preußens in festen Bahnen zu einem gemeinsamen Konzept genau berechneter Maßnahmen, das die moralische Grundlage unmerklich verschob. Diese Politik des scheinbaren Opportunismus ermöglichte es, schrittweise ein Ziel zu erreichen, das man verärgert verweigert hätte, wäre es in seinem vollen Ausmaß deutlich und sofort herausgestellt worden. Durch diese Politik wurden dramatische Gesten unterdrückt. Sie machte aber die Erreichung der österreichischen Ziele um so sicherer, als man sich den Anschein des Desinteresses gab. Metternich hatte seine Ziele mit einem solchen Schein der Legitimität umgeben, daß nahezu jedes österreichische Ziel ihm von einer anderen Macht auf dem Tablett angeboten wurde. Vergleicht man das Knesebeck-Memorandum mit dem späteren Ablauf der Ereignisse, findet man kaum eine Abweichung. Daß so viele großartige Träume dabei unerfüllt blieben, so viele Energien ungenutzt, steht auf einem anderen Blatt.

Obzwar es Knesebeck nicht gelungen war, Österreich zum Bundesgenossen zu gewinnen, hatte Preußen nun doch die Versicherung gefunden, derer es bedurfte. Der österreichische Kaiser sagte dem preußischen Gesandten, daß *nichts,* also auch nicht einmal ein Verrat Preußens an seinem Schwiegersohn, die engen Beziehungen Österreichs zu Preußen erschüttern könne[22]. Metternich hatte die österreichischen Absichten wahrlich deutlich gemacht. Am 6. Februar rief der König von Preußen zur Bildung von Freikorps auf. Am 8. Februar wurde Knesebeck erneut auf Reisen geschickt, diesmal zum Zaren, um mit diesem den Vertrag auszuhandeln, der als Vertrag von Kalisch in die Geschichte einging, Preußen an die Seite Rußlands brachte und Rußland in einen Kampf in Mitteleuropa zog.

3

Metternich hatte Preußen zu dem Bündnis mit Rußland ermuntert, um einen neuen, vollständigen Sieg Frankreichs auszuschließen. Jetzt galt es, unter dem Vorwand von Friedensverhandlungen die Koalition zu schaffen, die die französische Niederlage besiegeln sollte. An dem gleichen 8. Februar, an dem Knesebeck zum Zaren abreiste, arbeitete Metternich Weisungen für zwei Gesandte aus. Baron Wessenberg sollte nach London und Baron Lebzeltern zum Hauptquartier des Zaren reisen, um die beiden großen Mächte für eine österreichische Vermittlung zu gewinnen. Die Aufgabe war besonders schwierig. Es galt, Großbritannien dazu zu bringen, daß es die Probleme einer Festlandsmacht erkannte und einsah, daß die Tatsache einer Koalition gegen Napoleon nicht wichtiger war als die Form ihrer Entstehung und daß Siege nicht nur durch Schlachten, sondern auch durch die Wahl des Schlachtfeldes errungen werden. Zar Alexander mußte überzeugt werden, daß großartige Träume kein Ersatz für das Gleichgewicht der Macht sind. Die Bildung der Koalition mußte davon abhängen, ob Großbritannien verstehen lernen würde, wie wichtig es war, das Gleichgewicht zu legitimieren, und ob Rußland zu bewegen war, Beschränkungen anzuerkennen.

Der einleitende Abschnitt war in beiden Weisungen gleichlautend. Er begann mit einem logischen Wortspiel: Österreich sei kein Vermittler, sondern ein Mittelsmann. Aufgabe eines Vermittlers sei es, die Friedensbedingungen zu diktieren. Aufgabe eines Mittelsmannes sei es, die Friedensbedingungen von einem Lager an das andere weiterzuleiten. Wenn Großbritannien und

Rußland ihre Interessen richtig erkennten, müßten sie daher danach trachten, Österreich von der Stellung eines Mittelsmannes in die eines Vermittlers zu verwandeln. Doch ehe die Friedensbedingungen umrissen werden, müsse man sich auf Grundlagen einigen, deren Folgerungen dann die Bedingungen sein könnten.

Die Wichtigkeit dieser Bemerkung war unmißverständlich. Für Frankreich schien es, als sei Österreich ein Vermittler und habe angedeutet, daß es für die Friedensbedingungen zu kämpfen bereit sei, die es vorschlagen wolle. Dabei war allerdings die Tatsache, daß das Eingreifen Österreichs sich gegen Frankreich richten würde – die einzige Macht, die in der Lage war, die erforderlichen Opfer zu bringen –, Napoleon entgangen. Großbritannien und Rußland wurden jetzt aufgefordert, die Vermittlertätigkeit lohnend zu machen. Sie sollten nicht die Friedensbedingungen, sondern den allgemeinen Rahmen abstecken, der ein Handeln Österreichs rechtfertigen könnte. Das Reich in der Mitte Europas verlangte Legitimität als Preis für seine Teilnahme am Krieg.

Von dieser Stelle an unterscheiden sich die beiden Weisungen. Der für Großbritannien bestimmte Teil enthält einen Appell um Verständnis und eine Darlegung der Beziehungen zwischen einer Festland- und einer Inselmacht: «Wer übereilte Handlungen kühl überlegten Maßnahmen vorzieht, Träumer, die unsere Kraft und unsere Beziehungen zu anderen Staaten nicht kennen, aber nichts sehnlicher wünschen, als sich in das Kampfgetümmel zu stürzen, werden unser politisches System nicht zu würdigen wissen ... Größte Beachtung in der gegenwärtigen Krise verdient die Notwendigkeit, die uns zwingt, mit allen uns zur Verfügung stehenden Mitteln zu verhindern, daß der Krieg in unsere Staaten getragen wird... Das Verpflanzen des Krieges vom Norden nach dem Süden würde Napoleon aus der unangenehmen Lage befreien, den Krieg weiterhin in einem erschöpften Gebiet führen zu müssen, und würde ihn erneut zum Herrn der Lage machen... Wenn England seine Interessen überprüft, die es mit dem Kontinent verbindet, wenn es den Wert eines europäischen Gleichgewichts zu schätzen weiß, dann wird es danach trachten, die eine Macht zu erhalten, die in der Lage ist, die Ambitionen sowohl Rußlands als auch Frankreichs in Grenzen zu halten... Es darf in Österreich nicht den Staat sehen, der alles aufs Spiel setzen muß in einem Augenblick, da nichts den vollständigen Erfolg garantieren, eine Niederlage aber schlimmste Konsequenzen haben würde... Wir hätten alle Vorzüge unserer Mittellage verspielt..., hätten wir uns irgendwelchen anderen Maßnahmen verschrieben als denen des augenblicklichen Systems.»[23]

Gipfelte der Brief an London in der Bitte um Verständnis, so ließen die Weisungen für den Emissär zum Zaren das Mißtrauen erkennen, welches eine Folge von einem Jahrzehnt russischer Zweideutigkeit war[24]. Nach Meinung Metternichs lag der Unterschied zwischen Rußland und Großbritannien in der größeren Zuverlässigkeit der Inselmacht. Im Fall Rußland würden, so fürchtete Metternich, die jüngsten, unerwarteten, in ihrer Wirkung aber tiefgehenden Erfolge nur noch die Neigung zur Übertreibung vergrößern, die am russischen Hof immer schon erkennbar war. Natürlich konnte man mit einer geschickten Politik das russische

Schwanken ausnutzen. Man konnte aber nicht die Gefahren übersehen, die sich aus dem russischen Appetit auf Landeroberungen ergaben, aus den revolutionären Strömungen und der Möglichkeit, daß sich Rußland nach dem ersten Rückschlag wieder in arrogante Isolation zurückziehen würde.

Aus all diesen Gründen war die Reise Lebzelterns verzögert worden, um den Ereignissen Zeit zum Reifen zu lassen. Jetzt aber, schloß Metternich mit dem Stolz des Meisters, der den letzten Pinselstrich an seinem Werk tut, sei der entscheidende Augenblick gekommen: «Über Preußens Stellungswechsel ist wahrscheinlich die Entscheidung schon gefallen; in wenigen Tagen werden die russischen Heere die Oder erreicht haben; unsere beweglichen Verbände stehen in ihrer Flanke, zum Teil in ihrem Rücken; für ihre künftigen Operationen sind sie auf unseren guten Willen angewiesen. Wir können diese fördern oder zum Stehen bringen; der Augenblick zu Verhandlungen ist daher gekommen.» Mit diesen wenigen Sätzen, die so unmittelbar und prosaisch klingen, als hätte er von der Begeisterung in Nordeuropa nicht einmal gehört, gab Metternich das Ende der ersten Phase seiner Politik bekannt. Seine Mitstreiter waren engagiert. Sie hatten keine Wahl mehr. Durch Zurückhaltung der eigenen Macht war Österreich frei geworden, und stark, weil man es brauchte. Das war in der Tat der rechte Augenblick für Verhandlungen.

Als Lebzeltern schließlich am 5. März nach verschiedenen «Widerwärtigkeiten während der Reise» im russischen Hauptquartier in Kalisch ankam, stieß er dort auf eine Lage, wie sie Metternichs Diagnose entsprach. Der Bündnisvertrag mit Preußen war wenige Tage zuvor abgeschlossen worden. In ihm war Preußen eine territoriale Ausdehnung wie vor 1806 garantiert worden, doch enthielt der Vertrag keinen Hinweis, wo diese Territorien liegen sollten. Weil die Fassung in dieser Beziehung so vage war und die Vereinbarung enthielt, daß in Norddeutschland zu erobernde Gebiete zur Vergrößerung Preußens verwandt werden sollten, war kein anderer Schluß möglich als der, daß der Zar beabsichtigte, Preußens Besitzungen in Polen zur Verwirklichung seiner eigenen polnischen Pläne zu verwenden. Obzwar Metternich von den polnischen Plänen des Zaren Kenntnis hatte, hatte er dennoch Lebzeltern angewiesen, sein Eintreffen so lange wie möglich hinauszuzögern, um gerade jene gemeinsame Aktion zu vermeiden, die der preußische Beauftragte so nachdrücklich erstrebt hatte. Metternich kam es darauf an, Rußland zu binden. Er vertraute darauf, Alexander in der polnischen Frage später überspielen zu können. Lebzeltern traf in einem Augenblick ein, als allgemeine Freude über die entscheidende Wendung herrschte, als sich die Monarchen ihrer ewigen Freundschaft versicherten und Patrioten Proklamationen an das deutsche Volk entwarfen. Es sah so aus, als könne Österreich unmöglich außerhalb dieser Welle nationaler Begeisterung verbleiben.

Begeisterung aber kann gefährlich werden, wenn es gilt, Bündnisse auszuhandeln, denn sie beraubt den Verhandelnden des Vorwandes, in der Wahl frei zu sein, was schließlich ja seine wirkungsvollste Verhandlungswaffe ist. Der preußische Bevollmächtigte war nach Kalisch gekommen und durch die Begeisterung seines Volkes gebunden. Als er bei der polnischen Frage zögerte, schloß der Zar das Bündnis durch einen direkten Appell an den preußischen König, verbunden mit Versicherungen seines guten Willens. Preußens Wahlmöglichkeiten waren durch den Eifer für die Sache beschnitten. Österreich war nicht durch die Bekundungen von Allgemeinplätzen weich zu machen, noch viel weniger durch revolutionäre Drohungen. «Durch bei ihrer näheren Prüfung sich in Dunst auflösende Worte, als da sind: die Verbreitung der Zivilisation, die Rückdrängung Rußlands in die Grenzen einer das politische Gleichgewicht, seine Nachbarreiche und das gesamte Europa nicht bedrohende Macht – ist nichts Faßbares gesagt», äußerte Metternich einmal[25]. Lebzelterns Aufgabe war es, danach zu trachten, daß der Zar Faßbares sagte.

Abgesehen von seinen Weisungen hatte Lebzeltern noch zwei Briefe seines Kaisers an den Zaren bei sich, die trotz ihres freundlichen Tones nicht verbargen[26], wie sehr sie jeden konkreten Vorschlag vermieden, und die keinen Zweifel daran ließen, daß sich Österreich nicht durch vage Versprechungen von moralischen Kreuzzügen hinreißen lassen werde. Auch Lebzeltern selbst zeigte die gleiche Zurückhaltung, denn er war von Metternich angewiesen worden, daß seine einzige Aufgabe darin läge, Angebote *in Empfang zu nehmen*[27]. Als der Zar schließlich am 8. März erregt fragte, was Österreich denn eigentlich *wirklich* wolle, antwortete Lebzeltern kühl, es läge am Zaren, einige allgemein gehaltene Vorschläge als Grundlage für die Verhandlung zu formulieren. Daraufhin umriß der Zar Kriegsziele, zu denen auch die Rückgabe aller ehemaligen österreichischen Besitzungen gehörte, die Unabhängigkeit Preußens und dessen territoriale Vergrößerung, die Befreiung Deutschlands vom französischen Joch und die Wiederannahme der deutschen Kaiserkrone durch Österreich[28].

Österreich erhielt somit als russisches Angebot, was Preußen als Forderung nicht hatte erreichen können. Österreich wurden nicht nur seine alte Ausdehnung, sondern seine einstigen Territorien garantiert. Damit waren den polnischen Plänen des Zaren Grenzen gesetzt, denn dieser hatte sich durch seine Antwort selbst des einen, des österreichischen Drittels an Polen beraubt. Lediglich die Wiederannahme der deutschen Kaiserkrone interessierte Metternich nicht. Er sagte zu Hardenberg, dem Gesandten Hannovers, daß die deutschen Souveräne nun, nachdem sie Geschmack an der vollen Unabhängigkeit gefunden hätten, sich Österreich nur widerwillig unterwerfen und seine Stellung unterminieren würden[29]. Napoleon habe seinen Rheinbund durch die Aura seiner Unbesiegbarkeit und durch Drohung mit Gewalt zusammengehalten. Österreich, das sich ohnehin schon kaum mit Frankreich messen könne, dürfe sich künftigen Kriegen mit Frankreich nicht aussetzen, zumal wenn dieses Frankreich noch von verärgerten deutschen Fürsten unterstützt würde. Ein aus unabhängigen Staaten durch Vertrag oder Gesetz gebildetes Deutschland sei vorzuziehen. Metternich sagte allerdings nicht, daß ein solches Arrangement Österreichs Vormachtstellung in Deutschland sichern würde. Ohnmächtige Unabhängigkeit mußte sich als ein stärkeres Band erweisen als eifersüchtige Vasallenschaft. Die Angst vor einer Hegemonie Preußens, vor französischer Invasion und vor innerem Aufruhr mußte ein wirkungsvolleres Mittel für Österreichs Vormachtstellung sein als ein Überbleibsel aus dem Heiligen Römischen Reich.

Am 29. März wiederholte der Zar Lebzeltern gegenüber nicht nur sein früheres Angebot, sondern fügte auch noch den Vorschlag hinzu, Österreich möge sich seine Grenzen selbst setzen. Er gab Österreich freie Hand in Süddeutschland und versprach, jeden Vorschlag, den Metternich diesen Höfen machen würde, zu unterstützen[30]. Gegen Ende März 1813 hatte Metternich somit sein Hauptziel erreicht. Russische Heere standen in Mitteleuropa in einem Kampf auf Leben und Tod mit Frankreich; Preußen war in den Kampf gegen den gemeinsamen Feind eingetreten. Nur Österreich hatte sich noch nicht endgültig gebunden. Seine Hauptziele waren von seinen Bundesgenossen anerkannt, und Napoleon hatte seine Vermittlerrolle akzeptiert. Von Tag zu Tag gewann Österreich weiter an Stärke, allerdings nicht durch die Begeisterung seiner Bevölkerung, sondern durch seine Disziplin und durch die Hartnäkkigkeit seiner Führung. Das Ziel des Ringens war definiert als ein Krieg um ein Gleichgewicht, als Krieg für eine Staatengemeinschaft und nicht für eine Gemeinschaft von Nationen, ein Krieg für ein Deutschland, das aus vielen souveränen Fürsten bestehen sollte, als ein Krieg um ein konservatives Europa. Erst jetzt, nachdem das Prinzip der Legitimität anerkannt war, fand sich Metternich bereit, darzulegen, was er unter europäischem Gleichgewicht verstand. Es ist seiner Geschicklichkeit und seiner geduldigen Vorarbeit zu danken, daß das, was man als Deklaration österreichischer Eigensucht hätte ansehen können, nun als Ausfluß einfacher Gerechtigkeit erschien.

4

Wieder erfolgte einer jener fast unmerklichen Schritte, der Österreich weiter weg von der Allianz mit Frankreich führte, der den russischen Heeren ein bißchen mehr von Mitteleuropa eröffnete und der, wie üblich, im Namen bestehender Verträge getan wurde. Nachdem das österreichische Hilfskorps von der Weichsel abgezogen worden war, kam es für die Verteidigung der nächsten Flußlinie, der Oder, entscheidend auf dessen Stellung an. Würde das Korps in Richtung Schlesien abgezogen werden, hätten die Reste der Grande Armée, die an der mittleren Oder konzentriert waren, vielleicht eine Chance, den russischen Vormarsch zum Stehen zu bringen, bis Napoleons neue Armee im Frühjahr eintreffen würde. Setzte sich das österreichische Korps nach Süden ab, wäre die Flanke der Oderlinie frei und das Schlachtfeld würde sich weitere 250 Kilometer nach Westen an die Elbe verschieben. Metternich befahl Schwarzenberg, sich nach Süden in Richtung auf Krakau zurückzuziehen.

Diese Entscheidung teilte Metternich in einer Note an Herzog Bubna mit. Er tat dabei so, als sei gar keine Alternative denkbar gewesen, und nutzte zugleich den Vorwand, eine erfreuliche Tatsache bekanntzugeben: Fürst Schwarzenberg, der ehemalige Botschafter in Paris, der das Bündnis mit Frankreich ausgehandelt, seinen Posten aber verlassen hatte, um Oberbefehlshaber des Hilfskorps zu werden, sollte nach Paris zurückkehren, wo er sicher dringend benötigt werde. Er sollte Napoleon über das wahre Kräfteverhältnis in Mitteleuropa aufklären. Die Möglichkeit, Flußlinien in Polen halten zu wollen, sei eine Illusion, die von polnischen Emigranten genährt werde, die, so fügte Metternich sarkastisch hinzu, den französischen Emigranten ähnelten. Sie zögerten nie, die Kräfte anderer vor ihren Wagen zu spannen, denn sie hätten alles zu gewinnen, nichts zu verlieren und daher nichts zu verteidigen. Es folgten dann eine eindrucksvolle Schätzung der russischen Streitkräfte in Polen, die trotz ihrer Genauigkeit nicht etwa den Tatsachen entsprach, und die Versicherung, daß Schwarzenbergs Korps diese eindrucksvolle Armee über vier Wochen lang aufgehalten habe, kurz daß die österreichischen Schritte genau überlegt seien und der Stärkung der Allianz dienten[31].

Schwarzenberg reiste aber nicht sofort nach Paris ab. Noch vier volle Wochen vergingen, ehe er sich auf den Weg machte. Als Metternich seine Weisungen für Schwarzenberg am 18. März abschloß, war Preußen bereits auf die Seite Rußlands übergewechselt, und der Zar hatte die österreichischen Ziele garantiert. Doch auch jetzt ging Schwarzenberg noch nicht direkt nach Paris. Er unterbrach seine Reise in den Hauptstädten der süddeutschen Staaten, die mit Frankreich noch verbündet waren, und drängte sie, allen französischen Forderungen nach militärischer Hilfe auszuweichen. Schwarzenberg hatte sein erstes Gespräch mit Napoleon erst am 9. April, und zu dieser Zeit lag Polen bereits im Rücken der russischen Heere.

Schwarzenbergs Mission gab Metternich jedoch die Gelegenheit, sein Konzept des Gleichgewichts fein ausgearbeitet darzulegen. Seine Weisungen für Schwarzenberg begannen mit einer geschichtlichen Zusammenfassung, die dem Zwecke diente, die Notwendigkeit eines

Gleichgewichts der Kräfte zu belegen[32]: Eine Reihe von Kriegen habe alle früheren Vorstellungen vom Wesen des Gleichgewichts umgestoßen. Nach 1807 habe es auf dem Festland nur noch drei Großmächte, nämlich Frankreich, Rußland und Österreich gegeben, von denen zwei gegen die dritte verbündet waren. Der Krieg von 1809 sei zwar materiell verheerend gewesen, habe moralisch aber Österreich gestärkt. Er habe zu der Herstellung enger Beziehungen zwischen Frankreich und Österreich geführt, und das wiederum habe den Samen der Meinungsverschiedenheiten zwischen Rußland und Frankreich ausgestreut. Metternich fuhr dann fort, eine Reihe weiterer Gründe für die Spannung zwischen Rußland und Frankreich zu nennen, gab einen Überblick über den Ausbruch des Krieges sowie über die Bemühungen Österreichs, ihn zu verhindern, und das alles gipfelte schließlich in folgendem Vorschlag: Die Niederlage Frankreichs habe alle Berechnungen über den Haufen geworfen, und ein neues Gleichgewicht müsse geschaffen werden. Österreich habe seine Vermittlung gerade deshalb angeboten, weil keine andere Macht an der Wiederherstellung des Gleichgewichts stärker interessiert sein könne als jener Staat, dessen geographische Lage ihn dazu verurteile, unter einem Krieg zwischen zwei Großmächten zu leiden, die nur über ihn hinweg Berührung miteinander haben könnten.

Doch gerade in dem Augenblick, als Österreich sein Vermittlungsangebot an Napoleon überreichte, so fuhr Metternich unschuldsvoll fort, sei ein Ereignis eingetreten, das genauso unerwartet gekommen sei, wie seine Folgerungen ernst seien: das Bündnis zwischen Preußen und Rußland. Er verurteile den preußischen Schritt durchaus nicht, denn das sei ein logisches Ergebnis der preußischen Leiden seit 1806. Damit Napoleon nun nicht auf den Gedanken kommen sollte, sein Glück dadurch erneut zu versuchen, daß er seinen einstigen Alliierten niederschlägt, identifizierte Metternich das Schicksal Preußens mit dem Österreichs: «Die Haltung der europäischen Mächte ist genauso unterschiedlich wie ihre geographische Lage. Frankreich und Rußland haben jeweils nur eine einzige Grenze, und diese ist kaum verwundbar. Der Rhein mit seiner dreifachen Befestigungslinie sichert die Ruhe Frankreichs; das furchtbare Klima macht auch die Memel zu einer entsprechend gut gesicherten Grenze für Rußland. Österreich und Preußen sind hingegen von allen Seiten den Angriffen benachbarter Staaten ausgesetzt. Unter dem ständigen Druck dieser beiden Mächte können Österreich und Preußen nur Ruhe finden bei einer klugen und maßvollen Politik, bei guten Beziehungen untereinander und mit ihren Nachbarn. Ihre Unabhängigkeit ... ist auf die Dauer nur aus eigener Kraft zu sichern. Jede Schwächung der einen Mittelmacht bedeutet einen unmittelbaren Schlag gegen die Existenz der anderen ...»

Trotz des ruhigen Tons bedeutete diese Note eine Herausforderung und zugleich ein Abstecken der Grenzen. Wenn Metternichs Analyse richtig war, dann würde der Krieg, für den sich Napoleon vorbereitete, kein Ziel haben. Wenn Preußen erhalten bleiben und, falls möglich, sogar noch gestärkt werden sollte, dann war die Phrase bezüglich der französischen Grenze am Rhein nicht reine Rhetorik, sondern bedeutete die Definition französischer Machtausdehnung, die Metternich als mit dem Frieden in Europa noch vereinbar ansah. Die Weisungen an Schwarzenberg enthielten an Napoleon zugleich die Warnung, sich keinen Illusionen hinzugeben. Ein Festhalten Österreichs an der Allianz mit Frankreich war nicht durch die Aussicht auf territoriale Gewinne zu erkaufen. Dem Reich in der Mitte des Kontinents ging es nicht um Siege, sondern um Ruhe. Nicht territoriale Erweiterung, sondern relative Stärke, nicht Ausmaß, sondern Maß waren die Garanten österreichischer Sicherheit: «Der Kaiser wird nie nach illusorischen Gewinnen auf Kosten befreundeter Staaten trachten ... Durch Mithilfe an der Zerstörung der anderen Macht in der Mitte würde Österreich sein eigenes Todesurteil unterzeichnen.» Auf dem Weg über die Weisungen an Schwarzenberg gab Metternich nunmehr seiner Überzeugung Ausdruck, daß die Zeit der revolutionären Eroberung vorbei sei, daß Napoleon, der Willensmensch, Frieden nur durch Anerkennung von Grenzen haben könnte, daß Frankreich, das nach Sicherheit durch Herrschaft gestrebt hatte, sie nur durch Verzicht erreichen könne. Österreich hatte sich der Wiederherstellung des Gleichgewichts verschrieben, wenn nötig auch *gegen* Napoleon[33].

Innerhalb weniger Tage hatten Castlereagh und Metternich definiert, wie jeder von ihnen sich das Europa vorstellte, das sie zu errichten gedachten. Sie stimmten darin überein, daß das Gleichgewicht von einem starken Mitteleuropa abhänge, das wiederum ein starkes Österreich und Preußen zur Vorbedingung habe. Sie stimmten ferner darin überein, daß die Macht Frankreichs beschnitten werden müßte, obwohl auf diesem Gebiet

Metternich viel vager war als Castlereagh. Das war durchaus kein Zufall. Castlereagh war dabei, eine Koalition *gegen* Frankreich zuwege zu bringen. Die Erinnerung an den harten Kampf um die Existenz trieb den Staatsmann von der Insel zu dem Versuch, die *Ursache* des Krieges zu beseitigen, das heißt den Friedenstörer. Für Metternich war aber die Niederlage Napoleons nicht das Ende eines Problems, sondern die Gelegenheit, das Fortdauern der Beziehungen zu definieren. Ihm ging es deshalb weniger um eine Beschneidung Frankreichs als um eine richtige Verteilung der Machtverhältnisse; weniger um Grenzbefestigungen als um die relative Stärke von Staaten. Für Castlereagh war die Verkleinerung Frankreichs die Garantie für eine Ruhe in Europa. Für Metternich hing die Stärke Frankreichs von der Größe Rußlands ab. Castlereagh brachte als eine seiner ersten Maßnahmen, nachdem die Beziehungen zum Festland wiederhergestellt waren, den Pitt-Plan in die Diskussion. Metternich tat seine Meinung über das Gleichgewicht erst kund, *nachdem* eine mühsame und zielbewußte Diplomatie den moralischen Rahmen des Bündnisses geschaffen hatte. Für Castlereagh bedeutete die *Tatsache* napoleonischer Vorherrschaft hinreichend Ansporn für die Schaffung der Koalition, so daß es im Kern nur noch eine technische Frage war, wie man den Aggressor am besten im Zaun halten könne. Für Metternich war das *Wesen* des Friedens das Hauptproblem, und ihm ging es deshalb um die im Kern moralische Frage, wie man die Lösung legitimieren könne.

5

Wenn Metternich Ende März 1813 die Lage überdachte, so konnte er sehr wohl zufrieden sein. Österreich war von einem Hilfsstaat Frankreichs zu der Macht in Europa geworden, um die sich alles drehte, und es hatte seine Friedensbedingungen als bedingungsloses Angebot von seinen künftigen Bundesgenossen in der Tasche. Es hatte beiden Seiten so nachdrücklich die Unmöglichkeit eines Separatfriedens eingehämmert, daß die Tatsache, daß alle Verhandlungen nun über Österreich laufen mußten, allenthalben als elementare Tatsache anerkannt war. Metternich hielt damit alle Fäden in der Hand und konnte seine Maßnahmen mit der Erstarkung Österreichs koordinieren. Im Dezember hatte er knapp fünfzigtausend Mann zur Verfügung; im Januar sprach er Kaiser Napoleon gegenüber von hunderttausend Mann, und in seinem ersten Gespräch mit Napoleon sollte Schwarzenberg zweihunderttausend Mann in Aussicht stellen. Die Gefahr einer Katastrophe im Falle eines überraschenden Angriffs war vermindert. Und all das hatte man erreicht, wenn schon nicht unter dem Segen, so doch wenigstens mit Duldung Napoleons und ohne das Vertrauen der anderen Mächte zu verlieren.

Doch auch eine noch so erfolgreiche Politik produziert Ergebnisse nicht automatisch. Metternich mußte nun noch die gemeinsame Basis innerhalb des Bündnisses zur politischen Realität werden lassen. Er mußte nicht nur die Lehre, sondern auch die Substanz des Gleichgewichts schaffen. Er konnte kaum Zweifel darüber haben, daß das ohne Krieg unmöglich war. Daß

Napoleon auf den größten Teil seiner Eroberungen in Deutschland verzichten und Antwerpen fallen lassen sollte, ohne das England keinen Frieden machen würde, lag jenseits aller Wahrscheinlichkeit. Diese Tatsache war aber den anderen Mitgliedern des österreichischen Kabinetts nicht so deutlich vor Augen. Hatten die anderen Mächte schon Schwierigkeiten, Metternichs Ziele zu würdigen, so galt das in gleichem Maß für seine Kollegen, von denen einige seine Politik für zu riskant hielten, während andere sie als unehrenhaft und schäbig in einem Europa bezeichneten, das voller Begeisterung sei. Der Kaiser dachte an seine vier verlorenen Kriege und war stets eher bereit zu erhalten, als zu erstreben. Er klammerte sich hartnäckig an die Hoffnung auf Erhaltung des Friedens nahezu um jeden Preis. Und durch all diese Zeit hindurch verlangten die anderen Mächte, laut oder drohend, das Ende der österreichischen Abseitsstellung.

Erneut begann Metternich einen so geschickten Balanceakt, daß man kaum bemerkte, wie der Balanceur behutsam die Kräfte verschob. Es war eine so meisterhafte Jongleurkunst, daß es kaum bemerkt wurde, wie plötzlich nur noch ein Ball in der Luft war. Metternich war fest entschlossen, dafür zu sorgen, daß Österreich trotz des Zögerns seines Kaisers als Großmacht wiedererstehen würde. Das sollte aber zu der für das Land bestgeeigneten Zeit und in einer Weise erfolgen, wie sie der innenpolitischen Struktur am besten entsprach, gleichgültig was die Bundesgenossen fordern mochten. Alles hing von dem Ziel des Krieges ab, denn das würde die Zweifel des Kaisers beseitigen und gleichzeitig das Prinzip der Legitimität des Friedens unwiderruflich festlegen. Mit den Gedanken auf dieses Ziel gerichtet, machte sich Metternich daran, Österreichs Stellung von der eines Mittelsmannes in die eines Vermittlers zu verwandeln. Und während über Europa eine Welle nationaler Begeisterung flutete und patriotische Vereine Pläne für eine neue menschliche Gesellschaft entwarfen, bereitete der kühle Rechner in Wien einen *Casus belli* vor, der all diese Bestrebungen zu reinen Phantasiegebilden werden lassen sollte. Metternich dachte daran, Österreich in einen Krieg zu führen und das Bündnis durch eine im Kern logische Deduktion zu legitimieren. Er machte sich daran, die Notwendigkeit des Krieges dadurch zu demonstrieren, daß er die Unmöglichkeit des Friedens bewies.

FÜNFTES KAPITEL

Die Bildung der Koalition

I

Während Metternich die Koalition vorbereitete und die beiden großen Heere sich nach Mitteldeutschland hinein ergossen, sprach Metternich also von Frieden. Seine Politik war jetzt an einem Wendepunkt angelangt. Die «Österreichische Schule» der Aristokratie hätte eine Befreiung nach preußischem Vorbild lieber gesehen. Im März mußte Metternich sogar ein Komplott niederschlagen, an dessen Spitze Erzherzog Johann stand, welcher einen Volksaufstand in Tirol vorgesehen hatte, um den Kaiser in seine Richtung zu drängen. Dieser hatte jedoch Metternich gestützt, wenn auch aus ganz anderen Gründen. Nach einem Jahrzehnt der Niederlagen hatte sich im Kaiser eine Kardinaltugend entwickelt, die zur typischen Eigenschaft Habsburgs für über ein Jahrhundert wurde: die Fähigkeit zur Ausdauer und zur fast halsstarrigen Hartnäckigkeit. Der Kaiser schätzte jedoch die Ausdauer um der Ausdauer willen, und das Ziel seiner Hartnäckigkeit war einfach das Streben nach Überleben. In seiner pedantischen und einfallslosen Art verwechselte der Kaiser Stabilität mit Stagnation, und Frieden mit Untätigkeit. Bisher hatte er alle Maßnahmen Metternichs gebilligt, so wie den Rückzug des Hilfskorps, oder Metternich hatte jedes Handeln scheinbar vermieden, so wie etwa die Weigerung, Napoleons Truppen Durchmarsch durch österreichisches Gebiet zu gestatten. Konnte es jedoch jetzt denkbar sein, den Kaiser zu einem positiven Schritt zu bewegen? Würde er nicht zurückschrecken, falls deutlich würde, daß Metternichs Tatenlosigkeit dazu bestimmt war, die totale Verpflichtung Österreichs zu ermöglichen?

Metternich sprach aus gutem Grund von Frieden. In einer Stunde der Gefahr ist es unmöglich, sich gegen die innerpolitische Struktur des Staates aufzulehnen – jedenfalls war Metternich nicht der Mann dafür. Seine Stärke lag nicht in seiner schöpferischen Gestaltungskraft, sondern in der Fähigkeit, gegebene Faktoren zu nutzen, sie in die richtigen Proportionen zu bringen und das jeweils Bestmögliche aus der Situation herauszuholen, so als geschehe es geradezu zufällig. Die Persönlichkeit des Kaisers erschien Metternich weniger wandlungsfähig als die Erbitterung der Alliierten. Darum war es nicht Aufgabe Österreichs, dem Geist der Stunde Nachdruck zu verleihen, sondern die Stunde mußte auf den Geist Österreichs warten. «Graf Metternich muß überdies immer den sehr entschiedenen Charakter des Kaisers schonen», schrieb Hardenberg am 2. Mai in einem Bericht, «der sich allem widersetzen würde, was den Ausbruch überstürzen könnte, aber von Schritt zu Schritt geführt, wie es ihm geschehen, jetzt doch dahin gekommen ist, daß er den Bruch nicht mehr vermeiden kann ... Um aber dahin zu gelangen, mußte er verbergen, was seinem Plan von dem Anschein des Ehrgeizes anhaftete, und namentlich, daß er sogar wagen wollte, ihn mit Waffen durchzufechten... Bis jetzt ist ihm nur gelungen, den Kaiser vertraut zu machen mit dem Gedanken der Unvermeidlichkeit des Krieges für den Fall, daß Napoleon wie bisher einen Frieden verweigert, der auf den Grundsatz eines gerechten Gleichgewichtes aufgebaut ist.»[1] Wie ein Jiu-Jitsu-Meister zog Metternich seinen Kaiser mit sich, selbst noch dann, wenn er scheinbar nachgab, und veranlaßte ihn zunächst dazu, ein Heer aufzubauen, um seine Neutralität zu decken, und dann, um dieses Heer zum Schutz des Friedens einzusetzen.

Dabei half Metternich die Tatsache, daß Napoleon geistig die neue Lage nicht zu begreifen vermochte. Einem durch Charisma oder durch Gewalt legitimierten Herrscher fällt es schwer einzusehen, daß er von nun an Sicherheit nur in Selbstbeschränkung findet, daß die Dinge nicht mehr seinem Willen unterworfen sind und daß der Frieden nicht von seiner eigenen Stärke, sondern von der Anerkennung der Stärke anderer abhängt. Einem Revolutionär, der sich seiner Gegner so erinnert, wie sie erschienen, als ihnen die Hände gebunden waren von dem, was sie als legitim betrachten, wird es schwer, ernstlich einzusehen, daß sie nunmehr entschlossen sind, das Äußerste zu wagen, weil sie erkannt haben, welches Maß von Gefahr ihnen droht. Weil sich seine Gegner ihm relativ leicht unterwarfen, als der Kampf noch um begrenzte Ziele ging, glaubt er fest, eine weitere erfolgreiche Schlacht werde erneut nur ihre Feigheit beweisen. Auch kann er nicht an einen Verlust seiner Bundesgenossen glauben, er kann sich nicht eingestehen, daß seine Macht gesunken ist. In dieser Geistesverfassung befand sich Napoleon, als er sich auf die Abreise zu seinem Heer im April 1813 vorbereitete. In der festen Überzeugung, daß eine erfolgreiche Schlacht die Allianz auflösen werde, zweifelte er nicht daran, daß Österreich letzten Endes auf seine Seite umschwenken würde. Er hatte vergessen, falls es ihm überhaupt je zum Bewußtsein gekommen sein sollte, daß er seine großen Siege gleichermaßen der Leichtfertigkeit verdankte, mit der seine Gegner die Niederlage hingenommen hatten, wie etwa dem Erfolg seiner Waffen. Mit gutem Grund machte Metternich sich mehr Sorgen um die Entschlossenheit seiner Freunde als um den Zustand ihrer Armeen.

Wie sehr Napoleon die Lage mißverstand, zeigte sich bei der Unterhaltung mit Schwarzenberg am 9. April[2]. Falls Napoleon Österreichs Absichten in Zweifel zog, so war das an den Vorschlägen, die er unterbreitete, nicht erkennbar. Diese liefen darauf hinaus, die Konzentrierung eines österreichischen Heeres von hunderttausend Mann in Böhmen zu fordern und zu verlangen, daß diese Armee mit dem Hilfskorps in Galizien zusammenarbeiten sollte. Wieder einmal wurden Metternichs heißeste Wünsche von anderen dargeboten, denn es ging um eine Armee, die nun auf Wunsch Frankreichs in Böhmen gebildet werden konnte, auf Wunsch jenes Frankreichs, gegen das die Armee sich wenden sollte. Schwarzenberg ging auf den Vorschlag bezüglich des Hilfskorps nicht weiter ein, weil er Erklärungen einem «geeigneteren» Augenblick und zu geeigneterer Stelle vorbehalten wollte. Es wäre in der Tat für den Befehlshaber des Hilfskorps «ungeeignet» gewesen darzulegen, daß das Hilfskorps gar nicht mehr existierte.

Metternich hatte nämlich entschieden, daß nun, nachdem sich die alliierten Heere der Elbe näherten, der Schwerpunkt in der Stellung des österreichischen Heeres in Böhmen liegen sollte, der einzigen noch in Gefahr befindlichen Provinz und der besten Stelle, von wo aus man die Flanke des anrückenden französischen Heeres bedrohen konnte. In dem Augenblick, da Metternich Lebzelterns ersten Bericht über die positive Einstellung des Zaren erhalten hatte, machte er sich schon daran, auch die letzten Hindernisse für einen weiteren russischen Vormarsch zu beseitigen: das heißt die Bedrohung durch ein Flankenmanöver aus Galizien. Wiederum sollte das im Namen bestehender Verträge erreicht werden und wenn möglich unter persönlicher Zustimmung Napoleons. Unter dem 25. März schickte Metternich eine Note an Lebzeltern, in der vorgeschlagen wurde, daß Rußland den Waffenstillstand kündige und auf den beiden Flanken des österreichischen Hilfskorps seinen Vormarsch fortsetze, so daß das Korps gezwungen sei, aufgrund der gegebenen Umstände sich abzusetzen[3]. Unter dem 11. April schickte Metternich einen weiteren Bericht ab, in dem er nachdrücklich dagegen protestierte, daß die Russen in Polen nicht weiter vorrückten. «Die Rolle des Verbündeten von Frankreich geht zu Ende; Österreich schickt sich an, als Hauptmacht auf der Bühne zu erscheinen ... Unerklärlich ist uns, weshalb wir nicht die Kündigung des Waffenstillstands in Polen vernehmen ...»[4] Man kann sich das spöttische Lächeln Metternichs vorstellen, mit dem er quittierte, daß schließlich alles so ging, wie er gewünscht hatte, woraufhin er einen wütenden Protestbrief an den Zaren entwarf, den er, um seine Überraschung und seinen Ärger noch zu unterstreichen, mit der Zeitangabe versah «Zwei Uhr morgens» und welcher nur den einen Zweck haben sollte, seine weiterhin geltende Loyalität zu seinem französischen Bundesgenossen zu demonstrieren.

Metternich hatte guten Grund, sich Beweisstücke für seine Loyalität zu besorgen, denn die Beziehungen zu Frankreich wurden einer harten Probe unterworfen. Am 7. April überreichte der französische Botschafter Narbonne die Forderung Napoleons, Österreich möge sein Heer verstärken und dessen Operationen mit den Bewegungen Napoleons koordinieren. «Napoleon beweist erneut, daß er sich einer Politik der Illusion verschrieben hat», sagte Metternich zu Hardenberg und machte sich sofort daran, den Fehler seines Gegners zu nutzen. Denn durch die Forderung, Österreich möge als vollgültiger Partner auf die Bühne treten, gestand Napoleon ein, daß die begrenzte Allianz des vergangenen Jahres heute nicht mehr anwendbar war. Wenn auch der österreichische Kaiser nicht dazu bewogen werden konnte, den Status quo selbst nicht einmal zur Rückgewinnung österreichischen Hoheitsgebietes zu riskieren, so mußte er gewiß jeder Bemühung widerstehen, sich zugunsten seines Schwiegersohnes gar zu sehr zu binden. Wenn er sich jedoch nicht bereit finden konnte, sein Heer zur Sicherung eines Friedens des Gleichgewichts zu mobilisieren, so könnte er sich aber doch vielleicht dazu aus Protest gegen «unvernünftige» Beistandsforderungen entschließen: «Von nunmehr hängt alles von uns ab», sagte Metternich zu seinem Kaiser. «In uns müssen wir die Mittel suchen, die dazu führen können, den merkwürdigsten aller Augenblicke zu einem glücklichen Ende zu bringen ...»[5]

Nun folgte ein Ringen zwischen Metternich und Narbonne, das in der Form stilistischer Hinterhältigkeit und bewußter Manöver abrollte, trotzdem aber mit tödlichem Ernst geführt wurde, obschon in der Form mit größter Grazie. Der psychologische Vorteil war aber jetzt auf Metternichs Seite. Napoleon verdankte seine einstigen Erfolge der Unfähigkeit seiner Gegner, das Ausmaß seiner Ziele zu erkennen. Er hatte erkannt, wie begrenzt ihre Perspektive war. Metternichs gegenwärtige Überlegenheit beruhte darauf, daß er die Schranken der napoleonischen Macht kannte, während sein Gegner noch immer glaubte, er sei allmächtig. 1805 und 1806 war Napoleon siegreich geblieben, weil seine Gegner eine Diplomatie begrenzter Ziele verfolgt hatten; 1813 wurde er geschlagen, weil er sich so benahm, als verfüge er noch über unbegrenzte Kraft. Die Stellung von Metternich und die von Napoleon waren somit gerade umgekehrt. Die größere Beweglichkeit, derer Napoleon sich stets gerühmt hatte und die in Wirklichkeit nur das Spiegelbild der Unbeweglichkeit seiner Gegner gewesen war, war nun auf seiten Metternichs. Doch während Napoleons Beweglichkeit ihren Niederschlag auf dem Schlachtfeld gefunden hatte, praktizierte Metternich die seine auf dem Gebiet der Kabinettsdiplomatie. Und so wie die Schnelligkeit der napoleonischen Bewegungen seine Gegner gefesselt hatte, die noch immer an Regeln glaubten, die dieses oder jenes für «unmöglich» erklärten, so isolierte die Geschicklichkeit Metternichs einen Gegner, der die Regeln verachtete. Napoleon setzte alles darauf, daß er die Macht besitze. Metternich baute auf Napoleons Illusionen. Wenn man in einer revolutionären Zeit auf die Wirkung der Diplomatie baut, mag das zur Niederlage führen. Verläßt man sich jedoch auf unzulängliche Machtverhältnisse, bedeutet das Selbstmord.

Es war darum nicht nur Geschicklichkeit, die aus Metternichs Schritten sprach – wenn er auch Finesse über alles liebte –, es war vielmehr die entschlossene Wahl der Waffen. Je geschickter die Manöver, um so gewisser mußte der Kampf von der Ebene des patriotischen Eifers auf die der Kabinettsdiplomatie verlagert werden. Was so aussah, als sei es ein Ringen zwischen Metternich und Narbonne, war in Wirklichkeit eine Verlagerung der Ursache des Krieges von einem Kampf auf Leben und Tod auf einen solchen um rechtliche Aspekte. Es war eine Verlagerung vom Kampf um die Freiheit von Nationen auf einen Kampf um das Gleichgewicht von Staaten. Die Auseinandersetzung begann am 7. April, als Narbonne österreichische militärische Schritte gegen die Alliierten verlangte. In seiner Antwort schlug Metternich vor, daß die Beschränkungen, welche der Bündnisvertrag der österreichischen militärischen Stärke auferlegte, suspendiert werden sollten. Zweideutig fügte er hinzu, der Kaiser fühle sich keineswegs dann an die vorgeschlagene Größe des Hilfskorps gebunden, wenn seine «vernünftigen» Friedensvorschläge zurückgewiesen werden sollten[6]. Hier fand sich der erste Hinweis darauf, daß Metternich eine «bewaffnete Vermittlung» plante, und das hätte eigentlich deutlich erkennen lassen sollen, daß das Bündnis zu Ende sei; Narbonne jedoch stieß nach und verlangte unter dem 20. April volle österreichische militärische Unterstützung. Nunmehr unterrichtete Metternich ihn über den Rückzug des Hilfskorps aus Galizien und von der

Tatsache, daß militärische Unterstützung außer Frage stehe, denn sein Kaiser könne nicht gut zur gleichen Zeit Vermittler und Teilnehmer an dem Kampf sein. Narbonne antwortete, das käme einer Kriegserklärung gleich. Doch die Wirkung einer Drohung mit Napoleons Macht war nicht mehr sehr groß. Nicht Krieg, sondern Frieden sei Österreichs Ziel, erklärte Metternich mit Nachdruck. Und dafür sei er bereit zu kämpfen. Die Unterhaltung endete mit einem Wortwechsel, der die Meinungsverschiedenheiten deutlich erkennen ließ, die zwischen der Illusion der Macht und der Macht der List bestanden. «Aber Sie sind nicht fertig mit Ihren Rüstungen», sagte Narbonne, «es ist meine Pflicht, das zu wissen.» «Und die meine, es Ihnen zu verbergen», antwortete Metternich, «wir werden sehen, wer sie von uns am besten tut.»[7]

Narbonne ließ sich aber nicht entmutigen. Eine zerbrechende Weltordnung, und beruhe sie auch nur auf Gewalt, wird nicht leicht einsehen, daß sie sich auflöst, genauso wenig wie ein Mensch sich seinen eigenen Tod vorzustellen vermag. Die Illusion der Permanenz ist vielleicht der wichtigste Mythos, der das Leben überhaupt lohnend macht. Narbonne konnte einfach nicht glauben, daß Metternichs Kaltblütigkeit angesichts der französischen Drohung «echt» sein konnte, genauso wenig wie Napoleons Gegner zehn Jahre früher einzusehen vermochten, daß das Weltbild des achtzehnten Jahrhunderts zusammengebrochen war. Ein Gespräch mit dem österreichischen Kaiser am 23. April gewährte ihm jedoch eine Pause. Denn das französische Beharren hatte den Kaiser in die einzige Lage gedrängt, in der er heroisches Ausmaß zu erreichen vermochte: im störrischen Verharren in Untätigkeit. Von Metternichs Bericht über dessen Unterhaltung mit Narbonne angeregt, hatte der Kaiser Weisung gegeben, die Armee in Böhmen auf fünfundachtzigtausend Mann zu vergrößern[8]. Jetzt erklärte er Narbonne, er könne wohl nicht gut die Russen angreifen, während er zugleich vermittle. Jedenfalls sei das beschränkte Bündnis mit Frankreich auf die neue Lage nicht anwendbar. Sollte Napoleon diese Weigerung als Vertragsbruch betrachten, sei Napoleon selbst an dem Bruch schuld. Er jedenfalls sei bereit, seine Politik fortzusetzen, wobei er sich auf zweihunderttausend Mann stützen könne[9].

Erneut kam Narbonne auf sein Verlangen zurück, doch die Zeit für Illusionen näherte sich nun ihrem Ende. Am 29. April traf er sich erneut mit Metternich und unterrichtete diesen davon, daß Napoleon seine Armee konzentriert habe und daß das einem Sieg gleichkomme. Er wollte wissen, ob das wohl Österreichs Dispositionen beeinflusse. Die österreichische Haltung, so erwiderte Metternich kühl, baue auf alliierte Siege, nicht aber auf alliierte Niederlagen, und das letztere würde Österreich nur zur Verdoppelung seiner Anstrengungen anspornen. Am 1. Mai erteilte Metternich den französischen Forderungen eine endgültige Absage, die zugleich die Ankündigung enthielt, daß Österreich nunmehr als Vorkämpfer für das Gleichgewicht auftrete: «Der Kaiser von Österreich hat Europa gegenüber die schönste Haltung angenommen... die des Vermittlers. Sobald Seine Majestät die Sache will, will Sie auch die Mittel. Die Mittel bestehen in den Formen der vollständigsten Unparteilichkeit und der Entfaltung großer Kräfte... Der Kaiser will den Frieden und will nichts als den Frieden. Nicht mit schwachen Kräften wird der Kaiser Franz seine Friedensworte behaupten und die Feinde der Interessen Frankreichs bekämpfen, die er niemals von denen seines eigenen Reiches trennen wird.»[10] Mit diesen drohend friedlichen Phrasen vollendete Metternich die Wandlung Österreichs von einem Bundesgenossen zu einem bewaffneten Vermittler. Trotz aller Zweideutigkeit ließ Metternichs Antwort an Narbonne keinen Zweifel über seine wahren Ziele: Nicht gegen Frankreich war die österreichische Vermittlung gerichtet, sondern Frankreich war eine notwendige Komponente des europäischen Gleichgewichts. Der Feind der wahren Interessen Europas – und darum der Feind Frankreichs wie auch Österreichs – war Napoleon. Diesem Postulat Nachdruck zu verleihen, galt Metternichs nächster Schritt.

2

Krieg bedeutet, daß es unmöglich ist, den Frieden zu bewahren. Metternichs Plan war genauso einfach wie diese Gleichung, aber auch genauso kompliziert. Man konnte nicht erwarten, daß die Russen und die Preußen am Vorabend einer Schlacht mit dem Mann, der noch von dem Nimbus einstiger Erfolge umgeben war, die bewußte Zweideutigkeit der Metternichschen Politik begrüßen würden. Es ist schwierig, die Bedeutung einer Kriegslage zu erkennen, wenn man vor einer Lage steht, die alle Kriegslisten in den Schatten stellt. Wohlmeinende Neutralität ist stets eine schwierige Rolle, denn sie verlangt genau das Maß an Zurückhaltung, das den Freund beruhigt, aber nicht ausreicht, dem Gegner

Sicherheit zu bieten. Spielt man seine Rolle zu erfolgreich, kann das zum Verlust des Bundesgenossen führen. Bricht man sie zu früh ab, mag ein Überraschungsangriff die Folge sein. Ein Vertrauensverlust auf seiten der Verbündeten hätte Metternich in die vollkommene Isolation gedrückt. Die unerschütterliche Überzeugung, Österreich habe Verrat begangen, hätte andererseits Napoleons vollen Zorn über das Land gebracht. Weil der österreichische Kaiser Vorschläge des Zaren zu einer persönlichen Aussprache ausweichend beantwortet hatte, war der Zar leicht verärgert und deutete dunkel an, er erwarte militärische, nicht diplomatische Taten auf seiten Österreichs. Der Zar war auch nicht völlig einverstanden mit Metternichs taktischen Maßnahmen bezüglich des Hilfskorps[11]. Andererseits fürchtete Metternich, ein unerwarteter Umschwung würde auf Alexanders Temperament erheblichen Einfluß haben und zur Auflösung des Bündnisses führen, ehe es eigentlich noch recht geknüpft war.

Um das Mißtrauen bei den Alliierten zu zerstreuen und ihnen das Gefühl der Gewißheit einzugeben, daß Österreich sie schließlich doch unterstützen werde, schrieb Metternich am 29. April einen Brief an den Zaren. Er enthielt mehr oder weniger das Ersuchen um Verständnis und Hilfe. Diese Erklärung, die wohl die eindeutigste und wortkargste war, die Österreich bisher an Rußland gegeben hatte, läßt sich auf eine einfache Formel bringen: Ein Krieg könne nur durch Entschlossenheit, nicht aber einfach mit einem Begeisterungssturm gewonnen werden; das möglichst ungestörte Sammeln von Kräften sei wichtiger als dramatische politische Erklärungen; Österreich werde auf die Seite der Alliierten treten, aber erst dann, wenn von seinem Standpunkt aus die rechte Zeit dafür gekommen sei[12]. Der Brief begann mit drei Forderungen: a) größtmögliche Festigkeit auf seiten der Alliierten selbst im Fall der Niederlage, b) volles Einverständnis der Motive zwischen Österreich und den beiden Alliierten, c) größtmöglicher Einsatz und Aufbau der österreichischen militärischen Kräfte. Österreich sei bereit, ohne Vorbehalt zu erklären, daß eine alliierte Niederlage es nur veranlassen könnte, seine eigenen Anstrengungen zu verdoppeln, um Napoleons Bewegungen zum Stehen zu bringen. Das österreichische Kabinett, so heißt es in einem nur für den Zaren vertraulich bestimmten Teil der Note, bemerke jedoch mit Sorge das offenbare Mißtrauen des russischen Hofes. Dabei seien doch alle Maßnahmen nur angesichts der Sonderlage Österreichs zu verstehen: «Abstrakte Gedanken zählen nicht viel, wir nehmen die Dinge so, wie sie sind, und wir versuchen nach besten Kräften uns zu hüten, Gefangene von Illusionen über die Wirklichkeit zu werden.»

Nach diesem Hinweis auf Österreichs Entschlossenheit, die weder durch Begeisterungsausbrüche, mögen sie vom Volk oder von seiten des Monarchen kommen, verwischt werden könne, wandte sich Metternich der Untersuchung der «Realität» zu, wie er sie sah. 1809 habe sich die österreichische Armee im Zustand völliger Auflösung befunden. 1811 sei es völlig unmöglich gewesen, auch nur sechzigtausend Mann zu mobilisieren. Jetzt aber habe Österreich den Kern einer respektablen und wachsenden Streitmacht unter dem Vorwand aufgebaut, ein Hilfskorps und ein Beobachtungskorps zu schaffen. Zugegeben, Österreich habe Frankreich seine Dienste als Vermittler angeboten und sich geweigert, dem russisch-preußischen Bündnis beizutreten. Diese Schritte, so argumentierte Metternich, lägen aber im Wesen des österreichischen Staates begründet. Österreich, dessen Existenz davon abhänge, daß die Beziehungen zwischen den Völkern auf der Unverletzbarkeit von Verträgen beruhen, könnte nicht einfach von einer Seite auf die andere überwechseln, nur weil sein Bundesgenosse vom Unglück betroffen sei; die finanziellen Maßnahmen, die für einen Erfolg unerläßlich seien, könne man nur in Friedenszeiten durchführen. Da Österreich zudem vorhergesehen habe, daß die entscheidenden Schlachten zwischen Elbe und Oder ausgefochten werden würden, habe es sein Heer in Böhmen zusammengezogen und eine abschließende Erklärung an Napoleon verzögert, um dessen Pläne soviel wie möglich zu durchkreuzen: «In Übereinstimmung mit dem System vollständiger Täuschung, das so charakteristisch für Napoleon seit seinem letzten Feldzug geworden ist, rechnet er mit aktiver Unterstützung seitens unseres *ehemaligen* Hilfskorps; um so unverständlicher wirkt es heute, daß er sich schmeichelte, wir würden unsere *gesamten* Kräfte ihm zur Verfügung stellen. Das ganze Gegenteil geschieht; das Hilfskorps ist aufgelöst . . ., rund sechzigtausend Mann stehen in der Flanke der französischen Armee. Sollte Napoleon die Schlacht gewinnen, wird er nichts gewonnen haben, weil die österreichischen Armeen es ihm nicht erlauben werden, seine Erfolge zu nutzen. Sollte Napoleon die Schlacht verlieren, wird sein Schicksal um so eher besiegelt sein . . . In beiden Fällen wird Österreich die Last seiner Anstrengungen selbst zu tragen haben. Davor fürchten wir uns durchaus nicht. Im Lauf der letzten zwanzig Jahre haben wir das hinreichend bewiesen. Es wäre aber unentschuldbar, wenn auch wir uns Illusionen über die Kräfte hingeben würden, die wir brauchen, und sie nicht aufbauen würden, *ehe* wir sie auf die Bühne treten lassen...»[13]

So lautete die Formulierung einer Politik, wie sie ein alter Staat vertrat, der aus vielen erschütterten Begeisterungen weise geworden war, der vorsichtig wurde, weil sich so viele Träume als zerbrechlich erwiesen hatten, und der der vielen nutzlos geschlagenen Schlachten müde war. Es war das politische Bekenntnis einer Macht, deren Manövrierbreite schmal geworden war und davon abhing, daß alle Kalkulationen exakt durchgerechnet wurden. Die Mittellage, so oft Anlaß für Invasionen von außen, sollte nun mit dazu dienen, ein Maximum an Handlungsfreiheit zu nutzen. Es war eine neuartige Doktrin, derzufolge der am meisten gefährdete Staat aus der Not eine Tugend machen sollte, um in der Stunde der Gefahr vorübergehende Isolierung zu erreichen. Durch eine geschickte Diplomatie sollte das geschaffen werden, was begünstigteren Staaten die Geographie als Schutzwall bietet. Während Österreich wieder zu Kräften kam, webte Metternich das Netz seiner Diplomatie mit einer solchen Zweideutigkeit, daß es aussah, als stünden ihm alle Möglichkeiten offen, während er doch in Wirklichkeit Österreich millimeterweise fester und fester an das Lager der Verbündeten knüpfte. Das Paradoxe lag darin, daß es gerade die in der Mitte gelegene Macht war, die als letzte erst auf der Bühne erschien, nachdem alle anderen Mächte sich schon entschieden hatten, und daß gerade dieser Staat der einzige war, der noch im Friedenszustand sein Heer mobilisierte.

Für den Erfolg dieser Politik kam es auf zwei Faktoren an: die richtige Einschätzung der relativen Stärke der beiden Parteien und eine wirkungsvolle Diplomatie. In den Augen Metternichs war Österreich der Drehpunkt, weil er fest davon überzeugt war, daß keine Seite ohne Österreichs Beistand einen entscheidenden Sieg zu erringen vermochte. Es gelang ihm auch, diese Einschätzung der Lage auf die Realitäten zu übertragen, weil Österreich der einzige im Rahmen der streitenden Parteien war, der noch diplomatische Handlungsfreiheit hatte. Zwischen Frankreich und den Verbündeten waren die Beziehungen «revolutionär»; man rang um das Wesen des Prinzips der Legitimität, und Diplomatie erwies sich daher notwendigerweise als nutzlos. Österreich hingegen konnte sich beiden Seiten auf Ebenen nähern, die diese für «legitim» hielten: den Bundesgenossen mit Hinweis auf die Notwendigkeit, ein europäisches Gleichgewicht zu schaffen, und Napoleon gegenüber auf der Basis der Familienbande. Natürlich hätte alle Finesse der Metternichschen Diplomatie nichts genutzt, hätte sich Napoleon keinen Täuschungen hingegeben. Die katastrophalste dieser Täuschungen war Napoleons Annahme, ein Vater könnte niemals Krieg gegen den Ehemann seiner Tochter führen.

3

Als sich nun die beiden Heere in Mitteleuropa einander näherten, begann Metternich seine bewaffnete Vermittlung, die erst ihr Ende fand, als Österreich der Koalition gegen Napoleon beigetreten war. Metternich schickte zwei Bevollmächtigte in die jeweiligen Hauptquartiere, so als wolle er illustrieren, daß die Kluft zwischen den beiden streitenden Parteien zu groß sei, als daß sie durch unmittelbaren Kontakt hätte überbrückt werden können. Er tat so, als würde die bevorstehende Schlacht nur dem Zwecke dienen, die Unentbehrlichkeit Österreichs zu beweisen. Stadion, der in das Hauptquartier der verbündeten Mächte entsandt wurde, überbrachte dort einen österreichischen Vorschlag für Friedensbedingungen, die so gemäßigt waren, daß sie nur noch Öl in das Feuer des Verdachts bezüglich Österreichs Motiven gossen[14]. Diskussionen über Friedensbedingungen waren jedoch noch verfrüht, denn am 2. Mai wurde eine verbündete Armee bei Lützen und am 16. Mai bei Bautzen geschlagen. Es war jetzt wichtiger, eine Katastrophe zu vermeiden, als über die Siegesbeute zu sprechen.

Die Niederlage der Verbündeten löste beim österreichischen Kaiser panischen Schrecken aus. Angesichts dieses scheinbar unbesiegbaren Napoleon und im Gedanken an die Jahre 1805 und 1809 fürchtete er, die französische Armee könnte jeden Augenblick sich nach Süden wenden und in seine Hoheitsgebiete einbrechen. «Ich zweifle», so berichtete Hardenberg, Metternichs Mittelsmann für Großbritannien, «ob, wenn Napoleon im Augenblick eine kategorische Erklärung von ihm verlangt hätte, er eine andere gegeben haben würde als die unbedingter Neutralität. Ich weiß, daß Graf Metternich ... sehr lebhafte Auftritte mit dem Kaiser gehabt hat über das Maß von Entschiedenheit, das er für das Gelingen derselben dem Kaiser Napoleon zu zeigen

NAPOLEON 1813

habe.»[15] Darum sprach Metternich erneut vom Frieden und entsandte Bubna zu Napoleons Hauptquartier. Ursprünglich war beabsichtigt gewesen, daß die Reise Bubnas nur der «diplomatischen Symmetrie» mit denkbar vagen Weisungen dienen sollte. Jetzt aber wurde er auf Drängen des Kaisers beauftragt, Napoleon die gleichen Friedensbedingungen zu übermitteln, die Stadion den Verbündeten überbracht hatte[16]. In Zusatzweisungen wurde Bubna aufgefordert, in erster Linie als österreichischer Emissär und nicht so sehr als Vermittler aufzutreten[17].

Napoleon hatte den Feldzug jedoch unter drei Illusionen begonnen. Er hatte auf einen vernichtenden Schlag gebaut, der das Bündnis zum Zerreißen bringen sollte. Er hatte geglaubt, jederzeit mit den Russen einen Separatfrieden aushandeln zu können, und er hatte schließlich, wenn auch nicht mit österreichischer Hilfe, so zumindest mit österreichischer Neutralität gerechnet. Bis Ende Mai hatte er nun zwar zwei Schlachten gewonnen, doch der Sieg war ihm entfleucht, teils weil es ihm an Kavallerie gefehlt hatte, die ihm ein sofortiges Nachstoßen ermöglicht hätte, mehr aber noch weil die «Regeln», unter denen dieser Krieg ausgefochten wurde, eine Kapitulation oder einen Separatfrieden ausschlossen. Am 18. Mai hatte er einen Emissär zu den russischen Vorposten gesandt und um ein Treffen mit dem Zaren nachgesucht. Dieser hatte das Ansinnen jedoch zurückgewiesen und darauf bestanden, daß alle Verhandlungen über Österreich laufen sollten[18]. Jetzt machte sich Metternich daran, die noch verbliebene Illusion in Napoleons Vorstellungswelt zu nutzen, das heißt sein Vertrauen auf Österreichs guten Willen, um ihm so die Früchte seiner siegreichen Gefechte zu entwinden. Während die verbündeten Armeen sich nach Schlesien zurückzogen, wurde Stadion angewiesen, einen Waffenstillstand zu erbitten, um Österreich die Möglichkeit zu Vermittlungen zu bieten.

Alle Seiten brauchten einen Waffenstillstand: Napoleon, um seine Kavallerie aufzubauen; Rußland und Preußen, um ihre Armeen zu reorganisieren; Metternich, um die Verbündeten zusammenzubringen und die österreichische Mobilmachung zu vollenden. Napoleons Siege hatten eine Änderung in den österreichischen Dispositionen notwendig gemacht, und die Armee, die nach Nordbayern einfallen sollte, wurde jetzt zum Schutz der Einfallspforten nach Böhmen aufgestellt. Darüber hinaus hatte am 16. Mai Stadion mit den Verbündeten einen strategischen Plan vereinbart, demzufolge der österreichische Generalstab eine Zeitspanne zwischen siebenunddreißig und siebenundfünfzig Tagen zur Truppenauffüllung benötigte[19]. Viel ernster als die Tatsache, daß Österreich noch nicht fertig war, war die Geistesverfassung des Kaisers. Gerade jene Kreise, die vor einiger Zeit noch am lautesten einen vaterländischen Krieg verlangt hatten, als Napoleon geschwächt schien, setzten sich jetzt angesichts seiner offenbaren Unbesiegbarkeit nachdrücklich für einen Frieden ein; und der Kaiser suchte verzweifelt nach einer Formel, um wieder in völlige Inaktivität verfallen zu können. «Der Kaiser, Duka und all unsere Militärs rufen jetzt ebenso laut nach Frieden», schrieb Metternich an Stadion, «als sie eben noch nach Krieg gerufen haben. Den Waffenstillstand werde ich betrachten als die größte aller Wohltaten... Er wird uns Zeit lassen, uns kennenzulernen, mit den Verbündeten militärische Maßregeln zu verabreden und namentlich auf die unmittelbarst bedrohten Punkte einige Streitkräfte zu bringen.»[20]

Am 4. Juni wurde in Pläswitz ein Waffenstillstand bis 20. Juli geschlossen. Wie ein Feldherr, der sich für die entscheidenden Operationen an die Front begibt, verlegte jetzt Metternich seinen Standort nach Gitschin, einem Schloß in Böhmen, etwa auf dem halben Weg zwischen den beiden gegnerischen Hauptquartieren. Alles hing jetzt von Österreich ab. Der Rückzugsweg der Verbündeten war so gewählt worden, daß Fühlung mit der österreichischen Armee bestehen blieb, und eine Katastrophe wäre unausbleiblich gewesen, falls Österreich neutral verblieb. Das Drängen der Verbündeten nahm zu. Der britische Bevollmächtigte beim preußischen Hauptquartier, Stewart, gab unzweifelhaft die allgemein herrschende Meinung wieder, wenn er unter dem 31. Mai an Castlereagh schrieb: «Unsere Operationen gehen unausgesprochen von dem Vertrauen auf Österreich aus. Wir haben ... uns auf ein schmales Stück Land zurückgezogen, wo die Existenz einer Armee sehr zweifelhaft wird. Wir haben Breslau, die direkte Verbindung mit Kalisch, aufgegeben und damit Polen Bonapartes Einfluß überlassen; und noch immer äußert sich Österreich nicht ... Ich bin keineswegs erfreut, wie sich die Dinge hier entwickeln, weder bei den diplomatischen Verhandlungen noch auf den Schlachtfeldern.»[21] Metternich hatte seine Politik auf der Voraussetzung aufgebaut, die Verbündeten würden ihm gestatten, das vereinbarte Ziel auf seine Weise zu erreichen, das heißt auf die einzige Weise, die für seinen Kaiser annehmbar war. Jetzt lief er Gefahr zu scheitern, weil kein Staat, und sei er noch so wohlwollend, je das Risiko einer Katastrophe eingehen wird, nur weil die innerpolitische Struktur eines anderen Staates zu schwierig ist.

Alle Zweifel der Verbündeten konzentrierten sich auf die Friedensvorschläge, die Stadion überbracht hatte. Österreich hatte darin die Rückgabe von Illyrien an Österreich, territoriale Vergrößerung Preußens im Herzogtum Warschau und den Verzicht Frankreichs auf seine Besitzungen rechts des Rheins sowie die Auflösung des aus deutschen Vasallenstaaten gebildeten Rheinbundes vorgeschlagen. Der Gegenvorschlag der Verbündeten vom 16. Mai enthielt einige weitere Bedingungen wie etwa die Unabhängigkeit Spaniens sowie die Zusage, daß Preußen die gleiche territoriale Ausdehnung (jedoch nicht die gleichen Territorien) erhalten solle wie vor 1806[22]. Die Meinungsverschiedenheiten waren aber viel fundamentaler als die Friedensbedingungen. Die Verbündeten zögerten, mit Napoleon ins Gespräch zu kommen, wollten aber, daß die Friedensvorschläge wenigstens die Voraussetzungen für ihre Sicherheit widerspiegeln mögen. Metternich war fest davon überzeugt, daß man mit Napoleon zu überhaupt keinem Übereinkommen gelangen könne, und schenkte seine besondere Beachtung der psychologischen Wirkung, welche die Vorschläge der Verbündeten haben würden. Diese umrissen Friedensbedingungen; Metternich arbeitete an einem Kriegsanlaß. Die Verbündeten fürchteten, Napoleon könnte die gemäßigten österreichischen Bedingungen akzeptieren; Metternich bemühte sich darum, daß die Hartnäckigkeit der Verbündeten Napoleon keine Chance geben möge, das französische Volk für sich aufzurufen und an den österreichischen Kaiser zu appellieren.

In Wirklichkeit ging es also um den Zweck der sich abzeichnenden Konferenz. Wenn diese dazu bestimmt sein sollte, zu einem Übereinkommen zu gelangen, mußten die Vorschläge der Teilnehmer ihre Maximalforderungen wiedergeben. Wenn jedoch lediglich ihre Unmöglichkeit demonstriert werden sollte, brauchte man ein Programm mit Minimalforderungen. Bei einer stabilen internationalen Ordnung werden einmal formulierte Forderungen zum Gegenstand von Verhandlungen. In revolutionären Zeiten werden einmal formulierte Forderungen programmatisch. In einer stabilen Ordnung versucht eine diplomatische Konferenz die Differenzen zwischen den streitenden Parteien abzuschwächen. In einer revolutionären Lage ist der Zweck einer Konferenz psychologischer Art. Sie versucht, ein Motiv für Handlungen zu schaffen, und richtet sich in erster Linie an diejenigen, die sich noch nicht gebunden haben. Wenn man in einer stabilen Ordnung Minimalforderungen formuliert, heißt das, auf den Vorzug der Beweglichkeit im Rahmen der Verhandlungen zu verzichten. Formuliert man übertriebene Forderungen bei einem Gegner, der sie ohnehin verwerfen wird, mißversteht man die Hauptschwierigkeit einer revolutionären Zeit, nämlich diejenigen, die sich noch nicht gebunden haben, zu überzeugen, daß der Revolutionär tatsächlich ein Revolutionär ist, der unbegrenzte Ziele verfolgt. Dann bietet man dem Gegner den Vorzug, sich zum Advokaten der Mäßigung zu machen, ohne daß er das Risiko eingeht, daß daraus Wirklichkeit wird. Im Mai 1813 lag das noch nicht gebundene Element *innerhalb*

Österreichs, und es ging Metternich darum, mit Hilfe einer Konferenz Napoleons Ziele seinem eigenen Kaiser deutlich vor Augen zu halten.

Es hing nunmehr alles davon ab, ob Metternich die Lage richtig eingeschätzt hatte. Wäre Napoleons Politik völlig flexibel gewesen, hätte er Metternichs Pläne durch Annahme seiner Minimalforderungen durchkreuzen können. Eine perfekte Flexibilität in der Diplomatie ist jedoch eine Illusion von Amateuren. Eine Politik auf der Annahme aufbauen zu wollen, man habe stets und für alle Möglichkeiten gleiche Chancen, heißt staatsmännische Führungskunst mit Mathematik zu verwechseln. Weil es unmöglich ist, für alle Eventualitäten vorbereitet zu sein, führt die Annahme, der Gegner sei völlig flexibel, zur Lähmung jeder Handlung. Ein Mensch, der das Unterschwellige versteht, erkennt jedoch, daß ein Staat seine Vision von der «Legitimität» so wenig aufgeben kann wie der Einzelne seine *raison d'être,* nicht weil das physisch, sondern weil es psychologisch unmöglich ist. Für Napoleon hätten ein Frieden auf dem Kontinent ohne das Wissen, daß er auch einen Frieden auf den Weltmeeren erreichen würde, und der Verzicht auf alle Eroberungen jenseits des Rheins und Illyrien bedeutet, daß Napoleon aufgehört hätte, Napoleon zu sein. Metternich forderte etwas viel Tiefergehendes als das Abtreten von Territorien. Er forderte die Beendigung einer revolutionären Politik. Seine Politik kann in diesem Sinn vielleicht formuliert werden als der Versuch, Napoleon vor sich selbst zu retten.

Als darum die verbündeten Bevollmächtigten die österreichischen Friedensvorschläge mit Stadion am 10. Juli erörterten, beharrten sie auf ihrem Maximalprogramm, während Stadion sie drängte, dieses Programm bis zur *abschließenden* Friedenskonferenz zurückzustellen[23]. Das allein hätte schon klarmachen sollen, daß es Metternich nicht um ein Programm für Verhandlungen ging, sondern um einen Grund, um den man kämpfen sollte. Um keinen Zweifel zu lassen, schickte Metternich am 14. Juni an Stadion einen Brief, in welchem er nochmals seine Stellung bekräftigte[24]. Die österreichischen Vorschläge seien deshalb so besonders wesentlich, weil «der Kaiser nie zu Handlungen bewegt werden kann, solange es zu keiner Friedenskonferenz gekommen ist und dabei demonstriert wurde, daß Napoleon nicht einmal bereit sei, *diese* Forderungen zu akzeptieren.» Wenn man übertriebene Forderungen formuliert, hieße das nur, Napoleon in die Hand spielen, es hieße, ihm die Möglichkeit bieten, das französische Volk zu einem Krieg im Namen der nationalen Ehre aufzurufen. Es gehe, kurz gesagt, darum, nicht die Unmöglichkeit eines *gesicherten* Friedens zu demonstrieren, sondern die Unmöglichkeit *jeden* Friedens. Um zu vermeiden, daß Napoleon alle Kalkulationen durchkreuzen könne, indem er Österreichs Minimalbedingungen akzeptierte, fügte Metternich die Klausel ein, daß die Annahme der Bedingungen zusätzliche Forderungen der Verbündeten im Rahmen einer Friedenskonferenz nicht ausschließe.

So etwa müssen die Argumente gelautet haben, die Metternich dem Zaren vorgetragen hat, als sich beide am 19. Juni in Opotschna trafen, wohin der Zar unter dem Vorwand gereist war, seine Schwester besuchen zu wollen. Wie auch immer Metternichs Argumente gelautet haben mögen, die Verhandlungen zwischen den Verbündeten und Österreich kamen jedenfalls schnell zum Ende, nachdem der Zar in sein Hauptquartier zurückgekehrt war, und führten am 27. Juni zur Konvention von Reichenbach, einem Dokument von solcher Doppelzüngigkeit, daß Geschichtsforscher es noch heutzutage zum Nachweis nutzen, wie intransigent Napoleon gewesen sei. Der Vertrag enthält in der Tat die Feststellung, daß Österreich den russischen und den preußischen Hof aufgefordert habe, seine Vermittlung zu einem *Vor*frieden anzunehmen, und bereit sei, in den gemeinsamen Krieg gegen Napoleon einzutreten, falls dieser sich bis zum 20. Juli weigere, die folgenden vier Bedingungen anzunehmen: die Auflösung des Herzogtums Warschau, die Vergrößerung Preußens, die Rückgabe Illyriens an Österreich und die Verselbständigung Hamburgs und Lübecks als Freie Städte[25]. Es spielte keine Rolle, daß diese Bedingungen «gemäßigt» waren, daß sie dem Eroberer gegenüber «weich» erschienen. Ihre Verbindlichkeit verbarg eine Tatsache von weitreichender Bedeutung. Nach sieben Monaten höchst doppelzüngiger Diplomatie war Österreich jetzt gebunden, zu einer bestimmten Zeit und zu spezifizierten Bedingungen in den Krieg einzutreten.

Die Konvention von Reichenbach ist die Frucht eines halben Jahres schwerer Arbeit Metternichs. Seine Bewegungen waren so stufenweise erfolgt, daß der einzelne Schritt, der noch vor ein paar Monaten als außerordentlich kühn erschienen wäre, nun wie eine unvermeidliche Reflexion angesichts einer gegebenen Lage wirkte. Seine Diplomatie war so geschickt gewesen, daß gerade das Gemäßigte an den Vorschlägen von Reichenbach die Tatsache verbarg, daß sie bedeutungslos waren. Denn die Konvention sprach nur von den Bindungen, die

Österreich eingegangen war, aber nicht von denen der Verbündeten. Sie erwähnte ein Angebot zur Vermittlung seitens des Kaisers von Österreich an Preußen und Rußland, schwieg sich aber darüber aus, unter welchen Bedingungen die Verbündeten die Vermittlung annehmen würden. Es hieß, Österreich werde in den Krieg eintreten, falls Frankreich die vier Bedingungen ablehnen würde, doch stand nichts darüber zu lesen, wie sich die Verbündeten verhalten würden, falls Frankreich die Bedingungen annehmen würde[26]. Wenn schon nicht der Kaiser, so konnte aber bestimmt Metternich keine Illusionen über die Möglichkeit eines Friedens haben, denn sowohl der preußische als auch der russische Gesandte hatten in Noten vom 19. Juni klar zum Ausdruck gebracht, daß ihre Staaten die österreichischen Bedingungen nur als Grundlage der Vermittlung, nicht aber als Ausdruck ihrer Friedensbedingungen akzeptierten[27].

Diese logische Unklarheit war nur eine weitere Zweideutigkeit, so wie es schon die ominöse Phrase gewesen ist, derzufolge Napoleon nur einen *Vor*frieden erreichen würde, falls er die Bedingungen von Reichenbach annehmen sollte. Tatsächlich wurde Napoleon im Grunde genommen aufgefordert, den Rhein als Grenze anzunehmen, um dafür zwar nicht den Frieden, sondern die Möglichkeit von Friedensverhandlungen zu erreichen. Es stand außer Frage, daß der Mann, der das Schicksal seiner Dynastie so oft mit der ungeschmälerten Existenz seines Imperiums gleichgesetzt hatte, sich solch einem Eingeständnis von Schwäche nicht fügen würde. Das wirkliche Argument zugunsten eines Krieges lag darin, daß Metternich sich fest auf diese Reaktion verlassen konnte. Ein Napoleon, der immer wieder alles auf die Gewalt als den entscheidenden Faktor abgestellt hatte, konnte nicht an den Verhandlungstisch gebracht werden, ehe er gelernt hatte, daß seiner Macht Grenzen gesetzt waren, und in diesem Fall lernte er es erst, als es zu spät war. Der Kaiser von Österreich, dem es immer nur um das bloße Überleben gegangen war, konnte erst zu einem Krieg bewogen werden, als er erkannte, daß Napoleons Forderungen mit einem System des Gleichgewichts unvereinbar waren. Die Konvention von Reichenbach führte diese beiden Gedankengänge zusammen, so als seien sie eine mathematische Gleichung. Metternichs Diplomatie war tatsächlich davon abhängig, daß er zwei Menschen richtig eingeschätzt hatte: seinen Kaiser und Napoleon. Das Ergebnis bewies, daß auch unterschwellige Dinge Realitäten sind.

4

Nur noch ein kurzer Schritt trennte jetzt Österreich von der Koalition. «Es scheint so, als ob Metternich kampfbegeistert und Kaiser Franz der Ängstliche ist», schrieb Stewart an Castlereagh unter dem 16. Juni. «Ihn in die richtige Stimmung zu bringen und ihn entscheidend zu binden ist das gegenwärtige Ziel... Seine kaiserliche Majestät sieht die Dinge nicht so günstig, wie es wünschenswert wäre. Und wenn man ihn darauf hinweist, daß ein Stoß in Bonapartes Rücken seinen Schwiegersohn vernichtend treffen würde, trachtet er eher danach, seine Herrschaft auf das zu begrenzen, was durch friedliche Übereinkünfte erreicht werden könnte.»[28] Der letzte Schritt in Metternichs Diplomatie sollte zeigen, daß friedliche Übereinkünfte nicht dazu angetan sein konnten, Napoleon Grenzen aufzuzeigen.

Napoleon trug selbst dazu bei, die Dinge auf die Spitze zu treiben, indem er einen seiner schnellen Entschlüsse faßte, der noch dazu erkennen ließ, wie sehr er sich über Österreichs Stellung täuschte. Als er von dem Treffen zwischen Metternich und dem Zaren in Opotschna erfuhr, lud er Metternich zu sich in sein Hauptquartier nach Dresden zu einem Meinungsaustausch ein. «Sie sehen», schrieb Metternich an Stadion, «daß mein böser Stern mich nach Dresden ruft... Die Unterredung wird zu nichts führen... Ich betrachte die Reise, die ich antreten will, als das sicherste Mittel, um uns über den Kern der Fragen ins klare zu setzen.»[29]

Später schrieb Metternich einen dramatischen Bericht über sein Treffen mit Napoleon in Dresden am 26. Juni 1813. Er schilderte einen Vorraum voller Minister, die in ihm die letzte Chance für den Frieden sahen, sprach von einem glänzenden Napoleon und einem unerschütterlichen Metternich, von einem in eine Ecke geschleuderten Hut und der Weigerung, ihn wieder aufzuheben, und von einer Vorhersage mit den Worten: «Sie sind verloren, Sire.»[30] Wenn sich auch darin vielleicht nicht niederschlägt, was sich wirklich ereignete, so ist dieser Bericht doch im Sinn der Geschichte der Alten richtig – er ist psychologisch richtig. In Dresden standen sich der Willensmensch und der Mensch des Maßes ein letztes Mal gegenüber, und der Willensmensch wurde geschlagen, weil ihm die letzte Erkenntnis fehlte: die Anerkennung, daß es Grenzen gibt. Der Kern des Gesprächs ist in einem knappen Bericht Metternichs an den Kaiser kurz nach der Zusammenkunft mit Napoleon enthalten[31].

Das Kernstück bildeten die Forderung Napoleons, die Bedingungen der österreichischen Vermittlung zu erfahren, und Metternichs nachdrückliche Antwort, daß Napoleon zunächst das Prinzip der bewaffneten Vermittlung anzunehmen habe; Napoleon weigerte sich, irgendwelche Territorien abzutreten, abgesehen von einem Teil Polens an Rußland, weil keiner der anderen Staaten irgendwelche Landgewinne «verdiente». Metternich erklärte ausweichend, territoriale Fragen sollten bis zur Friedenskonferenz zurückgestellt werden. Napoleon argumentierte, als ob der Frieden von seinem Willen abhänge. In seinem Auftreten lag jedoch etwas Pathetisches, weil er nicht mehr die Macht hatte, seinen Willen durchzusetzen. Metternich trachtete danach, einen Kongreß zusammentreten zu lassen, um das Ringen auf die Ebene zu heben, auf der er – zum Teil dank der Torheit seines Gegners – Meister war: die Ebene der Kabinettdiplomatie. Als Napoleon schließlich einer bewaffneten österreichischen Vermittlung und einem Kongreß zustimmte, um seinen ausweichenden Gegner zu fassen und eine weitere Ausdehnung der Waffenruhe zu erreichen, lief er in eine Falle, denn es ging nicht mehr um den Frieden, sondern um den Anlaß zum Krieg.

Das Übereinkommen, das am 30. Juni zwischen Metternich und Napoleon unterzeichnet wurde, enthielt die Billigung Frankreichs für Österreichs Vermittlung, eine Verlängerung des Waffenstillstands bis zum 10. August und die Absprache, daß am 5. Juli in Prag eine politische Konferenz stattfinden solle[32]. Österreichs neuerrungene Unabhängigkeit fand noch in einem weiteren Akt ihren Niederschlag. Er war vielleicht noch mehr symbolischer Art als selbst Napoleons Anerkenntnis einer österreichischen bewaffneten Vermittlung: Österreich wurde aus dem Bündnis mit Frankreich entlassen. Am 27. Juni hatte Metternich darum gebeten, das Bündnis während der Vermittlungszeit zu suspendieren, weil es mit einer Vermittlung unvereinbar sei. Am 29. Juni entließ der französische Außenminister Österreich aus allen Verpflichtungen, weil «Frankreich nicht will, daß seine Allianz seinen Freunden lästig werde»[33]. Österreich hatte somit Ende Juni 1813 seine Ziele erreicht. Es war zu dem steuernden Element in der in Bildung begriffenen Koalition gegen Napoleon geworden und hatte ungestört einhundertfünfzigtausend Mann einziehen können. Was auch immer passierte, Krieg oder Frieden, Österreichs innere Struktur war nicht bedroht, denn die internationale Ordnung war legitimiert dank den einzigen Garantien, die es für ein Weiterleben dieses Reiches in der Mitte gab: dem europäischen Gleichgewicht und der Heiligkeit vertraglicher Beziehungen. Mit gutem Grund konnte Metternich von Dresden aus nicht ohne Unterton seinem Kaiser schreiben: «Wären wir mit irgendeiner Maßregel auf halbem Wege stehengeblieben – ich wüßte nicht, was heute aus der Monarchie würde!»[34]

Nun aber galt es noch, die Verbündeten zu überzeugen, daß es nötig sei, den Waffenstillstand zu verlängern. Es war schon ein belastender Anfang für die österreichische Vermittlung, daß der erste Akt eine Verletzung der Konvention von Reichenbach in sich einschloß, der die Verbündeten anfangs ohnehin nur sehr zögernd zugestimmt hatten. Wenn auch die Gesandten der Verbündeten nicht so weit gingen wie Stewart, der an Castlereagh schrieb, es bestünde ein geheimes Einverständnis zwischen Österreich und Frankreich[35], so wiesen sie aber doch immer wieder auf die Verzögerungen hin, ehe sich Österreich binden wollte, und zwar erst vom 1. Juni bis 20. Juli, und nun bis 10. August. Wer wollte sagen, daß man Österreich überhaupt je zu einer Handlung bringen könnte. Metternich jedoch blieb hart: Er könne es nicht verhindern, wenn die Alliierten am 20. Juli die Feindseligkeiten wieder aufnähmen. In diesem Fall würde jedoch sein Kaiser wahrscheinlich für Österreich die bedingungslose Neutralität erklären. Er erinnerte ferner daran, daß Österreich tatsächlich zum Schlüssel der Koalition nicht nur diplomatisch, sondern auch strategisch geworden sei. Eine Neutralität würde es den Alliierten unmöglich machen, durch Böhmen vorzugehen, wodurch es unmöglich werde, Napoleons Stellung an der Elbe zu erschüttern. Kurz, der Krieg müsse so lange warten, bis Metternich seine Politik innenpolitisch legitimiert habe.

Der Prager Kongreß ist somit nicht wegen der Verhandlungen der Bevollmächtigten bedeutungsvoll, sondern vielmehr wegen der Wirkung, die er auf Beobachter hatte, deren kritischster der Kaiser von Österreich war. In einem Briefwechsel zwischen Metternich und dem Kaiser wird deutlich, worum es ging. Am 12. Juli ließ Metternich dem Kaiser die Bitte um Weisungen überreichen, die auf den Appell hinauslief, er möge angesichts des nun in greifbarer Nähe gerückten Erfolges standhaft bleiben[36]. Der Brief begann mit der für den Kaiser immer unbequemen Feststellung, eine Entscheidung ließe sich nun nicht länger umgehen. Die Macht von Staaten hänge von zwei Faktoren ab, von ihrer materiellen Stärke und der Persönlichkeit ihrer Herrscher. Dank der gegenwärtigen Politik habe Österreich den möglichen Höhepunkt erreicht, doch selbst der höchste Punkt führe unvermeidbar zu der Notwendigkeit, Entscheidungen zu fällen. Die Monarchie sei nur zu retten, wenn Metternich auf die Entschlossenheit und Unnachgiebigkeit seines Kaisers bauen könne.

Für jeden, der die Einstellung des Kaisers kannte, war es klar, daß die erwähnte Feststellung trotz ihres unterwürfigen Tons dennoch ein kühnes Unterfangen war. Im Grunde stand in ihr, daß ein Fehlschlag nicht auf materieller Schwäche, sondern auf Willensschwäche beruhen würde; daß der Augenblick zum Handeln gekommen sei: «Aber nicht mehr denselben Gang, bisher mit allem Erfolge gekrönt, können wir einhalten; er paßte auf die momentane Schwäche der Monarchie. In dem Bekenntnis dieser Schwäche lag die Möglichkeit, diesen Gang zu verfolgen, um einst wieder stark zu werden... Gewiß sind wir weit entfernt, so stark zu sein, wie wir es früher waren; aber als Gewicht in die Waagschale ist die Partei, welche Österreich ergreift, die überwiegende, und diese Berechnung, die einzig richtige, sehe ich bei uns zu wenig beherzigt.»

Mit diesem Hinweis, daß Berechnungen über die absolute Macht Handlungen lähmen und daß Stärke von der *relativen* Stellung der Staaten abhängt, leitete Metternich zu einer Untersuchung der Eventualitäten über, denen sich Österreich auf dem Prager Kongreß ausgesetzt sehen würde. Es sei eine alte Erkenntnis österreichischer Politik, daß eine Vermittlung stets nur *zugunsten* der Verbündeten stattfinden könne und daß Österreich einen Krieg nur erklären könne, wenn *Frankreich* die Grundlagen von Reichenbach verwerfe. Sollten die Verbündeten die vier österreichischen Bedingungen ablehnen, so sei es undenkbar, daß Österreich sich auf die Seite Napoleons schlagen könne. Für diesen Fall behielt sich Metternich das Recht vor, weitere Empfehlungen zu geeigneter Zeit unterbreiten zu dürfen. In Wirklichkeit hatte Metternichs Sorge nichts mit den Verbündeten zu tun, und er faßte sie in der nachfolgenden Frage zusammen: «Kann ich auf die Festigkeit Eurer Majestät zählen, im Falle Napoleon die Friedensthesen Österreichs nicht annimmt; sind Eure Majestät unerschütterlich bestimmt, in diesem Fall die gerechte Sache der Entscheidung den Waffen anzuvertrauen?» Metternich wußte nur zu gut, daß der Druck der Verbündeten und die wachsende Verärgerung bei Napoleon genug Grund liefern könnten, um das perfide Österreich zu zerschlagen, sollte es erneut zögern. Mit Zweideutigkeiten konnte man andere zu einer Handlung zwingen. Aber diese Handlung bedeutete eine Herausforderung, wenn auch erst für die Zukunft. Metternich folgerte daraus: «Wir würden statt der Chancen des Friedens oder eines vorteilhaften Krieges ... nur den wahrscheinlichen Untergang der Monarchie herbeiführen, und ich würde mit dem besten Willen für das Wohl des Staates lediglich das leidigste Werkzeug der Vernichtung aller politischen Konsideration, aller moralischen Höhe und des Auflösens aller inneren und äußeren Bande der Staatsverwaltung geworden sein.» Trotz aller Heimlichkeit konnte Metternich doch nicht die Tatsache verschleiern, daß das Schicksal Europas nun von der Entschlußfähigkeit eines einzigen Mannes abhing.

Der Sinneswandel dieses Mannes zeigt sich am besten in seiner Antwort an seinen Minister. In der pedantischen Sorge um Sicherheit, in dem ängstlichen Bewußtsein der ganzen Gefahr, liefert sie die beste Antwort an diejenigen, die Österreich in einen Kreuzzug nach preußischem Modell hatten stürzen wollen: «Frieden, dauerhafter Frieden», so hieß es, «ist gewiß das für jeden redlichen Mann Erwünschteste, um so mehr für mich, dem das aus einem Krieg entstehende Leiden so guter Untertanen, so schöner Länder am schmerzlichsten fällt. Zu diesem Ziel zu gelangen müssen wir trachten... Augenblickliche Vorteile dürfen uns hierin nicht täuschen.»[37] Dieser Mann, für den das österreichische Reich ein persönlicher Besitz war, den man durch hausbackene Gründlichkeit verwalten sollte, war nicht durch Überlegungen über ein europäisches Gleichgewicht zu inspirieren, geschweige denn unter dem Gesichtspunkt der Freiheit von Nationen. Um seine Friedensliebe zu demonstrieren, bot er sogar an, auf die «österreichischen» Bedingungen im Rahmen der Reichenbacher Konvention, den Anspruch auf Illyrien, zu verzichten. Sollte jedoch Napoleon dieses «vernünftige» Verlangen zurückweisen, dann allerdings biete der Krieg die einzige Lösung. Kaiser Franz ging in das, was später Freiheitskriege genannt wurde, hinein mit all der Entschlossenheit eines Ladenbesitzers, der sich gegen einen Wettbewerber verteidigt, den man nicht zu dem Einsehen bringen konnte, daß ein Aufteilen des Marktes die beste Voraussetzung für beiderseitige Harmonie sein würde.

Metternich jedoch hatte sein Ziel nahezu erreicht. In Kalisch hatten die Russen Österreich als Vermittler akzeptiert. In Dresden hatte auch Napoleon zugestimmt. Nun, und das war nicht der geringste der

Erfolge, hatte sich auch der Kaiser zu den inhaltlichen Konsequenzen seiner eigenen Politik bekannt. Was spielte es dabei für eine Rolle, daß jeder seine eigenen Gründe hatte, Metternichs Politik zu billigen: der Zar, um Österreich zum Bundesgenossen zu gewinnen; Napoleon, um es zu paralysieren; und der Kaiser, um Aktionen zu vermeiden. Es kam nicht darauf an, daß der Zar in der österreichischen Vermittlung ein Mittel zum Sieg, Napoleon zur Eroberung und der Kaiser für den Frieden sah. Metternich hielt jetzt alle Fäden in seiner Hand, und es blieb nur noch der letzte Knoten zu knüpfen.

Der Prager Kongreß trat eigentlich nie richtig zusammen. Sei es, um seinen Widerwillen zu zeigen oder um Zeit zu gewinnen, schickte Napoleon seinen Bevollmächtigten erst am 25. Juli. Als bewußten Affront gegen Napoleon entsandte der Zar den Elsässer Anstett. Die britischen Gesandten Stewart und Cathcart warteten hinter den Kulissen, bereit, Schwankende mit dem Versprechen auf Hilfsgelder oder der Drohung mit ihrer Abreise zu stützen. Es bot sich jedoch keine Gelegenheit zum Schwanken. Im festen Glauben an den österreichischen Kleinmut hatte Napoleon sein Hauptquartier zu einer Inspektionsreise verlassen. Da sein Bevollmächtigter Caulaincourt gehalten war, ihm alle Vorschläge zur letzten Entscheidung vorzulegen, erreichte man nicht einmal ein Übereinkommen über das Verfahren. Unter dem 30. Juli schrieb Metternich an Stadion: «Der Gang unserer Geschäfte hier scheint keinen Zweifel mehr darüber zu lassen, daß der 10. August der Schlußtag unserer gegenwärtigen Beziehungen zu Frankreich sein wird... Herr von Caulaincourt hat mir bestätigt, was ich seit meiner Reise nach Dresden durchschaut habe, daß der Kaiser Napoleon in der vollständigsten Selbsttäuschung über die wahre Lage der Dinge sich befindet. Seit langem mit all seinen Berechnungen gescheitert, klammert er sich mit Vorliebe an die Idee an, die seinen Ansichten schmeichelt; davon, daß Österreich niemals gegen ihn den Schild erheben werde, scheint er jetzt ebenso fest überzeugt, als er in Moskau überzeugt war, daß Kaiser Alexander sich dem Frieden fügen werde.»[38]

So ergab es sich, daß Napoleons einziger friedlicher Schritt, seiner Dynastie Dauer zu verleihen, nämlich seine Ehe mit Marie Louise, zu einem Mittel wurde, seinen Fall zu beschleunigen. Selbst Caulaincourt bat die Österreicher, hart zu bleiben, zumindest berichtete Metternich das seinem Kaiser[39]. «Führen Sie uns entweder durch Krieg oder durch einen Waffenstillstand nach Frankreich zurück, und dreißig Millionen Franzosen werden es Ihnen zu danken wissen», so zitiert ihn Metternich. Am 8. August übermittelte Metternich ihm die österreichischen Bedingungen in Form eines Ultimatums. Er war nun so sehr Herr der Lage, daß es ihm gelang, Caulaincourt zur Verschwiegenheit über dessen Inhalt zu verpflichten, so daß es Napoleon unmöglich war, es zu einem Appell an das französische Volk zu nutzen. Vergeblich appellierte Caulaincourt an Napoleon, «die feindliche Koalition durch Frieden aufzulösen». Napoleon dachte, er könne auf den Kleinmut, wenn schon nicht die Loyalität seines Schwiegervaters zählen. Der 10. August verging, ohne daß Nachricht von Napoleon eintraf. Als schließlich am 11. August ein Bote die ohnehin unbefriedigenden napoleonischen

Gegenvorschläge überbrachte, antwortete Metternich nur: «Gestern waren wir Vermittler, aber nicht mehr heute. Französische Vorschläge müssen von nun ab an die drei *verbündeten* Höfe adressiert sein.»

5

Die Freudenfeuer auf den Hügeln Böhmens, die dem österreichischen Heer am 11. August verkündeten, daß es sich nunmehr im Kriegszustand befinde, signalisierten zugleich das Ende eines außergewöhnlichen diplomatischen Feldzugs. Kühl und zielbewußt war durch ihn Österreich zum unbestrittenen Sprecher der Koalition geworden. Diese Diplomatie hatte keine großen Konzepte hervorgebracht, sie hatte auch nicht den edlen Träumen einer ungeduldigen Generation genutzt. Ihre Geschicklichkeit beruhte nicht in ihrer Schöpfungskraft, sondern in ihrer Proportion, in ihrer Fähigkeit, Elemente als gegeben hinzunehmen und zu kombinieren. Von den besonderen Erfordernissen der österreichischen Lage und der Eigenart des inneren Staatsaufbaus ausgehend, war es Metternich gelungen, im Rahmen der Heiligkeit von Verträgen und der Legitimität von Souveränen eine Koalition zu errichten. Er hatte Österreich von einem Bundesgenossen Frankreichs zu dessen Feind werden lassen, mit Napoleons Billigung in jedem Stadium. Er hatte den Krieg von einem nationalen Befreiungskrieg zu einem Kabinettskrieg um das Gleichgewicht umgeformt als ein Angebot aus der Hand des Zaren. Er hatte unmittelbar unter der Nase der Franzosen ein Heer aufgebaut, und er hatte Österreich in einen Krieg um einen Grund geführt, der sicherstellte, daß der

Frieden mit Österreichs Struktur vereinbar sein würde – mit Billigung seines Kaisers.

Philosophen mögen sich über den moralischen Gehalt dieser Politik streiten, Politiker können aus ihr nutzbringende Erkenntnisse ziehen. Ein gerade erst zwei katastrophalen Kriegen entronnenes altes Reich kann nicht reformiert werden, während es in einen Kampf auf Leben und Tod verwickelt ist. Staatsmänner können nicht ihre Politik so frei wählen, als stünden alle Wege gleichermaßen offen. Als Vielvölkerstaat konnte Österreich keinen Volkskrieg führen. Als finanziell erschöpfter Staat konnte es keinen langen Krieg führen. Der «Zeitgeist» war gegen eine Fortdauer eines Vielsprachenreiches. Aber es hieße von einem Politiker zu viel verlangen, wenn man von ihm erwarten wollte, den nationalen Selbstmord zum Prinzip seiner Politik zu erheben. Gewiß hätte Metternich kaum eine andere Politik verfolgt, wäre die innere Struktur Österreichs flexibler gewesen. Der Grund für seinen Erfolg liegt in der Übereinstimmung zwischen seinen eigenen Überzeugungen und den Erfordernissen der österreichischen Lage. Das heißt aber nicht mehr und nicht weniger als zuzugeben, daß Metternich dann, wenn es um die am tiefsten von ihm geschätzten Werte ging, kein Zyniker war.

Sowohl im Gehalt als auch in der Form symbolisierte seine Politik das Wesen des österreichischen Staates. Österreich konnte sich keinem Kreuzzug anschließen, denn Kreuzzüge werden für universale Forderungen geführt; Österreichs Überleben hing jedoch von dem Anerkennen von Grenzen ab. Es hing ab von der Heiligkeit von Verträgen und der Legitimität. Die bewußten Schritte, die kühle Berechnung, die sorgfältigen Manöver, all das zeugte von dem Streben nach einer Welt, in der Weltherrschaftsansprüche verschwunden sind und Hegemonie unmöglich werden würde. Weil die österreichische Politik keine Kräfte aus den Neigungen der Bevölkerung ziehen konnte, mußte sie ihre Ziele durch eine hartnäckige und geschickte Diplomatie zu erreichen trachten. Nur wenige diplomatische Feldzüge demonstrieren so klar, daß Politik Maßhalten bedeutet, daß ihre Klugheit von der Relation der einzelnen Schritte zueinander abhängt, nicht aber von der Schläue bei einzelnen Bewegungen. Jede einzelne Maßnahme war zweideutig, jeder Schritt konnte so oder so ausgelegt werden. Das Ergebnis aber war eine Koalition, deren moralische Grundlage sich als tragfähig erwiesen hat, was man auch immer von ihrer inneren Substanz denken mag, und deren Erfolge in der Wiederherstellung eines Friedens nach einem Vierteljahrhundert des Krieges lagen.

Alle Elemente Metternichs späterer Politik zeigen sich schon in dieser Zeit: die sorgfältige Vorbereitung, das ständige Streben, möglichst breite moralische Zustimmung zu erhalten, die Nutzbarmachung der psychologischen Lage des Gegners, um ihn um so sicherer zu vernichten. Krönung dabei war, daß es gelang, das innere legitimierende Prinzip Österreichs mit dem der internationalen Ordnung gleichzusetzen. Mit Recht konnte der Kaiser einem preußischen Besucher in seinem unverfälschten österreichischen Dialekt sagen: «Schaun's, war ich nicht gescheiter wie Sie? Hab ich nicht in Ordnung getan, was Sie in Unordnung tun wollten?»[40]

Daß er das in Ordnung getan hatte, war nicht sein Verdienst, sondern das seines Außenministers. Die Katastrophe war abgewendet, die Koalition gebildet. Österreich war noch einmal davongekommen. Friedrich von Gentz hat Metternichs Verdienste zusammengefaßt: «Im Sonnenschein der Gesundheit und Stärke eines Staates mit ausgebreiteten Mitteln oder unbeschränkter Macht auf dem Weltschauplatz eine Rolle zu spielen ist so schwer nicht. Aber von allen Seiten beengt und von allen Seiten von widerstrebenden Elementen und tausendfältigen Hindernissen umringt, ein von Wind und Wetter zwanzig Jahre lang geschlagenes Schiff durch Klippen und Untiefen wieder aufs hohe Meer zu ziehen – diese Kunst ist nur wenigen gegeben.»[41]

Später sollte Metternich erkennen, daß es schwieriger ist, die richtige Richtung auf ruhiger See zu steuern, als einen Weg durch stürmische Wellen zu finden, wo die Gewalt der Elemente im Kampf um das Dasein Inspiration verleiht.

SECHSTES KAPITEL

Prüfsteine der Allianz

I

Während Metternich seinen Zickzackkurs weiterverfolgte, konnte der Staatsmann jener Macht, die gegen Napoleon am längsten und unnachgiebigsten gekämpft hatte, nur mit ohnmächtiger Ungeduld abwarten. Für Castlereagh lag die Tatsache, daß Napoleon nicht vertrauenswürdig sei, so offenkundig auf der Hand, daß jeder Versuch, das zu demonstrieren, für ihn nur entweder Feigheit oder tiefere Absicht verbergen konnte. Eine Konferenz nur der psychologischen Wirkung ihres Fehlschlags wegen abzuhalten, erschien ihm als sinnlose Ausflucht. Ein defensives Konzept in der Außenpolitik verleiht eine großartige Zielstrebigkeit gegen eine Macht, die als Bedrohung empfunden wird. Doch kann man auf diese Weise keine neuen Bundesgenossen gewinnen. Wenn eine Gefahr erkannt ist, braucht man sie nicht erst zu beschwören. Solange man sie nicht am eigenen Leib verspürt hat, erscheinen alle Appelle zu gemeinsamen Schritten wie Warnungen vor einem Kampf in fremder Sache. Aus diesem Grund hatte Großbritannien allein durchgehalten, während eine Macht nach der anderen auf dem Festland unter der Illusion von Sonderabmachungen oder in der Ohnmacht der Isolierung zusammenbrach. Aus dem gleichen Grund mußte aber Großbritannien auch abseits stehen, als es galt, durch Napoleons Weigerung, auch nur die mäßigsten Bedingungen anzunehmen, zu demonstrieren, daß es gegen sein Wesen war, überhaupt Grenzen zu akzeptieren.

Metternich hatte die britischen Vertreter bei den Verbündeten von allen Verhandlungen über die Friedensbedingungen ferngehalten. Der formelle Anlaß dazu war die Weigerung Großbritanniens, die österreichische Vermittlung anzuerkennen. In Wirklichkeit fürchtete er aber, die Briten würden auf Bedingungen bestehen, die seine Anstrengungen zunichte gemacht hätten, seinen Kaiser von der Notwendigkeit eines Krieges zu überzeugen. Es kann daher nicht wundernehmen, daß die britischen Vertreter bei den verbündeten Höfen, Sir Charles Stewart in Preußen und Lord Cathcart beim russischen Hauptquartier, Metternich mit unverhohlener Abneigung betrachteten[1]. Eine Macht, die nie eine Katastrophe über sich ergehen lassen mußte, hat es schwer, eine Politik zu verstehen, die von der Sorge vor einer Katastrophe beherrscht wird. Der Versuch eines weniger begünstigten Bundesgenossen, seine Risiken klein zu halten, muß dann notwendigerweise als Ausfluß dekadenter Schläue erscheinen. Die Rolle von Baron Wessenberg, Metternichs Gesandtem in London, hätte kaum bedauernswerter sein können. Von der Gesellschaft geschnitten, nie vom Prinzregenten offiziell empfangen, unter ständigen lebhaften Presseangriffen, so lebte er nur gerade geduldet und dachte sogar ernstlich einmal daran, sich aufs Land zurückzuziehen, um dem Zorn der Volksmenge zu entgehen[2].

Und Stewart, der sich in den Kopf gesetzt hatte, in die Intrige einzudringen, schrieb vom Hauptquartier der Verbündeten aus: «Ich kann nicht umhin zu denken ..., daß Metternich irgendein Familienbündnis versuchen will ... Wenn es zu einem Kongreß kommen sollte, schicken Sie um Gottes willen einen sehr fähigen Mann. Er wird dort dringend vonnöten sein ... Wir brauchen dort einen teuflisch geschickten Vertreter.»[3]

Als Castlereagh die europäische Lage im Frühjahr und Frühsommer 1813 betrachtete, hatte er wenig Grund, zufrieden zu sein. Zugegeben, die verbündeten Heere standen in Mitteleuropa, doch sah es so aus, als seien sie von der Größe der sich ihnen bietenden Chancen gelähmt. England war zwar nicht mehr isoliert, war aber dennoch kein Mitglied des Konzerts der Mächte, teils aufgrund schwieriger Nachrichtenverbindungen, vor allem jedoch, weil eine Macht, die sich bedingungslos gebunden hat, über keine Verhandlungsposition verfügt. Großbritanniens wirkungsvollste Waffe am Verhandlungstisch, die Drohung, die Hilfszahlungen für die verbündeten Armeen einzustellen, reichte nicht aus, um die Friedensgespräche unmöglich zu machen, wie sich an der Konvention von Reichenbach erkennen ließ, die nur drei Tage nach der Unterzeichnung der Hilfsverträge abgeschlossen worden war[4]. Metternichs Maßnahmen wurden zwar weitgehend mißverstanden, waren aber ein Hinweis, daß Großbritannien noch immer kein voller Teil Europas war und daß ein Frieden auf dem Festland unter Ausschluß Englands zumindest denkbar war. England kämpfte nicht zuletzt um eine internationale Ordnung, die irgendwelche rein festländischen Übereinkommen unmöglich machen sollte.

Die Kehrseite der Sorge vor einem sogenannten «festländischen» Frieden ohne England war die Entschlossenheit Englands, nie mehr allein zu stehen. Nahezu jede Übereinkunft erschien günstiger als ein weiterer Ausschluß aus dem Gleichgewicht der Mächte dessen, der das Gleichgewicht balancierte. Man fürchtete, daß auf dem gegenüberliegenden Festland sich eine Politik *gegen* die Inselmacht entwickeln könnte. Falls nötig, wollte Großbritannien sogar einem Frieden zustimmen, der weit unter seinen Erwartungen lag, wenn er nur *zusammen* mit den Verbündeten geschlossen werden konnte. «Sie müssen auf der Hut sein vor einem Festlandfrieden, der unter Ausschluß von uns zustande kommt», schrieb Castlereagh an Cathcart. «Zu große Hartnäckigkeit unsererseits könnte diese Gefahr heraufbeschwören, unbeschadet aller Verträge, die wir geschlossen haben... Aus diesem Grund muß unsere Bereitschaft, mit unseren Bundesgenossen zusammenzugehen, stark hervorgehoben werden, so daß diese uns keine Vorwürfe machen können.»[5] Nur die Unabhängigkeit von Spanien, Portugal und Sizilien, die Erfüllung der britischen Verpflichtungen in Schweden und selbstverständlich die Seerechte sollten nicht Gegenstand von Verhandlungen sein[6]. Die Inselmacht mußte einige Einflußpunkte auf dem Festland behalten, wenn nicht im Zentrum, so doch wenigstens an der Peripherie längs der Seewege.

Castlereagh ging sogar noch weiter. Unter dem ständigen Bitten der Botschafter Preußens und Rußlands akzeptierte er am 13. Juli, wenn auch mit einigem Murren, die österreichische Vermittlung[7]. Er wertete sie jedoch sofort dadurch ab, daß er erklärte, der Friede werde sich wohl als so unvollkommen erweisen, daß er Großbritannien nicht in Versuchung bringen könnte, auf irgendeine seiner kolonialen Eroberungen zu verzichten[8]. Diese Erklärung bedeutete im Grund genommen, daß sich Großbritannien ein Vetorecht vorbehielt, weil ja nur die Rückgabe der verlorenen Kolonien an Frankreich Napoleon veranlassen konnte, die österreichischen Bedingungen anzunehmen. In einem weiteren Brief verstärkte Castlereagh noch die Hindernisse selbst für einen Vorfrieden und schloß mit einer Warnung, die zugleich auch Ausdruck seines äußersten Mißtrauens gegen Metternichs unverständliche Politik war: «Bonaparte hat einige Lektionen hinnehmen müssen, doch weil er starke Verbände unter den Waffen hält, wird er sich keinem Übereinkommen unterwerfen, das zu unterzeichnen selbst Graf Metternich die Stirn haben würde und das solide Grundlagen für die Wiederherstellung der Ruhe in Europa bietet.»[9] Er war sich nicht bewußt, wie vollständig seine Analyse der Lage mit der Metternichs übereinstimmte. Großbritannien jedenfalls hatte nicht ein Jahrzehnt lang allein den Kampf geführt, um nun am Verhandlungstisch um die Früchte seines Sieges gebracht zu werden[10].

Als die britische Billigung der österreichischen Vermittlung eintraf, waren die Würfel schon gefallen. Die Note wurde in der Tat erst an den österreichischen Hof weitergeleitet, als die österreichische Regierung schon den Krieg erklärt hatte, und auch dann nur als Ausdruck des Vertrauens[11]. Von nun an sah Castlereagh seine Aufgabe darin, aus der Tatsache des Bündnisses das Bewußtsein seiner Notwendigkeit entstehen zu lassen. Er vertraute Cathcart an, daß der Kongreß von Prag ihn mit großer Sorge erfüllt hatte, wenn auch ein Erfolg unwahrscheinlich war[12]. Seine Briefe aus den Monaten September und Oktober sind voll von Erklärungen über die Notwendigkeit zu gemeinsamen Aktionen; sie heben immer wieder die gemeinsame Gefahr hervor und sind in einer so beredten Form geschrieben, wie man sie bei seinem sonst pedantischen Schreibstil nur selten findet: «Die Fürsten Europas ...», schrieb er an Cathcart, «haben nacheinander erfahren müssen, daß auch die größte Unterwerfung für sie weder Sicherheit noch Ruhe brachte und daß keiner von ihnen aufhörte, Objekt von Feindseligkeiten zu sein, bis sie alle zu Instrumenten Frankreichs für die ... Eroberung noch anderer Staaten geworden waren ... Es ist diese gemeinsame Gefahr, die wir uns als echte Grundlage dieses Bündnisses stets vor Augen halten sollten ... Frankreich gegenüber wäre ein gemeinsam geschlossener Frieden, und möge er noch so wenig vorteilhafte Bedingungen enthalten, immer noch besser als die größten Konzessionen, die man von einem Gegner um den Preis von Diskussionen erlangen würde ... Nur so kann die militärische Kraft des Gegners auf sein natürliches Niveau zurückgeschraubt und Europa davor bewahrt werden, nacheinander durch eigenes Versagen erobert zu werden.»[13]

Nur Österreich schien noch unentschlossen. Nicht ohne guten Grund verdächtigte Castlereagh Metternich weiterhin mangelnder Entschlußkraft. Denn Metternich war weiterhin weniger am Triumph als am Gleichgewicht, weniger an einem französischen Zusammenbruch als daran gelegen, die französische Macht zu beschneiden. Metternich, der danach trachtete, jede

Vormachtstellung zu beseitigen, versuchte ein Vakuum zu verhindern, das russische Ambitionen geweckt hätte. Castlereagh, der nur die französische Vormacht fürchtete, versuchte die Koalition zu Höchstleistungen zu bewegen. Er war so sehr über die österreichische Entschlossenheit in Sorge, daß er eine ganze Flut von Noten ausgoß, um aus dem Krieg einen Krieg der Nationen, nicht der Staaten zu machen. Er appellierte an die Begeisterung der Völker, kurz er tat all das, was zu verhindern Metternich so gründlich versuchte. An Cathcart schrieb er: «Es scheint mir völlig unmöglich, den wirklichen Kern der Dinge mißzuverstehen. Und je eher der österreichische Minister sich dazu bekennt, um so geringere Risiken wird er eingehen ... Das Ringen ist zu einem Volkskrieg geworden und nicht ein Spiel der Staatsmänner, und Metternich wird nur Napoleon in die Hände spielen, wenn er auf andere als diese Prinzipien baut.»[14]

Die Sorge vor einem Abfall Österreichs ließ Castlereagh sogar so weit gehen, daß er eine soziale Grundlage für die internationale Ordnung aufstellte: «Es will scheinen», schrieb er an Aberdeen, «daß Metternichs Ohren kaum noch das Kriegsgeschrei ertragen können und daß er lieber flüstert, als es in die Ohren der Nation zu schreien ... Die ganze militärische Geschichte der Revolution hat uns zu fürchten gelehrt, daß das Monster, sobald es auf französischem Boden Fuß gefaßt hat, losbrechen mag, um auch woanders zu hausen ... Die Völker sind heute die einzige Barriere. Sie sind gegen Frankreich, und hier bietet sich der beste Schild, den ein Staat zu seinem eigenen Schutz aufstellen sollte, besonders wenn er so wenig verteidigungsfähige Grenzen hat wie Österreich.»[15] Also selbst dieser bei Castlereagh sonst selten zu findende Ausflug in die Philosophie mündete nur in ein weiteres Argument zugunsten einer standhaften Haltung Frankreich gegenüber ein.

Castlereaghs Warnungen vor Österreich beruhten in der Tat auf einem Mißverständnis. Es war nicht mangelndes Bewußtsein der französischen Gefahr, das das scheinbare Zögern Österreichs auslöste, sondern Metternichs Sorge vor einer weiteren Gefahr, die Castlereagh noch nicht erkannt hatte. Während Castlereagh nämlich noch nach gemeinsamen Handlungen seitens der «selbstlosen» Mächte Großbritannien und Rußland trachtete, um die Bedingungen des europäischen Gleichgewichts zu umreißen, schmiedete der Zar bereits Pläne, die Mitteleuropa seiner Gnade auszuliefern drohten. Während Castlereagh Metternich vor den Gefahren einer allumfassenden Herrschaft warnte, wußte er nicht, wie gut man seine Worte verstand. Metternich blickte mit einem Auge auf Napoleon, mit dem anderen aber auf den Zaren und Polen.

2

Es war paradox, daß ein Staat, der 1795 zu existieren aufgehört hatte, und daß ein Monarch, der sich der edelsten Motive rühmte, die Ursache für Uneinigkeit in der Großen Koalition lieferten. Polen war 1795 zum dritten Mal geteilt worden und hatte nur noch im Geist seiner Patrioten weitergelebt, bis Napoleon 1807 aus den preußischen Besitzungen in Polen das Herzogtum Warschau schuf, das dann nach dem Krieg von 1809 durch Österreich-Polen vergrößert wurde. 1812 machte sich

Napoleon die polnische Vaterlandsliebe für seinen Rußlandfeldzug zunutze. Seine Erklärung, er betrachte diesen Kriege als polnischen Krieg, führte ihm rund achtzigtausend Soldaten zu, deren Reste 1813 noch immer Teile der französischen Armeen bildeten. Der Rückzug von Moskau hatte die Vision eines bis an den Dnjepr reichenden Polen ausgelöscht. Je mehr sich die russischen Heere nach Westen ergossen, um so mehr schien für Polens Schicksal nichts anderes übrigzubleiben, als wieder unter die angrenzenden Mächte aufgeteilt zu werden.

Der Eifer seiner Patrioten hat Polen oft besser gedient als die Fähigkeit des Staates, sich rechtzeitig auf die siegreiche Seite zu schlagen. Als sich die russischen Heere der polnischen Grenze näherten, entsann sich Adam Czartoryski, dessen Vater die Proklamation der Gemeinschaft aller Polen unter Napoleons Schutz verkündet hatte und der selbst bei dieser Gelegenheit aus der russischen Armee ausgetreten war, seines Jugendfreundes, des Zaren Alexander. Unter dem 6. Dezember schickte er dem Zaren einen Brief, in dem folgender Absatz enthalten war: «Wenn Sie unser Land als Sieger betreten sollten, werden Sie sich dann Ihrer alten polnischen Pläne wieder entsinnen? Werden Sie mit der Eroberung Polens auch das Herz des Landes gewinnen?»

Die Zweideutigkeit dieses Briefes entsprach dem schwankenden Gemüt des Mannes, an den er adressiert war. Napoleon sagte von dem Zaren, er verfüge über große Fähigkeiten, doch wenn er etwas tue, fehle immer «irgend etwas». Weil man nie vorhersehen konnte, welches Stück im Einzelfall fehlen würde, konnte man im Grund genommen seine Reaktion nie voraussagen.

ZAR ALEXANDER I.

Metternich beschrieb ihn als «eine sonderbare Mischung von männlichen Vorzügen und weiblichen Schwächen. In seinem Charakter fand sich weder genug Stärke für wahren Ehrgeiz, noch genug Schwäche für bloße Eitelkeit.»[16] Mystisch und schlau, idealistisch und berechnend zugleich, so war er eine Mischung universaler Prinzipien, die spezifisch russische Vorteile rechtfertigten. Seine hohen Motive stützten seine praktischen Wünsche, was man bei tiefergestellten Persönlichkeiten als eigensüchtig bezeichnen würde. Er war einer großen Selbstleugnung fähig, wie sich später mehrfach unter der Heiligen Allianz zeigen sollte. Er konnte aber auch grausam und verräterisch sein. «Man sieht eben, er ist der Sohn von Zar Paul, dem Verrückten», sagte Talleyrand über ihn. Daß er überzeugt war, daß seine Ziele mit denen einer allgemeinen Gerechtigkeit identisch seien, kann man nicht bezweifeln. Daß diese Ziele im allgemeinen zumindest anfangs mit den nationalen russischen Interessen zusammenfielen, steht fast noch weniger außer Frage. In seiner Jugend war er von seinem schweizerischen Erzieher, La Harpe, stark beeinflußt worden. Dieser hatte danach getrachtet, ihn zu dem idealen Herrscher der Aufklärung zu erziehen, zu einem Philosophen auf dem Königsthron, der auf der Basis allgemein anerkannter Maximen herrschen und seinem Volk die Segnungen der Liberalität bringen sollte. Als Kronprinz hatte Alexander Adam Czartorisky versprochen, für die Befreiung Polens zu arbeiten. Auf dieses Versprechen nahm der erwähnte Brief Bezug.

Sein Antwortschreiben an Czartorisky machte die Zwiespältigkeit seines Wesens deutlich. «Das Gefühl der Rache ist mir fremd. Es bereitet mir Freude, Schlechtes mit Freundlichkeit zu vergelten.» Nach der Versicherung, seine Ziele bezüglich Polens hätten sich nicht geändert, weist er auf den Widerstand hin, den er sowohl in Rußland als aber auch von Österreich und Preußen zu erwarten hätte. Eine vorzeitige Eröffnung seiner Ziele würde Österreich und Preußen abhalten, dem Bündnis beizutreten, ja sie vielleicht sogar in die Arme Frankreichs treiben. Er versprach jedoch, daß seine Pläne immer deutlicher erkennbar werden würden, wenn sich die militärische Lage weiter kläre[17]. Hochherzigkeit mag hier ein Motiv für die polnische Unabhängigkeit gewesen sein. Die Form, dieses Ziel erreichen zu wollen, war jedoch listig.

Alexander hielt sein Wort. Der Vertrag von Kalisch enthielt bezeichnenderweise keinen Hinweis darauf, daß Preußen wieder polnische Gebiete erhalten sollte. Statt dessen war im Zug der Verhandlungen von Sachsen als einer möglichen Entschädigung die Rede. Doch so sehr sich auch der Zar darum bemüht hatte, das volle Ausmaß seiner Bestrebungen zu verschleiern, Metternich hatte ihn, wie wir wissen, durchschaut. Eine Ausdehnung Rußlands bis tief nach Mitteleuropa hinein oder die Verwandlung Preußens von einer Macht des Ostens zu einem überwiegend deutschen Staat konnte Österreich nicht gleichgültig sein. Bei einer Ausdehnung Rußlands bis nahezu an die Oder mußte Preußen bei seiner praktisch nicht zu verteidigenden Ostgrenze zu einem russischen Satelliten werden; würde Preußen nach Deutschland hin abgelenkt, mußte es zum Mitbewerber Österreichs um die Vormachtstellung in Deutschland werden. Darum hatte es Metternich auch gar nicht eilig, Frankreich vollständig zu schlagen, um damit ein Vakuum zu schaffen, das nur die russische Verhandlungsposition stärken mußte, besonders solange Englands Haltung noch nicht klar erkennbar war. Es war ja noch nicht bekannt, ob Großbritannien in dem europäischen Gleichgewicht irgend etwas anderes sehen würde als nur die Beseitigung Napoleons oder ob es dazu bewegt werden konnte zu erkennen, daß Antwerpen am besten in Polen zu verteidigen ist.

Castlereagh war sich all dieser Probleme noch nicht bewußt. Hätte er sie gekannt, hätte er sie aller Wahrscheinlichkeit nach als Metternichsche Spielereien betrachtet. Für ihn war der Krieg noch immer ein Ringen um die Wiederherstellung des Gleichgewichts durch Mächte, die unter Fremdherrschaft so gelitten hatten, daß sich daraus schon Grenzen für ihren Ehrgeiz ergaben. Daß irgendeine andere Macht als Frankreich den Frieden wieder stören könnte, erschien ihm so unvorstellbar, daß man in keiner seiner zahlreichen Noten und in keinem Brief aus jener Zeit darauf auch nur einen Hinweis, sei er direkt oder indirekt, findet. Er trachtete statt dessen danach, den im Pitt-Plan aufgezeigten Weg zu verfolgen: Ein europäisches Gleichgewicht sollte aus der Zusammenarbeit mit der anderen «saturierten» Macht, Rußland, entstehen. Es sollte gelten, die historischen Gegensätze der mitteleuropäischen Staaten zu beseitigen, der Allianz Leben einzuhauchen und eine europäische Lösung zu garantieren. Getreu dem Pitt-Plan wurden deshalb alle Vorschläge für eine Nachkriegslösung stets immer zuerst dem Zaren unterbreitet. Erst als Castlereagh selbst auf das Festland kam, erkannte er, daß Großbritanniens natürlicher Bundesgenosse Österreich war, diejenige Kontinentalmacht, die trotz aller Unterschiede in ihrer inneren Struktur ebenfalls die Gedanken des Gleichgewichts und der Befreiung Europas verkörperte.

Dieses Mißverständnis führte zu einer Auseinandersetzung mit Zar Alexander, die um so erregender war, als die wahre Ursache für das mangelhafte Ergebnis nicht sofort deutlich wurde. Bei seinen ersten Auseinandersetzungen mit dem Zaren unterbreitete Castlereagh rein britische Forderungen, deren Erreichen entweder durch die Tatsache, daß Großbritannien sie schon hatte, gesichert war, wie etwa die Unabhängigkeit von Spanien, Portugal oder Sizilien, oder die noch rein akademisch waren, wie etwa die Unabhängigkeit der Niederlande oder aber die Forderung, daß über die Seerechte bei keiner Friedenskonferenz zu reden sei. So sehr Castlereagh auch die Koalition im Auge hatte, diese Ziele verfolgte er mit einer nahezu fanatischen Einseitigkeit. Das galt besonders für die Niederlande und die Seerechte. Schon unter dem 10. April hatte er Cathcart aufgefordert, «die äußerste Aufmerksamkeit des Zaren auf Holland zu richten. Nur das Vertreiben der Franzosen über den Rhein und die Sicherheit für dieses Land werden uns eine brauchbare Barriere gegen Frankreich und eine sichere Verbindung zu unseren Bundesgenossen auf dem Festland geben.»[18] Bei jeder sich bietenden Gelegenheit wurde immer wieder nachdrücklich die Unabhängigkeit der Niederlande verlangt. Da die verbündeten Heere davon jedoch noch weitab waren, konnte man die unverbindlichen Antworten des Zaren wohl nur als Ausfluß der militärischen Lage werten.

In die gleiche Sackgasse führte auch der Meinungsaustausch über die Seerechte. So sehr Castlereagh auch versuchte, sie aus jeder Diskussion herauszulassen, brachte der Zar das Problem doch in die Verhandlung, indem er seine Vermittlung zwischen Großbritannien und den Vereinigten Staaten anbot. Da der Krieg zwischen beiden Staaten zu einem erheblichen Teil unter dem Gesichtspunkt der britischen «Rechte» ausgefochten wurde, neutrale Schiffe zu durchsuchen, ging das Problem England damit wirklich an den Nerv, und Castlereaghs Antwort war eine scharfe Warnung. Er schrieb an Cathcart: «Ich kann nicht umhin, auf die Wichtigkeit hinzuweisen, daß der Zar erkennen möge, wie notwendig es ist, von vornherein jede Seerechtsfrage aus der allgemeinen Verhandlung auszuschließen. Sollte er das nicht erkennen, riskiert er ein Mißverständnis zwischen jenen Mächten, auf deren Gemeinsamkeit die Sicherheit Europas heute beruht...» Als der russische Botschafter in London erneut diese Frage aufwarf, antwortete Castlereagh noch ausführlicher. Er wiederholte nachdrücklich, daß kein britischer Minister irgendeinen Kompromiß in Sachen der Seerechte wagen könne, und fügte ominös hinzu, daß, falls die europäischen Festlandsmächte daran interessiert seien, ein Gegengewicht gegen Frankreich zu schaffen, sie keine Meinungsverschiedenheit untereinander durch Aufwerfen dieser Frage aufkommen lassen sollten[19]. Hier ging es in der Tat um ein so überwiegend britisches Interesse, daß es noch wichtiger war als die Große Koalition.

Eine weitere Schwierigkeit tat sich auf, als Castlereagh sich darin versuchte, den Grundgedanken des Pitt-Plans in die Wege zu leiten, nämlich die Allgemeine Allianz, welche die Voraussetzungen für das europäische

Gleichgewicht definieren sollte. Schon wenige Tage, nachdem er von dem Scheitern des Prager Kongresses gehört hatte, appellierte Castlereagh an den Zaren: «Wenn irgendeine Macht nach einem Separatfrieden streben sollte, würde sie damit das Schicksal aller anderen Mächte Frankreich ausliefern. Der Krieg in Spanien hat Rußland gerettet, und durch ihn wird Deutschland vielleicht befreit; der Krieg in Deutschland bietet Spanien eine Chance, das Joch abzuschütteln ... Der Entschluß, zusammenzustehen und das Schicksal miteinander zu tragen, bietet die einzige Sicherheit, und darum müssen die Verbündeten dazu bewegt werden, sich auf gewisse feste Prinzipien in gemeinsamem Interesse zu einigen[20].» Das Legitime an dem Krieg lag somit ausschließlich in der Notwendigkeit, Frankreich zurückzudrücken, und die Vorschläge spiegeln dieses Ziel wider: Sie verlangten die Unabhängigkeit der Niederlande, Siziliens, Spaniens und Portugals, ein Ende des französischen Einflusses in Italien und in den Rheinbundstaaten sowie der Erweiterung Österreichs und Preußens hinsichtlich ihrer territorialen Ausdehnung und ihres Gesamteinflusses wie in vornapoleonischen Zeiten.

Castlereagh hatte offenbar nicht den geringsten Zweifel, daß seine Vorschläge ohne Zögern angenommen werden würden. Er drang in Cathcart, dem Zaren zu versichern, welch unauslöschlichen Eindruck sein Verhalten auf die britische Regierung gemacht habe. Er regte an, Großbritannien und Rußland sollten gemeinsam die anderen Mächte auffordern, der Großen Allianz beizutreten. Irgendwelche Schwierigkeiten könnten nur von Österreich erwartet werden, wobei er der festen Überzeugung war, man könne eine zu vorsichtige

Macht am besten dadurch zu Kühnheit bewegen, daß man sie überzeugt, daß sie gemäßigte, aber fest entschlossene Bundesgenossen habe[21]. Der Zar erwies sich jedoch merkwürdigerweise als recht schwierig. Castlereaghs Note traf gerade zu einer Zeit ein, als die verbündeten Armeen nach der Schlacht von Leipzig den Gegner verfolgten, und der Zar ließ sich mehrmals unter dem Hinweis auf militärische Notwendigkeiten entschuldigen. Als Castlereagh mit ihm schließlich am 26. Oktober zusammentraf, erklärte sich der Zar mit der vorgeschlagenen Allianz im Grundsatz einverstanden und schlug vor, die Einzelheiten mit seinem Minister Nesselrode zu erörtern[22]. In den nachfolgenden Gesprächen wurde er jedoch immer zurückhaltender. Er berief sich auf seine Vertrauenswürdigkeit, die ein formales Übereinkommen unnötig mache; erneut warf er die Frage der Seerechte auf. Er beharrte darauf, daß Großbritannien im einzelnen angeben möge, welche während des Krieges eroberten Kolonien es zurückzugeben beabsichtige, und verlangte eine feste Zusage für künftige Hilfsgelder. Rätselhaft erwähnte er, die Friedensbedingungen müßten «die wirkliche Lage» berücksichtigen, ließ aber nicht klar erkennen, was er unter diesem Begriff verstanden wissen wollte. Es sei merkwürdig, so berichtete Cathcart, daß Österreich, die Macht, von der man die größten Schwierigkeiten erwartet habe, so zugänglich zu sein scheine, während sich der Zar als so widerspenstig erweise[23]. Das war ebenfalls eine Fehldeutung, denn Metternich war so zugänglich, eben gerade weil der Zar sich als so schwierig erwies.

Die Koalition war nun in der Tat an dem kritischen Punkt angelangt, wo sich bei der Erklärung der Ziele zeigen mußte, wie dünn die Bekundungen der Einmütigkeit waren. Es liegt nahezu schon begrifflich im Wesen einer Koalition, daß die Meinungsverschiedenheiten zwischen ihren Mitgliedern einerseits und dem gemeinsamen Gegner andererseits größer sind als die Meinungsverschiedenheiten unter den Mitgliedern der Koalition. Da der Schein der Harmonie eine sehr wirkungsvolle Waffe ist, kann keine Koalition je eingestehen, daß eines ihrer Mitglieder eine fast genauso große Bedrohung wie der gemeinsame Feind darstellt, ja vielleicht eine wachsend größere sogar, weil die relative Stellung der Mächte durch die gemeinsamen Siege sich ändert.

Koalitionen zwischen Staaten des Status quo und erwerbslustigen Staaten sind immer eine schwierige Angelegenheit und neigen darum immer dazu, entweder auf Mißverständnissen oder Ausflüchten zu basieren. Auf Mißverständnissen, weil derartige Koalitionen sich nur am Rand liegenden Fragen zuwenden, die nur einige ihrer Mitglieder berühren und die Grundlagen der Beziehungen nicht erschüttern, indem man die Sonderwünsche der einzelnen gegenseitig anerkennt. Auf Ausflüchten deshalb, weil, je länger die Lösung der Grundfrage im Fall eines erfolgreichen Krieges hinausgeschoben wird, um so stärker sowohl militärisch als auch psychologisch die Stellung der erwerbslüsternen Mächte wird. Die totale Niederlage des Gegners beseitigt zumindest ein Gewicht in der Waage und stellt die Status-quo-Macht vor die Alternative, nachzugeben oder in einen Krieg gegen den einstigen Bundesgenossen einzutreten, dessen relative Stärke sich durch die Niederlage des Gegners gebessert hat.

Eine Macht des Status quo muß daher danach trachten, eine Bestimmung der Kriegslage möglichst im Anfangsstadium der Auseinandersetzung zu erzwingen, notfalls indem sie das Gewicht des Feindes oder die gemeinsame Angst vor dem Feind mit in die Waagschale wirft. Solange die Kluft zwischen dem erwerbslüsternen Bundesgenossen und dem gemeinsamen Feind noch breit genug ist, mag der Wunsch nach Sieg oder die Angst vor Rache ausreichen, die Lösung des Problems zu erzwingen. Diesen Plan hatte Metternich bei seinem diplomatischen Feldzug verfolgt, der sein Ende mit dem Eintritt Österreichs in die Koalition fand. Es blieb auch seine Politik während des ganzen Krieges.

Die erwerbslüsterne Macht wird im Gegensatz dazu versuchen, die Endlösung so lange wie möglich hinauszuschieben. Dabei hat sie alle Vorteile auf ihrer Seite. Wenn sie erklärt, der Schlußstrich hänge von der militärischen Lage ab, drängt das zu einem allumfassenden Krieg, der ein Machtvakuum schafft, weil der Gegner völlig zerschlagen wird. Je größer das Vakuum, um so mehr ist das Gleichgewicht gestört und um so «natürlicher» erscheinen grenzenlose Forderungen. Dem kann man nur mit einem Separatfrieden begegnen, doch wird es für eine Macht des Status quo weder psychologisch noch physisch jemals leicht sein, einen Krieg durch Vertragsverletzung zu beenden. Denn ihr wahres Kriegsziel, die Stabilität, baut ja auf der Heiligkeit der Verträge auf. Wenn schließlich die erwerbslüsterne Macht behauptet, ihre Ziele seien in Wirklichkeit «begrenzt», und auf ihre eigene Vertrauenswürdigkeit als Garantie hinweist, schiebt sie damit das Kainsmal für das Zerbrechen des Bündnisses gerade jenen Mächten zu, die am meisten dabei zu gewinnen haben, daß man der Vertrauenswürdigkeit ihres Alliierten vertraue. Sie wissen nicht mit Sicherheit, ob die Bekundungen ihres Bundesgenossen ernst oder nicht ernst sind, bis er es bewiesen hat. Und dieser wird versuchen, den Beweis so lange hinauszuzögern, bis es zu spät ist. Während die alliierten Heere nach Westen weiter vorstießen, sprach der Zar großspurig von einem Frieden, der auf der militärischen Lage beruhen und durch seine Vertrauenswürdigkeit geheiligt werden sollte.

Castlereaghs Vorschläge stellten Alexander vor ein Dilemma. Sie waren darauf angelegt, Frankreichs Einfluß zurückzudämmen, aber auch den Rußlands. Denn wenn der Zar dem Bündnis zustimmte, hätten alle anderen Mächte ihre Hauptziele erreicht, während er seine Ziele noch nicht einmal verkündet hätte. Hätte er jedoch seine polnischen Pläne offengelegt, mußte er einen Separatfrieden zwischen Frankreich und Österreich fürchten. Wenn alle anderen ihre Interessen gesichert haben würden, wäre es gefährlich gewesen, die polnische Frage bis zum Friedensvertrag zurückzustellen, weil sich die anderen dann gemeinsam gegen die russischen Wünsche stellen würden. Wenn der Zar andererseits die polnischen Fragen mit in die Ziele der Allianz einzubauen trachtete, würde vielleicht gar keine Endlösung mehr auszuhandeln bleiben. Auch Metternich war genauso zurückhaltend, um sich nicht zu offenbaren. Während es dem Zaren darum ging, daß seine Zustimmung zu den Zielen seiner Bundesgenossen diesen nicht den Anreiz nehmen möge, den russischen Kompensationswünschen zu entsprechen, sorgte sich Metternich darum, daß Großbritannien sich vom

Kontinent zurückziehen könnte, sobald seine Sonderwünsche befriedigt wären. Noch war nicht klar zu erkennen, ob Großbritannien seine Sicherheit an der Scheldemündung oder in einem europäischen Gleichgewicht sah. Solange Großbritannien seine Haltung nicht deutlicher zu erkennen gab, wollte Metternich das englische Interesse an den Niederlanden nutzen, um den Zar in Polen zu bremsen.

Der Zar und Metternich umgingen also beide die Große Allianz, wenn auch aus diametral entgegengesetzt liegenden Gründen. Metternich sah in dem vorgeschlagenen Vertrag ein weiteres Mittel, eine britische Zusage zur Verteidigung Europas zu gewinnen, der Zar glaubte ihn zur Verstärkung seines Anspruchs nutzen zu können. Metternich kannte aber die Absicht des Zaren und schob ihm den «Schwarzen Peter» zu. Mehrfach betonte er seine Bereitschaft, das Bündnisangebot zu unterzeichnen, doch er unterstrich, ohne Rußland sei es bedeutungslos[24]. Ein andermal wieder bot er an, eine schließliche russische Zustimmung zu garantieren. «Nun, mein lieber Aberdeen», sagte Metternich einmal zu Aberdeen, dem neuen Botschafter Großbritanniens in Österreich, «bestellen Sie Lord Castlereagh meine besten Grüße und fragen Sie ihn, welchen weiteren Beweis er für unsere Loyalität noch verlangt.»[25] Als es schließlich klar wurde, daß ein Einlenken Rußlands nicht erreichbar war, teilte Metternich schließlich Aberdeen mit, er sei bereit, einen Vertrag zu unterzeichnen, aus welchem seine Bereitschaft, den Vertrag zu unterzeichnen, hervorgehe[26]. Aberdeen wies das Ansinnen ab, was Metternich zweifellos erwartet hatte.

Castlereagh suchte also Unterstützung bei einer Macht, der er später selbst unter dem Risiko eines Krieges entgegentreten mußte, während er jenem Staat mißtraute, von dem er später die meiste Unterstützung fand. Bis diese Fehleinschätzung der Lage sich aufgeklärt hatte, mußte die britische Politik neben der Sache liegen. Seine wachsenden Zweifel faßte Castlereagh in einer Note an Cathcart zusammen. In ihrem abgewogenen, ruhigen Ton und in ihrer außerordentlichen Einfachheit läßt sie erkennen, daß es aufgrund des Pittschen Vermächtnisses Castlereagh unmöglich war, sich Rußland als einen erwerbslüsternen Staat vorzustellen[27]. Das Schriftstück beginnt mit Hinweisen auf die Bekundungen des guten Willens seitens des Zaren und dessen Bezugnahme auf die militärische Lage: Die Bezugnahme des Zaren auf die sich entwickelnde militärische Lage sei heute nicht mehr verständlich. Dank den Erfolgen der Verbündeten sei die Erreichung der gemeinsamen Ziele jetzt einfacher geworden und sollten damit die Schwierigkeiten, die sich dem Abschluß eines Bündnisses entgegenstellten, eher beseitigt als etwa vervielfacht worden sein. Nachdrücklich wies Castlereagh den Vorschlag des Zaren zurück, Großbritannien solle jene kolonialen Gebiete aufzählen, die es erobert habe, aber zurückzugeben gedenke. Das Angebot der Rückgabe von Kolonien sei ein ehrliches Angebot, doch könne man nähere Einzelheiten so lange nicht sagen, als sich die Mächte des Festlandes noch nicht wenigstens auf die großen Umrisse eines Friedensvertrags geeinigt haben. Kurz gesagt, die Kolonien sollten ein Faustpfand dafür sein, daß es zu einer Lösung kommen würde, die Großbritanniens grundlegende Interessen sichere.

Castlereagh schloß sein Schreiben mit einem erneuten Appell, der durch seine nachdrücklichen Wiederholungen sowohl seine Überraschung als auch seinen Unglauben an das Zögern des Zaren zum Ausdruck brachte, so als ob die Hindernisse im wesentlichen auf mangelndem Meinungsaustausch beruhten, so wie ein geduldiger Lehrer Unkenntnis durch häufige Wiederholungen beseitigt. Großbritannien habe sich zunächst an Rußland gewandt, wiederholte er, nicht weil es diesem mißtraute, sondern weil Großbritannien und Rußland die beiden Staaten seien, die eine solche Allianz am wenigsten nötig hätten: «... Angesichts der schwankenden Politik von Staaten ... erschien es mir nicht nur ein Akt der Klugheit, sondern geradezu eine Pflicht der Welt gegenüber, daß Großbritannien und Rußland die Gelegenheit ergreifen sollten, sich feierlich zueinander zu bekennen ... Dieser Entschluß würde Europa am besten dienen, ja wäre vielleicht der einzige Schutz für einen dauerhaften Frieden ... Die britische Regierung ist aus grundsätzlichen Erwägungen bereit, ihre eigenen Interessen auf dem Weg über das gemeinsame Interesse auf dem Kontinent zu erstreben. Andernfalls würde England keineswegs der erste Staat sein, der unter einer isolierten Politik zu leiden hätte.»

Diese stolze Note wurde jedoch nie überreicht, weil die Dinge sich anders entwickelt hatten. Es war etwas geschehen, was bei Castlereagh dafür den Ausschlag gab, daß er selbst auf das Festland reiste und persönlich an den Beratungen der Alliierten teilnehmen wollte. Es mußte wahrlich ein entscheidendes Ereignis sein, das zum ersten Mal in der Geschichte einen britischen Außenminister veranlaßte, persönlich auf das europäische Festland zu kommen. Die Allianz stand vor einer großen Prüfung. Metternich hatte im Namen der Allianz Napoleon den Frieden angeboten, weil er nicht bereit war zuzusehen, wie durch dessen vollständige Niederlage das geliebte Gleichgewicht aus dem Lot zu kommen drohte.

3

Als Österreich am 11. August 1813 Napoleon den Krieg erklärte, war seine Führerstellung in der Koalition eine unbestrittene Tatsache. Ein österreichischer Feldmarschall war Oberbefehlshaber der verbündeten Armeen, und es war eine doppelte Ironie, daß es der ehemalige Kommandeur von Napoleons Hilfskorps, Fürst Schwarzenberg, war. Metternich war praktisch Ministerpräsident der Koalition. Er war der Sprecher der Verbündeten während der Friedensverhandlungen. Er führte die Verhandlungen mit den Vasallen Napoleons, die in zunehmender Zahl sich rechtzeitig auf die Seite der Sieger zu schlagen suchten. Am 7. September war er mit dem Vertrag von Teplitz dem Bündnis zwischen Preußen und Rußland beigetreten, welcher die Befreiung Deutschlands bis zum Rhein und dessen Zusammenschluß auf der Grundlage souveräner Staaten vorsah. Der Vertrag von Teplitz enthielt erneut das Bekenntnis der Alliierten, daß der Krieg nicht im Namen des Nationalismus gekämpft werde.

Noch aus einem weiteren Grund hatte sich Metternich zum Sprecher der Koalition emporgeschwungen. Napoleon war bis zum letzten Augenblick nicht bereit gewesen, an einen Kriegseintritt Österreichs zu glauben.

FELDMARSCHALL FÜRST BLÜCHER
VON WAHLSTATT

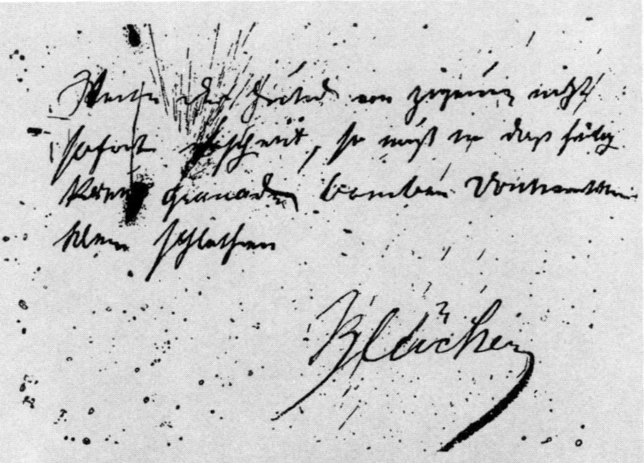

„Wenn der Hund von zigeuner nicht sofort erscheint, so muß in daß heilig kreuz granaden bomben Donnerwetter klein schlachen."

FÜRST BLÜCHER ÜBER BERNADOTTE
IN EINEM TAGESBEFEHL
VOM 16. OKTOBER 1813

Jetzt gab er sich der trügerischen Meinung hin, die Entschlossenheit dieses Staates sei so schwach, wie sein Kriegseintritt spät gekommen war. Schon am 18. August hatte der Herzog von Bassano die Wiederaufnahme der Verhandlungen angeboten. Am 26. September hatte Napoleons Adjutant bei den österreichischen Vorposten einen Brief an den Kaiser mit einem Friedensappell überreicht, um weiteres Unheil zu vermeiden. Am 17. Oktober, dem ersten Tag der Schlacht von Leipzig, schickte Napoleon einen weiteren Emissär, den gefangenen österreichischen General Merveldt, mit einem Friedensangebot. Nichts vermag die Schwierigkeiten besser zu illustrieren, die entstehen, wenn zwei verschiedene Begriffe der Legitimität einander gegenüberstehen, als sich an dem Schicksal dieser diplomatischen Schritte ablesen läßt. Napoleon mag es noch so ernst um eine Beendigung des Krieges gewesen sein, die Verbündeten dachten daran, wie geschickt er es früher verstanden hatte, durch Friedensfühler Koalitionen zu sprengen, und weigerten sich daher, mit ihm in Fühlung zu treten. Erst nachdem Napoleon sein Heer bei Leipzig verloren hatte, erst als, kurz gesagt, seine Ohnmacht ein Garant für vertrauenswürdiges Verhalten hätte sein können, trat Metternich Napoleons Vorschlägen näher, und auch dann nur, weil die Schwäche Frankreichs seine Sorge vor Rußland vergrößerte.

Während die Reste des geschlagenen französischen Heeres hinter dem Rhein Schutz suchten, sah Metternich sich vor eine Lage gestellt, von der er hätte annehmen können, jetzt sei die letzte Möglichkeit gekommen zu verhindern, daß der Krieg eine totale Form annahm. Alle gesteckten Ziele waren erreicht worden. Eine weitere Niederlage Napoleons mußte den Krieg auf eine Ebene heben, auf der keine Übereinkünfte mehr Ansprüche begrenzen würden und auf der das europäische Gleichgewicht ernstlich gefährdet sein würde. Ein Abstoppen des Vormarsches während der Verhandlung hätte jedoch die Koalition brechen lassen und Napoleon eine Atempause gewährt. Mit Napoleon, dem Machtmenschen, konnte man nur fertig werden, wenn dieser seine eigene Ohnmacht sich hätte eingestehen müssen. Wenn jedoch diese Ohnmacht zu deutlich erkennbar wäre, wäre eines der wichtigsten Gegengewichte gegen Rußland verspielt. Wie konnte man also einen maßvollen Frieden bei einem Gegner erreichen, der auf Selbstvernichtung aus war? Wie ein Vakuum vermeiden bei einem Gegner, der die Anerkennung von Grenzen für dynastischen Selbstmord hielt? Durch gemäßigte Friedensangebote und weiteren Vormarsch, so lautete Metternichs Antwort. «Wir sollten immer das Schwert in der einen und den Palmzweig in der anderen Hand tragen», hatte er während des niederschmetternden Krieges des Jahres 1809 geschrieben, «stets bereit zu Verhandlungen, aber verhandeln stets unter gleichzeitigem Vormarsch.» Jetzt war die Zeit gekommen, diese Maxime in die Tat umzusetzen. Ein gemäßigtes Friedensangebot mußte den russischen Wünschen Fesseln anlegen, zugleich aber durch den Appell an die Friedenssehnsucht der französischen Nation Napoleons innenpolitische Stellung untergraben. Es müsse, so schrieb Metternich, «mit dem französischen Volk Waffen für die Bundesgenossen schmieden.»[28]

Doch wie konnte man die Verbündeten, besonders Rußland und Großbritannien, in einem Augenblick des

Triumphes zu Verhandlungen bewegen? Es war Metternichs Glück, daß die Hauptakteure bis auf Castlereagh sich alle im alliierten Hauptquartier befanden: Drei Monarchen und ihre Minister mit ihren hohen Generälen, und nicht zuletzt drei britische Bevollmächtigte – das war die rechte Szenerie für einen Diplomaten von Metternichs Format. Es war das erste, aber nicht das letzte Mal, daß sich erwies, wie sehr Metternich all seine Mitspieler überspielen konnte. Er stellte zunächst außerordentlich herzliche Beziehungen mit dem Schmeicheleien stets zugänglichen Zaren her. «Zar Alexander ist sein eigener Minister», schrieb Cathcart, «seine eigentlichen Minister sitzen in St. Petersburg, und die wenigen vertrauten Diener, die er hier bei sich hat, haben nicht die Autorität von Ministern ... Seine kaiserliche Majestät ist sich der Fähigkeit des österreichischen Ministers voll bewußt ... Fürst Metternich hat leichter Zugang zu ihm, und der Zar hört seinen Einflüsterungen vertrauensvoll zu ... Metternich pflegt diesen Vorteil natürlich bei jeder sich bietenden Gelegenheit, und seine freimütige Art ist im höchsten Grad entwaffnend.»[29] Ein Appell an die nationalen Interessen hatte den Zar nicht bewegen können, sich der Meinung des Bündnispartners anzuschließen. Ein Appell an seinen Idealismus brachte seine Zustimmung zu einem Friedensangebot.

Der britische Botschafter in Österreich, Lord Aberdeen, erwies sich als leichteres Objekt. Mit seinen neunundzwanzig Jahren und seinen mangelhaften französischen Sprachkenntnissen war er einem Diplomaten von Metternichs Geschicklichkeit nicht gewachsen. Seine Steifheit und sein Selbstbewußtsein spielten Metternich geradezu in die Hand. «Metternich ist Lord Aberdeen gegenüber sehr aufmerksam», berichtete Cathcart. Die Ergebnisse ließen nicht lange auf sich warten. Metternich hatte einst die Aufgabe eines Diplomaten umschrieben als die Kunst, als Narr zu erscheinen, ohne ein Narr zu sein, und er praktizierte das nun in höchstem Maß bei Aberdeen. «Glauben Sie ja nicht, daß Metternich eine so hervorragende Persönlichkeit ist...», schrieb Aberdeen an Castlereagh. «Nachdem ich nun die ganze Zeit mit ihm zusammen bin, kenne ich ihn ganz bestimmt gut. Wenn er wirklich das geschickteste Geschöpf unter den Menschen wäre, dann würde er sicher manches daransetzen, wenigstens sich ein bißchen zu verstellen. Doch das ist nicht seine Art. Ich wiederhole: Er ist kein sehr kluger Mann. Er ist eitel..., aber man kann ihm Vertrauen schenken...»[30] Für diese Mischung von Dünkelhaftigkeit und Leichtgläubigkeit verdiente sich Aberdeen bei Metternich das sarkastische Prädikat, er sei ein «lieber Einfaltspinsel der Diplomatie»[31].

Am 29. Oktober wurde in einem Gespräch zwischen dem Zaren, Metternich und Aberdeen entschieden, Napoleons Angebot vom 17. Oktober zu beantworten. Die Art und Weise, in der das geschah, entsprach geradezu symbolisch dem Herzen des Österreichers. Napoleon hatte auf dem Weg über einen gefangenen österreichischen Offizier den Frieden angeboten; somit erschien es nur angemessen, daß die alliierte Antwort über einen gefangenen französischen Beamten erfolgen sollte. Für diese Aufgabe suchte man sich den französischen Geschäftsträger in Weimar, St. Aignan, den Schwager von Caulaincourt und Napoleons Bevollmächtigten auf dem Prager Kongreß, aus. Im Verlauf einer Zusammenkunft zwischen Nesselrode, Metternich und Aberdeen wurde festgelegt, Frankreich die «natürlichen» Grenzen, den Rhein, die Alpen und die Pyrenäen, anzubieten. Die Niederlande sollten unabhängig werden, wobei der Grenzverlauf Frankreich gegenüber noch Gegenstand der Verhandlungen bleiben sollte. Auf den spanischen Thron sollte die rechtmäßige Dynastie zurückkehren[32]. Metternich drang darauf, während der Verhandlungen die militärischen Operationen fortzusetzen. Er beeinflußte Aberdeen derart stark, daß dieser diese Bedingungen sowohl Nesselrode, der weit härtere Bedingungen unterbreiten wollte, als auch Castlereagh gegenüber nachdrücklich verteidigte[33].

Ehe die Dinge jedoch ihren Lauf nehmen konnten, fügte Metternich noch eine besondere Note hinzu, die erkennen läßt, wie sehr es ihm darauf ankam, den Krieg zu beenden. Am 9. November arrangierte er ein Treffen zwischen Nesselrode, ihm selbst und St. Aignan, zu dem Aberdeen wie rein zufällig hinzukam und erklärte, daß Großbritannien den Frieden wünsche und Frankreich jene Seerechte zugestehen wolle, auf die dieses «mit Recht Anspruch habe». Es kann dahingestellt bleiben, welche Bedeutung diese rätselhafte Formulierung haben mag, und obwohl Aberdeen bestritt, daß sie irgendeine Preisgabe der Seerechte beinhalte, war doch klar, daß Aberdeen einen entscheidenden Punkt übersehen hatte: Die Seerechte waren für England sowohl von symbolischer als auch von inhaltschwerer Bedeutung. Wenn man sie in diesem Zusammenhang jetzt in die Diskussion warf, bedeutete es, daß Aberdeen sie für einen

Gegenstand von Verhandlungen hielt, eine Tatsache, die jeder britische Staatsmann bisher nachdrücklich bestritten hatte. In seinem Streben, sich den Glorienschein dessen, der Europa befriedet hat, aufzusetzen, übersah Aberdeen, daß kein Staat über Grundfragen seiner Existenz zu verhandeln bereit sein kann.

Die Bedingungen waren gemäßigter, als es die militärische Lage rechtfertigte, weil es Metternich vor allem darum ging, Frankreich als ansehnliches Gewicht im europäischen Gleichgewicht zu behalten. Frankreich sollten Gebiete überlassen werden, um die Generationen von Franzosen vergeblich gekämpft hatten: Belgien und das linke Rheinufer. Um dieses großzügige Angebot noch zu unterstreichen, schickte Metternich unter dem 10. November ein Privatschreiben an Caulaincourt. Frankreich dürfe diese Gelegenheit nicht vorbeigehen lassen, so schrieb er, Frieden zu schließen. Weitere Siege der Verbündeten würden zu härteren Forderungen führen, während umgekehrt französische Siege sie nicht vermindern könnten. Sollte, wie er fürchtete, Napoleon nicht nachgeben, würden Umwälzungen ohne Sinn und ohne Grenzen die Folge sein[34]. Das Angebot der Rheingrenze war somit nicht länger die Aufforderung zur Selbstbescheidung, sondern eine Definition Napoleons wirklicher, vielleicht sogar seiner Maximalstärke. Es war ein Appell an Napoleon, seine Selbsttäuschung aufzugeben, allerdings nicht, weil Metternich Napoleon, sondern weil er Sachsen und Polen zu retten wünschte. Darum wollte Metternich erkunden, ob es möglich sein könnte, aus dem Kaiser der Franzosen einen König von Frankreich werden zu lassen, wie Talleyrand es formulierte.

HERZOG VON TALLEYRAND-PÉRIGORD

Diese Hintergründigkeiten erkannte man jedoch in London nicht, wo man nicht einmal wußte, daß es ein Ringen um Polen überhaupt gab. Aberdeens Berichte waren nicht sehr zuversichtlich gewesen. Nach dem Pitt-Plan sollte Frankreich seine «alten», vorrevolutionären Grenzen wiedererhalten, also unter Ausschluß Belgiens und des linken Rheinufers. Die Note, die St. Aignan überbringen sollte, enthielt aber das Angebot, sich auf der Grundlage der «natürlichen Grenzen» zu einigen. Sie enthielt keine Vorsorge, daß eine Festungsgrenze zum Schutz Hollands in den Niederlanden errichtet werden sollte, ohne die Holland kaum mehr als ein französisches Anhängsel bleiben mußte. Es war Aberdeens Glück, daß das britische Kabinett die Auswirkungen seiner Haltung bezüglich der Seerechte nicht voll erkannte.

Wie wenig Castlereagh jedoch begeistert war, kann man an seiner ersten Reaktion auf die überschwenglichen Berichte Aberdeens ablesen. Während er die alliierten Schritte als gegebene Tatsachen zurückhaltend billigt, läßt er deutlich durchblicken, daß Großbritannien allerdings eine Auflösung der Allianz noch mehr fürchtete als diese Friedensbedingungen. Castlereagh schrieb: «Sie werden nicht überrascht sein, wenn ich sage, daß wir wahrscheinlich nur mit gemischten Gefühlen einen Frieden akzeptieren würden, der Frankreich nicht strikt auf seine alten Grenzen zurückdrückt. Ein Frieden mit Napoleon, ganz gleich unter welchen Bedingungen, wird ohnehin nicht gerade populär sein... Wir sind nach wie vor bereit, zusammen mit unseren Verbündeten das Risiko solchen Friedens einzugehen... Ich glaube allerdings, wir sollten unsere Bundesgenossen nicht noch ermuntern, unvollkommene Arrangements zu treffen.»[35]

Es beunruhigte Castlereagh ferner, daß die Frankfurter Vorschläge kein Wort über Antwerpen enthielten. «Ich muß Sie nachdrücklich ersuchen, Ihre Aufmerksamkeit weiterhin auf Antwerpen zu richten», schrieb er. «Das Zerschlagen dieses Arsenals ist für unsere Sicherheit von entscheidender Bedeutung. Den Hafen in französischen Händen zu belassen, bedeutet beinahe, Großbritannien ständig mit Krieg zu belasten. Wir haben so viel für die Völker des Kontinents in diesem Krieg getan, daß sie es uns und sich selbst schulden, diesen für uns gemeinsam so gefährlichen Herd auszulöschen.»[36]

In einem weiteren Schreiben drohte Castlereagh, daß Großbritannien angesichts der gegebenen Lage auf seine kolonialen Eroberungen nur verzichten würde, wenn eine bessere Grenze für Holland und Italien erreicht würde[37]. Seine Besorgnis trieb ihn schließlich auch zu einem Protest gegen den Begriff der «natürlichen Grenzen». Nicht ein Rechtsanspruch, sondern Zweckmäßigkeitsüberlegungen hätten die Verbündeten veranlaßt, etwas anzubieten, auf dem man nicht beharren muß, sobald das Angebot zurückgewiesen sei[38]. Castlereagh ließ keinen Zweifel daran, daß sich England selbst nach zwanzig Kriegsjahren nur schwer mit einem solchen Frieden abfinden könne.

Doch wieder einmal räumte Napoleon alle Hindernisse aus dem Weg. So wie er Metternichs Kalkulationen über den Haufen geworfen haben würde, hätte er das Angebot von Reichenbach angenommen, so hätte die Annahme des Angebots von Frankfurt die Koalition aufgelöst. Der Eroberer konnte sich aber immer noch nicht vorstellen, daß seine Gegner wirklich zu allem entschlossen seien. Am 23. November traf eine Note des Herzogs von Bassano ein, in der lediglich als Tagungsort Mannheim vorgeschlagen wurde, sich aber sonst nichts bezüglich der alliierten Bedingungen fand bis auf die angebliche britische Bereitschaft, im Interesse eines allgemeinen Friedens Opfer zu bringen. Der Gedanke, Großbritannien könnte den Krieg mit Napoleon durch Zugeständnisse auf dem Gebiet des Seerechtes beenden, brachte das britische Kabinett auf. Castlereagh schickte zwei scharfe Noten an Aberdeen, in denen er ihn anwies, bei den Alliierten schriftlich gegen diese Auslegung seiner Bemerkungen zu protestieren[39]. Ehe sich jedoch Aberdeen seiner Aufgabe entledigen konnte, hatte Metternich am 25. November im Namen der Verbündeten erklärt, die Verhandlungen könnten erst beginnen, wenn die in dem Angebot von Frankfurt unterbreiteten Grundlagen akzeptiert worden seien.

Napoleon hatte den psychologisch günstigen Augenblick verpaßt. Er hatte die Annahme der Frankfurter Vorschläge hinausgezögert, um Zeit für verstärkte Rüstungen zu gewinnen. Indem er nun aber das ganze Problem auf die Ebene eines reinen Machtkampfes hob, ermöglichte er es den Verbündeten lediglich, sich ihrer relativen Stärke voll bewußt zu werden. Während die verbündete Armee nach Süden zu einer Flankenbewegung über die Schweiz ansetzte, entwarf Metternich einen Aufruf an das französische Volk, dessen Inhalt so versöhnlich war, daß Caulaincourt später sagte, er habe mehr Schaden angerichtet, als eine verlorene Schlacht es getan hätte. Der Krieg richte sich nicht gegen Frankreich, sondern gegen eine französische Vorherrschaft, hieß es in der Proklamation. Darum hätten die Alliierten sofort nach ihrem Sieg ein Friedensangebot unterbreitet. Napoleon habe darauf jedoch mit neuen Einberufungen geantwortet. Die Verbündeten wünschten ein Frankreich, das groß und mächtig, ja sogar größer sei, als es je unter den Königen gewesen ist. Sie wollten allerdings auch selbst ihre friedliche Existenz gesichert sehen und würden nicht eher ruhen, bis sie ein gerechtes Gleichgewicht der Kräfte erreicht hätten[40].

Solange Metternich noch Proklamationen schrieb, ging es ihm darum zu verhindern, daß aus dem Krieg ein Kreuzzug werde. Sollte es jedoch nicht gelingen, Frankreich als Gegengewicht gegen die Pläne des Zaren zu erhalten, dann wollte Metternich diesem wenigstens durch möglichst gemäßigte Erklärungen die Hände binden.

Wenn die Proklamation, wie Metternich behauptete, dazu bestimmt war, im französischen Volk den Wunsch nach Frieden zu verstärken und somit Napoleon innenpolitisch unter Druck zu setzen, so war das kaum nötig. Unter dem Druck der öffentlichen Meinung ersetzte Napoleon den Herzog von Bassano durch Caulaincourt als Außenminister, von dem man wußte, daß er friedensbereit war. Als Caulaincourt aber am 2. Dezember das Frankfurter Angebot akzeptierte, war es schon zu spät. Die alliierten Heere standen bereit, nach Frankreich einzufallen. Metternich leitete Caulaincourts Note einfach nach London weiter und schlug vor, Großbritannien möge einen Bevollmächtigten ernennen.

4

Die Lage im Dezember 1813 bot sich so dar: Die englischen Hoffnungen für eine Allgemeine Allianz waren enttäuscht worden. Die Alliierten waren sich vielleicht darin einig, daß Napoleon geschlagen werden mußte, aber, für die Briten überraschend, bedeutete das nicht zugleich eine gemeinsame Meinung über einen neuen Aufbau Europas. Die Gefahr einer französischen Vorherrschaft lag auf der Hand. Doch überraschenderweise bot das keinen hinreichenden Anlaß, ein neues Gleichgewicht zu schaffen. Gerade in dem Augenblick, als Caulaincourt die Frankfurter Note annahm, hatten sich im Hauptquartier der Verbündeten die Bemühungen für einen allgemeinen Bündnisvertrag festgefahren, und die Verhandlungen wurden nach London verlegt. Da die dortigen Botschafter der Verbündeten aber nicht unumschränkt Vollmacht hatten, erwiesen sich die Gespräche erneut als ergebnislos. Die Verhandlungen mit St. Aignan hatten erkennen lassen, daß man selbst über die unmittelbarsten Kriegsziele verschiedener Meinung war und daß einige Bundesgenossen einen Sieg kaum weniger fürchteten als eine Niederlage.

Der Einfluß Englands entsprach nicht seinen bisherigen Opfern. Schwierigkeiten in der Nachrichtenübermittlung brachten es mit sich, daß Castlereaghs Noten immer um etwa zehn Tage hinter den Ereignissen herhinkten, und die verschiedenen Zuständigkeitsbereiche innerhalb der britischen Vertreter auf dem Kontinent verminderten ihre Durchschlagskraft. Der britische Sanhedrin, wie Hardenberg das Triumvirat Stewart, Aberdeen und Cathcart nannte, war von internen

Rivalitäten erschüttert. Die Verhandlungen mit St. Aignan hatte Aberdeen seinen Kollegen verschwiegen, was beinahe Stewarts Rücktritt zur Folge gehabt hätte. Keiner der britischen Vertreter entsprach wirklich den Erfordernissen der Stunde. Aberdeen war zu jung, Stewart zu schwach und Cathcart zu phlegmatisch. Stewart und Cathcart waren Soldaten, die sich nicht ausgelastet fühlten, während Aberdeen immer ein gewisses Gefühl des Mitleids für Napoleon hatte. Um den britischen Vorschlägen Nachdruck zu verleihen und ein gewisses Maß von Einfluß auf die bevorstehenden Verhandlungen zu gewinnen, entschloß sich das britische Kabinett am 20. Dezember erstmalig in seiner Geschichte dazu, den Außenminister auf eine Reise zum Festland zu entsenden.

Die von Castlereagh im wesentlichen selbst entworfenen Weisungen spiegelten Englands Einstellung in diesem Kampf wider: die Koalition sei ein wichtiges Symbol des Widerstandes gegen jede Hegemonie auf dem Festland, Holland ein wichtiger Ausdruck der Sicherheit eines Inselstaates, und allgemeines Vertrauen zueinander sollte ein ausreichendes Bindeglied für gemeinsame Handlungen sein[41]. Bezeichnenderweise begannen die Instruktionen mit einem Hinweis auf die Seerechte: «Nachdem von den Ministern der [verbündeten] Staaten befriedigende Erklärungen über die Seerechtsfrage hier eingegangen sind, hat sich der Prinzregent entschlossen, den Außenminister Seiner Majestät zu den Hauptquartieren der Verbündeten zu entsenden...» Nachdem also das britische Hauptinteresse gesichert war, ging es Castlereagh darum, unter den Verbündeten Übereinstimmung zu schaffen, auf daß im

Rahmen der Verhandlungen mit dem Gegner eine gemeinsame Interessengrundlage vertreten werden könne. Da das britische Kabinett noch immer der Meinung war, der Mangel an Übereinstimmung liege zum großen Teil daran, daß man auf dem Festland die britischen Motive mißverstehe, sollte Castlereagh «den Wunsch zum Ausdruck bringen, soweit wie möglich mit den allgemeinen Interessen des Kontinents zusammenzugehen; den Verbündeten nachdrücklich die feste Entschlossenheit versichern, jede Unterstützung für einen vorteilhaften Frieden zu gewähren, und alles vermeiden, das dem Verdacht Nahrung bieten könnte, Großbritannien neige dazu, seine eigenen Ziele zu verfolgen.»

Es war jedoch augenscheinlich, daß die Gedanken des britischen Kabinetts in erster Linie auf britische Ziele gerichtet waren. Die Weisungen waren deshalb interessant nicht nur wegen ihres Inhalts, sondern auch bezüglich der Punkte, in denen sie sich ausschwiegen. Man konnte daraus erkennen, daß Großbritannien seine Gewohnheiten nach einem Jahrzehnt der Isolation noch nicht überwunden hatte; daß es noch immer nicht den Schritt von einer insularen zu einer europäischen Politik getan hatte. Zugegeben, Großbritannien sprach von gemeinsamen Interessen, meinte aber die militärische Niederlage Frankreichs; es befürwortete ein europäisches Gleichgewicht, dachte aber in Wirklichkeit an Antwerpen. Nur nebensächlich wurde die Neuorganisation Italiens und Deutschlands behandelt, breiten Raum nahm aber die Frage ein, wie stark die alliierten Truppen in Holland sein sollten. Das Problem Polen wurde nicht angeschnitten, doch ein besonderes Memorandum über die Seerechte zählte einige der Kolonien auf, die Großbritannien zurückgeben würde, falls es zu einem befriedigenden Übereinkommen in Sachen der Niederlande kommen sollte. Die Allianz sollte auch nach dem Krieg fortgeführt werden, der *Casus feoderis* sollte aber ein französischer Angriff auf die europäischen Besitzungen der Vertragschließenden sein. Großbritannien war in seinem Kampf gegen Napoleon noch so befangen, daß die Frage, ob es nicht auch noch andere Bedrohungen des Gleichgewichts geben könnte, überhaupt nicht in Betracht gezogen wurde.

Als Castlereagh sich auf die Reise zum Festland anschickte, war die Gefahr einer französischen Hegemonie vorbei, eine Alternative zeichnete sich jedoch noch nicht ab. Die Koalition war zustande gekommen, hielt aber nur mühsam im Bewußtsein der gemeinsamen Gefahr zusammen. Je mehr die Macht des gemeinsamen Feindes sank, um so stärker traten die zentrifugalen Kräfte in dem Bündnissystem hervor. Eine Niederlage Napoleons war jetzt wahrscheinlich. Ungewiß jedoch blieb, ob an die Stelle der Universalherrschaft etwas anderes als nur ein Chaos der miteinander ringenden Teile treten würde. Englands Politik beruhte noch immer auf den beiden Illusionen eines «saturierten» Rußlands und eines europäischen Gleichgewichts, das einfach auf allgemeiner Übereinstimmung und dem Bewußtsein seiner Notwendigkeit beruhen würde. Noch stand nicht fest, ob England seine engstirnige Betrachtungsweise aufgeben könnte, ob man es dazu bringen würde, einzusehen, daß die Unabhängigkeit der Niederlande und damit die Sicherheit Großbritanniens nur ein Aspekt des europäischen Gleichgewichts waren.

Viel hing jetzt von dem ab, der zu dem Hauptquartier der Verbündeten eilte. Er würde darüber zu befinden haben, ob Sicherheit in der Isolation oder in der Bindung zum Kontinent liegen würde; ob sich die Koalition nach der Niederlage des gemeinsamen Feindes neue Ziele setzen könnte; ob sie sich Selbstbescheidung aufzuerlegen vermochte ohne Druck von außen. Den örtlichen Meinungsverschiedenheiten der Festlandstaaten entrückt, konnte er zum Schiedsrichter Europas aufsteigen. Es lag an ihm, die Koalition von einem Faktum zu einer Realität werden zu lassen.

SIEBENTES KAPITEL

Die Krise der Koalition

I

Nichts an Castlereaghs bisheriger Laufbahn deutete darauf hin, daß der vielleicht europäischste aller britischen Staatsmänner sich nun anschickte, zum Festland zu reisen. Bisher hatten die Ereignisse alle seine Schritte diktiert. Die Notwendigkeit einer Koalition gegen Napoleon war eine derart grundlegende Doktrin der britischen Politik gewesen, daß der Außenminister eigentlich lediglich die technische Aufgabe hatte, das Problem möglichst gut zu lösen. Die Kontrolle der Scheldemündung oder die Freiheit der Halbinseln im Mittelmeer waren Grundweisheiten britischer Strategie und schon im Pitt-Plan umschrieben. Als Castlereagh sich auf die Reise zum Festland anschickte, hatte England jedoch jenen Punkt erreicht, der vielleicht schwieriger zu meistern ist als ein heroisches Durchhalten im Widerstand. Es galt jetzt, daß sich die Nation ihre Ziele setzte. Die Umwelt war nicht mehr so überwältigend, da sie alle Herausforderungen gleichsam aus sich selbst heraus stellte. Großbritannien mußte sich einer neuen Interpretation der Wirklichkeit unterziehen. Es war wohl nur zu verständlich, daß sich ein Inselstaat dieser Aufgabe zunächst unter der Frage zuwandte, was das

Wesen der Sicherheit sei und daß Napoleon wiederum im Mittelpunkt stand.

Es ist für eine Inselmacht an der Peripherie der Ereignisse schwer zu erkennen, daß Kriege aus gewissen eigenständigen Ursachen entstehen können. Da der Inselstaat meistens nur defensiv, das heißt um die Vormacht eines Staates zu verhindern, tätig wird, sieht er in der Notwendigkeit eines Friedens genügend Legitimation für das Gleichgewicht. In einer Welt, in der die Vorzüge eines Friedens so deutlich auf der Hand liegen – so wenigstens in der Konzeption einer Macht, die keine unbefriedigten Forderungen hat –, können Kriege nur durch Missetaten böser Menschen entstehen. Weil man nicht erkennt, daß das Gleichgewicht der Kräfte *aus sich heraus* unstabil sein kann, werden Kriege leicht zu Kreuzzügen, um die «Ursache» der Unruhe zu beseitigen. In keinem Land, nicht einmal in denen, die er besetzt gehalten hatte, empfand man mehr Abscheu gegen Napoleon als in Großbritannien. Kein Land zögerte länger, einen Frieden zu schließen, der die Dynastie Napoleon erhalten würde.

Schon ehe Castlereagh aus England abgefahren war, machten Siegesnachrichten von den verschiedensten Kriegsschauplätzen deutlich, daß Napoleon wohl auf Gnade und Ungnade dem Willen der Verbündeten ausgeliefert sein werde. Die verbündeten Heere waren über die Schweiz in Frankreich eingefallen. Britische Verbände hatten unter Wellington die Pyrenäen überschritten und wurden von der Bevölkerung begeistert begrüßt. Es sei nun an der Zeit, meinte Wellington, daß ein Mitglied des Hauses Bourbon sich in Frankreich zeige[1]. Während das Schiff, das Castlereagh auf das

HERZOG VON WELLINGTON

Festland bringen sollte, wegen zu starken Nebels noch festgehalten wurde, reichte das britische Kabinett Castlereagh Wellingtons Brief nach und gab offen zu verstehen, daß es mit dessen Inhalt gleicher Meinung sei. Offenbar war niemandem auch nur der Gedanke gekommen, daß anstelle Napoleons irgend jemand anders auf den Thron steigen könnte als der «legitime» Chef des Hauses Bourbon, Ludwig XVIII., der Bruder des letzten Königs von Frankreich. Castlereagh wurde im Ergebnis also aufgefordert, beim Sturz der Regierung mitzuwirken, mit der zu verhandeln er entsandt worden war.

Ohne Zweifel gab das Kabinett damit die Gefühle des Landes wieder[2]. Castlereagh war jedoch nicht bereit, die britische Sicherheit mit dem Schicksal eines Einzelmenschen zu identifizieren. Keine der Volksmanifestationen in Frankreich, so argumentierte er, rechtfertige eine britische Trennung von den Verbündeten, die in jeder Bemühung im Interesse der Bourbonen eine Ausflucht sehen würden, Verhandlungen überhaupt auszuweichen: «Wir müssen stets daran denken, daß man uns einer *arrière-pensée* in der Friedensfrage verdächtigt, und sollten daher mit äußerster Vorsicht vorgehen ... Falls Bonaparte unsere Bedingungen annimmt, sollte man das Bündnis nicht in einem Labyrinth von Gegenrevolutionen riskieren.»[3] Hier findet sich zum ersten Mal der Ausdruck eines grundlegenden Prinzips in Castlereaghs Politik: Die Einheit der Allianz ist das Wichtigste – bis auf die allerwichtigsten britischen Interessen; oder, besser ausgedrückt, die Koalition in Europa liegt im tiefsten Interesse Englands.

Damit soll nicht gesagt sein, daß rein britische Interessen vernachlässigt werden sollten. Castlereagh suchte sie vielmehr im Rahmen der alliierten Einheit zu erreichen. Auf seiner Reise machte Castlereagh zunächst in Den Haag Station, wo er eine Heirat zwischen der Herzogin von Wales und dem Erbprinzen von Oranien einfädelte und auf die Eingliederung Belgiens in Holland hinzuwirken versprach. Gegen eine gewisse Geldsumme, die zur Errichtung von Grenzfestungen gegen Frankreich verwandt werden sollte, erreichte er, daß das Kap der Guten Hoffnung an England abgetreten wurde[4]. Nachdem so die wichtigsten britischen Interessen gesichert waren, reiste Castlereagh zum Hauptquartier der Alliierten weiter. Auf dieser Reise erzählte er seinem Reisegefährten, dem Earl of Ripon, von seiner Absicht, als Vermittler aufzutreten, um die beiden Parteien zu einem vertrauensvollen Gedankenaustausch zu bringen und Mißverständnisse und Vorurteile zu beseitigen[5]. Wenn der Krieg durch bösen Willen verursacht war, dann mußte guter Wille Abhilfe bringen.

Er war wirklich dringend nötig. Aus den Berichten seiner Botschafter ging immer deutlicher hervor, wie nur die Aussicht auf Castlereaghs Eintreffen eine Explosion im Hauptquartier der Verbündeten aufschieben konnte. «Hinsichtlich des Feindes ist unsere Lage denkbar gut», schrieb Aberdeen unter dem 6. Januar, «unter uns ist es das ganze Gegenteil. Alles, was bisher unterirdisch gebrodelt hatte, bricht jetzt hervor. Ihre Anwesenheit ist absolut entscheidend. Wenn Sie sich von parteiischen Gefühlen freihalten . . ., werden Sie alles und jedes erreichen. Dann werden Worte nicht reichen, um Ihnen zu danken.»[6]

Castlereagh traf gerade in dem Augenblick im Hauptquartier ein, als das Verhältnis der Verbündeten untereinander sich aufgrund der Schwäche des gemeinsamen Feindes grundlegend wandelte. Solange ein Feind mächtiger ist als jedes einzelne Mitglied eines Bündnissystems, überschattet die Notwendigkeit zur Einmütigkeit alle Überlegungen von Einzelvorteilen. Dann kann eine auf Beruhigung der Lage abzielende Macht eine Definition der Kriegsziele verlangen, die, wie alle Bedingungen, Beschränkungen beinhaltet. Wenn aber der Gegner so geschwächt ist, daß jeder Bundesgenosse seine Ziele aus eigener Kraft verfolgen kann, hängt das Schicksal einer Koalition von ihrem entschlossensten Mitglied ab. Angesichts des vollständigen Zusammenbruchs eines Bausteins des Gleichgewichts werden dann alle Staaten ihre Forderungen erheben, um miteinander Schritt zu halten. Es war darum kein Zufall, daß die große Koalition von 1814 in einem Ringen zwischen dem Zaren und Metternich zu zerbrechen drohte, als die Heere der Verbündeten, nahezu ohne Widerstand zu finden, nach Frankreich hinein marschierten und der vollständige Sieg nur eine Frage des Willens, ja sogar nur des Willens eines einzelnen Bundesgenossen war.

Das Ausmaß des Sieges machte deutlich, daß Metternich sich verrechnet hatte. Er hatte darauf gebaut, daß man Napoleon nur durch eine Koalition von psychologischem und militärischem Druck zur Vernunft bringen könnte, durch einen Krieg, der im Namen des Friedens geführt, und einen Frieden, der unter der Drohung des Krieges offeriert wurde. Darum hatte er sowohl wegen der psychologischen als auch militärischen Wirkung auf einem Winterfeldzug bestanden. Beinahe eigenhändig hatte er die Flankenbewegung über die Schweiz gegen den heftigen Widerstand des Zaren ausgearbeitet, der das Vaterland seines verehrten Lehrers La Harpe nicht verletzen wollte; aber auch gegen den Widerstand des Königs von Preußen, der seine Gewinne einzuheimsen gedachte. Metternich hatte das in der Überzeugung getan, Napoleon sei noch stark genug, um jeden Alliierten einzeln in einer Schlacht zu schlagen, so daß man den Feldzug stets dadurch noch würde bremsen können, daß man mit dem Rückzug Österreichs drohte.

Diese Grenzen hatte Metternich in einer jener fein abgewogenen Lösungen zu erreichen gesucht, die für das achtzehnte Jahrhundert die Ausgeglichenheit des Universums ausdrückten, das man sich als ein «großes Uhrwerk» vorstellte. Napoleons Außenpolitik hatte er wegen ihres revolutionären Angriffs auf die internationale Ordnung bekämpft. Napoleons Innenpolitik hatte er jedoch bewundert, weil sie ein Jahrzehnt lang soziale Umwälzungen im Zaum zu halten vermochte. Darum versuchte er jetzt, Napoleon als Bedrohung des internationalen Gleichgewichts auszuschalten, ihn aber als Schutzherrn des sozialen Gleichgewichts zu erhalten. Doch es gibt keine Politik, die alle Vorteile zugleich erreichen kann. Gerade die Eigenschaften, welche Napoleon innenpolitisch zum Alleinherrscher werden ließen, trieben ihn dazu, in der Außenpolitik Revolutionär zu sein. Gerade die Hartnäckigkeit, die ihn alle innere Opposition zerschmettern ließ, machte es nun für Napoleon unmöglich, rechtzeitig mit seinen äußeren Feinden ins reine zu kommen. Die Straße nach Paris schien frei zu sein, als die Alliierten das Plateau von Langres überschritten; es wollte scheinen, als sei Frankreich als Gewicht in der Waage ausgefallen; der im

Namen des Gleichgewichts gefochtene Krieg hatte seine nötigen Begrenzungen verloren.

Darum mußte jeder weitere Vormarsch einen ohnehin schon ohnmächtigen Gegner fernerhin schwächen und somit die relative Stellung Rußlands stärken. Österreich konnte sich nicht sicher fühlen, ehe Napoleon in seine Schranken gewiesen war. Es mußte sich aber genauso unsicher fühlen in einem Europa, das Rußlands Gnade ausgeliefert war, und bei einer revolutionär eingestellten Regierung in Frankreich. Jeder Schritt weiter nach vorn verstärkte nur noch Metternichs Furcht, daß Rußland, wie Castlereagh es ausgedrückt hat, nach dem Krieg Herr in der polnischen Frage sein würde. In dem nun einsetzenden Ringen lagen zudem alle Vorteile auf seiten des Zaren. Metternich hatte seine große Zeit, als Österreich der Staat war, um den sich sowohl militärisch als auch diplomatisch alles drehte. Im Juni 1813 war ohne Österreichs Beistand jeder entscheidende Sieg der Verbündeten unmöglich gewesen, und Österreich war damals die einzige Macht, die noch diplomatische Beweglichkeit besaß, weil es das von beiden Seiten anerkannte «Prinzip der Legitimität» hatte: die Familienbande mit Napoleon und die Wiederherstellung des Gleichgewichts durch Rußland und Preußen. Jetzt konnte der Zar aber davon sprechen, daß er allein weiter vorrücken könne, und was noch wichtiger war, daß ihm und nicht Metternich das «Prinzip der Legitimität» in den gemeinsamen Kriegsanstrengungen «gebühre»[7].

Ein Krieg hat schließlich seine eigene Legitimität, und sie lautet Sieg, nicht Frieden. Von Friedensbedingungen während totaler Kriege zu sprechen, erscheint beinahe als Blasphemie. Wenn Gewalt alles ist, erscheinen alle

Bedingungen restriktiv und als Bedrohung der Wirksamkeit gemeinsamer Handlungen. Österreichs stärkste Waffe am Verhandlungstisch war ein Separatfrieden; des Zaren größter Wunsch war die Niederlage des Feindes. Wenn der Zar Cathcart sagte, Friedensfragen sollten zurückgestellt werden, bis der Sieg vollkommen sei[8], dann sprach er im Sinn der Mythologie von Koalitionen «vernünftig». Wenn Metternich argumentierte, man solle Napoleon erneut die Friedenshand bieten, drückte er im Sinn der gleichen Mythologie «Furchtsamkeit» aus. Mäßigung in der Stunde des Triumphes wird nur von der Nachwelt hoch geschätzt, kaum je von den Zeitgenossen, denen sie leicht als nutzlose Kapitulation erscheint. «Das einzige für uns gefährliche Übel», schrieb Metternich an seinen Kanzleichef Hudelist, «ist nun das Übermaß des Reichtums. Gegen dasselbe wird uns ... meine Genügsamkeit schützen ... Ich brauche Ihnen nicht zu sagen, daß ich nun mit der Fülle des Guten ebenso embarassiert bin als kürzlich mit der Fülle des Schlechten.»[9]

Die Auseinandersetzungen zwischen dem Zaren und Metternich gingen zwar gewöhnlich um Fragen am Rande, waren im Kern jedoch ein Kampf um das Wesen eines stabilen internationalen Systems. Alexander versuchte, die neue internationale Ordnung mit seinem Willen gleichzusetzen. Er wollte einen Bau schaffen, der ausschließlich von der Reinheit seiner Maxime geschützt werde. Metternich rang um ein Gleichgewicht der Kräfte, in dem es auf Selbstbeherrschung nicht zu sehr angekommen wäre. Der Zar schlug vor, die Nachkriegszeit dadurch zu *weihen,* daß man den Krieg zu einem moralischen Symbol umforme; Metternich versuchte, den Frieden *zu sichern* dadurch, daß er Kriegsziele aufstellte, die das physische Gleichgewicht ausdrücken sollten. Wie üblich, war es bei Alexander schwierig, persönliche Neigung und Staatsraison, moralische Überzeugungen und nationalen Ehrgeiz voneinander zu trennen. Da jedoch diese Motive wie immer einander stützten, ist ihre Entwirrung vielleicht auch nicht so wichtig. Die Meinungsverschiedenheit begann über die Frage eines Einmarsches in die Schweiz, wobei der Zar drohte, das als Kriegserklärung gegen Rußland anzusehen. Nach Metternichs Meinung war eine unmittelbare Verbindung mit Italien wichtiger als kaiserliche Verärgerung, und so leitete er wieder eines seiner geschickten Manöver ein, an deren Ende die Schweiz österreichische Truppen zum Schutz ihrer Neutralität anforderte. Metternich konfrontierte den Zaren mit einer vollendeten Tatsache und überließ ihm, wie er Aberdeen sagte, das Prinzip der Maßnahme, nachdem er deren Inhalt erreicht hatte[10]. Trotz vieler Bekundungen der Freundschaft vermochte die hier aufgebrochene Wunde monatelang nicht zu heilen.

Doch bald tauchten fundamentale Schwierigkeiten auf. Metternich versuchte zu verhindern, daß aus dem Krieg ein Kreuzzug wurde. Doch seine Verhandlungsposition wurde durch die immer deutlicher in Erscheinung tretende Ohnmacht Frankreichs geschwächt. Darum trachtete er danach, an die Stelle französischen Widerstandes verzögerte eigene militärische Operationen zu setzen, und befahl unter dem 8. Januar Schwarzenberg, nur «vorsichtig» vorzurücken, «denn es hat nach der Stimmung des französischen Volkes den Anschein, als ob das beste Mittel, den Durchschnittsfranzosen zum Frieden zu bringen, wäre, gar nichts Kriegerisches zu tun»[11]. Aus dem gleichen Grund wollte Alexander die Lage fließend halten. Er wurde nie müde, seinen guten Willen zu beschwören und darauf hinzuweisen, wie unmöglich es sei, mit Napoleon Frieden zu schließen, und wie klug es wäre, jede Einzelfrage der Nachkriegsgrenzen bis in die Zeit nach dem Endsieg zurückzustellen[12]. Als Alternative für die physische Beseitigung der französischen Macht wollte der Zar sich auf zweierlei Wege Sicherheit verschaffen: durch einen Vertrag, demzufolge die Verbündeten Napoleon von allen Lösungen jenseits der französischen Grenzen[13] ausschließen sollten, und durch die Berufung des früheren napoleonischen Marschalls Bernadotte, des jetzigen Prinzregenten von Schweden, auf den französischen Königsthron, falls Napoleon gestürzt werden sollte. Der Zar bewies somit, daß er nicht nur mystisch, sondern auch schlau war. Die Verweigerung einer Stimme an Frankreich in europäischen Angelegenheiten hätte dieses auf diplomatischem Weg als Element des europäischen Gleichgewichts ausgeschaltet. Die Inthronisierung Bernadottes als König von Frankreich hätte im Ergebnis die alte französisch-russische Allianz neu entstehen lassen, in der Rußland der beherrschende Teil gewesen wäre.

Metternich hingegen, der 1813 das Äußerste gewagt hatte, um den Krieg auf dem Grundsatz der Legitimität der Throne zu schmieden, war nicht bereit, ihn mit der Inthronisierung eines Herrschers zu beenden, der selbst revolutionären Ursprungs war. Jede Alternative gegenüber Napoleon wäre schwach gewesen; jede schwache Regierung muß nach Popularität trachten, und eine populäre Regierung würde die Jakobiner rufen. Falls sich der Sturz Napoleons als unvermeidbar herausstellen sollte, wollte Metternich keinen Marschall an seiner Statt akzeptieren, der wohl Napoleons Charisma entbehren, sich aber auf dessen Machtgrundlagen stützen müßte. Metternich wollte nur einen Herrscher dulden, der eine von dem Volkswillen unabhängige Legitimität besaß. Nicht einmal die Aussicht auf eine Habsburger Regentschaft unter Marie-Louise konnte Metternich in Versuchung führen, denn er entsann sich nur zu gut des Schicksals von Marie-Antoinette. Die einzige Alternative, die er sah, war zwischen der bestehenden oder der «legitimen» Dynastie; zwischen dem Mann, der die gesellschaftliche Revolution weitergeführt hatte, oder der Dynastie, die nur in Opposition zu ihr existieren konnte.

Metternich sah nicht tatenlos zu, wie sich nun das Bild einer möglichen französisch-russischen Allianz als Ergebnis eines siegreichen Krieges abzuzeichnen schien. Er griff auf seinen Lieblingsgedanken eines starken Mitteleuropa zurück und versuchte, Preußen von Rußland dadurch zu trennen, daß es ihm die Angliederung Sachsens in Aussicht stellte, falls Preußen in der polnischen Frage gegen den Zaren auftreten würde[14]. Metternich war auch nicht bereit zuzusehen, daß ein österreichischer Oberbefehlshaber die vollständige Vernichtung des Gleichgewichts leiten sollte. Am 16. Januar erhielt Schwarzenberg den Befehl, den Vormarsch der alliierten Armee bis auf weiteres abzubrechen. Österreich, dessen Dasein von der Anerkennung sowohl innerpolitischer als auch außenpolitischer Grenzen abhing und das Napoleon aus diesem und keinem anderen Grund bekämpft hatte, war nicht bereit, eine neue Ära in Europa durch einen Kreuzzug zu eröffnen. «Alle unsere früheren Engagements sind erfüllt», schrieb Metternich an Hudelist, «alle Zwecke der Koalition sind nicht nur erreicht, sondern überschritten worden. Nun müssen wir also unsere eigenen Absichten wieder regeln und bestimmen, weil es mit Allianzen wie mit allen Verbrüderungen geht, wenn sie keinem sehr deutlich begrenzten Zweck entgegenarbeiten: sie zerfallen.»[15]

Als Castlereagh sich dem Hauptquartier der Verbündeten näherte, drohte das Bündnis eher an der Ohnmacht Napoleons auseinanderzubrechen, als es früher durch seine militärische Stärke in Gefahr war. Das Ausmaß der Rivalität unter den Alliierten zeigte sich an der Tatsache, daß zwei verschiedene Gruppen Castlereagh in Basel erwarteten. Eine war die russische Sektion um den Zaren, die andere der österreichische Flügel um Metternich[16]. Glücklicherweise war der Wunsch des Zaren, den Vormarsch auf Paris wieder ins Rollen zu bringen, stärker als sein Streben, mit Castlereagh zum frühestmöglichen Termin ins Gespräch zu kommen. Zwei Tage vor der Ankunft Castlereaghs reiste Alexander zum Hauptquartier Schwarzenbergs ab. Es lag auf der Hand, daß Castlereaghs Haltung nun das Schicksal der Koalition und das Ergebnis des Krieges entscheiden würde. Falls England seine Ziele auf die Sicherheit des Kanals beschränkte, war Polen verloren, und an die Stelle der französischen wäre die russische Vormacht getreten. Wenn andererseits Castlereagh erkannte, daß die Sicherheit Großbritanniens von der Stabilität auf dem Festland abhing, war es noch möglich, einen Frieden des Gleichgewichts zu schaffen.

Castlereagh hatte bei seinem Eintreffen nur wenige vorgefaßte Meinungen. Er war entschlossen, dafür zu sorgen, daß die Einigkeit unter den Alliierten stärker sein sollte als alle Überlegungen territorialen Gewinns, erkannte jedoch nicht, daß die zur Debatte stehende Frage eben deshalb so schwierig war, weil sie nicht territorialen Charakter hatte. Er traf am 18. Januar in Basel ein und sah sich sofort vor dem Problem, das die Koalition nahezu sprengte: Soll man mit Napoleon Frieden schließen, oder soll man weiter auf Paris vorrücken. Am 9. Januar war Caulaincourt persönlich vor den alliierten Vorposten erschienen und hatte zwecks Friedensverhandlungen um sicheres Geleit zum Hauptquartier gebeten. Das Entsenden eines Außenministers zum gegnerischen Hauptquartier, ohne vorher mit Sicherheit zu wissen, daß er auch empfangen wird, wurde auf der anderen Seite einfach als weiteres Anzeichen für Napoleons Ohnmacht ausgelegt und beflügelte nur noch den Zaren, auf weiteres Vordringen zu drängen. Auf sein Verlangen wurde Caulaincourt beschieden, er möge Castlereaghs Eintreffen abwarten, er würde benachrichtigt, sobald die Verbündeten zu Verhandlungen bereit seien[17]. Während die Verbündeten Napoleons Schicksal debattierten, so als hinge es nur von ihrem Willen ab, wartete Caulaincourt in Lunéville.

Zwischen dem 18. und dem 22. Januar besprachen Castlereagh und Metternich mehrfach das Schicksal der Koalition. Mit Erstaunen erfuhr Castlereagh von den Plänen des Zaren betreffs Bernadotte. Bezeichnenderweise beschäftigte ihn dabei nicht in erster Linie deren Auswirkung auf das europäische Gleichgewicht, sondern auf die Fortsetzung des Krieges: «Wenn nichts anderes Schlimmes noch auf dem Spiel stünde, würde das alliierte Heer gewiß dadurch gelähmt werden. Ich habe Grund anzunehmen, daß die österreichischen Truppen nicht weiter vorrücken werden, bis diese Absicht fallen gelassen ist...»[18] Wieder tauchte somit die Frage nach Napoleons Schicksal auf, wenn auch nun von einer völlig unerwarteten Seite aus. Castlereagh hatte sich dem Ansinnen des britischen Kabinetts, Napoleon zugunsten der alliierten Einheit zu stürzen, widersetzt. Jetzt schien die Einigkeit der Alliierten gerade über dieser Frage zerbrochen zu sein, womit Großbritannien freie Hand gewonnen hätte, seine eigenen Ziele zu verfolgen.

Castlereagh fällte seine Entscheidung jedoch nicht vom insularen, sondern vom europäischen Blickwinkel aus. «Ich kann mich über Lord Castlereagh nicht genug beloben», berichtete Metternich. «Die Ansichten des Mannes sind vortrefflich, und seine Arbeiten so einfach als richtig. Ich finde aber auch in keinem einzigen Fall eine Dissidenz mit unseren Ansichten, und ich kann versichern, daß er auf das Allerfriedlichste gestimmt ist, friedlich in unserem Sinn.»[19] Hier hatten sich zwei große Staatsmänner der Stabilität getroffen und zueinander gefunden. «Man lastet dem österreichischen Minister mehr Fehler an, als er hat», berichtete Castlereagh. «Er hat jedoch großartige Fähigkeiten, die Maschine weiter in Schwung zu halten.»[20] Castlereagh wollte lieber ein bourbonisches Frankreich als Garantie gegen politischen Umsturz haben, war aber auch bereit, im Interesse der alliierten Einheit mit Napoleon zu verhandeln. Metternich wollte lieber ein napoleonisches Frankreich, um eine soziale Revolution zu verhindern und ein französisch-russisches Bündnis zu verbauen, er war aber auch bereit, im Interesse der britischen Freundschaft Frieden mit den Bourbonen zu schließen. Beide Staatsmänner stimmten darin überein, daß Napoleon oder die Bourbonen die einzigen Alternativen waren und daß sowohl Bernadotte als auch eine Regentschaft unter Marie-Louise ausscheiden mußten[21]. Die Wahl sollte das französische Volk treffen. Gleichzeitig aber sollte die Möglichkeit eines Friedens mit Napoleon gegebenenfalls genutzt werden. «Wir dürfen uns zu nichts hinreißen lassen, das so aussieht, als würden wir die Initiative in einer solchen Frage [dem Sturz Napoleons] übernehmen», schrieb Castlereagh an Liverpool. «Wir können *unsere* Forderungen nicht bis aufs äußerste durchdrükken, wenn wir zur gleichen Zeit mit einer Frage beschäftigt sind, die, was das Verhältnis zur gegenwärtigen französischen Regierung anlangt, alle Bedingungen überschattet.»[22] «Paris wird entscheiden, mit wem man Frieden machen können wird», berichtete Metternich. «Soll man die Probe anstellen, welchen Partner man findet? Diese Frage ist allen übrigen fremd, und ich würde die Probe nicht anstellen, wenn ich allein wäre und allein zu tun hätte. So aber geht der größte, der erste Zweck, die Einigkeit, allen anderen Considerationen vor.»[23]

So begann, wenn auch mit Vorbehalten und Mißtrauen, eine Zusammenarbeit, die bis zu Castlereaghs Tod andauern sollte. Es war nur zu natürlich, daß Castlereagh, der in der Koalition einen Selbstzweck sah, als Mittler in ihren Schwierigkeiten auftrat, während Metternich, der in ihr einen Ausfluß des legitimierenden Prinzips empfand, ihr Sprecher war. Auf der gemeinsa-

JEAN–BAPTISTE BERNADOTTE

men Reise zu einem Gespräch mit dem Zaren in Langres hatten sowohl Castlereagh als auch Metternich Grund, zufrieden zu sein. Castlereagh, weil er erkannt hatte, daß Österreich sich einem Sturz Napoleons nicht widersetzen würde – wenn es ihn auch nicht gerade gern sehen würde –, falls der Frieden nur so zu erreichen war, und weil Metternich sich zugunsten einer Schutzbarriere für Holland in den Niederlanden geäußert hatte; Metternich, weil er hinsichtlich Bernadottes eine Stütze gefunden hatte und weil Österreich in Europa nicht allein stehen würde, selbst falls es sich als unmöglich erweisen sollte, Napoleon vor sich selbst zu bewahren.

2

Doch ehe das Treffen von Langres begann, versuchte Metternich erneut eine Erklärung über Kriegsziele zu erzwingen, die mit dem europäischen Gleichgewicht vereinbar waren. Gelegenheit dazu bot ihm ein Memorandum an seinen Kaiser, in welchem der Oberbefehlshaber Schwarzenberg dem Unbehagen Österreichs Ausdruck gab, daß der Krieg sich zu einem totalen Ringen zu entwickeln schien, was mit dem Geist des österreichischen Staates so unvereinbar war. In der pedantisch «objektiven» Art des Untergebenen, die Verantwortung zu seinen Gunsten einem anderen zuzuschieben, sammelte er alle Argumente für und gegen eine Fortführung des Feldzugs, wobei unter der Maske, den Kaiser um eine Entscheidung zu bitten, doch kein Zweifel über seine Sorgen blieb[24]. Er räumte ein, welche Vorzüge ein weiterer Vormarsch habe, unterstrich jedoch die Gefahren, die in den exponierten Flanken lagen, erwähnte die steigende Krankenrate im Heer sowie die Versorgungsschwierigkeiten. Hauptsorge Schwarzenbergs war jedoch nicht die Niederlage, sondern der Sieg. Die bevorstehenden Verhandlungen veranlaßten ihn, herauszustellen, so heißt es in seinem Memorandum, daß Langres den letzten Halt vor Paris bedeute, den letzten Halt, von dem aus ein Frieden mit Napoleon noch möglich sei. Mit der Art eines Soldaten, der sich in entscheidenden politischen Fragen unwissend stellt, betonte er, daß der Kampf von nun an den Charakter eines Bürgerkrieges annehmen werde und daß es dem überlegenen Können des Kaisers anheimgestellt sei, die Entscheidung zu treffen. Die Schritte, über die jetzt zu entscheiden sei, seien von solcher Wichtigkeit, daß er eine klare Weisung zu folgenden Überlegungen erwarte: Sollte er in seiner gegenwärtigen Stellung verharren, um seinen Truppen die dringend notwendige Ruhe zu gönnen, auf Nachschub zu warten und den Truppen an der Flanke die Möglichkeit zu geben aufzuholen? Oder sollte er lieber in das Pariser Becken hinabsteigen, um einen Kampf mit unberechenbaren Folgen zu beginnen? Er stellte also die Alternative zwischen Stabilität und militärischem und politischem Chaos. Damit offenbarte Schwarzenberg das Dilemma Österreichs. Jenseits von Langres lag der Sieg, doch der Sieg würde sich als hohl erweisen, denn er würde einen so heftigen Schock für das Gleichgewicht beinhalten, daß er den Staat bedrohen würde, dessen Existenz davon abhing, umstürzlerische Wandlungen zu verhindern.

Schwarzenberg stand mit seiner Meinung durchaus nicht allein. Der preußische König und seine nächste Umgebung waren im wesentlichen der gleichen Meinung, wenn auch nicht die Generale Blücher und Gneisenau. Sogar Stewart schickte Castlereagh ein Memorandum, das im Grund genommen auf den gleichen Argumenten beruhte[25]. Metternich nutzte nun die Chance, seinen Kaiser um Weisungen zu bitten und seine Verbündeten um eine Erklärung von Kriegszielen zu ersuchen, die Österreichs Vorstellung von einer Sicherheit in der Balance und einem Frieden des Maßhaltens entsprachen. Er begann sein Memorandum mit dem Hinweis auf die Zeiten vor Österreichs Eintritt in den Krieg[26]. Der größte alliierte Erfolg sei psychologischer Art gewesen, weil man Napoleon des Vorwandes des Maßhaltens beraubt habe. Sollten sich die Verbündeten nun eines anderen besinnen und zu einem Eroberungskrieg antreten? Gab es einen anderen Sinn für diesen Krieg als das Zurückdrängen Frankreichs auf Grenzen, die mit dem europäischen Gleichgewicht vereinbar sind und Österreich und Preußen in der Ausdehnung von 1805 wiedererstehen lassen? Über russische Gewinne schwieg sich Metternich bezeichnenderweise aus. Das Gleichgewicht konnte durch sie offenkundig nur gestört werden. Hinsichtlich der Verhandlungen mit Napoleon würden einige wenige Gespräche mit Caulaincourt bald die Ernsthaftigkeit Napoleons erkennen lassen, und das letzte Wort über Napoleons Schicksal müsse ohnehin bei der französischen Nation liegen, nicht bei den Verbündeten. Wenn Napoleon aber nun die alliierten Bedingungen verwarf? In diesem Fall, antwortete Metternich, bleibe keine andere Wahl, als den Vormarsch fortzusetzen und durch Veröffentlichung der Friedensbedingungen der Alliierten an die französische Nation zu appellieren.

Es kann dahingestellt bleiben, welche Möglichkeit Metternich ins Auge gefaßt hatte. Er wollte jedenfalls eine Definition der Grenzen haben, denn es war offenkundig, daß er eine Proklamation der Verbündeten gern zustande bringen wollte, einmal um den Zaren zu binden, zum andern aber auch wegen ihrer Rückwirkungen auf das französische Volk. Er schloß sein Memorandum, indem er die Probleme in eine Reihe von Fragen zusammenfaßte, die alle letztlich nur erneut darauf hinausliefen, Alexander seine Ziele zu entlocken, solange es noch ein französisches Heer im Feld gab. Er fragte, ob die Verbündeten noch bereit seien, mit Frankreich Frieden zu schließen. Ob sie Frankreich einen Herrscher geben oder die dynastische Frage der französischen Nation überlassen wollten. Und ob sie – und das war die Kernfrage – bereit seien, einander über die Forderungen zu unterrichten, die über die Wiederherstellung der Verhältnisse des Jahres 1805 hinausgingen.

Während des Zusammenwachsens von Koalitionen ist es jedoch schwierig, einer erwerbslüsternen Macht Zügel anzulegen, weil jeder Tag ihre relative Stellung stärkt, solange es an einem Übereinkommen fehlt. Alexanders Schlußantwort vermied jeden Hinweis auf Kriegsziele und erklärte, ihre Erörterung würde nur die bestehende Harmonie stören, um so mehr, als die Friedensbedingungen von der militärischen Lage abhingen[27]. Sie seien in Basel anders als in Frankfurt und in Langres anders als in Basel umschrieben worden, und sie müßten wiederum neu gefaßt werden, sobald sich die Verhältnisse ändern. Einen weiteren Vormarsch vorausgesetzt, sei er zu Verhandlungen mit Napoleon bereit. Der Zar stellte also ein Dilemma auf, das nur mit dem

Sturz Napoleons enden konnte. Er erklärte sich bereit, das europäische Gleichgewicht zu erörtern, doch erst *nach* Lösung der französischen Frage. Er erklärte sich bereit, mit Napoleon zu verhandeln, wollte die Bedingungen aber vom Fortgang der militärischen Operation abhängig machen. Da sich diese von Tag zu Tag zugunsten der Alliierten verschoben, behielt sich der Zar damit das Recht vor, seine Bedingungen ständig hinaufzuschrauben. Kurz, Österreich würde Alexanders Friedensbedingungen nur kennenlernen, wenn es an der Ausschaltung der französischen Macht mitwirkte. Wenn Napoleon England in Moskau zu erobern versucht hatte, so war es ja nicht unvernünftig, daß Alexander versuchte, Warschau in Paris zu gewinnen.

Castlereagh, der über die polnischen Pläne des Zaren falsch unterrichtet war[28] und der ohnehin noch nicht bis zu jenem Punkt sich durchgerungen hatte, von dem an er die Existenz einer anderen Bedrohung des Friedens als nur der durch Napoleon erkannte, drängte ebenfalls auf eine Fortsetzung der militärischen Operation. Das Ergebnis war einer jener halbherzigen Kompromisse, mit denen Koalitionen nach außen hin den Schein der Einmütigkeit bewahren und die Tatsache zu verdecken suchen, daß sich innerhalb der Allianz die Gewichte verschoben haben. Man kam überein, mit Napoleon zu verhandeln, aber auch den Vormarsch fortzusetzen.

Castlereagh verwarf den Vorschlag des Zaren, Frankreich sollte schon von den Vorverhandlungen über die europäische Gesamtlösung ausgeschlossen werden, doch seine Ersatzformel war nur Ausdruck einer Improvisation. Die Bedingungen der Lösung sollten Frankreich unterbreitet werden, allerdings nur damit es zustimme, nicht um darüber mit ihm zu verhandeln[29]. Frankreich war vorübergehend als Faktor im Gleichgewicht ausgeschaltet. Als die verbündeten Minister sich anschickten, die Friedensbedingungen, welche Napoleon unterbreitet werden sollten, zu erörtern, wurde es immer deutlicher, daß der Krieg nur in Paris enden, daß der Krieg um das Gleichgewicht ein Vakuum schaffen und daß Europa sein Gefühl für Proportionen nur mit Mühe vor dem drohenden Chaos retten würde.

Das Treffen von Langres offenbarte jedoch auch, unabhängig von seinem Zustandekommen, daß Großbritannien eine integrierende Rolle spielen würde. Langres bedeutete einen bedeutenden Meilenstein in der Wandlung Castlereaghs zum europäischen Staatsmann. Er trat als Vermittler in der Koalition hervor, und das befähigte ihn, die Zustimmung der Alliierten zu einem weiteren Schritt in Richtung auf eine «Barriere» in den Niederlanden zu gewinnen, das heißt, daß Belgien vorübergehend der Verwaltung Hollands unterstellt wurde. Um den 1. Februar konnte er seinen Botschafter am niederländischen Hof, Clancarty, anweisen, der Prinz von Oranien könne sich völlig sicher bei dem Versuch fühlen, Annexionsgefühle in den Niederlanden bis zur Maas zu entfachen[30]. Die Alliierten verließen schließlich auch die einstige Grundlage von Frankfurt und kamen überein, Frankreich auf seine alten Grenzen zu beschränken.

Castlereagh hatte diese Zugeständnisse Österreich abringen können, weil es nun immer offenkundiger wurde, daß er die britische Sicherheit in einer Stabilität auf dem Festland zu erreichen suchte, auch wenn er noch immer diese Stabilität in einem Niederhalten Frankreichs sah. Die Art und Weise, wie er die koloniale Frage behandelte, war symptomatisch. Bei der Darlegung der Bedingungen, unter denen Großbritannien einen Teil seiner Eroberungen wieder zurückgeben würde, fügte er den alten Forderungen über die alten Grenzen und einer Schutzbarriere für Holland in den Niederlanden die Forderung hinzu, es solle ein freundschaftliches Übereinkommen zwischen den Festlandstaaten erreicht werden, «daß sie ..., nachdem sie Frankreich dank ihrer Einmütigkeit zurückgedrängt halten, voraussichtlich nicht wieder die französische Vorherrschaft durch Differenzen unter sich selbst neu entstehen lassen»[31]. Metternich war fest entschlossen, darauf hinzuarbeiten, daß keine Lösung, die dem Zaren den Besitz Polens beließ, eine «freundschaftliche» sein würde.

Wenn es Metternich in Langres auch nicht gelungen war, den Zar zu einem Bekenntnis zu seinen Ambitionen zu zwingen, so hatte er doch etwas vielleicht noch Wichtigeres zuwege gebracht. Als die verbündeten Heere sich anschickten, in das Pariser Becken hinabzumarschieren, wie Schwarzenberg es symbolisch ausgedrückt hatte, wußte Metternich, daß er beim Durchschreiten der Ebene vor Paris Castlereagh wahrscheinlich an seiner Seite finden würde.

3

Als der Kongreß von Chatillon am 3. Februar begann, ging es ein letztes Mal darum, ob Napoleon zur Annahme eines Friedens des Gleichgewichtes bewegt werden könnte. Das Treffen ließ aber schließlich nur erkennen, wie schwierig es ist, die Kluft zwischen zwei einander gegenüberstehenden Systemen der Legitimität zu überbrücken. Die Verhandlungspartner kamen sich nicht näher, weil das Sicherheitsbedürfnis der Verbündeten und Napoleons Vorstellungen von einer Weiterexistenz seiner Dynastie miteinander unvereinbar waren. Er glaubte, keinem Frieden auf Kosten irgendeiner seiner Eroberungen zustimmen zu können, während die Alliierten nicht eher Frieden schließen wollten, bis Napoleon gerade in die Schranken verwiesen war, von denen er glaubte, sie würden ihn den Thron kosten. So wurde aus der ganzen Verhandlung ein reiner Machtkampf und der Kongreß von Chatillon zu einer Illustration, wie schwer es ist, in solchen Lagen Selbstbescheidung zu üben. Während der ganzen Verhandlungszeit war Napoleon nur zu Anfang und gegen Ende friedensbereit, als es so schien, als sei er entscheidend geschlagen und als hinge sein Schicksal völlig von der Gnade der Verbündeten ab. Er weigerte sich aber jedes Mal, echte Friedensgespräche zu führen, wenn durch Siege wieder ein gewisses Maß an Gleichgewicht gewonnen war und der Friede somit zumindest zum Teil auch von seinem Willen abhing. Daß ihm ein weiteres quecksilbriges Temperament in der Person des Zaren gegenüberstand, trug noch zur Komplizierung bei.

So kam es, daß gegen Ende des Kongresses ein Heer zögernd gegen Paris marschierte, während man in den Konferenzräumen unschlüssig Bedingungen debattierte, die jeweils der Partei unannehmbar erschienen, die gerade die Oberhand hatte. Der Krieg wurde total, weil die beiden Seiten sich nicht über die Machtverhältnisse einigen konnten und insbesondere weil sich Napoleon nicht dazu durchzuringen vermochte, die Legitimität eines von seinem Willen unabhängigen Europa zu akzeptieren. Die Zeit des Kongresses von Chatillon ist deshalb für die Verhandlungen mit Napoleon nicht so wichtig als vielmehr für die Beziehungen zwischen den Bündnispartnern.

Als sich die Bevollmächtigten am 3. Februar in Chatillon trafen, war Napoleon gerade bei La Rothière geschlagen worden, und man ging allgemein davon aus, die Verbündeten würden innerhalb zwei Wochen Paris erreichen. Jeder von ihnen hatte einen Vertreter nach Chatillon entsandt; man war allerdings übereingekommen, als Einheit zu handeln und den österreichischen Bevollmächtigten Stadion als Sprecher auftreten zu lassen. Das ganze britische Kontingent, bestehend aus Castlereagh, Stewart und Aberdeen, an der Spitze aber Castlereagh, war versammelt. Er selbst war allerdings kein Bevollmächtigter. Das Erfordernis der Einstimmigkeit verdammte das Gespräch jedoch zur Nutzlosigkeit mit dem Ergebnis, daß die Macht am besten fuhr, die am meisten durch Verzögerungen zu gewinnen hatte. In dem ersten Zeitabschnitt war dies Rußland, dessen Bevollmächtigter angewiesen war, nichts ohne Zustimmung Alexanders zu unterzeichnen.

Die Folge davon war eine Reihe merkwürdiger Sitzungen. Die Alliierten zögerten, einen Frieden zu schließen, der Napoleons einzige Hoffnung, an der Macht zu bleiben, zum Inhalt haben konnte, selbst nicht unter Bedingungen, die noch sechs Monate zuvor außerhalb der kühnsten Träume gelegen hatten; Caulaincourt wagte nicht ohne ausdrückliche Billigung Napoleons die «alten Grenzen» anzunehmen. In der Zwischenzeit

LOUIS DE CAULAINCOURT

hatte Castlereagh die Rückgabe der Kolonien davon abhängig gemacht, daß es in Europa zu einer allgmeinen Lösung aller Probleme käme, was wiederum der Zar zu erörtern sich weigerte, solange mit Frankreich kein Friede geschlossen sei. Daraus folgte ein anderes Gespräch im Kreise: Frankreich wollte die «alten Grenzen» nicht annehmen, ohne daß es seine Kolonien wiederbekam, doch die Rückgabe der Kolonien setzte einen Frieden mit Frankreich voraus, der den Zaren veranlassen konnte, eine allgemeine europäische Lösung zu diskutieren. «Unsere Tätigkeit hier gewinnt den Charakter einer schlechten Komödie», schrieb Stadion an Metternich, «die höchstens durch ihre Plattheit interessiert... Es ist großer Mächte unwürdig, ohne Grund und Ziel mit der diplomatischen Loyalität ihr Spiel zu treiben.»[32] Es gab kaum einen Zweifel darüber, daß der Schlüssel zum Frieden nicht in Chatillon, sondern beim Hauptquartier der Verbündeten in Troyes lag, und daß der Frieden gleichermaßen von Zar Alexander wie von Napoleon abhing. Es war symbolisch, daß gerade an jenem 9. Februar, an dem Caulaincourt die «alten Grenzen» in einem Brief an Metternich akzeptierte, der russische Bevollmächtigte von Chatillon zum Hauptquartier abreiste, «um neue Weisungen zu erhalten». Die erste Phase des Kongresses von Chatillon war damit vorbei.

Alexander machte nun kein Geheimnis mehr aus seiner Absicht, auf Paris zu marschieren, Napoleon zu stürzen und eine Versammlung des Adels einzuberufen, die ihrerseits einen neuen Herrscher wählen sollte. Sein Beharren auf einem vollkommenen Sieg veranlaßte Metternich, einen offenen Meinungsaustausch zu erzwingen, der schließlich beinahe zum Bruch der Allianz führte. Es war eine Sache, auf Paris vorzurücken und mit jedem Schritt zu zeigen, wie unmöglich Frieden war, weil gerade die Fortsetzung der Verhandlungen das Streben nach Ausgewogenheit und nach einer Welt der abgegrenzten Ziele symbolisierte. Ein blinder Sturm auf Paris jedoch war etwas anderes, ein Marsch in die Grenzenlosigkeit. Österreich konnte Kriege nur auf der Grundlage von «Spielregeln» führen, die das Ummünzen eines Sieges in genaue politische Begriffe erlaubten. Als ein von feindlichen Mächten umgebener Staat konnte er sich weder ein Vakuum noch ein unüberbrückbares Schisma erlauben; ein innenpolitischen Umwälzungen gegenüber so empfindlicher Staat konnte den Krieg nicht mit einer Revolution beenden. Österreich fürchtete den freien Weg nach Paris mehr als Napoleons Armee.

Metternich bereitete darum im Hauptquartier von Troyes erneut eine Liste von Fragen vor, um Kriegsziele aufzustellen und dabei zugleich die widerstreitenden Meinungen zu gruppieren. So wie auch das Bündnis gegen Napoleon unter dem Vorwand der Vermittlung aufgebaut worden war, so kam es zur Isolierung Rußlands – dem einzigen Mittel herauszufinden, wie weit der Zar zu gehen bereit war – unter dem Vorwand, die Ziele der Allianz definieren zu wollen. Metternichs Fragen warfen die Probleme auf, was man auf Caulaincourts Angebot antworten solle; wie man den Willen des französischen Volkes erkennen könne; was mit den Bourbonen geschehen solle; wie man Paris verwalten solle, falls es fallen würde[33]. Im Gegensatz zu Langres konnte man diesmal den Fragen nicht einfach unter

Hinweis auf militärische Operationen ausweichen, denn sie waren in eine Form gekleidet, als entsprächen sie dem Wunsch des Zaren auf weiteren Vormarsch gegen Paris, waren aber dazu bestimmt, den Zaren zu zwingen, Farbe zu bekennen.

Castlereaghs Antwort läßt erkennen, wie weit er sich schon voran entwickelt hatte im Vergleich zu jenen Zeiten, als er sich einem Sturz Napoleons nur um der Einheit der Allianz willen widersetzt hatte[34]. Nicht die Einheit der Alliierten, sondern die Voraussetzungen für das Gleichgewicht bildeten jetzt seine Hauptsorge. Er bezeichnete das Problem als eine Wahl zwischen «der Annahme des Friedens unter *unseren* Bedingungen oder einer Sicherung des Friedens durch Entthronung Napoleons» und ließ damit kaum Zweifel, daß seiner Meinung nach das Kriegsziel erreicht sei. Der Versuch, Napoleon zu stürzen, sei unklug und stelle zudem eine Verletzung bestehender Absprachen dar; es sei niemals Ziel des Einmarsches in Frankreich gewesen, die französische Regierungsform zu ändern, sondern es sei darum gegangen, «einen Frieden zu gewinnen, der am Rhein nicht zu gewinnen war». Die Verbündeten seien nicht dafür zuständig, jetzt die Frage der Bourbonen aufzuwerfen, nachdem nun die legitimen Ziele des Krieges in Reichweite seien. Fast unbemerkt hatte sich Castlereagh somit der österreichischen Auslegung des Kriegsziels angenähert. Bald sollte er jedoch erfahren, wie anders das britische Volk dachte.

Im Verlauf einer Ministerkonferenz am 12. Februar traten die Meinungsverschiedenheiten innerhalb der Allianz offen zutage. Nachdem Hardenberg Metternichs Fragen im gleichen Sinn wie Castlereagh beantwortet hatte, übermittelte Nesselrode Alexanders Antwort. Das Ziel des Feldzugs sei Paris, ließ der Zar ausrichten, wo eine Versammlung des Hochadels über den künftigen Herrscher befinden solle. Man solle den Bourbonen weder zuraten noch von ihnen abraten. Ein russischer Militärgouverneur sollte Paris verwalten und die Wahl als Tribut an die Macht überwachen dürfen, die gegen Napoleon am längsten gekämpft hatte[35]. Der Zar schlug mit anderen Worten nicht mehr und nicht weniger vor, als zum Schiedsrichter des Schicksals Europas ernannt zu werden.

Metternich hatte aber Österreich nicht so hartnäckig bis zu diesem Punkt hindurchgeschleust, um nun eine internationale Ordnung entstehen zu lassen, die auf dem Willen eines einzigen Menschen basieren sollte. Er legte ein Memorandum vor, in welchem er auf seine eigenen Fragen einging, und verwarf das Argument des Zaren, die moralische Zielsetzung der Allianz sollte in einem Sturz Napoleons gesehen werden[36]. Im Gegenteil. Der Krieg sei zur Wiederherstellung des Gleichgewichts, nicht aber zur Änderung der innenpolitischen Verhältnisse Frankreichs geführt worden, und die von Caulaincourt in Chatillon akzeptierten Bedingungen stellten das Höchstmaß an Schwächung dar, das Frankreich im Interesse des Gleichgewichts der Mächte auferlegt werden dürfe. Wollte man mehr fordern, hieße das die moralische Grundlage der Allianz zu verlassen. Sollte Napoleon zur Abdankung gezwungen werden, sei Ludwig XVIII., der legitime Chef des Hauses Bourbon, die einzige Alternative, denn ausländische Mächte könnten sich an die Bevölkerung nicht in einer dynastischen Frage wenden, ohne die Existenz *aller* Throne damit zu unterminieren. Mit anderen Worten, Metternich erklärte, das Haus Habsburg, dessen Weiterleben auf der Heiligkeit aller legitimen Herrschaft beruhte, gedenke nicht, eine Schlacht zu riskieren, um dem Volkswillen die Chance der Mitbestimmung zu bieten.

Alles hing jetzt von der Entscheidung des Zaren und von seiner Stärke ab. War er stark genug, um allein weiter vorzurücken, so wie er drohte, konnte Metternich sein Ziel nur durch einen Seitenwechsel erreichen, dem Castlereagh niemals hätte zustimmen können und der im Gegensatz zu allen Prinzipien vernünftiger österreichischer Politik stehen würde. Wenn Napoleon jedoch noch eine gewisse Stärke behielt, konnte sie der österreichischen Seite hinzugezählt werden, um damit Alexander unter Druck zu setzen. Als Napoleon am 12. Februar Blücher schlug, machte er damit Metternich zum Herrn der Lage. Die preußische Armee war vorgerückt, eben gerade um zu beweisen, daß man auf Österreich nicht angewiesen war. Die Schlappe, die sie erlitt, zeigte nun aber, daß man Napoleon auch heute noch nicht im Alleingang schlagen konnte. Österreich war jetzt wieder vonnöten, und Metternich schickte sich an, diese zentrale Stellung seines Landes nach besten Kräften zu nutzen. Der Versuch, angesichts des Feindes eine Definition der Kriegsziele zu verlangen, ist vielleicht nicht heroisch und gewiß nie populär. Wer jedoch ohne Not ein Vakuum schafft, trägt unter Umständen zur permanenten Revolution bei.

Bei dem nächsten Treffen der Minister am 13. Februar trieb Metternich die Dinge durch die Erklärung auf die Spitze, Österreich habe nicht darum gekämpft, daß eine neue Tyrannei entstehe, und werde einen Separatfrieden schließen[37]. Aus Sorge, daß sich die geliebte Koalition doch noch auflösen könnte, obwohl der Erfolg so greifbar nah zu sein schien, gab Castlereagh seine Rolle als Vermittler auf. Er schlug vor, die Verhandlungen in Chatillon wiederaufzunehmen und daß Metternich in einem Brief an Caulaincourt die Bereitschaft der Verbündeten zu einem Waffenstillstand zum Ausdruck bringen sollte, falls Frankreich die «alten Grenzen» akzeptiere. Castlereagh bemühte sich, die Zustimmung des Zaren für dieses Verfahren zu gewinnen. Castlereagh war mit der Vision eines Europa auf das Festland gekommen, das angesichts der offenkundigen Bedrohung durch eine französische Vorherrschaft geeint wäre und dessen Einmütigkeit durch britisch-russische Zusammenarbeit zu stabilisieren sei. Jetzt, sechs Wochen später, trat er als Kämpfer für das Gleichgewicht gegen den Zaren auf.

Es kam so zu der ersten einer Reihe angeregter Unterhaltungen zwischen Castlereagh und Alexander. Alexander unterstrich immer wieder seine Entschlossenheit, bis nach Paris vorzustoßen und dort zu einem Kongreß des Adels aufzurufen. Er äußerte sein Mißtrauen den Bourbonen gegenüber und sein Mißvergnügen über Österreichs Zaghaftigkeit. Castlereagh vertrat demgegenüber die Meinung, es sei nicht wünschenswert, sich in einen Bürgerkrieg in Frankreich einzumischen; auch sei es schwierig, die Gefühle der Nation zu erkennen; es sei gefährlich, ohne Ziel zu kämpfen.

Der Zar erwies sich jedoch als unnachgiebig. Er hatte erfahren, daß die britische Öffentlichkeit heftig gegen einen Frieden mit Napoleon opponiert hatte, und ließ sich von seinem Botschafter in London berichten, Lord

Liverpool teile diese Gefühle. Castlereagh blieb jedoch fest. Er erklärte dem Zaren, angesichts der Tatsache, daß er keine gegenteiligen Weisungen habe, müsse er nun nach eigenem Gutdünken urteilen und entscheiden und könne sich nicht auf angebliche Wünsche in der Heimat verlassen, die dort in Unkenntnis der wahren Lage entstanden sein mögen[38]. Castlereaghs Stärke und seine Schwäche zeigen sich in dieser Formulierung: in dem stolzen Bekenntnis zum Verantwortungsbewußtsein, nicht zur mechanischen Ausführung des Volkswillens, sondern zur Auswertung noch nicht offenkundiger Interessen des Volkes; und in der Weigerung oder der Unfähigkeit, die öffentliche Meinung zu beeinflussen. Castlereagh gehört zu jener Gruppe von Staatsmännern, die den Mut haben, die einfache Lösung zu verwerfen. Er befand sich in der tragischen Isolierung des Helden, der seinen Weg allein gehen muß, weil er sich nicht verständlich zu machen weiß.

Castlereaghs Besuch beim Zaren hatte die unmittelbaren Ziele nicht erreicht, wohl aber die Isolierung Rußlands vervollständigt. Seine Antworten auf Metternichs Fragebogen hatten praktisch zu einer Koalition gegen Rußland innerhalb der Großen Allianz geführt. Metternich versäumte keinen Augenblick, seinen Vorteil zu nutzen. Als er erneut drohte, die österreichischen Truppen zurückzurufen, fürchtete Preußen, zwischen seinen beiden großen Nachbarn zermalmt zu werden, und erklärte sich bereit, die österreichischen Ziele in Form einer Konvention zu garantieren, welche auch die Zustimmung Castlereaghs fand, obwohl er aus innerpolitischen Gründen der Konvention formell nicht beitrat. Die Konvention vom 14. Februar stellte einen weiteren

Kompromiß dar, einen Kompromiß jedoch, der erneut demonstrierte, welche Schlüsselstellung Österreich innehatte. Nach der Konvention sollten keine über die von Chatillon hinausgehenden Bedingungen gestellt werden, auch wenn Napoleon vollständig geschlagen werden würde. Der Frieden sollte mit Napoleon abgeschlossen werden, falls er nicht durch eine *spontane* Volksbewegung gestützt werde. In diesem Fall würden die Alliierten nur mit den Bourbonen, und zwar mit Ludwig XVIII., verhandeln, falls dieser nicht freiwillig darauf verzichtete. Paris sollte, falls es besetzt werden könnte, einen russischen Militärgouverneur erhalten, die tatsächliche Verwaltung sollte aber in den Händen eines Rates liegen, in dem alle verbündeten Mächte vertreten sein sollten[39]. Wenn der Zar diesen Bedingungen zustimmte, sollte der Vormarsch weitergehen, andernfalls würde Österreich seinen Austritt aus der Koalition erklären.

Bei seinem Streben nach totalem Sieg hatte der Zar versucht, Österreichs Sehnsucht nach Stabilität dahin auszunutzen, daß er sich weigerte, seine Bedingungen vor dem Fall von Paris zu nennen. Metternich drehte jetzt den Spieß um und nutzte den Wunsch des Zaren, Paris zu nehmen, um ihn sowohl hinsichtlich der territorialen Ausdehnung als auch der inneren Struktur Frankreichs zu binden. Weil Alexanders Wunsch nach Paris stärker war als alle anderen Überlegungen, stimmte er schließlich am 15. Februar dem Metternichschen Vertragsentwurf zu. Jetzt konnte passieren, was wollte, Frankreich mußte ein Faktor in dem Gleichgewicht bleiben, gleichgültig ob Napoleon oder die Bourbonen herrschten, und keine dieser beiden Dynastien würde dem Zaren gegenüber zu freundlich eingestellt sein. Der Feldzug konnte weitergehen.

Für eine Politik, die auf rein militärischen Überlegungen basiert, ist es jedoch geradezu charakteristisch, daß sie im Sieg schrankenlos und bei einem Rückschlag panikartig reagiert. Als am 14. Februar Blücher erneut geschlagen wurde, gehörte der Zar zu den ersten, die für einen Waffenstillstand eintraten, den Schwarzenberg am 17. Februar dem französischen Befehlshaber unter dem Vorwand anbot, in Chatillon werde ohnehin ein Vorfrieden geschlossen werden. Castlereagh war außer sich. Durch seine starke Stellung bei den Verhandlungen hatte er es erreicht, daß die Alliierten einer Erweiterung Hollands durch Belgien im Prinzip zugestimmt und sich damit einverstanden erklärt hatten, daß nach Friedensschluß keine Schiffe an Frankreich zurückgegeben werden sollten und die Seerechte auf einer Konferenz nicht einmal auf der Tagesordnung zu stehen hätten[49]. Die sehnsüchtig erhoffte und so mühsam geschaffene Koalition drohte sich nun gerade in dem Augenblick wieder aufzulösen, als es so aussah, als würde sich Napoleon endlich beugen und alle «britischen» Ziele wären erreicht. Es nimmt daher nicht wunder, daß Castlereagh einen verärgerten Brief an Metternich schrieb, aus dem zu entnehmen ist, daß zumindest er nicht das Gefühl für Proportionen verloren hatte: «Sie werden einen schweren Verlust sowohl auf moralischem als auch auf politischem Gebiet hinnehmen müssen, falls Sie unter dem Druck dieser geringfügigen Rückschläge, welche in jedem Krieg vorkommen..., das große Friedensgebäude in seinen Proportionen entstellen... Wenn wir sowohl *militärisch* als auch *politisch* klug handeln, wie kann dann unter dem Druck von sechshunderttausend Kriegern Frankreich sich einem gerechten Frieden widersetzen? Aber selbst wenn es das tut, dann wird der Tag, an dem wir die Tatsachen dem französischen Volk vor Augen führen, mit Sicherheit zum Ende Bonapartes führen.»[41]

Diese mutigen Worte konnten jedoch nicht verbergen, wie entmutigt Castlereagh war. Er war über seine Verbündeten verärgert: «Einmal sind sie zu stolz, um irgendeinen Rat anzunehmen, ein andermal wieder zu ungeduldig, so daß die Fortführung der Gespräche von Chatillon mit unserem Feind beinahe lächerlich wird.»[42] In einem warnenden Brief an Liverpool fügte er etwas hinzu, was ihm zwei Monate zuvor noch als Häresie erschienen wäre: «Die Beschuldigungen und Widerbeschuldigungen zwischen Österreichern und Russen haben ihren Höhepunkt erreicht, und mein Geduldsfaden ist sehr dünn geworden ...» Die Koalition mußte in der Tat ihren Glanz verloren haben, wenn Castlereagh sogar drohen konnte, notfalls den Krieg allein fortsetzen zu wollen: «Nichts anderes hält die Mächte beieinander als das Bewußtsein, daß ohne Großbritannien kein Frieden geschlossen werden kann ... Ich habe ihnen allen deutlich zu verstehen gegeben, daß wir um ihret- und um unseres eigenen Schicksals willen weiterhin gegen Frankreich stehen werden, falls sie einen auf dem Prinzip der Autorität basierenden Frieden nicht schließen wollen oder können ...»[43]

Die Krise von Troyes hatte jedoch etwas Gutes. Vorbei waren die Tage, an denen man die Bekundungen ewiger Freundschaft als Garantie permanenter Stabilität ansah. Jetzt trat an deren Stelle die Erkenntnis, daß auch der Frieden Probleme und seine eigene Logik hat und daß diese allein die Leiden der Völker rechtfertigen. Der Zar erkannte allmählich, daß er zwar Gebiete erobern konnte, aber nicht das Recht auf sie, und daß Vertrauenswürdigkeit eine weniger nützliche Garantie war als der Verlauf seiner Grenzen. Der Zar sah sich einer einmütigen Front der anderen Mächte gegenüber und – im Gegensatz zu Napoleon – akzeptierte dies. Seine Forderungen waren noch immer übertrieben, aber es bestand Aussicht, daß er die Legitimität höher halten würde als Eroberungen. Als die Beauftragten der Verbündeten wieder nach Chatillon kamen, zeichneten sich allmählich die Umrisse, wenn auch nicht des Kerns, so doch der Form einer europäischen Lösung ab. Die Koalition hatte das Wesen ihrer inneren Beziehungen festgestellt; wenn auch noch manche Krise kommen sollte, hatten die Verbündeten ihre Illusionen aufgegeben – was die schmerzhafteste Krise im Leben von Menschen wie Völkern darstellt –, und die Koalition hatte überlebt. In der um so härteren Erkenntnis ihrer neugefundenen Reife konnten sie sich nun dem noch offenen Problem zuwenden: der Möglichkeit, daß Napoleon doch ein Europa akzeptiert, dessen Struktur von seinem Willen unabhängig wäre.

ACHTES KAPITEL

Der Vertrag von Chaumont und das Wesen des Friedens

I

Jetzt wäre für Napoleon der Augenblick gekommen gewesen, Frieden zu schließen. In Langres hatte Metternich den anderen die Zustimmung abgerungen, mit einem scheinbar ohnmächtigen Gegner verhandeln zu dürfen. Weil der Frieden damals wie ein Akt der Gnade aussah, konnte er nicht geschlossen werden. In der Zwischenzeit hatte Napoleon jedoch wieder ein gewisses Maß an Stärke demonstriert, und die Krisis von Troyes hatte in den Alliierten den Entschluß geweckt, auch ein bonapartistisches Frankreich, das auf seine «alten Grenzen» zurückgedrängt wäre, sei mit dem Gleichgewicht in Europa noch zu vereinbaren. Um den Friedensschluß zu beschleunigen, hatte Castlereagh die Kolonialgebiete genannt, die Großbritannien an Frankreich zurückgeben wollte. Als Metternich schließlich in einem Brief vom 9. Februar an Caulaincourt warnend die Bitte um einen schnellen Friedensschluß aussprach und dabei auf die Schwierigkeiten hinwies, als Minister einer Koalition, zu der auch fünfzigtausend Kosaken[1] gehören, aufzutreten, wurde es deutlich, daß von nun an alles von Napoleon abhing.

Aber wieder mißverstand Napoleon die Zeichen der Zeit. Wenn noch irgendein Zweifel bestanden haben sollte, daß eine friedliche Koexistenz zwischen einem revolutionären System und einem «legitimen» Gleichgewicht unmöglich ist, so hat die zweite Phase des Kongresses von Chatillon ihn beseitigt. Ein Mensch, der sich durch das Geschick oder durch Gewalt selbst legitimiert hat, wird gern jeden Fehlschlag dem Mißgeschick zuschreiben, weil er sich nicht eingestehen kann, daß er selbst unzulänglich ist. Jeden Erfolg wird er dann als totalen Triumph werten, denn ein begrenzter Sieg wäre fast genauso schlecht wie eine Niederlage. Er würde das Eingeständnis bedeuten, nur noch begrenzte Macht zu haben. Als Napoleon davon sprach, die Verbündeten wieder über den Rhein zurückzuwerfen, gab er sich nicht unvernünftig, sondern er gehorchte nur der Logik einer charismatischen Herrschaft, die genauso wie alle menschliche Tätigkeit ihren eigenen Gesetzen unterliegt. Nur so konnte es kommen, daß der lange Rückzug von der Elbe bis kurz vor Paris für Napoleon keine Lehre war. Noch vor den Toren seiner Hauptstadt wollte er nicht die Tatsache erkennen, daß seine Kraft nur noch begrenzt war, daß selbst eine Serie von Siegen ihm nichts mehr einbringen konnte und daß das Angebot der Verbündeten die wahren Machtverhältnisse widerspiegelte. In seiner Hartnäckigkeit wurde er noch von zwei einander widerstreitenden Überzeugungen gestärkt: Einerseits glaubte er, stets noch auf der Grundlage der «alten Grenzen», selbst im Fall schwerster Niederlagen, Frieden schließen zu können, so als sei eine innenpolitische Umwälzung in Frankreich unmöglich. Andererseits glaubte er, seine Herrschaft würde den Verlust all seiner Eroberungen nicht überdauern.

In Chatillon lief nun der zweite Akt der «Komödie» ab, wie es Stadion genannt hatte. Doch, wie um das Vergebliche aller menschlichen Pläne zu zeigen, hatten die Götter die Rollen vertauscht. Jetzt drängten die Alliierten auf einen Frieden, und Caulaincourt zeigte sich widerspenstig, weil er angewiesen worden war, an den «natürlichen Grenzen» festzuhalten. Die Verbündeten unterbreiteten den Entwurf für einen Vorfrieden. Caulaincourts Antwort bestand jedoch in abstrakten Ausführungen über das Wesen des Gleichgewichts mit dem Hinweis, wie unvereinbar es sei, Frankreich in seinen vorrevolutionären Grenzen zu halten, während alle anderen Mächte durch Gewinn stärker werden würden. Die Verbündeten boten an, auf einige militärische Klauseln in dem Friedensvertrag, die sich auf die Übergabe französischer Festungen bezogen, zu verzichten, Caulaincourt konnte aber nur um Zeitgewinn ringen. In der Zwischenzeit hatte Napoleon unter dem 21. Februar in einem energischen Brief an den Kaiser von Österreich den Zaren wegen dessen Unnachgiebigkeit angegriffen und einen Frieden auf der Grundlage der «natürlichen Grenzen» verlangt.

Im Lauf der nächsten Tage wurden sich die Verbündeten jedoch wieder ihrer Stärke bewußt. Jeder militärische Sieg hat stets zwei Komponenten: seine physische Wirklichkeit und seine psychologische Wirkung, wobei es Aufgabe der Diplomatie ist, letztere in politische Begriffe umzumünzen. Die Verbündeten hatten genauso wie Napoleon eingedenk von Austerlitz und Jena taktische Rückschläge mit einem strategischen

Stillstand verwechselt. Während sich aber die Alliierten diesen Irrtum erlauben konnten, erwies er sich für Napoleon als katastrophal. Seine Siege hatten auf der Geschicklichkeit seiner Manöver beruht, die Lage im Grund genommen aber nicht verändert, weil in einem Abnutzungskampf auch Siege die relative Stellung der schwächeren Seite schwächen. Es wurde nun bald deutlich, daß Napoleon nicht mehr der Sieger von 1805 und 1809 war, nicht weil er an Format oder Können eingebüßt hatte, sondern weil er nicht mehr über die Macht verfügte, sein Können zur Wirkung zu bringen. Napoleons wahrer Sieg hatte auf psychologischem Gebiet gelegen, indem er einen überlegenen Gegner zur Friedensbereitschaft gezwungen hatte. Nun vernichtete er sich selbst, weil er keinen Frieden zu akzeptieren vermochte, den er nicht diktierte. Als die Alliierten schließlich am 25. Februar bis zu einem bestimmten Termin eine definitive Antwort verlangten, muß Caulaincourt wohl gewußt haben, daß die Antwort, die er für den 10. März in Aussicht stellte, nicht eintreffen würde.

In der Zwischenzeit kam es zwischen Metternich und Napoleon zu einem ähnlichen Ringen, wie es sie schon vorher gegeben hatte, und wieder ging es um Napoleons Seele. Jede Auseinandersetzung zwischen Napoleon und Metternich trug diesen Stempel faustischen Schicksals. Metternich hatte Napoleons Selbstbewußtsein – die Haltung eines Menschen, in sich nicht das zu sehen, was er ist, sondern das, wofür er sich hält – genutzt und ihn Schritt für Schritt auf den Weg gelockt, der in Prag geendet hatte. Es war das gleiche Selbstbewußtsein, das nun Metternichs Bemühungen, Napoleon zu retten, vereitelte. Das Kriegsende brachte somit eine zweifache Lehre: Während Napoleon erfuhr, was es heißt, daß Gewalt Grenzen gesetzt sind, mußte Metternich erkennen, daß es auch Grenzen der Manipulation gibt und daß man die Geister, die man rief, nicht einfach wieder durch einen Willensakt bannen kann. Metternich hat nie mehr gewollt, als Napoleons Macht in die Schranken zu verweisen, und sei es auch nur, weil der Sturz *jeder* Dynastie für Österreich ein gefährliches Symbol war. Weil Metternich ein starkes Frankreich brauchte, versuchte er nun, das Schicksal zu wenden, zu dessen Handlanger er sich selbst gemacht hatte. Er forderte von Napoleon, was, wie er hätte wissen können, für diesen zuzugestehen unmöglich war: das Erkennen von Grenzen. So wie in einer griechischen Tragödie die Warnung des Orakels nicht den Untergang abzuwenden vermag, weil die Rettung nicht im Wissen, sondern in der Billigung liegt, so mißachtete Napoleon Metternichs Argumente, nicht etwa weil er sie nicht verstand, sondern weil er sie verschmähte.

Umsonst wies der österreichische Kaiser Napoleons Beschuldigungen gegen Rußland zurück und wiederholte die Bereitschaft der Alliierten, sofort auf der Grundlage der «alten Grenzen» Frieden schließen zu wollen. Umsonst fügten Caulaincourt und Metternich Bitten um Frieden bei. «Gibt es denn kein Mittel», schrieb Metternich an Caulaincourt, «Napoleon über seine wahre Lage aufzuklären? Hat er denn unweigerlich sein und seines Sohnes Schicksal auf die Lafette seiner letzten Kanone gestellt? Wird ihn seine Kühnheit und der Mut der Verzweiflung davor schützen können, durch die Masse erdrückt zu werden? Wenn der Kaiser von Österreich 1809 auf Tirol verzichten konnte, warum kann Napoleon 1814 nicht auf Belgien verzichten?»[2]

Doch selbst dieser so geschickt auf Napoleons nie endendes Streben nach «Legitimität» gezielte Appell erwies sich als fruchtlos. Mochte Metternich das Haus Habsburg und das Haus Bonaparte als gleichberechtigt erwähnen, der Schlüssel zur Lage lag darin, daß Napoleon unter ihrer Unterschiedlichkeit litt. Napoleon wurde nie müde, darauf hinzuweisen, daß legitime Herrscher auch nach dem Verlust noch so vieler Schlachten in ihre Hauptstädte zurückkehren könnten, daß er, der Sohn der Revolution, sich aber diesen Luxus nicht leisten dürfe. Weil er Gewalt nicht in Verpflichtung umzuwandeln vermochte oder wenigstens glaubte, es nicht zu können, setzte Napoleon alles aufs Spiel, um seine Macht zur Schau zu stellen. Weil Macht Ausdruck einer schwankenden und daher unsicheren Weltordnung ist, erreichte er damit nichts anderes, als Europa zu einem Krieg zu einen, der ihn vernichtete.

Napoleons Halsstarrigkeit am Rand der Katastrophe lieferte vollends den Beweis, wie es zuvor all seine Triumphe in diesem Ausmaß nicht vermocht hatten, daß seine weitere Herrschaft mit dem Frieden Europas unvereinbar war und daß jedes Übereinkommen mit ihm höchstens ein Waffenstillstand sein würde. Die Drohung, die von Napoleon ausging, überschattete auch die größten Differenzen innerhalb des Bündnisses. Selbst Metternich erkannte nun, daß die sich aus einem völligen Zusammenbruch Frankreichs für das Gleichgewicht ergebenden Gefahren weniger wichtig waren als die Drohungen, die von einer weiteren Herrschaft Napoleons ausgehen mußten. Der Versuch, den Zaren gegen Napoleon auszuspielen und die soziale Revolution durch ihre eigenen politischen Ausdrucksformen zu schlagen, war doch ein wenig zu kühn gewesen. Man kann eine Revolution nicht einfach durch einen Willensakt beenden oder weil die Welt ohne sie «vernünftiger» wäre. Napoleon weigerte sich einfach, im Rahmen der Regeln des Gleichgewichts zu spielen. Trotz des Sieges Metternichs über den Zaren wurde der Krieg jetzt total, weil es für einen Revolutionär leichter ist, sich selbst zu vernichten, als zu kapitulieren.

So kam es schließlich doch zu dem von Castlereagh so heiß und geduldig erstrebten Vertrag über eine Große Allianz. Als Napoleons Heere noch in Mitteleuropa standen, hatte diese Tatsache nicht genügt, um eine gemeinsame Zielsetzung zu schaffen. Doch der jetzt auf die Tore seiner Hauptstadt zurückgeworfene Napoleon hatte schließlich alle Illusionen beiseite gefegt. Als der 10. März herankam und der Frieden immer unwahrscheinlicher wurde, einigten sich die Verbündeten auf gemeinsame Maßnahmen und gemeinsame Ziele ihrer Bemühungen.

Der Vertrag von Chaumont, der am 4. März unterzeichnet wurde, befaßte sich in erster Linie mit der Fortsetzung des Krieges gegen Frankreich[3]. Die vier Verbündeten kamen darin überein, daß jeder einhundertfünfzigtausend Soldaten ins Feld führen sollte, und Großbritannien erklärte sich darüber hinaus bereit, Subsidien bis zum Betrag von fünf Millionen Pfund Sterling zu zahlen. Die Signatarmächte versprachen, daß keiner von ihnen einen Separatfrieden schließen werde. Soweit handelte es sich um konventionelle Klauseln militärischer Allianzen, die nur wegen des Ausmaßes des britischen Beitrages beachtenswert waren. Die eigentliche Bedeutung des Vertrags von Chaumont lag in der Unterstellung, daß Frankreich auch nach der Niederlage Napoleons weiterhin eine Bedrohung für den Frieden sein würde. Das Bündnis war auf zwanzig Jahre geschlossen, wobei jeder Teilnehmer sechzigtausend Mann gegen eine französische Aggression unterhalten sollte; Großbritannien allerdings behielt sich das Recht vor, das Äquivalent dafür in Geld zu zahlen. Da der Vertrag von Chaumont davon ausging, daß der Frieden letzten Endes mit Napoleon zu schließen sei, machte diese Bestimmung das Ausmaß des Mißtrauens deutlich.

Der Vertrag von Chaumont läßt aber auch erkennen, wie geschickt Metternich und Castlereagh, jeder für sich, ihre Ziele erreicht hatten. In einer weiteren Bestimmung wurde die Unabhängigkeit Spaniens, der Schweiz, Italiens, Deutschlands und der Niederlande gesichert. Die Niederlande sollten territorial vergrößert werden und eine «geeignete» Grenze erhalten; Deutschland sollte aus einer Konföderation unabhängiger souveräner Staaten bestehen. Über Polen war in dem Vertrag nichts enthalten. Die Ausdehnung der Niederlande schloß zumindest Antwerpen ein, und die «geeignete Grenze» bezog sich auf Belgien. Daß Deutschland aus souveränen Staaten bestehen sollte, kam der Anerkennung gleich, daß die Träume über ein vereinigtes Deutschland und die Bestrebungen Preußens auf eine Vormachtstellung in Norddeutschland gleichermaßen zum Scheitern verurteilt waren. So waren die österreichischen und die britischen Wünsche vor allem vor denen Rußlands befriedigt worden. Zugegeben, der Zar versuchte, seine Zustimmung zu der niederländischen Frage von der Übernahme der russischen Schulden in Holland durch Großbritannien abhängig zu machen[4]. Indem er jedoch auf dieser untergeordneten Bedingung bestand, stimmte er indirekt dem Gedanken einer Annektierung Belgiens durch die Niederlande zu. Dem Zaren war es gelungen, die Lösung der polnischen Frage hinauszuschieben, doch hatte er im Lauf der Zeit seine starke Verhandlungsposition eingebüßt, weil er sich immer wieder auf Dinge am Rand der Ereignisse konzentrierte, zu sehr auf Paris starrte und sich um Holland kümmerte.

Castlereagh jubilierte. Alle speziellen britischen Ziele waren auf dem Weg über die Koalition erreicht worden. Die Allianz war errichtet, durch die Furcht vor Frankreich legitimiert: «Ich sende Ihnen hier meinen Vertrag», berichtete er stolz und in einem merkwürdig launigen Ton, «und ich hoffe, daß Sie ihm zustimmen. Wir vier Minister saßen bei der Unterzeichnung desselben zufällig rund um einen Whist-Tisch. Man war sich einig darüber, daß niemals zuvor mehr auf dem Spiel stand. Meine Bescheidenheit hätte es mir verboten, doch weil die anderen uns zur militärischen Macht gemacht haben, war ich entschlossen, nicht die zweite Geige zu spielen. Tatsache ist, daß unsere Engagements gleichbedeutend denen sind, die sie gemeinsam aufgebracht haben... Welch außerordentliche Schau der Macht! Ich möchte denken, daß nun alle Zweifel darüber beseitigt sind, daß auch wir eine Stimme in Dingen des europäischen Festlandes haben.»[5] Hier lag das Herzstück von Castlereaghs Erfolg: Nach zwanzig Jahren der Isolierung war Großbritannien nun wieder ein Teil Europas.

Am 9. März schlug Blücher Napoleon bei Laon. Jetzt war der Krieg entschieden, nicht weil Napoleon seine Siege nicht nutzen konnte, sondern weil er sich eine Niederlage nicht mehr erlauben durfte. Nur noch vierundzwanzig Stunden trennten die Alliierten von dem Termin, den der Kongreß von Chatillon gesetzt hatte. In seiner inoffiziellen Eigenschaft als Ministerpräsident der Koalition wies Metternich die Bevollmächtigten der anderen Staaten an, ihm alle Antworten sofort zuzuleiten, die Caulaincourt am 10. März geben würde, teils um die Verhandlungsfäden selbst in den Händen zu behalten, teils um den scheinbar unvermeidbaren Zusammenbruch zu verzögern. Das führte zu einem Aufbegehren Stewarts, der fragte, was die Alliierten wohl tun sollten, falls Caulaincourt ihre Bedingungen annehmen sollte[6]. Er war jedoch bald aller Besorgnisse enthoben. Caulaincourts Antwort erwies sich als zweideutig, weil Napoleons Weisungen ausweichend gewesen waren. Sie lief auf kaum etwas anderes hinaus als ein nur geringfügig geändertes Beharren auf den «natürlichen Grenzen». Das Ende des Kongresses zog sich nur noch aus formalen Gründen hin. Am 15. März wurde Caulaincourts Angebot an das Hauptquartier weitergeleitet, und am 17. März gab eine von Metternich entworfene Proklamation das Ende der Bemühungen der Bündnispartner bekannt, Frieden mit Napoleon zu schließen.

Selbst jetzt konnte sich Metternich noch nicht damit abfinden, daß der Krieg um das politische Gleichgewicht damit enden sollte, daß seine gesellschaftliche Grundlage gestürzt oder daß die französische Revolution, die mehr war als das Napoleonische Reich, mit

Napoleons Niedergang wieder losbrechen sollte. Am 17. März, als der Kongreß von Chatillon schon zu Ende war, appellierte er darum noch einmal an Caulaincourt in einem Ton fast verzweifelter Dringlichkeit, der erkennen läßt, daß der letzte Sieg Metternich entglitten war: Caulaincourt möge bei Napoleon den Sinn für die Realitäten wecken und die französische Revolution durch ihr eigenes Kind schlagen: «An dem Tage, an welchem man bereit sein wird, dem Frieden die unerläßlichen Opfer zu bringen, kommen Sie zu uns, um ihn zu schließen, aber kommen Sie nicht als Wortführer unausführbarer Projekte. Die Fragen haben sich zu sehr zugespitzt, als daß man noch weiterhin Romane schreiben könnte, ohne ernste Gefahren für Kaiser Napoleon heraufzubeschwören. Was riskieren die Verbündeten? Höchstens das Gebiet des alten Frankreich verlassen zu müssen. Und was gewönne Napoleon damit? Das Volk von Belgien erhebt sich mit Macht. Das ganze linke Rheinufer wird bald unter Waffen stehen ... Die Wünsche Österreichs gelten noch immer einer Dynastie, mit der es eng verbunden ist. Noch hängt der Friede von Ihrem Herrn ab. Binnen kurzem wird dies nicht mehr der Fall sein. Ich werde mein Möglichstes tun, um Lord Castlereagh noch einige Tage zurückzuhalten; ist er einmal fort, wird man keinen Frieden mehr machen.»[7]

Wie ein verbitterter Professor legte Metternich ein letztes Mal die Elemente seines geliebten Gleichgewichts offen, als sei es undenkbar, daß die Realität ihrem Schöpfer aus den Fingern gleiten könnte. Wenn aber Revolutionäre ein Gefühl für die Realität hätten oder wenn ihr Gefühl der Realität nicht unvereinbar mit der «legitimen» Realität wäre, wären sie keine Revolutionäre. Als Caulaincourt schließlich am 25. März antwortete, er sei nun bereit zu kommen, um den Frieden zu schließen, waren die Würfel schon gefallen. Napoleons letzter verzweifelter Versuch, die Nachschublinien der Verbündeten abzuschneiden, war fehlgeschlagen. Die Straße nach Paris war wieder frei. Die knappe Antwort, die Metternich Caulaincourt zuteil werden ließ, derzufolge der Kaiser sich nicht im Hauptquartier befinde, ließ erkennen, daß der jetzt so greifbare Frieden nicht mit Napoleon geschlossen werden würde.

Metternichs Brief mag Castlereaghs Fügsamkeit überschätzt haben, denn dieser sorgte sich im Gegensatz zu Metternich nicht um die soziale Revolution in Frankreich. Er hatte sich zu Verhandlungen mit Napoleon bereit gefunden, weil er die «alten Grenzen» und die vergrößerten Niederlande für eine ausreichende politische Sicherheit im Interesse Großbritanniens hielt. Sein Zugeständnis, mit Napoleon zu verhandeln, sollte als Beweis guten Willens dienen, nicht aber Ausdruck britischer Ziele sein. Auf diesem Standpunkt hatte Castlereagh beharrt, obwohl er in zunehmender Zahl beunruhigende Briefe über die Reaktion der Öffentlichkeit in Großbritannien erhalten hatte. Die Staatssekretäre im Außenministerium Coke und Hamilton waren ähnlich wie Liverpool und Clancarty der Meinung, daß ein Frieden mit Napoleon nur schwer zu rechtfertigen sein würde: «Die Meinung, kein Frieden mit Napoleon, ist heute die herrschende», berichtete Hamilton am 19. März. «Von Tag zu Tag wächst die Abneigung im Land, mit Napoleon *überhaupt* Frieden zu schließen», schrieb Liverpool am 17. Februar. «Das sagt man mir, wohin ich auch immer komme und mit welchen Schichten des Volkes ich spreche.»[8] Unter dem 19. März wies das Kabinett Castlereagh an, jeden Vertrag vor seiner Unterzeichnung zunächst nach London zu schicken[9]. Die Weisung traf zu spät ein, um auf den Gang der Dinge noch Einfluß nehmen zu können, ließ jedoch keinen Zweifel daran, daß ein Frieden mit Napoleon ein Opfer auf dem Altar alliierter Einigkeit sein und von Großbritannien nur als letzter Ausweg unterzeichnet werden würde.

Als der Kongreß von Chatillon scheiterte, konnte Castlereagh darum mit Recht das Gefühl haben, alle Verpflichtungen, die ihm auferlegt waren, erfüllt zu haben und nun im Verfolgen seiner eigenen Ziele frei zu sein. «Ich wünsche, es wäre möglich gewesen, durch weniger Opfer an Zeit die Gewißheit gewonnen zu haben», so berichtete er dem Kabinett, «daß es unmöglich ist, mit dem gegenwärtigen Herrscher in Frankreich Frieden zu schließen. Doch wurde das Ziel schließlich auf eine Art und Weise erreicht, die selbst in den Augen der Franzosen keinen Zweifel daran läßt, daß Napoleon allein das eigentliche und einzige Hindernis für einen baldigen, ehrenvollen und dauerhaften Frieden ist.»[10] Weil Napoleons Macht schnell schwand, bestand kein Grund mehr, mit ihm Frieden zu schließen. Während Napoleon mit einem letzten verzweifelten Wagnis versuchte, Paris durch eine Umgehung der verbündeten Heere zu retten, war sein Schicksal schon entschieden. Er hatte so lange die absolute Macht innegehabt, daß ihm, als er nach Paris zurückkehrte, nicht der Gedanke gekommen war, die Stadt könnte sich gegen ihn entschieden haben.

Zwischen dem 20. und 22. März unternahmen die

Verbündeten die ersten Schritte zur Anerkennung der Bourbonen. Während des gesamten Feldzugs waren die königlichen Prinzen in Frankreich gewesen, doch hatten die Verbündeten sie ignoriert. Ihr Emissär, Vitrolles, wurde jetzt jedoch empfangen, und man gab ihm zu verstehen, er könne eine Bewegung zugunsten der Bourbonen organisieren. Die Verbündeten versprachen, den Bourbonen die Einkünfte all jener Provinzen zu überlassen, die sich zu ihnen bekennen würden, und alle Fürsprecher der Bourbonen zu schützen, falls doch mit Napoleon Frieden geschlossen werden würde[11]. Darüber hinaus stellte Castlereagh die britische Finanzhilfe in Aussicht. Am 24. März ging die Provinz Bordeaux zu den Bourbonen über. Metternich wußte, daß die Würfel gefallen waren, daß Napoleon als Faktor in dem Gleichgewicht ausgeschieden war und daß innen- und außenpolitische Stabilität in einem bourbonischen Frankreich zu suchen seien. «Seien Sie über unseren politischen Gang recht ruhig», schrieb er an Hudelist. «Glauben Sie…, daß ich meinem ewigen Grundsatz treu bleibe, daß Ereignisse, welche nicht zu hindern sind, geleitet werden müssen und daß nur schwache Menschen zurückstehen.»[12]

Die Ereignisse, auf die Metternich anspielte, rollten in Paris ab, wo Talleyrand, Napoleons früherer Außenminister, ein Komplott schmiedete, das die Restauration der Bourbonen zum Ziel hatte. Talleyrand war von allen Zeitgenossen Metternich am ähnlichsten. Er verfügte über die gleiche Nonchalance, die gleiche Geschicklichkeit und einen sogar noch beißenderen Witz. Das war kein Zufall. Talleyrand und Metternich waren beide Kinder des achtzehnten Jahrhunderts, Grandseigneurs, die in ein Ringen verstrickt waren, das sie nicht anders als grob, ja sogar plump empfinden konnten. Beide waren so sehr Aristokraten, daß sie sich nicht nur um den Gehalt, sondern auch um die Form ihrer Taten mühten. Für beide war Ruhe gleichbedeutend mit Gleichgewicht und Proportion.

Und doch verbargen diese Ähnlichkeiten grundlegende Unterschiede. Denn das Schicksal war Talleyrand nicht hold gewesen. Es hat ihm nicht die Chance geboten, seiner Neigung entsprechend zu leben. Ein Aristokrat zu sein, ist kein Dogma, sondern eine Tatsache. Bei Talleyrand entsprach sein Beruf jedoch nie seiner Tätigkeit. Als junger Mann war er zum Priester gezwungen worden, wurde Bischof von Auteuil, entsagte aber der Kirche während der Revolution. Nach seinem Bruch mit der Revolution wurde er Napoleons Außenminister und jetzt, als sich die verbündeten Heere Paris näherten, arbeitete Talleyrand an der Restauration der Bourbonen. Man kann natürlich eine gewisse Zielstrebigkeit in seinem Verhalten, eine Bemühung um die Balance bei all seinen Stellungswechseln erkennen. Und doch darf man es seinen Zeitgenossen nicht verübeln, wenn sie ihm mißtrauten, denn sie mußten ihn an seinen Taten messen, nicht an dem, was er ihnen erzählte. In ruhigeren Zeiten hätte Talleyrand vielleicht herkömmlichere Möglichkeiten gehabt, seine Talente zu nutzen. Doch gibt es zwei Wege, unruhige Zeiten zu überwinden: entweder man steht über ihnen, oder man schwimmt mit dem Strom; entweder man bekennt sich zu einem Prinzip oder zur Manipulation.

Talleyrand fehlte es an der letzten Standhaftigkeit, weil seine Handlungen immer zu genau auf die jeweils herrschende Stimmung zugeschnitten waren, weil ihn nichts stets so voll gefangennahm, daß er ihm zuliebe auf Kosten des eigenen Aufstiegs Opfer zu bringen bereit gewesen wäre. Das mag mit dem ernsten Bestreben begründet werden, die Stellung zu halten, um die Ereignisse zu dämpfen. Außenstehenden mag man verzeihen, wenn sie das für Opportunismus hielten. Talleyrands größte Stärke lag somit stets in der Weitschweifigkeit seiner Manöver, in der Art, wie er die Prinzipien anderer zu nutzen wußte und wie es ihm gelang, eine Formel zu finden, auf die sich alle einigten.

Talleyrand mag Schwächen genug gehabt haben; die Lage in Paris im Frühjahr 1814 war ihm wie auf den Leib geschnitten. Angesichts der Tore von Paris mochte sich der Zar schmeicheln, ihm stünden noch alle Möglichkeiten offen, und eine dankbare Bevölkerung mochte sich vielleicht, wenn sie wollte, von ihm aus sogar zur Republik bekennen. Die kühlen Rechner in Dijon, dem Sitz des alliierten Hauptquartiers, und in Paris sorgten dafür, daß niemand gefährliche Experimente auch nur versuchte. Am 31. März hielt der Zar seinen triumphalen Einzug in Paris, während Metternich und Castlereagh in Dijon zurückblieben. Sie überließen dem Zaren den Ruhm des Einzugs in Paris, weil sie wußten, daß fremde Besatzer, mögen sie auch noch so sehnsüchtig erwartet worden sein, rückblickend stets als nationale Erniedrigungen erscheinen. Gerade die Menschen, die beim Einmarsch des Eroberers am lautesten Hurra geschrien haben, machen später, wenn sie wieder zu sich gefunden haben, dafür nicht sich selbst, sondern die Verhältnisse verantwortlich und drängen sich gern in die erste Reihe der Feinde gegen den Fremden. Die exponierte Rolle, die der Zar bei der Rückführung der Bourbonen spielte, war auch keine ungeteilte Freude. Eine schwache Regierung, die man verdächtigt, Werkzeug ausländischer Mächte zu sein, kann sich am leichtesten dadurch legitimieren, daß sie eben gerade diejenigen Mächte attackiert, denen sie ihre Existenz verdankt oder zu verdanken scheint. Im Überschwang des Sieges tritt das jedoch noch nicht so deutlich hervor. Am 6. April verabschiedete der Senat unter Leitung von Talleyrand und mit Zustimmung des Zaren eine neue Verfassung, welche Ludwig XVIII. auf den Thron von Frankreich zurückrief. Das Ringen gegen Napoleon hatte mit einem Triumph der Legitimität sowohl auf dem Schlachtfeld als auch in Paris sein Ende gefunden.

Die Legitimität der Bourbonen war allerdings recht brüchig. Sie waren aufgrund des Volkswillens zurückgerufen worden, und man hatte sie zur Annahme einer Verfassung gezwungen, die sie nie vorher gesehen hatten. Das heißt doch aber nichts anderes, als zu erklären, daß «Legitimität» nicht einfach durch einen Willensakt wiederhergestellt werden kann. Ihre Stärke liegt in ihrer Spontaneität. Legitimität ist dann am stärksten, wenn man am wenigsten über sie spricht, ja wenn man überhaupt nicht über sie sprechen kann. Sobald aber einmal die Frage nach dem ganzen Gesellschaftsbild aufgeworfen ist, so wie es in einer revolutionären Gesellschaft der Fall ist, wird die gesellschaftliche Struktur nie wieder die gleiche sein wie früher, selbst wenn die «legitime Ordnung» triumphieren sollte. Gesellschaftsstrukturen können ihre Spontaneität nicht zurückgewinnen, genauso wenig wie der Mensch seine verlorene

EINZUG DER VERBÜNDETEN IN PARIS AM 31. MÄRZ 1814

Unwissenheit wiedergewinnen kann[13]. Wenn jedoch auch die Bourbonen nie wieder zu dem *ancien régime* zurückkehren konnten, so konnten sie doch vielleicht eine Festigkeit dadurch gewinnen, daß ihre Legitimität durch die ausländischen Mächte anerkannt wurde. Wenn sie zum Teil vom Volkswillen abhängig sein sollten, würde es das beste sein, wenn sie dem Volk den Frieden bringen könnten, den Napoleon nicht zu bringen vermochte. Und da ihre Legitimität zu einem so hohen Maß von der Anerkennung durch das Ausland abhing, mußten die Bedingungen des Friedens, der da geschlossen werden sollte, ihr internationales Ansehen widerspiegeln. Als die Verbündeten mit ihren Beratungen begannen, stand nicht nur das europäische Gleichgewicht, sondern auch das innenpolitische Gleichgewicht Frankreichs auf dem Spiel.

2

Zwar wird jeder Krieg stets im Namen des Friedens geführt, doch besteht oft die Tendenz, Frieden mit dem Fehlen des Krieges gleichzusetzen und ihn mit militärischem Sieg zu verwechseln. Wenn man die Voraussetzungen des Friedens im Krieg erörtert, wirkt das fast unwürdig, so als ob das Eingeständnis, daß der Krieg eines Tages enden wird, eine Schwächung der Kriegsanstrengungen verursachen könnte. Das kommt nicht von ungefähr. Das Gesetz des Krieges heißt Gewalt, und Gewalt hat in sich keine Grenzen. Das Gesetz des Friedens heißt Proportion, und Proportion bedeutet Begrenzung. Erfolg im Krieg heißt Sieg, Erfolg im Frieden bedeutet Stabilität. Die Voraussetzungen des

Sieges sind Hingabe und Engagement. Die Bedingung für Stabilität ist die Selbstbescheidung. Die Motive für den Krieg sind äußerlicher Art: die Angst vor dem Feind. Die Motive des Friedens sind innerer Art: das Gleichgewicht der Kräfte und das Anerkennen seiner Legitimität. Ein Krieg ohne einen Feind ist undenkbar. Ein Frieden, der auf dem Gedanken an einen Feind aufgebaut ist, ist nur ein Waffenstillstand. Der Krieg drängt innerlich zum Bestrafen; Aufgabe der Politik ist es aufzubauen. Die Gewalt kann sich als Richter aufspielen. Staatsmännische Führungskunst aber muß in die Zukunft blicken.

Diese unvereinbar gegeneinander stehenden Elemente formen die besonderen Schwierigkeiten bei Friedensschlüssen nach totalen Kriegen. Das große Ausmaß der Leiden führt zu der Vorstellung eines Krieges mit persönlichen Begriffen: von einem Feind, der die «Ursache» des Unglücks ist, und von seiner Niederlage als dem Augenblick für die Vergeltung. Je größer das Leiden war, um so mehr sieht man in dem Krieg einen Selbstzweck, und die Regeln des Krieges werden dann um so leichter auf den Frieden übertragen. Je totaler die Hingabe und die Anstrengung waren, um so «natürlicher» erscheinen später unbegrenzte Forderungen. Leiden führen sie öfter zur Rechthaberei als zu Gefühlen der Erniedrigung, so als trügen sie den Stempel der Rechtmäßigkeit und so als könne nur der «Unschuldige» leiden. Jede Friedenslösung befaßt sich somit mit dem Schicksal des Feindes und mit dem tiefergehenden Problem, ob das Erlebnis des Krieges es unmöglich gemacht hat, sich eine Welt *ohne* einen Feind vorzustellen.

Ob die Mächte einen rückblickenden Frieden schließen oder einen solchen, der die Zukunft im Auge hat, hängt von ihrer gesellschaftlichen Stärke und von dem Maß ab, wie sie ihre eigenen Motive zu steuern vermögen. Ein rückblickender Frieden wird den Gegner so zerschmettern, daß er einfach nicht wieder kämpfen *kann*; beim Gegenteil wird man danach trachten, seinen Feind so zu behandeln, daß dieser nie mehr *Lust* zum Angriff verspürt. Ein rückblickender Frieden ist der Ausdruck einer starren Gesellschaftsordnung, die sich an das einzig Gewisse klammert: die Vergangenheit. Er wird jede «legitime» Lösung unmöglich machen, weil die geschlagene Nation ihre Erniedrigung auf die Dauer nicht hinnehmen wird, falls man sie nicht völlig ausrottet. In solchen Fällen bestehen zwei Legitimitäten: die Abmachungen zwischen den Siegermächten und die Wünsche des Geschlagenen. Zwischen beiden ist Gewalt, oder die Drohung mit Gewalt, das Regelnde in den Beziehungen. Ein rückblickender Frieden führt zu einer revolutionären Situation, weil er Stabilität durch Sicherheit zu gewinnen versucht und nicht erkennt, daß es innere Ursachen für Kriege gibt. So war die Lage in Europa zwischen den beiden Weltkriegen.

Die Staatsmänner, die in der nachnapoleonischen Zeit Lösungen aushandelten und der Versuchung eines Straffriedens widerstanden, verdienen Anerkennung. Das mag zum Teil gerade an der Eigenschaft gelegen haben, die man ihnen gewöhnlich am meisten vorwirft: ihrer Gleichgültigkeit gegenüber den Strömungen in der Bevölkerung. Die Gründe mögen gewesen sein, wie sie wollen, die Staatsmänner suchten nach einem Gleichgewicht und nicht nach Vergeltung. Sie wollten Legitimität und nicht Bestrafung. Anstatt die innenpolitischen Umformungen in Frankreich als zusätzliches Geschenk oder bedeutungslose Fassade anzusehen, waren die Staatsmänner der Koalition von 1814 bereit, die Konsequenzen ihrer eigenen Überzeugung zu tragen. Jetzt wurde die völlige Tragweite der hartnäckigen Diplomatie Metternichs deutlich, die so ängstlich und verwirrend erschienen war, als das Bekämpfen des Gegners noch alle anderen Überlegungen überschattete. Er hatte so viel und so oft von einem Krieg um das Gleichgewicht geschrieben und gesprochen, daß eine andere Grundlage nun undenkbar erschien. Er hatte so viele Proklamationen verfaßt, in denen es geheißen hatte, der Krieg gehe darum, Napoleon zur «Vernunft» zu bringen, daß jetzt nirgends ernstlich totale Zerstörung des Feindes vorgeschlagen wurde. Nur die Preußen sprachen von einem durch und durch bösartigen Frankreich, wurden aber bald in die Schranken verwiesen. Der Krieg war so überlegt geführt und jeder Schritt so sorgfältig vorbereitet worden, daß man gar nicht erkannte, daß aus ihm ein totaler Krieg geworden war. Eine durch beschränkte Schritte erreichte Schrankenlosigkeit verliert an Terror und an ihr innewohnenden Versuchungen. Das ist der letzte Sinn der Metternichschen Politik in den Jahren 1813 und 1814.

Castlereaghs Haltung war sogar noch eindrucksvoller. Der Staatsmann der Nation, deren Gefühle am meisten aufgewallt waren, wurde trotzdem zum Hauptsprecher der Mäßigung. Er versagte sich der Versuchung, zusammen mit dem Zaren in Paris einzurücken. Er sollte sich jetzt auch dem Wunschbild einer «absoluten» Sicherheit widersetzen. In drei Stufen wurde die

Lösung der Probleme nach den Napoleonischen Kriegen erreicht: der Abdankung Napoleons nebst Vertrag über seine Zukunft; dem Friedensschluß mit Frankreich und dem Aufbau des europäischen Gleichgewichts.

Das Schicksal Napoleons hatte für das europäische Gleichgewicht keine unmittelbaren Konsequenzen, diente jedoch als Prüfstein für die innere Einstellung der Verbündeten. Das neunzehnte Jahrhundert kannte die Eigenschaft noch nicht, das Ausmaß des eigenen Triumphes an persönlicher Vergeltung zu messen. Selbst Stewart schrieb an Castlereagh, Napoleon verdiene jenes Maß an Mitgefühl, das Christen stets dem unglücklichsten ihrer Mitmenschen entgegenbringen[14]. Alexander mag viele Schwächen gehabt haben, es fehlte ihm aber nicht an Großherzigkeit. Und so war gerade er es, der mit Caulaincourt den Vertrag von Fontainebleau aushandelte. Danach sollte Napoleon den Kaisertitel behalten und aus französischen Quellen jährlich zwei Millionen Francs Zuwendungen erhalten. Die Insel Elba wurde zu einem unabhängigen Fürstentum erhoben, in welchem Napoleon volle Souveränität genoß. Der Kaiserin wurde das Herzogtum Parma zugesprochen. Der Vertrag enthielt Klauseln für Napoleons Familie, seine geschiedene Frau, ja selbst für seinen Adoptivsohn, Eugène Beauharnais, den Vizekönig von Italien. Napoleon durfte ein Schiff und eine Leibwache mit nach Elba nehmen. Psychologisch gesehen war dieser Vertrag vielleicht nicht so großzügig, wie er klang, denn es muß für den Eroberer Europas niederschmetternd gewesen sein, nun in die Rolle eines drittrangigen italienischen Fürsten zurückgedrängt zu sein.

Als Castlereagh und Metternich in Paris eintrafen,

waren die Verhandlungen bereits abgeschlossen. Vergeblich protestierte Metternich gegen Napoleons Souveränität über Elba wegen der Nähe Frankreichs zu Italien. Er sagte sogar einen neuen Krieg innerhalb der nächsten zwei Jahre voraus. Auch Castlereagh war nicht völlig einverstanden. Ähnlich wie Liverpool hätte auch er statt Elba einen anderen, «geeigneteren» Platz für Napoleon lieber gesehen. Auch war Großbritannien nicht bereit, dem geschlagenen Napoleon eine Anerkennung zuteil werden zu lassen, die es ihm verweigerte, als er auf der Höhe seiner Macht stand. Castlereagh gelang es, den Kaisertitel auf Napoleon persönlich bis zu dessen Tod zu beschränken; er stimmte nur den Vertragsteilen zu, die sich auf territoriale Regelungen bezogen. Am 16. April trat Napoleon seine Reise nach Süden an. Jetzt konnten die Alliierten sich dem Friedensschluß mit Frankreich widmen.

Da es bei den Verhandlungen um Anpassungen innerhalb eines gegebenen Rahmens ging, wuchs Castlereagh wieder zu der führenden Figur empor. Er stand jetzt im Zenit seines Einflusses. Er hatte trotz der Zurückhaltung der Verbündeten die Koalition beieinandergehalten. Er hatte trotz der abweichenden öffentlichen Meinung mit Napoleon verhandelt und damit die moralische Grundlage für die Restauration gelegt. Wie in solchen Fällen üblich, wertete die Öffentlichkeit jetzt die Heftigkeit ihrer Angriffe als Beweis ihres richtigen Gefühls, und das britische Kabinett bezeichnete recht unverständlich das, was zumindest zum Teil auf Napoleons Unfähigkeit, die Wirklichkeit zu begreifen, zurückzuführen war, als einen tiefgehenden, vorhergefaßten Plan. «Seien Sie versichert», schrieb Cook, «daß man

NAPOLEON NIMMT ABSCHIED IN FONTAINBLEAU

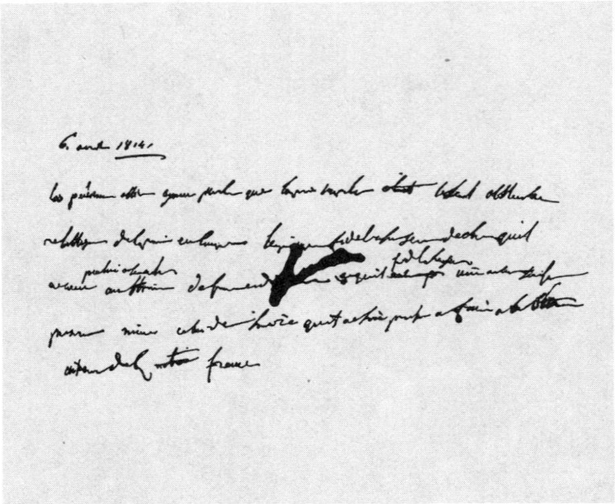

DIE ABDANKUNGSURKUNDE NAPOLEONS
VOM 6. APRIL 1814

die großartigen Fähigkeiten, die Sie zur Schau getragen haben, voll zu würdigen weiß, wenn man an die große Wandlung der Lage denkt, die Sie so großartig und wunderbar bewerkstelligt haben. Ihre Überlegenheit und Ihre Autorität sind nicht zu erschüttern.»[15] Castlereagh war sich seiner Stellung wohl bewußt. Als Liverpool ihn dringend bat, sofort zurückzukommen, weil er fürchtete, ohne ihn das Parlament nicht leiten zu können, antwortete Castlereagh: «Es mag etwas hochmütig klingen, doch ist mein Verbleiben hier unvergleichlich wichtiger als mein ursprünglicher Auftrag.»[16]

Castlereaghs Sorge galt nun unter anderem dem Bestreben, das Ansehen der Bourbonen zu festigen und die Sicherheit Europas nicht auf einem widerspenstigen, sondern auf einem befriedeten Frankreich zu errichten. Er drängte die Bourbonen zur Annahme der von Talleyrand entworfenen Verfassung trotz ihrer Mängel, weil ihm das besser erschien, als «sich in einen Streit um politische Metaphysik einzulassen». Er versuchte, Vorkehrungen für einen möglichst baldigen Rückzug der verbündeten Truppen zu erreichen[17]. Da die Bourbonen sich schon vor der Restauration mit der Annahme der «alten Grenzen» einverstanden erklärt hatten, schien nichts mehr einer schnellen Endlösung im Wege zu stehen. Doch als nun eine Macht nach der anderen ihre Ziele erreichte, versuchte auch Preußen, das die möglichen Kompensationen für den vorauszusehenden Verlust seiner polnischen Besitzungen an Rußland schwinden sah, mit Nachdruck, eine Lösung *aller* noch offenen Fragen zu erreichen und die Karte Europas neu zu zeichnen, ehe mit Frankreich Frieden geschlossen war. Dieses Drängen war nicht unvernünftig. Zwar hat eine auf Erwerb ausgehende Nation am meisten zu gewinnen, wenn sie die abschließende Lösung bis zur Beendigung der Feindseligkeiten hinausschiebt; sie muß aber durch eine Reihe von Teillösungen verlieren. Je mehr Mächte zufriedengestellt sind, um so weniger Grund haben sie zu Konzessionen. Darum unterbreitete der preußische Minister Hardenberg am 29. April einen Friedensvertrag, demzufolge der größte Teil Polens an Rußland fallen sollte, während Preußen Sachsen zu annektieren beabsichtigte.

Der Zar war, wie immer, zwischen seinem Streben nach allgemeinem Applaus und den Notwendigkeiten der Staatsraison hin und her gerissen, zur Zeit aber nicht bereit, seine Karten auf den Tisch zu legen. Möglicherweise glaubte er, je verzögernder er operiere, um so weniger würde sich Großbritannien für die Endlösung interessieren. Zudem versprach er sich große Dinge von seiner bevorstehenden Reise nach London. Es blieb darum keine andere Wahl, als den Vertrag mit Frankreich abzuschließen und die Lösung der polnischen und sächsischen Frage zurückzustellen. Nach dem Vertrag von Paris verzichtete Frankreich auf alle Ansprüche in den Niederlanden, Belgien, Deutschland, Italien, in der Schweiz und auf Malta. Großbritannien behielt die Kolonien Tobago, Santa Lucia und Ile de France, Spanien erhielt den französischen Teil von Santo Domingo. In einem geheimen Zusatzartikel wurde die Unabhängigkeit Deutschlands und seine Zusammenfassung in Form einer Konföderation vereinbart. In einem weiteren geheimen Zusatzartikel anerkannte Frankreich die Eingliederung Belgiens in die Niederlande. Ein dritter geheimer Zusatzartikel verlegte die österreichische

Grenze an den Po und den Lago Maggiore und enthielt die Wiedereinsetzung einer Linie der Habsburger in der Toscana.

Castlereagh konnte nun sehr wohl das Gefühl haben, dieser Vertrag entspreche seinen Intentionen und enthalte nichts, was so aussehen könnte, als sei es Ausfluß übermäßigen Mißtrauens[18]. Frankreich behielt nicht nur seine alten Grenzen, sondern durch eine Gebietserweiterung in Savoyen und in der Pfalz wurde seine Bevölkerungszahl sogar noch um sechshunderttausend Köpfe größer, als sie vor der Revolution gewesen war. Hinsichtlich der Größe der französischen Armee wurden Frankreich keine Beschränkungen auferlegt. Großbritannien gab den größten Teil seiner kolonialen Eroberungen wieder zurück, und was es an Kolonien behielt, war überwiegend nur von strategischer, nicht aber wirtschaftlicher Bedeutung. Die Niederlande verkauften die Kolonien um das Kap der Guten Hoffnung an Großbritannien, wohl auch um Geldmittel zum Bau von Grenzfestungen zu erhalten, bekamen aber die ostindischen Kolonien zurück, deren Wert man damals noch nicht voll erkannt hatte. Frankreich durfte die Kunstschätze, die es im Verlauf von fünfundzwanzig Jahren der Eroberung in Paris angehäuft hatte, behalten. Keinerlei Reparationen wurden ihm auferlegt, was Cook zu dem Protestschreiben veranlaßte: «Es wird hart werden, wenn Frankreich nichts für die Zerstörung Europas bezahlen soll, wir aber alles, um es wieder aufzubauen.»[19]

Der Vertrag von Paris war also ein Friedensvertrag des Gleichgewichts, basierend auf der Erkenntnis, daß es für die Stabilität entscheidend darauf ankommt, tiefgehende Verärgerungen zu vermeiden, und daß es Aufgabe staatsmännischer Führungskunst ist, nicht zu bestrafen, sondern einander näher zu bringen. Ignoriert wurde der Mythos der «absoluten Sicherheit», welcher die Sicherheit ausschließlich an der Stellung der Grenzpfosten mißt und der durch das Streben, nur eine Macht zu beschneiden, Unausgewogenheit zwischen allen anderen schafft. Als der Bevollmächtigte von Genua unter Hinweis auf strategische Notwendigkeiten auf gewissen Grenzberichtigungen beharrte, antwortete Castlereagh: «Diese Argumente betreffend strategische Grenzen sind übertrieben. Wahre Sicherheit beruht auf der Garantie, die die Tatsache bietet, daß man den einen nicht angreifen kann, ohne zugleich all jenen auch den Krieg zu erklären, die an der Erhaltung des Status quo interessiert sind.»[20] So endete der Krieg gegen Napoleon nicht in dem Gewand des Hasses, sondern in einem Geist der Versöhnung mit der Erkenntnis, daß die Stabilität einer internationalen Ordnung von dem Maß abhängt, wie sicher sich seine einzelnen Komponenten fühlen. Es war kein Friedensschluß, der den großen Idealen einer ungeduldigen Generation Rechnung trug. Sein Motiv war Sicherheit, nicht aber die Verwirklichung abstrakter Ideale. Nach einem Vierteljahrhundert des Aufruhrs war Sicherheit aber doch kein geringer Erfolg.

Das europäische Gleichgewicht war allerdings noch nicht vollständig gewonnen. Noch mußten die beiden zusammenhängenden Fragen Polen und Sachsen auf einem europäischen Kongreß gelöst werden. Die Lösung zeichnete sich aber wenigstens schon in Umrissen ab. In Troyes hatten sich die Elemente der neuen europäischen Ordnung zu gruppieren begonnen. Dank dem Vertrag von Paris trat Frankreich als möglicher Faktor in dem Gleichgewicht auf. Zugegeben, es wurde zu dem Kongreß nur hinzugezogen, um dessen Entscheidungen zu ratifizieren. Durch die Restauration war aber Frankreich ein «annehmbarer» Bundesgenosse geworden. Es gab keine «ideologische» Kluft mehr, die es von dem Rest Europas trennte. Würde irgendeine Nation ein für sie ungünstiges Urteil hinnehmen, ohne vorher den Versuch gemacht zu haben, sich durch Annäherung an Frankreich eine stärkere Position zu verschaffen? Die Antwort auf diese schwierige Frage über die Grenzen der Selbstbescheidung sollte auf dem Wiener Kongreß gegeben werden.

NEUNTES KAPITEL

Der Wiener Kongreß

I

Nach Artikel XXXII des Friedensvertrags von Paris sollte in Wien ein Kongreß zusammentreten, der das Problem des europäischen Gleichgewichts lösen und zu dem alle Staaten, die am Krieg teilgenommen hatten, eingeladen werden sollten. Als man diesen Artikel entwarf, glaubte man, der Kongreß werde vor allem symbolische Bedeutung haben als Ausdruck des Beginns einer Ära des Respekts vor der Souveränität der Staaten. Die Grundlagen des neuen Gleichgewichts sollten in London gelegt werden, wohin sich der Zar, der König von Preußen und Metternich nach Abschluß des Vertrags von Paris begaben. Es war somit beinahe zufällig, daß der Kongreß zur Szene eines trotz der ihn umgebenden Festlichkeiten bitteren und heißen Ringens wurde, weil man erkannte, daß die letzten Probleme nicht länger aufschiebbar waren. Hier in Wien mußte jetzt die Entscheidung fallen, ob aus den Kriegen gegen Napoleon eine neue «legitime Ordnung» erwachsen konnte, eine Ordnung, die im Einverständnis mit allen Großmächten geboren war, oder ob die zwischenstaatlichen Beziehungen weiterhin revolutionär bleiben würden, weil die Ansprüche dieser oder jener Macht nicht berücksichtigt worden waren.

Eine internationale Regelung stellt einen Abschnitt in einem Prozeß dar, durch den eine Nation das Bild, das sie von sich selbst in sich trägt, mit dem Bild, das andere von ihr haben, in Übereinstimmung bringt. Eine Nation empfindet sich selbst als einen Ausdruck der Gerechtigkeit. Je spontaner die gesellschaftliche Struktur in dem Staate ist, um so mehr trifft das zu. Denn Regierungen lösen ihre Aufgaben nur dann wirkungsvoll, wenn die Mehrzahl der Bürger freiwillig folgt, und sie wird nur in dem Maß freiwillig folgen, als sie die Forderungen ihrer Herrscher als gerecht empfindet. Anderen erscheint das als Gewalt oder Ausdruck des Willens. Das ist eine unumstößliche Tatsache, weil äußere Souveränität nur durch überlegene Kraft kontrolliert werden kann und weil Außenpolitik in der Planung davon ausgehen muß, welche Stärke die andere Seite hat, und sich nicht nur mit den eigenen oder den Intentionen der anderen begnügen darf. Könnte eine Macht alle Wünsche erfüllt erhalten, würde sie nach absoluter Sicherheit trachten, nach einer Weltordnung, in der es keine Gefahr von außen gibt und wo alle Probleme genau so «handlich» werden wie innenpolitische Fragen. Da jedoch absolute Sicherheit für einen Staat absolute Unsicherheit für alle anderen bedeutet, ist absolute Sicherheit niemals als Ziel einer «legitimen» Regelung zu erreichen, sondern nur auf dem Weg über Eroberungen.

Darum wird eine internationale Regelung, die im Einvernehmen der Beteiligten und nicht unter Druck zustande gekommen ist, dem einen oder anderen Teil-

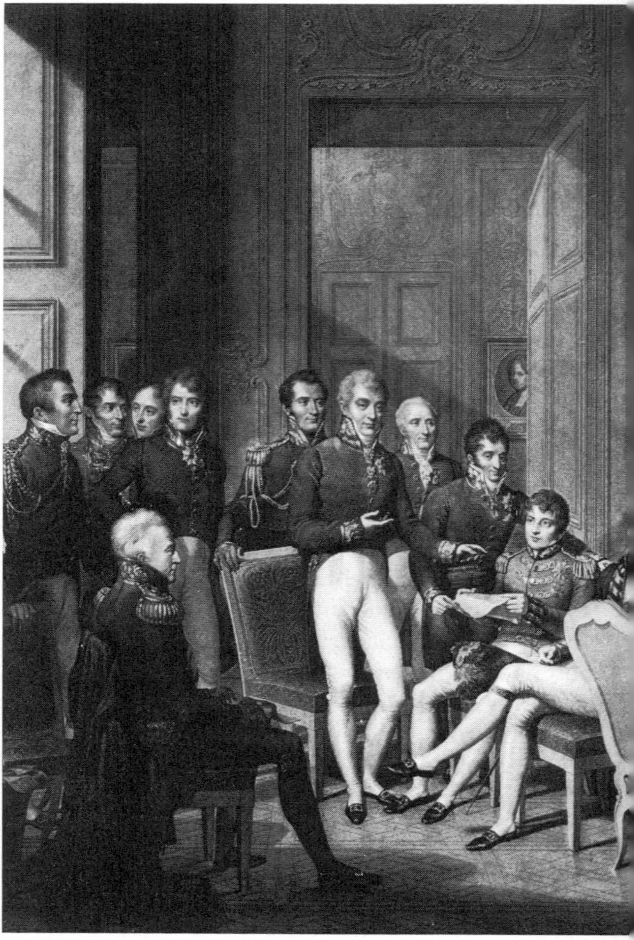

DER WIENER KONGRESS

DIE BEVOLLMÄCHTIGTEN DER ACHT MÄCHTE
DES ERSTEN PARISER FRIEDENS
AUF DEM WIENER KONGRESS 1814–1815

1 Herzog von Wellington, England
2 Graf Lobo da Silveyra, Portugal
3 de Saldana de Gama, Portugal
4 Graf von Löwenhielm, Schweden
5 Fürst von Hardenberg, Preußen
6 Graf von Noailles, Frankreich
7 Fürst von Metternich, Österreich
8 Graf de Latour du Pin, Frankreich
9 Graf von Nesselrode, Rußland
10 de Sousa-Holstein, Graf von Palmella, Portugal
11 Viscount Castlereagh, England
12 Herzog von Dalberg, Frankreich
13 Freiherr von Wessenberg, Österreich
14 Fürst von Razumovsky, Rußland
15 Lord Stewart, England
16 Don Pierre-Gomez Labrador, Spanien
17 Graf von Clancarty, England
19 von Gentz, Generalsekretär
20 Freiherr Wilhelm von Humboldt, Preußen
21 Graf Cathcart, England
22 Fürst von Talleyrand-Périgord, Frankreich
23 Graf von Stackelberg, Rußland

nehmer immer *bis zu einem gewissen Grad* unrecht erscheinen. Paradoxerweise ist aber gerade die Tatsache der allgemeinen Unzufriedenheit eine Bedingung der Stabilität, denn wenn eine Macht *völlig* befriedigt wäre, wären alle anderen *völlig* unzufrieden mit dem Ergebnis, und eine revolutionäre Lage entstünde. Grundlage einer stabilen Ordnung ist die *relative* Sicherheit – und somit *relative* Unsicherheit – ihrer Mitglieder. Stabilität bedeutet nicht das Fehlen jeglicher unbefriedigter Ansprüche, sondern das Fehlen von Verbitterung in einem solchen Maß, daß daraus, statt des Bemühens einer Neuregelung innerhalb des gegebenen Rahmens, das Streben nach einem Sturz der Ordnung erwachsen könnte. Eine Ordnung, deren Struktur von allen Großmächten anerkannt wird, ist «legitim». Eine Ordnung, die von einer Macht als unterdrückend empfunden wird, ist «revolutionär». Die Sicherheit einer innenpolitischen Ordnung beruht auf der überwältigenden Macht der Autorität, die einer internationalen Ordnung auf ausgewogenen Kräften und deren Ausdruck, dem Gleichgewicht.

Wenn aber eine internationale Ordnung die Notwendigkeit der Sicherheit und eines Gleichgewichts zum Ausdruck bringen soll, muß sie im Namen eines legitimen Prinzips erbaut werden. Weil eine Übereinkunft Gewalt in Billigung verwandelt, muß sie die Voraussetzungen der Sicherheit in Ansprüche umzuwandeln versuchen, derart, daß Einzelforderungen sich in den Rahmen des gemeinsamen Vorteils fügen. Es ist gerade das legitime Prinzip, das die relative «Gerechtigkeit» bei einander widerstreitenden Ansprüchen sowie die Art und Weise ihrer Befriedigung umschreibt. Damit soll nicht gesagt sein, daß es ein exaktes Übereinstimmen zwischen den Maximen der Legitimität und den Voraussetzungen einer «Regelung» geben muß. Keine Großmacht wird auf ihre Mindestvoraussetzungen der Sicherheit – das heißt die Möglichkeit einer unabhängigen Außenpolitik – nur im Interesse einer Legitimität verzichten. Das legitime Prinzip läßt aber den Grenzfall erkennen. Österreich-Ungarn löste sich 1919 nicht nur deshalb auf, weil der Krieg Rückwirkungen hatte, sondern eher wegen des Wesens des Friedens, weil nämlich Österreich-Ungarns Weiterexistenz mit dem legitimierenden Prinzip der neuen internationalen Ordnung, dem Selbstbestimmungsrecht der Völker, unvereinbar war. Im achtzehnten Jahrhundert wäre niemand auf den Gedanken verfallen, die Legitimität eines Staates hänge von der sprachlichen Einheit seiner Bevölkerung ab. Für die Schöpfer des Versailler Vertrags war jede andere Regelung undenkbar. Es ist der Triumph legitimierender Prinzipien, daß man sie unausgesprochen für selbstverständlich hält.

Wenn es auch nie eine exakte Übereinstimmung zwischen den Maximen des legitimierenden Prinzips und den Voraussetzungen eines Vertrags gibt, so beruht die Stabilität doch auf einem gewissen Maß an Übereinstimmung. Wenn es in einem wesentlichen Punkt eine Diskrepanz gibt, und noch dazu bei einer Großmacht, die sich benachteiligt fühlt, dann gerät die internationale Ordnung ins Wanken. Der Appell einer «revolutionären» Macht an das legitime Prinzip des Vertrags schafft dann einen psychologischen Druck. Der «natürliche» Ausdruck der Politik einer Status-quo-Macht ist das Gesetz – die Definition einer weiterbestehenden Beziehung. Gegen eine auf die Dauer unbefriedigte Macht, die sich an das legitimierende Prinzip der internationalen Ordnung wendet, hilft nur Gewalt. Wer dann am meisten von der Stabilität zu erhoffen hat, wird zu dem Exponenten einer revolutionären Politik. Hitlers Appell an das Selbstbestimmungsrecht der Völker während der Sudetenkrise des Jahres 1938 war ein Appell an die «Gerechtigkeit» und trug damit zur Unterminierung des Widerstandswillens bei: Er verleitete die Westmächte zu dem Versuch, eine «wahrhaft» legitime Ordnung durch Befriedigung der «gerechten» deutschen Ansprüche zu schaffen. Erst nach der Eingliederung von Böhmen und Mähren wurde deutlich, daß Hitler nach Herrschaft, nicht nach Legitimität strebte. Erst von da ab wurde aus dem Ringen ein reiner Machtkampf.

Das Hauptproblem einer internationalen Ordnung liegt folglich darin, die einzelnen Forderungen der Legitimität so mit den Voraussetzungen der Sicherheit zu verknüpfen, daß keine Macht ihre Unzufriedenheit in die Form einer revolutionären Politik einfließen läßt. Es gilt, die Kräfte so auszubalancieren, daß jeder von einer Aggression abgeschreckt wird, die auf Gründen beruhen mag, welche nicht zu den Voraussetzungen des Vertrags gehören. Das ist kein mechanisches Problem. Könnte man eine internationale Ordnung mit der Klarheit eines mathematischen Axioms aufbauen, würden sich die Mächte darin selbst als Faktoren in einer Waage sehen und sich selbst so auspendeln, daß sich ein perfektes Gleichgewicht zwischen den Kräften der Aggression und den Kräften des Widerstands ergäbe. Ein exaktes Gleichgewicht ist jedoch unmöglich, und zwar nicht nur, weil man kaum vorhersagen kann, wer der Aggressor sein wird. Es ist vor allem deshalb trügerisch, weil manche Mächte Außenstehenden als Faktoren der Sicherheit erscheinen mögen, die sich innenpolitisch als Ausdruck einer historischen Tatsache erweisen. Keine Macht wird sich einem noch so gut ausbalancierten und «gesicherten» Vertragswerk unterwerfen, das offenbar völlig das Bild mißachtet, das die Nation von sich selbst hat. Keine Form des Gleichgewichts konnte damals Großbritannien zur Preisgabe seiner Seerechte oder Österreich zur Preisgabe seiner Stellung in Deutschland veranlassen, weil ihre Meinung von «Gerechtigkeit» ihnen von diesen Forderungen untrennbar erschien. Man muß also zwischen zwei Arten des Gleichgewichts unterscheiden: zwischen einem allgemeinen Gleichgewicht, das es für eine Macht oder eine Mächtegruppe riskant erscheinen läßt, die anderen unter Druck zu setzen; und einem besonderen Gleichgewicht, das die historischen Beziehungen gewisser Staaten zueinander umreißt. Das erstgenannte Gleichgewicht mag von einem großen Krieg abschrecken; das zweite ist Voraussetzung für eine vernünftige Zusammenarbeit. Eine internationale Ordnung wird darum nur selten im Bewußtsein der Harmonie geboren werden. Denn selbst wenn man über die Legitimität einer Meinung ist, so werden sich die Bedingungen der Sicherheit je nach der geographischen Lage und nach den geschichtlichen Erfahrungen der beteiligten Staaten voneinander unterscheiden. Aus einem solchen Konflikt um das Wesen des Gleichgewichts schuf der Wiener Kongreß eine Lösung, die fast genau ein Jahrhundert lang andauerte.

In Wien ging es nicht einfach nur darum, daß sich die Mächte des Status quo, Großbritannien und Österreich, den Mächten, die auf Erwerbung aus waren, Rußland und Preußen, gegenübersahen, während Talleyrand sprungbereit an der Peripherie der Ereignisse stand. Weder die Forderung der auf Erwerb ausgerichteten Staaten noch der Widerstand der konservativen Staaten hatten die gleiche Rangordnung. Rußlands Anspruch auf Polen bedrohte das Gleichgewicht in Europa; Preußens Forderung gegen Sachsen gefährdete lediglich die Balance innerhalb Deutschlands. Wenn Castlereagh von dem Gleichgewicht sprach, meinte er ein Europa, in dem es keine Hegemonie geben konnte; wenn Metternich das Gleichgewicht beschwor, gehörte für ihn auch ein Deutschland dazu, in dem es keine preußische Vormachtstellung geben konnte. Castlereagh ging es darum, ein Mitteleuropa zu schaffen, das stark genug war, um Angriffe sowohl von Westen als auch von Osten abzuwehren; das wollte auch Metternich, doch ihm ging es zugleich um die relative Stellung Österreichs innerhalb dieses Mitteleuropas. Für Castlereagh waren die kontinentalen Staaten Aspekte der Defensive; für die kontinentalen Nationen bedeutete das allgemeine Gleichgewicht nichts, falls dadurch die historische Stellung zerstört wurde, die für sie Ausdruck ihrer Existenz war. Für Castlereagh war das Gleichgewicht ein mechanischer Ausdruck ausgewogener Kräfte. Für die kontinentalen Nationen ging es um einen Ausgleich ihrer historischen Aspirationen.

Das führte schließlich in eine diplomatische Sackgasse, aus der es auch deshalb keinen Ausweg zu geben schien, weil Großbritannien und Österreich ihre Sonderinteressen bereits erfüllt sahen, so daß für Rußland und Preußen nur noch wenige Mittel der Verhandlungskunst übrigblieben. Es war eine Sackgasse, aus der es nur den Ausweg gab, daß von außen her eine neue Gewichtsverteilung erfolgte. Da die einzige noch nicht ins Spiel gekommene Großmacht Frankreich war, wurde aus dem einstigen Gegner ein einflußreicher Mitspieler. So erklärt sich das Entstehen des Mythos über Talleyrands Rolle auf dem Wiener Kongreß, von jenem diabolischen Geist, der auf die Bühne trat, eine Koalition feindlicher Mächte aufbrach, sie unter Beschwörungen mit dem magischen Wort Legitimität nach eigenem Wunsch neu gruppierte und sich selbst schließlich zum Schiedsrichter über Europa aufschwang[1]. Das ist eine Legende, die von denen erzählt wird, die Wirkungen und Ursachen miteinander verwechseln, oder die Erzählung von Berufsdiplomaten, die unter Hinweis auf reines Verhandlungsgeschick zeigen wollen, was man durch Ausnutzung tiefsitzender Faktoren erreichen kann. Diese Darstellung breitete sich schnell aus, weil Talleyrand, dessen Monarch nicht in Wien erschienen war, umfangreiche Berichte schicken mußte und, um seine angeschlagene innenpolitische Stellung als ehemaliger Außenminister Napoleons zu festigen, seine eigene Unentbehrlichkeit gern betonte.

Seit der Vertrag von Paris Frankreichs Grenzen neu festgesetzt hatte, konnte sich Talleyrand allerdings in denkbar uninteressierter Weise an den Kern der Dinge heranmachen. Sein Witz und seine bitteren Kommentare wurden berühmt, so daß Gentz von ihm sagen konnte, er habe sowohl die Lacher als auch die Denker auf seiner Seite. Doch waren ja schon Argumente nicht unähnlich denen Talleyrands zumindest bezüglich des Erwerbstrebens Rußlands sechs Monate zuvor von Napoleon vorgebracht worden, die allerdings ohne

Wirkung blieben, weil ihm niemand traute. Der wirkliche Wandel der Lage beruhte nicht auf Talleyrands Memoranden, sondern auf der Restauration der Bourbonen und dem Vertrag von Paris. Talleyrand konnte Erfolge buchen, weil durch diese Akte eine revolutionäre Situation ihr Ende gefunden und eine neue «legitime» Ära begonnen hatte. Er konnte erfolgreich sein, nicht weil er das Konzept der «Legitimität» erfand, sondern weil er dieses schon bestehende Konzept zu nutzen wußte.

Es verstand sich von selbst, daß Frankreich, das von der europäischen Gesamtregelung durch den Vertrag von Paris und den Verzicht auf Einfluß außerhalb seiner Grenzen ausgeschlossen war, danach trachten mußte, eine Gruppe von Mächten so zum Keil zu formen, daß dieser die Koalition sprengen könnte. Genauso natürlich war es, daß sich Frankreich jedem Versuch widersetzen mußte, das Herz und Gewicht Preußens mehr nach Deutschland hinein verlegt zu sehen. Doch diese Bemühungen hätten nur wenig eingebracht, wäre die Furcht vor Frankreich nicht geringer gewesen als die Gefahr vom Osten, und hätten nicht die Meinungsverschiedenheiten innerhalb der Alliierten ein größeres Eigengewicht gewonnen als die gemeinsame Angst vor Frankreich. Solange die Koalition noch meinte, im Gedanken an die gemeinsamen Kriegsanstrengungen genügend Antriebskraft für eine Lösung zu haben, war Talleyrand machtlos. Sobald diese Illusion jedoch zerplatzt war, drehte sich das Problem um die Grenzen der Selbstbescheidung, das heißt, ob eine Macht nur zugunsten des Scheins der Harmonie darauf verzichten würde, einen weiteren Faktor zu ihren Gunsten ins Spiel zu bringen.

Die Logik der Lage lieferte die Antwort. Frankreich wurde zum Mitspieler in europäischen Fragen, weil diese ohne es nicht zu lösen waren.

Als sich die Bevollmächtigten in Wien versammelten, war der Lauf der Dinge aber noch längst nicht so klar vorherzusehen. Noch glaubte man an eine schnelle Lösung, meinte man, Frankreich werde nur Zuschauer sein, und das andere Europa würde ein Instrument ratifizieren, das im Geist relativer Harmonie entworfen würde. Preußen schien sich um Sachsen, Rußland um Polen, Österreich um das deutsche Gleichgewicht, Castlereagh um das Gleichgewicht in Europa, und Talleyrand um eine Einschaltung Frankreichs in europäische Angelegenheiten zu bemühen. Niemand scheint geglaubt zu haben, diese Positionen könnten sich als miteinander unvereinbar erweisen.

In dem Ringen, die einander widerstreitenden Wünsche in Übereinstimmung zu bringen, durchlief der Wiener Kongreß fünf Phasen: a) eine einleitende Phase, in der es im wesentlichen um formelle Probleme des Ausbaus des Kongresses in Form einer antifranzösischen Koalition ging; b) das Bemühen Castlereaghs, alle wichtigen Fragen, vor allem die polnisch-sächsische Frage zunächst durch persönliches Gespräch mit dem Zaren und später durch eine Front aller anderen Mächte gegen ihn zu lösen; c) parallel dazu die Bemühungen Metternichs, die polnische Frage von der sächsischen zu trennen und eine Mächtekonstellation zu schaffen, deren Übereinstimmung auf historischen Forderungen beruhte; d) die Auflösung der antifranzösischen Koalition und die Aufnahme Talleyrands in die Verhandlungen der Verbündeten; e) die Schlußverhandlungen.

2

Als Castlereagh sich nun erneut auf die Reise zum Festland vorbereitete, stand es außer Frage, daß die britischen Interessen fest mit der europäischen Stabilität verbunden seien. Wenn auch das Kabinett gewisse Vorbehalte hinsichtlich der Eingriffe Castlereaghs in festländische Händel aufgestellt hatte, so schützte ihn sein Erfolg während des ganzen vergangenen Jahres vor unmittelbaren Angriffen, zumal auch der Aufenthalt des Zaren in London zu einer Ernüchterung geführt hatte. Der Held des Krieges gegen Napoleon hatte sich als eigenwilliger Autokrat entpuppt, der mit der Opposition gegen die Regierung konspiriert und damit nur beide Seiten des Parlaments sich entfremdet hatte. Weil er öffentlichen Applaus mit Unterstützung seitens der Öffentlichkeit verwechselte, trug Alexander mit dazu bei, Castlereaghs wiederholte Warnungen zu unterstreichen, wonach der Frieden in Europa bald durch die Unnachgiebigkeit des Zaren gefährdet sein könnte. Gleichzeitig trafen von den britischen Vertretungen aus den verschiedensten Teilen Europas Berichte ein, die ein Bild russischer Intrigen malten, das man nicht einfach übersehen konnte. Jackson berichtete aus Berlin von der Bemerkung eines russischen Generals, daß man wohl kaum zu verhandeln brauche, wenn man sechshunderttausend Mann unter den Fahnen habe[2]. Aus Palermo beklagte sich A' Court über russische Einmischung in innersizilianische Angelegenheiten[3]. Es mag dahingestellt bleiben, welche wirklichen Absichten der Zar gehabt haben mag. Die Haltung seiner Vertreter nährte die Furcht, daß nach dem Sturz des einen nun ein neuer

Eroberer sich aufschwingen würde. Angesichts dieser Umstände konnte kein Zweifel mehr bestehen, daß es ein Ringen um die polnische Frage geben würde und Großbritannien dabei einer der Hauptteilnehmer am Kampf zu sein hätte.

In drei wesentlichen Punkten ging Castlereagh bei seiner Abreise aus Großbritannien jedoch von irrigen Vorstellungen aus: Er hoffte noch immer, man könne Alexander dadurch zu Zurückhaltung bewegen, daß man ihm klar mache, wie unvernünftig seine Ansprüche seien. Wenn diese Überredungsversuche fehlschlügen, wollte Castlereagh die nötigen Kräfte gegen Alexander *innerhalb* der antifranzösischen Koalition mobilisieren und meinte, das sei relativ leicht, zumindest so leicht und einfach, wie man es deutlich erkennbar machen könnte, daß der Besitz Polens durch Rußland das europäische Gleichgewicht bedrohe. Wenn schließlich eine ernste Auseinandersetzung unvermeidbar sein sollte, glaubte Castlereagh, Frankreich in Reserve zu haben, um damit die Dinge im Laufen zu halten, so als ob Frankreich mit einer derart passiven Rolle zufrieden sein würde. Wie weit Castlereagh zu gehen bereit war, läßt ein unter dem 7. August verfaßtes Schreiben an Wellington, den britischen Botschafter in Paris, erkennen. Wellington erhielt den Auftrag zu erforschen, «ob Frankreich bereit ist, seinen Ansichten in der polnischen Frage mit Waffengewalt Nachdruck zu verleihen», und um französische Unterstützung bei einem Druck auf Preußen zu bitten, damit dieses sich den russischen Forderungen in Polen widersetze[4]. Am 14. August schlug Castlereagh vor, er wolle auf seiner Reise nach Wien in Paris zu einem Meinungsaustausch mit Talleyrand Station machen.

«Die Weltlage», antwortete Wellington auf diesen Vorschlag, «wird naturnotwendig England und Frankreich zu Schiedsrichtern über Europa machen, falls diese beiden Mächte sich einander *verstehen* lernen. Ein solches Verstehen könnte zur Erhaltung des Friedens beitragen.»[5]

Kurz nach seinem Eintreffen in Wien am 13. September begann Castlereagh mit den vorbereitenden Gesprächen, denn der Wiener Kongreß als solcher sollte am 1. Oktober beginnen. Castlereagh hoffte noch immer, daß die grundlegenden Entscheidungen schon vorher fallen könnten und er seine Anwesenheit in Paris dazu nutzen könnte, den russischen Gesandten zur Vernunft zu bringen[6]. Wie sich dann aber herausstellte, nahmen formelle Fragen im Rahmen der Vorverhandlungen einen sehr breiten Raum ein. Es zeigte sich bald, daß Castlereagh sich zu voreilig an Talleyrand gewandt hatte und die anderen Mächte nicht bereit waren, Frankreich in ihr Konzert mit aufzunehmen, es sei denn als allerletztes Mittel, falls alle anderen Kombinationen sich als unwirksam erwiesen.

Die Erinnerung an die Kriegszeit war noch zu stark. Noch immer sah man die Einmütigkeit als Selbstzweck an; und die Harmonie als Ursache, nicht als Ausdruck der Freundschaft. Da die Einmütigkeit während des Krieges das Ergebnis der gemeinsamen Bedrohung durch Frankreich war, wandten sich die Verbündeten nur zögernd und vorsichtig dem fundamentalen Problem der «legitimen» Ordnung zu: ob durch sie spontane Beziehungen unter den Völkern entstehen können oder ob man den Mythos eines gemeinsamen Gegners als Antriebskraft braucht. Die Verbündeten kamen überein, daß die Entscheidung durch die «Großen Vier» fallen sollte, man diese dann aber Frankreich und Spanien sowie dem Gesamtkongreß zur Ratifizierung vorzulegen habe. Gelänge es, unter den Alliierten Einmütigkeit zu erzielen, wäre Opposition bedeutungslos geworden. Was passieren sollte, falls man sich nicht einigte, wurde nicht einmal erörtert, weil schon allein darin das Eingeständnis gelegen hätte, daß die Notwendigkeit der Einmütigkeit nicht stärker war als andere Überlegungen. Zu einem Disput kam es nur über die Art und Weise, wie man vorgehen sollte, ob man die Form einer echten Resolution seitens des Kongresses – wie Preußen es vorschlug – wählen oder ob man, wie Castlereagh es wollte, lieber ein formloses Übereinkommen treffen sollte[7]. In diesem Stadium traf Talleyrand am 23. September in Wien ein, begierig darauf, das legitimierende Prinzip der antifranzösischen Koalition als Mittel zu nutzen, die Koalition zu sprengen.

Wenn schließlich «legitime» Herrscher die Ruhe in Europa garantierten, konnte es keinen Grund geben, ein Bourbonen-Frankreich von den Gesprächen auszuschließen. Und wenn «legitime» Herrschaft sakrosankt ist, hatte Preußen kein «Recht», den angestammten König von Sachsen zu vertreiben und sein Territorium zu annektieren. Gewiß hatten die Alliierten unter sich einen Ausweg für diese Verletzung des legitimen Prinzips gefunden, indem sie den glücklosen König des Verrats beschuldigten, weil er nicht rechtzeitig auf die Seite der Verbündeten übergetreten war. Talleyrand fiel es relativ leicht zu zeigen, wie fadenscheinig dieses Argument war: «Verrat», so bemerkte er spitz, «ist offenbar eine Frage des Datums.»

LUDWIG XVIII.
KÖNIG VON FRANKREICH

Schwerste Geschütze fuhr Talleyrand jedoch gegen die Verfahrensabsichten der Alliierten auf. Er protestierte dagegen, daß Frankreich und die kleineren Staaten von den Verhandlungen des Kongresses ausgeschlossen bleiben sollten. Er bestritt den «Großen Vier» jedes legale Recht und drohte, Frankreich zum Fürsprecher aller Mittelstaaten zu machen, die unter den «Großen Vier» schmachteten. Doch trotz aller Brillanz und trotz seines Sarkasmus erreichte Talleyrand nur geringfügige Zugeständnisse. Man entschied, der formelle Beginn des Kongresses sei bis auf den 1. November hinauszuschieben, und in der Zwischenzeit sollten alle schwebenden Fragen durch die acht Signatarmächte des Pariser Vertrages, das heißt also durch die «Großen Vier» sowie Frankreich, Spanien, Portugal und Schweden geprüft werden. Die «Großen Vier» ließen jedoch keinen Zweifel daran, daß sie ihre Gespräche untereinander weiter fortzusetzen gedachten und in den «Acht» nur ein Instrument sahen, ihre Beschlüsse zu ratifizieren oder Fragen am Rand des Geschehens zu behandeln.

Talleyrands erster Ansturm war abgeschlagen worden, weil logische Ungereimtheiten nicht ausreichen, um Koalitionen zu sprengen. Mit einem einfachen Appell an ein legitimierendes Prinzip ist es nicht getan, wenn man auf den einmütigen Widerstand aller anderen Großmächte trifft, die die appellierende Regierung noch immer als Gefahr für ihre Existenz ansehen. Im Grunde gab es zwei Bereiche: einmal die verschiedenen Beziehungen innerhalb der Koalition, und zum andern das Verhältnis der Koalition gegenüber Frankreich, was eine merkwürdige Mischung von Mißtrauen und angeblicher Normalität ausmachte und wo man nicht wußte, ob man mehr auf Gewalt oder mehr auf Legitimität bauen sollte. Erst als die Behauptung besonderer Rechtschaffenheit, die für Koalitionen charakteristisch ist, im Zug der Meinungsverschiedenheiten innerhalb der Alliierten entschwunden war, konnte Talleyrand als gleichberechtigter Partner auftreten. Doch erst ging es noch einmal um die Wirksamkeit der «internen Legitimität» innerhalb der Koalition. Noch war nicht entschieden, ob man den Zaren ohne Drohung mit Gewalt zu einem Nachgeben bewegen könnte. Castlereagh hatte sich so sehr in die Rolle des Hauptverfechters des europäischen Gleichgewichts gespielt, daß er nun als erster in die Arena stieg, um die Entschlossenheit des Zaren zu prüfen.

3

Bislang hatten sich alle Versuche, den Zaren zu einer Erklärung über seine Ziele in Polen zu bewegen, als erfolglos erwiesen. Weder in Langres noch in Troyes, noch in Paris hatte Alexander seine Ansprüche präzisiert. Man wußte, daß er ein Königreich Polen mit einer liberalen Verfassung neu errichten wollte, das nur durch die Person des Königs mit Rußland verbunden sein sollte. Nichts hatte man hingegen über die territoriale Ausdehnung oder die internen Regelungen in Erfahrung bringen können. Diese Geheimniskrämerei war nicht nur ein geschickter Verhandlungstrick gewesen, um die Entscheidung bis nach der Ausschaltung Frankreichs als Faktor im Gleichgewicht und bis zu dem Zeitpunkt hinauszuschieben, da Großbritannien sein Interesse an dem Festland wieder verloren hätte. So einfach lagen die Dinge angesichts des komplexen Wesens des Zaren nicht. Wenn er freie Hand in Polen verlangte, um die Versprechen aus seiner Jugendzeit wahr zu machen, war es ihm dabei unzweifelhaft ernst; dadurch wurde aber die Schaffung einer legitimen Ordnung um so schwieriger. Wenn Alexander den größten Teil Polens für sich beanspruchte, und zwar nicht aus Zweckmäßigkeitsgründen, sondern als Ausfluß eines moralischen «Rechts», erhob er das Problem nicht auf eine verfeinerte Ebene, sondern warf das Dilemma auf, das zu neuen Gewaltausbrüchen führen konnte. Denn ein «Recht» wird durch Einwilligung anderer geschaffen, nicht durch einen Anspruch, und ein nicht allseits anerkannter Anspruch ist nur Ausdruck eines Eigensinns. Darüber hinaus liegt es im Wesen eines moralischen Anspruchs, daß bei ihm kein Kompromiß möglich ist, gerade weil er außerhalb oder jenseits aller Zweckmäßigkeitserwägungen zu stehen vorgibt. Wenn es somit dem Zaren wirklich ernst um seine Bekundungen seiner moralischen Pflicht war, machte er damit ein revolutionäres Ringen unvermeidbar – ein Ringen, das sich nur auf die Macht verließ. Das ist das Paradoxon, das auch der gutmeinende Fanatiker stets in die internationalen Beziehungen einführt. Gerade sein Appell an die moralische Überlegenheit löst die moralischen Hemmungen.

Es folgte nun eine Reihe merkwürdiger und unrealer Gespräche zwischen Castlereagh und Alexander; merkwürdig, weil bei ihnen Bitterkeit mit Bekundungen nie enden wollender Freundschaft einherging, und unreal, weil Alexander und Castlereagh sich in keiner Grundsatzfrage näher kamen. Um wenigstens einen Rahmen für Verhandlungen zu gewinnen, wechselten die Partner ständig ihre Positionen, gaben vor, mit den Prinzipien des anderen übereinzustimmen, legten sie aber in einer Art und Weise aus, daß aus den Prinzipien Absurditäten wurden. So wurde in einem Stadium Castlereagh zum glühendsten Verteidiger eines völlig unabhängigen Polens, während Alexander bei einer anderen Gelegenheit seine polnischen Pläne als Beitrag zur europäischen Sicherheit begründete.

Daß Alexander die Rechtmäßigkeit seiner Ansprüche auf die Heiligkeit seiner Maxime gründen wollte, wurde schon anläßlich der ersten Unterhaltung nach seinem Eintreffen deutlich[8]. Zum ersten Mal ließ er sich näher über seine polnischen Pläne aus. Er wollte das gesamte Großherzogtum Warschau bis auf einen kleinen Teil behalten, der im Verfolg des Vertrages von Kalisch an Preußen fallen sollte. Diese Forderungen, so erklärte Alexander, seien nicht das Ergebnis seines Ehrgeizes, sondern Ausfluß einer moralischen Pflicht, und beruhten ausschließlich auf dem Wunsch, um das Glück des polnischen Volkes besorgt zu sein. Kurz gesagt, da seine Ambitionen nicht im Namen der Sicherheit vorgebracht würden, könnten sie auch niemand bedrohen. Im Gegensatz dazu argumentierte Castlereagh, ein konstitutionelles Polen bedeute eine Gefahr für Österreichs und Preußens polnische Besitzungen. Er bekundete die zweifelhafte Ansicht, ein unabhängiges Polen werde allgemein begrüßt werden, selbst durch Österreich und Preußen, ein tief nach Europa hineinreichender russischer Appendix wäre aber eine ständige Quelle der Beunruhigung. Der Zar ließ aber keinen Zweifel daran, daß er nicht bereit sei, sich aus seinen polnischen Besitzungen zurückzuziehen, um ein echtes, unabhängiges Polen zu schaffen. Das erste Gespräch zwischen Castlereagh und Alexander führte somit nur zur Demonstration des Dualismus im Wesen des Zaren und der Unvereinbarkeit der beiderseitigen Standpunkte.

Am 13. Oktober begann das Ringen von neuem, wobei Alexander versuchte, Castlereaghs Behauptung zu widerlegen, der Besitz Polens bedeute eine Bedrohung für das Gleichgewicht[9]. Alexander gab zwar nicht zu, daß die Erfordernisse der Sicherheit seine moralischen Ansprüche einschränken, war aber umgekehrt bereit, sie stets dann ins Feld zu führen, wenn sie ihm dienlich zu sein schienen. Er brachte darum unter anderem auch das merkwürdige Argument vor, seine polnischen Pläne würden nicht etwa die russische Macht stärken, sondern sie tatsächlich mildern, weil sie zu einem Rückzug der russischen Truppen jenseits der Memel führen würden. Als aber Castlereagh darauf hinwies, daß Sicherheit von der totalen Stärke der Staaten, nicht der Stellung ihrer Heere abhänge, zog sich Alexander wieder auf seine moralische Pflicht zurück. Umsonst verwies Castlereagh auf die Widersprüche, in die Alexander sich verwickelt hatte; auf seinen moralischen Anspruch auf der einen Seite der Trennungslinie, aber nicht auf der anderen; auf seine Pflicht, die durch die Erfordernisse nationalrussischer Interessen begrenzt werde. Wenn Castlereagh erklärte, daß es «ausschließlich von Eurer Kaiserlichen Majestät abhängt ..., ob der gegenwärtige Kongreß der Menschheit Glück und Segen bringen oder lediglich Machtkämpfe zur Schau stellen wird», ließ er nur die Verärgerung erkennen, die in ihm aufgekommen war, weil man keine gemeinsame

Grundlage für das gefunden hatte, was jeder von ihnen für eine vernünftige Forderung hielt. Als der Zar antwortete, die polnische Frage könne nur auf *eine* Art und Weise ihr Ende finden, denn er sei im Besitz Polens, wurde deutlich, daß man in eine Sackgasse geraten war[10]. Die Auseinandersetzung zwischen dem Zaren und Castlereagh hatte also erkennen lassen, daß Überredungskunst nicht ausreichte und daß die Beziehungen nun auf die Grundlage von Macht oder der Drohung mit Macht, oder Gewalt gestellt werden mußten.

4

Während seiner Verhandlungen mit dem Zaren bemühte sich Castlereagh nach Kräften, eine derartige Machtkonstellation zusammenzubringen. Als abstrakte Aufgabe der Diplomatie betrachtet, schien das recht einfach. Wenn die Forderungen des Zaren das europäische Gleichgewicht bedrohten, mußte man eben alle anderen Kräfte Europas als Gegenmaßnahme in Bewegung setzen. Den einzelnen Komponenten eines Gleichgewichts wird es aber nicht immer bewußt, daß Gleichgewicht doch unteilbar ist. Dem Zaren konnte man nicht ohne eine einmütige Front, bestehend aus dem restlichen Europa, begegnen. Doch nicht alle europäischen Mächte waren bezüglich der wirklichen Gefahr einer Meinung. Sie wollten nicht das allgemeine Gleichgewicht gestört sehen, waren aber auch nicht bereit, auf Kosten jenes Teils des Gleichgewichts Widerstand zu leisten, der ihre eigene historische Stellung betraf. Ein starkes Rußland drohte Europa zu beherrschen. Doch ein zu starkes Preußen konnte Österreich und ein vereinigtes Deutschland vielleicht Frankreich bedrohen.

So fügte es sich, daß gerade Castlereagh als Vertreter der insularen Macht, die keine Stellung auf dem Festland zu verteidigen hatte, der einzige Staatsmann war, der für das allgemeine Gleichgewicht eintrat. Hardenberg, der preußische Minister, war an Sachsen mehr interessiert als an Polen; Talleyrand fürchtete eine polnische Lösung *ohne* ihn fast genauso wie eine solche *gegen* ihn. Und Metternichs Einstellung war so vielseitig wie alle Dilemmas, vor denen sich Österreich sah: Ihm konnte eine weitere Machtausdehnung Rußlands nach Mitteleuropa nicht gleichgültig sein, weil dadurch Österreichs Stellung in Europa gefährdet wurde. Österreich konnte aber auch nicht gleichmütig einer Erweiterung Preußens nach Mitteldeutschland hinein zustimmen, weil sonst dadurch seine Stellung in Deutschland bedroht wäre. Die geographische Lage Österreichs machte aber einen offenen Widerstand sinnlos, denn die ganze Last wäre dann auf den am meisten gefährdeten Staat gefallen und hätte ein Ende der engen Zusammenarbeit mit Preußen bedeutet, in der Metternich einen Schlüssel für Österreichs Sicherheit sah.

Die einfachste Lösung hätte in der Rückgabe von polnischen Provinzen an Preußen im Austausch für ein weiterhin unabhängiges Sachsen gelegen. Solange der Zar aber nicht geschlagen war, waren Preußens polnische Provinzen außerhalb der Reichweite. Die Niederlage des Zaren wäre ohne Preußens Unterstützung unmöglich, während Preußen seine Unterstützung von der österreichischen Zustimmung zur Annexion Sachsens abhängig machte. Andererseits konnte Metternich

Preußen in Sachsen ohne britische oder französische Hilfe nicht entgegentreten. Castlereagh aber wäre nur für europäische, nicht für deutsche Belange zu bewegen gewesen, und die Unterstützung seitens Frankreichs hätte zumindest zu Beginn der Verhandlungen die zweitrangigen deutschen Mächte aufgebracht.

In dieser Situation entschied sich Metternich für eine Verzögerungspolitik, um Österreichs Verhandlungswaffe zu nutzen, die darin lag, daß die anderen Mächte von ihm die Zustimmung zur «Legitimierung» ihrer Annexionen brauchten. Mehrere Wochen lang war er wegen «Unpäßlichkeiten» nicht erreichbar. Nachdem er «Rekonvaleszent» war, folgte ein rauschendes Fest dem anderen, und Metternichs Liebesaffären wurden notorisch. Metternich war entschlossen, die polnische und die sächsische Frage voneinander zu trennen, so daß er jeden seiner Gegner einzeln schlagen konnte. Er wollte ihr Drängen nach einer Regelung nutzen, um sie zu voreiligen Schritten zu verführen, die ihm die moralische Grundlage für eigene Aktionen bieten würden. Er schob sich so in die, wie er es sagte, für sich stärkste Stellung: die Defensive, den Ausdruck des Ethos einer Status-quo-Macht. «Ich verschanze mich hinter der Zeit», äußerte er dem Gesandten Sachsens gegenüber, «und mache die Geduld zu meiner Waffe.»[11]

Castlereaghs Bemühungen, eine Einheitsfront gegen Rußland auf die Beine zu bringen, führten nunmehr zu einer Reihe von wechselnden Konstellationen, halbherzigen Koalitionen, versuchten Verrätereien, Versprechen der Unnachgiebigkeit, gekoppelt mit Hürden gegen Vertrauensbrüche. Den ganzen Oktober hindurch arbeitete Castlereagh unermüdlich weiter, doch traf er, wie auch schon im vorangegangenen Jahr, immer wieder auf ihm unverständliches Zögern bei den andern. Wieder dachte er sich seine Aufgabe darin, die Schwankenden zu stützen, ohne ihnen die einzige Rückenstärkung zu geben, die für sie nötig gewesen wäre, das heißt britische Hilfe zur Erfüllung ihrer eigenen Wünsche. Als Castlereagh Hardenberg und Metternich zu gemeinsamen Aktionen aufforderte, sah er sich zu dem Eingeständnis genötigt, daß es «ein gewisses Maß gegenseitigen Mißtrauens gibt, das es mir nicht geraten erscheinen läßt, schon jetzt von einem Erfolg zu sprechen»[12]. Er beklagte sich über Metternichs unverständliche «Zaghaftigkeit» und meinte, der österreichische Minister scheine überhaupt keinen festen Plan zu haben. An Talleyrand, der vom Rand der Ereignisse aus jede Verärgerung innerhalb der Allianz gierig zu nutzen trachtete, wandte er sich mahnend mit der Bemerkung, daß «es gerade den Bourbonen nicht ansteht, die doch erst von den Alliierten wieder auf den Thron gebracht worden sind, einen vorwurfsvollen Ton jenen Arrangements gegenüber anzuschlagen, die die Allianz zusammengehalten haben»[13].

Preußen, das sich eine weitere Verzögerung am wenigsten leisten konnte, trieb die Dinge schließlich auf die Spitze. Die Verträge von Kalisch, Teplitz und Chaumont hatten ihm zwar die territoriale Ausdehnung vom Jahr 1805 garantiert, man hatte sich aber nie näher darüber ausgelassen, wo man die entsprechenden Gebiete für Preußen finden wollte, insbesondere falls es seine polnischen Besitzungen an Rußland verlieren würde. Die möglichen Kompensationen in Form der ehemals französischen Provinzen im Rheinland waren

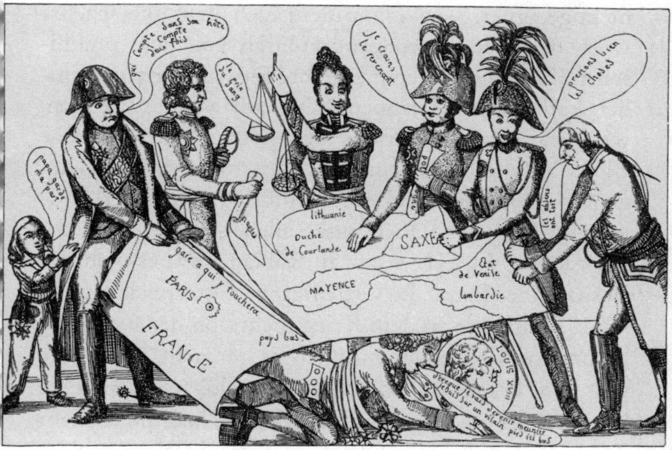

KARIKATUR AUF DEN WIENER KONGRESS

nicht geeignet. Sie waren zudem auch nicht wünschenswert, denn sie waren geographisch von dem preußischen Kernland getrennt und ihre Einwohner vornehmlich katholischen Glaubens. Deshalb wandte Preußen, wie schon seit Friedrichs des Großen Zeiten, seine Blicke auf das benachbarte Sachsen mit seiner überwiegend protestantischen Bevölkerung. Preußens Verhandlungsstellung war aber unter allen Großmächten die schwächste. Im Gegensatz zu Rußland war es nicht im Besitz seiner Beute. Im Gegensatz zu Österreich hatte es seine Teilnahme an dem Krieg nicht von der Erfüllung besonderer Bedingungen abhängig gemacht. Würde die polnische Frage vor der sächsischen gelöst werden, hätte Preußen für eine uneingeschränkte Teilnahme an dem Krieg büßen müssen, denn es hatte in ihm mit so viel Hingabe gekämpft, daß seine Teilnahme an dem Feldzug nie Gegenstand von Verhandlungen gewesen war. Preußen hatte den Frieden vernachlässigt, weil Krieg war, ja der Krieg war bei ihm zum Selbstzweck geworden. Preußen brauchte aber Österreichs Zustimmung für die Angliederung Sachsens, weil die Neuorganisation Deutschlands, eine unabdingbare Voraussetzung für seine Sicherheit, illusorisch werden würde, falls Österreich sich in der sächsischen Frage zur Schutzmacht der deutschen Mittelstaaten aufwerfen würde.

Es ist darum nicht überraschend, daß Hardenberg am 9. Oktober ein Memorandum unterbreitete, in welchem er auf den Gedanken eines «Vermittlungssystems, bestehend aus Österreich, Preußen und Großbritannien» zurückkam[14]. Preußens Mitarbeit in der polnischen Frage wurde darin jedoch davon abhängig gemacht, daß Österreich der Annexion Sachsens und der vorübergehenden Besetzung dieses Landes durch Preußen zustimmte. In seinem nachhaltigen Versuch, bei anderen Unterstützung zu finden, und aufgrund der pedantischen Bemühungen, jeweils das Beste aus den Dingen herauszuholen, führte das Hardenberg-Memorandum schließlich doch nur zur Veranschaulichung des Dilemmas, vor das sich Preußen gestellt sah: Mit russischer Hilfe konnte es vielleicht Sachsen, nicht aber die Legitimität gewinnen; mit österreichischer Hilfe konnte es auf Polen rechnen, nicht aber auf Sachsen. Das Hardenberg-Memorandum war eine eindringliche Bitte, Preußen nicht dem Zaren auszuliefern; es wollte eine europäische Ordnung auf der Grundlage österreichisch-preußischer Freundschaft, aber auch den Besitz Sachsens erreichen.

Dieser Versuch, Unvereinbares in der Politik miteinander zu vereinbaren, bot Metternich die Möglichkeit, die polnische und die sächsische Frage durch eines seiner ausgeklügelten Manöver voneinander zu trennen. Am 22. Oktober überreichte er je eine Note an Hardenberg und Castlereagh, wobei er in beiden Fällen scheinbar verärgert Hardenbergs Vorschlag annahm, in der Formulierung aber die Tatsache verbarg, daß der moralische Gedankengang, aufgrund dessen man in Polen hart bleiben sollte, gleichermaßen auch auf Sachsen anwendbar war. Hardenberg hatte wegen seiner Bemühungen, das eigene Risiko möglichst abzudecken, sich in eine ausweglose Lage manövriert. Die Note an Castlereagh begann mit einer Zusammenfassung der Gründe, die gegen eine Auflösung Sachsens sprachen[15]: Es sei ein gefährliches Symbol, wenn man einen «legitimen» Herrscher stürze, es bedeute eine Gefahr für das deutsche Gleichgewicht und erweise sich als Hindernis für die Schaffung eines Deutschen Bundes, wenn die deutschen Mittelstaaten das Vertrauen zu den Großmächten verlieren. Dennoch sei Österreich bereit, dieses Opfer im Interesse des europäischen Gleichgewichts zu bringen, vorausgesetzt, daß Preußen sich in Sachen des Herzogtums Warschau hart erweise und einer Teilung des Einflusses in Deutschland zustimme. Castlereagh hat es anscheinend nicht bemerkt, oder wenn er es bemerkte, für unbedeutend gehalten, daß die Definition von Österreichs Opfer zugunsten des europäischen Gleichgewichts gleichzeitig das Ausmaß der österreichischen Forderung umschrieb, die Verteidigung des deutschen Gleichgewichts zu unterstützen, falls sich das Opfer als nutzlos erweisen sollte. Castlereagh ignorierte auch einen weiteren, rätselhaft erscheinenden Vorbehalt: Die Annexion Sachsens durch Preußen dürfte nicht zu einer «unproportionierten Vergrößerung» führen, eine Voraussetzung, die unzweifelhaft nicht erfüllt war, falls Preußen zuvor seine polnischen Provinzen zurückgewinnen würde.

Die Note an Preußen enthält einmal einen Appell zur engeren österreichisch-preußischen Zusammenarbeit, zum anderen aber auch den Hinweis, wie sehr Österreich Preußen während der kritischen Zeit vor dem Vertrag von Kalisch gestützt habe. Die Note deutete also an, Preußen verdanke seine gegenwärtige Stellung Österreich mehr als etwa Rußland[16]. Die österreichische Politik werde weiterhin auf den engsten Beziehungen mit Preußen und gestärkt durch einen Deutschen Bund bestehen, der Wirkungsgrad dieser Politik würde aber davon abhängen, ob es gelänge, die russischen Pläne für Polen abzuwenden. Deshalb und trotz der Abneigung

Österreichs, die Zerschlagung eines befreundeten Staates zu erleben, stimme Metternich der Annexion Sachsens unter drei Voraussetzungen bei: Einmal gelte es, einen gemeinsamen Standpunkt in der polnischen Frage zu gewinnen, zum andern müsse die Festung Mainz Teil des süddeutschen Verteidigungssystems und schließlich die Mosel Südgrenze des preußischen Einflusses im Rheinland werden. Schon das hätte klar erkennen lassen müssen, daß es Metternich mehr um das deutsche als um das europäische Gleichgewicht ging. Hardenberg war jedoch so versessen auf Sachsen, daß er sogar noch eine weitere Einschränkung übersah, nämlich daß Metternichs Angebot nicht von der *Tatsache* eines Widerstands in Polen, sondern von dessen *Erfolg* abhängig gemacht worden war.

Während Metternich so den moralischen Rahmen für eine Trennung zwischen Preußen und Rußland vorbereitete, blickte Castlereagh nur auf Polen, so als könne das europäische Gleichgewicht mit der Exaktheit einer mathematischen Gleichung geschaffen werden. Am 23. Oktober gelang es schließlich, Österreichs und Preußens Zustimmung zu einem gemeinsamen Vorgehen gegen Rußland auf der Basis des Metternichschen Memorandums zu erreichen[17]. Die drei Mächte kamen überein, den Zaren zu einer klaren Sprache zu zwingen unter der Drohung, die polnische Frage dem gesamten Kongreß zu unterbreiten, falls durch unmittelbare Verhandlungen keine vernünftige Lösung erzielt werden könne. Dazu nannten sie drei Lösungen: ein unabhängiges Polen in der Ausdehnung aus der Zeit vor den Teilungen, ein Rumpfpolen wie 1791 oder Rückgabe von Teilen Polens an die einstigen Teilungsmächte[18]. Es war klar, daß der Vorschlag für die Schaffung eines unabhängigen Polens in erster Linie nur als Waffe am Verhandlungstisch und für den britischen Hausgebrauch vorgebracht worden war, weil man kaum erwarten konnte, daß der Zar bereit sein würde, als Ergebnis eines siegreichen Krieges auf ein Gebiet zu verzichten, das seit zwei Generationen als russisch betrachtet wurde.

Die Drohung, die ganze Frage vor den Kongreß zu bringen, war der letzte Versuch, das europäische Gleichgewicht durch eine Kombination innerhalb der antifranzösischen Koalition zu erreichen. Als Metternich bei dem Zaren vorsprach, um ihm das Ultimatum zu der polnischen Frage zu überreichen, wurde er ärgerlich zurückgewiesen, ja sogar zum Duell aufgefordert. Hierin liegt ein weiterer Hinweis dafür, wie der Zar Außenpolitik unter persönlichem Blickwinkel betrachtete. Als dann am 30. Oktober die drei Souveräne eine Reise nach Ungarn antraten, appellierte Alexander an seine beiden monarchischen Brüder, gegen das aufzutrreten, was ihre Minister vereinbart hatten. Auf den österreichischen Kaiser machte das keinen Eindruck, anders jedoch bei dem einfallslosen preußischen König, der immer schon das bewegliche Temperament des Zaren und seine Furchtlosigkeit in Zeiten der Not sowie dessen hohen Intellekt bewundert hatte. Es war nicht zu schwierig, ihn jetzt davon zu überzeugen, daß die Geheimverhandlungen der drei Minister ein Akt des Mißtrauens gewesen seien. Als die Monarchen nach Wien zurückkehrten, erhielt Hardenberg in Gegenwart des Zaren den Befehl, an keinen weiteren separaten Verhandlungen mehr mit seinen österreichischen und britischen Kollegen teilzunehmen.

So fand das Ringen um Polen am 5. November zunächst einmal einen Abschluß. Castlereaghs persönlichen Appellen war der Erfolg versagt geblieben, weil Alexander auf seinen Forderungen mit dem Hinweis bestand, es handele sich um ein Recht, das über den Erfordernissen der europäischen Sicherheit stehe. Der Versuch, eine überlegene Kräftekonstellation gegen ihn zusammenzubringen, war mißlungen, weil es innerhalb der anti-französischen Allianz nicht genügend Entschlossenheit gab, den Zaren in die Schranken zu weisen, und weil vielschichtige Probleme nicht dadurch lösbar werden, daß man sie als einfach hinstellt. Der Versuch, eine internationale, auf allgemeiner Billigung, nicht aber auf Gewalt basierende Ordnung zu errichten, schien auf den Ausgangspunkt zurückgeworfen zu sein.

5

Doch dieser Eindruck war irrig. Castlereaghs Fehlschlag hatte gezeigt, daß das Gleichgewicht nicht einfach durch eine Demonstration seiner Notwendigkeit erreichbar war. Metternichs fast unbemerkter ähnlicher Versuch hatte den Rahmen für erneute Verhandlungen unter dem Gesichtspunkt der Legitimität geschaffen. Wenn es gelingen könnte, eine Niederlage in Polen zu einem Sieg in Sachsen zu machen, so könnte vielleicht ein Sieg in Sachsen ein Mittel sein, um Konzessionen in Polen zu erzwingen. Das Castlereagh so verärgernde Zögern war in der Tat Metternichs bestes Mittel gewesen, die eigenen Dilemmas zu überwinden, denn durch das Hinausschieben der Probleme stärkte sich Österreichs Waffe am Verhandlungstisch, das nach der Legitimität zwar zugestanden, nicht aber erpreßt werden kann. Seine Maßnahmen im Lauf des Oktober waren daher in erster Linie darauf gerichtet, die russisch-preußische Front aufzuweichen und den moralischen Rahmen für Schritte in die Richtung zu schaffen, in der sie am leichtesten verwundbar war. «Metternichs größte Kunst», so berichtete Talleyrand, «liegt darin, uns unsere Zeit verschwenden zu lassen, denn er glaubt, dadurch zu gewinnen.» So vergingen die Wochen, während Europa über die Frivolität des österreichischen Ministers klagte und die alte Schule österreichischer Diplomaten sich gegen ihren «rheinischen» Minister stellte, dem sie den Spitznamen «Fürst Tunichtgut» gaben, der Österreich an Preußen verschachere. In der Bewunderung für die berühmte Formulierung des Fürsten von Lüttich «Le Congrès danse, mais il ne marche pas», übersah man jedoch, daß der Kongreß in eine Falle tanzte.

Bei seinem Angebot an Metternich mag Hardenberg geglaubt haben, er sichere das Erreichte und erhalte, gleichgültig wie die Verhandlungen um Polen enden würden, eine Garantie auf Sachsen. Weil aber Metternichs Antwort die Zustimmung der österreichischen Regierung zur Annexion Sachsens von dem *Erfolg* der gemeinsamen Schritte abhängig gemacht hatte, wurde der Versuch, die beiden Probleme zu verbinden, zu einem Mittel, sie zu trennen. Denn wenn die Verhandlungen um Polen Erfolg hatten, mußte Preußen seinen moralischen Anspruch auf Sachsen in den Augen Europas verlieren. Wenn Preußen seine polnischen Besitzungen wiedergewänne, würde die Annexion Sachsens jene «unverhältnismäßige Vergrößerung» bedeuten, vor der Metternich Castlereagh gewarnt hatte. Es wäre in diesem Fall sogar nicht einmal nötig gewesen, daß Metternich die Last der Opposition auf seine Schultern laden mußte. Talleyrand würde sich bestimmt widersetzen, man hatte ihn ja schon im Lauf des Oktober nur mit Mühe noch zurückhalten können, und die zweitrangigen deutschen Staaten würden sich ihm anschließen. Ein in Polen verärgerter Zar würde sich nur zu gern über Preußens Mißgeschick freuen, während Castlereagh, der ohnehin in der sächsischen Frage vom Parlament angegriffen wurde, unmöglich Preußens Forderung nach Annexion hätte stützen können. Castlereagh scheint jedenfalls die Möglichkeit einer solchen Entwicklung vorausgesehen zu haben: «Sollten die gemeinsamen Bemühungen in Sachen Polen Erfolg haben», schrieb er an Liverpool, «hätte Frankreich gute Möglichkeiten, von Preußen auf freundschaftlichem Weg Modifizierungen der Ansprüche auf Sachsen zu verlangen.»[19]

Sollten sich die Verhandlungen um Polen zerschlagen, würde Preußen in den Augen Österreichs seinen Anspruch auf Sachsen ebenfalls verlieren. Preußens Isolierung wäre genau so gewiß gewesen, weil die Tatsache des Widerstandes wohl gewiß den Zaren genau so getroffen hätte wie ihr Erfolg. Wenn dann Österreich seine Sorge um Europa durch ein Nachgeben in Sachsen demonstriert hätte, könnte man mit Hinweis auf das europäische und nicht das deutsche Gleichgewicht kämpfen. Nachdem Castlereagh die Unterstützung Österreichs für die polnischen Gespräche erreicht hatte, konnte er Sachsen nicht mehr als eine innerdeutsche Angelegenheit betrachten. Über die Einstellung Frankreichs oder der kleineren deutschen Staaten konnte kein

Zweifel bestehen. Bei seinen Bemühungen, Gewißheit zu erlangen, hatte Preußen lediglich seine Isolierung erreicht.

Als Hardenberg am 7. November Metternich von dem Befehl seines Königs unterrichtete und auf die Schwierigkeit hinwies, den vereinbarten Plan bezüglich Polens nun auszuführen, hatte Metternich die moralische Grundlage für Handlungen endlich gewonnen[20]. Er wartete bis zum 18. November, ehe er auf der Erfüllung der drei Voraussetzungen in dem Memorandum vom 22. Oktober beharrte. Weil die Weisung des Königs es nun unmöglich gemacht habe, Castlereagh als Mittler zu verwenden, schlug er vor, Hardenberg solle die Verhandlungen mit dem Zaren selbst führen[21]. Damit beschaffte sich Metternich jedoch nur einen weiteren Beweis für die Vertrauenswürdigkeit Österreichs und einen weiteren Grund, in Sachsen hart zu bleiben, weil wegen des starken Einflusses, den der Zar auf den König von Preußen hatte, über den Ausgang des preußischen Fühlers kaum Zweifel bestehen konnte. Hardenberg war gezwungen zu berichten, daß der Zar erneut auf die Ehrlichkeit seiner Absichten hingewiesen, doch als einzige Konzession die Bereitschaft angedeutet habe, Thorn und Krakau zu freien Städten zu erklären[22]. Zwar hatte Alexander schlauerweise dieses Zugeständnis von der Billigung Österreichs zur Annexion Sachsens abhängig gemacht, doch wurden nun die Verhandlungen über Sachsen zu einem Mittel, die Gespräche über Polen wieder in Fluß zu bringen. Denn das Angebot des Zaren konnte doch nicht verheimlichen, daß es ein erstes Zugeständnis in der Richtung enthielt, daß die Ausdehnung Polens nicht unwiderruflich feststehe.

Die abschließende österreichische Antwort überreichte Metternich am 10. Dezember[23]. Österreich sei an denkbar engen Beziehungen mit Preußen interessiert, doch nicht auf Kosten der Zerschlagung Sachsens. Der Deutsche Bund, auf den beide Staaten so sehr angewiesen seien, würde nicht zustande kommen, weil keiner der zweitrangigen deutschen Staaten einer Organisation beitreten würde, die auf der Zerschlagung eines von ihnen basiere. Österreich sei gezwungen worden, die Vergrößerung Rußlands in Polen zu dulden, könne aber nun nicht einer Vergrößerung Preußens in Deutschland zustimmen, ohne daß damit das Gleichgewicht völlig umgestoßen werde. Metternich unterbreitete eine Alternativlösung mit einem Rest-Sachsen, während ein Großteil dieses Landes zusammen mit weiteren Kompensationen im Rheinland an Preußen fallen sollte. Alle Bekundungen der Freundschaft konnten die Tatsache nicht verschleiern, daß Preußen ausmanövriert war und Metternich in Polen zurückgesteckt hatte, um in Sachsen zu gewinnen und damit wenigstens teilweise die Lage in Polen wieder zu verbessern.

Daß am 8. November der russische Militärgouverneur von Sachsen die vorläufige Verwaltung an Preußen übergab, war genauso wenig von Bedeutung wie die Tatsache, daß preußische Militärs mit Krieg drohten. Rußland, an der Peripherie Europas gelegen, mochte allein mit Hinweis auf den Besitzstand Polen behalten, aber eine im Herzen des Kontinents gelegene Macht konnte nur leben, wenn sie Teilstück einer «legitimen» Ordnung sowohl innerhalb Deutschlands als auch innerhalb Europas blieb. Wenn es also auch Mitte Dezember so aussah, als hätten sich die Verhandlungen im Rahmen des Wiener Kongresses völlig festgefahren, so zeichneten sich doch im Hintergrund bedeutsame Wandlungen ab. Ein Patt ist so lange nicht vollkommen, als es noch Faktoren gibt, die in das Spiel neu eingeführt werden können. Und Frankreich hatte noch nicht mitgespielt. Das Ringen im Lauf der Monate Oktober und November hatte den Mythos der alliierten Einigkeit zerrissen, und die Bedrohung durch Frankreich wirkte nicht mehr stärker als die durch einen einstigen Bundesgenossen. Es wurde erkennbar, daß die Erinnerung an den gemeinsamen Kampf nicht reichen würde, irgendeine Macht von dem Versuch abzuhalten, Frankreich auf ihre Seite zu ziehen.

Während Castlereagh wegen des Fehlschlags in der polnischen Frage fast verzweifelt war[24] und Metternich beschuldigte, nie ernstlich einen Widerstand beabsichtigt zu haben, bildete sich in der sächsischen Frage eine Koalition, die dem Ringen neue Richtung gab. Denn die Koalition, die in Sachsen hart blieb, konnte es auch in Polen sein. Und wenn die auf Gewalt bauenden Ansprüche an der einen Stelle abgewiesen wurden, mußte nahezu naturnotwendig damit auch Willkür an anderer Stelle in Schranken gehalten werden. So zeigte sich schließlich doch, daß das Gleichgewicht unteilbar war, wenn auch die Lösung nicht aus dem Bewußtsein der Unteilbarkeit geboren wurde. Europa wurde nicht im Namen Europas, sondern im Namen Sachsens gerettet.

6

Doch ehe diese neue Koalition gebildet werden konnte, zerstörte innenpolitischer Druck auf Castlereagh beinahe Metternichs feingesponnene Pläne. Eine Inselmacht mag Kriege im Namen des europäischen Gleichgewichts führen, sie wird jedoch dazu neigen, Bedrohungen des Gleichgewichts wie Bedrohungen ihrer unmittelbaren Sicherheit zu betrachten. Weil ihre Politik defensiv und nicht vorbeugend orientiert ist, wird sie die Kriegsursache von einem Anlaß abhängig machen, der die Gefahr deutlich erkennen läßt. Die Gefahr für das Gleichgewicht ist aber nie deutlich zu erkennen, ehe das Gleichgewicht gestürzt ist, weil sich jeder Aggressor bei jedem Schritt – bis auf den entscheidenden letzten – stets darauf berufen kann, er verfolge nur begrenzte Ziele, und weil er damit als Preis für weitere Mäßigung die Zustimmung zu erzwingen vermag. Großbritannien war allerdings schon recht frühzeitig in den Krieg gegen Napoleon eingetreten und hatte den Kampf mit großer Hartnäckigkeit und Ausdauer fortgesetzt. Durch den Angriff auf die Niederlande war die Bedrohung des Gleichgewichts jedoch sofort erkennbar geworden, und Ausdruck des Gleichgewichts wurde der Besitz Antwerpens.

Jetzt ging es jedoch um Polen, ein sowohl geographisch als auch psychologisch «entferntes» Land. Es war durchaus nicht klar, daß der Rhein am besten an der Weichsel zu verteidigen sei und es irgendeine andere Bedrohung geben könne als die seitens Frankreichs. Unter diesem Gesichtspunkt betrachtete das britische Kabinett den Streit um Polen als wundersamen Ausfluß kontinentaler Rivalitäten, die den teuer erkauften Frieden bedrohen, und ging an das ganze Problem in erster Linie unter dem Aspekt heran, welchen Eindruck es auf die britische Innenpolitik machte. Daraus entwickelte sich eine Auseinandersetzung zwischen dem Kabinett und Castlereagh, in deren Verlauf beide Seiten nachdrücklich versuchten, sich gegenseitig davon zu überzeugen, die Meinungsverschiedenheit beruhe auf einem aus ungenügender Unterrichtung herrührenden Mißverständnis. Dabei war die Kluft, die beide Seiten trennte, kaum kleiner als die, welche zwischen dem Zaren und Castlereagh lag. Denn während der Zar versuchte, die Sicherheit Europas durch Beschwörung seiner Vertrauenswürdigkeit zu garantieren, sah das britische Kabinett die Sicherheit durch die Brille der insularen Lage. Die willkürliche Machtausübung einerseits und die Unmöglichkeit künftiger Isolation andererseits – dies waren die Scylla und Charybdis, durch die Castlereagh hindurchsegeln mußte.

Unter dem 14. Oktober schrieb Liverpool an Castlereagh, «je weniger sich Großbritannien in polnische Angelegenheiten mische, um so besser sei es», und betonte, vom Gesichtspunkt des Parlaments aus sei der Plan des Zaren besser als eine neue Teilung, weil Polens Unabhängigkeit dann wenigstens im Prinzip erhalten bleibe[25]. Am 28. Oktober wiederholte Liverpool diese Argumente und übermittelte zugleich ein Memorandum des Schatzkanzlers Vansittart, der die Realität einer russischen Gefahr schlechterdings verneinte. Mit der Mittelmäßigkeit des Denkens, die immer glaubt, der einfachste Ausweg sei auch der klügste, argumentierte Vansittart, die Eingliederung Polens würde dem russischen Staat ein Element der Schwäche beifügen, sich zugleich aber für den britischen Handel vorteilhaft auswirken[26]. Diese Nachrichten veranlaßten Castlereagh zu einer erneuten Erklärung über die Beziehung zwischen Großbritannien und der Sicherheit auf dem Festland. Er legte dar, daß er Rußland nicht um Polens, sondern Europas willen entgegentrete. Würde die polnische Frage gegen die Mittelmächte gelöst werden, würden sich die verbleibenden Probleme zu einem Ringen zwischen Österreich und Preußen innerhalb Deutschlands verschieben, wodurch Rußland zum Schiedsrichter über Mitteleuropa und Holland seiner Rückendekkung bar würde. Die Sicherheit dieser unmittelbaren britischen Interessen hänge somit von der europäischen Politik ab: «Mir will scheinen, daß es für Großbritannien besser ist, sich um die europäische Frage ersten Ranges im echten Geiste einer Politik zu bemühen, die den ganzen Krieg beherrscht hat, als sich jetzt nur auf ein Objekt zu konzentrieren, das heißt die Niederlande, das sich einer recht unbequemen Frage im Rahmen der Diskussion zwischen den großen deutschen Mächten ausgesetzt sehen könnte.»[27] Liverpools Antwortschreiben ließ aber keinen Zweifel, daß Großbritannien Frankreich mehr fürchtete als Rußland und einen Krieg mehr als irgendeine Bedrohung des Gleichgewichts. Wenn jetzt ein Krieg ausbreche, so argumentierte Liverpool, könnte er zu einem revolutionären Kampf werden, während auch nur zwei Friedensjahre zu einer Stabilität führen könnten, unter der wieder begrenzte Kriege wie im achtzehnten Jahrhundert die Regel sein würden[28]. Unter dem 22. November schickte das Kabinett zum ersten Mal an Castlereagh seit dessen Ankunft in Wien

Weisungen: «Es ist wohl überflüssig», schrieb Bathurst, «Sie auf die Unmöglichkeit hinzuweisen, daß dieses Land aus irgendeinem der Gründe in Feinseligkeiten eintreten würde, die bisher in Wien Gegenstand der Erörterungen waren.»[29]

Gerade als die Verhandlungen ihren Höhepunkt erreicht hatten, war also Castlereagh des einzigen Druckmittels beraubt, und das noch dazu in einem Augenblick, als das ganze Problem zu einem reinen Machtkampf wurde. Denn Preußen, von Metternich getrieben, drängte zu überstürzter Handlung. Als Preußen erkannte, wie sehr ihm die moralische und materielle Grundlage entschwand, wurde die Tonart immer kriegerischer. Hohe Militärs sprachen offen von Krieg, und selbst der gemäßigte Hardenberg deutete extreme Maßnahmen an. Wenn aber Besitz ohne Legitimität illusorisch war, dann konnte Legitimität durch Gewalt nur chimärisch sein. Castlereagh umschrieb Preußens Dilemma treffend, wenn er zu Hardenberg sagte, «er [Hardenberg] könne doch keinen nicht anerkannten Anspruch für einen guten Titel halten, und er könne doch wohl mit *Bewußtsein* oder *Ehre*... niemals aus einer verweigerten Anerkennung einen Kriegsgrund machen...»[30] In dieser Lage dachte Castlereagh nicht daran, den Weisungen seines Kabinetts zu folgen. Wenn man jetzt das britische Desinteresse bekanntgeben würde, wäre damit einer der Hauptabschreckungsfaktoren gegen den Krieg und einer der stärksten Garanten für den Frieden entschwunden, und die Folge wäre das gewesen, was dem britischen Kabinett am meisten Sorgen bereitete. Oder andernfalls hätte ein britischer Rückzug zur Kapitulation Österreichs und zu einem vollständigen Zusammenbruch des Gleichgewichts geführt.

So fügte es sich, daß sich Castlereagh und Metternich erneut Seite an Seite in einem Kampf fanden, dessen moralischer Rahmen von dem listigen österreichischen Minister gezogen worden war. Je unnachgiebiger sich Preußen zeigte, um so stärker wurde Metternichs Stellung. Ohne groß theoretisch argumentieren zu müssen, entstand in Österreich die Schutzmacht für die zweitrangigen deutschen Staaten. Metternichs Vorschlag an Bayern und Hannover, einen Bündnisvertrag zu schließen und eine Deutsche Liga ohne Preußen zu errichten, war letztlich lediglich Ausdruck einer allenthalben anzutreffenden Auffassung. Als aus dem Ringen allmählich ein Machtkampf wurde, hatte Metternich erneut die Stellung gewonnen, von der aus er sich allen Ansprüchen widersetzen konnte, die als übertrieben und unrecht bezeichnet werden konnten. Doch je näher der Augenblick des Kräftemessens kam, um so nötiger war es, auch überlegene Kräfte zusammenzubringen. In diesem Augenblick, als auch die letzten Spuren der Allianz sich verflüchtigten, tauchte Talleyrand wieder auf der Bühne auf. Metternich bot ihm die Möglichkeit zu diesem Auftritt, und seine Redegewandtheit war nur Ausdruck für Metternichs Wunsch, selbst in der Anonymität zu bleiben, denn Metternich wollte sich nicht den Anschein geben, Agent der Erniedrigung Preußens zu sein. Metternich wollte, daß die Dinge sich geradezu «natürlich» entwickelten, weil sich damit die Gefahr persönlicher Entfremdung verringerte; Talleyrand wollte, daß sie «verursacht» aussehen, denn er mußte seine angeschlagene Stellung in Frankreich festigen.

Metternich gab Talleyrand die große Chance, übermittelte ihm die österreichische Antwort an Hardenberg vom 10. Dezember und ließ damit deutlich werden, daß die Großen Vier ihre Aufgabe nicht hatten erfüllen können[31]. Talleyrand antwortete in einem scharfen Memorandum, in welchem auf die Überlegenheit der auf der Legitimität basierenden Ansprüche gegenüber den Voraussetzungen des Gleichgewichts hingewiesen wird, und bestritt, daß es möglich sei, Könige zu entthronen, denn Souveräne könnten nicht vor ein Gericht gebracht werden, am wenigsten von denen, die ihre Gebiete begehren. Es gehe nicht an, daß Preußen erkläre, was es sich nehmen wolle, so argumentierte Talleyrand kühn, sondern der «legitime» König von Sachsen müsse erklären, wieviel er abtreten würde[32]. Es war eine großartige Zusammenfassung all jener Ungereimtheiten, die sich in den letzten zwei Monaten angesammelt hatten. Doch darin lag nicht die eigentliche Bedeutung. Talleyrand hatte Frankreich besser gedient, als er «verfügbar» war, denn als Verfasser von Memoranden. Die wirkliche Bedeutung in der neuen Situation lag in der Tatsache begründet, daß Frankreich jetzt wieder Mitglied des Konzerts der europäischen Mächte war.

In der Zwischenzeit wurde man in Preußen immer besorgter. Um Metternichs Tricks offenzulegen, übermittelte Hardenberg dem Zaren einige von Metternichs Briefen bezüglich Polens, was einen bis dahin unbekannten Bruch diplomatischer Etikette bedeutete. Doch wieder zahlte sich Metternichs verzögernde Haltung vom Oktober aus, dem nahezu jeder seiner Schritte war eine Antwort auf eine preußische Initiative gewesen, und als Hardenberg sich von dem allgemeinen Übereinkommen zurückzog, hatte er das damit gerechtfertigt, daß man die Auseinandersetzung mit dem Zaren auf einen geeigneteren Zeitpunkt verschieben solle. Als deshalb Metternich *alle* seine Briefe an den Zaren schickte, war Hardenberg erneut überspielt, denn er wagte nicht, das gleiche zu tun[33]. Diese gegenseitigen Nadelstiche hatten eine heilsame Folge, denn der Zar erkannte nun, wie sehr er mit seinen polnischen Plänen die anderen Mächte beunruhigt hatte. Nach seiner unnachgiebigen Haltung während des Oktober und November war in ihm ohnehin eine der für ihn so typischen Stimmungswandlungen erfolgt. An die Stelle seiner einstigen militanten Einstellung waren nun erste Anzeichen einer religiösen Übertreibung getreten, die ihn die folgende Dekade beherrschte. Als Kaiser Franz ihn aufforderte, das Mißverständnis aufzuklären, bot Alexander an, den Distrikt Tarnopol mit einer Bevölkerung von 400000 Menschen an Österreich als Beweis seiner gut freundschaftlichen Gesinnung zurückzugeben. Der Zar mochte jetzt den größeren Teil Polens behalten, doch nur durch einen Prozeß der Anpassung, worin sich die Notwendigkeit zeigt, von den anderen Mächten anerkannt zu werden.

Preußen tat nun den Verzweiflungsschritt und schlug vor, den König von Sachsen in das Rheinland, und zwar in die Gebiete zu verpflanzen, die für Preußen vorgesehen waren. Doch weder Metternich noch Castlereagh waren bereit, hier zuzustimmen. Metternich nicht, weil dann aus dem König von Sachsen als Verbündetem Österreichs ein preußischer Vasall geworden wäre; und Castlereagh nicht, weil er, getreu dem Pitt-Plan, eine

Macht erster Ordnung als Rückendeckung für die Niederlande und zum Schutz des Rheinlandes haben wollte[34]. In der ganzen Zeit verlagerten sich die Gewichte zuungunsten Preußens, weil Castlereagh und Metternich allmählich heimlich Frankreich in ihre gemeinsamen Beratungen mit einbezogen. Weil sich ein Teil der Meinungsverschiedenheit zwischen Österreich und Preußen auch um die technische Frage drehte, wo man Territorien finden könnte, um Preußen wieder die Ausdehnung von 1805 zu geben, schlug Castlereagh die Schaffung einer statistischen Kommission vor, um die Bevölkerungszahlen der strittigen Territorien zu ermitteln. Als dann schließlich unter österreichischem und britischem Druck auch ein französischer Delegierter zu dieser Kommission zugelassen wurde, zeigte es sich deutlich, daß sich die Koalition gegen Frankreich im Prozeß der Auflösung befand.

Talleyrand trennte nun nur noch ein kleiner Schritt von der vollen Teilnahme an den Verhandlungen. Castlereagh, der einen so drastischen Schritt zu vermeiden gehofft hatte, stimmte schließlich doch am 27. Dezember zu. Am 31. Dezember regten Castlereagh und Metternich an, daß von nun an Talleyrand an den Besprechungen der Großen Vier teilnehmen solle. Preußen war jetzt völlig isoliert, denn das Auftreten Talleyrands war ein Symbol, daß die Sonderwünsche der Allianz erledigt waren, ehe Preußen die Früchte seines Krieges hatte einbringen können. Nach Castlereagh würde selbst der Zar «Preußen jetzt nicht zum Widerstand raten, nachdem er seinen Willen in Polen durchgesetzt hat». Das in die Enge getriebene Preußen drohte mit Krieg.

Diese Reaktion machte jedoch nur Preußens Ohnmacht deutlich. Castlereagh antwortete scharf, ein derartiger Druck möge bei Mächten, die um ihre Existenz zittern, Wirkung haben, führe aber zum Gegenteil bei all jenen, die sich ihrer Würde bewußt sind; «und ich fügte hinzu, daß, wenn eine derartige Einstellung wirklich die ausschlaggebende ist, wir dann nicht in einem Zustand der Unabhängigkeit mehr verhandeln würden und es wohl besser ist, den ganzen Kongreß abzubrechen.»[35]

Noch am gleichen Tag schlug Castlereagh einen Verteidigungspakt zwischen Frankreich, Österreich und Großbritannien vor. Talleyrand wurde allerdings ersucht, die Unabhängigkeit der Niederlande zu garantieren, und die Klauseln des Vertrags von Paris erneut zu bestätigen. Talleyrands größter Erfolg in Wien war aber gerade diese Zurschaustellung von Zurückhaltung, diese Weigerung, die französische Teilnahme an der Allianz durch territoriale Zugeständnisse erkaufen zu wollen, was ohnehin nur alle anderen Mächte gegen ihn aufgebracht hätte. Als Ergebnis konnte er etwas viel Wichtigeres gewinnen: das Ende der Isolierung Frankreichs und die Anerkennung seiner Gleichberechtigung.

Nahezu ein Jahr nach seiner ersten Abreise zum Festland löste somit Castlereagh unter direkter Verletzung seiner Weisungen eben das Bündnissystem, um dessen Schaffung er so hart gerungen hatte, wieder auf zugunsten eines Gleichgewichts, das das Bündnis verewigen sollte. Es war ein kühner und ein mutiger Schritt. Eine defensive Konzeption der internationalen Beziehungen birgt immer die Gefahr der Unbeweglichkeit in sich, neigt zu der Tendenz, Außenpolitik aufgrund der jüngsten und nicht der sich bildenden Gefahr zu treiben. Mit seinem Vorschlag, mit dem einstigen

Feind einen Vertrag zu schließen, demonstrierte Castlereagh, daß er sich bewußt war, daß auch die erfolgreichste Politik kein Selbstzweck sein kann. Durch seine Entschlossenheit in diesem bedeutsamen Augenblick ließ er sein Verantwortungsbewußtsein als Staatsmann erkennen: Verpaßte Gelegenheiten sind unwiederbringlich dahin; der Zeitpunkt eines Schrittes konnte, zumindest unter den Bedingungen des beginnenden neunzehnten Jahrhunderts, nicht von Weisungen abhängig gemacht werden. Daß er noch weiter ging und sich frei fühlte, sogar gegen seine Weisungen zu handeln, zeigte, welche starke innenpolitische Stellung er hatte und wie sehr er überzeugt war, daß das britische Kabinett im Grunde mit seiner Politik einverstanden war, auch wenn es nicht jeden einzelnen Schritt gebilligt hat.

Die Allianz vom 3. Januar bezeichnet auch den Wendepunkt für einen weiteren jener diplomatischen Feldzüge, in denen Metternich seine Gegner im Namen einer universalen Vernunft und nicht einer Staatsraison isolierte. Eine Allianz mit Frankreich gegen Preußen hätte noch im Oktober eine Welle erschrockener Proteste in Europa ausgelöst. Im Januar wurde ebendiese Allianz als Mittel zur Verteidigung des Gleichgewichts begrüßt. Widerstand gegen Preußen hätte man im Oktober als Ausdruck eines kurzsichtigen Egoismus bezeichnet. Der gleiche Widerstand im Januar galt als Schutz der Legitimität gegen Ansprüche der Gewalt. Wie auch damals im Frühjahr 1813 hatte Metternich für sich zunächst die moralische Stellung bereitet, weil er länger warten konnte als sein Gegner, dessen Ungeduld er dazu nutzte, ihn unwiderruflich zu binden. Weil Preußen Österreichs Zustimmung für die Angliederung Sachsens benötigte, hatte Hardenberg gemeinsame Schritte gegen den Zaren vorgeschlagen. Das sächsische Problem wurde somit auf Preußens Initiative von einer deutschen zu einer europäischen Frage und so geschickt von der polnischen Frage getrennt, daß Hardenberg erst erkannte, was geschah, als es schon zu spät war. Und weil der Zar darauf drängte, sein Wohlwollen zu demonstrieren, hatte er als Preiszugeständnis in Polen das angeboten, was Castlereagh ihm durch Drohungen nicht hatte entlocken können. Castlereagh, nicht Metternich, trug die Last der abschließenden Verhandlungen in der sächsischen Frage, und er, nicht Metternich, regte die Allianz vom 3. Januar an. Metternich kannte in seiner Führungskunst die Bedeutung der Nuance. Er wußte, daß die *Form* genauso wichtig wie die *Tatsache* eines bestimmten Erfolges war, und manchmal sogar wichtiger. Das Problem in Prag war für Metternich nicht die Tatsache des Krieges, sondern der Kriegsgrund gewesen. In Wien ging es nicht darum, das Gleichgewicht zu retten, sondern wie es zu retten sei. Ein durch österreichische Macht gerettetes Sachsen wäre Ausgangspunkt für endlose Konflikte geworden. Jetzt, da Sachsen im Namen Europas gerettet war, entstand nur eine Wunde, die wieder heilen konnte.

7

Die defensive Allianz auf dem Wiener Kongreß führte nicht nur zu der Krise, sondern bereitete auch den Weg zu deren Lösung. Hinter jeder Verhandlung steht stillschweigend die Erkenntnis, daß Gewalt das letzte Mittel ist. Die Kunst der Diplomatie beruht jedoch darauf, diese Drohung als potentielle Möglichkeit bereit zu halten und den Gegner über das Ausmaß des ihm Drohenden im ungewissen zu lassen, um sich diesem letzten Mittel wirklich nur zuallerletzt zuzuwenden. Sobald Gewalt angewendet wird, hören Verhandlungen im eigentlichen Sinn des Wortes auf. Die Drohung, Gewalt anzuwenden, die sich dann als fruchtlos erweist, bringt die Verhandlungen nicht auf den Punkt zurück, an dem sie vor der Drohung standen. Vielmehr wird die gesamte Verhandlungsposition erschüttert, denn in ihr liegt das Eingeständnis nicht etwa einer begrenzten Macht, sondern der Ohnmacht. Preußen hatte die Dinge auf die Spitze getrieben und sah sich nun allen drei Mächten gegenüber, an deren Entschlossenheit man nicht zweifeln konnte, obwohl der Vertrag selbst noch geheim blieb. Der Zar erwies sich zudem als nur lauwarmer Bundesgenosse. Mit Hilfe einer Reihe von Teillösungen war Preußen isoliert worden, weil «saturierte» Staaten nicht für die Ansprüche anderer Staaten zu kämpfen bereit sind, solange es noch einen ehrenvollen Ausweg gibt.

Metternich war der Mann, der Sorge dafür trug, daß eine solche Alternative auftauchte. Schon in seinem Memorandum vom 10. Dezember hatte er einen Plan anklingen lassen, demzufolge Preußen in seiner Ausdehnung den Stand von 1805 durch Gebiete im Rheinland sowie einen Teil von Sachsen erhalten könne. Diesen Plan griff nun Castlereagh wieder auf, als sich abzeichnete, daß Preußen seine Kriegsdrohung nicht wahr machen würde. Am 3. Januar, nachdem Metternich und Castlereagh erklärt hatten, sie würden nicht ohne Talleyrand verhandeln, schlug Hardenberg von sich aus

KARL AUGUST FÜRST VON HARDENBERG

vor, Talleyrand möge an den Verhandlungen teilhaben. Hardenberg ging es darum, das Gesicht zu wahren[36]. Unter dem 5. Januar konnte Castlereagh berichten, daß die Kriegsgefahr vorüber sei[37]. Die sächsische Frage wurde von nun an im Rahmen der jetzt Großen Fünf erörtert und zum großen Teil durch inoffizielle Verhandlungen gelöst, bei denen Castlereagh die Rolle des Vermittlers zwischen Metternich und Talleyrand auf der einen und dem Zaren und Hardenberg auf der anderen Seite spielte.

Die Verhandlungen, die schließlich zu einem erfolgreichen Abschluß führten, ließen erneut Castlereaghs außerordentliche Fähigkeiten in besonders günstigem Licht erscheinen. Wieder war der Rahmen gesetzt; es war klar, daß keine Macht, und gewiß nicht Rußland, kriegsbereit war. Es ging im Grund genommen um die technische Aufgabe, widerstreitende Standpunkte durch Geduld, Ausdauer und guten Willen einander anzunähern. Gentz berichtete, daß Castlereagh unermüdlich Tag und Nacht arbeitete, um das Problem zu einem Abschluß zu bringen. Dafür hatte er einen besonderen Grund. Eine neue Parlamentsperiode begann, und Liverpool bat ihn nachdrücklich, wie schon im vorangegangenen Jahr, nach Großbritannien zurückzukommen, um Schwierigkeiten mit dem britischen Parlament zu vermeiden. Doch genau wie damals weigerte sich Castlereagh und verwies nachdrücklich darauf, daß er so bald wie möglich kommen werde, daß man aber eher von ihm erwarten könne, daß er von Leipzig im letzten Jahr kopfüber abgereist wäre (wenn er dort gewesen wäre), als sich jetzt etwa von den damit zusammenhängenden Problemen zu distanzieren, bis die Dinge ausgefochten seien. Er glaube, Liverpool tue seinen Anhängern unrecht und ihm selbst zu viel Ehre an, wenn er meine, seine, Castlereaghs, Gegenwart sei notwendig[38].

Zunächst mußte Castlereagh bei seinem Bemühen, zu einer abschließenden Regelung zu gelangen, noch einmal den Versuch Preußens abwehren, den König von Sachsen in Gebiete links des Rheins zu verpflanzen, und sich dem Bestreben Österreichs in den Weg stellen, die Festung Torgau an der Elbe für Sachsen zu erhalten. Doch mit Hilfe des Zaren gelang es ihm, Preußen davon zu überzeugen, daß es im Interesse des europäischen Gleichgewichts die Verteidigung des Rheinlands übernehmen solle. Österreich machte er klar, daß das Verteidigungsbündnis sich nur auf den Fall eines akuten Versuchs, das europäische Gleichgewicht zu stürzen, erstrecke, nicht aber für innerdeutsche Regelungen gelte[39]. Die Kriegsgefahr hatte auch den Zaren zugänglicher gemacht. Als Castlereagh einige Konzessionen in Polen anregte, um die sächsische Regelung für Preußen annehmbarer zu gestalten, stimmte Alexander zu, daß die Stadt Thorn wieder an Preußen fallen sollte. Sofort nutzte Metternich die Gelegenheit, um Alexander eine weitere Reihe von Zugeständnissen zu entlocken und ihm die Verantwortung für Preußens unbefriedigende Grenzen zuzuschieben. Er bot an, den Distrikt Tarnopol im Austausch für weitere Konzessionen an Preußen Rußland zurückzugeben[40]. Obwohl der Zar sich weigerte, war doch die sächsische Frage zu einem Mittel geworden, Rußlands Aspirationen in Polen zu bremsen. Was im Interesse des allgemeinen Gleichgewichts in Europa nicht hatte unter Druck erreicht werden können, wurde nun durch eine Reihe von Konzessionen gewonnen, die örtliche Arrangements ermöglichten.

Am 11. Februar erreichte man schließlich volle Übereinstimmung. Österreich behielt in Polen Galizien und den Distrikt Tarnopol, aus Krakau wurde eine Freie Stadt. Preußen erhielt die Provinz Posen und die Stadt Thorn zurück, welche die obere Weichsel beherrschte. Der Rest des Herzogtums Warschau mit einer Bevölkerung von 3,2 Millionen Menschen wurde zum Königreich Polen unter dem Zaren von Rußland. In Deutschland erhielt Preußen zwei Fünftel von Sachsen, Schwedisch-Vorpommern und einen großen Teil der Gebiete links des Rheins sowie das Herzogtum Westfalen. Österreich hatte sich bereits Kompensationen in Norditalien und das Übergewicht in ganz Italien durch die Schaffung unabhängiger Dynastien in Parma und Toskana gesichert. So war schließlich doch das Gleichgewicht in einer brauchbaren Harmonie in Europa zustande gekommen. Es wurde nicht mit der Folgerichtigkeit eines mathematischen Axioms erreicht, wie es sich Castlereagh vorgestellt hatte, weil Staaten zwar dem Außenstehenden als die Faktoren in einem Sicherheitsübereinkommen erscheinen mögen, sie sich selbst aber für den Ausdruck historischer Kräfte halten. Es geht ihnen nicht in erster Linie um das Gleichgewicht – Gleichgewicht ist das Konzept einer Inselmacht –, für sie ist das Gleichgewicht ein Mittel, ihre historischen Ziele in relativer Sicherheit realisieren zu können. Es ist darum kein Zufall, daß das Ringen um Polen, das im Namen abstrakter Erwägungen des Gleichgewichts der Kräfte geführt wurde, sich festlief, während die Auseinandersetzung um Sachsen mit dem darin eingeschlossenen historischen Problem Deutschland den Schlüssel zur Lösung bot.

Am 9. Juni 1815 wurden die Abmachungen von Wien von dem Kongreß ratifiziert. Es war das einzige Mal, daß der Wiener Kongreß zusammentrat.

8

Es gibt zwei Möglichkeiten, eine internationale Ordnung aufzurichten: durch Willen oder durch Verzicht, durch Eroberung oder durch Legitimität. Fünfundzwanzig Jahre hindurch war Europa von dem Streben aufgewühlt worden, Ordnung durch Gewalt zu erreichen, und die Zeitgenossen waren nicht so sehr durch das Scheitern als vielmehr durch den beinahe erfolgreichen Versuch beeindruckt. Es ist darum nicht überraschend, daß sie in ihren Bemühungen, eine Alternative zu finden, in Wien ihre Blicke auf eine Zeitspanne zurücklenkten, in der die Verhältnisse stabil waren, und daß sie diese Stabilität auf innenpolitische Zustände zurückführten. Den Staatsmännern von Wien ging es nicht darum, die Menschheit zu wandeln, denn dieses Bemühen hatte ihrer Meinung nach ja zu der Tragödie eines Kampfes von fünfundzwanzig Jahren geführt. Die Umformung der Menschheit durch einen Willensakt, das Übertragen des französischen Nationalismus auf Deutschland, hätte für sie bedeutet, Frieden mit einer Revolution zu machen, Stabilität in der Unbekannten zu suchen und einzugestehen, daß ein einmal erschütterter Mythos nicht wieder in voller Kraft auferstehen kann.

In Wien ging es also nicht um ein Ringen zwischen Reform und Reaktion – diese Auslegung gab man ihm erst später. Das Problem lautete vielmehr, wie kann man eine Ordnung schaffen, in der ein Wandel durch das Gefühl der Bindungen statt durch einen Appell an die Gewalt möglich sein würde. Denn der Unterschied zwischen einer revolutionären Ordnung und einer *gesunden* legitimen liegt nicht in der Möglichkeit eines Wandels, sondern in der Form, in der er stattfindet. Eine «legitime» Ordnung erreicht, wenigstens so lange sie nicht stagniert, Umformungen durch Billigung, und dazu braucht man eine allgemeingültige Vorstellung von dem, was man eine gerechte Lösung nennt. Wenn aber eine revolutionäre Ordnung die bestehenden Bindungen zerstört hat, muß sie ihre Maßnahmen mit Gewalt anderen aufzwingen, und ein Terrorregime ist fast bei *jeder* Revolution die nahezu unvermeidliche Folge ihres Erfolges, mit dem sie die bis dahin bestehende Legitimität hinweggefegt hat. Eine «legitime» Ordnung begrenzt das Mögliche durch das Recht; eine revolutionäre Ordnung setzt das Gerechte dem physisch Möglichen gleich. Eine legitime Ordnung wirft das Problem auf, eine Struktur zu schaffen, die einen Wandel nicht ausschließt; eine revolutionäre Ordnung sieht sich vor dem Dilemma, daß ein Wandel zum Selbstzweck werden kann und damit die Schaffung jeder Struktur unmöglich macht. In beiden Fällen entsteht eine Reform nicht durch plötzliche Erkenntnisse. Dieser Vorstellung hängen nur Utopiker an. Es ist auch möglich, eine Ordnung zu schaffen, in der es keine Verteidiger des Status quo *oder* keine Reformatoren gibt und der Versuch dazu entweder zu einem totalitären Staat oder zur Stagnation führt. Das Gesunde in einer gesellschaftlichen Struktur liegt in der Fähigkeit, den Wandel im

Rahmen des allgemein Gebilligten reifen zu lassen und die Kräfte des Wandels denen der Erhaltung anzupassen. Die Staatsmänner von Wien hatten das Streben kennengelernt, eine derartige Relation durch Gewalt herzustellen. Es überrascht nicht, daß sie nun versuchten, auf der Basis der «Legitimität» eine Alternative zu finden.

Was man auch immer von dem moralischen Gehalt ihrer Lösung denken mag, durch sie wurde jedenfalls keine Großmacht aus dem europäischen Konzert der Mächte ausgeschlossen, und es entstanden keine unüberbrückbaren Klüfte. Die Lösung beruhte nicht ausschließlich auf gutem Willen, was für die Selbstbescheidung wohl doch zuviel verlangt gewesen wäre. Es ging auch nicht darum, einfach nur die Machtverhältnisse auszuwerten, denn damit wäre die Rechnung zu unbestimmbar geworden. Es wurde vielmehr eine Struktur geschaffen, in der die Kräfte genügend ausbalanciert waren, so daß Selbstbescheidung als etwas mehr als nur Selbstlosigkeit erschien, in der aber historische Ansprüche der einzelnen Teile des Gleichgewichts berücksichtigt waren, so daß dessen Existenz zur allgemeinen Anerkennung gebracht werden konnte. In dieser internationalen Ordnung gab es keine Macht, die mit dieser Ordnung so unzufrieden gewesen wäre, daß sie nicht lieber eine Abhilfe innerhalb des in Wien gezogenen Rahmens gesucht hätte, statt ihn zu sprengen. Da die politische Ordnung keine «revolutionäre» Macht umfaßte, wurden ihre Relationen immer spontaner und beruhten auf der wachsenden Gewißheit, daß katastrophale Umstürze unwahrscheinlich seien.

Daß die in Wien gefundene Regelung allgemeine Anerkennung gefunden hat, war nicht einem glücklichen

Zufall zuzuschreiben. Während des Krieges hatten sowohl Castlereagh als auch Metternich immer darauf hingewiesen, daß es ihnen in dem Kampf um Stabilität gehe, nicht um Rache, die den Gegner zerschmettern soll, sondern um einen Kampf, in dem er gezwungen werden soll, Grenzen anzuerkennen. Wenn wir die Umrisse der Wiener Lösung mit dem Pitt-Plan und ihre Legitimierung mit der vergleichen, die in den Weisungen an Schwarzenberg zu finden ist, stellen wir fest, daß Glück auch in der Politik auf die Dauer nur der Zielstrebige hat.

Damit soll nicht gesagt sein, daß die Lösung eine Vorausschau erkennen ließ, in der alle einzelnen Ereignisse einer bestimmten Vision entsprachen. Castlereagh gab seine Vorstellung eines mechanischen Gleichgewichts zugunsten eines historischen auf, das auf vertrauensvoller Zusammenarbeit der Partner beruht, und trennte sich damit von dem Geist seines eigenen Landes. Metternich wurde bei dem Versuch, die Vorherrschaft sowohl in Italien als auch in Deutschland zu behalten, in eine Politik getrieben, die seine Kräfte überschritt. Seine immer unbeugsamere Haltung in dem Kampf um die Legitimität läßt das wachsende Bewußtsein erkennen, daß Österreichs materielle Grundlage zu schmal für die europäische Aufgabe war, die er ihm zugedacht hatte. So wie eine reine Machtpolitik für ein in der Mitte eines Kontinents gelegenes Reich selbstmörderisch ist, so ist auch das Bauen auf eine nicht durch Kraft gestärkte Legitimität demoralisierend und führt zur Stagnation. Finesse mag Stärke ersetzen, wenn bestimmte Ziele gegeben sind. Sie ist aber kein Ersatz für ein Konzept, wenn es sich um interne Probleme eines Staates handelt.

Preußen fühlte sich in seiner nationalen Ehre erniedrigt, sah sich zum Nachgeben gezwungen und wurde gegen seinen eigenen Willen in eine deutsche Mission gedrängt. Es erstreckte sich nun von der Weichsel bis an den Rhein und symbolisierte das Streben nach deutscher Einheit. Sein Gebiet war in Form von Enklaven über Mitteleuropa verstreut, und allein schon aus dem Sicherheitsbedürfnis heraus, wenn nicht gar von seinem Konzept einer nationalen Mission, wurde es beinahe zögernd zu dem Agenten einer deutschen Politik. Als Herr über die großen Flüsse und Fernstraßen beherrschte Preußen Deutschland wirtschaftlich, ehe es es politisch einte. Die so bitter beklagte Niederlage in Sachsen wurde schließlich zum Instrument des preußischen Sieges über Österreich.

Doch das erfolgte erst fünfzig Jahre später, und in einem Jahrhundert des Nationalismus mag für Österreich überhaupt keine erfolgreiche Politik möglich gewesen sein. Auch Staaten können, wie Menschen, Tragödien erleben, und ihre Bedeutung mag auch darin liegen, daß sie in einer Welt leben, die man nicht mehr versteht. In diesem Sinn war Österreich der Don Quichotte des neunzehnten Jahrhunderts. Vielleicht sollte man Metternichs Politik nicht an ihrem späteren Scheitern, sondern daran messen, wie lange durch sie das ohnehin Unvermeidliche hinausgeschoben wurde. Als der Wiener Kongreß sein Ende fand, schien es jedoch, als sei die Gefahr einer Katastrophe überwunden. Zum ersten Mal seit fünfundzwanzig Jahren konnten sich Staatsmänner wieder mehr dem Problem des Friedens als der Vorbereitung eines Krieges zuwenden. Doch mußten sie erst lernen, daß sich die daraus entstehenden

Probleme als noch schwieriger erweisen können. Sie hatten aber zumindest einen Bau geschaffen, der diesen Prozeß der Angleichung tragen konnte. Und ehe sie sich darangemacht hatten, waren sie zu der Erkenntnis gelangt, daß sie trotz aller Meinungsverschiedenheiten Teile einer großen Einheit waren. Nichts illustriert die Legitimität der Ordnung, auf die man sich gerade geeinigt hatte, besser als die Reaktion der Mächte auf die unglaublichen Nachrichten, die nun in Wien eintrafen.

Am 7. März erfuhr man, daß Napoleon von Elba geflohen war.

ZEHNTES KAPITEL

Die Heilige Allianz und das Wesen der Sicherheit

I

«Eine Konferenz zwischen den Bevollmächtigten der fünf Mächte hatte sich in meiner Wohnung in der Nacht vom 6. auf den 7. März bis nach drei Uhr früh erstreckt», schrieb Metternich in seiner Autobiographie. «Ich hatte meinem Kammerdiener den Befehl erteilt, wenn Kuriere spät nachts ankämen, mich nicht im Schlaf zu stören. Ungeachtet dieses Befehls brachte mir derselbe gegen sechs Uhr früh eine mittels Estafette eingelangte, als dringend bezeichnete Depesche. Als ich auf dem Couvert die Worte ‹vom K. K. General-Consulate in Genua› las und kaum zwei Stunden zu Bette war, legte ich die Depesche ungeöffnet auf den nebenstehenden Nachttisch. Einmal gestört, wollte der Schlaf sich nicht mehr einfinden. Gegen siebeneinhalb Uhr morgens entschloß ich mich, die Schrift zu erbrechen. Sie enthielt in sechs Zeilen die Anzeige: ‹Der englische Commissär Campbell sei soeben in dem Hafen erschienen, um sich zu erkundigen, ob sich Napoleon zu Genua nicht habe erblicken lassen, denn von der Insel Elba sei er verschwunden; worauf infolge der verneinenden Antwort die englische Fregatte ungesäumt wieder in die See gestochen sei.›»[1]

Auf diese Art und Weise, die die Überzeugung erkennen läßt, daß eine grundlegende Krise, welche den eingeleiteten Ablauf des Lebens stören könnte, nun nicht mehr möglich sei, mußte Europa erfahren, auf wie schwachen Füßen seine neu gefundene legitime Ordnung stand. Es war typisch für das Wesen einer Revolution als Willensakt, daß ein einzelner Mensch, dessen Aufenthaltsort noch unbekannt war, ganz Europa mit Furcht erfüllen konnte. Die Angst ließ auch erkennen, daß eine Neuregelung Grenzen zu ziehen, ja gelegentlich sogar Herrscher zu etablieren vermag, daß aber nur eine gewisse Zeitdauer Selbstvertrauen einflößen kann. So diskutierten die Staatsmänner in Wien Napoleons Schritte, als ob ihm alle Möglichkeiten offenstünden, als ob das Symbol der Revolution diese in jedem beliebigen Teil Europas zur Wirklichkeit werden lassen könnte. «Er wird irgendwo an der italienischen Küste an Land gehen und sich in der Schweiz festsetzen», meinte Talleyrand und bewies damit, daß es selbst für einen Zyniker nicht leicht ist, an den Zusammenbruch seiner Weltordnung zu glauben. «Nein», antwortete Metternich, der das Wesen von Revolutionen, wenn auch nicht ihre Gründe, besser kannte, «er wird schnurstracks auf Paris marschieren.» Denn Paris hielt den Schlüssel zur europäischen Lösung in der Hand; dort und nur dort hatte Napoleon einen Anspruch auf Legitimität, den einer charismatischen Herrschaft. Während die Gespräche noch andauerten, marschierte Napoleon das Rhône-Tal hinauf und betrat in der Nacht zum 20. März Paris.

Das Ausmaß der Angst ließ Europa zugleich das Maß seiner Einigkeit erkennen. Man hatte sich einen Frieden mit Napoleon vorstellen können, als der Gedanke an seine Siege noch die Illusion seiner Unbesiegbarkeit nährte. Jetzt aber war eine auf unvereinbaren politischen Systemen beruhende internationale Ordnung nicht mehr akzeptabel. Am 13. März, nur sechs Tage nachdem Napoleons Flucht bekanntgeworden war, veröffentlichten die «Großen Acht» – Österreich, Großbritannien, Preußen, Rußland, Schweden, Spanien, Portugal und Frankreich in der Person Talleyrands – eine Erklärung, in welcher dem König von Frankreich die erforderliche Unterstützung zur Wiederherstellung der öffentlichen Ruhe zugesagt wurde. Gleichzeitig wurde darin erklärt, Napoleon, der Störer des Weltfriedens, habe sich außerhalb der menschlichen und gesellschaftlichen Beziehungen gestellt. Die bereits teildemobilisierten Heere wurden wieder in Marsch gesetzt. Noch ehe die Wiener Lösung ratifiziert worden war, stand Europa erneut im Krieg. Und um dem Wendepunkt einer Ära auch symbolisch letzten Ausdruck zu verleihen, wurde der Krieg nicht einer Nation, sondern einem Menschen erklärt.

Umsonst akzeptierte Napoleon den Frieden von Paris. Umsonst sandte er dem Zaren eine Abschrift des Geheimvertrags vom 3. Januar, den er in den Tuilerien gefunden hatte. Auch Metternich reagierte nicht auf seine Fühler. Denn Napoleon war nun nicht mehr der Herrscher, der sich über die Revolution hinaus entwickelt hatte, sondern er war ein revolutionärer Häuptling. Er mochte seinen Friedenswunsch beschwören, doch selbst wenn es ihm darum ernst war, so hatte er die Fähigkeit verloren, damit Wirkung zu erzielen. Der Napoleon von 1814 verfügte trotz seiner Rückschläge noch immer über die charismatischen Eigenschaften des

Siegers von Jena und Austerlitz. Der Napoleon von 1815 war der Besiegte von 1814, und der Gedanke an seine Niederlage beschnitt nun seinen Machtanspruch. Er kehrte nicht wie im Triumph zurück, sondern gleichsam als Protest, der die übliche revolutionäre Koalition aller, die unzufrieden sind, zuwege bringt. Napoleon, der Willensmensch, war zu einem Symbol geworden, zu einem Prinzip, mit dem man das verhaßte Prinzip der «Legitimität» bekämpfen konnte. Bei seinem letzten Auftritt auf der Weltbühne lieferte er den Beweis, daß Menschen sich zwar Ideen nutzbar machen können, daß Ideen aber stärker sind als Menschen. Die Revolution forderte ihre Rechte, und Napoleon konnte sich nur legitimieren, indem er seine Regierung auf die Jakobiner stützte und die bourbonische Verfassung liberalisierte. Doch wenn Metternich gehofft hatte, einen erobernden Napoleon zur Anerkennung der Grenzen der Macht zu bewegen, so war ein Napoleon, der sich auf eine innenpolitische Revolution stützte, kein annehmbarer Faktor mehr in dem Gleichgewicht. Am 3. Mai kamen die verbündeten Mächte überein, daß «sie sich im Zustand des Krieges mit dem gegenwärtigen Herrscher Frankreichs befinden, weil die Erfahrung gelehrt hat, daß man seinen Bekundungen kein Vertrauen entgegenbringen kann ... Sie sind im Krieg, um ihre eigene Unabhängigkeit zu sichern und für immer die Ruhe wiederherzustellen, weil ein Frankreich unter seinem gegenwärtigen Staatschef keine Sicherheit irgendwelcher Art bietet.»[2]

Die Verbündeten waren sich zwar darin einig, daß eine weitere Herrschaft Napoleons mit dem Gleichgewicht in Europa unvereinbar sei, doch über die nun zu ergreifenden Abwehrmaßnahmen herrschte bei weitem keine Einigkeit. Der neuerliche Ausbruch des Krieges ließ wieder alle Meinungsverschiedenheiten aufbrechen, die so mühsam in Langres, Troyes und Wien beigelegt worden waren. Denn alle diejenigen, denen der Erfolg im vergangenen Jahr versagt geblieben war, zogen nun aus Napoleons erneutem Auftritt die Schlußfolgerung, das alles sei nur geschehen, weil man ihrem Rat nicht gefolgt sei. Der Zar erinnerte daran, daß er sich der Restauration der Bourbonen widersetzt hatte, die Preußen riefen in Erinnerung, daß sie ja einen harten Frieden verlangt hatten, und das Kabinett Liverpool bemerkte, wie wenig es mit dem Vertrag von Fontainebleau einverstanden gewesen sei. All diese Befürworter der Rache, die in dem vergangenen Jahr nur mühsam zurückgedrängt werden konnten, waren nun wieder auf dem Plan. Es schien, als könne die Revolution Europa zwar nicht mehr erobern, wohl aber es in einen Wirbel stürzen, der alle Bande zerreißt.

Auf Castlereagh fiel nun die Hauptlast der Verantwortung. Das österreichische Heer stand in Italien, das russische noch weit in Polen. Nur schnell in den Niederlanden zusammengezogene britische und preußische Verbände waren einsatzbereit. Keiner der Verbündeten war finanziell auf den Krieg vorbereitet. Während jedoch im vorangegangenen Jahr Castlereagh den Schwankenden Mut einflößen mußte, hatte er jetzt vor allem die Übereifrigen zu bremsen, sich in einen Krieg zu stürzen, dessen Kosten nach allgemeiner Überzeugung nicht wieder von den Siegern getragen werden sollten. Am 25. März erneuerte Wellington, der Castlereaghs Stelle in Wien übernommen hatte, die Vereinbarungen betreffend Hilfszahlungen, wie sie schon im

Vertrag von Chaumont niedergelegt waren, nur mit dem Unterschied, daß nun alle deutschen Mittelstaaten dem Vertrag beitraten. «Wir müssen uns dieser Aufgabe mit Hingabe unterziehen», schrieb Castlereagh an Wellington, «wir dürfen nichts dem Glücksfall überlassen ... Es muß alles in ganz großem Ausmaß erfolgen ... Sie müssen Frankreich von allen Seiten her mit Kräften überfluten ...»[3]

Frankreich von allen Seiten mit Gewalt zu Leibe zu rücken war ein Ding. Etwas ganz anderes hingegen war es festzustellen, in wessen Namen diese Kräfte kämpfen sollten. Großbritannien mochte vielleicht der Staat gewesen sein, der am meisten eine zweite Rückkehr der Bourbonen wünschte. Doch seine innenpolitische Legitimität erlaubte keinen Krieg aus diesem Grund. Die Nichteinmischung in innenpolitische Angelegenheiten anderer Staaten war ein so grundlegendes Prinzip der britischen Politik, daß man es selbst zugunsten der Bourbonen nicht verletzen konnte. «Ludwig XVIII. braucht uns nicht zu sagen, von welch entscheidender Wichtigkeit seine Restauration auf dem Thron auch für uns ist», schrieb Castlereagh an Clancarty, «und es wird auch nachdrücklich alles daran gesetzt werden müssen, um den Krieg so zu führen, daß er dieses Ergebnis hat. Doch wir können diesen Krieg nicht *sine qua non* führen. Fremde Mächte mögen gerechtfertigterweise für eine Zerschlagung von Bonapartes Herrschaft kämpfen, weil diese mit ihrer Sicherheit unvereinbar ist. Es ist jedoch eine andere Frage, ob man öffentlich für einen bestimmten Nachfolger eintreten kann. Das ist für unser Parlament eine sehr delikate Sache.»[4] In einem Brief an Sir Charles Stewart, seinen Botschafter bei dem im Exil befindlichen Bourbonenkönig, fügte er hinzu: «John Bull kämpft dann am besten, wenn er ungebunden ist, und ... wenn wir auch durch geschicktes Verhalten die Interessen der Bourbonen mit dem öffentlich verkündeten Kriegsziel gleichschalten können, so können wir darin doch niemals ein Prinzip sehen ...»[5]

Während des April und Mai, als der Zar niedergeschlagen davon sprach, ihm sei selbst eine Republik lieber als eine erneute Restauration[6], mußte sich Castlereagh mit seinem Parlament auseinandersetzen, das ihn schließlich zwang zu behaupten, Großbritannien werde in Fragen der innenpolitischen Neuordnung Frankreichs vollständig unparteiisch bleiben. Während die Bourbonen um Hilfe und die Staaten auf dem Festland um finanzielle Unterstützung baten, mußte Castlereagh einen Kriegsgrund vorbereiten, der mit dem Ethos einer Inselmacht vereinbar war. Doch trotz größter Schwierigkeiten weigerte er sich, durch einen Appell an die Leidenschaften der Massen, die eine «Bestrafung» Frankreichs forderten, seine Politik zu legitimieren. Vor dem Parlament erklärte er, die Bourbonen hätten Frankreich wieder gesellschaftsfähig und zu einem Mitglied der Staatenfamilie gemacht. Und Napoleon sei nur zurückgekehrt, weil die Armee mit dem Frieden nicht einverstanden gewesen sei[7]. Der Krieg sei der Kampf eines vereinten Europa gegen die Gefahr Napoleons, und sein Ziel sei die Wiedereingliederung Frankreichs in die Staatenfamilie, nicht aber seine Bestrafung. Als die Kriegserklärung am 26. Mai schließlich beschlossen wurde, konnte Castlereagh an Nesselrode berichten: «Es verlangte einige Kunstgriffe, um das Land für einen Krieg zu gewinnen ... Sie dürfen sich aber darauf verlas-

ZUSAMMENTREFFEN BLÜCHERS UND WELLINGTONS
NACH DER SCHLACHT BEI WATERLOO

sen, daß alles wohl vorbereitet ist und wir auf der Seite unserer Verbündeten und der guten Sache stehen ...»[8]

Die Kriegserklärung kam nicht zu früh. Am 18. Juni fand die Schlacht von Waterloo statt, am 22. Juni dankte Napoleon erneut zugunsten seines Sohnes ab. Castlereagh war damit die Schwierigkeit eines weiteren Koalitionskrieges erspart geblieben. Denn während der Zar, nur von einer kleinen Kosakeneskorte begleitet, in Richtung auf Paris eilte in der Hoffnung, seinen Triumph vom Vorjahr wiederholen zu können, bereitete Wellington eine zweite Restauration vor, bei der der «legitime» Herrscher von Frankreich, Ludwig XVIII., durch eine jakobinische Nationalversammlung zurückgerufen wurde. Und ähnlich wie im April 1814 Talleyrand Alexander im Namen der Hochherzigkeit vor eine vollendete Tatsache gestellt hatte, so taten es jetzt Wellington und Castlereagh unter Berufung auf die Mäßigung. Es schien das Schicksal Alexanders zu sein, daß sich sein Leben nur in der Vorstellung erfüllte.

Frankreich war wieder «gesellschaftsfähig». Als sich jedoch die vier Mächte zusammensetzten, um einen neuen Friedensvertrag zu entwerfen, waren die Hoffnungen des vergangenen Jahres erschüttert. Es schien nun auf der Hand zu liegen, daß man Revolutionen nicht einfach dadurch beenden kann, daß man eine Alternative anbietet, und es schien klar zu sein, daß man Frankreich nicht in die Gemeinschaft der Nationen eingliedern konnte, indem man einfach seine innerpolitische Struktur wandelte. 1814 war der Krieg erklärtermaßen mit dem Ziel geführt worden, Frankreich in seine «alten Grenzen» zurückzudrängen, und Napoleons Sturz war dabei nur ein Nebenprodukt gewesen. Trotzdem hatte man die Restauration der Bourbonen als wesentlichen Wandel der Lage betrachtet. 1815 hatte man den Krieg geführt, um Napoleon zu stürzen, doch paradoxerweise führte der Erfolg nur zu neuen Schwierigkeiten. Vergessen waren die tapferen Worte, die man im vergangenen Jahr von der Gemeinschaft der Nationen gesprochen hatte, deren Aspirationen durch die Legitimität gebunden seien. Europa begann, sich aus Angst vor einem Gegner zu organisieren, und dabei ging die Spontaneität verloren. In der Selbstherrlichkeit der Sieger trafen sich die vier Mächte nun, um Frankreich einen Frieden aufzuerlegen, wobei es unwahrscheinlich war, daß sie ein zweites Mal das Gefühl für Proportionen beherrschen würde.

In Paris jedoch stand ein Mann, der für kurze drei Monate das Gewissen Europas verkörperte. Es ist kaum erklärlich, warum gerade Castlereagh sich dem preußischen Wunsch nach Entwaffnung Frankreichs widersetzte, zumal auch Metternich in gewissem Maß diese Forderung unterstützte, indem er das Schleifen des äußersten Festungsgürtels verlangte[9]. Wie kam es, daß sich Castlereagh sowohl gegen sein Kabinett als auch gegen das britische Parlament stellte, die beide einen Straffrieden verlangten? Dieser jedenfalls blieb Frankreich erspart, und das Gleichgewicht in Europa wurde durch den Vertreter der Inselmacht gerettet, die eigentlich am wenigsten unmittelbar von Gefahren bedroht war. Zu keiner anderen Zeit während seiner Laufbahn hat Castlereagh mehr Größe gezeigt als in dieser Schlacht um das Gleichgewicht zu Paris. In England mißverstanden, ohne Unterstützung durch den moralischen Rahmen, den Metternich früher immer geschaffen hatte, arbeitete er mit der gewohnten methodischen Zurückhaltung, mit nur ungelenker Überredungskunst und von einem Instinkt getrieben, der stets sicherer war als seine Ausdrucksfähigkeit. So sah der Mann aus, dem Europa zwei Generationen hindurch die Schuld dafür in die Schuhe schob, daß seine Freiheiten vernichtet worden seien, weil man das politische Gleichgewicht schon als etwas so Selbstverständliches ansah, daß das Ringen der gesellschaftlichen Kräfte alles andere überschattete. Man hatte einfach vergessen, daß ohne den politischen Bau, den Castlereagh so resolut erhalten hat, keine gesellschaftliche Substanz übriggeblieben wäre, um die zu kämpfen es sich gelohnt hätte.

2

Als Castlereagh sich anschickte, die Bedingungen des Friedensvertrags zu erörtern, sprach alles gegen eine Mäßigung. Ein ohnmächtiger Feind ist eine Tatsache, ein versöhnter Feind ist eine Vermutung. Für einen territorialen Zuwachs liegt die Sicherheit im Besitz; das Eingliedern eines Gegners in die Gemeinschaft der Nationen durch Selbstbescheidung ist ein Ausdruck des Vertrauens. Es ist keine Zufälligkeit, daß die Befürworter einer «absoluten Sicherheit» stets die öffentliche Meinung auf ihrer Seite haben. Sie haben die Sanktion der Gegenwart. Staatsmännische Führungskunst muß sich aber mit der Zukunft befassen.

Die Argumente zugunsten einer absoluten Sicherheit mögen noch so «vernünftig» klingen, sie führen doch stets zu einer revolutionären Lage innerhalb der internationalen Gemeinschaft. Weil sie nur eine einzige Ursache für einen Krieg kennen, schaffen sie ein physisches und psychologisches Ungleichgewicht. Je drückender der Frieden, um so nachdrücklicher wird die Forderung nach einem System kollektiver Sicherheit sein, das durch die Bedrohung seitens des einstigen Feindes legitimiert wird. Solch ein System ist jedoch das Eingeständnis eigener Starrheit, eines Friedens, der nur durch überlegene Kräfte erhalten bleibt. Wenn es in einem Ordnungssystem eine permanent unzufriedene Macht gibt, wird Harmonie zum Selbstzweck, und damit hängt die Stabilität von dem rücksichtslosesten Mitglied der Gemeinschaft ab, das heißt von dem, der am ehesten bereit ist, sich mit der revolutionären Macht zu arrangieren. Die scheinbare Schwäche der geschlagenen Macht ist darum trügerisch, und gerade der Versuch, sie auf die Dauer schwach zu halten, kann leicht ihre relative Stellung stärken. Denn wenn die siegreichen Mächte das legitimierende Prinzip ihrer Ordnung verletzen oder nicht fähig sind, den einstigen Gegner freiwillig zur Annahme ihrer Ordnung zu bewegen, schaffen sie eine psychologische Verwirrung. Die Mächte des Status quo können sich in der Verteidigung ihrer Stellung dann nicht mehr auf die «Legitimität» berufen. Dem Opfer eines Straffriedens gegenüber bauen sie auf überlegene Stärke. Diejenigen, die Stabilität am meisten nötig haben, werden somit zu Exponenten einer im Kern revolutionären Politik. Es ist kein Zufall, daß ein Straffrieden den Sieger leichter demoralisieren kann als den Besiegten. Das Streben nach absoluter Sicherheit führt zur permanenten Revolution.

Das war im Juli 1815 in Paris aber nur sehr wenigen

bekannt. Angesichts der übertriebenen Forderungen Preußens und in gewissem Maß auch Österreichs, und unter dem Druck seiner eigenen Regierung war Castlereagh genötigt, sich zu einer theoretischen Verteidigung seiner Einstellung aufzuschwingen, was in seiner Laufbahn nur sehr selten vorkam. Er war aufs höchste erregt und verärgert durch die Plündereien der alliierten Truppen und das Streben der deutschen Staaten, möglichst viele ihrer Truppen nach Frankreich zu werfen, um die Unterhaltskosten für sie zu sparen[10]. Er wurde nun auch besorgt wegen der zunehmenden Hartnäckigkeit seiner eigenen Kabinettsmitglieder. Um die Verantwortung für seine Politik ein wenig auf andere Schultern zu verteilen, gewann Castlereagh nun den Zaren, der sich wieder in der Stimmung religiöser Begeisterung befand, für den Vorschlag eines Friedensvertrags, der im wesentlichen den ersten Pariser Vertrag bestätigte, aber noch eine mäßige Entschädigungszahlung enthielt. Diesen Vorschlag reichte er dem britischen Kabinett mit einem Begleitbrief weiter, in welchem angedeutet wird, man solle nicht zulassen, daß Rußland allein für sich den Ruhm, einen maßvollen Frieden vorgeschlagen zu haben, in Anspruch nehmen könne[11].

Das britische Kabinett war jedoch nicht bereit, dem Zaren mehr zuzugestehen als Castlereagh. Schon am 15. Juli hatte Liverpool ausgeführt, die Haltung der französischen Regierung den «Verrätern» gegenüber lasse ihre Unzuverlässigkeit erkennen; die Sicherheit beruhe darum darauf, daß man die Möglichkeiten Frankreichs zu einer Aggression verhindere. Die Alliierten hätten das Recht, Frankreich alle Eroberungen seit Ludwig XIV. wieder abzunehmen; zumindest sollten die bedeutendsten Festungen längs der Nord- und Ostgrenze geschleift werden, und man sollte eine Kriegsentschädigung verlangen[12]. Eine großherzige Politik habe sich als enttäuschend erwiesen, und Großbritannien schulde es sich selbst, nun auf bestmögliche Art und Weise für seine Sicherheit Sorge zu tragen. Wie stets in solchen Zeiten griff man als letztes Mittel zu militärischen Überlegungen, so als ob die militärische Seite der Sicherheit eine eigene Moral habe und als ob das Bauen auf rein militärische Überlegungen nicht schon aus sich heraus ein Symptom ist, daß die Politik abgedankt hat. Die Popularität Ludwigs XVIII., so fuhr Liverpool fort, sollte die Abtretung der französischen Festungen nicht beeinflussen, darüber solle allein das militärische Urteil Wellingtons entscheiden: «Es mag für uns sehr wünschenswert sein, wenn die Regierung von Ludwig XVIII. in Frankreich populär wird. Dennoch meinen wir, daß wir nicht das Recht haben, dieses Ziel durch ein Opfer all dessen zu erreichen, was gerade für die Sicherheit Europas als wichtig betrachtet wird.»[13]

Castlereagh sah sich somit zu seiner eingehendsten Darlegung des Wesens der Sicherheit gezwungen. In zwei Memoranden vom 12. und 17. August befaßte er sich mit der Frage der Wiedereingliederung Frankreichs oder seiner Bestrafung. Er schrieb über den Frieden der Versöhnung oder einen Frieden der Zerstückelung Frankreichs. Das Memorandum vom 12. August befaßt sich mit dem Problem von Gebietsabtretungen.

Wenn Entwaffnungen eine Garantie für die Sicherheit bedeuten, so argumentierte Castlereagh, sollte man sie riskieren, auch wenn es vermutlich bei der Verteilung der Beute zu Meinungsverschiedenheiten kommt. Gebietsabtretungen würden aber statt dessen nur den militärischen Ehrgeiz Frankreichs anstacheln, ohne daß die Gewißheit besteht, daß die anderen Mächte, insbesondere Rußland, sich als entschlossene Gegner einer erneuten Aggression erweisen würden: «Um wieviel besser wäre es doch für Europa, wenn es in einer Sicherheit leben könnte, die alle Mächte hinnehmen können, als vielmehr die Allianz zu riskieren, um Maßnahmen *übertriebener* Vorsicht zu erreichen.» Kurz, der Wunschtraum nach einer absoluten Sicherheit zerstört das, was er zu erreichen sucht. Weil die physische Komponente der Stabilität überbewertet wird, fehlt dem Ganzen der moralische Aspekt. Und weil man Kräfte sammelt, um den geschlagenen Gegner geschlagen zu halten, wird damit die Entschlossenheit unterminiert, die dem Ganzen erst Wirkung verleiht: «Ein weiterer Exzeß Frankreichs wird wohl ohne Zweifel Europa zu Maßnahmen der Gebietsabtretungen treiben... Doch sollten die Verbündeten die sich ihnen erneut bietende Chance wahrnehmen, eine Sicherheit zu schaffen, die alle Mächte so dringend nötig haben, verbunden mit der Gewißheit, daß sie im Fall erneuter Enttäuschung wieder zu den Waffen greifen werden, wobei sie dann nicht nur die beherrschenden Stellungen in ihrer Hand haben, sondern darüber hinaus auch die ganze moralische Stärke, mit der allein ein solches Bündnis zusammengehalten werden kann.»[14]

Lief das Memorandum vom 12. August auf eine Definition des Wesens der Sicherheit hinaus, so verneinte das vom 17. August, daß man eine Politik führen könne, die der schwankenden öffentlichen Meinung entspricht[15]. «Ich habe keinen Zweifel», schrieb er an

Liverpool, «daß die Mittellinie die populärste sein würde und daß unsere Arbeiten zu einem *éclat* führen, wenn wir die dauernde Abtretung von ein oder zwei Festungen berühmten Namens erzwingen... Es ist jedoch nicht unsere Aufgabe, Trophäen zu sammeln, sondern zu versuchen, wenn möglich, die Welt wieder zu friedlichen Gewohnheiten zurückzuführen. Ich glaube nicht, daß damit ein Versuch vereinbar ist, das Territorium Frankreichs anzutasten... Ich glaube auch nicht, daß es klar ist..., daß Frankreich nicht selbst innerhalb seiner bestehenden Grenzen doch ein nützliches und nicht gefährliches Mitglied des europäischen Systems werden kann.» Es war ein Maßstab für Castlereaghs Größe als Staatsmann, daß er, der unversöhnlichste Gegner Napoleons, der noch vor fünfzehn Monaten sich nur ein Europa vorstellen konnte, das unter der Angst vor Frankreich zusammengefaßt war, sich nun zum Advokaten eines Friedens der Harmonie aufschwang. Es ist zugleich auch richtungweisend für sein Pflichtgefühl als Staatsmann, daß er selbst in dem Augenblick, als er praktisch allein stand, der öffentlichen Meinung Konzessionen versagte.

Mit äußerster Hartnäckigkeit auf seiten Castlereaghs und mit nur widerwilliger Zustimmung von seiten des Kabinetts wurde so die Rolle festgelegt, die Großbritannien bei der erneuten Friedenslösung spielen sollte. Daß diese Rolle auf den Überzeugungen eines einzelnen Menschen ruhte, hatte keinen Einfluß auf die unmittelbaren Verhandlungen des Friedensvertrages. Weil aber seine Motive nicht die Begeisterung seiner Mitbürger, ja nicht einmal deren Verständnis gewinnen konnten, kam es nicht zu weiteren Schritten. Ein im Namen Europas geschaffener Frieden konnte nur gesichert bleiben, wenn sich Großbritannien seiner europäischen Rolle bewußt blieb. Dieses Bewußtsein schwand aber, je mehr die Erinnerung an die große Gefahr abklang, und je mehr und je länger Großbritannien bei einem Blick über den Kanal dort Antwerpen liegen sah, das sich in den Händen friedlicher Menschen befand, so daß man schließlich vergaß, daß es je anders sein könnte.

Castlereagh hatte die Bedenken seines Kabinetts überwinden können. Nun sah er sich der Habgier der Festlandsmächte gegenüber. Denn Preußen, das gegen Frankreich 280000 Mann ins Feld geführt hatte, die nun oft recht rücksichtslos für Preußens Leiden Vergeltung übten, wollte nicht ein zweites Mal der Rache für seine nationale Erniedrigung beraubt werden. Hinter ihm standen die zweitrangigen Mächte, die alles zu gewinnen und nichts zu verlieren hatten, da ihre territorialen Gewinne ohnehin durch die Großmächte garantiert werden mußten. Castlereagh erboste sich über «den Geist des Ausplünderns, unter dem im vergangenen Jahrhundert Deutschland zu leiden hatte.»[16] Wie erregt er war, mag man daran ablesen, daß er sogar drohte, die britische Garantie für die Niederlande zu widerrufen, falls diese auf ihren übertriebenen Forderungen beharrten[17].

Doch es stand außer Frage, daß es nicht mehr einen so generösen Frieden wie den ersten Vertrag von Paris geben könne. Man war sich darin einig, daß Frankreich die Kriegskosten sowie einen Teil der Kosten zu übernehmen hatte, die durch den Bau von Grenzfestungen in den Niederlanden anfallen würden. Außerdem wurde die Entschädigung auf 700 Millionen Francs festgesetzt.

Ein Besatzungsheer in Nordfrankreich hatte für die Durchführung des Friedensvertrags und den Schutz des Königs Sorge zu tragen. Preußen und den kleinen deutschen Staaten gelang es schließlich, auch noch Grenzberichtigungen durchzusetzen. Frankreich wurde auf seine vorrevolutionären Grenzen durch Wegnahme der zusätzlich ihm im ersten Vertrag von Paris belassenen Territorien beschnitten: Saarlouis, Landau und Savoyen. Auch die während der Revolutionskriege angesammelten Kunstschätze waren den ursprünglichen Besitzern zurückzugeben.

Diesem Vertrag fehlte zwar die Großherzigkeit, die den ersten Frieden von Paris beherrscht hatte, er war dennoch aber nicht so schwer, daß Frankreich zu einer dauernd unzufriedenen Macht werden mußte. Die verlorenen Gebiete waren eher von strategischer als wirtschaftlicher oder symbolischer Bedeutung, und in ihnen lebte kaum eine Million Menschen. Die Kriegsentschädigung wurde innerhalb drei Jahren bezahlt, so daß die Besatzung nach Ablauf dieser Zeit zurückgezogen werden konnte. So wurde ein zweites Mal ein Frieden der Mäßigung geschlossen, und innerhalb einer Zeitspanne von weniger als fünfzehn Monaten widersetzten sich zweimal gerade die Staatsmänner den Verlockungen eines totalen Sieges, die dann über ein Jahrhundert lang dafür kritisiert wurden, daß sie sich den großen emotionalen Bewegungen Europas gegenüber blind gezeigt hätten. Die Vertreter dieser Emotionen, wie etwa der Freiherr vom Stein, waren trotz ihrer sozialen Einsichtigkeit aber alle Anhänger eines Rachefriedens, der Europa in ein lange anhaltendes politisches Durcheinander gestürzt hätte.

3

Die Ära eines legitimen Gleichgewichts konnte aber erst beginnen, nachdem noch zwei Verträge geschlossen waren, die in ihrer Befangenheit deutlich machen, daß die Erinnerung an Revolutionen gefährlicher sein kann als ihre Realität, daß nur «etablierte» Ordnungen Wirklichkeit sind, während Neuschöpfungen der Erläuterung bedürfen. Es ist nur natürlich, daß diese Handlungen die beiden Aspekte des Ordnungsstrebens verkörperten: Das Viererbündnis vom 20. November 1815 garantierte das Gleichgewicht der Kräfte; die Heilige Allianz vom 26. September 1815 verkündete die Anerkennung der jeweiligen Wünsche und die alles durchdringende Geltung moralischer Prinzipien. Dem entsprach, daß Castlereagh den politischen Rahmen entwickelte, während der Schöpfer des moralischen Ausdrucks eine paradoxe Persönlichkeit war: der russische Zar, der noch im vorigen Jahr Europa an den Rand eines Krieges gebracht hatte, aber jetzt, vom Ruhm gesättigt, in mystisch exaltierter Stimmung seinen Namen mit den hehren Maximen der Christenheit in Verbindung zu bringen suchte.

Schon am 17. Juli hatte Castlereagh an Liverpool geschrieben, er habe einen großen Fehler begangen, als er damals in Paris nicht auf einem Verbot einer Rückkehr Napoleons bestand, denn es sei außer Zweifel, daß dieser sowohl seinem Volk als auch dem Heer den Glauben eingeflößt habe, er könne wieder an die Macht kommen und der Frieden dennoch erhalten bleiben[18]. Aus diesem Geist entstand das Viererbündnis, was eine merkwürdige Mischung des Konzepts internationaler

Beziehungen darstellte, wie es eine Inselmacht hegt, mit der Kenntnis von jenen Elementen der Stabilität, wie sie ein Staatsmann mit europäischer Vision hat.

Wie stets Revolutionen gegenüber sah sich Großbritannien im Widerstreit mit seiner inneren Legitimation: wie man den Wunsch, die Bourbonen zu halten, mit dem Prinzip der Nichteinmischung in die Innenpolitik anderer Staaten vereinbaren könne. Das Ergebnis war ein Kompromiß, der Europa den Beistand im Fall französischer Aggression brachte, gleichzeitig aber gemeinsame Handlungen im Fall innerpolitischer Umwälzungen umging. Das erklärte Ziel war der Schutz der territorialen Abmachungen des Zweiten Pariser Vertrages, und das war unzweifelhaft auch der Aspekt, der dem britischen Kabinett am meisten am Herzen lag. Weil Napoleon das territoriale Gleichgewicht wiederholt gestört hatte, wurde aber eine Ausnahme von dem Prinzip der Nichteinmischung in den zweiten Artikel des Bündnisvertrages aufgenommen, demzufolge die Familie Bonaparte nie auf den französischen Thron kommen dürfe. Was aber sollte passieren, falls Frankreich eine andere, nicht bonapartistische Revolution erlebte? Eine Revolution zum Kriegsgrund zu machen, hätte bedeutet, das Prinzip der Nichteinmischung aufzugeben. Wollte man aber abseits bleiben, hätte das zu einer weiteren Reihe revolutionärer Auseinandersetzungen geführt. Dieses Dilemma wurde durch einen Ausweg gelöst, der es der Inselmacht ermöglichte zuzugestehen, daß die europäische Stabilität eine soziale Komponente hat, während doch gleichzeitig der öffentlichen Meinung, welche eine Zurückhaltung wünschte, Rechnung getragen war: Die Verbündeten kamen überein, «wachsam» zu sein, falls «erneut in Frankreich Revolutionen sich ereignen sollten ... und die für die Sicherheit ihrer Staaten erforderlichen Maßnahmen zu ergreifen». Eine Revolution in Frankreich war somit zwar zu einer potentiellen Bedrohung erklärt, selbst wenn sie nicht zu einem Akt physischer Aggression führen sollte, dennoch aber war das nicht automatisch ein Kriegsgrund.

Fünfzehn Monate früher hätte Castlereagh diese Vereinbarungen, zusammen mit den Artikeln, die die Bereitstellung von Militär für kollektive Maßnahmen seitens der verbündeten Mächte regelten, als Höhepunkt seiner Bemühungen empfunden. Gewiß hat auch kein Mitglied des britischen Kabinetts die Sicherheit Großbritanniens in irgend etwas anderem als dem Niederhalten Frankreichs gesehen. In der Zwischenzeit jedoch war Castlereagh Opfer einer Versuchung geworden, wie man ihr bei vielen Staatsmännern großer Koalitionen begegnet. In der Mythologie von Koalitionen erscheint die Vorkriegsdiplomatie als übertrieben kleinmütig und mit eine Ursache für das Klima des Mißtrauens. In dem Vollgefühl gemeinsamer Handlungen, oder wenn die Erinnerung an sie noch frisch ist, will es scheinen, als sei die Friedenssehnsucht schon ein ausreichendes Motiv, den Frieden zu erhalten. Dementsprechend hatte sich Castlereagh nun daran gewöhnt, die durch einen gemeinsamen Feind erzwungene Einmütigkeit als Normalform internationaler Beziehungen aufzufassen. Er war über den Triumph der «Vernunft» so befriedigt, daß er nicht mehr an den schmerzlichen Prozeß des Ausgleichs vom vorigen Jahr dachte. In immer stärkerem Maß sah er in vertrauensvollen Beziehungen nicht den Ausdruck, sondern die Ursache der Harmonie, und die Voraussetzungen für eine friedliche Ordnung waren für ihn so unzweideutig wie Maßnahmen, die zum militärischen Sieg führen. Er schlug daher vor, daß die europäischen Mächte in engem Kontakt miteinander bleiben sollten, und zwar nicht nur, wie der Zar es wollte, um Frankreich zu überwachen, sondern um generell die Probleme der europäischen Sicherheit zu erörtern. Der Gedanke, daß Stabilität in Bindung und nicht in einem mechanischen Gleichgewicht, in Vorbeugung und nicht in Verteidigung liegen könne, lag so außerhalb der Vorstellungswelt des britischen Kabinetts, daß niemand gegen Artikel VI des von Castlereagh entworfenen Bündnisvertrags protestierte, demzufolge sich die hohen vertragschließenden Parteien von Zeit zu Zeit treffen sollten, «um die Maßnahmen zu beraten, die für die Ruhe und den Wohlstand der Nationen und den Frieden in Europa am wünschenswertesten» seien[19].

Das System der Konferenzen, das Europa sieben Jahre lang regieren sollte, entstand also beinahe als Nebengedanke. In jeder politischen Lage gibt es aber Faktoren, die dem Willen nicht unterworfen sind und die in einer Generation nicht geändert werden können. Das ist die Form, welche für den Staatsmann zur Tatsache wird, und in dem Ringen mit ihr liegt sein tragisches Geschick. Castlereaghs Vision mag großartig gewesen sein; das Großbritannien seiner Tage verstand aber seinen Außenminister nicht. In der Meinung der Öffentlichkeit blieb der englische Kanal eine bessere Garantie der britischen Sicherheit, als die Stabilität auf dem Festland es sein konnte. Nur durch ein Mißverständnis wurde dieser Konflikt 1815 noch nicht deutlich: Während Castlereagh an Europa dachte, lenkten das Kabinett und das Land ihre Aufmerksamkeit auf Frankreich.

In Paris befand sich ein weiterer Mann, der gleichfalls eine unerreichbare Perfektion erreichen wollte. Seit den Auseinandersetzungen in Wien verfiel der Zar einem zunehmenden Hang zum Mystischen. Der Ruhm und die Anerkennung, nach denen er so lange ehrgeizig gestrebt hatte, waren ihm entschwunden, und selbst seine Siege hatten sich mehr und mehr als nutzlos erwiesen. Der erste Marsch auf Paris hatte nicht zu einer moralischen Rechtfertigung des Brandes von Moskau geführt, sondern zu einer komplizierten Intrige, welche die Restauration der Bourbonen zur Folge hatte. Und der Wiener Kongreß hatte nicht die Anerkennung selbstverständlicher ethischer Maxime gebracht, sondern war ein hartnäckiges Ringen um scheinbar am Rande liegende Fragen gewesen. Es ist natürlich richtig, daß Politik nicht in einer exaltierten Stimmung gemacht werden kann, weil Staatsmänner gleichermaßen daran interessiert sein müssen, die Welt zu erhalten, wie sie für sich zu gewinnen. Das aber ist ein schlechter Trost für den Fanatiker – oder für den Propheten. Der Staatsmann lebt in seiner Zeit. Die Festigkeit seines Bauwerks auch in ungünstigen Zeiten ist für ihn der große Prüfstein. Der Prophet lebt in der Ewigkeit, die schon rein begrifflich keine zeitlichen Dimensionen kennt. Sein Prüfstein liegt in seiner Vision. Ein Zusammentreffen zwischen diesen beiden ist immer tragisch, weil der Staatsmann darauf sehen muß, die Vision des Propheten zu exakten Maßnahmen zurechtzustutzen, während der Prophet den zeitgebundenen Bau an transzendentalen Maßen messen wird. Für den Staatsmann bedeutet der Prophet eine Bedrohung, weil die Behauptung einer absoluten Gerechtigkeit keine Nuancierungen zuläßt. Für den Propheten ist der Staatsmann eine Auflehnung gegen die Wirklichkeit, weil der Versuch, die Gerechtigkeit auf das Erreichbare zu beschneiden, ein Triumph des Augenblicks über das Universale ist. Für den Staatsmann liegt in dem Verhandlungsgespräch das Wesen der Stabilität, denn in ihm symbolisiert sich der Ausgleich widerstreitender Forderungen und die Anerkennung der Legitimität. Für den Propheten ist das Verhandlungsgespräch Ausdruck des Unvollkommenen, Symbol unreiner Motive. Es ist darum kein Zufall, daß sich Alexander immer mißverstanden fühlte oder seine Kollegen ihm stets mißtrauten. Ihre Sicherheit lag in der Anerkennung von Grenzen, seine Sicherheit war Ausdruck des Transzendenten. Castlereagh und Metternich erstrebten, so unterschiedlich sie selbst waren, eine Welt der Nuance. Alexander wollte eine Welt der Vollkommenheit.

Als der Zar seinen Heeren erneut nach Frankreich folgte, begann er die Meinungsverschiedenheiten in Wien auf mangelnde religiöse Gefühle seiner Zeitgenossen zurückzuführen, und er entsann sich eines in seinem Auftrag dem Kongreß unterbreiteten Vorschlags, in welchem eine brüderliche Vereinigung der souveränen Herrscher im Namen der Christenheit gefordert worden war[20]. Als Alexander in dieser Geistesverfassung plötzlich den Besuch einer Baronin Kruedener, einer religiösen Fanatikerin, empfing, die ihn für den Retter Europas hielt, war es nicht allzu schwer, ihr Erscheinen als Fingerzeig Gottes oder als neue göttliche Prüfung zu deuten. Kaum daß der Zar in Paris eingetroffen war, lud er die Baronin zu sich mit folgendem Brief ein: «Sie werden mich in einem Häuschen außerhalb der Stadt wohnen finden. Ich habe diese Behausung gewählt, weil ich hier mein Banner, ein Kreuz, im Garten gefunden habe.»[21] Am 10. September lud der Zar zu einer großen Truppenparade zu Ehren der anderen Souveräne ein. Statt der Militärparade fand jedoch ein Gottesdienst statt, den Baronin Kruedener leitete.

In dieser Stimmung hatte der Zar Castlereagh bei dessen Streben nach einem mäßigen und milden Frieden unterstützt. Nun wollte er sein Werk dadurch krönen, daß er ihm religiöse Prinzipien gab, an denen alle Tätigkeit gemessen werden sollte. Nach einer Beratung mit der Baronin Kruedener unterbreitete er den Entwurf einer Deklaration, die nur für die Souveräne bestimmt und nur von ihnen allein zu unterzeichnen sein sollte und von der der Kaiser von Österreich meinte, er wisse nicht, ob er sie im Ministerrat oder im Beichtstuhl zur Erörterung stellen solle. Die Erklärung begann im Namen der Allerheiligsten und Unteilbaren Dreieinigkeit und der göttlichen Vorsehung: Wegen der Fülle der göttlichen Wohltaten hätten sich die Herrscher entschlossen, daß «der Kurs, den die Mächte *früher* in ihren gegenseitigen Beziehungen angenommen hatten, *von Grund auf* geändert werden muß, und *daß es dringlich ist,* daran zu arbeiten, daß an seine Stelle eine Ordnung der Dinge gesetzt wird, die sich einzig auf die erhabenen Wahrheiten gründet, welche uns die ewige Religion des göttlichen Heilandes lehrt.» Daran schlossen sich drei Artikel an, welche die Dreieinigkeit symbolisierten und von Monarchen und Völkern verlangten, sich als Brüder zu betrachten und die einzelnen Nationen als Provinzen einer einzigen christlichen Lebensgemeinschaft. Die Erklärung rief dazu auf, die Völker und Provinzen mit wohlmeinender Sorge zu regieren und einander gegenseitig Hilfe zu gewähren[22].

So sehr Metternich diesen Versuch belächelt haben mag, und obwohl er ihn auf den Geisteszustand des Zaren zurückführte, bedeutete das Ganze für den sorgfältigen Rechner von Wien nicht ein religiöses, sondern ein politisches Dokument erster Ordnung. «Metternich war nicht bereit», berichtete Castlereagh, «den Zaren von einer Konzeption abzuhalten, die trotz ihrer Wirrheit ihm und der Welt wenigstens so lange viel Ärger ersparen würde, wie sie Gültigkeit hätte. Kurz, weil er keine Möglichkeit des Rückzugs sah, unterschrieb der Kaiser von Österreich das Dokument, nachdem er nur einige wenige Änderungen vorgenommen hatte.»[23] Diese Änderungen waren aber von grundlegender Bedeutung. Denn Metternich verwandelte die Allgemeinplätze des Zaren zu politischen Erklärungen, wie sie mit dem nüchternen Gedankengut des Reiches in der Mitte vereinbar waren, und er tat das so geschickt, daß Alexander bestätigte, sie bewegten sich im Geist seiner Bestrebungen[24]. In ihrer abgeänderten Form bedeutete die Allianz eine patriarchalische Vereinigung von Monarchen anstelle der Gemeinschaft der Völker, und ihre obenerwähnte Präambel lautete: «Die verbündeten Souveräne haben die Überzeugung gewonnen, daß der Kurs, den die Mächte in ihren gegenseitigen Beziehungen angenommen hatten, ersetzt werden muß und daß an seine Stelle eine Ordnung der Dinge gesetzt wird, die sich einzig auf die erhabenen Wahrheiten der ewigen Religion gründet...»[25]

Nichts mehr stand darin von der Dringlichkeit und der Notwendigkeit grundlegender Reformen. Vorbei war der Hinweis auf die *früheren* Beziehungen zwischen den Staaten, was eine Anklage gegen das politische Konzept Europas war. Die neue Fassung klang eher wie ein Angriff auf die Wandlungen, welche durch die Revolution erzwungen worden waren, klang mehr nach dem Versprechen, zur Ordnung zurückzukehren, und war ein Bekenntnis zu dem Primat des Gesetzes über den Willen. Der Zar hatte sich die Heilige Allianz als programmatisch, als Proklamation einer neuen Ära vorgestellt, die über die Kleinheit der Geschichte hinausreichen sollte. Metternich nutzte sie, um durch sie das Ende einer revolutionären Periode und die Rückkehr in die Historie bekanntzugeben. So fügte es sich, daß Alexanders zweiter Kreuzzug auf Paris wiederum unerwartete Früchte trug. In dem Auf und Ab des Lebens des Zaren hatte ihm der Vertrag als ein Werkzeug vorgeschwebt, um die Welt zu reformieren. Nun war aus ihm ein Mittel zum Schutz des europäischen Gleichgewichtes geworden.

Noch immer aber war es schwierig, die Zustimmung Großbritanniens zu erlangen. Castlereagh, der die Heilige Allianz ein «Stück sublimen Mystizismus und Unsinns» nannte, erkannte, daß ein formeller Beitritt zu solch einem Instrument niemals die Billigung seines Parlamentes finden würde. Er regte daher an, der Prinzregent möge dem Vertrag in eigenem Namen beitreten, «wobei das Bedenken eher in der übertriebenen Fassung als in Art und Wesen des Engagements liegt»[26]. Doch selbst das stellte sich als noch zuviel verlangt für das Kabinett heraus, das sich dem Dilemma dadurch entwand, daß es auf die Unvereinbarkeit von Castlereaghs Vorschlag mit den Prinzipien der englischen Verfassung hinwies. Der Prinzregent schickte schließlich seinen Mitmonarchen einen Brief, in welchem er seine persönliche Sympathie mit ihren Bestrebungen zum Ausdruck brachte[27]. So wurde nur zögernd und mit Verdruß, mit exaltierter Vision und kühler Kalkulation das Symbol einer Ära geboren: die Heilige Allianz.

Als die Monarchen sich Ende September 1815 anschickten, Paris zu verlassen, sah es so aus, als sei der Frieden nun endlich gesichert, als sei zumindest die revolutionäre Zeit vorbei. Die Lösung der Probleme war so unaufdringlich, daß ihr größter Erfolg, das heißt die Möglichkeit, von allen gebilligt zu werden, überwiegend unbeachtet blieb. In Paris hatte man die beiden Instrumente geschmiedet, die Europa für das nächste Jahrzehnt leiteten und zu gleicher Zeit das tragische Schicksal ihrer Befürworter bedeuteten: die Viererallianz und die Heilige Allianz, die Hoffnung auf ein im Vertrauen zueinander geeintes Europa und das Streben nach moralischer Einmütigkeit, der politischen und der ethischen Ausdrucksform des Gleichgewichts. So geschah es, daß eine Vision von einem vereinten Europa die beiden unterschiedlichsten Persönlichkeiten dieser Zeit vernichtete: den kühlen, pedantischen Castlereagh und den phantastischen, exaltierten Zaren; Castlereagh wegen seiner die Erkenntnismöglichkeiten seines Landes überschreitenden Intuition; Alexander, weil er nach etwas griff, was man in der internationalen Ordnung nicht kannte.

Ein Mann in Paris kannte die Grenzen des Möglichen jedoch sehr gut. Er kannte sie zu gut, wie sich später zeigen sollte. Für Metternich war Politik keine idealistische Konstruktion, und für ihn ging es dabei nicht um das Reformieren des Ethos seiner Landsleute. Der Staatsmann desjenigen Reiches, das es vielleicht am nötigsten hatte, sich den Verhältnissen anzupassen, sah nur den unnachgiebigen Rahmen und empfand es als seine Aufgabe, die internationale Ordnung so zu formen, daß sie in den Rahmen paßte. Er war fast der einzige Staatsmann in Paris, der in dem Frieden nicht ein Ende, sondern einen Anfang sah. Der politische Kampf war vorbei, der gesellschaftliche Kampf sollte noch beginnen. Metternich wollte in dieses Ringen mit seiner üblichen Taktik hineingehen: seinen Gegner nicht durch neuartige Ideen, sondern durch Geduld, nicht durch Überlegenheit, sondern durch größere Ausdauer zu schlagen. Als Metternich sich für diese neue Schlacht zu gürten begann, wurde das Wesen seiner gesellschaftlichen Vorstellungen von überragender Bedeutung.

Denn Europa sollte nun erleben, was ihm der «Arzt der Revolutionen» verschreiben würde.

ELFTES KAPITEL

Metternich und das konservative Dilemma

I

So konfrontierte der Frieden in Europa Österreich nur mit einem besonders ernsten Dilemma. Solange die Gefahr, die von einem Eroberer drohte, noch vordringlich erschien, waren Österreichs Sonderprobleme hinter der allgemeinen Gefahr zurückgetreten. Doch von nun an mußte jedes Land mit seinen eigenen Sorgen und seinen besonderen Schwierigkeiten fertig werden. Und doch war Österreich die einzige Macht auf dem Festland, die in die Zeit des Friedens ohne Bindungen eintreten konnte. Die kühle Berechnung in einer Zeit, als über Europa die Träume von einer neuen Menschheit hinwegfegten, die Beharrlichkeit, jeden Schritt in konkrete politische Begriffe umzumünzen, das alles war nur die Kehrseite der Überzeugung seines Ministers, daß alle gesellschaftlichen Ziele negativ seien: Es galt, das Gefühl der Bindung aus dem Chaos zu retten; die Revolution zu zerschlagen, und zwar nicht durch eine Gegenrevolution, sondern durch das Festhalten an der Legitimität. Die Eigenwilligkeit der Metternichschen Diplomatie war der Ausfluß eines Gefühls fundamentaler Gewißheit: daß Freiheit von Autorität nicht zu trennen, daß Freiheit ein Attribut der Ordnung sei.

Unter Metternich war Österreich an keiner Reform interessiert, bis es seine moralische Substanz gerettet hätte, und es wollte keinen Wandel, ehe nicht die alten Werte gesichert waren. «Zu allen Zeiten wird die Welt unter zwei Einflüssen stehen», schrieb Metternich, «dem sozialen und dem politischen... Das politische Element bietet der Manipulation einen Spielraum, welcher für das soziale mangelt; das soziale Element ruht auf Grundlagen, welche keiner Kapitulation fähig sind»[1]. In der jetzt beginnenden Zeit des Friedens hing darum alles von dem Konzept ab, das der österreichische Minister von dem Wesen der sozialen Grundlagen hatte.

In einer revolutionären Zeit hat das Konservative immer etwas Anomales an sich. Solange die alten Bindungen noch spontan existieren, käme niemand auf den Gedanken, konservativ zu sein, denn eine ernsthafte Alternative zu der bestehenden Struktur ist ja undenkbar. Sobald es aber eine beachtenswerte revolutionäre Partei gibt, ja wenn vielleicht sogar eine Revolution triumphiert hat, stellen sich zwei zusammenhängende Fragen, die äußerlich symbolischer erscheinen als die Antwort, die man auf sie geben mag: Was bedeutet Autorität? Was ist das Wesen der Freiheit? Von nun an erscheinen Stabilität und Reform, Freiheit und Autorität als Antithesen. Das Ringen wird doktrinär, und der Wandel nimmt die Form eines Angriffs auf die bestehende Ordnung an, statt den Weg der Auseinandersetzung um spezifische Probleme zu gehen. Das hat nichts mit dem Namen oder dem Programm politischer Parteien zu tun. Es hat Gesellschaftsordnungen gegeben, wie etwa im neunzehnten Jahrhundert in den Vereinigten Staaten oder Großbritannien, die im Grund genommen konservativ waren, so daß die bestehenden Parteien in einem Atemzug als konservativ und progressiv gelten konnten. Es gab andere Gesellschaftsformen, wie etwa in Frankreich über ein Jahrhundert lang, wo alle Probleme im Grund genommen revolutionär waren, gleichgültig wie es die einzelnen Parteien sahen, weil innerhalb der Gesellschaft eine fundamentale Kluft bestand.

Was aber soll ein Konservativer in einer revolutionären Situation tun? Eine stabile soziale Ordnung lebt in dem Gefühl der Dauerhaftigkeit, und die Opposition wird entweder ignoriert, oder man versucht, sie zu assimilieren. Im achtzehnten Jahrhundert war Voltaire «modern», nicht weil es sich um eine revolutionäre Zeitspanne handelte, sondern weil eine Revolution unvorstellbar war. Eine revolutionäre Periode zeichnet sich andererseits durch ihr Selbstbewußtsein aus, weil das politische Leben seine Spontaneität verliert, sobald einmal das bestehende System der Bindungen in Frage gestellt ist. Das Motiv einer stabilen Ordnung ist das *Pflichtgefühl* – das Bekenntnis zu selbstverständlichen sozialen Maximen –, in der Alternativen nicht verworfen werden, sondern undenkbar sind. Das Motiv hinter einer revolutionären Periode ist das Konzept der *Loyalität,* wo der Akt der Willensbeugung eine symbolische, ja fast rituale Bedeutung gewinnt, weil jederzeit jedem eine Alternative vor Augen steht. Zur Ethik der Pflicht gehört das Bewußtsein der *Verantwortung,* das alle Handlungen an der Willensrichtung mißt. Aus diesem Grund muß eine Ethik der *Motive,* die nach einer Übereinstimmung zwischen dem einzelnen Gesetz und der Moral sucht, stets individuell anerkannt werden, um gehaltvoll zu sein. Eine Ethik der Loyalität umschließt das Gefühl der *Orthodoxie,* weil sie ein Mittel ist, ein Zusammengehörigkeitsgefühl zu schaffen. Damit wird die Identität des Einzelnen mit dem Gesetz der Gesellschaft nicht ausgeschlossen, ist aber nicht absolut notwendig. «Right or wrong my country» – das ist die Sprache der Loyalität. «Handle so, daß die Maxime deines Willens jederzeit zugleich als Prinzip einer allgemeinen Gesetzgebung gelten könnte» – so lautet die Sprache der Pflicht. Pflicht drückt den Aspekt des Universellen aus, Loyalität den des Gegebenen.

Auf diese Weise wird der Konservative, wenn er sich politisch organisiert, gegen seinen eigenen Willen zum Symbol einer revolutionären Zeit. Seine Grundeinstellung bedeutet die Verneinung der Fragen über das Wesen der Autorität. Doch allein durch das Erzwingen einer Antwort haben die Fragen eine Art Gültigkeit erhalten. Die Einstellung des Konservativen wird für den Revolutionär zu einer *Antwort,* zu einem Sieg, selbst wenn die Schlacht unmittelbar anders ausgehen sollte. Denn welchen Nutzen hat ein Konservativer durch einen Sieg in einer Schlacht des Willens? Sein Kampf ist nicht persönlicher, sondern sozialer Art. Seine Rechtfertigung liegt nicht im Individuellen, sondern im Historischen. Es ist kein Zufall, daß in einem revolutionären Ringen die konservative Einstellung durch einen reaktionären Flügel, das heißt die Gegenrevolution, beherrscht wird, also durch eine Gruppe, die mit Begriffen des Willens und mit einer Ethik der Loyalität kämpft. Denn der echte Konservative fühlt sich in einem sozialen Ringen nicht wohl. Er versucht, unüberbrückbare Schismen zu vermeiden, weil er weiß, daß eine stabile soziale Struktur nicht auf Triumphen, sondern auf Ausgleich und Aussöhnung gedeiht.

Wie kann der Konservative nun seine Stellung im Rahmen einander widersprechender Forderungen schützen? Wie kann das, was *ist,* überzeugen, wenn seine Offenkundigkeit geschwunden ist? Indem man so anonym wie möglich kämpft, lautet die klassische konservative Antwort. Damit die Antwort, wenn sie gegeben werden muß, über den Willen hinausgeht, auf daß der Kampf zumindest auf einer Ebene jenseits des Individuellen stattfindet, auf daß die Form der Bindung die *Pflicht* und nicht die *Loyalität* werden kann. Im Namen historischer Kräfte für den Konservativismus zu kämpfen, die Gültigkeit der revolutionären Frage zu verneinen, weil sie den historischen Aspekt einer Gesellschaft und den «contrat social» verneint, so lautete die Antwort von Burke. Die Revolution im Namen der Vernunft zu bekämpfen, die Gültigkeit der Fragen aus epistemologischen Gründen zu verneinen, weil sie im Gegensatz zur Struktur des Universums stehen, das war Metternichs Antwort.

Zwischen diesen beiden konservativen Einstellungen besteht ein fundamentaler Unterschied. Für Burke lag der letzte Maßstab sozialer Bindungen in der Geschichte; für Metternich in der Vernunft. Für Burke war Geschichte der Ausdruck des Ethos eines Volkes; für Metternich war sie eine «Kraft», mit der man fertig werden mußte, die wichtiger war als die meisten sozialen Kräfte, aber der keine höhere moralische Gültigkeit zukam. Burke verneinte die Behauptung der Revolutionäre, Vernunft sei eine ausreichende Grundlage für soziale Bindungen, und seine Forderung war somit dazu verurteilt, keine unmittelbare Wirkung zu haben. Metternich akzeptierte diese Behauptung, zog aus ihr aber genau entgegengesetzte Folgerungen, und seine Herausforderung bedeutete daher eine ernste Gefahr. Burke sah in einer Revolution einen Angriff auf gesellschaftliche Moral, eine Verletzung der geheiligten historischen Verfassung einer Nation. Metternich sah in ihr eine Verletzung des alles Leben der Gesellschaften beherrschenden universalen Gesetzes, die man bekämpfen muß, nicht weil sie unmoralisch sei, sondern weil sie zur Katastrophe führe. Der historische Konservativismus verwirft die Revolution, weil sie den *individuellen* Ausdruck der Tradition einer Nation unterminiert; der rationale Konservativismus bekämpft sie, um Folgerungen aus den *universalen* sozialen Maximen zu vermeiden.

Aus diesem rationalen Konzept des Konservativismus stammt die Starrheit der Metternichschen Politik und seine Wertung der zeitgenössischen Probleme des Wesens der Freiheit und der Bedeutung der Autorität. Der Westen hat zwei grundlegende Antworten hervorgebracht: Freiheit als das Fehlen von Bindungen oder Freiheit als die freiwillige Hinnahme von Autorität. Nach der ersten Einstellung liegt Freiheit außerhalb der Sphäre der Autorität. Nach der letzteren ist Freiheit ein *Wesenselement* der Autorität. Die negative Version der Freiheit ist der Ausdruck einer Gesellschaft, die über ihrer politischen Struktur steht, einer Gesellschaft, die nach Locke älter ist als der Staat und deren politische Organisation zu etwas Ähnlichem wie einer Gesellschaft mit beschränkter Haftung wird, die man zum Erreichen spezieller Ziele gegründet hat. In einer solchen Gesellschaftsform wird der Kampf zwischen Konservativismus und Reform oft nur zu einer Frage des Akzents, ob man Probleme einer bestimmten Form und bestimmten Inhalts mehr oder weniger wandeln soll. Da der bedeutendste Tätigkeitsbereich außerhalb der Sphäre der Regierung liegt, hat Politik eine utilitarische, nicht aber eine ethische Funktion. Sie ist nützlich, aber nicht moralisch. Eine auf Lockes Gedanken von der Freiheit basierende Gesellschaft ist immer konservativ, gleichgültig welche Form die politische Auseinandersetzung in ihr annehmen mag. Andernfalls könnte sie gar nicht in einem System wirken, dessen Stärke gerade auf dem Zusammenhalt der Gesellschaft beruht, auf Dingen, die als selbstverständlich gelten. Burkes Verteidigung des Konservativismus galt deshalb nicht für die englische innerpolitische Bühne, sondern richtete sich gegen falsche Auffassungen seitens der Ausländer.

Die Völker auf dem Kontinent haben nie die angelsächsische Version der Freiheit voll zu akzeptieren vermocht. Vor der französischen Revolution nicht, weil Locke zum Philosophen einer *vollendeten* Revolution geworden war, weil er die Lehre von der Aussöhnung vertrat, der das Aufrüttelnde fehlte; nach der Revolution nicht, weil die französische Revolution, anders als die britische, zu einem grundlegenden sozialen Schisma geführt hatte. Fest in sich gefügte Gesellschaften haben in dem Herkömmlichen ein Regulativ, das erkennen läßt, daß die Auseinandersetzungen sich nur an der Peripherie abspielen. Bei Gesellschaften, in denen ein fundamentales Schisma herrscht, braucht man das Gesetz, die Definition einer *Zwangs*beziehung. Darum waren Kant und Rousseau, nicht aber Locke, die Repräsentanten der kontinentalen Version der Freiheit, welche die Freiheit darin sucht, daß es gilt, den Willen mit dem allgemeinen Wohl in Übereinstimmung zu bringen, und die die Regierung als die freiheitlichste ansah, die am gerechtesten, nicht die, die am wenigsten regiert. Für den britischen Konservativen war das soziale Problem ein Problem der Anpassung: Es galt, die soziale Sphäre durch zeitgerechte politische Konzessionen zu schützen. Auf dem Kontinent drehte es sich um ein Problem des Konservativismus im wörtlichen Sinn, weil hier politische Zugeständnisse gleichbedeutend mit sozialer Kapitulation waren. Denn man kann nur irgend etwas Konzessionen machen. Sind Staat und Gesellschaft verschiedene Größen, ist das kein Problem. Sind sie aber identisch, dann ist eine Konzession ein Eingeständnis des Fehlschlags, bedeutet die Anerkennung eines unüberbrückbaren sozialen Schismas. Darum widersprach Metternich selbst an seinem Lebensabend noch, schon lange, nachdem seine Ära geendet hatte, einer Rede von Sir James Graham, wonach die Weisheit des Staatsmannes darin läge zu erkennen, daß man im rechten Augenblick Zugeständnisse machen muß: «Mein staatsmännisches Bekenntnis weicht in der Sache selbst von der Behauptung Sir James Grahams ab. Das wahre Verdienst eines Staatsmannes besteht in der Vermeidung der Notwendigkeit, daß die oberste Regierungsgewalt sich zu Konzessionen genötigt sehe.»[2]

Damit war nicht gemeint, daß sich ein konservativer Staatsmann gegen jede Änderung zu wenden habe. Konservativ zu sein, schrieb Metternich, erfordert weder die Rückkehr zu vergangenen Zeiten noch eine Reaktion. Sie erfordert vielmehr eine sorgfältig abgewogene Reform[3]. Wahrer Konservativismus verlangt eine aktive Politik[4]. Doch die Reform muß das Produkt einer Ordnung, nicht des Willens sein. Sie muß sich auf das Universale des Gesetzes gegen die Zufälligkeiten der Machtkonstellation stützen. «Das Wort Freiheit», schrieb Metternich in seinem politischen Testament, «hat für mich nicht den Wert eines Ausgangs-, sondern den eines tatsächlichen Ankunftspunktes. Den Ausgangspunkt bezeichnet das Wort ‹Ordnung›. Nur auf dem Begriff von ‹Ordnung› kann jener der ‹Freiheit› beruhen. Ohne die Grundlage der ‹Ordnung› ist der Ruf nach ‹Freiheit› nichts weiter als das Streben irgendeiner Partei nach einem ihr vorschwebenden Zweck. In seiner tatsächlichen Anwendung wird sich der Ruf unvermeidlich als Tyrannei aussprechen. Indem ich zu allen Zeiten, in allen Lagen stets ein Mann der ‹Ordnung› gewesen bin, war mein Streben der wahren und nicht einer trügerischen ‹Freiheit› zugewendet. ‹Tyrannei› jeder Art ist in meinen Augen ein Symptom der Schwachheit. Wo sie auftaucht, verurteilt sie sich selbst. Sie ist am unerträglichsten, wo sie hinter der Maske, die Sache der Freiheit voranzutreiben, auftaucht.»[5]

Doch worin lag die Bedeutung dieser Bekundungen, wenn sie nur persönliche Meinungen darstellten? Sie hätten ein «System» geschaffen, eine weitere Konstruktion der Art, um die man seit einer Generation in Europa gerungen hatte. Dieses Dilemma führte Metternich zu dem beharrlichen Kampf dagegen, daß man seiner Zeit seinen Namen gab. Die Richtigkeit des Beiwortes «Metternichsches System» hätte die Niederlage des konservativen Staatsmannes nahezu mit der gleichen Sicherheit bezeichnet, wie der Sieg der Revolution. Nicht als Mensch, sondern im Namen der Vernunft, nicht aus persönlicher Opposition, sondern des Universums wegen focht Metternich seine Schlachten. Darum seine ständigen Bekundungen, er repräsentiere ewige Prinzipien, nicht aber ein System; darum seine Behauptung, die *echten* Grundlagen des Staates besser zu kennen[6]; darum seine Pose als Arzt, der den «kranken» sozialen Organismus behandelt; darum die Meinung, Revolution sei eine Krankheit, Konservativismus die Wahrheit. Am Ende der neununddreißig Jahre der Machtausübung konnte Metternich die zusammenbrechende Welt noch immer mit einer süßsauren Resignation betrachten, in die sich Mitleid für seine Gegner mischte, deren Unwissenheit über die *wirklichen* sozialen Kräfte den furchtbaren Ansturm auslösen würde: «Ich habe neununddreißig Jahre lang die Rolle eines Felsens gespielt, von welchem die Wogen abprallten, bis es denselben gelang, ihn zu unterwaschen und zu verschlingen. Sie beruhigten sich aber nicht, denn nicht der Fels brachte sie in Empörung, sondern in ihnen selbst lag die Ursache ihrer Bewegung. Ich fühle mich berechtigt, den Parteigängern der sozialen Bewegung zuzurufen: ‹Bürger einer erträumten Welt, nichts hat sich geändert. Am 14. März 1848[7] gab es bloß einen Mann weniger.›»[8]

So hielt bis tief in das neunzehnte Jahrhundert hinein die Aufklärung ihren letzten Vertreter gefangen, der Handlungen an ihrem «Wahrheitsgehalt», nicht an ihrem Erfolg maß, ein Advokat der Vernunft in einem Zeitalter des philosophischen Materialismus, der nie seinen Glauben aufgab, daß Moral etwas Bekanntes und Tugend etwas Lehrbares sei. «Diese Maximen haben sich als wahr erwiesen», schrieb er 1822, «Politik beruht nicht auf Neuartigem, sondern auf der Geschichte, nicht auf Glauben, sondern auf Wissen.»[9] Als ein neuer Napoleon fünfunddreißig Jahre nach dem Zusammenbruch seines großen Vorläufers die Szenerie betrat, sah Metternich darin keinen persönlichen Fehlschlag, sondern nur die Illustration einer philosophischen Erkenntnis. «Die Millionen Stimmen für Louis Napoleon sind bloß der Ausdruck des Gefühls, daß es ohne Ordnung kein soziales Leben gibt und daß ohne Autorität keine Ordnung möglich ist. Diese Wahrheit heißt jetzt Louis Napoleon; alt wie die Welt nimmt sie einen Eigennamen an, weil man ihr alle anderen Wege verschlossen hat.»[10] Wahrheit muß einen Eigennamen annehmen – das ist die Tragödie des rationalen Konservativen, so wie Geschichte mit Eigennamen die des historischen Konservativen ist. Die Anonymität der Wahrheit war auch das Paradoxon der Aufklärung. Wenn die Wahrheit stark war, beruhte sie auf Glauben, wenn auch nur in einer Theorie des Wissens. Zweifelt man Wahrheit an, wird sie zum Dogma.

Zu solchen Erkenntnissen ist aber wohl nur eine zynische Zeit fähig. Sie waren jedoch unerreichbar für die intellektuellen Zeitgenossen eines Kant und eines Voltaire, der auf seine Kühle stolz war, die ja doch nur das Gegenstück zum Glauben an die Richtigkeit philosophischer Axiome ist, und der, als man ihn bat, ein Bild von sich zu unterzeichnen, die Würdigung schrieb: «Vor allem kein Pathos.» Noch in hohem Alter bekundete Metternich großes Interesse an Naturwissenschaften, unterhielt eine ausgedehnte Korrespondenz mit Wissenschaftlern, insbesondere denen der Experimentalphysik. Als der Zar versuchte, seine religiösen Vorstellungen in die soziale Sphäre zu übertragen, schrieb ihm Metternich 1817 die folgenden Zeilen: «Die Welt leidet an einer besonderen Krankheit, die, ähnlich allen Epidemien, wieder vergehen wird. Sie leidet am Mystizismus. Es wäre leichter, heute die Predigten von Peter dem Einsiedler zu wiederholen, als den von der Epidemie Befallenen klar zu machen, daß Gott andere Dienste als das Blutvergießen verlangt, und daß kein Mensch über das Gewissen seiner Mitmenschen richten kann.»[11] Hier sprach nicht nur der Konservative seinen Protest gegen Massenbewegungen jeder Art, es war auch zugleich die Anklage der Aufklärung gegen die Romantik.

2

Was waren denn nun die Erkenntnisse, die Metternichs Maximen ihm eröffneten? Sie ließen ein vom Gesetz beherrschtes Universum erkennen, nicht im modernen Sinn einer *Deutung* der Ereignisse, sondern als deren *Attribut*. Eine Mißachtung dieses Gesetzes und seiner Weisungen der Harmonie und des Gleichgewichts war nicht so sehr moralisch falsch, es hatte vielmehr physisch vernichtende Folgen. Und so wie in der politischen Welt das Gleichgewicht eine Ausgewogenheit zwischen den Kräften der Aggression und den Kräften des Widerstandes spiegelt, so eröffnet die gesellschaftliche Ordnung eine Spannung zwischen erhaltenden und vernichtenden Tendenzen, die in jeder Gesellschaftsordnung vorhanden sind. Es war die Aufgabe des Staatsmannes, zwischen Form und Substanz dieses Ringens zu unterscheiden und die moralische Grundlage für eine Ordnung zu schaffen, der nur die Zeit Spontaneität verleihen konnte. Das führt zu einer weiteren Unterscheidung, die

Rationalisten oft als Lösung und nicht als Definition eines Problems ansehen: Der Mensch kann nur eine Charta schaffen, die den Wert einer programmatischen Erklärung hat; erst die Zeit macht daraus eine Verfassung[12].

Metternich widersetzte sich darum den Bestrebungen seiner Zeitgenossen, ideale Verfassungen zu konstruieren, aus zwei Gründen: Sie übersahen den Zeitfaktor, nicht im Sinn Burkes als einer Einheit, sondern als einer sehr wirkungsvollen sozialen Kraft. Darüber hinaus hielt er sie für unrealistisch, weil die ganze Diskussion über Verfassungen am Kern der Dinge vorbeigehe. Alles, was existiert, sei Gesetzen unterworfen, und der Ausdruck eines Gesetzes in der politischen Welt sei eine Verfassung: «Einen Staat ohne eine Verfassung halte ich für eine Abstraktion, gleich wie ein Individuum ohne eine ihm angehörige Konstitution.»[13] Darum sei es widersprüchlich, wenn man auf dem Weg über konstitutionelle Garantien Freiheit gewinnen wollte. Nach Metternich konnte man «Rechte» nicht schaffen, sie waren einfach existent. Ob man sie bestätigte oder nicht, war eine zweitrangige, im wesentlichen technische Frage, hatte aber nichts mit Freiheit zu tun. Niemand konnte seiner Meinung nach sich an Gesetzen vergehen, nicht einmal Könige, was wohl ein Überbleibsel von der bekannten Formulierung des Grotius ist, daß nicht einmal Götter aus $2+2 = 5$ machen könnten. Der Versuch, Recht zu garantieren, sei darum nichts als ein Paradoxon. Es hieße in die Sprache der Macht zu kleiden, was nur eine Tatsache sein konnte. Es hieße, eine willkürliche Existenz dem zuzugestehen, das ewige Werte hatte: «Dinge, welche ihrer Natur gemäß von selbst verstanden werden, verlieren die ihnen angehörige Kraft, wenn sie in die Form willkürlicher Anordnungen gekleidet werden... Die Sucht der Gesetzmacherei ist ein Symptom der Krankheit, welche seit zweiundsechzig Jahren so schwer auf dem gesellschaftlichen Körper lastet... Das, was zu den natürlichen moralischen oder zu den materiellen Gewalten gehört, eignet sich nicht zu menschlichen Anordnungen. Was würde man von einer Charta sagen, in welcher vor oder neben den *droits de l'homme* die Gesetze der Schwerkraft eine Stelle fänden?... Irrtümlich aufgefaßte Gegenstände für die Gesetzgebung führen zur Beschränkung, wenn nicht gar zur vollständigen Annullierung des Gegenstandes, welcher der Operation unterzogen wird.»[14]

Hier zeigt sich der rationale Glaube an Rechte als ein Attribut des Universums. Hier zeigt sich die Vorstellung des Aristokraten, daß Macht und Verantwortung untrennbar seien, hier zeigt sich der Glaube der Aufklärung an den Zusammenhang zwischen Ordnung und Freiheit. Während man einerseits die Existenz von «Rechten» als vom menschlichen Schaffen unabhängig betonte, ja sogar glaubte, menschliche Schaffenskraft könnte von ihnen nur ablenken, betonte man zugleich die grundlegende Kontradiktion einer dogmatischen Theorie: die Meinung vom Menschen, daß seine Fähigkeit zur Selbstregierung verbunden sei in der gleichen Theorie mit einer anderen Betrachtungsweise des menschlichen Wesens, die die Regierungsgeschäfte begrenzt. Wenn der Mensch sich der willkürlichen Unterdrückung bewußt ist, warum sollte er dann nach der Unterdrückung anderer trachten? Warum universale Rechte garantieren? In angelsächsischen Ländern war das allerdings nie ein Problem, weil die Beziehungen zwischen Staat und Gesellschaft eine juridische, nicht eine ethische Grundlage haben. In solchen Fällen haben konstitutionelle Garantien den Wert des Unterschiedes zwischen ausdrücklichen und stillschweigenden Schranken der Regierungsausübung, die man sich ohnehin nur als begrenzt vorstellt. In einem «ethischen» Staat ist aber eine ausdrückliche Beschränkung der Regierung bedeutungslos. Wenn ein Staat seine Existenz nicht aus Nützlichkeit, sondern Moral herleitet, gibt es kein Tribunal, vor das man seine Maßnahmen ziehen kann. Wenn die Sanktion nicht juridisch, sondern ethisch ist, kann eine Beschränkung nicht auf dem Weg über konstitutionelle Garantien, sondern nur über eine Selbstbescheidung erfolgen.

Die Herausforderung des konservativen Staatsmannes an seine liberalen Gegner lautet so: Wenn der Konservative zu einem unfreiwilligen Symbol einer revolutionären Zeit dadurch wird, daß er zu einer Definition des Wesens der Autorität gezwungen wird, dann widerspricht sich der Liberale selbst, wenn er seine eigene Frage über das Wesen der Freiheit beantwortet. Gewiß hatte Metternich keine eigene Antwort auf das Problem der Freiheit, weil er diese für untrennbar von der Autorität hielt. Gleichermaßen waren seine Gegner aber auch mit dem Problem der Autorität nicht fertig geworden, das sie mit der Definition der Freiheit für erschöpft hielten. Und doch standen sie einander näher, als sie selbst erkannten. Hätte nämlich jemand Metternich gefragt, was die Grenzen der Autorität seien, und hätte man seine Gegner nach den Grenzen der Freiheit gefragt, hätten sie beide mit einem Wort geantwortet, das erkennen ließ, daß die Frage für sie im Grund genommen bedeutungslos war: Vernunft, selbstverständliche, souveräne Vernunft würde die Grenzen der Freiheit sowohl wie der Notwendigkeit ziehen. Daß der kategorische Imperativ zu unterschiedlichen Auslegungen führen könnte, war für Kant unvorstellbar. Daß ein Souverän Gewalt an die Stelle des Gesetzes treten lassen könnte, war für Metternich nicht unvorstellbar, er hielt es aber für selbstmörderisch und daher unwahrscheinlich. Gerade das gab der Auseinandersetzung zwischen Metternich und den Liberalen die Bitterkeit des Bürgerkriegs, zumindest auf der «demokratischen» Seite. Denn Metternich war ein Gegner, der den Liberalismus gerade im Namen der Universalität bekämpfte, die dieser für sich in Anspruch nahm. Er war ein Gegner, dessen *Art* des Arguments für seine Gegner genauso eine Herausforderung war, wie ihre Existenz es für ihn bedeutete. Es ist in der Tat für eine rationalistische Philosophie schwierig, den Anschauungsunterricht zu erleben, daß die gleichen Voraussetzungen zu zwei einander widersprechenden Schlußfolgerungen führen können.

3

Hielt Metternich schon das Streben nach formellen Verfassungen für chimärisch, so sah er in Revolutionen gar eine physische Katastrophe. In einem durch das Gleichgewicht der Kräfte der Erhaltung und der Zerstörung charakterisierten Universum beruhen Revolutionen auf der Erschütterung des Gleichgewichts zugunsten der Kräfte der Zerstörung. Weil das Gleichgewicht der «natürliche» Zustand sein sollte, konnte eine Revolution nach Metternich nur eine Verschiebung in Richtung auf ein neues Gleichgewicht bedeuten. Die mit Revolutionen verbundenen Unordnungen waren daher Symptom einer Übergangszeit, die in Revolutionen auftretende Gewaltanwendung Ausfluß der Ungewißheit der Revolutionäre: «Revolutionen sind augenblickliche Störungen im Leben der Staaten ... Ordnung tritt am Ende stets in ihre Rechte wieder ein; Staaten sterben nicht wie die Individuen, sie bilden sich um. Die Aufgabe der schirmenden Gewalten ist es, die Umbildung zu leiten und sie in der wahren Richtung zu überwachen.»[15] Der Unterschied zwischen einer konservativen und einer revolutionären Ordnung war ihm nicht die Tatsache des Wandels, sondern seine Form: «Eine Erwägung, welche der liberale Geist gewöhnlich außer acht läßt, ist die des Unterschiedes, welcher sich praktisch in Staaten wie im Leben der Individuen zwischen dem Vorschreiten der Dinge in gemessenem Gang und in Sprüngen ergibt. Im ersteren entwickeln sich die Bedingungen in einer logischen, naturgerechten Konsequenz, während letztere den Zusammenhang unter diesen Bedingungen zerreißen. Alles in der Natur verfolgt den Weg der Entwicklung, des Aneinanderreihens der Sachen; bei solchem Gang allein ist das Ausscheiden der schlechten Stoffe und die Ausbildung der guten denkbar. Sprungweise Übergänge bedingen stets neue Schöpfungen, und schaffen können die Menschen nichts.»[16] Zivilisation war demnach das Maß, in dem ein Wandel «natürlich» sich vollzieht. Sie war das Ausmaß, in dem die Spannung zwischen den Kräften der Zerstörung und der Erhaltung in Form spontaner Bindungen gehalten wurde. Echte Zivilisation begann somit erst mit dem Eintritt des Christentums in die Geschichte, welches die Autorität zu einer unverletzlichen, den Gehorsam zu einer heiligen und die Selbstverleugnung zur göttlichen Sache machte[17]. So lautete die funktionale Ausdeutung der Religion durch den Rationalisten.

Es entspricht dem konservativen Dilemma, daß Metternichs Meinungen über das Wesen der Autorität Binsenweisheiten sind – weil sie ein Konservativer für gegeben hält. Die Gedanken über die Bedeutung der Freiheit waren nur flüchtig, weil er diese Frage als bedeutungslos ansah. Seine Analyse über das Wesen von Revolutionen ist aber klar und nicht ohne Stärke. Als er im Jahre 1820 eine Reihe von Kongressen vorbereitete, die revolutionäre Aufstände niederwerfen sollten, schrieb Metternich ein «Glaubensbekenntnis», das mit einer Analyse des Wesens der Revolution und einer Geschichtsphilosophie gekoppelt ist[18]. Bis ins sechzehnte Jahrhundert hinein haben demgemäß die Kräfte der Erhaltung und der Zerstörung in immer stärkerem Maß in einem spontanen Gleichgewicht gestanden. Durch drei Ereignisse wurde dann aber die Zivilisation von Gewalt und Chaos überschattet: die Erfindung der Druckkunst, die des Pulvers und die Entdeckung Amerikas. Die Druckkunst erleichterte einen Gedankenaustausch, der so zur Sache auch des gemeinen Volkes wurde. Die Erfindung des Pulvers verschob das Gleichgewicht zwischen offensiven und defensiven Waffen, und die Entdeckung Amerikas formte die Lage sowohl materiell als auch psychologisch um. Der Einfluß kostbarer Metalle brachte einen plötzlichen Wandel in die Bewertung des Grundeigentums, das die Grundlage einer konservativen Ordnung ist, und die Aussicht, schnell reich zu werden, führte zu einem abenteuerlichen Geist sowie zur Unzufriedenheit mit den bestehenden Verhältnissen. Die Reformation schließlich vollendete den Prozeß, indem sie die moralische Welt umkrempelte und den Menschen über die Kräfte der Geschichte stellte.

Alle diese Faktoren ließen schließlich einen Menschentypus entstehen, der die revolutionäre Zeit kennzeichnet. Es ist der dünkelhafte Mensch, das natürliche Produkt eines zu schnellen Vormarsches des menschlichen Geistes in Richtung auf scheinbare Vollkommenheit. Religion, Moral, Gesetzgebung, Wirtschaft, Politik, Verwaltung, all das sei nun zum Gemeingut geworden und jedem zugänglich. Die Wissenschaft wirkt intuitiv, Erfahrung hat für den Dünkelhaften keinen Wert. Glaube bedeutet für ihn nichts, und an seine Stelle treten Einbildung und persönliche Überzeugung, zu denen er jedoch nicht auf dem Weg über Analyse oder Studien gelangt, denn diese erscheinen ihm untergeordnete Tätigkeiten, weil sein Geist glaubt, die ganzen Probleme auf einmal umfassen zu können. Gesetze haben nach Metternich für diesen neuen Menschentyp keinen Wert, weil er zu ihrer Vorbereitung nichts beigetragen hat, und es liege unter der Würde eines Menschen mit diesen Eigenschaften, Grenzen anzuerkennen, die eine ignorante und rohe Generation gezogen habe. Er sehe nur die Kräfte, die in ihm selbst liegen. Warum soll man sich dem unterwerfen, was doch nur dazu dient, den Menschen seiner Erkenntnisse zu berauben? Was zu einem Zeitalter der Schwäche paßte, paßt nicht mehr in die Zeit der Vernunft. All diese Gesichtspunkte zusammen neigen zu einer Ordnung der Dinge, in der alle Elemente individualisiert worden seien.

Man kann sich kaum eine tragischere Aussage vorstellen. Was Sarkasmus sein sollte – der Hinweis auf die Unvereinbarkeit zwischen Schein und Sein –, lief auf nichts anderes hinaus als auf eine Beschreibung der Ziele seiner Gegner. Das, was Metternich nur glaubte herausstellen zu brauchen, um es damit schon zur Absurdität zu stempeln, hielten seine Gegner für Werte, die man nur bestätigt zu sehen wünschte. Es war das unvermeidbare revolutionäre Mißverständnis, das Zögern, einzugestehen, daß die «Wahrheit» nicht aus sich heraus evident sein muß. Während Metternich verzweifelt versuchte, die «Wirklichkeit» gegen ihre Feinde zu verteidigen, verschob sich die Auseinandersetzung immer mehr in Richtung auf das Wesen der Wirklichkeit und auf das Wesen der «Wahrheit». Wäre «Wirklichkeit» noch immer unzweideutig gewesen, hätte er sie nicht zu bestätigen brauchen. Mit seinem starken Beharren auf dieser Bestätigung bezeugte er die Auflösung.

Metternich unterschied weiterhin die Dünkelhaften vom Typ und von der Abstammung her. Hier gab es Gleichmacher und Theoretiker. Die ersteren sollten Menschen sein mit starkem Willen und großer Energie; die letzteren abstrakte Theoretiker, die in ihrer eigenen Welt leben. Doch welche Form der Dünkel auch immer eingenommen haben mag, Ursprungsort war für Metternich der Mittelstand. Der revolutionäre Aristokrat war eine verlorene Seele, die das Opfer der Revolution werden mußte oder herabsteigen würde auf die Rolle des Dieners seiner Untergebenen. Die Masse der Bevölkerung mißtraue immer dem Wandel und suche nur gleichen Schutz vor dem Gesetz, um ihrer harten Arbeit nachzugehen. Der Mittelstand jedoch, die Rechtsanwälte, Schreiber, Bürokraten, die Halbgebildeten, sie, die über die Mittel der Verständigung verfügten, sie, die Ehrgeizigen ohne Ziel, die Unzufriedenen, die aber keine Alternative anbieten konnten, sie waren ihm das wirkliche Organ der Revolution. Es sei darum kein Zufall, folgerte Metternich, daß die Revolution nicht in dem ärmsten, sondern in dem reichsten Land Europas ausbrach; nicht in dem am meisten zurückgebliebenen, sondern in dem höchstentwickelten Staat, der so demoralisiert war, daß die Revolution schon in dem Palast der Könige und den Boudoirs der Städte triumphiert habe, noch ehe sie sich überhaupt in der Masse des Volkes breit zu machen begann.

Die Revolution hätte also nicht triumphieren können, wenn die Regierung nicht so schwach gewesen wäre und wenn man nicht an einen Mythos geglaubt hätte, dessen wörtliche Anwendung sich als ruinös erwies: die Möglichkeit, britische Institutionen auf das Festland zu übertragen: «Zu den Ursachen der ungeheuren Verwirrung, worin sich Europa gegenwärtig befindet», schrieb Metternich später, «gehört die Verpflanzung englischer Einrichtungen auf den Kontinent, wo sie im grellen Gegensatz zu den Verhältnissen stehen, die heute dazu führen, daß sie bei der praktischen Anwendung entweder illusorisch gemacht oder übertrieben werden. Die sogenannte Englische Schule hat die Revolution in Frankreich angestiftet, und die Folgen dieser Revolution, welche ganz und gar antienglisch sind, verheeren heutzutage den europäischen Kontinent. Die Begriffe Freiheit und Ordnung sind im englischen Geist so unzertrennlich, daß der letzte Stallknecht den angeblichen Reformatoren der Ordnung ins Gesicht lachen würde, wenn sie ihm Freiheit predigen wollten!»[19] Die Kriege der französischen Revolution hätten diese Prinzipien über Europa verbreitet. Der Haß gegen Bonaparte verzögerte ihren verderblichen Einfluß eine Weile, doch nur wegen eines Mißverständnisses. Denn der Krieg, den die Könige gegen Napoleon führten, war zum Teil von den Völkern gegen ihre eigenen Herren gerichtet in der Hoffnung, von ihnen die Verwirklichung der Versprechen der französischen Revolution zu erhalten. Der kluge Frieden von 1814 hätte vielleicht eine Zeit der Ruhe einleiten können. Napoleons Rückkehr von Elba habe jedoch in hundert Tagen alle antirevolutionären Erfolge einer vierzehnjährigen bonapartistischen Herrschaft wieder zuschanden gemacht. Weil Napoleon die Revolution in Frankreich wieder freigelassen habe, habe er Europa in endlose soziale Verwicklungen geführt[20].

4

Das war eine mächtige Analyse der Ursache der Unruhe, die Europa erfaßt hatte. Doch das Kraftvolle an dieser Theorie war zugleich ihr Verderbnis. Denn wenn der revolutionäre Geist so weit verbreitet war, wie konnte man ihn dann bekämpfen? Wenn die Ursachen der Revolution so grundlegend tief waren und so weit in die Geschichte zurückreichten, gab es dann überhaupt ein Gegenmittel? Wenn der Mittelstand so einflußreich war, wie konnte man mit ihm fertig werden? Durch allmähliche Integration, mag ein Vertreter des historischen Konservativismus, wie etwa Burke, darauf geantwortet haben. Sogar noch Castlereagh konnte Ludwig XVIII. gegenüber die Meinung vertreten, daß man Revolutionäre nirgends so wenig zu fürchten braucht als in einem Amt, wo sie mit anderen gemischt seien. Tyrannen mögen einen aufsässigen Charakter vergiften. Das einzige Mittel, das einem konstitutionellen Monarchen gegeben ist, ihn in Schranken zu halten, sei, ihn für sich zu beschäftigen[21]. Für Metternich, den rationalen Konservativen, war diese Lösung aber nur eine gefährliche Ausflucht. Für ihn als Kind der Aufklärung mußten politische Probleme die Genauigkeit logischer Widersprüche annehmen, und darum verschärfte er die Differenzen, statt sie abzuschwächen. Wenn die Kräfte der Zerstörung überhandnahmen, war es eben Aufgabe des Konservativen, die der Ordnung zu stärken. Wenn sich überall der Ruf nach Freiheit breit machte, so war es um so dringender, ihm im Namen der Autorität entgegenzutreten.

So wurde die Gleichung Freiheit = freiwillige Unterwerfung unter die Ordnung in der Praxis zu einer Definition der Sterilität, und keine Ausnahmen zulassende Maximen wurden zu Rechtfertigungen für Tatenlosigkeit. So kam es, daß Metternich nie müde wurde, Zugeständnisse an das Volk mit einem Verschleudern von Kapital zu vergleichen. Daher seine Grundmaxime, «daß man mitten in aufgebrachten Leidenschaften nicht an Reformen denken darf. Die Weisheit beschränkt sich in solchen Fällen einfach auf das Durchhalten». Daraus erklärt sich seine immer starrer werdende Opposition jeder Änderung gegenüber, denn eine Änderung symbolisiert die Möglichkeit, unter Druck zu weichen: «Wo alles wankt, ist vor allem nötig, daß irgend etwas beharre, wo das Suchende sich anschließen, das Verirrte seine Zuflucht finden kann.»[22] So erklärt sich auch, warum Metternich Napoleon lieber sah als die Bourbonen trotz deren «Legitimität». Für Metternich war Legitimität nicht ein Ziel, sondern ein Mittel, und sobald sie mit den Erfordernissen der Stabilität in Widerspruch stand, hatte sie nachzugeben. Darum wurde Metternich paradoxerweise zum Verteidiger bestehender Einrichtungen, auch wenn er sie gar nicht geschätzt hat, weil ihr Sturz nur ein noch gefährlicheres Symbol gewesen wäre. Als 1820 der Großherzog von Baden panisch anbot, seine Verfassung aufzuheben, antwortete Metternich: «Jede auf gesetzlichem Weg eingeführte Ordnung trägt das Prinzip eines besseren Systems in sich ... Übrigens ist eine Charta noch keine eigentliche Institution. Diese bildet sich erst mit der Zeit, und es hängt immer von den Einsichten und dem Willen der Regierung ab, das Gute vom Bösen zu trennen, die öffentliche Gewalt zu befestigen und die Ruhe und das Glück der Nation gegen jeden feindlichen Angriff zu schützen.»[23]

Es war jedoch ein nutzloser Kampf, eine *tour de force,* die zur Selbstzerstörung führte, wenn man versuchte, einen Wandel durch Ordnung zuwege zu bringen, und Ordnung sich lediglich als Ruhe mitten in einer revolutionären Zeit vorstellte. Es war trotz der Bekundungen des Gegenteils in Wirklichkeit der Versuch, verlorene Unschuld wiederzuerlangen, es war das Rufen nach einer Zeit, als die Bindungen noch spontan waren, als die aristokratische Vorstellung von einer Regierung noch galt, wonach sie nur Ausfluß von Pflichten sein sollte. Das «Metternichsche System» gab eine Antwort auf die Ursache der Revolution, ließ aber nicht erkennen, wie man mit einer Revolution fertig werden sollte, sobald sie einmal ausgebrochen war. Es sprach abstrakt von der Bereitschaft zu reformieren, legte aber nie dar, welche Maßnahmen im Einzelfall geeignet erschienen. Noch 1851 wußte Metternich seinem Nachfolger Schwarzenberg keinen besseren Rat zu geben, als den Adel zu stärken, so als ob man den Mittelstand noch immer zerschlagen könne. Gegen die Behauptung, Revolutionen beruhten immer auf einem Versagen von Regierungen und daß nur Handeln erhalte, war nichts einzuwenden. In der Praxis führte sie in einen Teufelskreis, weil Metternich sich zwar im Prinzip Reformen nicht verschloß, sie aber als Ausfluß der Ordnung erstrebte, während seine Gegner im Namen des Wandels das gleiche wünschten. Das Ergebnis war ein Patt, ein Triumph der Form über die Substanz.

Metternichs Gedanken wurden so zu einem nie enden wollenden Ruf nach einem Augenblick der Ruhe, nach einer Pause, und sei sie noch so kurz, nach einer Unterbrechung des Flusses des Lebens, auf daß das, was geschah, als universales Prinzip vorgestellt werden konnte und nicht als Bekundung des Willens oder der Unentschlossenheit. Es war, als ob ein Physiker, der Stellung und Geschwindigkeit von Elektronen nicht genau messen kann, all seine Energien darauf konzentrieren wollte, ein Elektron zum Stehen zu bringen, und sei es nur für den Bruchteil einer Sekunde, weil das ihn in die Lage versetzen würde, ihm für die Ewigkeit die Richtung zu weisen. Es war, als ob ein Fahrer in unbekannter Richtung eine Bergstraße mit seinem Auto hinabrollte und verzweifelt versuchte, ein Rad festzuhalten, so als ob seine ohnehin unvermeidbare Abfahrt dann Ordnung statt Chaos bedeute. So kam es, daß Metternichs Erkenntnisse trotz aller Kraft, die sie ausstrahlen mochten, immer dogmatischer wurden. Er mag recht gehabt haben, wenn er erklärte, wer keine Vergangenheit gehabt habe, werde auch keine Zukunft haben. Doch die, die eine Vergangenheit *hatten,* gruben sich selbst ihr Grab, weil sie sie in der Zukunft suchten.

Und doch war in all dieser Irrung noch ein Element der Größe. Metternich gab sich nämlich keinen Illusionen über die voraussichtlichen Entwicklungen hin. Er sah seine Aufgabe darin, die unvermeidlichen Konsequenzen zu mildern. «Die bisherige Gesellschaft ist in ihrem Niedergang begriffen. Nichts steht still..., und die Gesellschaft hat ihren Zenit erreicht. Unter diesen Umständen heißt es vorwärts schreiten, hinab schreiten... Solche Perioden erscheinen dem Zeitgenossen sehr lang, was sind aber zwei bis drei Jahrhunderte in den Jahrbüchern der Geschichte?... Mein Leben ist in eine abscheuliche Periode gefallen. Ich bin entweder zu früh oder zu spät auf die Welt gekommen... Früher hätte ich die Zeit genossen, später hätte ich dazu gedient, wieder aufzubauen; heute bringe ich mein Leben zu, die morschen Gebäude zu stützen.»[24] Er bekämpfte die Revolution nicht, weil sie unmöglich, sondern weil sie «unnatürlich» war. Er bekämpfte die Demokratie, weil Autorität «ein Begriff ist, der auf einer bleibenden Größe ruht, während bei jener Methode [der parlamentarischen Regierung] die Macht von ihrer bleibenden Höhe in die Hände einer vorübergehenden Größe herabsinkt... Ich begreife, daß es kleinen Geistern zusagen kann, von sich als von der Gewalt zu reden; auch unterliegt es keinem Zweifel, daß es den Gegnern der Gewalt gefällt, wenn sich dieselbe verkleinert, weil sich damit ihre Bemühungen erleichtern, sie zu beseitigen.»[25] Weil er die Ordnung als Ausdruck des Gleichgewichts, und das Gleichgewicht als Reflex der Struktur des Universums betrachtete, glaubte er fest daran, daß die «grundlegenden Interessen» der Staaten sich schließlich durchsetzen würden. Er sagte jedoch voraus, daß die Revolutionäre selbst erschreckt sein würden von der Welt, die sie schaffen[26]. Je größer die Kraftverschiebung, um so mehr Gewalt werde das Interregnum des Chaos beherrschen. Despotismus bedeutete für Metternich nicht das Fehlen garantierter Rechte, sondern eine Regierung ohne universale Maxime, Tyrannei erschien ihm nicht als Ursache von Revolutionen, sondern als deren wahrscheinliches Ergebnis. Je mehr die Kräfte der Zerstörung die soziale Ordnung zu unterspülen vermochten, um so mehr mußte die Autorität – die unentbehrliche Ausdrucksform einer Gesellschaft – persönliche Formen annehmen. So sah der Konservative die Willkür.

So erklärt es sich, daß Metternich sich die konservative Aufgabe stellte, die Behauptung von der ausschließlichen Gültigkeit des Willens zu überwinden und als Vorbedingung, Machtansprüche zu beschränken. Es war eine Neudefinition der klassischen theologischen Version der Erniedrigung «Dein Wille geschehe», nur daß an die Stelle Gottes die Vernunft trat. Metternichs Forderung bedeutete den Versuch, mit dem fundamentalsten Problem der Politik fertig zu werden, das nicht in der Beherrschung des Bösen, sondern in der Begrenzung des Rechtmäßigen liegt. Das Böse zu «bestrafen» ist relativ leicht, weil darin der einfache Ausdruck öffentlicher Moral zu finden ist. Die Ausübung rechtmäßiger Gewalt in Grenzen zu halten ist schwieriger, weil das heißt, daß auch die edelste Willenskraft von Kräften begrenzt wird, die über dem Willen stehen; daß Selbstbeschränkung höchste Aufgabe einer sozialen Ordnung ist. Metternich ging an das Problem mit der Behauptung heran, jedes Übermaß, gleichgültig welcher Art, schade stets der Gesellschaft. Der Wille des Einzelnen sei etwas Zufälliges, weil der Mensch Aspekt von über ihm stehenden Kräften sei: der Gesellschaft und deren historischer Ausdrucksform, des Staats, die beide genauso Naturprodukte seien wie der Mensch, denn sie repräsentieren die grundlegenden Voraussetzungen für Gerechtigkeit und Ordnung. Als «natürliche» Dinge, so glaubte er, hätten Staaten genauso einen Lebenszyklus wie Menschen, nur daß sie das menschliche Schicksal nicht voll erfüllen könnten: Sie könnten nicht sterben, sie mußten für *all* ihre Fehltritte büßen.

Es war darum nur folgerichtig, daß der letzte Akt des konservativen Staatsmannes von symbolischer Art war, eine Bitte um Anonymität, die allein seine Maximen rechtfertigen konnte. Als 1848 eine Abordnung der siegreichen Revolution seinen Rücktritt «generös» nannte, antwortete der gealterte Metternich: «Gegen dieses Wort lege ich feierliche Verwahrung ein. Generös kann im Reich nur der Kaiser sein; ich handele infolge meines Rechtsgefühls und im Gefühl meiner Pflicht.» Diese letzte Geste des «Arztes der Revolutionen» war eine letzte verzweifelte Bekundung der Ordnung, der Vorherrschaft des Rechts über den Willen selbst noch in der Niederlage nach einem halben Jahrhundert des Kampfes. Als die Abgeordneten darauf bestanden, den

Begriff «generös» zu verwenden, antwortete Metternich: «Der Verwahrung gegen einen schiefen Wortbegriff füge ich noch die bei, welche – ich sehe es voraus – in nicht langer Zeit ihre Anwendung finden dürfte; diese Verwahrung gilt der voraussichtlichen Behauptung, ich hätte die Monarchie mit mir davongetragen. Weder ich noch irgend jemand hat Schultern, stark genug, um eine Monarchie davonzutragen. Verschwinden Monarchen, so geschieht es, weil sie sich selbst aufgeben.»[27] Hier zeigt sich auch letztmalig symbolträchtig das Dilemma des Konservativen: daß es seine Aufgabe sei, nicht Revolutionen zu zerschlagen, sondern ihnen *zuvorzukommen;* daß eine Gesellschaft, die einer Revolution nicht vorbeugen kann, denn die Entwertung ihrer Werte hat sich ja durch die *Tatsache* der Revolution gezeigt, nicht in der Lage sei, die Revolution mit konservativen Mitteln zu zerschlagen; daß eine Ordnung, sobald sie einmal erschüttert worden ist, nur auf dem Weg über das Chaos wieder aufgerichtet werden könne.

5

Für die Starrheit Metternichscher Maxime gibt es jedoch noch einen weiteren Grund. Die Starrheit war in vieler Beziehung eigentlich nur ein Spiegelbild der Struktur des Reiches, das er repräsentierte. In jeder Zeit gibt es Anachronismen, Staaten, die rückständig, ja sogar dekadent erscheinen, wenn man nicht bedenkt, daß man es mit den hartnäckigsten Überbleibseln einer versunkenen Weltordnung zu tun hat. Doch gerade diese Fähigkeit zu stummer Härte, die es diesen Relikten möglich machte zu überleben, begrenzt ihre Anpassungsfähigkeit. In einer Welt, die sie nicht mehr versteht, reagieren sie auf die Kräfte der Auflösung instinktiv starr.

Das war die Lage Österreichs im neunzehnten Jahrhundert. Durch die Hartnäckigkeit einer einzigen Dynastie geschaffen, zum machtvollen Bollwerk Europas gegen den Osten emporgestiegen, vereinte dieser Staat in sich vielsprachige Völker mit unterschiedlichstem Zivilisationsstand, wobei einziges Bindeglied der gemeinsame Kaiser war. Als einziger großer feudalistischer Bau aus dem Mittelalter hatte sich Österreich in die moderne Zeit gerettet und wurde zusammengehalten durch die Prinzipien gegenseitiger Treue, durch eine Reihe vielschichtiger Übereinkünfte und nicht zuletzt dadurch, daß es einfach unentbehrlich schien. Metternich bezeichnete Österreich als einen rechtlich einheitlichen, verwaltungsmäßig aber geteilten Staat. Er sei geteilt nicht aufgrund eines Willensaktes, sondern aufgrund tiefliegender Ursachen, deren wichtigste die verschiedenen Nationalitäten seien. Grundlage des Reiches sei daher das Beibehalten der verschiedenen Rechtsordnungen der einzelnen Reichsteile. Das sei der einzige Schutz gegen die Gleichmacherei, die für seine Zeit so charakteristisch sei.

Doch was sollte ein dynastischer Staat in einer Zeit der Zentralisierung und des Nationalismus, der rationalen Verwaltung und des kodifizierten Rechts tun? Der Einfluß der Moderne wirkte aufweichend auf eine so vielschichtige, ja feingliedrige Struktur. Denn wie kann man organische Institutionen rationalisieren, wenn die Beziehungen so verworren sind, daß schon der Versuch, sie zu definieren, nur zu einer Unterstreichung der

FRANZ I.
KAISER VON ÖSTERREICH

Unterschiedlichkeiten führen würde? Was bedeutete schon die französische Erkenntnis von der Bedeutung einer stark zentralisierten Regierung bei einem Staat, bei dem schon der Versuch zur Zentralisierung nur zu wahrscheinlich alle Energien in einem internen Kampf verbrauchen würde? Österreich hatte erlebt, wie der große Kaiser Joseph die Erkenntnisse und Lehren der Aufklärung verwirklichen wollte und wie damit beinahe das Reich in Stücke gerissen worden wäre. Österreich lernte langsam, vergaß aber nie eine Lehre.

Metternich bekämpfte den Liberalismus darum nicht nur aus theoretischen, sondern auch aus eminent praktischen Gründen. Den Ruf der österreichischen Liberalen nach einem modernen zentralisierten Staat hielt er für chimärisch, weil er auf der Vorstellung von einer Regierung beruhte, die für Österreich nicht paßte. «Wien ist nicht Paris», schrieb Metternich, nachdem die liberale Revolution von 1848 versucht hatte, aus Österreich einen Einheitsstaat zu machen. Wien sei nicht die Stadt, die das Leben des ganzen Reichs verschlingt und die darum diesem auch die Gesetze geben kann. Wien sei doch nur die Schale, in der zufällig das Herz des Reiches liege. Es sei die Hauptstadt einer ganzen Staatengruppe, nur weil gerade der Kaiser dort residiere, und das habe nur technische Gründe. Dies beruhe auf Wiens zentraler Lage. Alle Komponenten des Reiches blickten auf den Kaiser, auf sein wirkliches und sichtbares Haupt. Blickt irgend jemand so auf ein Ministerium, das nur sich selbst repräsentiert? Wird Ungarn den Weisungen eines Ministeriums folgen? Ja wie könnte es auch, denn das Ministerium trägt doch nicht die Stephanskrone. «Der Kaiser ist alles, Wien ist nichts.»[28] Wieder sehen wir hier eine großartige Analyse eines Dilemmas und wieder keinen Hinweis auf einen Ausweg, weil Österreichs Tragödie eben gerade darin bestand, daß eine Legitimität persönlicher Loyalität nicht mehr ausreichte in einer Zeit wie dem neunzehnten Jahrhundert, in dem die Regierung zu einem abstrakten Ausdruck geworden war, der seine Maßnahmen mit der Vernunft begründete, nicht aber mit der historischen «Wahrheit» seines Herrschers.

Metternichs Analyse über die Struktur Österreichs veranlaßte ihn auch, den Gedanken an ministerielle Verantwortlichkeit zu verwerfen. Nicht weil er meinte, die Macht des Kaisers sei absolut, sondern weil seine Meinung von der Verantwortung in ein anderes Gebiet gehörte. Verantwortung war für ihn ein juristischer Begriff, und aus diesem Grund sei in parlamentarischen Staaten das Parlament der oberste Gerichtshof. Österreich könne sich aber ein solches Zentralparlament nicht leisten, weil eben seine Bande dynastischer und nicht nationaler Art seien. Ein verantwortliches Ministerium verlange Volkssouveränität. Volkssouveränität bedeute aber die Auflösung Österreichs[29]. Daran würde sich auch nichts ändern, wenn man in den verschiedenen Teilen des Reiches gesetzgebende Organe zulassen würde, denn während monarchische Souveränität sich auf verschiedene Nationen erstrecken könne, sei Volkssouveränität unteilbar. Auch eine hierarchische Ordnung der Parlamente der verschiedenen Nationen biete keine Lösung, wie die Erfahrungen zwischen Großbritannien und Irland gezeigt hätten. Der Ruf nach parlamentarischer verantwortlicher Regierung sei somit eine Forderung nach vollkommener Unverantwortlichkeit. Weil es keine österreichische Nation gäbe, würde ein

Ministerium nur sich selbst verantwortlich sein. Österreich, das Produkt der Geschichte und einer dynastischen Vision, könne Verantwortung nur in den Maximen seines Monarchen finden, in der Verkörperung der einzigen Vision von sich selbst: dem Kaiser.

Wieder eine hervorragende Gegenthese. Wie aber sollte der Monarch in einem Jahrhundert des Nationalismus herrschen? Metternich antwortete: durch Stärkung der Regierung, so daß sie wirklich regiert, und durch Dezentralisierung der Verwaltung. Das Vielsprachenreich könne nur dadurch überleben, daß es die wohltuende Wirkung einer zentralen Autorität und deren Vereinbarkeit mit den kulturellen Unterschieden demonstrierte. So lautete Metternichs Kur für die fundamentale Krankheit Österreichs, für die Mischung von staatsmännischer Führung mit Verwaltung. Mit Fortschreiten des neunzehnten Jahrhunderts war das anachronistische Reich immer mehr auf Genauigkeit in der Einschätzung angewiesen, und das findet man leichter in der Anwendung bürokratischer Normen als in der Anpassung an die wandelnden Verhältnisse. Die Verwaltung schafft die Illusion von dem «Von-selbst-Laufen»; die Routine, die die Form ist, wie man Mittelmäßigkeit assimiliert, erscheint dem Außenstehenden als Bedingung für ihren Erfolg. Das Motiv einer Bürokratie ist ihr Streben nach Sicherheit. Sie mißt ihren Erfolg öfter an den Fehlern, die nicht gemacht wurden, als an den erreichten Zielen. Sie rühmt sich ihrer Objektivität, was bedeutet, daß man eine große Konzeption nicht nötig habe. All das sind Eigenschaften, die einer in Auflösung befindlichen Struktur Mittel symbolisieren mögen, sich mit einigen Aussichten auf Erfolg vor dem drohenden Chaos zu retten. Auch wenn es sich als katastrophal erwies, so ist es doch verständlich, daß Österreich immer stärker rein administrativ an die Lösung seiner komplexen innerpolitischen Probleme heranging. Doch so richtig es ist, daß Österreich den Schritt von einem dynastischen zu einem zentralisierten Staat nicht tun konnte, ohne sich selbst dabei aufzulösen, so folgte daraus dennoch nicht, daß es die Regierungsform des achtzehnten Jahrhunderts und der voraufgegangenen früheren Jahrhunderte in die moderne Zeit importieren mußte. Es war ein Maßstab für die Sterilität österreichischer staatsmännischer Führung, daß sie die Art ihrer innenpolitischen Legitimation mit dem Aufbau ihrer Bürokratie verwechselte und eine veraltete Verwaltung sich somit vor die vielschichtigen Probleme der Industrialisierung, des Nationalismus und des Liberalismus gestellt sah. Auf diese Art und Weise verpaßte die österreichische Monarchie die Gelegenheit, sich durch Leistung hervorzutun, was es den Gegnern ermöglichte, den doktrinären Unterschieden noch den Vorwurf der Unfähigkeit hinzuzufügen.

Das Verwaltungssystem war mehr oder weniger eine Fortsetzung patriarchalischer Verhältnisse aus der feudalen Zeit. Der Kaiser war nicht nur juristisch die einzige Quelle öffentlicher Gewalt, sondern tatsächliches Zentrum sowohl der Politik als auch der Verwaltung. Die Regierungsgeschäfte wurden nicht durch Ministerien ausgeübt, sondern von Abteilungen des kaiserlichen Hofs. An ihrer Spitze standen nicht Minister, sondern «Hofräte». Nahezu ein Jahrzehnt lang war Metternich der einzige, der offiziell den Titel Minister hatte, und er mußte diese Ausnahmestellung damit bezahlen, daß man ihm eifersüchtig jeden Einfluß auf die Innenpolitik verwehrte. Neben dem Kaiser gab es nicht weniger als drei Organe, die die verschiedenen Abteilungen des Hofs und deren Tätigkeit koordinieren sollten. Sie waren im Grunde genommen Ausschüsse, die aus Beamten der verschiedenen betroffenen Abteilungen gebildet wurden, und ihre Konstruktion und Aufgabe war so verwirrend, daß ein hervorragender österreichischer Historiker 1884 sich außerstande erklärte, sie genau zu beschreiben[30]. Auf jeden Fall traten sie nur nach Gutdünken des Kaisers zusammen und erörterten nur Fragen, die er ihnen vorlegte. Man hat die österreichische Verwaltung einmal als ein Maschinenungeheuer bezeichnet, dessen Räder sich mit infernalischem Krach drehen, ohne auch nur einen Zoll voranzukommen. Mit gutem Grund konnte Metternich später sagen, daß er manchmal Europa regiert habe, nie aber Österreich.

Vergeblich trachtete Metternich als einem der ersten Schritte nach Übernahme des Außenministeriums danach, dieses zu reorganisieren. Umsonst schlug er kurze Zeit später vor, einen Reichsrat zu schaffen, um die Grundfragen der Politik auszuarbeiten und zu koordinieren[31]. All diese wie noch so viele andere Bemühungen liefen sich an dem Kaiser tot. Kaiser Franz war eine jener mittelmäßigen Persönlichkeiten, die glauben, Erfahrung liege in mechanischer Erinnerung. Seiner Meinung nach war Erfolg das Gegenteil von Versagen, und er hielt Kausalität für einen Zeitablauf. Weil die zentralisierenden Tendenzen seines Vorgängers Joseph II. zu Auseinandersetzungen innerhalb des Staates geführt hatten, sollten nun alle Reformen vermieden werden. Weil der Versuch, das Volk aufzurufen, 1809 nicht zum Sieg geführt hatte, sollte man sich nun überhaupt nicht mehr um die Unterstützung seitens des Volkes kümmern. Starrköpfig und argwöhnisch, einfallslos und pedantisch, erlebte er so viele Umwälzungen, daß er bloßes Beharren schon für einen ethischen Wert hielt. Seine typischste Eigenschaft war sein angeblicher Stoizismus, der das Fehlen jedes Gefühls widerspiegelte. «Er scheut die Überlegenheit mit sich selbst», sagte sein Onkel, der große Joseph II., von ihm, «er teilt seine Gedanken nicht mit, weil er die Wahrheit zu erfahren scheuet. Weil er gesehen hat, wie er durch sein Trotzen seine Umgebung dahin bringt, daß sie ihn wieder aufzumuntern und gefällig zu machen sucht, so bedient er sich dieses Mittels, um seine Gemächlichkeiten nicht zu überwinden ... Nur ein Mittel greift bei ihm an, und zwar das unangenehmste, weil es den plattesten, materiellsten und unempfindlichsten Charakter eines Menschen vorstellt, nämlich Furcht vor Verdrießlichkeiten. Diese machen ihn klein, biegsam, Versprechen gebend, ohne jedoch seine falschen Ansichten über den Haufen zu werfen, in welchen er durch einen übel verstandenen Stolz auf seine Geburt beharrt.»[32]

Das also war der Mann, der Österreich länger als eine Generation regierte, und noch dazu in der vielleicht entscheidendsten Zeit seiner Geschichte. In seinem kleinlichen Geist glaubte er sich selbst fähig, alle Probleme persönlich lösen zu können, denn dem Geistlosen erscheinen alle Probleme gleichmäßig schwierig – und gleichmäßig leicht. Eine Reihe von Katastrophen hatte ihn nur gelehrt, daß Veränderung die Ursache, nicht der Ausdruck von Umformungen sei. Er versuchte sie daher um jeden Preis und mit allen Mitteln zu verhindern. Sein System der Polizeispitzel war berüchtigt, und es machte ihm Freude, selbst die unbedeutendsten Berichte zu lesen. Eifersüchtig auf seine Untergebenen, teilte er sorgfältig die Aufgaben zwischen ihnen auf, um irgendeinen überragenden Einfluß zu vermeiden. Selbst Metternich sah sich trotz seiner Erfolge auf außenpolitischem Gebiet genötigt, jede Unterhaltung über innenpolitische Probleme mit fadenscheinigen Begründungen einzufädeln, aus denen man Beziehungen zur Außenpolitik herleiten könnte[33]. Es war nicht überraschend, daß ein derartiger Mann zu bürokratischen Normen Zuflucht nahm, daß er sich in jedes Detail der Verwaltung einmischte, daß auch nicht die kleinste Entscheidung ohne Rücksprache mit ihm gefällt werden konnte. Sein Eifer war verblüffend, doch Eifer ist das Beruhigungsmittel für das Bewußtsein der Mittelmäßigkeit. «Er behandelt die Geschäfte wie ein Bohrer», sagte Metternich von ihm in einem der seltenen Augenblicke der Verärgerung, «der sich immer tiefer und tiefer hineindreht, bis er auf einmal irgendwo unvermutet herauskommt, ohne etwas anderes getan zu haben, als Akten zu durchlöchern.»[34]

Angesichts dieser Umstände werden Metternichs sorgfältige Manipulationen verständlich. Denn wenn es nicht gelang, den Kaiser so unauffällig zu einer Entscheidung zu bringen, daß man eine Veränderung unter der Illusion der Stabilität bewerkstelligen konnte, hätte er sich sicher dagegen ausgesprochen. Metternich war nicht weit von der Wahrheit entfernt, wenn er beißend meinte: «Wir haben einen Heiligen, der sich den Himmel errungen, weil er während ich weiß nicht wie vieler Jahre mit einem Fuß auf einer Säule gestanden ist ... Sein Verdienst war die unbequeme Stellung, meine ist nicht besser.»[35] Innenpolitisch war die Einwirkung der Persönlichkeit des Kaisers noch verderblicher. Und wieder ist es Metternich, der wohl die beste Beschreibung hinterließ: «Ich wollte, daß die Regierung *regiere;* meine Gefährten suchten die zu lösende Aufgabe im *Verwalten* nach den bestehenden Normen. Regierungsmaßregeln kamen in dem schleppenden Geschäftsgang erst zu meiner Kenntnis, wenn sie die unteren Stadien alle durchlaufen hatten, zu ihrem endlichen Ausspruch gereift und wegen ihrer Dringlichkeit oder Wichtigkeit desselben bedürftig waren. Wie schwer, wie unmöglich war es in einem solchen Fall, dem zu beschließenden Gegenstand eine andere als die beantragte Richtung zu geben. Der folgenreichste Mißgriff im österreichischen Kaiserstaat war das Heranziehen von Geschäften in den Kreis der Regierung, welche in den der Verwaltung gehörten. Hierdurch wurde die Staatsmaschine in ihrem Gang gelähmt, die oberste Region mit Allotrien überhäuft und die Verantwortlichkeit der unteren Behörden beseitigt. Hätte ich die Staatsmaschine in ein anderes Geleise führen sollen? Dazu fehlte es mir an Macht. Hätte ich das Räderwerk brechen sollen? Dann wäre durch den Stillstand der Staatsmaschine die Revolution herbeigeführt worden! Meine Aufgabe war es nicht, das Reich zu regieren; sie war es ebensowenig, das Reich zu verwalten. Meine Aufgabe bestand darin, das Reich dem Ausland gegenüber zu vertreten.»[36]

Nach einer Betrachtung der internationalen Lage im Jahr 1815 war dies demnach die Aufgabe eines konservativen Staatsmanns: sein Land gegenüber dem Ausland zu vertreten, seine Schwäche zu decken und das Unvermeidliche so lange wie möglich hinauszuzögern. Bei dieser Aufgabe half ihm eine bewunderungswürdige diplomatische Geschicklichkeit, die eine Zeitlang Schwäche zur diplomatischen Waffe werden ließ und die es ihm ermöglichte, als das konservative Gewissen Europas aufzutreten. Sein Versuch, die innerpolitische Legitimation Österreichs mit der der internationalen Ordnung gleichzusetzen, war nicht so sehr Symptom der Starrheit als vielleicht der einzig möglichen Politik bei einer innerpolitischen Struktur, die Metternich nun einmal als gegeben hinnehmen mußte. Es handelte sich also um eine Diplomatie *par excellence,* um reine Manipulation, und daß ihr die letzte Festigkeit fehlte, beruhte gleichermaßen auf der Macht der Verhältnisse wie auf dem Mangel an Gestaltungskraft bei Metternich. «In welche Zeiten ist mein öffentliches Leben gefallen?» schrieb Metternich in seinem politischen Testament. «Man richte die Blicke auf die Lagen, in denen unser Reich und ganz Europa zwischen den Jahren 1809 und 1848 standen, und dann frage man sich, ob es der Erkenntnis eines Mannes gelingen konnte, die Krisen in eine Genesung umzugestalten. Ich gestehe mir zu, die Lage erkannt zu haben, aber auch die Unvermögenheit, in unserem Reich ein neues Gebäude aufzuführen, weshalb meine Sorge vor allem auf die Erhaltung des Bestehenden gerichtet war.»[37]

Die Grabinschrift des konservativen Staatsmannes lautet: Geschichte ist größer als der Mensch, doch obwohl sie ihre Lehren lehrt, so doch nicht immer innerhalb der Lebenszeit eines einzelnen Menschen. Diese Erklärung steckt gleichzeitig auch die Grenzen von Metternichs Fähigkeiten ab. Denn Staatsmänner darf man nicht nur an ihren Taten, sondern auch an ihren

Vorstellungen über Alternativen messen. Staatsmänner, die letzte Größe erreicht haben, taten das nicht dank Resignation, auch wenn sie noch so gut begründet gewesen wäre. Ihnen war es gegeben, nicht nur die Perfektion der Ordnung zu erhalten, sondern auch die Stärke zu haben, das Chaos zu überdenken, um aus ihm Teile für neue Schöpfungen zu finden.

ZWÖLFTES KAPITEL

Der Kongreß von Aachen und die Organisation des Friedens

I

Als schließlich der Frieden über ein an unablässige Auseinandersetzungen gewöhntes Europa kam, begrüßte man ihn nicht nur mit Erleichterung, sondern auch mit einem Gefühl der Desillusion. Die Leiden einer Periode revolutionärer Kriege lassen sich nur durch tausendfache Hoffnungen ertragen, durch die Vision von einer Welt bar aller Probleme. Weil der Kampf so im Vordergrund steht, denkt man sich den Frieden einfach als das Fehlen des Krieges, Ordnung gilt als natürliche Folge des Gleichgewichts und Harmonie als selbstverständliche Maxime der Selbsterhaltung. Je größer die Erwartungen, um so schwerer wird aber die unvermeidbare Ernüchterung. Dann muß ein Punkt kommen, da man erkennt, daß die Höchstleistungen aus der Kriegszeit nicht auf Friedensprobleme übertragen werden können, daß Harmonie ein Attribut von Koalitionen, nicht aber von «legitimen» Ordnungen ist, daß Stabilität nicht gleichwertig ist mit dem *Bewußtsein* weltweiter Versöhnung. Denn im Krieg ist das Ziel bekannt: die Niederlage des Feindes. Das Ziel des Friedens ist etwas Unbestimmtes: der Ausgleich der Meinungsverschiedenheiten innerhalb der Komponenten des Gleichgewichts. Das Motiv für den Krieg kommt von außen, ist die Bedrohung durch einen gemeinsamen Feind. Das Motiv des Friedens ist der Versuch, die historischen Ziele eines Staates innerhalb eines Ordnungssystems zu verwirklichen. Aus diesem Grund waren lange Zeiten des Friedens nicht notwendigerweise auch von dem Bewußtsein der Harmonie begleitet; das ist erst die Illusion der Nachwelt – oder von Inselstaaten. Im Gegenteil: Nur Zeiten, die überzeugt sind, daß verheerende Katastrophen unmöglich seien, sind in der Lage, eine Kabinettdiplomatie mit wechselnden Bündnissen zu führen, die erkennen lassen, daß es keine unüberbrückbaren Schismen gibt; mit ihrem scheinbaren Zynismus, der zu verstehen gibt, daß die Risiken begrenzt sind; mit ihren begrenzten Kriegen, die erkennen lassen, daß die Differenzen am Rande liegen.

«Alles, was sich nach 1815 ereignete, gehört der gewöhnlichen Geschichte an», schrieb Metternich 1819. «Seitdem ist die Zeit sich selbst überlassen, sie schreitet fort, weil sie sich nicht aufhalten kann, geleitet aber wird sie nicht mehr ... Wir sind wieder in eine Zeit zurückgefallen, wo tausend kleine Berechnungen und kleinliche Ansichten die Geschichte des Tages bilden. Die See geht noch hoch, das kommt aber nur vom vorübergezogenen Sturm; man kann allerdings auf solcher See noch umkippen, man geht auch leichter darin unter, weil der Wind schwerer zu berechnen ist als der Sturm; aber das Schauspiel ist nicht mehr großartig.»[1] Die kleinlichen Berechnungen, auf die Metternich anspielte, waren ein Symptom, daß man begann, die Stabilität als etwas Selbstverständliches hinzunehmen. Wenn totale Umformungen unmöglich oder unvorstellbar geworden sind, muß sich die Staatsführung auf die fast unbemerkten Wandlungen konzentrieren, deren kumulativer Effekt zu einem Sturz des Gleichgewichts führen kann. Wenn absolute Ansprüche nicht mehr erhoben werden, dann regiert das Zufällige am stärksten. Und wenn auch das Schauspiel, das sich dann bietet, nicht großartig ist, so ist es doch die Form, in der legitime Ordnungen ihre Vorstellungen verwirklichen. Im Krieg wird die Nuance zertreten; der Frieden erlebt ihre Wiedergeburt.

Es war ein Symptom für die Stabilität der Wiener Lösung, daß nach 1815 alle Meinungsverschiedenheiten die Form einer Auseinandersetzung über die Auslegung der drei Vertragsgruppen annahmen, welche die neue internationale Ordnung errichtet hatten: a) die Friedensverträge und Schlußakten des Wiener Kongresses; b) die Bündnisverträge (der Vertrag von Chaumont und die Viererallianz); c) die Heilige Allianz. Die Friedensverträge und die Schlußakten des Wiener Kongresses hatten die territoriale Neuregelung Europas zum Inhalt. Noch aber war umstritten, ob sie zugleich eine Garantie der getroffenen Abmachungen enthielten. Was war nun richtig: die britische Deutung, daß die Vertragswerke von 1814/15 nur dazu bestimmt waren, das Problem einer erneuten französischen Aggression zu regeln, oder Alexanders Meinung, wonach sie auch eine Garantie sowohl der bestehenden innerpolitischen, aber auch territorialen Ordnung enthielten? Das sollte das Problem des Kongresses von Aachen sein. Die gegen Frankreich gerichteten Bündnisverträge ließen erkennen, daß Europa zumindest zum Teil aus Angst vor einem gemeinsamen Feind organisiert war. Doch mit der Klausel von den periodischen Konferenzen hatte

Castlereagh etwas völlig Neuartiges in die diplomatischen Beziehungen der Großmächte gebracht: die Vision einer europäischen Regierung. Noch war auch nicht entschieden, welche Problemkreise man für geeignete Tagesordnungspunkte internationaler Gespräche ansehen sollte. War die Bedrohung für das Gleichgewicht politischer oder sozialer Art? Konnte eine Konferenzdiplomatie in Großbritannien innenpolitisch legitimiert werden? Das waren die Problemkreise der Konferenzen von Troppau und Laibach. Die Heilige Allianz, der bald alle souveränen Herrscher bis auf den Papst und den Sultan beitraten[2], war eine Bekundung der Durchschlagskraft moralischer Prinzipien sowie der brüderlichen Zusammengehörigkeit von Monarchen. Ethische Maxime schaffen jedoch universale Ansprüche, die man gleichermaßen zur Rechtfertigung von Einmischung als auch von Zurückhaltung heranziehen kann. Würde aus dem immer stärker werdenden Mystizismus des Zaren eine revolutionäre Waffe werden oder ein Mittel, die russische Expansion einzudämmen? So lautete die Frage, die zum Kongreß von Verona führte.

Es ist daher verständlich, daß eine Reihe von Kongressen die einzelnen Stufen in der Leiter verzeichnen sollte, die zu dem Versuch führte, Europa unter der Führung der Großmächte zu organisieren. Auf diesen Kongressen zeigte sich dann, daß Einigkeit kein Ziel ist, sondern aus einer Reihe von Bedingungen besteht, daß ihre Ausdeutung von der geographischen und historischen Situation abhängt, und schließlich, daß ihr durch die Möglichkeit Grenzen gezogen sind, die internationale Übereinstimmung innenpolitisch legitimieren zu können. 1815 waren aber die Gewohnheiten aus der

Kriegszeit noch zu mächtig. Noch beschwor man die Harmonie als magisches Lösungsmittel von Meinungsverschiedenheiten und hielt Vertrauenswürdigkeit für ein ausreichendes Mittel gegen Probleme, die wohl nur auf Mißverständnissen beruhten. Noch hatte man nicht erkannt, daß die drei Hauptmitspieler etwas völlig Unterschiedliches unter der so oft beschworenen «Einigkeit» verstanden: daß Castlereagh sie als Ursache, nicht als Ausdruck einer internationalen Zusammenarbeit betrachtete; Metternich als ein Mittel, moralische Sanktionen für österreichische Politik zu erreichen; und der Zar, um der Seligkeit einer versöhnten Menschheit näherzukommen.

2

Die Zeit unmittelbar nach dem Frieden von Paris erlebte die denkbar engste Zusammenarbeit zwischen Castlereagh und Metternich. Es war eine Zusammenarbeit, die aus den verschiedenen Krisen der Koalition erwachsen war, und es ergab sich eine Einigkeit im Ziel teils wegen übereinstimmender Interessen, teils angesichts des Drucks von seiten des Zaren. Solange Großbritannien seine Sicherheit auf dem Weg über Stabilität auf dem Festland zu erreichen suchte, war Österreich sein natürlicher Verbündeter. Großbritannien und Österreich waren beides Mächte des Status quo: Großbritannien, weil es ihm auf dem Kontinent nur um die Stabilität ging; Österreich, weil es in der Stabilität eine Voraussetzung für seine Weiterexistenz sah. Beide hatten die gleiche Auslegung bezüglich der Elemente des Gleichgewichts und sahen in einem starken Mitteleuropa eine

Voraussetzung für Ruhe auf dem Kontinent, wobei ein starkes Österreich der Schlüssel zu Mitteleuropa war. Beide sahen sich ferner einem unruhigen Rußland gegenüber, das seine Grenzen innerhalb einer Generation vom Dnjepr bis diesseits der Weichsel vorgeschoben hatte.

Zar Alexander blieb trotz seines immer stärker werdenden Mystizismus eine stete Quelle der Beunruhigung. Bald zeigte sich, daß die allgemeine Formel der Heiligen Allianz verschiedene Auslegungen zuließ. Die Brüderlichkeit der Völker mochte aus dem Text gestrichen worden sein, der Geist, der sie hervorbrachte, blieb aber bestehen. Aus allen Teilen Europas trafen Nachrichten über die Aktivität russischer Agenten ein. Auf Sizilien intrigierten sie mit den Jakobinern; in Spanien verhandelte der russische Botschafter über den Verkauf russischer Schiffe für die spanische Flotte – eine direkte, wenn auch bedeutungslose Herausforderung an Großbritannien. Als dann die Prinzessin von Wales sich weigerte, den Erbprinzen von Oranien zu heiraten, nutzte der russische Hof die Verwirrung auf der englischen Seite und fädelte die Heirat einer Großherzogin mit dem abgeblitzten Prinzen ein. Zum Teil war diese Aktivität auf den neuen Ratgeber des Zaren zurückzuführen, Capodistria, einen griechischen Adligen, der es fertig brachte, die liberale Maxime der Aufklärung mit dem Dienst für einen Autokraten zu verbinden, und dessen Dogmatismus und Panhellenismus ihm bald die geradezu besessene Feindschaft Metternichs eintrugen. Zum Teil war die russische Aktivität aber auch auf die Unsicherheit einer jungen und rückständigen Nation zurückzuführen, die noch nicht gewöhnt war, im Mittelpunkt der Ereignisse zu stehen. «Alle Russen sind besonders empfindlich bei ungünstigen Vergleichen», berichtete Cathcart. «Von jeder offenkundigen Überlegenheit fühlen sie sich verletzt ... Sie hassen uns um des willen, was sie nicht tun können, und werden, ohne daß es ihnen in einem bestimmten Fall unmittelbaren Vorteil bringt, immer darauf aus sein, unsere Macht lieber zu schmälern, als zu vergrößern.»[3]

Die religiöse Überspanntheit des Zaren bedeutete auch nicht etwa seinen Rückzug aus der Politik. Im Gegenteil. Sie schien ihm nur einen weiteren Vorwand zu liefern, um sich in die innenpolitischen Angelegenheiten anderer Staaten zu mischen. Selbst Österreich blieb davon nicht ausgenommen, wenn auch Metternich darauf achtete, daß ihm die Dinge nicht aus der Hand glitten. Als Nesselrode sich erkundigte, ob Österreich pietistische Sekten unterdrückt habe, verneinte Metternich das trocken, fügte aber sofort hinzu, sie seien nicht verboten worden, weil man sie niemals erlaubt habe. Er schloß mit der Attacke auf den Mystizismus, die wir im vorigen Kapitel zitiert haben[4], und leitete den ganzen Briefwechsel mit folgender sarkastischen Note an den Kaiser weiter: «Wenn ich hier einige merkwürdige Dinge erörtere, so weil ich die Diskussion um *biblische Themen* und *religiöse Politik* zum Abschluß bringen wollte, noch ehe sie recht begonnen hat ... Alle Gedanken des Kaisers Alexander laufen immer auf das gleiche hinaus: Neubekehrte zu schützen. Aus diesem Grund stützt er die Jakobiner in Italien und die Pietisten in dem anderen Europa. An die Stelle der ‹Menschenrechte› ist die Sorge um die ‹Bibelleser› getreten.»[5] Das Problem der Beziehungen zu Rußland war also noch das

ANTON GRAF CAPODISTRIA

gleiche, wie es in Langres, Troyes und Wien gewesen war: der Versuch eines Mannes, die europäische Ordnung unter seinen Willen zu bringen. «Alexander wünscht den Frieden auf Erden», berichtete ein österreichischer Diplomat, «doch nicht um des Friedens und seiner Segnungen willen, sondern eher um seiner selbst willen, nicht bedingungslos, sondern mit geheimen Vorbehalten. Er muß Schiedsrichter dieses Friedens bleiben; von ihm müssen die Ruhe und das Glück der Welt ausgehen, und ganz Europa muß erkennen, daß die Ruhe sein Werk ist, daß sie von seinem guten Willen abhängt und daß sie von seiner Peitsche gestört werden kann ...»[6] Es war das Wissen um das schwankende, unruhige Rußland, welches Metternichs Politik zu Lebzeiten Alexanders formte.

Doch während Metternich und Castlereagh hinsichtlich der Elemente des Gleichgewichts und der voraussichtlichen Gefahren einer Meinung waren, so waren sie es nicht notwendigerweise auch bezüglich der dazu einzuschlagenden Politik. Für Castlereagh war die Tatsache einer Konferenz Symbol guten Willens und guter Wille ein ausreichendes Motiv für europäische Harmonie. Für Metternich war eine Konferenz lediglich der Rahmen, den man durch diplomatische Geschicklichkeit auszufüllen habe. Für Castlereagh war Einigkeit Ursache der Harmonie, für Metternich der Ausdruck gleicher Moral. Castlereagh wollte den Zaren zur Mäßigung dadurch veranlassen, daß man ihm klar machte, er habe nichts zu fürchten. Metternich trachtete danach, Alexander durch das Bekenntnis zu einer Doktrin der Selbstbescheidung in Schranken zu halten. Castlereaghs Politik betrachtete die Europa drohende Gefahr als etwas Politisches. Metternich sah die wirkliche Gefahr vom Sozialen her, und all seine Energie war darauf gerichtet zu verhindern, daß die, wie er sich ausdrückte, revolutionäre Partei politische Unterstützung bei einer Großmacht finden könnte. Diese Divergenz spiegelt die unterschiedlichen innerpolitischen Situationen, aber auch die unterschiedliche geographische Lage wider. Im Bewußtsein der Unangreifbarkeit ihrer innerpolitischen Institutionen konnte die Inselmacht eine Politik der Nichteinmischung in die inneren Angelegenheiten anderer Staaten verfolgen. Das Vielsprachenreich mußte, weil es den Anachronismus seiner Institutionen kannte, versuchen, Umformungen zu verhindern, nicht nur zu begrenzen. Das am Rand Europas gelegene Großbritannien konnte es sich leisten, notfalls auch einmal die Absichten einer anderen Macht falsch einzuschätzen. Metternich hatte diese Chance nicht. Während Metternich und Castlereagh also beide Status-quo-Mächte vertraten und im Kern eine defensive Außenpolitik verfolgten, lag doch Metternichs «Siedepunkt» niedriger. In der Überzeugung, unverletzbar zu sein, konnte Castlereagh mit dem Vertrauen auf den guten Willen spielen. Metternich aber hatte die Katastrophe vor Augen und mußte einen greifbareren Ausdruck der Sicherheit suchen.

«Unsere Insellage stellt uns genügend außerhalb der Reichweite unmittelbarer Gefahr und erlaubt es uns, eine großzügige und vertrauensvolle Politik zu verfolgen», schrieb Castlereagh in einem Rundbrief unter dem 31. Dezember, der dazu bestimmt war, die Sorgen britischer Abgeordneter bezüglich Rußlands Motiven zu dämpfen. «Bei dem gegenwärtigen Zustand Europas ist es Großbritanniens Aufgabe, das Vertrauen zu nutzen, das es im Interesse des Friedens eingeflößt hat, und es sollte daher einen versöhnlichen Einfluß ausüben ... Das unmittelbar vor Augen stehende Ziel lautet, den europäischen Staaten klarzumachen, welche Gefahr sie durch Einmütigkeit überwunden haben und was ihnen droht, wenn sie in ihrer Wachsamkeit nachlassen ...»[7] Mit dem Selbstvertrauen insularer Sicherheit warf Castlereagh Metternich «Ängstlichkeit» und übertriebene Vorsicht vor. Als der Zar im Frühjahr 1816 den Gedanken einer allgemeinen Abrüstung in die Debatte warf, sah Castlereagh darin eine Bestätigung für seine Politik. Zwar wich er dem Vorschlag aus und regte an, Rußland solle dem Beispiel Österreichs und Preußens folgen und einseitig abrüsten, doch schickte er seine Antwort an Metternich und wies darauf hin, daß eine «offene und versöhnliche Diplomatie, die an dem Prinzip des Bündnisses festhalte, wahrscheinlich die Motive wirtschaftlicher Art zum Tragen bringen und damit starken Einfluß auf die Rüstungsausgaben Rußlands haben wird»[8]. Als Metternich anregte, Großbritannien und Österreich sollten ihre Schritte Rußland gegenüber miteinander abstimmen, antwortete Castlereagh: «Sollten die Alarme, auf die die österreichische Note hinweist, unglücklicherweise wahr werden, darf man doch wohl vernünftigerweise erwarten, daß Preußen und Frankreich bereit sein würden, zusammen mit Österreich und Großbritannien aktiv an dem Widerstand gegen Rußland teilzunehmen, doch besteht Grund zur Annahme, daß keine dieser Mächte gegenwärtig eine solche Gefahr als gegeben ansieht. Angesichts dieser Umstände frage ich den Fürsten Metternich, ob es nicht klug sei, die alarmierende Sprache zu mäßigen.»[9] Als Metternich schließlich den Versuch machte, die in Paris zur Überwachung der Ausführung des Friedensvertrags geschaffene Botschafterkonferenz zu einem Zentrum umzugestalten, in welchem Polizeiberichte aus ganz Europa gesammelt werden sollten, protestierte Castlereagh scharf: «Es mag zu weit gehen zu behaupten, daß es keinen Fall in Europa geben könnte, um ein mit Autorität versehenes gemeinsames Auftreten der Großmächte einem bestimmten Hof gegenüber wieder aufleben zu lassen, doch sollte das nicht zur Gewohnheit werden und besonders nicht von den Gesandten in Paris aus geschehen.»[10]

In der Zeit unmittelbar nach dem Pariser Friedensvertrag ließ dieser Meinungsaustausch nur Andeutungen der Divergenzen erkennen, deren volle Tragweite sich erst in ein paar Jahren zeigen sollte. Noch waren die gemeinsamen Interessen größer. Solange die soziale Gefahr noch nicht deutlicher wurde, begnügte sich Metternich, sie als österreichisches, nicht als europäisches Problem zu behandeln. Solange Zar Alexander noch so wankelmütig war, war es riskant, den Versuch zu machen, die Allianz zu einer Regierung Europas umzuformen. Metternich konzentrierte nun seine Kraft vor allem auf die Konsolidierung von Österreichs Stellung in Deutschland und Italien, wobei Castlereaghs Lehre von der Nichteinmischung einen glänzenden Schild bot, hinter dem er das frei von russischer Einmischung vollenden konnte. Solange das Problem politisch war und es im wesentlichen um die negative Aufgabe ging, den russischen Einfluß einzudämmen, konnten Castlereagh und Metternich Seite an Seite gehen. Wenn es gelegentlich zu Meinungsverschiedenheiten kam, so waren sie nur oberflächlich und erstreckten sich mehr auf die Methoden als auf die Ziele. Castlereagh blickte darum mit beachtlichen Hoffnungen auf das erste Zusammentreten eines europäischen Kongresses in Friedenszeiten. Der Kongreß von Aachen, der Ende September 1818 eröffnet wurde, sollte beweisen, wie wirkungsvoll eine Konferenzdiplomatie sein kann, um Mißverständnisse zu zerstreuen und erneut die offenkundigen Vorteile einer Politik des gegenseitigen Vertrauens zur Schau zu stellen. Metternichs Motive waren zwar komplexer, doch auch er hoffte, den Kongreß zum Guten nutzen zu können, und sei es auch nur, um hier mit dem Bau eines moralischen Rahmens für den sozialen Kampf zu beginnen, von dem er wußte, daß er unausweichlich kommen würde.

3

Die Zeit nach 1815 erlebte es zum ersten Mal, daß man in Friedenszeiten versuchte, eine internationale Ordnung auf dem Weg über ein System von Konferenzen zu errichten, und es war auch das erste Mal, daß die Großmächte offenkundig das Recht der allgemeinen Kontrolle für sich in Anspruch nahmen. Schon gleich nach dem Krieg hatten die Botschafterkonferenzen in Frankfurt, London und vor allem Paris, die sich mit der territorialen Neuregelung in Deutschland, dem Verbot des Sklavenhandels oder der Ausführung des Pariser Vertrages befaßt hatten, diese neue Entwicklung symbolisiert. Sie waren jedoch noch auf bestimmte Probleme beschränkt, deren Hauptumrisse vorher festgelegt waren, so daß sie einen wirklichen Testfall nicht bedeuteten. Als sich nun aber die Bevollmächtigten anschickten, die Vorbereitungen für den Kongreß von Aachen zu treffen, lag das europäische Problem in seiner ganzen Breite vor ihnen. Bei den Verhandlungen über die Tagesordnung, die Mitgliedschaft sowie die Bestimmungen, unter denen der Kongreß zusammentreten sollte, wurde es immer deutlicher, daß die Einmütigkeit nicht so leicht zu erreichen war wie der Wunsch nach ihr.

Denn der Kongreß von Aachen brachte nicht nur einen Höhepunkt in den Meinungsverschiedenheiten der Alliierten hinsichtlich der Auslegung der internationalen Ordnung, sondern auch wegen der Unvereinbarkeit von Castlereaghs Absichten und dem, was er innenpolitisch durchsetzen konnte. Er befand sich in einer schwierigen, ja tragischen Lage. Er hatte das Konferenzsystem erdacht, doch es erwies sich nun, daß das britische Kabinett und das britische Volk das alles nicht verstanden, weil ihnen die Probleme einer *allgemeinen* Ruhe in Europa als eine gefährliche Einmischung in die inneren Angelegenheiten anderer Staaten erschienen. Für Castlereagh war das Bündnis Ausdruck europäischer Einheit. Nach Meinung des britischen Volkes und seiner Regierung mußte sich ein Bündnis aber stets *gegen* jemand richten, wobei sie sich keinen anderen Gegner als Frankreich vorstellen konnten. Das zwang Castlereagh zu einer Kette von Zweideutigkeiten: Was er in seinen Verhandlungen mit den anderen Staaten als Gebote von Treu und Glauben darstellte, schilderte er seinem Kabinett als zögerndes Nachgeben gegenüber ausländischem Druck. Was er als Ausdruck europäischer

Harmonie selbst wünschte, fand in Großbritannien nur als ein Mechanismus zur Überwachung Frankreichs Anerkennung. Das zeigte sich schon bald, als die Erörterungen sich der Frage zuwandten, unter welchen Rechtsvorschriften der Kongreß zusammentreten sollte. Zur Wahl standen der Artikel V des Vertrags von Paris, demzufolge eine Überprüfung der Beziehungen der Bündnispartner zu Frankreich nach Ablauf von drei Jahren vorgesehen war, oder der Artikel VI der Viererallianz, der das System der Konferenzen für die Erörterung *allgemeiner* europäischer Probleme neu eingeführt hatte. Castlereagh wollte den Kongreß auf die Viererallianz stützen, weil er damit die neue Art diplomatischer Beziehungen symbolisiert hätte. Doch die einzige Art eines europäischen Kongresses, die sein Kabinett wenigstens in Erwägung ziehen würde, war eine, in der es um französische Probleme gegangen wäre und die sich mit den Folgerungen aus dem Friedensvertrag befaßt hätte.

Die Dinge wurden noch komplizierter, weil es auch zu einer ähnlichen Meinungsverschiedenheit zwischen Castlereagh und Metternich kam, denn während Castlereaghs Vorstellung weit über die seiner Kabinettskollegen hinausging, ging sie Metternich noch nicht weit genug. Castlereagh war noch immer so sehr Engländer, daß er das Bündnis auf nichts anderes als auf *politische* Interessen gegründet sehen konnte. Doch gerade diese pragmatische Betrachtungsweise reichte Metternich nicht aus, der nach einem Prinzip suchte, auf dem Europa für den sozialen Kampf zusammengefaßt werden könnte. Er hatte im Grunde nichts gegen den russischen Plan einer Garantie der bestehenden Ordnung, erkannte jedoch, daß ein System kollektiver

Sicherheit allgemeine Einmischung genauso bedeutet wie gemeinsame Verteidigung; daß es örtliche Konflikte unmöglich macht und jede Handlung auf das Mindestmaß dessen hinabdrückt, was das schwächste Mitglied der Koalition noch mitmachen könne. Metternich hatte nicht die Absicht, Rußland, der unruhigsten Macht, eine Stimme in allen europäischen Angelegenheiten zuzugestehen, oder Österreichs Politik von der Zustimmung Alexanders abhängig zu machen. Castlereagh versuchte, den Kongreß als Demonstration für eine «neue Form der Lenkung Europas» zu nutzen, «die die Spinnweben beseitigt, mit der die Diplomatie den Horizont verdunkelt, und das ganze Gewicht des neuen Systems in das rechte Licht setzt sowie den Beratungen der Großmächte die Wirkung und fast auch die Einfachheit eines einzigen Staates gibt.»[11] Metternich sah in dem Kongreß eine gute Gelegenheit, Europa eine moralische Lektion über die Heiligkeit von Verträgen, aber auch über den Unterschied zu erteilen, der zwischen den Bekundungen des Zaren und seiner Fähigkeit, sie zu realisieren, lag. Deshalb schlug er sich auf die Seite des britischen Kabinetts in dessen Bestrebungen, den Kongreß auf die Grundlage des Pariser Friedens zu stellen, weil es ihm vor allem darauf ankam zu verhindern, daß der Zar die ganze Breite der europäischen Probleme aufrollte. Trotz unterschiedlicher Motive setzten sich Metternich und das britische Kabinett durch, und der Kongreß von Aachen tagte schließlich gemäß Artikel V des Pariser Vertrages.

Die Weisungen an Castlereagh und Metternich spiegeln den Unterschied wider. Die im großen und ganzen zwar von Castlereagh entworfenen, aber auf die Empfindlichkeit des Kabinetts zugeschnittenen britischen Weisungen befaßten sich ausschließlich mit dem Problem Frankreich, so als ob Europa nur gegen irgend jemand organisiert werden könnte. Sie führten die einzelnen Probleme unter vier Überschriften auf: der Abzug der Besatzungsarmee; die finanziellen Forderungen der Alliierten; das Problem militärischer Vorkehrungsmaßnahmen gegen Frankreich nach Abzug der Besatzung; und die diplomatischen Beziehungen der Verbündeten Frankreich gegenüber[12]. Die ersten drei Gruppen boten nur wenig Probleme, da Wellington schon den Abzug der Besatzung befürwortet und das französische Parlament das Geld bewilligt hatte, mit dem die finanziellen Forderungen der Verbündeten beglichen werden konnten. Ein neues System militärischer Maßnahmen nach dem Rückzug aus Frankreich sei unnötig, so heißt es in den Weisungen, weil ja gerade für diesen Zweck die Viererallianz ins Leben gerufen worden sei. Alles hing somit davon ab, wie das Kabinett die Viererallianz interpretieren würde.

Die Analyse des Kabinetts ließ jedoch erkennen, wie sehr man zögerte, sich auf dem Festland zu binden. Das Kabinett weigerte sich nicht, einen Angriff Frankreichs oder eine bonapartistische Revolution als Kriegsgrund anzusehen, es war aber gar nicht glücklich über die Klausel, alliierte Konsultationen für den Fall innerpolitischer Aufstände nichtbonapartistischer Art vorzusehen. Castlereagh erhielt die Weisung, keine weiteren Engagements in diesem Punkt ohne ausdrückliche neue Ermächtigung des Kabinetts einzugehen, damit das britische Parlament sie nicht «als Bedrohung Frankreichs auslegen könne, sich stets in seine innenpolitischen Angelegenheiten zu mischen, was eine Bedrohung der Unabhängigkeit Frankreichs bedeuten und die Würde Frankreichs verletzen würde». Eine französische Mitgliedschaft in der Allianz wurde als außer Frage stehend bezeichnet mit der lahmen Entschuldigung, «der König würde damit in eine völlig schiefe Stellung seinem eigenen Volk gegenüber geraten». Das britische Kabinett war zwar damit einverstanden, daß Frankreich aufgefordert werde, an den allgemeinen Beratungen gemäß Artikel VI teilzunehmen, doch sollte das in einer Form geschehen, die nur dazu diente zu demonstrieren, daß sich Großbritannien keinen anderen Zweck für derartige Treffen als eine Niederhaltung Frankreichs vorstellen konnte. Die französische Teilnahme an den Verhandlungen wurde ausschließlich als Mittel gerechtfertigt, die Meinung des Königs für den Fall alliierter Maßnahmen gegen eine Revolution in Frankreich kennenzulernen, und weil schließlich «die Allianz im Kern auf französischer Basis gegründet sei».

So wie Castlereaghs Weisungen die Unfähigkeit einer Inselmacht ausdrückten, sich eine Außenpolitik anders als zu Zwecken der Verteidigung vorzustellen, spiegelte Metternichs in einem Brief an den Kaiser enthaltenes Programm das Streben eines Staatsmannes des Festlandes nach einem moralischen Symbol wider[13]. Wo das Kabinett nur von Frankreich sprach, erwähnte Metternich Frankreich nur am Rand, denn ihm ging es vor allem um Rußland. Während Castlereagh den Kongreß als Beginn einer neuen Ära internationaler Beziehungen verteidigte, trat Metternich für ihn ein, weil er im Friedensvertrag vorgesehen sei und daher ein Symbol für die Heiligkeit vertraglicher Beziehungen bedeute.

Dem entsprach es, daß Metternichs Brief mit einer Analyse der russischen Absichten begann: Der von den verschiedensten Motiven hin und her gerissene Alexander würde wahrscheinlich die Ruhe Europas nicht stören, es sei denn aufgrund seiner immer stärker werdenden religiösen Vorstellungen. Während jedoch Alexanders Religiosität eine regelrecht aggressive Politik unwahrscheinlich mache, so bringe sie doch ein Element der Unruhe mit sich, weil sie die ständige Forderung nach moralischer und religiöser Mission zum Inhalt habe. So erklärten sich nach Meinung Metternichs die vielen Intrigen, die nahezu alle Regierungen verwirrten. So erklärte sich die Flut von Emissären und Aposteln.

Metternich verwarf infolgedessen die russischen Argumente, die den Kongreß nach Wiener Vorbild auszugestalten gedachten. Kernstück dieser Argumente war es, daß eine auf die Großmächte beschränkte Konferenz die Eifersucht der Mittelstaaten erregen würde und im Fall, daß keine deutlichen Ergebnisse erzielt würden, das Konferenzsystem insgesamt in Verruf käme. Nach Meinung Metternichs bestand kein Grund zur Eifersucht, weil der Kongreß sich ja nur mit Frankreich befasse und in Verfolg bestehender vertraglicher Abmachungen zusammentrete. Bezüglich der Gefahr der Erfolglosigkeit meinte er, das günstigste Ergebnis des Kongresses wäre, wenn sich herausstellte, daß die bestehende Ordnung der Dinge nicht geändert werden könne; dieses Ergebnis sei, so schrieb er an seinen Kaiser, für diesen der größte Triumph. Das gelte aber auch für alle anderen Kabinette, die sich seit 1815 den Erneuerungsbestrebungen widersetzt hätten. Für den Hof jedoch, der dem «Zeitgeist» bei jeder Gelegenheit den Tribut gezollt habe und der aufgrund seiner Worte bei allen Sektierern und Reformern Hoffnungen weckte, werde es allerdings ein peinliches Ergebnis sein, wenn alles bleibe, wie es war. Dieser Hof werde dann besonders in den Augen der Reformatoren kompromittiert.

Hier zeigte sich erneut die Form Metternichscher Diplomatie. Man kann erkennen, wie er Untätigkeit als Waffe benutzt und in einer Konferenz deren psychologische Wirkung beachtet: «Unsere Berechnungen», so schloß Metternich, «haben sich bisher als richtig herausgestellt, und ich zweifle nicht, daß das auch für Aachen zutreffen wird ... Viel hängt von dem ersten Schritt ab. Wir haben ihn rechtzeitig getan und damit vermieden, kompromittiert zu werden ... Wir haben bei den Briten und Preußen so viel an Boden gewonnen, daß ich nicht glaube, daß man von unserer bewußten Verhandlungsführung wird abweichen wollen.»

4

Metternich sollte nicht enttäuscht werden. Die Reise des Zaren quer durch Europa war wiederum durch die übliche Zweigleisigkeit gekennzeichnet: einer Ansprache in Warschau, in welcher der Hoffnung Ausdruck gegeben wurde, daß Polens liberale Einrichtungen bald zum Vorbild für andere europäische Staaten werden mögen, folgte bei seinem Besuch an den deutschen Höfen die Bekundung seiner friedlichen Absichten. Als Alexander in Aachen ankam, wirkte er besonders versöhnlich gestimmt. Er versicherte Castlereagh, daß er in der Viererallianz den Schlüssel zur europäischen Stabilität sehe, und meinte, ihre Auflösung wäre ein Verbrechen. Eine Mitgliedschaft Frankreichs stehe außer Frage, noch weniger seien Einzelabmachungen mit Frankreich denkbar, wie sie Metternich gefürchtet hatte. Angesichts dieser Stimmung war es nicht besonders schwierig, die Beziehungen Frankreichs zur Viererallianz in einer Weise zu regeln, die Castlereaghs Weisungen Rechnung trug. Am 2. Oktober wurde beschlossen, die verbündeten Truppen aus Frankreich zurückzuziehen. Zehn Tage später kam man überein, die Viererallianz zu erneuern, Frankreich den Zutritt aber nicht zu gestatten. Aus Rücksicht auf französische Gefühle wurde diese Entscheidung geheim gehalten, während in einem veröffentlichten Protokoll Frankreich eingeladen wurde, an den Besprechungen gemäß Artikel VI teilzunehmen. Soweit schien der Lauf der Dinge Castlereaghs Vertrauen in die Brauchbarkeit des Systems der Konferenzen gerechtfertigt zu haben. «Der Überblick über unsere bestehenden vertraglichen Beziehungen», so berichtete er stolz, «konnte nicht auf dem üblichen diplomatischen Weg erfolgen ... Doch nun, da die Vertreter der Kabinette Seite an Seite beisammensitzen, kann jede falsche Vorstellung sofort bereinigt und jede Meinungsverschiedenheit wahrscheinlich vermieden werden.»[14]

Doch bald sollte deutlich werden, daß gerade wegen der schnellen Fortschritte, die der Kongreß machte, Illusionen auftauchten, die eine schwere Hypothek für das künftige Konferenzsystem bedeuteten. So wie die Angst vor Frankreich schwand und Frankreich zu dem Konzert der Mächte zugelassen wurde, so kam die Periode der rein defensiven Politik allmählich zum Abschluß. Eine gemeinsame Aktion mußte von nun an auf einem moralischen Konsens bauen, und wie nicht anders zu erwarten, war es der Zar, der hier der extremsten Formulierung Ausdruck gab. Ein vom 8. Oktober datiertes russisches Memorandum ließ schließlich den Grund für die Geisteshaltung des Zaren erkennen, die Castlereagh schon bei seinem ersten Gespräch mit ihm aufgefallen war. Denn aus einem umfangreichen, mit philosophischen Überlegungen gemischten Text kam der Wunsch zum Ausdruck, einen allgemeinen Garantievertrag zugunsten der territorialen Ausdehnung und der innerpolitischen Institutionen zu schaffen[15]. Das Memorandum ging davon aus, daß die Viererallianz der politische Ausdruck eines allgemeinen Bündnisses sei, wie es in den Friedensverträgen und den Schlußakten von Wien enthalten sei. Es sei dazu bestimmt, sich mit den miteinander in Beziehung stehenden beiden großen Problemen der Nachkriegszeit auseinanderzusetzen, das heißt der Sorge vor Angriffen von außen sowie der Bedrohung durch Revolutionen von innen. Um diese Gefahren zu bannen, schlug Alexander nicht mehr und nicht weniger vor, als daß die bestehenden Verträge zu einer *Alliance Solidaire* ausgebaut und die Viererallianz damit beauftragt werden sollte, Europa sowohl gegen Aggressionen von außen als auch gegen Umwälzungen von innen zu schützen. Wenn die Ruhe auf diese Weise gesichert werden könnte, schloß das Memorandum ominös, wäre der soziale Fortschritt leichter und den Völkern könnten größere Freiheiten zuteil werden.

Das war eine Lehre der allgemeinen Einmischung in innerpolitische Angelegenheiten anderer Staaten, die über dem System kollektiver Sicherheit stehen sollte. Es war klar, daß Castlereagh hierzu niemals seine Zustimmung geben konnte. Metternich gefiel zwar der Gedanke einer Garantie der bestehenden Ordnung, doch auch er war nicht bereit, seine Politik damit rechtfertigen zu lassen, daß sie für soziale Reformen geeignet sei, geschweige denn zuzusehen, wie Alexander seine Heere durch Europa marschieren lassen würde, um das zu bekämpfen, was nach Meinung des Zaren eine revolutionäre Gefahr sein würde. Obwohl Castlereagh und Metternich den Plan des Zaren ablehnten, waren sie doch hinsichtlich der Methode unterschiedlicher Meinung, und diese Meinungsverschiedenheit läßt erneut das Schisma erkennen, das hinter der scheinbaren Einmütigkeit stand. Castlereagh verneinte das *Prinzip,* auf dem das russische Memorandum aufbaute, weil er es für undurchführbar hielt und in ihm eine Verletzung der Lehre von der Nichteinmischung sah; Metternich wollte die Tür zu Rußland auf keinen Fall zuschlagen, billigte das Prinzip des Zaren, beschwor aber Alexanders eigene Schöpfung, die Heilige Allianz, um darzulegen, daß eine *Alliance Solidaire* unnötig sei. Zum ersten, aber nicht zum letzten Mal gelang es Metternich, den Zaren zum Verzicht auf ein Lieblingsprojekt zu bewegen, indem er ihn überzeugte, daß er es eigentlich selbst gar nicht wollte.

Metternichs Memorandum stammte vom 7. Oktober und war schon vor dem russischen Vorschlag entworfen worden. Es befaßte sich daher ostentativ mit den neuen politischen Verhältnissen in Europa nach Beendigung der Besetzung Frankreichs, nicht aber mit dem Memorandum des Zaren. Seine Bedeutung war dennoch unmißverständlich. Es begann mit einer rechtlichen Untersuchung der bestehenden vertraglichen Beziehungen: Der Vertrag von Chaumont sei noch voll in Kraft, weil die inzwischen weggefallenen Klauseln, die sich auf den Krieg gegen Frankreich bezogen, die auf die Dauer gerichteten Vorschriften nicht berührten. Demgegenüber sei die Viererallianz für eine Zeitdauer von zwanzig Jahren ohne Kündigung geschlossen worden. Eine Mitgliedschaft Frankreichs sei unmöglich, weil die Aufnahme eines neuen Mitglieds die Allianz genauso grundlegend wandeln würde wie der Austritt einer der ursprünglichen Signatarmächte.

Diese rechtlichen Argumente waren jedoch nur Auftakt zu einer redegewandten Auseinandersetzung mit dem moralischen Problem, das dem Zaren so am Herzen lag. Weil die Viererallianz, so argumentierte Metternich, ein fundamentales Prinzip der politischen Moral widerspiegele und die Verbündeten keine Garantie ihrer inneren Struktur von einem Land erwarten konnten, gegen das ihre gesamten Sicherheitsmaßnahmen gerichtet gewesen waren, müsse sich jede neue Allianz darauf beschränken, die *allgemeinen* Prinzipien aufzuzählen. Das sei jedoch nicht nur unnötig, sondern sogar gefährlich, wenn man die Heilige Allianz als existent betrachte: Eine Umformung in allgemeine Begriffe würde der Heiligen Allianz nur schaden, *die genauso existent sei* wie der Vertrag von Chaumont. Beide seien Instrumente, die den Absichten der Gründer besten und nützlichsten Ausdruck verleihen[16].

Es sollte sich zeigen, daß gegen das Berufen auf die Heilige Allianz nichts vorzubringen war. Durch übertriebenen Hinweis auf den moralischen Beitrag des Zaren machte es Metternich diesem unmöglich, auf einer Neufassung der Verträge zu bestehen. Indem er durchsetzte, daß die bestehende Ordnung unverändert blieb, gewann er ein Symbol für die Stabilität in einem sonst nach Reformen schreienden Europa. Wie üblich, ließ Metternich die Last, die Pläne des Zaren zu vereiteln, aber andere tragen, und der unter innerpolitischem Druck stehende Castlereagh war nur zu bereit, in die Arena zu steigen. In einem scharfen Memorandum vom 20. Oktober wandte er sich gegen die russische Interpretation der bestehenden Verträge[17].

Hatte Metternich zwar das Prinzip gebilligt, auf dem der Vorschlag des Zaren aufgebaut war, diesen aber als unnötig bezeichnet, so verwarf Castlereagh glattweg Alexanders Konzept von einer internationalen Ordnung. Die Viererallianz repräsentiere durchaus nicht allgemeingültige moralische Prinzipien, sondern richte sich gegen die im Vertrag im einzelnen aufgezählten Gefahren. Das Konferenzsystem sei nicht dazu bestimmt, eine Überregierung in Europa zu schaffen, sondern solle lediglich der Auslegung bestehender Verträge im Licht der sich wandelnden Verhältnisse dienen. Die *Tatsache* einer Umwälzung, sei sie innerpolitischer oder sonstiger Art, könne nie zu einem Kriegsgrund gemacht werden. Die Verbündeten würden vielmehr von Fall zu Fall zu erörtern haben, ob ein eingetretener Wandel eine genügende Bedrohung darstelle, um eine Intervention zu rechtfertigen. «Das Problem einer universellen Allianz für den Frieden und das Glück der Welt», so folgerte Castlereagh, «ist stets Gegenstand der Spekulation und Hoffnung gewesen und bislang noch nirgends verwirklicht worden. Der Gedanke einer *Alliance Solidaire* muß dahin verstanden werden, daß er moralisch zunächst die Schafffung eines allgemeinen

Regierungssystems mit einschließt und allen Nationen ein innenpolitisches System des Friedens und der Gerechtigkeit auferlegt. Bis dahin kann kein System, nach dem Europa durch eine allgemeine Allianz seiner Staaten gelenkt werden kann, in eine praktische Form gegossen werden. Alle Gedanken an eine generelle, nicht näher umschriebene Garantie müssen aufgegeben werden. Es muß den einzelnen Staaten überlassen bleiben, was sie, je nach ihren eigenen Organisationssystemen, für ihre Sicherheit und die Gerechtigkeit tun wollen, wobei ihnen die Unterstützung jener Staaten zuteil werden mag, die dazu bereit sein mögen ...»[18]

Hier zeigt sich also der Unterschied zwischen Großbritannien und dem Festland in seiner fundamentalsten Form, und kein noch so hohes Maß an «gutem Willen» konnte das verschleiern. Das britische Konzept internationaler Politik war defensiv. Großbritannien konnte nur im Fall einer starken Gefahr mitmachen. Die Politik der kontinentalen Staaten war auf Vorbeugung gerichtet. Für sie lag die Entscheidung in der ersten, nicht in der letzten Schlacht. Ihnen ging es darum, eine große Gefahr erst gar nicht aufkommen zu lassen. Großbritannien wollte das Ausmaß physischer Aggression begrenzen. Die Mächte des Festlandes versuchten zu verhindern, daß überhaupt eine Aggression stattfinden kann. Auf dem Festland trat die Genauigkeit der Berechnung, die einer Inselmacht als Kleinmut erscheinen mag, an die Stelle der physischen Isolierung. Die Kluft zwischen den Übertreibungen des Zaren sowie Metternichs Beharren auf möglichst breiter moralischer Übereinstimmung einerseits und einer insularen Mentalität andererseits konnte weder durch guten Willen noch durch die edelste europäische Vision überbrückt werden.

Wie gut Castlereagh beraten war, als er sich weigerte, den Vorschlag des Zaren zu unterstützen, zeigte sich aus einer Note des britischen Kabinetts vom 20. Oktober. Schon ehe der Vorschlag des Zaren in London bekanntgeworden war, war das britische Kabinett von der Aussicht alarmiert worden, der Kongreß könnte mit einer Erklärung enden, derzufolge periodische Zusammenkünfte zu einer regelmäßigen Einrichtung der europäischen Diplomatie werden würden. Nichts illustriert die Kluft zwischen Castlereagh und seinen Kabinettskollegen besser als deren Reaktion schmerzlicher Überraschung über diese Auslegung des Artikels VI der Viererallianz, den doch Castlereagh als seinen stolzesten Erfolg betrachtete. Die Note versuchte jede Bindung so weit wie möglich zu beschränken und war nur halbherzig damit einverstanden, daß man von einer *weiteren* Zusammenkunft sprechen sollte, solange wenigstens nicht von periodischen Kongressen die Rede war. Erneut stellte die Note klar, daß das Konzept eines Europas, das nicht aus einer gemeinsamen Gefahr gegen etwas sich organisierte, einfach außerhalb britischer Mentalität lag. Als Begründung gab man in erster Linie Schwierigkeiten mit einem neuen Parlament «zweifelhafter Einstellungen» an, doch die eigentliche Problematik lag viel tiefer: «Wir billigen eine allgemeine Deklaration bei dieser Gelegenheit, wenn auch nicht ohne Schwierigkeiten, indem wir den Mittelstaaten versichern, daß wir nur die Behandlung der einfachen Frage der Räumung Frankreichs beabsichtigen; doch bei der Ankündigung eines Systems periodischer Treffen müssen wir erklären, daß diese sich auf einen Tagesordnungspunkt beschränken sollten, ja vielleicht sogar auf eine Macht, Frankreich, und nicht Engagements enthalten, die in irgendeiner Weise Einmischungen vorsehen, wo sie durch das Völkerrecht nicht gerechtfertigt sind ...»[19] In der Tat hatte ein Teil des Kabinetts unter Führung von Cannings sogar das *Prinzip* periodischer Konferenzen verworfen, weil es den Traditionen britischer Politik zuwiderlaufe und Großbritannien dadurch in alle festländischen Händel hineingezogen werden könne, während doch «unsere wahre Politik immer auf der Nichteinmischung beruht hat, abgesehen von äußersten Notfällen, wo dann unser Auftritt aber mit Nachdruck erfolgte». Obwohl die erwähnte Note an Castlereagh ausdrücklich verneinte, daß das Kabinett diese Meinung teilte, konnte doch nichts die Tatsache verschleiern, daß Großbritannien an dem System der Konferenzen nur teilnahm, weil die Persönlichkeit seines Außenministers so stark war und das Kabinett keinen ehrenhaften Weg wußte, ihn zu bremsen.

Als die Note eintraf, war, wie schon sooft zuvor, die Krise bereits vorbei. Angesichts Castlereaghs Hartnäkkigkeit und Metternichs Ausflüchten hatte der Zar seinen Vorschlag für eine *Alliance Solidaire* zurückgezogen. Er wollte aber irgend etwas auf jeden Fall retten, und sei es auch nur in Form eines vagen Ausdrucks der moralischen Einheit Europas. Obwohl Castlereagh eifrig darauf bedacht war, dem Problem so wenig Aufmerksamkeit wie möglich zu schenken, um seine innenpolitischen Schwierigkeiten zu mildern, war er doch genötigt, eine Deklaration zu akzeptieren, in welcher die Verbündeten bekanntgaben, daß Frankreich unter seinem legitimen und verfassungsmäßigen Herrscher genügend Beweise seiner friedlichen Absichten geliefert habe, um nun an den Konferenzen der Viererallianz teilnehmen zu können. Gleichzeitig bestätigen die Verbündeten in einem geheimen Protokoll die Viererallianz[20]. Trotz einiger Bedenken gegen die Phrase *légitime et constitutionnel* nahm das britische Kabinett Castlereaghs Versicherung an, diese Worte seien lediglich Teil der sakramentalen Ausdrucksweise des Zaren und entbehrten der inneren Bedeutung[21].

Gerade in diesem Augenblick, als es so aussah, als könne der Kongreß im Geiste der Harmonie sein Ende finden, brach erneut eine Meinungsverschiedenheit auf, die wiederum erkennen ließ, daß angesichts des Fehlens greifbarerer Garantien der äußere Schein der Harmonie nicht ausreicht, kontinentale Staaten zu beruhigen. Diesmal war es Preußen, das Zuflucht zu einem System kollektiver Sicherheit suchte. Seine Gebiete erstreckten sich von der Weichsel bis über den Rhein und bestanden aus zwei durch einige Enklaven getrennten Hauptteilen. Preußen war durch Castlereaghs Erklärung nicht wenig beunruhigt, nach der die Allianz von Fall zu Fall einer Auslegung bedürfe. Es schlug daher einen allgemeinen Garantievertrag vor, der sich nur auf den territorialen Besitzstand der Großmächte unter Einschluß der Niederlande und des Deutschen Bundes erstrecken sollte. Über die Einstellung des Zaren konnte kein Zweifel bestehen, denn dieser Vorschlag realisierte zumindest einen Teil seines Lieblingsprojekts. Sogar Metternich war schwankend. Es war typisch für ihn, daß er mit diesem Vertrag liebäugelte, nicht nur weil er für Rußland das Eingeständnis der Selbstbescheidung enthalten würde, sondern weil er in ihm vor allem ein Mittel sah, in Preußen die Österreich gegenüber immer feindselig eingestellte Militärgruppe in ihrem Einfluß einzudämmen[22]. Er versuchte infolgedessen, eine Formel zu finden, in der auch Großbritannien seine moralische Zustimmung ausdrücken könnte, ohne die bindenden Zusagen eines Vertrags auf sich nehmen zu müssen. Die Schwierigkeit, ein so umfassendes Dokument zu entwerfen, erwies sich jedoch als unüberwindlich, und der Kongreß endete mit dem Schein der Einigkeit, wie Castlereagh es gewünscht und ohne daß sich etwas geändert hatte, wie es Metternichs Plan gewesen war.

Hinter der Fassade der Harmonie zeichnete sich jedoch deutlich ab, wie unvereinbar die verschiedenen Motive miteinander waren. Angesichts des nun in das Konzert der Mächte zurückgekehrten Frankreichs war der politische Kampf vorüber, und mit ihm war auch das einzige Motiv entschwunden, das es Großbritannien innenpolitisch ermöglicht hätte, an kontinentalen Dingen teilzuhaben. Als Großbritannien in zunehmendem Maß seine Bindungen und Verpflichtungen kürzte, setzte sich ein Teufelskreis in Bewegung. Je stärker die isolationistischen Tendenzen in Großbritannien wurden, um so mehr mußte sich Metternich angesichts der materiellen Schwäche Österreichs auf seine wirkungsvollste Waffe stützen, den Zaren zu bremsen: den Appell an Alexanders moralischen Eifer. Je mehr Metternich aber den Übertreibungen des Zaren schmeichelte, um so schwieriger wurde es für Castlereagh, an Aktionen teilzunehmen. Beim Ende des Aachener Kongresses versuchten beide noch, das zu verbergen: Metternich, weil seine Verhandlungsstellung gegenüber Rußland von der Illusion abhing, daß die Tür zu Großbritannien offenstand; Castlereagh wegen seiner europäischen Vision, von der er noch immer hoffte, er könnte sie gegen die Abneigung seines Kabinetts und die ihm kleinlich erscheinenden Sicherheitswünsche seiner Alliierten durchsetzen. Und doch muß er wohl gespürt haben, daß die Zeit der Illusionen sich dem Ende näherte. Denn gerade in diesem Augenblick schickte sich Metternich zu einer Handlung an, die wenig Zweifel darüber ließ, daß die nächste Schlacht auf einer Ebene gekämpft werden würde, auf die ihm Castlereagh, gleichgültig was er selbst darüber gedacht haben mag, nicht folgen konnte.

Metternich unterbreitete dem König von Preußen zwei Memoranden, in denen er ihm Ratschläge über den administrativen Aufbau seines Staates gab und gleichzeitig verlangte, das Versprechen nicht zu erfüllen, das man in den leidenschaftlichen Tagen des Jahres 1813 den Bürgern hinsichtlich einer Verfassung gegeben hatte[23]. Die einzelnen Argumente, deren Metternich sich bediente, sind weniger von Interesse als dieser erste Schritt als solcher, der ankündigte, daß Metternich die Absicht hatte, als das konservative Gewissen Europas aufzutreten.

DREIZEHNTES KAPITEL

Die Karlsbader Beschlüsse und die Herrschaft über Mitteleuropa

I

In der Zeit unmittelbar nach dem Krieg befaßte sich Metternich vor allem mit dem Aufbau eines starken Mitteleuropas, in dem er eine Voraussetzung für die europäische Stabilität und die Sicherheit Österreichs sah. In der Überzeugung, daß ein starkes Österreich der Schlüssel zu Mitteleuropa sei, ging es Metternich vor allem um innerpolitische Reorganisationen. 1817 unterbreitete er einen Plan über die Reform des österreichischen Regierungsapparates, der eine Dezentralisation der Verwaltung und die Ernennung von vier Kanzlern, je einen für die verschiedenen Nationen, zum Inhalt hatte[1]. Es war der Versuch, die Einheit des Vielvölkerstaates durch eine ausgezeichnete Verwaltung zu sichern, nicht unähnlich den parallelen Bestrebungen, die Preußen im Norden erfolgreich durchführte. Doch der Kaiser hatte nicht Napoleon bekämpft, um nun den Frieden mit einem Reformprogramm zu beginnen, und er sah keine Veranlassung zu einer grundlegenden Änderung des Systems, das Österreich durch eine revolutionäre Zeit geführt hatte.

Es war ein Symptom für Metternichs innenpolitische Ohnmacht, daß er gezwungen war, die Beherrschung

Mitteleuropas ausschließlich mit diplomatischen Mitteln zu versuchen, durch Schaffung eines politischen Baues, der aus innerer Logik heraus auf Österreich als Stütze angewiesen war, und durch Schaffung einer Vielzahl souveräner Staaten, die alle gemeinsam mit Österreich daran interessiert sein mußten, die innerlich miteinander verwandten beiden Strömungen des Nationalismus und des Liberalismus zu vereiteln. Natürlich konnten weder Deutschland noch Italien auf die Dauer immun gegen die Bewegungen bleiben, die Europa überfluteten. Doch solange die soziale Unruhe nicht aus der Kontrolle geriet, förderte sie ja eigentlich noch Metternichs Plan, weil sie die zweitrangigen Mächte von eigenwilliger Politik abhielt. In der unmittelbaren Nachkriegszeit ging es Metternich darum weniger um die Unterdrückung der Opposition als vielmehr darum sie örtlich zu begrenzen. Es ging ihm weniger um einen antirevolutionären Kreuzzug als vielmehr darum zu verhindern, daß seine Gegner bei einer Großmacht Anlehnung finden könnten. Metternichs Bemühungen waren deshalb in erster Linie politischer Art. Es galt, die beiden Mächte zu lähmen, die er für revolutionär hielt: Rußland in Europa und Preußen in Deutschland.

In Italien stellte sich das als relativ leicht heraus. Österreich beherrschte Nord- und Mittelitalien dank der Gunst seiner geographischen Lage und einer Reihe abhängiger Dynastien in Kleinstaaten. Auch schloß es mit dem Königreich Neapel einen Vertrag, in welchem die neapolitanische Armee österreichischem Oberbefehl unterstellt wurde, und der wieder auf den Thron gebrachte König versprach, innenpolitisch ohne Zustimmung Österreichs nichts zu ändern. Nach seinem Besuch bei den italienischen Höfen im Jahr 1817 berichtete Metternich von einer weitverbreiteten Carbonari-Tätigkeit, die durch eine beachtliche Zahl russischer Agenten geschürt wurde. Er vertraute jedoch seiner Fähigkeit, diese revolutionären Bewegungen bald zu unterdrücken, teils indem er mehr Italiener mit der Verwaltung der österreichischen Provinzen Italiens bekannt machen, teils indem er den russischen Tätigkeiten möglichst breite Öffentlichkeitswirkung verschaffen wollte, so daß der Zar gezwungen sein würde, sich von ihnen entweder zu distanzieren oder sie zu unterbinden.[2]

In Deutschland war die Lage komplexer. Hier besaß Österreich weder die überragende geographische Stellung, noch hatte es lediglich zweitrangige Mächte vor sich. An der Peripherie Deutschlands gelegen, konnte Österreich angesichts des starken Preußens nicht hoffen, Deutschland physisch zu beherrschen. Auch bedrohten die beiden Zwillingsströmungen des Nationalismus und des Liberalismus Österreichs moralische Stellung. Während der von Leidenschaften durchdrungenen Tage des Jahres 1812, als preußische Patrioten von einem neuen Deutschland träumten und liberale Pläne für ein nationalistisches Allheilmittel entwarfen, hatte Metternich deshalb hartnäckig, mühsam, aber auch schlau, daran gearbeitet, diese Aspirationen zu vereiteln. Ein vereinigtes Deutschland hätte den Ausschluß Österreichs von der Quelle seiner historischen Stärke bedeutet, denn Österreich, der Vielvölkerstaat, konnte nie Teil einer unter der Fahne des Nationalismus stehenden Ordnung sein. Ein mit parlamentarischen Institutionen ausgerichtetes, ja vielleicht auch nur auf sprachlicher Einheit begründetes Deutschland bedeutete eine ständige Gefahr für einen Staat, der von dem Mythos der Interdependenz historischer Strukturen lebte. Aus diesem Grund hatte Metternich 1813 die Dinge verzögert, bis eine Koalition auf Prinzipien geschaffen werden konnte, die Österreichs Weiterexistenz zu garantieren vermochten. Das Beharren auf der Unverletzlichkeit historischer, souveräner Staaten garantierte ein Deutschland mit einer Vielzahl von Hoheitsgebieten, in denen die Forderungen nach einer gemeinsamen Nationalität von den Wünschen der Dynastien verschlungen werden würden, die man nur durch gegenseitige Übereinstimmung – den förmlichen Ausdruck moralischen Konsenses – regieren, nicht aber durch Gewalt beherrschen könnte.

In seiner Deutschlandpolitik spielte Metternich mit der Realität moralischer Beziehungen. Er hatte davon abgeraten, daß Österreich wieder die Krone des Deutschen Reiches übernehme, weil er Österreichs Vormachtstellung in Deutschland auf den Schein der Gleichberechtigung stellen wollte. Auch hatte er das Verschieben des Schwergewichts Preußens von Osteuropa nach Deutschland hinein und das von Österreich aus Deutschland nach Südosteuropa hinaus zugelassen, weil er glaubte, daß Österreichs moralische Stellung von keiner entsprechenden territorialen Grundlage in Deutschland abhängig sei. In dem Schutz der Dynastien gegen die Bestrebungen ihrer Bevölkerung, und in der Garantie für die Kleinstaaten gegen Ansprüche anderer sah Metternich die moralische Stärke der österreichischen Stellung. Von einem Preußen, dessen Besitzungen über das Bundesgebiet zerstreut waren und das Sicherheit nur durch die Zusammenfassung Deutschlands zu

Zwecken der Verteidigung finden konnte, durfte man erwarten, daß es den Druck von außen liefern würde, der die Kleinstaaten veranlassen müßte, auf Österreich zu blicken.

Während die Hauptakteure in Wien um ein europäisches Gleichgewicht gerungen hatten, hatte ein deutscher Ausschuß, bestehend aus Österreich, Preußen, Hannover, Bayern und Württemberg, versucht, einen deutschen Bundesstaat ins Leben zu rufen, wie er sooft und mehrdeutig während des Krieges versprochen worden war. Denn während Staatsakte wie etwa die Verträge von Teplitz und Chaumont ein Deutschland aus vielen selbständigen Staaten befürwortet hatten, hatte die russisch-preußische Proklamation an das deutsche Volk, die den Auftakt zu den Freiheitskriegen bedeutete, eine nationale Verfassung versprochen. Österreichs Verfassungsziel konnte demgegenüber einfach definiert werden: Es sollte eine Struktur geschaffen werden, die das Volk zwang, wenn schon, dann seinen Willen auf dem Weg über seine Dynastien kundzutun, wodurch nationale Begeisterung in den Bereich der Kabinettdiplomatie geleitet werden würde. Da die Verhandlungen von den Vertretern der über ihre Souveränität eifersüchtig wachenden dynastischen Staaten zu führen waren, konnte über den Ausgang kein Zweifel sein. Ergebnis war eine Bundesakte, welche ein Deutschland auf der Basis der Konföderation und bestehend aus souveränen Staaten schuf. Die deutschen Staaten schworen Kriegen untereinander ab und versprachen, Meinungsverschiedenheiten auf dem Vermittlungsweg auszutragen. Man schuf eine Versammlung, die aus den Vertretern der einzelnen Staaten bestand, die von ihren Regierungen ernannt wurden. Die elf größten Staaten hatten in ihr jeweils eine Stimme, während der Rest zu sechs Kurien zusammengefaßt wurde, von denen jede eine Stimmeinheit war. Zu Entscheidungen brauchte man die einfache Mehrheit bis auf bestimmte Hauptfragen, so wie etwa Krieg und Frieden, wozu Zweidrittelmehrheit erforderlich war. Von der versprochenen Verfassungsreform blieb nur eine programmatische Klausel übrig, der Artikel XIII, dem Metternich bald noch jede Bedeutung rauben sollte: «Jeder Staat schafft sich eine auf einer Volksvertretung beruhende Verfassung.»

Man kann sich kein Instrument vorstellen, das besser darauf berechnet gewesen wäre, die Mitwirkung der Bevölkerung zu beschneiden. Die Bundesversammlung bestand aus Vertretern der Regierungen, nicht des Volkes. Das unterschiedliche Gewicht, das man den Kleinstaaten gegeben hatte, die Ächtung des Krieges untereinander, die Voraussetzung, daß für Änderungen dieser Verfassung Einstimmigkeit erforderlich war, sowie der Vorsitz Österreichs, all das unterstrich die Tatsache, daß Aktionen nur durch *Einfluß,* nicht durch *Macht* erreichbar waren. Unter dem Zwang ihrer Lage blickten die Mittelstaaten auf Österreich als den Schutzwall gegen innere Revolution und gegen preußische Vorherrschaft. So kam es, daß die Furcht vor der nationalen Mission Preußens zu dem einigenden Element innerhalb des Deutschen Bundes unter österreichischer Schirmherrschaft wurde; daß die nationale Struktur, auf die so viele Patrioten gehofft hatten, vor allem aus antinationalen Motiven zusammenhielt.

Metternichs Problem war aber komplexer, als daß es nur gegolten hätte, Preußen zu isolieren. Ein unbefriedigtes Preußen hätte in Rebellion gegen die Mitspieler in der Konföderation zum Sprecher der nationalen Bewegung werden können, wodurch die vage Unruhe sich zu einem Aufstand hätte verwandeln können. Eine Beherrschung Deutschlands unter moralischer Zustimmung der zweitrangigen Mächte und *mit* Preußens Unterstützung mag man als unvereinbare Dinge ansehen. Sie waren aber das Kernstück Metternichscher Deutschlandpolitik.

Metternich kam dabei die schwierige Lage zu Hilfe, in welche Preußen durch die Wiener Lösung und die Unentschlossenheit der preußischen Politik gebracht war, die sich nie wirklich zwischen den beiden grundlegenden Alternativen entscheiden konnte: Sicherheit auf nationaler Basis durch ein geeintes Deutschland oder auf Kabinettbasis durch die Freundschaft mit Österreich. Über Mitteleuropa zerstreut, mit willkürlichen und nicht zu verteidigenden Grenzen, von der Sorge vor französischen Plänen im Rheinland und russischen Ambitionen in Polen hin und her gerissen, war es natürlich, daß Preußen seine Sicherheit in einem militärisch starken Bund suchte. Eine aggressive Deutschlandpolitik mußte jedoch die über ihre Souveränität eifersüchtig wachenden Kleinstaaten schrecken. Andererseits hielt Preußen Österreichs Unterstützung für den Fall eines Krieges mit Rußland oder Frankreich für unentbehrlich, und das war wiederum unvereinbar mit dem Bestreben, den Bund zu stärken.

Fünfzig Jahre lang mühte sich Preußen ab, sein Dilemma zu lösen: Als die gefährdetste europäische Macht hatte es zugleich die am schlechtesten zu verteidigenden Grenzen. Das führte in der Zeit unmittelbar nach dem

Krieg jedoch zu einem halbherzigen Versuch, die Fehler der Wiener Lösung zu korrigieren, ohne daß man über eine klare Konzeption verfügte. Man begann einen ungewissen Kampf um eine starke deutsche Stellung ohne genaue Vorstellung von den dazu erforderlichen Voraussetzungen. Das Versagen der preußischen Diplomatie während der Freiheitskriege und der Versuch, die Vorteile aller Möglichkeiten zu vereinen, zeigten Wirkung. Preußen versuchte einerseits, innerhalb des Bundes als gleichberechtigt neben Österreich anerkannt zu werden, wollte sich andererseits aber auch die österreichische Kooperation gegenüber Frankreich und Rußland sichern. Es trieb eine außerdeutsche Politik, für die es auf Österreichs Freundschaft angewiesen war, gleichzeitig aber auch eine innerdeutsche Politik, die nur Erfolg haben konnte, wenn man Österreich neutralisierte.

Solche Ungereimtheiten mußten fatal werden bei einem Gegner Metternichschen Formats; seine Geschicklichkeit bestand im Grund genommen darin, daß er eben die Tatsache seines Widerstandes zu verschleiern wußte. Je sprunghafter Preußens Schritte waren, um so stärker wurde Österreichs moralische Stellung. Je hartnäckiger Preußen operierte, um so mehr konnte sich Österreich auf die Ebene der bestehenden vertraglichen Bindungen zurückziehen. Preußen wurde somit in die unbequeme Lage gedrängt, den Kleinstaaten vor Augen zu halten, wie lebensstark Österreichs moralische Position war. Nichts erhellt Metternichs Deutschlandpolitik besser als seine ersten Weisungen an Buol, seinen Vertreter in der Bundesversammlung zu Frankfurt, der nach der Bundesakte als Vorsitzender zu fungieren hatte.

Nach dem dringenden Appell, Buol möge diesen Titel herausstellen, fuhr Metternich fort: «Es kommt heute sicher mehr darauf an, Ansprüche anderer zu entfernen, als eigene geltend zu machen... Die eigentliche Aufgabe E. Exzellenz wird daher sein, den durch die Bundesakte eingeräumten Vorsitz so vorteilhaft als möglich fürs Allerhöchste, in dieser Frage vom Allgemeinen unzertrennliche Interesse zu benützen, ohne damit ein Aufsehen zu verbinden, welches Besorgnisse oder Mißtrauen erregen könnte, und zugleich durch eine gewisse Korrektheit in der Geschäftsführung den allenfalls zweideutigen Absichten anderer Bundesglieder zu begegnen. Bei einem solchen Benehmen ist vorzusehen, daß die meisten Bundesglieder sich schon durch unsere Anspruchslosigkeit zu uns hingezogen fühlen und unsere Ratschläge nicht nur annehmen, sondern in den meisten Fällen selbst nachsuchen werden...»[3]

In solch einer Lage lief sich Preußen immer fest, wohin es sich auch wandte. Als der preußische Vertreter in Frankfurt anregte, Österreich und Preußen sollten sich in die Leitung der Versammlung und in die militärische Lenkung Deutschlands teilen, lieferte er Metternich lediglich das Mittel, um Österreichs Vorherrschaft zur Schau zu stellen. Der Vorschlag wurde heimlich den anderen deutschen Höfen mitgeteilt, während Metternich antwortete, die österreichisch-preußische Freundschaft sei so unerschütterlich, daß es keines formalen Vertrags bedürfe und daß darüber hinaus jede offene Zusammenarbeit nur die zweitrangigen Mächte gegen sie aufbringen würde. Um sich den Rückzug zu sichern, hatte Preußen keine andere Wahl, als seinen Vertreter abzuberufen. Als Preußen in dem Bundesheer zahlenmäßige Gleichstellung mit Österreich wünschte, ließ Metternich schlau berechnend den österreichischen Delegierten mit Preußen stimmen in der sicheren Kenntnis, daß die Kleinstaaten den Antrag niederstimmen würden[4]. Und als der König von Preußen darum nachsuchte, daß seine polnischen Provinzen Aufnahme in den Bund finden mögen, nutzte Metternich dieses Eingeständnis der Schwäche, um Österreichs Unentbehrlichkeit zu demonstrieren. Er veranlaßte zunächst den König von Preußen, seinen Vorschlag zurückzunehmen, indem er ihn überzeugte, daß er mit ihm nur den Zar verärgern würde, ohne damit die Aussichten, die Zustimmung der Kleinstaaten zu erreichen, zu verbessern, und bot dann als Ersatz ein geheimes österreichisch-preußisches Verteidigungsbündnis an[5]. Dieser Tauschhandel symbolisierte die Grundlage Metternichscher Deutschlandpolitik. Er wollte die Mittelstaaten durch ihre Furcht vor Preußen lenken und Preußen durch seine Furcht vor Frankreich und Rußland.

So wurde der mit so großen Hoffnungen geschaffene Deutsche Bund immer mehr zu einem Mittel, der österreichischen Politik eine möglichst breite moralische Grundlage zu bieten. Die Frankfurter Versammlung wurde zu einem Diplomatentreffen, und ihre Ohnmacht wurde noch dadurch unterstrichen, daß Metternich darauf beharrte, daß der österreichische Vertreter mit seiner Stimmabgabe zu warten habe, bis Weisungen eingetroffen seien. Artikel XIII der Bundesakte, der versprochen hatte, daß jeder Staat eine Verfassung mit einer Volksvertretung zu schaffen habe, wurde von Metternich als reiner Programmpunkt ausgedeutet, als ein Symbol guten Willens, dessen Verwirklichung von der Entscheidung jeder einzelnen Regierung abhänge. Österreichs Vormachtstellung zeigte sich nicht nur in dem Vorsitz, sondern auch bezüglich des Tagungsorts, nämlich der österreichischen Botschaft, und war auch an dem Siegel des Bundes ablesbar, das bis 1848 das österreichische Siegel war. Preußen hätte sich aus dieser Strangulierung nur durch eine nationale Politik befreien können, die auf einem Bündnis mit den patriotischen Organisationen und der liberalen Bewegung hätte basieren müssen. Wenn auch einige wenige es so wollten, so war doch dem König von Preußen und seinen Ratgebern noch mehr angst vor einer Revolution als vor einem Angriff von außen. Es kann daher nicht wundernehmen, daß die während des Krieges so hochgeschraubten Hoffnungen nun in entsprechende Verbitterung umschlugen; daß vor allem die jüngere Generation sich in ihren nationalen Bestrebungen enttäuscht fühlte und daß die Universitäten, die in vieler Beziehung die echtesten nationalen Institutionen waren, zu Horten des Protestes wurden. Protest führte aber zu nichts angesichts der Tatsache, daß Österreich die Maschinerie des Bundes beherrschte. Auch die Hoffnungen, die man auf den Zaren setzte, wurden enttäuscht. Es zeigte sich immer stärker, daß die vagen Allgemeinplätze sich eher zu einer Kraft der Unterdrückung nutzen ließen als zu einem Kreuzzug der Freiheit. Metternich lieferte nur noch einen weiteren Beweis seiner Größe als Diagnostiker, obzwar nicht seiner schöpferischen Einfallsgabe, wenn er vor dem Aachener Kongreß erklärte, die moralische Stellung des Zaren werde erschüttert sein, falls alles unverändert bliebe.

Gegen Ende des Jahres 1818 hatte Metternich somit ein stabiles Mitteleuropa erreicht, zu dem Österreich der Schlüssel war. Doch die Unruhe war nicht zu stillen, und man konnte das soziale Ringen nicht einfach dadurch umgehen, daß man eine monolithische Einheit zur Schau stellte. Es entsprach den enttäuschten Gefühlen in Deutschland und auch der Ernüchterung über den Zaren, daß der erste offene revolutionäre Akt die Ermordung eines russischen Publizisten war, der sich dadurch ausgezeichnet hatte, daß er besonders monarchistisch geschrieben hatte. Täter war ein Student der Universität Jena. Die Ermordung Kotzebues kennzeichnet das Ende Metternichscher Bestrebungen, Mitteleuropa nur auf dem Weg über politische Maßnahmen zu lenken. Von nun an würde er Politik in erster Linie nutzen, um Mittel in die Hand zu bekommen, die moralische Basis für soziale Unterdrückung zu gewinnen in einem nie enden wollenden Streben um eine Ordnung, die das Ende der revolutionären Welle und das Weiterleben des Reiches in der Mitte künden sollte.

2

Metternich erfuhr von der Ermordung Kotzebues in Rom, als er den Kaiser auf einer Besuchsreise bei den italienischen Höfen begleitete. Er erhielt eine Reihe hysterischer Briefe von seinem Mitarbeiter, dem Publizisten Gentz, der fürchtete, ihm selbst könnte Kotzebues Schicksal bereitet werden. Gentz verlangte sofortige Maßnahmen zur Unterdrückung der Revolution, wobei Österreich unter Umgehung des Deutschen Bundes die Führung in dem antirevolutionären Kreuzzug überneh-

FRIEDRICH VON GENTZ

men sollte. Metternich war aber zu kaltblütig, um in hysterischer Stimmung Politik zu machen. Er betrachtete Kotzebues Ermordung nicht so sehr als Fanal, sondern vielmehr als Möglichkeit, die kleineren deutschen Höfe die Weisheit Österreichs zu lehren. Auf seine unfehlbare Taktik gestützt, begann er zunächst einmal seine Risiken abzusichern, indem er die panische Stimmung an den deutschen Höfen nutzte, so daß diese Österreich das Erstrebte selbst anboten, womit sich zugleich Österreichs Unentbehrlichkeit durch eine Politik des Abseitsstehens demonstrieren ließ. Denn die Lage schien geradezu ideal, um alle Metternichschen Reden der vergangenen drei Jahre zu belegen. Als einzige deutsche Großmacht schien Österreich immun gegen die revolutionäre Gefahr. An den österreichischen Universitäten gab es keine patriotischen Organisationen, die die Ruhe störten, und seine Presse war nicht Träger regierungsfeindlicher Propaganda. Das beruhte zwar mehr auf der Schärfe der österreichischen Polizei als etwa der sittlichen Einheit des Staates. Dennoch bot das alles eine nützliche Ausgangsbasis.

Wieder begann eine Zeit zermürbender Untätigkeit, mit der Metternich seine potentiellen Verbündeten zwingen wollte, das Ausmaß ihrer Einsatzbereitschaft zu erkennen zu geben. Metternich war durchaus bereit, sich an die Spitze eines antirevolutionären Kreuzzugs zu stellen, wollte aber sichergehen, daß sich die denkbar größte Zahl der anderen Staaten, insbesondere auch Preußen, anschloß. Er war gern bereit, den Deutschen Bund dabei zu umgehen, und sei es auch nur, um zu zeigen, daß bedeutsame Probleme besser auf der reinen Kabinettebene gelöst werden könnten denn durch ein noch so abgemagertes nationales Organ. Das sollte jedoch nicht so geschehen, als gehe es von Österreich aus, sondern durch die Demonstration der Ohnmacht des Deutschen Bundes, so daß die anderen Höfe «spontan» erkennen würden, daß nur Österreich ihnen Schutz bieten kann. Für jeden, der Metternichs Diplomatie kennt, ist es daher nicht überraschend, daß er seinen diplomatischen Feldzug zunächst damit begann, daß er nichts tat. Er erteilte Gentz eine sehr unverbindliche Antwort, die in ihrem Ton abstrakter Gleichgültigkeit dazu angetan war herauszustellen, wie sehr er Herr der Lage war. Nur einen Absatz widmete er der Ermordung Kotzebues, die er einer nationalen Verschwörung zuschrieb; mehrere Seiten befaßten sich mit Betrachtungen über die architektonischen Wunder Roms und die Beziehungen zwischen Größe, Schönheit und Gehalt[6]. Gentz, der seine Erregung kaum verbergen konnte, schlug in seiner Antwort vor, es gehe im Kern nicht darum, eine nationale Verschwörung zu unterdrücken, sondern man müsse das Ausbildungssystem an den Universitäten reformieren, das die Verschwörung ermöglicht hätte, und fügte einen Brief eines österreichischen Konsuls aus Sachsen bei, in welchem die Reformation für die ganze Unruhe verantwortlich gemacht wurde. Doch wieder wurde Gentz' Eifer durch Metternich gedämpft, der überzeugt war, daß äußerst scharfe Maßnahmen gewiß von anderer Seite vorgeschlagen werden würden, falls die Briefe von Gentz den Geist bei den anderen deutschen Staaten richtig widerspiegelten. Seine Sorglosigkeit unterstrich Metternich noch damit, daß er nach Neapel weiterreiste, sich also noch einen Schritt mehr vom Herd der Unruhe entfernte, und in seiner Antwort die Meinung vertrat, die Reform der Erziehung sollte sich auf ein System akademischer Disziplinen beschränken. «Mit Dr. Martin Luther» schrieb er spitz, «kann ich mich jedoch auf dem Quirinal nicht befassen und hoffe, daß dennoch einiges Gute geschehen könne, ohne eben den Protestantismus in seiner Urquelle zu berühren.»[7]

In der Zwischenzeit bemächtigte sich der anderen deutschen Regierungen eine Panik. Der König von Preußen berief eine Kommission, um die revolutionären Tendenzen zu untersuchen, und rief sofort alle preußischen Studenten aus Jena zurück, ein Beispiel, das bei vielen anderen Höfen Schule machte. Diese Einstellung war so stark, daß der Großherzog von Weimar, der sich stets seines Liberalismus gerühmt, nun aber das Unglück hatte, daß die besagte Universität auf seinem Hoheitsgebiet lag, anregte, die Bundesversammlung möge ein einheitliches System akademischer Disziplinen für ganz Deutschland ausarbeiten. Es spielte dabei keine Rolle, daß der unglückliche Großherzog seine Überzeugung von der akademischen Freiheit und seine Liebe zur Verfassung erneut bekundete. Ein weiterer Gegner Metternichs war zu einem überstürzten Schritt gelockt worden. Wenn selbst der liberale Großherzog von Weimar die Notwendigkeit zu einer Reform der Universitäten einsah, wer konnte dann dem österreichischen Minister Vorwürfe machen, daß er nachfolgte? Und wenn sich die Bundesversammlung als unfähig erwies, mit dem dringenden Problem fertig zu werden, drückte dann Metternich nicht nur die allgemeine Meinung der deutschen Höfe aus, wenn er ein anderes Verfahren vorschlug? Gegen den Protest des Doktrinärs

Gentz wies Metternich darum den österreichischen Vertreter an, dem Vorschlag des Großherzogs zuzustimmen. «Mit Verachtung straft man den dortigen Altburschen nicht!» erläuterte er Gentz. «Er ist sie gewöhnt. Seinen tollen Absichten vielmehr eine gute Auslegung geben und ihn auf seinem eigenen Terrain entweder fangen oder Lügen strafen, scheint mir weit besser.»[8] Bald sollte sich zeigen, daß die Bundesversammlung nicht die richtige Bühne für entscheidende Handlungen war, wie Metternich, der sie entworfen hatte, sehr wohl wußte. Während die Anregung des Großherzogs in einem Ausschuß zerredet wurde, gerieten die deutschen Regierungen, die hinter jeder Ecke Attentäter sahen, vor Hysterie fast aus dem Häuschen. Nachdem so der Bund in Mißkredit gebracht und Österreichs Unentbehrlichkeit hinreichend bewiesen war, war der Augenblick zum Handeln gekommen. Es dürfe keine Zeit mehr verloren werden, schrieb Metternich jetzt, die Regierungen seien heute ängstlich genug, um zu handeln. Ihre Furcht werde bald das Stadium der Lähmung erreicht haben.

Am 17. Juni, mehr als zwei Monate nachdem er von der Ermordung Kotzebues erfahren hatte und sich nun endlich auf dem Weg zurück nach Norden befand, übermittelte Metternich Gentz seinen Plan[9]. Er befand sich auf der Reise nach Karlsbad, wo er einen Urlaub nehmen wollte, und hatte es so eingerichtet, daß die Minister der deutschen Staaten ihn dort treffen sollten. Die Vorschläge, die er für seine Kollegen bereithielt, sollten auf den Axiomen beruhen, daß sich moralische Gefahren als gefährlicher erweisen könnten denn physische Drohungen, daß die gemeinsame Volkszugehörigkeit ein Abseitsstehen selbst dem unbedeutendsten deutschen Staat chimärisch machen würde und daß nur aufeinander abgestimmte Präventivmaßnahmen die revolutionäre Flut dämmen könnten. Das Ausmaß der Gefahr habe sich hinreichend in der Tatsache gezeigt, daß die Verschwörung zu Gewalttaten in Deutschland geführt hatte, einem Land, in dem traditionell nur mit der Feder gekämpft worden war. Dafür machte Metternich vor allem die Universitäten und die Pressefreiheit verantwortlich. Nur eine scharfe akademische Disziplin und ein Zensursystem könnten die Entwicklung aufhalten. Kein Wunder, daß Gentz jubelnd antwortete: «Meine finsteren Sorgen scheinen zu entfliehen, wenn ich den einzigen Mann in Deutschland, der noch frei und mächtig wirken kann, auf einer solchen Höhe erblicke...»[10]

Metternich wollte aber nichts dem Zufall überlassen und kein Risiko eingehen. Zwar bestand kaum ernstlich die Gefahr, daß sich Preußen einer revolutionären Politik verschreiben würde, doch war durchaus nicht sicher, wie weit es sich Unterdrückungsmaßnahmen anschließen würde. Metternich wollte auch nicht in die Lage gedrängt werden, den deutschen Kleinstaaten seinen Willen aufzuzwingen. Ein Programm der Unterdrükkung, das Österreichs Namen trug, hätte Preußen stärken müssen, also jenen Staat, den so viele Vaterländische noch als Exponenten nationaler Sendung betrachteten. Doch aus dem gleichen Grund mußte ein von Preußen angeregtes Unterdrückungsprogramm die letzte verbleibende Chance dieses Staates untergraben: den Appell an die nationale Bewegung. Als Metternich den König von Preußen am 28. Juli in Teplitz aufsuchte, hatte er daher zwei Ziele: ein gemeinsames Vorgehen bei den Karlsbader Gesprächen zu erreichen, um Preußen vom deutschen Nationalismus zu trennen, und den preußischen König davon abzuhalten, das Versprechen zu erfüllen, eine Verfassung zu gewähren, um die Bemühungen gewisser preußischer Staatsmänner, wie etwa Humboldt, zu lähmen, die Preußen an die Seite des deutschen Liberalismus stellen wollten.

Es kam zu einem merkwürdigen und wundersamen Gespräch zwischen Metternich und dem preußischen König, in welchem Metternich wie ein harter Lehrer Preußen seine Sünden vorhielt, während der König, verängstigt und schwankend, verzweifelt versuchte, die Schuld seinen Ministern zuzuschreiben[11]. Denn dem von Ängsten ergriffenen König erschien Metternich wie ein Prophet und Erretter. Hatte er nicht unzählige Male, zuletzt in Aachen, vor den Gefahren einer Verfassung gewarnt? Hatte Metternich nicht die revolutionäre Gefahr vorausgesagt? «Alles, was Sie vorhergesehen haben, ist eingetreten», sagte der König zerknirscht. Metternich blieb jedoch streng. Die Revolution, so erklärte er, sei lediglich eine Demonstration, die immer der Lehre folge. Ihr Ursprung läge in Preußen, während Österreich selbst unberührt geblieben sei. Dennoch sei Österreich im Geist freundschaftlicher Politik bereit mitzuhelfen, die revolutionäre Flut abzudämmen, doch dazu müsse man erst einmal wissen, welche Regierungen Hilfe verdienten. Sollten sie sich als schwach oder unentschlossen erweisen, würde sich Österreich einfach hinter seine Mauern zurückziehen.

Der König erschrak vor den Aussichten, allein in Deutschland der Revolution gegenüberzustehen, und machte nun die Mitarbeiter seines Kanzlers Hardenberg für alles verantwortlich. Um seinen Fehler wiedergutzumachen und seine guten Absichten zu beweisen, schlug er vor, Metternich, der Minister jener Macht, die bei einer nationalen Politik am meisten zu verlieren gehabt hätte, möge Hardenberg beratend zur Seite stehen, also jenem Kanzler, dessen Staat von einer nationalen Politik am meisten hätte gewinnen können. Metternich sollte Hardenberg beraten, welche Verfassungsstruktur für Preußen die beste sei. Metternich antwortete in einem Memorandum, daß das Versprechen einer Nationalversammlung in Artikel XIII der Bundesakte nicht notwendigerweise eine repräsentative Volksvertretung bedeute. Hierin stimmte ihm der König von Preußen ebenfalls zu. Was konnte besser Metternichs starke Stellung demonstrieren als der freimütige Rat des Königs, als Metternich sich auf die Verhandlungen mit den preußischen Ministern vorbereitete: «Versuchen Sie vor allem, diese Leute zu veranlassen, sich schriftlich festzulegen»? Mit gutem Grund konnte Metternich triumphierend seinem Kaiser melden: «Es sind also in Preußen zwei negative Gewalten im Kampf, die Schwäche des Königs mit jener des Staatskanzlers. Ich sah meine Aufgabe darin, das aktivste Element in der Seele des Königs, das, was zur Lähmung tendiert, zu stärken, so daß er kaum wagen wird, den kühnsten aller Schritte, die Einführung einer Verfassung, zu tun.»[12]

Das Ergebnis war die Konvention von Teplitz, in welcher sich Österreich und Preußen auf ein gemeinsames Vorgehen einigten. Zwei Konferenzen, in Karlsbad und in Wien, sollten folgen. Die Konferenz von Karlsbad sollte sich mit den unmittelbaren Gefahren befassen und Schritte erwägen, um die Freiheit der Presse einzu-

FRIEDRICH WILHELM III.

schränken, die Universitäten zu reglementieren und eine zentrale Kommission zu errichten, welche die revolutionäre Bewegung zu überwachen haben sollte. Die Konferenz von Wien war dazu bestimmt, die Institutionen der Bundesverfassung zu überprüfen und insbesondere den Artikel XIII auszulegen. Darüber hinaus versprach Hardenberg, daß in Preußen nicht eher eine Verfassung eingeführt werde, als bis die Ruhe wieder völlig hergestellt worden sei, dann aber auch nur Versammlungen im «wörtlichen», das heißt Metternichschen Sinn, entstehen sollten in Gestalt von Deputationen der einzelnen Provinzen[13]. Kurz, Österreichs innenpolitisches System war zum Organisationsprinzip Deutschlands geworden.

Nachdem der Boden nun sorgfältig vorbereitet war, konnte der Ausgang der am 6. August beginnenden Karlsbader Gespräche nicht mehr zweifelhaft sein. Ihr Ton zeigt sich in den Worten des Vertreters von Nassau, der Österreich wärmsten Dank aussprach, weil es, obwohl selbst von der Revolution nicht berührt, Maßnahmen zu deren Überwindung erarbeitet habe. Die österreichisch-preußischen Vorschläge wurden in ihrer Gesamtheit angenommen. Jeder Staat versprach, Publikationen von weniger als zwanzig Seiten einer Zensur zu unterwerfen und die zu verbieten, gegen die irgendein Mitglied des Deutschen Bundes Bedenken geäußert hatte. Damit hatte jeder Staat, vor allem aber auch Österreich, ein vollkommenes Vetorecht über alle Publikationen innerhalb des Hoheitsgebietes des Bundes. Die Universitäten wurden den Regierungen unterstellt, welche einen Bevollmächtigten ernannten, der für die Aufrechterhaltung der Disziplin verantwortlich war und den Geist der Vorlesungen zu überwachen hatte. Auch entstand mit dem Sitz in Mainz eine Zentralkommission, die alle revolutionären Tätigkeiten überprüfte. Metternichs Stellung war so stark, daß er es sich sogar leisten konnte, als Befürworter der Mäßigung aufzutreten. Ausgerechnet Preußen hatte verlangt, daß die Seitenzahl der Publikationen, welche der Zensur unterliegen sollten, auf zwanzig festgesetzt wurde, während Metternich es mit fünfzehn genug zu sein schien. Und als Preußen die Schaffung eines Sondergerichts nicht nur zur Untersuchung, sondern auch zur Aburteilung von Revolutionären anregte, verwies Metternich darauf, daß es unmöglich sei, Menschen aufgrund von Ex-post-facto-Gesetzen zu verurteilen[14].

Metternich hatte mit einer *tour de force* Erfolg gehabt: Österreich, der am leichtesten verwundbare Staat, erschien als Hort der Stärke; die Macht, die am meisten von den Karlsbader Beschlüssen profitieren mußte, wirkte, als sei sie am wenigsten interessiert. Die verschiedenen Adressen, mit denen die versammelten Diplomaten Metternich dafür dankten, daß er sie hier zusammengerufen hatte, zeigten, daß eine Eroberung nicht immer mit Waffen zu erfolgen braucht: «Wenn wir hoffen dürfen, die so schwierige als ehrenvolle Aufgabe, zu der Sie uns berufen hatten, auf eine für Sie nicht ungenügende Weise erfüllt zu haben, so verdanken wir es Ihrer einsichtsvollen Leitung ... Als Sie jenseits der Alpen das freche, unheilweissagende Geschrei zügelloser Schriftsteller und die Kunde einer Untat vernahmen ..., da erkannten Sie mit derselben Klarheit den Grund des Übels und die Mittel, ihm zu begegnen, und was wir hier vollbrachten und ins Leben gerufen haben, ist nur die Verwirklichung dessen, was Sie schon damals gedacht haben.»[15] Der Makel, den die Nachwelt auf Metternichs selbstzufriedene Briefe warf, läßt übersehen, daß diese Briefe eine lange Zeit hindurch lediglich die außergewöhnliche Lage widerspiegeln. So etwa dieser Brief aus Karlsbad: «Zum ersten Mal seit dreißig Jahren gibt es hier eine Reihe von antirevolutionären Maßnahmen, die richtig und vorbeugend sind. Was ich schon seit 1813 tun wollte und jener furchtbare Kaiser Alexander stets vereitelt hat, habe ich nun vollbracht, weil er nicht anwesend war... Sollte der Kaiser von Österreich daran zweifeln, daß er Kaiser von Deutschland ist, dann täuscht er sich.» Es war die paradoxe Lage entstanden, daß dank launischem Einfallsreichtum Metternichs Kaiser Franz zum Kaiser von Deutschland geworden war, weil er auf die deutsche Kaiserkrone verzichtet hatte.

So endeten die Karlsbader Gespräche mit einer spontanen Bestätigung von Österreichs Vormachtstellung. Metternich war in der Tat Ministerpräsident von Deutschland, wenn er auch sein Desinteresse ständig bekundete. Preußen stimmte nur zu gern zu und wurde dadurch in eine Richtung abgedrängt, die es ihm mehr als eine Generation lang unmöglich machte, sich mit der nationalen Strömung zu identifizieren; seine liberalen Minister wie etwa Humboldt wurden bald entlassen. Auch die Bundesversammlung war zu einem Treffen untergeordneter Diplomaten abgesunken, während die wirklich grundlegenden Entscheidungen auf dem Weg über Direktverhandlungen der Kabinette fielen. Das einzige Organ, das ganz Deutschland repräsentierte, war nichts als ein Instrument zum Ratifizieren. Am

20. September billigte es einstimmig und ohne Aussprache die in Karlsbad getroffenen Beschlüsse. So endete zunächst der Traum von einem vereinten Deutschland.

3

Doch Metternichs Sieg war nicht komplett, falls das, was er die revolutionäre Bewegung nannte, nicht von einem ausländischen Staat gestützt wurde. Sollte irgendeine fremde Macht sich weigern, die Karlsbader Beschlüsse zu sanktionieren, wäre Österreich nicht nur in Deutschland, sondern überall in Europa in die Defensive gedrängt worden. Je mehr sich die Zeit für die Wiener Konferenzen näherte, um so aufsässiger wurden einige süddeutsche Höfe, besonders Württemberg, gegen die österreichisch-preußische Bevormundung. Metternich forderte darum Großbritannien und Rußland auf, die Karlsbader Beschlüsse zu billigen[16]. Das trieb jedoch die Schwierigkeit der Stellung Castlereaghs nur noch auf die Spitze. Kein britischer Staatsmann hätte eine Politik innerpolitischer Unterdrückung billigen können, auch wenn er persönlich mit ihr noch so sehr sympathisieren mochte. Er konnte auch nicht gutheißen, was im Ergebnis auf eine Lehre allgemeiner Einmischung in die inneren Angelegenheiten fremder Staaten hinauslief. Trotz guten Willens mußte sich Castlereagh auf folgende Antwort an den österreichischen Botschafter beschränken: «Wir vernehmen stets gern, wenn schädliche Keime zerstört worden sind, ohne die Macht zu haben, unsere Zustimmung offen zu geben.»[17]

Rußland erwies sich sogar als noch schwieriger. Capodistria hielt dem Zaren die Gefahr einer österreichischen Herrschaft über Deutschland vor Augen und versäumte nicht, darauf hinzuweisen, daß der Hauptwidersacher gegen Alexanders *Alliance Solidaire* nun deren Maxime für sich selbst nutzte. Das führte zu einer russischen Zirkularnote, die in abwartendem, unverbindlichem Ton feststellte, wenn die Karlsbader Beschlüsse deutsche Angelegenheiten beträfen, sei Rußland nicht berechtigt, sich einzumischen, beträfen sie aber europäische Angelegenheiten, hätte Rußland nach Karlsbad eingeladen werden müssen[18]. Am 4. Dezember fühlte Capodistria sogar bei Castlereagh vor, ob eine Möglichkeit eines gemeinsamen Protestes auf der Wiener Konferenz bestünde.

Konnte Castlereagh schon nicht Metternichs Politik sanktionieren, so konnte er doch wenigstens vermeiden, daß der Zar sie zum Vorwand nahm, um die Schwierigkeiten in Mitteleuropa für russische Ziele zu nutzen. Wenn auch das Prinzip der Nichteinmischung für Großbritannien eine Doktrin der Selbstbeschränkung war, so konnte man sie doch auch brauchen als Schild, hinter dem Metternich Mitteleuropa aufbauen konnte. Castlereaghs Antwort auf den russischen Vorschlag war außerordentlich geschickt[19]. Er stimmte zu, daß die Bundesakte ein Teil der Lösungen des Wiener Kongresses gewesen sei und die auswärtigen Mächte daher das Recht hätten, gegen Verletzungen zu protestieren. Die Karlsbader Beschlüsse seien jedoch nichts anderes als das legitime Bemühen, innenpolitisch für die Aufrechterhaltung der Ruhe zu sorgen, ein Ziel, dem Rußland gewiß zustimmen könne. Großbritannien hätte offiziell auf die Unterrichtung über die Karlsbader Beschlüsse nicht geantwortet, weil eben schon jede Meinungsäußerung eine Einmischung in die inneren Angelegenheiten Deutschlands gewesen wäre. Gleichzeitig machte Castlereagh in einem Schreiben an seinen Botschafter in Berlin deutlich, daß Großbritannien nicht mehr tun könne und die deutschen Mächte die Auseinandersetzung nicht fortsetzen mögen: «Unsere Verbündeten mögen daran denken, daß wir ein Parlament haben, und es kommt entscheidend darauf an, keine ärgerlichen Auseinandersetzungen über die kontinentale Politik auszulösen.»[20]

Die Karlsbader Beschlüsse bedeuteten einen Wendepunkt in der europäischen Politik. Sie zeigen den Grenzfall österreichisch-britischer Zusammenarbeit und die Grenze, bis zu der die Lehre von der Nichteinmischung noch zur örtlichen Beschränkung einer sozialen Auseinandersetzung genutzt werden konnte. Weil Österreich stark genug war, die Revolution in Deutschland ohne Hilfe nichtdeutscher Staaten zu unterdrücken, konnte die Meinungsverschiedenheit zwischen Castlereagh und Metternich noch dadurch verschleiert werden, daß rein *politische* Waffen zur Vereitelung russischer Interventionen eingesetzt wurden. Wenn es um negative Maßnahmen oder um die Schaffung eines Rahmens für Tatenlosigkeit ging, stimmten Metternich und Castlereagh noch überein. Es zeichnete sich jedoch ab, daß das soziale Ringen immer mehr um sich greifen würde und eine Lehre von der Tatenlosigkeit Metternich bald nicht mehr befriedigen würde. So wie er Preußen vor seine Deutschlandpolitik gespannt hatte, so würde er gewiß auch versuchen, Rußland vor den Karren seiner europäischen Bestrebungen zu spannen. Das wurde um so wichtiger, als die Karlsbader Beschlüsse gelehrt hatten, daß nachträglich eine russische Zustimmung nicht mehr erreichbar war. Der entscheidende Testfall alliierter Einigkeit mußte kommen, sobald das Ringen ausdrücklich sozialen Charakter auf europäischer Ebene annahm. Im Lauf des Jahres 1820 brachen in den verschiedensten Teilen Europas Revolutionen aus und ließen erkennen, daß Allianzen so wenig wie Menschen nur von der Erinnerung an das Vergangene zu leben vermögen und daß der Inhalt der Einigkeit im Licht der Gegenwart neu bestimmt werden muß.

VIERZEHNTES KAPITEL

Der Kongreß von Troppau und die Organisation Europas

I

Gegen Ende des Jahres 1819 hatte Metternich eine seiner feingliedrigen Kombinationen fertig, die die Schwäche Österreichs verschleierten, indem er die von verschiedenen Staaten anerkannten, legitimierenden Prinzipien als Mittel nutzte, andere an Österreich zu binden. Die Viererallianz diente ihm als Brücke zu Großbritannien, um mit politischen Mitteln den russischen Einfluß zurückdämmen zu können. Die Heilige Allianz hatte er für seine Beziehungen zum Zaren genutzt, um sich die Möglichkeit russischer Unterstützung offenzuhalten, falls ihm der soziale Kampf aus den Händen gleiten sollte. Mit Hilfe Preußens war in Deutschland die Ruhe wiederhergestellt, und mit eifriger Zustimmung, ja auf Wunsch der deutschen Kleinstaaten war der Deutsche Bund zu einer Außenstelle österreichischer Politik geworden. Die Wiener Gespräche hatten mit einer Neudefinition des Artikels XIII geendet, die wiederum so vage wie bedeutungslos war und auf die nichtssagende Phrase hinauslief, daß das Versprechen, Volksvertretungen zu schaffen, die Souveränität der Fürsten nicht berühren dürfe. In Italien war alles ruhig.

All das war geglückt, ohne unüberbrückbare Klüfte aufzureißen. Weil Metternich darauf bedacht war, daß die Differenzen zwischen den Großmächten größer blieben als die Differenzen jeder einzelnen von ihnen gegenüber Österreich, war aus Österreichs zentraler Lage ein diplomatisches Aktivum geworden, so daß das Land in jeder internationalen Krise zur Drehscheibe wurde. Castlereagh sah in Metternich den «vernünftigsten» aller Staatsmänner des Festlandes, vielleicht ein bißchen ängstlich, aber noch immer am umgänglichsten, am gemäßigtsten und am wenigsten abstrakt. Alexander sah in Metternich den ideologischsten der europäischen Politiker, der ihm gewiß zwar nicht bis zur eigenen Größe folgen konnte, der aber dennoch der einzige war, der den Höhenflug seiner Vorstellung wenigstens zu begreifen vermochte. Und in der Außenpolitik war Preußen ein Satellit Österreichs.

Metternichs Politik hing nun von seiner Fähigkeit ab, größere Krisen, die zu einer eindeutigen Bindung gezwungen hätten, zu vermeiden und die Illusion eines innigen Verhältnisses zu allen Großmächten zu schaffen. Es war alles fein gesponnen, mit Fühlern nach allen Richtungen, und so feingliedrig, daß die Tatsache verschleiert wurde, daß doch keines der fundamentalen Probleme wirklich gelöst war. Denn Alexander hing noch immer seiner Idee von der *Alliance Solidaire* nach und glaubte an das allgemeine Recht auf Einmischung, während Castlereagh eisern darauf beharrte, daß die Allianz auf ausschließlich politische Zwecke gerichtet sei, und die Doktrin von der Nichteinmischung nicht aufgab. Nur eine doppelte Illusion verhinderte, daß der Konflikt zwischen diesen Konzeptionen zutage trat:

Während der Zar sich Metternichs Argumenten, daß die *Alliance Solidaire* schon bestehe, gebeugt hatte, glaubte Castlereagh, er habe den Verträgen von Aachen den Geist seiner Auslegung eingehaucht. Weil Alexander davon absah, seinen Forderungen Nachdruck zu verleihen in der Meinung, sie seien *im Prinzip* anerkannt, bot sich Castlereagh keine Möglichkeit, das Schisma innerhalb der Allianz freizulegen. Diese Illusion konnte aber nur so lange aufrechterhalten bleiben, als keine Probleme allgemeiner Art vor die Allianz gebracht wurden. Sobald eine Großmacht versuchen würde, die Allianz anzurufen, mußte es sich zeigen, daß die Meinungsverschiedenheiten von Aachen noch immer bestanden, weil man weder über das Wesen noch über das Ausmaß der Gefahr Einigkeit erzielen konnte.

Das Jahr 1820 begann mit einer ersten Reihe von Unruhen, die von Grund auf die internationalen Beziehungen wandeln sollten. Im Januar brach in Cadiz in Spanien eine Revolte unter Truppen aus, die gegen die Rebellion in Spaniens südamerikanischen Kolonien eingesetzt werden sollten. Obwohl die Revolte anfangs unbedeutend aussah, breitete sie sich doch bald aus, und am 7. März sah sich der König gezwungen, die ultraliberale Verfassung von 1812 zu proklamieren. Hier hatte also eine vollendete Revolution stattgefunden und nicht nur ein isoliertes Komplott wie in Deutschland; es war der Sturz einer bestehenden Ordnung, der mit Sicherheit zu dem Versuch russischerseits führen mußte, eine Antwort durch die Allianz zu erreichen. Capodistria hatte, schon ehe er Kenntnis von den Ereignissen in Spanien erhielt, unter dem 15. Januar einen Rundbrief herausgegeben, in dem er das neue, auf den übertriebenen Maximen der Allianz beruhende diplomatische System mit den alten Regeln des Eigennutzes verglichen und die Monarchen aufgefordert hatte, ihre Prinzipien in die Praxis umzusetzen[1]. Kein Wunder, daß Capodistria die Revolution in Spanien beinahe als Gottesgeschenk, als letzte Bestätigung seiner Meinung begrüßte. Dem österreichischen Botschafter sagte er, die Allianz sei seit Ende der Besetzung Frankreichs ohne ein Ziel gewesen, das allein ihr hätte Halt geben können. In einem späteren Gespräch meinte er etwas widersprüchlich, die Viererallianz sei durch die Deklaration von Aachen zurückgedrängt worden, obwohl sie seiner Meinung nach eine Garantie der bestehenden territorialen Regelungen und der innenpolitischen Institutionen sei[2]. Es kam nicht überraschend, daß eine russische Note unter dem 3. März alle Verbündeten aufforderte, gemeinsame Schritte gegen Spanien zu erörtern.

Über Castlereaghs Reaktion konnte nun kein Zweifel mehr bestehen. Großbritannien war seit mehr als einem Jahrzehnt Spaniens Bundesgenosse und würde nicht zulassen, daß Frankreich im Auftrag der Viererallianz dort interveniert, um mit der Billigung Europas das zu erreichen, was dem erobernden Napoleon versagt geblieben war.

Die Alternative, daß nämlich russische Truppen quer durch Europa nach Spanien marschieren, war genausowenig akzeptabel. Castlereagh erteilte daher eine scharfe Antwort, in der er zwischen konstitutionellen und autokratischen Staaten unterschied und nochmals den britischen Standpunkt zur Allianz bekräftigte: «Die Allianz wurde gegen Frankreich geschaffen. Sie war nie als Vereinigung zur Regierung der Welt oder zur Lenkung der inneren Angelegenheiten anderer Staaten gedacht.» Natürlich wäre sie dazu bestimmt gewesen, Europa vor einer «revolutionären Macht» zu schützen. Doch nur gegen deren militärischen Charakter, nicht gegen deren Prinzipien. Jedenfalls mache die unterschiedliche innere Struktur zwischen den konstitutionellen Staaten des Westens und den autokratischen des Ostens gemeinsame Handlungen nur im Fall einer übergroßen Gefahr möglich[3].

Nichts, was seit Aachen geschehen war, hatte somit den fundamentalen Unterschied geändert, der sich aus der Meinungsverschiedenheit über das Wesen der Gefahr auftat: Die Politiker auf dem Festland mochten über die Wahl der Mittel unterschiedlicher Meinung sein; sie alle sahen in der sozialen Unruhe die Hauptbedrohung und trachteten danach, sie als internationales Problem zu behandeln. Castlereagh anerkannte jedoch nur politische Bedrohungen, deren Ausdrucksform offene Akte der Aggression zu sein hatten, und beschränkte auch dann noch den britischen Einsatz auf den Fall, wenn es gelten sollte, Angriffe auf das europäische Gleichgewicht abzuschlagen.

Die Divergenz beruhte weniger auf unterschiedlichen Verfassungsprinzipien, wie Castlereagh glaubte, als vielmehr auf unterschiedlicher historischer Entwicklung und vor allem auf der Tatsache, daß in Großbritannien die Entwicklung zum Nationalstaat abgeschlossen war. Auf dem Festland kämpfte der Liberalismus unter dem Banner der französischen Revolution, und die Übereinstimmung in der Lehre war stärker als politische Loyalität. In Großbritannien, wo man die französische Revolution mit Napoleon identifizierte, trat der

Liberalismus als innere Größe in der Form utilitarischer politischer Ökonomie auf. Es kam zwar auch zu Angriffen, manchmal sogar zu Ausschreitungen gegen die bestehende Ordnung; doch weil das Gefühl der nationalen Zusammengehörigkeit stärker war als innerpolitische Meinungsverschiedenheiten, betrachteten sowohl die Regierung als auch die Reformpartei diese als innere Angelegenheiten.

Auf dem Festland hatte eine Revolution eine *symbolische* Bedeutung als Ausfluß universaler Prinzipien. Großbritannien, das die Universalität dieser Gedanken verneinte, sah in einer Revolution lediglich die *praktische* Seite mit der Frage, ob sie eine physische Bedrohung darstelle oder nicht. Auf dem Festland, wo die Zwillingsbewegung des Nationalismus und des Liberalismus ihre Ziele nur durch Umwälzung der internationalen Ordnung erreichen konnte, waren sowohl die Unterdrückung als auch die Reform internationale Probleme, an die man mit den Maximen der Außenpolitik heranging. In Großbritannien, wo man den Ruf nach Reformen als innerpolitisches Problem ansah, blieben Unterdrückung und Reform in der Sphäre der Innenpolitik. Wenn Castlereagh von der großen Gefahr sprach, dann meinte er einen Versuch, politische Weltherrschaft zu erringen. Wenn Metternich die große Gefahr beschwor, meinte er soziale Umwälzungen. Kein noch so hohes Maß guten Willens und bester Absichten konnte diese Kluft historischer Einstellung überbrücken, die nur durch Metternichs Mißtrauen gegen Rußlands Absichten bisher verwischt worden war.

Der Meinungsaustausch zwischen Castlereagh und Capodistria brachte Metternich nun in eine schwierige

Lage. Er war genausowenig wie Castlereagh daran interessiert, dem Zaren das Durchmarschieren durch Europa zuzugestehen, und doch wollte er nicht eine der plötzlichen Sinneswandlungen Alexanders hervorrufen, der den Revolutionären die Unterstützung einer Großmacht hätte bringen können. Er wußte, wie empfindlich Großbritannien hinsichtlich Spaniens war, wollte aber auch der moralischen Empfindlichkeit des Zaren Rechnung tragen. Kurz, er neigte Castlereaghs Politik, aber Alexanders Maximen zu. Das Ergebnis war der gleiche Kompromiß wie damals in Aachen. Er stimmte im Prinzip Alexanders Vorschlag zu, weigerte sich aber, an einer gemeinsamen Aktion teilzunehmen, weil diese unpraktikabel sei. Und wieder nutzte Metternich, wie damals in Aachen, Castlereaghs Hartnäckigkeit, um seine eigene Mäßigung und seinen eigenen guten Willen zu demonstrieren. Eine Konferenz, so argumentierte er, an der teilzunehmen Großbritannien sich weigern würde, brächte im Ergebnis den Revolutionären Gewinn. Außerdem würde sich eine Einmischung von außen nur bei Revolutionen örtlicher Bedeutung als wirkungsvoll erweisen[4]. Gleichzeitig versuchte Metternich aber, den Zaren durch den Vorschlag für sich zu gewinnen, man sollte ein Forum zum moralischen Gedankenaustausch in Form einer Botschafterkonferenz in Wien schaffen, einer Konferenz also, von der er mit Sicherheit erwarten konnte, daß er auf ihr wieder die erste Geige spielen würde. Als Castlereagh selbst diesen Versuch, dem russischen Drängen nach einem Symbol der Solidarität zu schmeicheln, zurückwies, zog sich Metternich auf den Vorschlag zurück, gemeinsame «Eventual-Weisungen» den verbündeten Botschaftern in Paris zu übermitteln für den Fall, daß Ludwig XVIII. sterben sollte[5]. Castlereagh erschienen jedoch all diese Züge nur als kurzsichtige Bemühungen, die Allianz zu eigensüchtigen Zwecken zu nutzen. «Eventual-Weisungen» verstießen gegen alle Prinzipien einer Außenpolitik, die sich erst dann Gefahren zuwendet, wenn diese greifbar sind. Der Zar mußte daher mit einem auf Österreich, Preußen und Rußland beschränkten gemeinsamen Schritt zufriedengestellt werden.

Immerhin war ein offener Bruch vermieden worden. Die restliche Zeit konnte Metternich nutzen, um das Prinzip der sozialen Solidarität mit der Lehre von der Nichteinmischung zu kombinieren, Großbritannien zu unterstützen, gleichzeitig aber dem Zaren seine Loyalität zu beweisen. Am 2. Juli trat jedoch ein Ereignis ein, das alle Illusionen enden ließ. An diesem Tag brach eine Revolution in Neapel aus, die zur Proklamation der «Spanischen Verfassung» führte. Jetzt konnte Metternich einem Kampf auf europäischer Ebene nicht länger ausweichen.

2

Metternich konnte keinen Zweifel haben, wie ernst dieser neuerliche Aufstand war. Hier ging es nicht um den Akt eines verirrten Fanatikers wie bei der Ermordung von Kotzebue. Der Ort der Handlung lag auch nicht an der Peripherie Europas in einem unter britischem Schutz stehenden Land wie bei der Revolution in Spanien. Neapel war der größte italienische Staat und mit Österreich durch einen Vertrag verbunden, der jeden Wechsel der innenpolitischen Institutionen ohne vorherige Absprache verbot. Die Gefahr in dieser Revolution lag auch nicht nur in ihrer symbolischen Bedeutung. Zum ersten Mal hatten sich hier die nationale und die liberale Bewegung Seite an Seite gefunden und bedrohten nun eine der Säulen Metternichscher Politik: Österreichs Vormachtstellung in Italien. Es war klar, daß er nicht kampflos nachgeben würde.

Castlereagh sah die Dinge von jenseits des britischen Kanals, und ihm schien die Lösung völlig klar: Da die Revolution in Neapel vor allem Österreich bedrohte, war es Sache Österreichs, sie niederzuschlagen. Sollte militärische Intervention nötig werden, mußte sie auf dem Recht der Selbstverteidigung, nicht aber auf einem allgemeinen Recht zur Intervention beruhen. Dem österreichischen Gesandten gegenüber sprach er daher von der «sehr delikaten und ehrenvollen Aufgabe», die vor Österreich liege und die Großbritannien zwar billigen, an ihr aber keinen Teil haben könne. Er drängte auf einseitige Handlungen Österreichs gegen Neapel.

Doch in der komplexen Politik des österreichischen Ministers ging nichts so einfach. Den größten Teil der österreichischen Kräfte in Italien zu binden und damit dem Zaren freie Hand in Nordeuropa, vielleicht sogar zum Auftritt als Apostel des Nationalismus zu lassen; die neapolitanischen Bourbonen zu bekämpfen, ohne vorher dafür gesorgt zu haben, daß ihre französischen Vettern nicht ihre Stellung in Italien unter dem Vorwand, als Schutzmacht aufzutreten, wiederherstellen würden: Solch ein Weg hätte völlig gegen alle Prinzipien Metternichscher Politik verstoßen, der immer darauf achtete, Österreichs Kraft zusammenzuhalten und die Kämpfe von möglichst breiter moralischer und materieller Grundlage aus zu führen. Ein gemeinsames Vorgehen der Mächte des Festlandes hätte aber Großbritannien zum Rückzug von der Allianz bewegen und damit Österreich auf den guten Willen des Zaren angewiesen lassen sein können. Unglücklicherweise hatte Österreich kaum zwanzigtausend Mann in Italien, und ehe diese nicht verstärkt waren, konnte ohnehin nichts geschehen. In der Zwischenzeit ließ Metternich keinen Zweifel an seiner Entschlossenheit. In einem Rundbrief an die italienischen Höfe erklärte er, Österreich gedenke, notfalls mit Waffengewalt, die Ruhe in Italien zu schützen. In einer ähnlichen Note an die deutschen Höfe mahnte er zu einer Politik der Disziplin, während Österreich in Italien engagiert sei[6].

Die Antwort einiger italienischer Höfe ließ erkennen, wie prekär Österreichs Stellung in Italien war. Der Großherzog von Toskana bestritt die Notwendigkeit einer Hilfe seitens Österreichs, während der Kardinalstaatssekretär Consalvi der Befürchtung Ausdruck gab, Österreichs Hartnäckigkeit könnte einen Angriff der Neapolitaner provozieren. Und am 9. August rückte eine an die Großmächte gerichtete französische Note das Ausmaß der Schwierigkeiten Metternichs in ein grelles Licht. Frankreich stimme, so hieß es darin, zwar dem österreichischen Eingreifen in Neapel zu, jedoch nur aus technischen Gründen, weil Österreichs geographische Lage es zu dem geeignetsten Vertreter für ein *europäisches* Vorgehen mache[7]. Die revolutionäre Flut könne in Italien nur mit einer Konferenz der fünf Großmächte zum Stehen gebracht werden, weil Gewaltanwendung ohne moralische Rückendeckung das Übel nur vergrößern würde. Die französische Note schloß mit einer ominösen Warnung, daß ein einseitiges österreichisches

Vorgehen die italienischen Staaten zu einem Appell an Frankreich als ihrem traditionellen Beschützer veranlassen könnte, das sich dann höchst unfreiwillig an der Spitze einer konstitutionellen Bewegung sehen würde.

Angesichts dieser Umstände hatte Metternich nicht die Absicht, sich kopfüber in ein isoliertes Vorgehen zu stürzen. Großbritanniens Freundschaft war wertvoll, aber eine Verärgerung der Briten war weniger gefährlich als die der Russen. Ein britischer Rückzug aus der Allianz würde die österreichische Politik eines großen Teils ihrer Wendigkeit berauben, sollte jedoch Rußland Handlungsfreiheit gewinnen, würde es diese vielleicht zur Unterminierung der österreichischen Stellung in Europa nutzen. Metternich hatte die Lehre vom vergangenen Jahr nicht vergessen, als Capodistria versucht hatte, die Rolle des Sprechers für die deutschen Klein- und Mittelstaaten zu spielen. Nie wieder war Metternich bereit, seine Stellung zu riskieren, indem er sich nur auf eine nachträgliche russische Zustimmung verlassen oder allein auf den guten Willen des Zaren bauen wollte. Er war daher entschlossen, Rußlands Möglichkeiten um jeden Preis einzuschnüren. Während Castlereagh ihn zu entscheidenden Schritten mahnte, so als ob die österreichische Intervention völlig von dem Gleichgewicht der Kräfte auf der Halbinsel abhinge, ging es Metternich weniger um ein Vorgehen als solches, als vielmehr um das Wie; weniger um das Niederschlagen der Revolution in Neapel als vielmehr um das Binden Rußlands zu einer gemeinsamen Aktion in Italien. Nun erntete er die Früchte seiner sorgfältigen Politik aus dem Frühjahr. Während Castlereagh damals in der spanischen Frage ein Fünfmächtetreffen rundweg abgelehnt hatte, hatte

Metternich seine Ablehnung in den Vorschlag eines Treffens zwischen seinem Kaiser und dem Zaren abgewandelt. Er konnte deshalb jetzt der Tagesordnung für die bevorstehende Konferenz noch die neapolitanische Frage hinzufügen, nicht als Bitte um Hilfe, sondern einfach als ein weiteres Problem, das die äußerste Aufmerksamkeit der Monarchen verdiente. Er entwarf einen schmeichelhaften Brief an Alexander, den der Kaiser unterzeichnete und in dem sich auch ein Hinweis auf die «konstitutionellen Fesseln» Großbritanniens fand, die er abwertend mit der starken Stellung der Monarchen von Österreich und Rußland verglich, «den einzigen Souveränen, die noch völlige Handlungsfreiheit besitzen»[8].

Doch dieser geschickte Versuch, den Zaren zu einer Zustimmung zugunsten einer österreichischen Intervention in Italien zu gewinnen und damit gleichzeitig Frankreich zu isolieren und die Beziehungen zu Großbritannien offenzuhalten, glückte nicht. So leicht ließ sich Alexander, der sich nun endlich bestätigt sah, nicht ausmanövrieren. Er schrieb einen warmherzigen persönlichen Brief an den Kaiser und stimmte einem Treffen jederzeit nach Beendigung der Sitzung des polnischen Parlaments zu, bei welcher er gerade weilte[9]; ein Begleitbrief von Capodistria schlug aber eine Fünfmächtekonferenz nach Aachener Vorbild vor, die gleichzeitig mit dem Treffen der Monarchen stattfinden sollte. Es wurde nun klar, daß Metternich einer Deutung der Struktur der internationalen Ordnung nicht länger ausweichen konnte, die zu einem Rückzug der Briten von dem Bündnis führen mußte.

Die ganze Zeit hindurch versuchte Castlereagh, der

sein Lebenswerk schwinden sah, den Schein alliierter Einigkeit zu retten, indem er Metternich zu sofortigen Maßnahmen mahnte und die Richtigkeit einseitiger Handlungen befürwortete – alles Schritte, die Metternich mit Nachdruck vermeiden wollte. Für das unverständliche Schwanken seines österreichischen Kollegen fand Castlereagh keine andere Erklärung als Furcht vor der Stärke Neapels, und deshalb versuchte er, Metternich den Rücken zu stärken. «Wenn Österreich sich richtig ins Zeug legt», schrieb er unter dem 29. Juli, «kann kaum Zweifel über seine Fähigkeit bestehen, das Königreich Neapel zu überrennen und die Rebellenarmee zu zerstreuen.»[10] Eine weitere Note vom 6. September zielte darauf ab, die rechtliche Stellung bezüglich der Revolution in Neapel darzulegen, als ob das durch Österreichs zentrale Lage entstandene Dilemma durch geduldige Wiederholungen der Maxime des Völkerrechts beseitigt werden könnte[11]. Die Allianz könnte nur bei einer offenen, gegenwärtigen Gefahr tätig werden, erklärte Castlereagh. Eine Revolution mag eine Drohung darstellen, doch berühre sie die einzelnen Mächte unterschiedlich. Hinsichtlich Neapels sei Großbritannien «nach den Grundregeln, die bisher das britische Parlament aufgestellt hat, nicht so unmittelbar bedroht, um die Teilnahme an einer bewaffneten Einmischung zu rechtfertigen». Und in einem Gespräch mit dem russischen Botschafter wiederholte Castlereagh, daß die britische Sympathie für seine Verbündeten nicht über eine wohlwollende Neutralität hinausgehen könne: «Wir können einen viel stärkeren moralischen Rückhalt geben, wenn es sich um eine Angelegenheit handelt, die nicht direkt unsere eigene ist und an der wir nicht aktiv teilhaben. Die Revolution sollte eher als *besondere* denn als *allgemeine* Frage, eher als eine *italienische* denn eine *europäische* Frage und infolgedessen eher als in dem Einflußbereich *Österreichs* denn dem der *Allianz* liegend angesehen werden.»[12]

So sehr Castlereagh das Bündnis schätzte, kein britischer Staatsmann konnte eine der Mentalität des Inselvolkes völlig widerstreitende Politik betreiben. Die Tatsache einer Revolution bedeutete für ein Land, das sich der Einmaligkeit seiner Institutionen bewußt ist, keine Gefahr, und niemand konnte ernstlich in einer physischen Aggression Neapels eine Gefahr sehen.

Metternich sah sich somit vor die Lage gestellt, daß sein verläßlichster Verbündeter erklärte, er könne nicht helfen, während sein gefährlichster Gegenspieler eine erweiterte Hilfe anbot. Österreich betrachte alles mit Bezug auf die Substanz, schrieb Metternich. Rußland gehe es vor allem um die Form. Großbritannien wolle die Substanz ohne die Form. Es werde daher Österreichs Aufgabe sein, das, was Großbritannien nicht könne, mit der Form Rußlands zu vereinen[13]. Daran schloß sich ein hartnäckiges Rückzugsgefecht an, das dazu bestimmt war, Großbritannien als Gegengewicht in dem Bündnissystem zu behalten, ohne sich den wankelmütigen Zaren zum Gegner zu machen. Sollte es sich jedoch als unmöglich herausstellen, eine Formel zu finden, die sowohl auf Rußland als auch auf Großbritannien paßte, war Metternich entschlossen, sich für den Zaren zu entscheiden. Er erklärte Stewart, der jetzt britischer Botschafter in Wien war, daß es zwar nicht in Österreichs Interesse liege, wenn Großbritannien abseits stehe, es verstoße aber *gegen* Österreichs Interesse, wenn

Rußland und Frankreich ihre eigenen Schritte tun würden. Wenn Österreich schon Meinungsverschiedenheiten mit seinen Verbündeten habe, dann würde es sie lieber mit der Macht austragen, von der es am wenigsten zu fürchten habe. Bei dieser Politik wurde er noch durch eine innenpolitische Krise bestärkt, die täglich das Kabinett Liverpool zu stürzen drohte[14].

Metternich zog sich also Schritt für Schritt unter russischem Druck zurück. Unter dem 28. August wandte er sich an den Zaren mit ähnlichen Argumenten, wie sie sich in Aachen als so wirkungsvoll gezeigt hatten. Die Solidarität der Allianz sei so fest, daß es unnötig sei, sie durch einen förmlichen Kongreß nochmals zur Schau zu stellen. Die Verbündeten sollten statt dessen ihre diplomatischen Beziehungen mit Neapel abbrechen und in Wien eine Botschafterkonferenz für ständigen Kontakt schaffen.[15] Metternich wußte, daß eine solche Konferenz ihm keine Schwierigkeiten machen würde, weil er die in Wien akkreditierten Botschafter so beherrschte, daß Zyniker sie seinen Harem nannten. Wäre Alexander nicht gerade in Polen gewesen, hätte er sich vielleicht mit einer Zustimmung zu Metternichs Anregung zufriedengegeben. Jetzt war er jedoch der Szene so nahe, daß der Gedanke für ihn unerträglich war, große Ereignisse könnten ohne seine Teilnahme Form annehmen. Er antwortete daher, man könne das Übel nicht ohne Demonstration der moralischen Einheit Europas bekämpfen, und beharrte auf einer Fünf-Mächte-Konferenz, die am 20. Oktober in Troppau zusammentreten sollte. Castlereagh beseitigte die letzten Hoffnungen für Metternichs Plan, indem er sich glattweg weigerte, den britischen Botschafter aus

Neapel abzuberufen, weil es sich um eine ungerechtfertigte Einmischung in die inneren Angelegenheiten eines anderen Staates gehandelt hätte.

Gegen Ende September gab Metternich nach. Er sagte Stewart, Österreich könne in Italien nicht aktiv werden, wenn ein feindseliges Rußland in seinem Rücken stehe, und so sehr er auch den britischen Gefühlen Rechnung tragen möchte, seiner Nachgiebigkeit seien durch die Erfordernisse der österreichischen Sicherheit Grenzen gezogen. Um noch schlimmere Verwicklungen zu vermeiden, solle Großbritannien einen Vertreter nach Troppau entsenden, und sei es auch nur als Beobachter. Bei Stewart hatte Metternich keine großen Schwierigkeiten. Dieser bat Castlereagh um die Erlaubnis, nach Troppau gehen zu dürfen «als völlig unverbindliche Maßnahme und höchstens, um seine Regierung informieren zu können»[16].

Doch während Capodistria sich in seinem Triumph sonnte und Castlereagh über das Hin und Her auf dem Kontinent verärgert war, hatte ein kaum merklicher Wandel in der Lage stattgefunden, der es Metternich erneut ermöglichte, sich zum Ministerpräsidenten Europas aufzuspielen. Hätte Österreich im Juli eine Konferenz gefordert, hätte man das als Anzeichen der Schwäche oder der Unversöhnlichkeit ausgelegt. Ein zögerndes Nachgeben im September demonstrierte Österreichs Selbstvertrauen und seine Mäßigung. In immer stärker werdendem Maß sah sich Österreich, das als einziges Land unmittelbar an einer Intervention in Neapel interessiert war, von außen zu dem gedrängt, was es selbst so gern wollte. Immer mehr verschob sich das Kainsmal für die kommenden Schritte auf die

Schultern des Zaren. Bald würden die Beschwörungen hochherziger Prinzipien Alexanders ihrer Zweideutigkeiten beraubt sein, und Liberale und Nationale mußten erkennen, daß sie niemals von außen Unterstützung bekommen würden. Gerade wie im vergangenen Jahr in Teplitz, so lähmte auch jetzt Metternich bei der Vorbereitung des Treffens von Troppau den Monarchen, den er am meisten fürchtete, durch eine herzhafte Umarmung.

Von dem Augenblick an, da klar war, daß sich ein Kongreß nicht vermeiden ließ, wußte Metternich, daß sein Hauptproblem nicht Neapel, sondern der Geisteszustand Alexanders war. Eine französisch-russische Entente hätte Mitteleuropa erdrücken müssen; ein Rückfall des Zaren in seine liberale Phase hätte die Revolution auslösen können. Russische Unterstützung wäre gleichermaßen gefährlich gewesen, weil Capodistrias Dogmatismus Österreich möglicherweise zu einer Politik getrieben hätte, die seine Kräfte überschritt. Metternich wollte die Revolution unterdrücken, um die Rückkehr zur Ruhe zu symbolisieren; Capodistria wollte die Revolution stürzen, um die der Heiligen Allianz vorschwebende neue Ära einzuleiten. Metternich wollte klare Maßnahmen einer Kabinettdiplomatie; Capodistria wollte lieber einen Kreuzzug zur Reform der europäischen Regierungen. Capodistrias Korrespondenz aus der Zeit vor Beginn des Kongresses macht seine Absichten nur zu deutlich. Dem französischen Ministerpräsidenten Richelieu schrieb er, Rußland bereite sich auf eine weitere Schlacht gegen die Selbstsucht vor und hoffe auf einen besseren Erfolg als in Aachen. Anstett, seinem Botschafter in Frankfurt, sagte er, Österreich täusche sich, wenn es eine russische Hilfe zur Errichtung eines österreichischen Satelliten in Neapel zu erhalten hoffe. Die Schuld der Revolution liege nicht beim Volk, sondern bei den Regierungen, die es unterlassen hätten, ihrer Bevölkerung Institutionen zu geben, welche die Ruhe sicherstellten[17].

Das Grundproblem in Troppau war demnach nicht die Revolution in Neapel, sondern die künftige Richtung der russischen Politik, ob die vagen Erklärungen der Heiligen Allianz Capodistrias abstrakte Vorstellungen von nationalen Verfassungen oder Metternichs Politik der sozialen Unterdrückung sanktionieren würden. Bis diese Frage entschieden war, mußte mit einer russischen Politik außerordentlicher Zweideutigkeiten, mit einem Hin und Her zwischen Forderungen nach Reformen und Drohungen von Eingriffen gegen alle Revolutionen gerechnet werden, je nachdem, wie der Zar gerade gelaunt oder wie stark Capodistrias Einfluß im Augenblick war. Die Quelle dieser Zweideutigkeiten zu beseitigen, war Metternichs Hauptziel: «Unsere Aufgabe», schrieb er an Gentz, «läuft auf ein Wort hinaus: Capodistria.»

Unter diesen Voraussetzungen begab sich Metternich auf einen Weg, wie ihn nur er mit seinem Selbstvertrauen ersinnen konnte: Er wollte Capodistria nicht nur auf dem Kongreß schlagen, denn dann hätte die Revolution ja noch immer das Symbol einer ihr freundlich gesonnenen Großmacht behalten; er wollte Rußland niederringen durch nichts weniger als die Absicht, sich selbst zu seinem Minister zu machen, die Revolution also nicht nur mit Zustimmung Alexanders, sondern unter dessen Führung zu zerschlagen. Er machte sich also daran, sich selbst zum Hohenpriester von Alexanders religiösen Übertreibungen und zum offiziell anerkannten Deuter der Heiligen Allianz zu ernennen, womit er nicht nur für den sozialen Kampf Legitimität, sondern sogar auch Sanktion erreichen wollte.

Der österreichische Botschafter in Rußland, Lebzeltern, erhielt die Weisung, nicht von der Seite des Zaren zu weichen, und auf diesem Weg versorgte Metternich den Zaren mit umfangreichen Berichten über eine europäische Verschwörung mit dem Sitz in Paris, die angeblich alle Throne zu unterminieren versuche. Die Widerspenstigkeit des polnischen Parlaments, das nur zögernd die Zeichen von Alexanders Wohlwollen akzeptiert hatte, schien dazu angetan, Metternichs Argumente für die Überlegenheit der Ordnung über den Wandel und die der Stabilität über die Reform zu illustrieren. Die Ergebnisse ließen nicht lange auf sich warten. Eine russische Antwort auf die französische Note vom 9. August warnte vor einer «veralteten» Diplomatie in einem Augenblick höchster Krise. Frankreich wurde gebeten, Österreichs Motive nicht zu verdächtigen: «Die französischen Minister mögen ihre Gefühle der Eifersucht Österreich gegenüber fallen lassen. Die Pläne dieser Macht können, ja dürfen nicht mit solchen Gefühlen betrachtet werden.»[18]

Metternichs Zurückhaltung war auch nicht ohne Wirkung auf Castlereagh geblieben. Gewiß protestierte er noch weiter gegen ein Fünf-Mächte-Treffen, gleichzeitig aber konnte er es sich selbst nicht antun, den Bruch der Allianz offenkundig zu machen, und fürchtete, seine Unnachgiebigkeit könnte Metternich zu Konzessionen zwingen, weil ihm keine andere Wahl geblieben sei. Aus dieser Einstellung heraus war er nur zu gern bereit, auf die goldene Brücke zu gehen, die Metternich für ihn gebaut hatte, und Stewarts Anwesenheit in Troppau als Beobachter zuzulassen[19]. Stewart erhielt allerdings die Weisung, nicht einmal ein Protokoll abzuzeichnen und seine Aufmerksamkeit ausschließlich auf das *territoriale* Gleichgewicht in Europa zu beschränken. Das aber waren Hintertürchen, die für das britische Parlament bestimmt waren. Die symbolische Wirkung der Anwesenheit eines britischen Beobachters war dennoch sehr stark, und, was noch wichtiger war, im Fall eines Zerwürfnisses wäre er ein bedeutender Faktor auf Metternichs Seite gewesen. Castlereagh war zwar zurückhaltend, wenn es galt, daß Großbritannien an dem Sturz von Revolutionen mitwirken sollte; wohl aber konnte er andere daran hindern, Österreichs Pläne zu durchkreuzen. Er machte dementsprechend den Franzosen klar, daß sie bei dem Versuch, ihre Familienbande mit den neapolitanischen Bourbonen ins Spiel zu bringen, nicht auf britische Hilfe rechnen könnten.[20] Frankreich, das von Rußland abgewiesen war und nun auch unter Druck Großbritanniens stand, blieb nichts anderes übrig, als seinen Traum, als Sprecher der konstitutionellen Staaten auf einer europäischen Konferenz aufzutreten, fallen zu lassen. Um den Rückzug zu decken, entdeckte Frankreich eine Gleichheit in den konstitutionellen Prinzipien der beiden Westmächte, welche es zwang, dem britischen Beispiel zu folgen und seine Teilnahme in Troppau auf die Rolle eines Beobachters zu beschränken.

Als sich die Hauptakteure auf dem Kongreß von Troppau zu versammeln begannen, fand sich Capodistria wie so viele Gegenspieler Metternichs schon zuvor plötzlich dadurch isoliert, daß Metternich seine, Capodistrias, eigenen Vorschläge kunstvoll umgedreht hatte. Preußen war diplomatisch ein Satellit Österreichs, Großbritannien war durch Stewart vertreten, dessen Eitelkeit ihn zu einem leichten Ziel für Metternichs Wünsche werden ließ, Frankreich war durch zwei Beobachter, La Ferronay, den Botschafter in Petersburg, und Caraman, den Botschafter in Wien, vertreten. Caraman war jedoch so eifersüchtig auf seinen Kollegen und von Metternich so gefangen, daß er diesem selbst in ernstesten Stadien der Verhandlungen seine vertraulichen Weisungen zeigte. Capodistria hatte seinen Willen gehabt. Es war ein Kongreß zustande gekommen, der aber nun lediglich das Forum für den großen Manipulator aus Wien bildete. Die fünf Mächte waren versammelt, doch in Praxis war das Treffen kaum etwas anderes als eine Zusammenkunft der Kaiser von Österreich und Rußland, wie Metternich es die ganze Zeit gewünscht hatte, wobei die anderen Teilnehmer nur die Rolle einer österreichischen Reserve spielten. Metternich hatte das dadurch erreicht, daß er erst Frankreich mit Hilfe Rußlands isolierte und dann diesen Sieg zum Isolieren Rußlands mit Hilfe Frankreichs nutzte. Es ist nicht überraschend, daß sich Capodistria in einer unbequemen Lage fühlte: «Ich habe eine kühne Politik verfolgt», sagte er, noch ehe der Kongreß begonnen hatte. «Vielleicht war ich zu kühn gewesen.»

Metternich kam es jedoch nicht auf Triumph, sondern darauf an, eine moralische Grundlage für Aktionen zu gewinnen. Rußlands Isolierung war nur das letzte Hilfsmittel, eine psychologische Waffe, die sich als um so wirkungsvoller erwies, als sie nie ausdrücklich benutzt wurde. Ebenso wie er versucht hatte, den Deutschen Bund mit preußischer Zustimmung statt mit Überstimmung Preußens zu dominieren, bemühte er sich, nun hier ein Konzert der Mächte mit Rußlands Hilfe aufzubauen statt durch seine Isolierung. Deshalb trat er in Troppau als europäisches Gewissen auf, als der Wächter der moralischen Prinzipien, um in Neapel durch den Sieg über den Zaren triumphieren zu können.

3

Es hatte also seinen guten Grund, wenn Metternich nun wieder jenen sarkastischen Auftrieb in seiner inneren Einstellung erhielt, wie er ihn während seiner großen Zeit von 1813 gehabt hatte. Erneut war es ihm gelungen, Österreich trotz seiner schwierigen Lage zur Drehscheibe zu machen, er hatte die Krise zur Festigung von Österreichs internationaler Stellung genutzt. Der zum Kongreß eilende König von Preußen beauftragte seinen Minister, ein Memorandum über die Verfassungsprobleme in Preußen vorzubereiten, das Metternich zur Zustimmung vorgelegt werden sollte. Auch Zar Alexander bedauerte nun immer stärker seine liberale Zeit. Angesichts dieser Umstände war Metternich zuversichtlich, daß er jenen «Dummkopf» Capodistria werde überspielen können. Er wäre seiner Sache wohl noch sicherer gewesen, hätte er gewußt, daß Alexander gerade den Bemühungen von Capodistria um eine gemeinsame französisch-russische Politik in Troppau ein Ende gesetzt hatte, weil er Frankreichs innenpolitische Lage für «zu unstabil» hielt.

Metternich kam am 19. Oktober, der Zar einen Tag später in Troppau an. Ihre erste Zusammenkunft kurz nach Eintreffen des Zaren dauerte drei Stunden und verlief so ähnlich wie die Aussprache mit dem König von Preußen in Teplitz ein Jahr zuvor. Wieder gestand ein zerknirschter Monarch dem harten österreichischen Außenminister seine Fehler, wobei Metternich zu verstehen gab, daß die Wiedergutmachung in künftiger Einigkeit liege. «Vom Jahre 1813 bis zum Jahre 1820 sind sieben Jahre», sagte der Zar, «und diese sieben Jahre kommen für mich einem Jahrhundert gleich. Im Jahr 1820 würde ich um keinen Preis das tun, was ich im Jahr 1813 getan. Nicht Sie haben sich geändert, sondern ich mich. Sie haben nichts zu bereuen, wohl aber ich.»[21] Capodistria mochte von dem Kongreß als dem Beginn einer neuen Ära schwärmen; er mochte daran denken, daß nach Wiederherstellung der Ruhe die Voraussetzung für eine gründliche, zur Einführung von Verfassungen führende Reform gegeben sei. Wenn er aber auch nur seine eigene Stellung behalten wollte, mußte er dem österreichischen Minister schmeicheln: «Unsere Zwiesprache begann damit», berichtete Metternich von dem ersten Zusammentreffen am 20. Oktober, «daß ich mit beiden Füßen auf meinen Boden, den der einfachen Vernunft, sprang. Er stand schon fest darauf. Versuchsweise verließ ich denselben. Er folgte mir nicht. Das ist zu stark, sagte ich mir, ich werde ihn auf die Probe stellen. Nun machte ich einen Ausfall auf die Apokalypse. Er trug mir an, selbst die Brandscheite herbeizutragen zum Autodafé für das Buch des unechten Johannes. Von dem Augenblick an dachte ich mir: Jetzt kann's vorwärtsgehen ...»[22]

Auf der ersten Volltagung am 23. Oktober unterbreitete Metternich daher den österreichischen Plan, der erneut das Bemühen darstellte, Rußlands Verlangen nach einem Ausdruck der Solidarität zu befriedigen, ohne Prinzipien festzulegen, die Großbritannien in offene Isolierung gezwungen hätten[23]. Metternich erklärte, keine Macht habe das Recht, sich in die innerpolitischen Angelegenheiten anderer Staaten einzumischen, es sei denn, diese hätten außenpolitische Wirkungen. Umgekehrt habe aber jeder Staat das Recht zur Einmischung, wenn innenpolitische Umwälzungen in anderen Staaten seine eigene Struktur bedrohten. Metternich verlangte also nicht mehr und nicht weniger als eine europäische Sanktion der Doktrin von der Nichteinmischung, in deren Namen er dann die Revolution in Neapel zu unterdrücken gedachte. Es war ein geschickter Versuch, die österreichische Intervention zu nutzen, um den Zaren auf das Prinzip der Selbstbescheidung zu verpflichten; um eine restriktive Auslegung des Vertrags zu erreichen, gleichzeitig aber das Bündnis zur Unterdrückung sozialer Aufstände zu nutzen. Wäre Castlereagh anwesend gewesen, hätte er kaum andere Vorschläge unterbreiten können, denn Metternich schlug ja vor, seine Italienpolitik durch die «britische» Maxime legitimieren zu lassen.

Doch so leicht gab Capodistria nicht auf. Der Zar mochte seinen früheren Extravaganzen abgeschworen haben, es war aber zweifelhaft, ob selbst Metternich ihn zu einer Rückkehr zur reinen Kabinettpolitik bewegen könnte. Der Zar hatte auf einem Kongreß bestanden, um die moralische Einheit Europas zu demonstrieren, nicht aber das Recht zur Selbstverteidigung zu betonen, das gar nicht in Frage gestellt war. Metternich mochte im Kern den Sieger spielen, er mußte seinen Sieg aber in eine Form kleiden, die schon beinahe bei den Russen zum Ritual geworden war. Es kam zu einem Stillstand in den Verhandlungen, während Capodistria eine formelle Antwort vorbereitete. In der Zwischenzeit kämpfte Metternich in langen Privatgesprächen mit Alexander seine Schlacht um den Geist des Zaren. Auf der zweiten Volltagung unterbreitete Preußen am 29. Oktober ein Memorandum, das so offenkundig dem österreichischen Plan glich, daß die Russen vermuteten, es sei von Metternich entworfen worden.

In der Zwischenzeit zeichneten sich die russischen Absichten ab. «Wollte der Kaiser von Österreich 150 000 oder 200 000 Mann haben, um den Carbonari die Kehle durchzuschneiden?» fragte Capodistria Stewart. «Sie stünden ihm zur Verfügung. Doch wenn man einen *appui moral* zum Sturz einer Regierung haben will, muß man zeigen, was man an deren Stelle setzen will. Der Aufbau von Regierungen zum Wohl des Volkes wäre wirklich einer Betrachtung im Kreise der Großen Europas wert.»[24]

Nichts hätte den Unterschied zwischen der österreichischen und der russischen Vorstellung von der internationalen Ordnung deutlicher machen können: Metternich bekämpfte die Revolution, weil sie das Gleichgewicht störte; Capodistria wollte sie niederwerfen, weil sie die rechtmäßigen Souveräne davon abhielt, ihr Wohlwollen als Könige und Philosophen ihren Völkern zuteil werden zu lassen, oft in Form gerade der Reformen, die die Revolutionäre verlangten. Ein russisches Memorandum vom 2. November legte diesen

Unterschied offen[25]. Es ging von der vorgeschlagenen Intervention nicht als einem Recht zur Selbstverteidigung aus, sondern von den Verträgen aus den Jahren 1814/15, die angeblich eine Garantie bestehender Ordnung repräsentierten. Dabei wurden drei Prinzipien aufgestellt, welche die Einmischung der Allianz rechtfertigen sollten: Durch eine Revolution werde die davon betroffene Macht automatisch aus der Allianz ausgeschlossen; die Verbündeten hätten ein Recht, die erforderlichen Maßnahmen zu ergreifen, um eine Ausbreitung der Epidemie zu verhindern und die betroffenen Nationen wieder in den Schoß der Allianz zurückzuführen. Diese Maßnahmen könnten jedoch die territorialen Regelungen der Verträge von 1814/15 nicht berühren.

Das war nichts als eine Neuauflage der Argumente von Aachen. Ja, es war die Anwendung von Metternichs eigener Argumentation, mit der er die *Alliance Solidaire* abgelehnt hatte, weil die bestehenden Verträge ausreichen sollten, alle Ziele zu verwirklichen. Die Grundsatzerklärungen von Capodistria beunruhigten Metternich weniger als deren Folgerungen für das Problem Neapel. Zweck der österreichischen Intervention, so argumentierte der russische Minister, sei, Neapel frei in die Lage zu versetzen, seine nationalen Wünsche zu verwirklichen und eine «zweigeteilte Freiheit» zu garantieren: politische Freiheit und nationale Unabhängigkeit. Deshalb wollte er, daß der österreichischen Intervention ein moralischer Druck seitens der Großmächte oder ein Vermittlungsversuch durch eine neutrale Macht, am besten den Papst, vorangehen sollte. Selbst wenn sich das als nutzlos herausstellen sollte, könne Österreich die

Zustimmung der Allianz zur Intervention nur erreichen, wenn es die Institutionen darlege, die es in Neapel zu schaffen beabsichtige. Kurz, Capodistria wollte sich selbst zum verfassungsgemäßen Schiedsrichter Europas ernennen. Doch kein Politiker ist stärker, als es ihm seine innenpolitische Stellung erlaubt, und inzwischen hatte Metternich mehr Einfluß auf den Zaren als der russische Minister. «In Troppau geht es nur um die Frage», schrieb Gentz, «wer der Stärkere ist, Alexander oder Capodistria.»[26]

Die Frage war bald beantwortet. Am 5. November lehnte Metternich Capodistrias Auslegung der Verträge von 1814/15 ab. Nur die Buchstaben von Verträgen seien bindend, behauptete er, die Auslegung ihres Geistes hänge von den Umständen ab. Dennoch sei Österreich bereit, zum Wohl Europas eine sehr liberale Auslegung hinzunehmen. Es war ein für Metternich charakteristisches Manöver: Er stimmte den von Rußland unterbreiteten Prinzipien zu, doch als österreichisches Zugeständnis, nicht als logische Notwendigkeit. Er nahm die russische Interpretation des Vertragswerkes an, doch nur, um darauf den Anspruch zu gründen, freie Hand für deren Anwendung zu haben. Alexander hatte das so sehnsüchtig erstrebte Symbol europäischer Einigkeit erreicht, doch nur um den Preis, nun unwiderruflich gebunden zu sein. Capodistria erkannte bald, daß sein Sieg hohl war. Denn Metternich verwarf weiterhin den Vorschlag, daß die Verbündeten sich auf eine Alternativverfassung für Neapel im Namen gerade der Prinzipien einigen sollten, die soeben niedergelegt worden waren. Einzige Aufgabe des Bündnisses sollte es laut Metternich sein, den König in das Konzert der Mächte durch

Wiederherstellung seiner Handlungsfreiheit zurückzuführen. Jede weitere Einmischung würde seine Souveränität beschneiden und damit gerade dem Zweck der Intervention zuwiderlaufen.

Als Capodistria am 6. November genötigt war zuzugestehen, daß die Souveränität des Königs von Neapel nicht beschnitten werden könne, war klar, daß Metternich die Oberhand gewinnen mußte. Bis zum 7. November hatte der Zar Capodistria zu dem prinzipiellen Einverständnis mit dem von Metternich vorgelegten Kompromißplan gezwungen[27]. Seinem Botschafter in Frankreich schrieb Metternich damals, man bewege sich jetzt wenigstens auf festem Boden. Natürlich seien noch mehrere Hindernisse zu überwinden, doch man beherrsche jetzt die Höhen, und deshalb werde die Schlacht gewonnen werden[28].

Metternichs Kompromißplan stimmte mit den drei Prinzipien überein, die Capodistria aufgestellt hatte, modifiziert nur dadurch, daß für britischen Heimatgebrauch eine Zusatzklausel eingefügt war, wonach die Intervention nur das letzte Mittel sein sollte. Das Kernstück des Metternichschen Plans ließ jedoch erkennen, daß dieses Übereinkommen das Mittel war, alle Reformpläne abzuwürgen. Nichts war in ihm über «die beiden Freiheiten» oder über den Neuaufbau der Regierung enthalten. Im Gegenteil: Metternich beharrte darauf, daß die Maßnahmen zur Wiederherstellung des inneren Friedens der Entscheidung des legitimen Herrschers vorbehalten bleiben müßten[29]. So wurde aus den Prinzipien, um die Capodistria so hartnäckig gerungen hatte, eine Doktrin des Verzichts auf seiten Rußlands und des Zugeständnisses, daß sie Mittel der Unterdrükkung, aber für Reformen unbrauchbar seien. Den Kampf um das Recht, die Maximen der Heiligen Allianz zu deuten, hatte Metternich gewonnen. Troppau kennzeichnete daher nicht nur den Anfang vom Ende der Revolution in Neapel, sondern, was noch wichtiger war, auch den Anfang vom Ende einer revolutionären Politik Rußlands.

Capodistrias Vorschlag betreffend Vermittlung hatte kein besseres Schicksal. Was als Mittel gedacht war, ein Mindestmaß an konstitutioneller Herrschaft zu retten, wurde zu einem der Metternichschen Schritte, die seinen Gegner isolierten, weil sie ihn vor unmögliche Alternativen stellten. Denn Metternich schlug vor, daß die «guten Dienste» nicht vom Papst, auch nicht von dem bourbonischen Frankreich geleistet werden sollten, was eine weitere Anregung Capodistrias gewesen war, sondern von dem auf dem Kongreß vertretenen Europa. Der König von Neapel sollte vor dieser Körperschaft erscheinen und seine Sache vertreten. Das war ein diabolischer Vorschlag. Verweigerte man dem König die Erlaubnis, Neapel zu verlassen, wäre seine Unfreiheit demonstriert worden. Kam er aber, dann würde er sicher um eine österreichische Intervention mit extremsten Mitteln bitten. Die Frage, ob man den König reisen lassen sollte, mußte sehr wahrscheinlich zu heftigen Auseinandersetzungen zwischen den Gemäßigten und den Extremisten führen und damit das Land innenpolitisch schwächen, ehe noch der erste Schuß abgegeben war. Auch war zu erwarten, daß sich der Zar nicht die Gelegenheit entgehen lassen würde, sein Wohlwollen vor einem so imponierenden Tribunal zur Schau zu stellen. «Ich werde fünfundachtzig Prozent des Sieges erringen», berichtete Metternich. «Mit dem Rest wird Capodistria die Welt um ihre Ruhe, die Vernunft um ihr Ansehen und den gesunden Menschenverstand um seine Ehre bringen.»[30]

Metternich hatte guten Grund, sich darum zu sorgen, was Capodistria aus dem einzigen Erfolg, der ihm in Troppau beschieden war, machen würde: dem Recht, das Übereinkommen zu entwerfen. Denn Metternich hatte zwar seine Prinzipien aller Bedeutung beraubt, ihre Formulierung konnte aber dennoch den dünnen Faden zerreißen, mit dem Großbritannien noch der Allianz verbunden war. Noch so große Absicherungen konnten nicht bewirken, daß Großbritannien dem allgemeinen Recht der Einmischung zustimmen würde, und Frankreich würde Englands Beispiel folgen. Aus diesem Grund hatte Metternich die Vertreter der beiden Westmächte über seine Verhandlungen in völliger Ungewißheit gehalten. Er hatte Stewart ermuntert, zweimal nach Wien zu fahren, um seine junge Frau zu besuchen, die ein Kind erwartete, und ihm versichert, daß ohne ihn keine Entscheidungen fallen würden. Weil Frankreichs Vertretung unter sich entzweit war, war sie ohnmächtig. Als La Ferronay gegen die österreichischen Vorschläge vom 23. Oktober protestierte, fragte ihn Metternich sarkastisch, ob er seine eigene Meinung, die beider französischer Vertreter oder die Frankreichs kundtue[31]. Der Zar aber war erbost über das, was er für einen neuen Beweis französischer Schwäche Revolutionen gegenüber hielt, und drohte, Frankreich unter militärische Überwachung zu stellen.

Am 19. November sahen sich die westlichen Vertreter plötzlich vor eine vollendete Tatsache gestellt. Der

SIR CHARLES STEWART

nichtsahnende Stewart, der gerade von Wien zurückgekehrt war, wurde zu einer Vollversammlung eingeladen, wo er das schon unterschriebene Dokument, das *Protocole Préliminaire,* vorfand, in welchem Metternichs Kompromißplan verankert war. Es wog nicht schwer, daß Stewart heftig protestierte und daß er, wie auch seine französischen Kollegen, sich weigerte, das Dokument zu unterschreiben. Metternich hatte Capodistria isoliert und den Zaren gebunden, ehe der Bruch in der Allianz deutlich geworden war. Während der Verhandlungen waren seine Beziehungen zu Großbritannien noch ein Mittel der Verhandlungskunst gewesen. Jetzt war das Recht auf Intervention gesichert, er beherrschte den Zaren und konnte nun den Folgen seiner Zweigleisigkeit ins Auge sehen. Metternichs persönliche Stellung war so stark, daß der völlig überspielte Stewart selbst jetzt noch nach Entschuldigungen für ihn suchte: «Das Ganze schien ein unverständliches oder zumindest ein unfreundliches Verfahren zu sein... Österreich fürchtete aber einen Regierungswechsel in Großbritannien sowie einen Meinungsumschwung in Rußland und greift nun auf ein inniges Zusammenwirken zwischen den drei großen monarchischen Kräften zurück. Was Fürst Metternich anlangt, so bin ich über ihn recht verärgert, das wird aber weder unsere Vertrautheit miteinander noch unsere Freundschaft auch nur für einen Augenblick schwächen können.»[32]

Castlereagh war aber nicht so leicht aus dem Feld zu schlagen. Er kannte die Mentalität des Zaren so gut, um annehmen zu können, daß Metternich seine Ziele ohne Konzessionen erreicht haben könnte, die vor dem britischen Parlament nicht zu vertreten waren. Als er nun erleben mußte, wie sein geliebtes System der Konferenzen für Zwecke gebraucht wurde, an die er nie gedacht hatte, wurde er recht verärgert: «Ich habe nie so sehr wie jetzt bedauert», sagte er dem russischen Botschafter, «nicht bei Ihrem Kaiser zu sein und ihm meine Gedanken unterbreiten zu können ... Der Kaiser hat verschiedene Male seine unerschütterliche Entschlossenheit zum Ausdruck gebracht, keine neuen Abmachungen zu treffen, keine neuen Bande außer denen zu knüpfen, die bestehen, und keine neuen Garantien außerhalb der allgemeinen Allianz anzustreben. Seine Entschlossenheit ist in der Tat der Sicherheitsanker für Europa. Warum jetzt dieser Wandel?»[33] Ein Schreiben an Stewart unter dem 16. Dezember unterstrich noch die britische Einstellung: Staaten aus der Allianz auszuschließen und ihre Verfassung mit Gewalt zu ändern, verstößt gegen das Völkerrecht und die bestehenden Verträge. Falls die Verbündeten darüber hinaus beabsichtigen sollten, diese Lehre auf sich selbst anzuwenden, würde jede britische Teilnahme ausgeschlossen sein, und jeder Versuch, anders zu handeln, wäre «für jedermann im Volk hier so empörend, daß es das Recht Seiner Majestät auf den Thron erschüttern, wenn nicht gar eine Bestrafung jenes Ministers auslösen würde, der ihm diesen Rat gegeben hätte.» Das bedeutete nicht, daß Großbritannien Geheimorganisationen und militärische Revolutionen billigte. Das Recht zur Einmischung im Fall der Selbstverteidigung stand jedem zu. Großbritannien wollte sich aber nicht als Mitglied der Allianz mit der moralischen Verantwortung belasten, allgemein in Europa den Polizisten zu spielen[34].

Doch so schnell gibt niemand seine Träume auf.

Selbst jetzt noch wurde es Castlereagh nicht leicht zuzugeben, daß das Konzert Europas nicht den insularen Gedanken von der Nichteinmischung mit dem festländischen von der Politik des Vorbeugens vereinbaren könnte. Noch hoffte er, daß Geduld und guter Wille die Bündnispartner zu den gleichen engen Beziehungen zurückbringen würden, wie sie während des Krieges bestanden hatten. Zu dem russischen Botschafter sagte er, er habe das Schreiben vom 16. Dezember mit blutendem Herzen abgeschickt. Er widersetze sich ja gar nicht den Zielen der Verbündeten, wohl aber der Proklamation, wie sie in dem offiziellen Dokument enthalten sei. Ein Privatbrief an Stewart, der dem offiziellen Schreiben beigefügt war, bezeugte erneut, wie schwer es Castlereagh fiel, sich von seiner Vision einer europäischen Regierung zu trennen: «Es ist merkwürdig, daß die drei Höfe auf den Gedanken gekommen sein sollten, ein Bündnis zu reformieren, was sich bisher als so anpassungsfähig für alle Situationen gezeigt hat. Sie haben wohl vorhergesehen, daß das Haus Hannover nicht gut jene Prinzipien vertreten kann, derentwegen das Haus Stuart den Thron verlor. Die drei Höfe müssen nun entscheiden, ob sie unter getrennter Fahne den Gefahren entgegentreten wollen. Sie mögen sich in diesem oder jenem Fall streiten, wie wir meinen, ohne fragwürdige Prinzipien aufzustellen. Wir jedenfalls können ihren Prinzipien nicht folgen, und falls sie Theoretiker bleiben wollen, müssen wir allein handeln ...»[35]

Doch es half alles nichts. Castlereagh sah das wirkliche Ergebnis des Bündnisses in der Inaktivität, die angezeigt hätte, daß es keine politische Unruhe gibt. Die Festlandmächte und vor allem Metternich sahen in dem

Bündnis eine Waffe gegen jede drohende Gefahr, sie mochte sein, wie sie wollte. Und da für Metternich der soziale Kampf alles andere überschattete, während Castlereagh ihn nicht einmal als internationales Problem ansehen wollte, trennte sich Metternich allmählich von seinen britischen Beziehungen. Castlereaghs Protest besiegte das *Protocole Préliminaire,* doch er konnte ein Schreiben der Alliierten an eine Reihe von Höfen unter dem 8. Dezember nicht verhindern, welches, von Capodistria entworfen, in dessen apokalyptischer Manier erneut das Recht zur Intervention aus den Verträgen von 1814/15 ableitete und sogar britische Zustimmung durchblicken ließ, was die Dinge nur noch schlimmer machte[36]. Der Bruch der Allianz stand nun jederzeit zu erwarten. Doch bevor es dazu kam, hatte es Metternich geschafft, Europa so zu organisieren, daß britische Hilfe entbehrlich war. Auch hatte er darauf geachtet, daß die Verantwortung für die Maßnahmen der Verbündeten auf den Zaren fiel. Obwohl sich Großbritannien nun immer mehr von der Allianz löste, blieben seine Beziehungen zu Österreich enger als zu irgendeiner anderen Macht.

4

Der Kongreß von Troppau bedeutete den Höhepunkt diplomatischer Geschicklichkeit bei Metternich. Sei es, weil er nicht bereit, oder auch, weil er nicht in der Lage war, Österreichs Wesenszüge denen der Zeit anzupassen, konfrontiert außerdem mit der Aussicht auf einen Kampf gegen Nationalismus und Liberalismus, gelang es ihm, daraus eher einen europäischen als einen österreichischen Kampf zu machen; er vermied damit, daß die Ungereimtheiten der österreichischen innenpolitischen Struktur zum Symbol wurden. Aus Sorge vor einem aufsässigen Frankreich, das seine alte Stellung in Italien auf dem Weg über Familienbande und den Appell an die Freunde der Verfassung wiederherstellen könnte, drängte er es in die Isolierung und entmachtete es. Die Rolle der französischen Vertreter in Troppau war denkbar miserabel. Weil sich Metternich den Anschein gab, der versöhnlichste der Verhandlungspartner zu sein, führte er sie in eine Falle nach der anderen. Als Caraman Capodistrias Gedanken aufgriff, daß Frankreich vermitteln solle, ermunterte Metternich ihn hinterhältig, den Vorschlag vor die Vollversammlung zu bringen, um ihn dann angesichts de wütenden Protestes des Zaren fallen zu lassen, denn Alexander war gegen eine Vermittlung zwischen legitimen Souveränen und Revolutionären. Und als der vertrauensselige Franzose Metternich ein vertrauliches Schreiben zeigte, in welchem gegen das *Protocole Préliminaire* protestiert und die Intervention in Neapel mit dem Joch verglichen wurde, das Frankreich auferlegt war, trug Metternich dafür Sorge, daß Alexander bald von der Wankelmütigkeit seines möglichen Bundesgenossen erfahren sollte[37]. Frankreichs Reaktion auf das *Protocole Préliminaire* spiegelte letztlich nur seine Ohnmacht wider: Es weigerte sich, das Protokoll zu unterzeichnen, stimmte aber der Einladung an den König von Neapel zu, womit es sowohl Rußland als auch Großbritannien gegen sich aufbrachte.

Ein Ausmanövrieren Frankreichs hätte Metternich aber wenig genutzt, wenn es ihm nicht auch gelungen wäre, Rußland zu neutralisieren. Dazu boten sich ihm zwei Möglichkeiten: die physische Isolierung oder die moralische Beherrschung. Die erste Möglichkeit schloß Metternich zwar nicht aus, und er hielt sich eine Tür nach Großbritannien bis zum letzten Augenblick eben gerade aus diesem Grund offen, doch wußte er, daß Österreich dann unter Umständen zu einer Politik gezwungen sein würde, die seine Kräfte überstieg. Darum setzte er nun all seine Energie daran, den Zaren für sich zu gewinnen. Dabei kam ihm die Enttäuschung zu Hilfe, die Alexander bei seinem polnischen Experiment erlebt hatte. Metternich vollendete den Prozeß aber selbst durch die ausgedehnten Gespräche in Troppau. Hier in Troppau arbeitete Metternich sein «Glaubensbekenntnis» für die Augen des Zaren aus, in welchem so geschickt der dünkelhafte Mensch und sein Streben nach Ordnung vor dem Wandel kritisiert wurde[38]. Sein Hinweis auf die schädliche Einwirkung der Theoretiker bezog sich klarerweise auf Capodistria sowie auch die Gleichstellung des Befürworters der Verfassungen mit dem Dünkel der Revolution. Hier in Troppau erfuhr der Zar auch von der Meuterei eines Regiments der russischen Garde, die zwar auf die Brutalität des Kommandeurs zurückzuführen war, von Metternich aber als Ausbreitung des revolutionären Virus und als ein Versuch radikaler Elemente, den Zaren einzuschüchtern, ausgedeutet wurde[39].

So wurden die Maximen der Heiligen Allianz, die so hoffnungsvoll von einer neuen Gesellschaftsordnung kündeten, zu einem Mittel, Metternichs Konzept vom sozialen Gleichgewicht zu stärken. Fast unbemerkt wurde der moralische Eifer des Zaren vom revolutionären zum konservativen, wenn nicht gar reaktionären umgestaltet. Wenn der Zar gegen Ende der Konferenz von Troppau einen Ministerpräsidenten hatte, dann war es Metternich und nicht Capodistria. Alexander zeigte ihm nahezu alle Schreiben, ehe sie abgeschickt wurden, und konnte nicht oft genug den Katalog seiner Sünden wiederholen. Die beiden Höfe arbeiteten gemeinsam Weisungen für ihre Botschafter in London für den Fall aus, daß das Kabinett Liverpool stürzen sollte, womit eigentlich zu rechnen war. Metternich, der nie mit einer einfachen Maßnahme zufrieden war, erzählte davon vertraulich Stewart und lieferte damit einen Beweis sowohl für seinen guten Willen als auch für die Schwierigkeit seiner Stellung[40].

So wie Rußland das europäische Gleichgewicht durch eine unabhängige Politik hätte ins Wanken bringen können, so hätte es auch Preußen innerhalb Deutschlands zu tun vermocht, wenn es Österreichs Verwicklungen in Italien genutzt hätte. Doch Teplitz und Karlsbad hatten das Problem einer unabhängigen preußischen Außenpolitik beseitigt. Der König von Preußen sah in dem Kongreß von Troppau in erster Linie eine Möglichkeit, von Metternich Rat bezüglich Preußens innerer Struktur zu bekommen. Er traf erst am 7. November ein. Vor ihm kam der Kronprinz, der bald in den Bann Metternichs geriet und sein ganzes Leben lang sein Bewunderer blieb. Als der König dann zu seinen Mitmonarchen stieß, profitierte Metternich von der Möglichkeit, seine Meinung über Preußens innere Verwaltung vorzutragen mit dem Ergebnis, daß der König erneut seine Zustimmung zu einer kommunalen Reform hinausschob[41].

Metternichs Stellung war gegen Ende des Kongresses so stark, daß er seine Mäßigung dadurch zur Schau tragen konnte, daß er Capodistrias Vorschlag einer Vermittlung des Papstes zwischen dem König von Neapel und den Revolutionären annahm. Doch während Capodistrias Note an den Papst appellierte, bei einem Akt der Versöhnung mitzuwirken, entwarf Metternich für seinen Kaiser einen Brief, in welchem schlicht nur um geistliche Unterstützung bei dem Niederringen der Revolution gebeten wurde[42]. Und so, wie Napoleon Metternichs Pläne 1813 hätte vereiteln können, hätte er die Vorschläge von Reichenbach angenommen, so auch wie Preußen ihm auf dem Wiener Kongreß durch die Weigerung zu gemeinsamen Schritten Schwierigkeiten hätte bereiten können, ebenso hätten die Revolutionäre in Neapel Metternichs Stellung in Troppau außerordentlich erschwert, wenn sie sich einer Politik der Mäßigung verschrieben hätten. Doch jedesmal hatte Metternich auf psychologische Faktoren gesetzt, und jedesmal hatte er gewonnen. Der Konflikt zwischen Gemäßigten und Extremisten in Neapel kam auf einen Höhepunkt, als die Einladung an den König, an dem Kongreß in Laibach teilzunehmen, eintraf. Man konnte die Einladung nicht ablehnen, doch ehe der König abreiste, wurde er zu einem erneuten Schwur auf die ultraliberale «spanische» Verfassung gezwungen, ein Schritt, den Alexander nicht anders auslegen konnte denn als direkte Provokation und der nun ein für allemal Capodistrias Forderung nach einer Verfassung und Vermittlung zu den Akten wandern ließ.

Metternichs Politik, die zwar im Kern defensiver Natur war, hatte die einzig mögliche Form angenommen, in der ein sich seiner Schwäche bewußter Staat den Status quo erhalten kann, ohne seine Kräfte zu überfordern: die Schaffung eines moralischen Beistandes. Wo Castlereagh das Problem des Zurückdrängens einer Aggression in dem Zusammenbringen überlegener Kräfte sah, suchte Metternich es in einer moralischen Bindung, die eine Aggression undenkbar machen sollte. Es war eine geschickte, wenn auch nicht konstruktive Konzeption, dieser Versuch nämlich, das Problem der Wankelmütigkeit Alexanders und der sozialen Unruhe in Europa mit einem Schlag zu lösen, indem der Zar auf einen antirevolutionären Kreuzzug festgelegt wurde, womit er ein für allemal für all die Bewegungen verspielt hatte, die er bisher durch seine Zweideutigkeit ermutigt hatte. Wieder war mit diplomatischem Geschick geglückt, was mit physischem Druck unmöglich gewesen wäre: Auf dem Festland war die innerpolitische Legitimation Österreichs zum Organisationsprinzip der internationalen Ordnung geworden. Und der Kongreß von Laibach, zu dem nun der König von Neapel und die verbündeten Monarchen eilten, symbolisierte die neue Art internationaler Beziehungen. Denn im Gegensatz zu früheren Kongressen war Laibach nicht ein Treffen der Bevollmächtigten, sondern eine Bühne, auf der der österreichische Minister Europa eine Vorlesung über die Moral zu halten gedachte.

FÜNFZEHNTES KAPITEL

Der Kongreß von Laibach und die Lenkung Europas

I

In der Zeit zwischen 1854 und 1859 schickte der über achtzigjährige Metternich seinem Nachfolger Buol eine Reihe von Memoranden, als dieser, von der Sorge um die Verwundbarkeit Österreichs betroffen, nach einem Bündnissystem nahezu um jeden Preis suchte. In seinem nüchtern schnörkelhaften Stil argumentierte Metternich, das in der Mitte liegende Reich könne sich nirgends anlehnen, denn es würde bald feststellen müssen, daß kein Nachbar stark genug oder bereit sei, es zu stützen. Auch Neutralität sei unmöglich, weil Österreichs zentrale Lage es dazu verurteile, in jede Auseinandersetzung mit verwickelt zu werden, und weil Neutralität die anderen Mächte nur ermuntern könnte, Forderungen aufzustellen, die mit der Existenz Österreichs unvereinbar wären. Die Lösung aus diesem Dilemma läge darin, daß sich Österreich auf seine einzig wahre Chance beschränke: Es habe keine eigennützigen Interessen in Europa, und alle auf die Aufrechterhaltung der Ruhe bedachten Mächte müßten sich unvermeidlich ihm zuneigen. Österreich sei daher niemals wirklich isoliert gewesen, und eine Bindung Hals über Kopf, nur um Verbündete zu haben, bedeute eine Schwächung der

Stellung Österreichs. Österreich könne sich nur für ganz bestimmte Ziele binden. Seine Politik müsse immer darauf ausgerichtet sein, Koalitionen nicht nur passiv zu akzeptieren, sondern den Rahmen für sie durch eine Politik der Nichtteilnahme an den Anfangsstadien zu schaffen, um dann Österreichs Teilnahme gegen das einzige einzutauschen, das den Mächten des Status quo interessant ist: die Bedingungen der Ruhe und Ordnung. Eine Isolierung, so meinte Metternich, sei so lange kein Grund zur Beunruhigung, als ihr Zweck klar erkennbar sei. In der Diplomatie liege der Schlüssel zum Erfolg in der Handlungsfreiheit, nicht aber in formellen Beziehungen[1].

Das war die Grundlage der gesamten Metternichschen Diplomatie sein ganzes Leben lang gewesen. Handlungsfreiheit, das Bewußtsein, mehr Möglichkeiten zu haben als jeder denkbare Gegner, das war ein besserer Schutz als ein Bündnis, denn alle Möglichkeiten blieben für die Stunde der Gefahr offen. Während sich Handlungsfreiheit für eine Inselmacht aus ihrer geographischen Lage ergab, mußte die Handlungsfreiheit einer im Herzen des Kontinents gelegenen Nation von ihrer moralischen Stellung und davon abhängen, daß sie andere Mächte so zu Bindungen und Verpflichtungen zwang, daß Österreich immer mehr Möglichkeiten in der Hand hatte als jeder potentielle Rivale. Es war eine Politik der starken Nerven, denn sie wollte ja Österreichs Unentbehrlichkeit dadurch zeigen, daß sie ruhig große Gefahren, wie etwa die Isolierung, oder überraschende Lösungen auf Kosten Österreichs in Kauf nahm. Der Erfolg dieser Politik hing davon ab, daß die Kräfteverteilung richtig eingeschätzt war. Vor allem aber kam es auch darauf an zu zeigen, daß Österreichs überlegene Flexibilität nicht nur eine Illusion war. Da sich die Erfolge dieser Politik erst im letzten Stadium zeigen mußten, während die Risiken sofort erkennbar waren, brauchte man für ihre Durchführung einen Menschen von dem nahezu arroganten Selbstvertrauen, wie es für Metternich typisch war. Diese Politik hing von so vielen Unwägbarkeiten ab, daß sie immer schwieriger wurde, als sich Österreichs Lage im Laufe des neunzehnten Jahrhunderts verschlechterte, besonders nachdem Preußen in Deutschland und Rußland auf dem Balkan zu dem Schluß gekommen waren, Österreich sei ihr Hauptrivale. Weil Metternichs Nachfolger zudem nur die Gefahren und nicht das dahinter stehende Konzept dieser Politik erkannten, ließen sie an die Stelle seiner geschickten Manipulation ein beinahe panisches Schwanken zwischen einander ausschließenden Alternativen treten, wodurch Österreichs Niedergang schließlich besiegelt wurde.

Solange Metternich jedoch noch Herr der Dinge war, kann man fast immer zwei Stadien im Verlauf einer Krise unterscheiden: eine Zeit scheinbarer Zurückhaltung, innerhalb der der moralische Rahmen für gemeinsames Handeln so unmerklich gezogen wurde, daß alles nachher so wirkte, als sei es der spontane Ausdruck allgemeingültiger Auffassungen; dieser Phase folgte dann ein symbolischer Akt, durch welchen Österreichs Verbündete mit Hilfe öffentlicher Erklärungen zu einer Politik begrenzter Ziele veranlaßt wurden. Die schwierigen Verhandlungen des Frühjahrs 1813 führten zum Kongreß von Prag, der seinerseits dazu angetan war zu illustrieren, daß Napoelons Vorstellungen mit einem

System des Gleichgewichts unvereinbar waren; die Karlsbader Beschlüsse führten zu der Konferenz von Wien und demonstrierten die moralische Einheit Deutschlands; und dem Kongreß von Troppau schloß sich der von Laibach an, welcher die moralische Einheit Europas symbolisierte – und dabei den Zaren unwiderruflich festlegte.

Der Kongreß von Laibach war also in erster Linie Ausdruck einer Führung Europas, die Metternich in Troppau geschaffen hatte. Es half Capodistria nichts, daß er die Engländer um Vermittlung anging. Es half auch Frankreich nichts, daß es einen dritten Bevollmächtigten namens Blacas entsandte, um seine Kollegen zu überwachen und den König von Neapel von allzu schamlosem Auftreten abzuhalten. Metternich war Herr der Szene, vor allem, weil er den Zaren beherrschte. Niemand glaube, daß Zar Alexander und er einer Meinung seien, schrieb er in diesen Tagen. Und doch sei das richtig. Der von ihm auf den Zaren in den letzten Monaten ausgeübte Einfluß trage jetzt Früchte. Der russische Ministerpräsident sei geschlagen. Jetzt ziehe der Stärkere den Schwächeren mit sich, so wie es die Gesetze der Technik, der Physik und der Moral verlangen[2]. Der preußische König kam erst gar nicht zu dem Treffen, sondern entsandte seinen Außenminister Bernstorff, der nichts anderes als der verlängerte Arm Metternichs war. Der britische Vertreter Stewart wurde wieder einmal bewogen, nach Wien zurückzukehren, um seine Frau zu besuchen, und es wiederholte sich das Spiel, daß er nach seiner Rückkehr feststellen mußte, daß die wichtigsten Entscheidungen bereits gefallen waren und ihm nichts anderes übrigblieb, als erneut wütend wie in Troppau sein Unwissen zu bekennen. Die Doppelzüngigkeit des Königs von Neapel war so unbegrenzt, daß Metternich sich erneut zum Befürworter der Mäßigung aufspielen konnte. Denn kaum hatte dieser Monarch Neapel hinter sich gelassen, als er auch schon das Parlament und die Verfassung wieder aufhob, die zu achten er gerade wenige Tage zuvor erst mit der dramatischen Phrase beschworen hatte, der Blitz solle ihn treffen, wenn er je seinen Eid verletzen sollte.

Angesichts dieser Umstände fielen die Entscheidungen schnell. Alexander traf am 8. Januar ein, und unter dem 10. Januar schon konnte Metternich berichten: «Heute, wenn nicht die Erde zusammenbricht oder der Himmel herabfällt, haben wir den Prozeß gewonnen. Capodistria windet sich wie ein Teufel im Weihwasser, er ist aber eben im Weihwasser und kann nichts tun.»[3] Nun ließ Metternich ein weiteres Mitglied seines «Harems» auftreten: den neapolitanischen Botschafter in Wien, Ruffo. Er ernannte ihn zum Sprecher für Neapel, während der verfassungsmäßige Außenminister Gallo, der den König begleitet hatte, untätig in dem nahegelegenen Görz warten mußte.

Am 13. Januar spielte sich eine Szene ab, die unmittelbar aus einer *opera buffa* hätte stammen können. Ruffo trat vor die Vollversammlung des Kongresses und verlas eine von Gentz und Metternich entworfene Rede, in welcher der König von Neapel die Verbündeten aufrief, ihn mit der Vermittlerrolle zu betrauen, «getreu den Grundsätzen der Gerechtigkeit, Weisheit und Mäßigung». Metternich antwortete in genauso übertreibender Form, die Verbündeten würden sich glücklich schätzen, «Seiner Majestät zu helfen, einen erneuten Beweis der Hingabe seines Volkes zu erringen». Leider habe man jedoch in Troppau entschieden, «keinen Aufstand anzuerkennen, der sich verbrecherischer Mittel bedient hat und der den Frieden der Welt in jedem Augenblick bedrohen kann». Was könne ein konstitutioneller Monarch in einer solchen Zwangslage tun? Mit der Stimme von Ruffo antwortete Metternich, er müßte das größte Opfer bringen und die Verfassung aufheben, über die die Verbündeten nicht verhandeln wollten. Ruffo hatte einen vorbereiteten Brief an die Bevölkerung des Königreichs Neapel bei sich, in welchem der König seine Untertanen davon unterrichtete, daß er seinen Eid «in völliger Ruhe vor Gott und seinem Gewissen» gebrochen habe, weil das das einzige Mittel gewesen sei, ihnen die Schrecken eines Krieges zu ersparen. Doch damit keinerlei Opposition seine Mäßigung stören möge, wurde in einem vertraulichen Begleitbrief die Ankunft eines österreichischen Besatzungsheeres angekündigt, das ein «Garant» für die Durchsetzung des Willens Europas sein werde[4].

Als Stewart nach Laibach zurückkehrte, war der erste Akt der Komödie vorbei, und er traf auf einen Metternich, der eifrig dabei war, das Manuskript für den zweiten Akt zu schreiben, in welchem der Herzog von Gallo von dem Entschluß der Alliierten in Gegenwart der Vertreter aller anderen italienischen Höfe unterrichtet werden sollte. Wieder mußte Stewart feststellen, daß die Verbündeten eine Erklärung vorbereiteten, an deren Ausarbeitung er keinen Teil gehabt hatte und der er wiederum einfach seine Zustimmung geben sollte. Wieder bekundete er laut, man habe ihn hintergangen, doch das einzige, was er damit erreichte, war, daß in die

Protokolle mit aufgenommen wurde, daß «der britische Vertreter trotz seiner Anwesenheit nicht befugt sei, sich mit dem *Procès Verbal* einverstanden zu erklären ...»[5] Doch selbst dieses Zugeständnis erwies sich schon bald als illusorisch. Als Stewart am 30. Januar zu der Sitzung kam, in welcher das auf dem Kongreß versammelte Europa seine Entscheidung dem Außenminister von Neapel eröffnen wollte, stellte er fest, daß Metternich eine völlig neue Erklärung ausgearbeitet hatte, in welcher viel von der Einmütigkeit der Verbündeten die Rede war und in der Stewarts Vorbehalt völlig fehlte.

Stewarts Verärgerung kannte keine Grenzen. Schließlich gelang es, ihn zu bewegen, die neue Erklärung unangefochten zu lassen, nachdem Metternich zugestimmt hatte, den Protest Stewarts am Ende zu verlesen. Der Herzog von Gallo wurde nun vor den Kongreß gerufen, wo Metternich mit übertriebener Würde, die die vorangegangenen scharfen Meinungsverschiedenheiten überdeckte, die Entschlüsse der Alliierten bekanntgab, und das noch dazu in einer Weise, daß Stewarts Vorbehalte fast völlig in den Hintergrund traten. Die Eröffnung führte jedoch zu einem Anti-Höhepunkt, wie er der eindrucksvollen Versammlung nicht würdig war. Statt seines energischen Protestes oder eines würdigen Bekenntnisses zu seinen Prinzipien, hörte sich der Minister der Revolution Metternichs ernste Lektion mit wohlwollendem Kopfnicken an. Er dankte Metternich für dessen Bemühungen und versprach, diese nach besten Kräften nach seiner Rückkehr nach Neapel zu unterstützen[6]. Die Revolution im Königreich Neapel, welche zu zwei europäischen Kongressen geführt und die Kanzleien Europas nahezu ein Jahr lang in Erregung gehalten hatte, führte zu einer Niederlage, wie sie Metternichs ganze Bemühungen in sieben Monaten härtester diplomatischer Arbeit nicht hätten erreichen können.

Erst jetzt überschritt eine österreichische Armee den Po, weil Österreich nun im Namen Europas handeln konnte. Doch wichtiger noch als die Möglichkeit, mit Zustimmung Europas in Neapel einzugreifen, war Metternichs Einfluß auf den Zaren, was einen britischen Diplomaten zu dem Bericht veranlaßte, Metternich könnte kaum sicherer auftreten, wenn Rußland eine österreichische Provinz wäre. Doch trotz aller Bekundungen ewiger österreichisch-russischer Freundschaft ließ Metternich in einem Gespräch mit Stewart keinen Zweifel daran, wo er seine wirklichen Gegner sah: «Er sagte mir», berichtete Stewart, «es sei ihm gelungen, den Kaiser von Rußland mit allen Liberalen, und zwar nicht nur in Italien, sondern in ganz Europa, zu überwerfen ... Die Reihe dieser Konferenzen werde erkennen lassen, daß er sich in keiner seiner Berechnungen getäuscht und die österreichische Monarchie in der größten Gefahr, von der sie je bedroht war, zu einem sicheren und glaubhaften Triumph geführt habe.»[7]

2

Bevor nun diese vorteilhaften Folgen eintreten konnten, ließ sich indessen Großbritannien noch einmal vernehmen. In Laibach hatte Stewart fast die gleiche lächerliche Rolle gespielt wie in Troppau. Doch angesichts der bevorstehenden Sitzung des britischen Parlaments, und im Hinblick auf die dort herrschende Opposition gegen die Einmischung in die inneren Angelegenheiten unabhängiger Staaten, konnte sich Castlereagh mit Stewarts wirkungslosen Protesten nicht zufriedengeben. Darum verschickte er unter dem 19. Januar eine Zirkularnote, die eine ausdrückliche Antwort auf die Erklärung der Alliierten in Troppau vom 8. Dezember war und nochmals die britische Einstellung zusammenfaßte[8]. Sie wiederholte in abgewogenem und fast pedantischem Ton alle Argumente, die sich im vorigen Jahr als nicht überzeugend herausgestellt hatten. Man merkte es der Note deutlich an, daß sie für das Parlament geschrieben war und Castlereagh nichts weniger wünschte, als etwa das Bündnis zum Bruch zu bringen. Alle Argumente insularer Politik wurden wiederholt: Ein Recht auf allgemeine Einmischung widerstreite dem Grundgesetz Großbritanniens; doch selbst davon abgesehen könnte Großbritannien an solchen Vorfällen nicht teilhaben, weil dieses Recht, wenn es in die Hände «weniger wohlwollender Monarchen» falle, zur weltweiten Tyrannei führen könnte. Die Einmischung wurde also nicht vom Prinzip her verneint. Das britische Kabinett hatte ja selbst oft genug die Notwendigkeit einer Einmischung im Rahmen der Selbstverteidigung anerkannt. Das Recht auf Einmischung sei aber kein generelles Recht und könne nicht aus den Verträgen von 1815 herausgelesen werden. Einmischung war nach britischer Auffassung die Ausnahme, niemals die Regel internationaler Beziehungen.

Sogar noch diese Note, die an sich nichts Neues enthielt, endete mit einer Bemerkung, die erkennen ließ, daß ein verbündetes Europa das einzige Ziel von Castlereaghs Außenpolitik war. Die Note schloß mit der

Versicherung, «Großbritannien zolle der Reinheit der Absichten der Ostmächte volle Beachtung», und die unterschiedlichen Gefühle könnten nicht «die Herzlichkeit und Harmonie der Allianz in anderen Fragen berühren oder das gemeinsame Streben schmälern, die bestehenden Abmachungen möglichst vollständig zu verwirklichen». Es war Castlereaghs tragischer Fehlschluß, daß er nicht erkannte, daß eine gemeinsame Aktion nicht mehr möglich war – nicht weil irgend jemand daran schuld war, sondern einfach weil das insulare und das festländische Konzept von dem Wesen einer Gefahr sich nicht mehr deckten. Das aber konnte Castlereagh, ohne sich selbst aufzugeben, nicht eingestehen. Für ihn lagen die Meinungsverschiedenheiten nicht innerhalb der Bemühungen, ein System kollektiver Sicherheit zu schaffen, sondern in dessen Mißbrauch; nicht im Wesen der Allianz, sondern in dem Streben, ihr eine Richtung zu geben, für die sie nicht bestimmt war. Er sah darum seine Aufgabe darin, die Allianz zu verteidigen, statt den Bruch offen darzulegen, und aus einem Begleitbrief zu der Zirkularnote läßt sich die innere Zurückhaltung erkennen, mit der diese geschrieben war: «... Sie wollen bitte jede Diskussion vermeiden, die Anlaß zu dem Verdacht geben könnte, die unterschiedliche Form, in der die Frage von den verschiedenen verbündeten Regierungen betrachtet wird, könnte möglicherweise zu einem Abkühlen der Herzlichkeit dieser Union führen, die über alle Fragen hinaus – so wollen Sie bitte deutlich machen – in voller Harmonie und mit ganzer Hingabe aufrechterhalten bleiben soll.»[9] Mit gutem Grund konnte der österreichische Botschafter in London an Metternich berichten: «Castlereagh ist einem großen Musikliebhaber beim Besuch einer Kirche vergleichbar; er möchte applaudieren, traut es sich aber nicht.»

Darum versteht es sich fast von selbst, daß Castlereaghs letzte außenpolitische Rede vor dem Unterhaus eine machtvolle Verteidigung des Bündnisses war, dessen Fehler er eingestand, für dessen Aufrechterhaltung er aber gleichzeitig eintrat. Er malte ein Bild von Carbonari-Tätigkeiten, das selbst ein Metternich nicht hätte übertreffen können. Er verteidigte auch Österreichs Motive, die, so erklärte er, völlig rein seien, wie sich schon allein aus der Tatsache ablesen lasse, daß Österreich die Zustimmung des ganzen auf dem Kongreß vertretenen europäischen Festlandes erhalten habe. Es gehe nicht um die Tatsache der österreichischen Intervention, sondern um deren Rechtfertigung. Diese Meinungsverschiedenheit berechtige aber nicht zu einem Bruch der Allianz, geschweige denn zu einer Politik der Isolierung. Die Allianz bestehe mit unverminderter Kraft weiter: «Bezüglich der Allianz zwischen den kontinentalen Herrschern, von denen hier soviel die Rede war, bin ich nicht bereit, hier in der Verteidigung nachzulassen. Es ist nicht überraschend, daß die Herren von der Opposition über eine Allianz verärgert sind, die ihre trüben Vorhersagen so enttäuscht hat. Es ist vielleicht zuviel verlangt, von einem Menschen zu erwarten, daß er geduldig ein Ding anblickt, das, solange es besteht, Denkmal seiner eigenen Torheit ist. Diese Allianz, von der ich hoffe, daß sie den Frieden in Europa weiterhin festigen wird, hat jene Vorhersagen ad absurdum geführt, zu welchen sich die sehr ehrenwerten Herren der Opposition haben hinreißen lassen. Und sie hat jene Pläne ad absurdum geführt, die sie empfohlen haben.»[10]

In diesen schwerfälligen Worten, gesprochen mit der üblichen eisigen Ruhe, zeigt sich eine Vision von einer europäischen Einheit, die zum Scheitern verurteilt war, weil sie für immer der britischen Öffentlichkeit unverständlich blieb, für die ein Bündnis zur Sicherung des Friedens ein Widerspruch in sich selbst bedeutete. Bündnisse hatten für sie bestimmte Ziele und waren *gegen* jemand gerichtet. Ohne eine übergreifende Gefahr war eben innenpolitisch eine gemeinsame Politik mit dem Festland nicht zu legitimieren. Castlereaghs Vision von einer auf gegenseitigem Vertrauen basierenden Einheit Europas, von einer Regierung Europas, die allein auf der Tatsache alliierter Harmonie fußte, war ein Wunschbild, das seinen Schöpfer zum Sturz verurteilte, und war deswegen nicht weniger tragisch, weil es sich im Mantel kühler Pedanterie zeigte.

3

Während sich die österreichische Armee in Richtung Süden in Marsch setzte, beharrte Metternich darauf, daß die Komödie bis zum Ende durchgespielt werde. Die Zuschauer wurden nicht eher entlassen, bis jede mögliche Moral gezeigt worden war. Er war nicht der Mann, einem geschlagenen Gegner die Möglichkeit zur Wiedererstarkung zu geben. Metternich machte sich jetzt daran, Capodistria auch die letzte noch denkbare Entschuldigung für eine Einmischung aus der Hand zu ringen: das Versprechen von Troppau, Neapel Institutionen zu gewähren, die dem Land Ruhe bringen würden.

So wie Metternich in Karlsbad die erregten deutschen Kleinstaaten zur Mäßigung gebracht hatte, so milderte er nun in Laibach das Streben des unwürdigen Königs von Neapel, als absoluter Herrscher wieder eingesetzt zu werden. In ausgedehnten Gesprächen gelang es Metternich, den König zur Annahme eines «Entwurfs für ein Grundgesetz für das Königreich Neapel» zu bewegen, welcher vertraulich dem Zaren weitergeleitet und von diesem auch gebilligt wurde. Dieser Entwurf ist ein getreues Spiegelbild Metternichscher Regierungsmaxime: Die Verwaltung sollte dezentralisiert sein, dafür aber die Autorität des Herrschers gestärkt werden. Sie war nur durch einen Staatsrat begrenzt, der lediglich beratende Funktionen hatte, und durch eine Vertretung der einzelnen Staatsteile Neapel und Sizilien, der sogenannten Consulta[11]. Vergeblich appellierte Capodistria an den Zaren, den letzten Schein echter Volksvertretung zu retten. Das legitimierende Prinzip der europäischen Ordnung verlieh einem «legitimen» Herrscher, und sei es auch eine so lächerliche Figur wie der König von Neapel, eine unauslöschliche Stellung, und kein Einspruch gegen seine Entscheidung war möglich. Metternich war jedenfalls jetzt stark genug, offen über Capodistrias Kopf hinwegzugehen und den Zaren zu veranlassen, seinen Ministerpräsidenten schweigen zu heißen. «Die Kluft zwischen Capodistria und dem Zaren wird immer größer», berichtete Metternich. «... Der Kaiser aber ist aus naheliegenden Gründen der Stärkere.»[12]

Metternichs größtes Problem war es jetzt sogar, den Übertreibungen des Zaren Zügel anzulegen. «Es handelt sich in diesen Zeiten um den Kampf gegen das Reich

Satans», schrieb Alexander und ließ damit erkennen, wie gründlich er Metternichs «Glaubensbekenntnis» studiert hatte. «Dazu genügt kein Botschafter; nur diejenigen, die der Herr an die Spitze der Völker gestellt hat, können, wenn Er Seine Gnade dazu gibt, in diesem Ringen bestehen und das Haupt ungebeugt tragen angesichts dieser teuflischen Macht...» Seit die Kabinette sich zu den Maximen der Heiligen Allianz bekannt haben, schrieb er ein anderes Mal, haben sie den Feinden der Menschheit, allen Revolutionären, allen Carbonari und allen radikalen Gleichmachern Rache geschworen[13]. Aus solcher Einstellung heraus ist es nur noch ein kleiner Schritt bis zur Wiedererstehung des Gedankens von einem Kreuzzug, zwar nicht um die Menschheit zu reformieren, sondern um die Revolution niederzutreten; nicht um eine neue Zeit zu beginnen, sondern um die Ruhe aufrechtzuerhalten. «Glauben Sie», fragte der Zar den Vertreter Frankreichs, «der einzige Zweck der Vereinigung der ersten Mächte Europas sei nur die Züchtigung einiger Carbonari?... Neapel, fortgerissen durch Spanien, soll diesem als Beispiel dienen... Haben wir in Neapel eine gerechte Ordnung hergestellt, so kommt vielleicht der Augenblick für Frankreich, in Spanien die Rolle zu spielen, die Österreich heute gegenüber Neapel auf sich nimmt.»[14]

Doch Metternich hatte nicht die leiseste Absicht, Frankreich zu erlauben, von seinen mühsamen Verhandlungen zu profitieren. Er wußte auch, daß sich Großbritannien in Spanien nicht auf wohlwollende Proteste beschränken würde. Eine alliierte Intervention auf der Iberischen Halbinsel würde nicht nur zu akademischen Erörterungen über die Legitimierung eines Schrittes führen, dem Großbritannien im Kern zustimmte, sondern mußte die endgültige und unwiderrufliche Spaltung der Allianz nach sich ziehen. Metternich wollte zwar eine unabhängige Politik betreiben, damit aber nicht Großbritannien in offene Opposition drängen. Er wußte nur zu gut, daß es die Möglichkeit, mit Großbritannien zusammenzugehen, war, die ihm eine Politik kaltblütiger Unverschämtheit ermöglicht hatte, durch welche er dem Zaren das Prinzip jeder Maßnahme zugestehen konnte, während er andererseits so vollständig Herr über deren Kern blieb, daß keines der spezifisch «russischen» Ziele erreicht wurde. Die Freundschaft mit Castlereagh milderte für Metternich die Gefahren. Solange der Draht zu Großbritannien noch hielt, war das Schlimmste, was passieren konnte, eine rein politische Auseinandersetzung zwischen Österreich und Rußland, die sicher durch britische Hilfe gedämpft worden wäre. Wäre Großbritannien aber unwiederbringlich in Opposition getrieben, hätte Metternichs Politik an Beweglichkeit verloren, und er hätte nicht mehr seine Risiken durch Umschmeicheln des Zaren klein halten können. Metternich löste das Problem mit der nun schon wohlerprobten Taktik von Aachen. Er überzeugte Alexander, daß eine Intervention in Spanien angesichts der unstabilen Verhältnisse in Frankreich voreilig sei. Dieses Nein versüßte er jedoch mit der Aussicht auf eine weitere Möglichkeit, die moralische Solidarität Europas zur Schau zu stellen, indem er vorschlug, die spanische Frage bis zu einem weiteren Kongreß zu vertagen, der im nächsten Jahr in Florenz zusammentreten sollte. «Mein größtes Verdienst dabei ist», so berichtete Metternich, «meinen heutigen Einfluß dahin geltend machen zu können, Alexander zu verhindern, über das Richtige und Gute hinauszuschweifen; denn das Schlechte fängt an der Grenze des Guten an; diese Grenze ist so unmerklich, daß der Verstand sie kaum ohne jene mächtige und gesunde Hilfe entdecken kann, die man den Takt nennt.»[15]

Mit einer Schlußadresse Metternichs fand der Kongreß am 28. Februar offiziell sein Ende. Am 7. März schlugen die Österreicher bei Rieti die Neapolitaner. Am 24. März rückte das österreichische Heer, das nahezu keine Verluste erlitten hatte, mit Olivenzweigen an den Bajonetten in Neapel ein. Nichts vermochte den letzten Inhalt Metternichscher Politik besser zum Ausdruck zu bringen, einer Politik, in der der Frieden eine Waffe, die Mäßigung ein Instrument war und in der moralische Zustimmung die Ausgangsbasis bildete.

4

Doch als die österreichischen Truppen sich Neapel näherten, ohne auf Widerstand zu stoßen, überraschte die noch in Laibach versammelten Bevollmächtigten die Nachricht von einem Ereignis, das die Warnungen des österreichischen Ministers über den inneren Zusammenhang aller Revolutionen zu bestätigen schien. Am 12. März wurde bekannt, daß auch in Piemont eine Revolution ausgebrochen war – also in dem einzigen italienischen Staat, der nicht unter österreichischem Einfluß stand – und zur Abdankung des Königs geführt hatte. Dank der Erfahrungen vom vergangenen Jahr konnte Metternich auf dieses Ereignis fast mechanisch und mit den gleichen Taktiken reagieren, die sich schon gegen Neapel und in Deutschland als so erfolgreich erwiesen hatten. Es war nicht nötig, Alexander von der Realität dieser neuen Bedrohung zu überzeugen, denn es galt, wenn überhaupt, dann schon eher seinen Eifer zu bremsen. «Jetzt habe ich begriffen», rief der Zar aus, «warum mich der Herr bis zu diesem Augenblick hier zurückgehalten hat! Wieviel Dank bin ich Ihm schuldig, daß Er die Dinge so eingerichtet hat, daß ich noch mit meinen Verbündeten zusammen war ... Gelingt es uns, Europa zu retten, dann, weil Er es so wollte[16].» Neunzigtausend russische Soldaten wurden als Reserve für eine österreichische Armee in Bewegung gesetzt, die nach Italien eilte, um einen eventuellen französischen Interventionsversuch zu verhindern. In der Zwischenzeit wurde der russische Botschafter in Turin von Metternich zu dem Versuch autorisiert, über ein Unterwerfen der Revolutionäre unter den neuen König, einen Bruder des abgedankten Monarchen, im Austausch für eine Amnestie zu verhandeln – ein sicheres Mittel, um Meinungsverschiedenheiten im Lager der Revolutionäre aufkeimen zu lassen. Am 8. April schlug ein österreichisches Heer die Piemontesen.

Man hätte denken können, Metternich hätte innerhalb Österreichs lebhaften Beifall für eine Politik gefunden, die mit Hilfe von zwei Feldzügen in kaum zwei Wochen zwei Revolutionen niedergeworfen und Österreichs Vormachtstellung in Italien erhärtet hatte, ohne die materiellen und moralischen Kräfte Österreichs zu erschöpfen. Wie klug eine Politik ist, zeigt sich oft aber erst rückblickend, während die in ihr liegenden Gefahren sofort zutage treten. Das galt besonders für eine Politik, die so fein wie die Metternichs gesponnen war, stets bereit, auf die Form zu verzichten, wenn der Inhalt erreicht werden konnte. Von der Vorhandstellung eindrucksvoller Siege aus nahm die «Österreichische Schule», an deren Spitze Metternichs Vorgänger Stadion stand, Metternichs Erfolge als Selbstverständlichkeiten hin, kritisierte aber die damit verbundenen Gefahren als unnötig. Weil man nicht das Maß der Gefahr erkannt hatte, verstand man auch nicht das Wesen des Erfolges. Die russische Teilnahme an dem Feldzug gegen Piemont deuchte den Kritikern eine gefährliche Preisgabe österreichischer Souveränität zu sein. Sie bezweifelten sogar, ob der Feldzug überhaupt nötig gewesen sei angesichts der schweren finanziellen Lasten, die er mit sich brachte, und man beschuldigte Metternich, Österreich unnötigerweise von einem Verbündeten Großbritanniens zu einem Satelliten Rußlands gemacht zu haben. Es war ein Tribut für Metternichs geschickte Täuschung, daß sogar seine Kollegen nicht die Hintergründe des sorgfältigen Spiels von Laibach durchschauten. Doch es war ein ironischer Schicksalszug, daß Metternich gerade im Augenblick seiner größten Triumphe mehr Schwierigkeiten mit dem Kabinett in Wien haben sollte als mit dem von Rußland.

Metternichs Entgegnung findet sich in zwei langen Schreiben an Stadion, datiert vom 22. April, in welchen die Grundzüge der Politik von 1813 nochmals in Erinnerung gerufen werden[17]. Der Tonfall der Schreiben zeigt sich in einem Aphorismus und in einer rhetorischen Frage: «Ich habe Mut, aber keine Illusionen ... Glauben Sie, ich hätte die russischen Truppen in Bewegung gesetzt, wenn ich nicht sicher gewesen wäre, daß ich sie auch wieder zum Rückzug bringen kann, so wie ich sie zum Vormarsch brachte?» Diese stolze Bekundung leitete einen Überblick über Metternichs Motive ein. Er gab darin zu, es sei nicht nötig gewesen, ein solches Schauspiel der Macht ablaufen zu lassen, nur um die Revolution in Piemont und Neapel niederzuschlagen. Ihm sei es auch nie nur um die isolierten Aufstände in Piemont und Neapel gegangen. Die wirkliche Gefahr liege anderswo und nicht in Italien: «Ich hielt es für meine Pflicht, den russischen Liberalismus abzutöten und Europa zu zeigen, daß den Radikalen die beiden Mächte gegenüberstehen, die noch am meisten Handlungsfreiheit haben ... Im Jahr 1821 zählen nur noch die Tatsachen. Alle Versprechungen, alle Phrasen des Kaisers von Rußland waren ohne Wert. Die Bewegung von hunderttausend Mann ..., die Ausgabe von zwölf Millionen für ihre Mobilmachung – das ist eine Tatsache. Der Befehl zum Halt – das ist eine weitere und nicht weniger wichtige Tatsache. Einhundertundzwanzigtausend Soldaten an unserer Grenze, die nur auf unser Verlangen sich in Bewegung setzen ... das ist eine dritte Tatsache.» Stadion solle sich auch keinen Illusionen darüber hingeben, was erreicht sei oder wie weit man Rußland entbehren könnte: «Ungeheuer viel Gutes ist zutage getreten; doch bedeutet das kaum mehr, als daß uns die Möglichkeit zum Weiterleben gegeben ist. Wir dürfen uns nicht selbst täuschen; wir haben nur einen einzigen Schritt in Richtung auf diese Möglichkeit getan ... Das Böse hat große Höhen erreicht ... Seien Sie versichert, daß unsere Triumphe in den Hauptstädten Europas als Verbrechen, unsere Pläne als irrig und unsere Ansichten als verbrecherische Torheiten beurteilt werden.»

Man kann sich wohl kein vollkommeneres Eingeständnis der Sterilität vorstellen. Auf der Höhe seines Triumphes, als ganz Europa zu ihm beinahe wie zu seinem Ministerpräsidenten emporblickte und drei Monarchen nichts ohne ihn tun würden, nach zwei großen Siegen, war sich Metternich nicht der Macht, auch nicht des Ruhmes, sondern der Schwäche, der Gefahr und der drohenden Niederlage bewußt. Nichts könnte besser deutlich machen, daß dieser Staat in der Mitte dem Untergang geweiht war, als jener Pessimismus seines Außenministers auf dem Höhepunkt seiner Karriere. Österreich war nicht bereit, seine innerpolitische Struktur anzupassen, konnte nicht mit einem Jahrhundert des Nationalismus fertig werden. Darum brachte ihm auch die erfolgreichste Politik nichts als eine Atempause, führte zu nichts anderem als dem verzweifelten Versuch, die Verbündeten zu binden, nicht für ein Werk des Aufbauens, sondern um einen Teil des Unvermeidlichen abzulenken. Darum war Metternichs Politik Diplomatie im reinsten Sinn, eine virtuose Schau im Grunde genommen instrumentaler Art, bei der gerade die Geschicklichkeit die letzte Fruchtlosigkeit bezeugte. Sie bezeugte die Tatsache, daß der Staat der Mitte, der Stabilität mehr als alles andere nötig hatte, nur weiter zu existieren vermochte auf dem Weg über eine *tour de force*.

Im April 1821 war es zu einer *tour de force* gekommen. Sie brachte zwar keine endgültige Lösung des österreichischen Dilemmas, verhinderte aber wenigstens das Schlimmste. Wenn Metternich damals böse Vorahnungen hatte, so hatte er sie wenigstens nicht äußerlich zu erkennen gegeben. Die Aufgabe, die Schwäche des

Staates zu verbergen, den er vertrat, hat Metternich so gut gelöst, daß Österreichs Führungsstellung auf dem Festland außer Zweifel stand, und zwar, wie Metternich zu Recht urteilte, ohne Großbritannien zu entfremden. «Rußland führt nicht uns», schloß Metternich, «sondern wir leiten den Kaiser Alexander, und zwar aus mehreren sehr einfachen Gründen. Er braucht Rat, hat aber alle seine Ratgeber verloren. Er sieht in Capodistria einen Carbonari-Häuptling, er mißtraut seinem Heer, seinen Ministern, seinem Adel, seinem Volk. In einer solchen Lage leitet man nicht... Und England ist völlig auf unserer Seite.» Der wirkliche Erfolg der Metternichschen Politik lag darin, daß er den russischen Liberalismus abgetötet und ein gutes Stück an Herrschaft über Österreichs gefährlichsten Rivalen erreicht hatte, unter dem Mantel, sich ihm zu beugen.

Im Mai endete schließlich das Treffen der europäischen Mächte. Doch ehe Metternich den Zaren wieder dem Einfluß seines Hofes ausgesetzt sehen wollte, unterbreitete er ihm ein weiteres Memorandum, um Alexander bis zu der fürs nächste Jahr geplanten Zusammenarbeit festzulegen. Im großen und ganzen ähnelt das neue Memorandum dem «Glaubensbekenntnis» von Troppau[18]. Es analysiert die Ursachen von Revolutionen und weist darauf hin, daß sich Revolutionen nur mit der Forderung nach einer Verfassung maskieren – ein unmißverständlicher Angriff gegen Capodistria. Ferner beharrt Metternich darauf, daß erst Ordnung zu herrschen habe, ehe an eine Änderung gedacht werden könne[19].

Doch wo das Memorandum von Troppau mit der Redegewandtheit eines Eiferers geschrieben war, zeichnete sich das von Laibach durch ein gemäßigtes Selbstbewußtsein erreichter Meisterschaft aus. Es erweiterte die Huldigung auf den Zaren, weil er die soziale Krankheit und mit ihr zugleich die Medizin erkannt habe, die da heißt die Einheit Europas. Alexander werde, so fügte Metternich hinzu, den Dank dafür in seinem eigenen Gewissen finden – ein Hinweis, daß die russische Hilfe in Italien Sache der Pflicht gewesen sei und keinen Anspruch gegen Österreich begründe. Metternich schloß mit einer Zusammenfassung aller Möglichkeiten, mit denen Österreich und Rußland gemeinsam das Ausbreiten der revolutionären Krankheit eindämmen könnten. Dazu gehörten weitere möglichst enge Beziehungen zwischen den beiden Höfen, gemeinsame Weisungen an die Botschafter in den Hauptstädten der Großmächte, sofern es um bedeutende Probleme gehe, eine Botschafterkonferenz in Wien als Forum zum Gedankenaustausch und eine *exakte Anwendung* der Prinzipien von Laibach. Was Metternich mit dieser zweideutigen Phrase meinte, sollte sich schon in den nächsten Monaten zeigen.

Eine Zirkularnote von Metternich und eine Deklaration der Monarchen schlossen den Kongreß, der für fünf Monate im Grunde genommen die Regierung Europas gewesen war[20]. Die Zirkularnote stellte den Geist der Gerechtigkeit, des Konservativismus und der Mäßigung auf seiten der verbündeten Herrscher den finsteren Absichten der Revolutionäre gegenüber, die alles und jedes vernichten wollten, das sich aus einer chimärischen Gleichheit emporhob. Angesichts dieser Bedrohung sei den Regierungen keine andere Wahl geblieben, als alles zu erhalten, was legal war. Das sollte nicht bedeuten, daß notwendige Reformen zu vermeiden seien, sondern lediglich, daß Änderungen den «freien Entscheidungen, den erlauchten Ansichten jener entspringen sollten, denen Gott die Verantwortung aufgeladen hat..., auf daß ein Aufstand nicht jenes Maß von Macht gewinne, das zu einer allgemeinen Plage werden könnte». Diese Überzeugung wurde nicht als Meinung des österreichischen Ministers oder auch nur der versammelten Monarchen, sondern als «ewige Wahrheit» kundgetan.

5

Es liegt im Wesen jeder erfolgreichen Politik, daß die Nachwelt übersieht, wie leicht die Dinge auch hätten anders kommen können. Ein 1936 gestürzter Hitler wäre der Nachwelt wohl eher als ein lächerlicher Revoluzzer erschienen; so wie die Flucht der neapolitanischen Armee bei Rieti die Revolution eher zu einem pathetischen als zu einen gefährlichen Ereignis werden ließ. Hätten all die Revolutionen der Jahre 1819/1820 im gleichen Augenblick stattgefunden, wäre Österreich wohl zweifelsohne schon ein Jahrhundert früher zusammengebrochen. Statt dessen aber schaffte es Metternich, Deutschland zu befrieden, indem er sich hinter der britischen Doktrin der Nichteinmischung verschanzte. Und als das wegen Capodistrias Dogmatismus und der Schwäche des Kabinetts Liverpool in Sachen Neapel zu gefährlich wurde, überspielte er den russischen Minister dank seines starken Einflusses auf den Zaren. Er trat die Revolution in Neapel aus, ehe die von Piemont ausbrach; und er hatte Piemont befriedet, als die Allianz durch die Revolutionen in den Donaufürstentümern und in Griechenland auf die schwerste Probe gestellt wurde. All das tat er im Auftrag Europas, und ohne die moralischen und materiellen Kräfte seines Staates zu erschöpfen. Er war gegen Capodistrias Proteste hart geblieben, hatte aber gleichzeitig den Eifer des Zaren, einen Kreuzzug in Spanien zu führen, gedämpft, und er hatte sich der Kritik der engstirnigen «Österreichischen Schule» der Diplomatie widersetzt[21]. So kam es, daß die Regierung von Europa zu einer Wirklichkeit wurde, wenn auch nur für eine kurze Zeit und zu einem sterilen Zweck. Es war symbolisch, daß am 5. Mai, eine Woche ehe der Kongreß von Laibach zu Ende ging, Napoleon auf St. Helena starb. Die politische Einigung des Festlandes, die er durch Eroberung nicht hatte erreichen können, war nun durch freiwillige Unterordnung unter ein legitimierendes Prinzip zur Tatsache geworden.

In dem Prozeß der Bildung Europas auf der Grundlage der österreichischen Legitimität war es immer deutlicher geworden, wie sehr sich das kontinentale und das insulare Konzept einer Außenpolitik unterscheiden. Castlereagh mag noch so sehr mit Metternichs Zielen sympathisiert haben, die innenpolitischen Realitäten zwangen ihn in immer größere Isolierung. Als der österreichische Botschafter andeutete, seine zunehmende Reserve beruhe wohl auf den Schwierigkeiten, denen sich das Kabinett Liverpool ausgesetzt sehe, antwortete Castlereagh verbittert: «Man verknüpft den Weg, den wir eingeschlagen haben und den wir ständig weiter einschlagen müssen, mit den augenblicklichen Schwierigkeiten, in denen sich die Regierung befindet, statt sie auf jene Prinzipien zurückzuführen, die in unserem System unwandelbar sind und die, falls die drei Höfe noch viel länger Ultra-Doktrinen proklamieren, zum Werk der Trennung werden, was wir alle zu vermeiden wünschen.»[22] So zeigten sich die Umrisse einer Konstellation, die später mit der gesamten Nach-Wiener Zeitspanne gleichgesetzt wurde; die drei Großmächte nahmen für sich das Recht in Anspruch, Polizei in Europa nicht nur gegen politische, sondern auch gesellschaftliche Aufstände zu spielen. Ihnen gegenüber stand ein allmählich immer feindlicher werdendes Großbritannien, mit einer eigenen unabhängigen Außenpolitik, während Frankreich eine Schaukelpolitik zwischen diesen Kräften vollführte.

Nach Laibach wurde diese Entwicklung jedoch verzögert, und zwar nicht nur weil Castlereagh nicht gern sein Ideal einer Konferenzdiplomatie aufgeben wollte, sondern zugleich auch durch ein Ereignis, das eine Weile lang zu beweisen schien, daß die ganze Meinungsverschiedenheit zwischen Castlereagh und Metternich im Grunde genommen ein Kampf um Worte gewesen sei. Denn die Unruhen in den Donaufürstentümern und in Griechenland stellten Metternich und Castlereagh plötzlich vor die Gefahr einer Ausdehnung des russischen Einflusses auf das Mittelmeer. Als Castlereagh merkte, wie geschickt Metternich die Basis von Laibach zu nutzen wußte, erkannte er, daß eine Doktrin gemeinsamer Intervention ein nützlicheres Werkzeug zur Verhinderung von Handlungen sein kann als die Doktrin von der Nichteinmischung. Aus gutem Grund hatte Metternich in seinem Schlußmemorandum an den Zaren auf gemeinsamen Weisungen für wichtige Entscheidungen und auf exakter Anwendung der gemeinsamen Prinzipien bestanden. Die Nachricht von der Rebellion in den Donaufürstentümern traf in Laibach ein, während der Kongreß noch tagte. Metternich war nun aber durchaus nicht bereit, Alexander auf dem Balkan den gleichen Blankoscheck auszustellen, wie ihn der Zar ihm in Italien gewährt hatte. Die Firma, die Metternich vertrat, pflegte keine Blankoschecks auszustellen, um so weniger, als sie wußte, daß eine gemeinsame Aktion die Tätigkeit des Ganzen immer auf das Tempo des am wenigsten unternehmungsfreudigen Mitglieds der Allianz bremsen würde. Und Österreichs einziges Interesse auf dem Balkan lag darin, daß alles so bleiben möge, wie es war.

Die Politik Castlereaghs in der griechischen Krise ließ erkennen, daß die Doktrin von der Nichteinmischung keine höhere Moral, ja nicht einmal nur einen Unterschied in der innenpolitischen Struktur widerspiegelte, sondern in erster Linie Ausfluß des Sicherheitsbewußtseins war, wie es der insularen Lage entsprach. Denn in Griechenland, wo österreichisch-britische Interessen gleichermaßen berührt waren, wo, mit anderen Worten, sich Großbritannien genauso verwundbar fühlte wie Österreich, zeigte sich plötzlich, daß auch die Inselmacht an die Allianz appellieren konnte und indirekt damit sogar an die Heilige Allianz. Selbst Castlereagh trat hier überraschenderweise mit der Theorie von der Verworfenheit einer Revolution und von den Gefahren einer internationalen Verschwörung auf, und er war dabei nicht einmal weniger beredsam als Metternich. Als es erneut um die Frage ging, dem Zaren die Hände zu binden, lebte die alte Zusammenarbeit zwischen Metternich und Castlereagh in voller Stärke wieder auf.

Und es berührt merkwürdig, die Bekundungen von Freundschaft von einem Castlereagh zu lesen, der Alexander bremsen wollte, die nur noch durch den brennenden Eifer der Bekundungen Metternichs überboten wurden, der um ein Jahr der Erfahrung reicher war.

SECHZEHNTES KAPITEL

Der Aufstand der Griechen

I

Im Frühjahr 1821 schrieb Metternich: «Ich fühle mich in der Mitte eines Netzes wie meine Freundinnen, die Spinnen, die ich liebe, weil ich sie so oft bewundert habe... Meine moralischen Mittel habe ich nun nach allen Richtungen hin geltend gemacht... Diese Lage der Dinge aber fesselt die arme Spinne an den Mittelpunkt ihres feinen Gewebes... Solche Gewebe sind hübsch anzusehen, kunstreich gesponnen und widerstehen leichten Angriffen, nicht aber einem Windstoß.»[1] Dieser ironische Aphorismus spiegelt den Kern des «Metternichschen Systems» wider: die Politik des Fesselns des Gegners durch seine eigenen Bewegungen. Seine Pläne wurden durch unsichtbare Bande vereitelt, und über allem schwebte der Mythos, daß es «gegen die Spielregeln» sei, das Netz voller Ungeduld zu zerreißen.

Dank dieser Taktik hatte Metternich außergewöhnliche Erfolge buchen können. Doch gerade im Augenblick seines größten Triumphes, als er Deutschland und Italien befriedet hatte und die so sehnlich erwartete Ruhe greifbar nahe schien, kam der «Windstoß» aus einer völlig unerwarteten Ecke: dem Balkan. Das Netz wurde zwar nicht gleich zerrissen, seine kunstvolle Konstruktion aber wurde der härtesten Probe unterworfen. Noch ehe der Kongreß von Laibach sein Ende gefunden hatte, traf die Nachricht von Aufständen in den Donaufürstentümern gegen die Türken ein.

Die Krise auf dem Balkan warf sowohl auf moralischem als auch materiellem Gebiet Probleme auf, die völlig anders waren als bei den jüngsten Ereignissen in Mitteleuropa. Nur bei weitestherziger Auslegung konnte man das Ottomanische Reich, eine militante Theokratie, gegen die Europa fünf Jahrhunderte lang gekämpft hatte, noch als «legitime» Regierung bezeichnen. Auch die brüderliche Verbindung der Monarchen, welche vorgab, von christlichem Geist durchdrungen zu sein, konnte den Sultan nicht einschließen, der sich geweigert hatte, der Heiligen Allianz beizutreten, und dessen Mitgliedschaft ohnehin eine Ungereimtheit gewesen wäre. Doch selbst wenn die Analogie zu den jüngsten Ereignissen zutreffen sollte, würde sie nur neue Probleme aufwerfen. Denn Rußland, nicht aber Österreich, würden die Früchte einer Intervention auf dem Balkan zufallen. Schon seit den Zeiten Peters des Großen hatte sich Rußland auf Kosten des Türkischen Reiches erweitert, eine Tradition, die Alexander in den ersten Jahren seiner Regierung fortsetzte, als er dank der ihm durch den Vertrag von Tilsit gegebenen Handlungsfreiheit in die Donaufürstentümer vordrang. Erst die Gefahr eines napoleonischen Angriffs hatte ihn 1812 dazu gezwungen, den Vertrag von Bukarest zu schließen, durch den Rußland eine Art Protektorat über die Donaufürstentümer erlangte. Nach den Bestimmungen des Vertrags wurden die türkischen Satrapen, die Hospodaren in Jassy und Bukarest, von der Pforte anerkannt, aber von Rußland bestätigt. Sie stammten aus dem griechischen Adel. Deshalb kann man sagen, daß die erste «griechische Revolution» in einem Gebiet ausbrach, das genauso wenig griechisch war wie Rußland selbst. Sie wurde aber von zwei Griechen angeführt, die Offiziere im russischen Heer waren. Einer von ihnen, Ypsilanti, hatte Alexander im Verlauf des Feldzugs gegen die Türkei besonders nahegestanden. Im Februar 1821 verkündete Ypsilanti kühn, eine Großmacht sei bereit, ihn zu stützen, und appellierte im Namen der Christenheit an den Zaren: «Retten Sie uns, Majestät, retten Sie unsere Religion vor ihren Verfolgern, geben Sie uns unsere Kirchen und Altäre wieder, von denen das göttliche Licht ausstrahlte bis zu der großen Nation hin, die Sie regieren.»[2]

Was sollte der Gründer der Heiligen Allianz darauf antworten? Das war keine Revolution des Mittelstandes zu Zwecken politischer Freiheit, sondern es war eine nationale Bewegung mit religiösem Hintergrund, die sich gegen eine Macht richtete, mit der der russische Botschafter in Konstantinopel ohnehin gerade wegen wiederholter zynischer Verletzungen des Vertrags von Bukarest in Verhandlungen stand. Die Türkei bildete auch kein Glied in dem Vertragswerk von 1814/15. Sie genoß daher nicht den Schutz, den die russische Interpretation im Rahmen dieser Allianz bedeutete. Darüber hinaus brannte Capodistria darauf, seine Träume von der griechischen Unabhängigkeit zu verwirklichen. Er hatte von Ypsilantis Plänen gewußt und ihn heimlich dazu mit Hinweis auf russische Unterstützung ermutigt. Ypsilantis Briefe trafen am 17. März in Laibach ein, also nur drei Tage nach Eintreffen der Nachrichten über den Ausbruch der Revolution in Piemont. Sollte Rußland nun auf dem Balkan die Rolle spielen, die sich Österreich in Italien vorbehalten hatte? Sollte es das letzte Ergebnis der sorgfältigen Manipulation Metternichs sein, daß er eine Doktrin geschaffen hatte, die Alexander in den Stand versetzte, die Träume Peters des Großen zu verwirklichen?

Metternich war nicht bereit, sein Konzept von den Elementen, die die Ruhe bedeuteten, zugunsten einer doktrinären Anwendung formeller Analogien zu opfern. Schon 1808 hatte er den Standpunkt vertreten, es liege im fundamentalen Interesse Österreichs, das Ottomanische Reich erhalten zu sehen, und zwar aus dem bezeichnenden Grund, daß es die Ruhe an Österreichs Südgrenze sichere, während eine Änderung nur zu längeren Unruhen führen könnte[3]. Er wollte nun nicht unter Zustimmung Österreichs dem Zaren Alexander das zugestehen, was diesem trotz der Übereinkommen mit Napoleon in Tilsit nicht gelungen war. Doch das war alles leichter gesagt als getan. Die Hauptmasse der österreichischen Verbände stand in Italien, aber auch dessen ungeachtet wäre es undenkbar gewesen, daß Österreich in einen Krieg gerade gegen die Macht hätte eintreten können, die ihm soeben hunderttausend Mann zur Verfügung gestellt hatte.

So kam es zu einem letzten Ringen zwischen Alexander und Metternich, und zwar auf der Ebene der absoluten Moral, von der der Zar glaubte, hier sei er der oberste Priester. Metternich sollte nun beweisen, daß der Zar zwar Herr seiner Handlungen, aber nicht Herr seines Willens war; daß die gleichen Maximen, die zu einem Prinzip der Intervention in Italien geführt hatten, auch eine Doktrin der Nicht-Intervention auf dem Balkan zu stützen vermochten. Alexanders religiöse Vorstellungen mögen noch so ernst gewesen sein, für Metternich wurden sie zu einer politischen «Tatsache», von deren richtiger Wertung das Schicksal Österreichs abhing. Metternich behandelte folglich Alexander so, daß er den moralischen Anspruch grundsätzlich zugestand, das Recht, die Schlußfolgerungen in konkreten Einzelfällen zu ziehen, aber sich vorbehielt. Es gelang ihm zu zeigen, daß die Analogie zwischen dem Balkan und Italien eine durch schlaue Revolutionäre genährte Illusion sei, wodurch die Revolutionäre noch einmal den Lauf der Dinge umzudrehen versuchten: «Diese Explosion ist ohne Zweifel die unmittelbare Folge eines vorbedachten Planes», so liest sich das Memorandum Metternichs an den Zaren, «der geradewegs gegen die den Aufrührern schrecklichste Macht gerichtet ist, gegen die Vereinigung der beiden Monarchen in einem System der Erhaltung und Wiederherstellung ... Das ist eine Brandfackel zwischen Österreich und Rußland geworfen, ein Mittel, den mächtigsten Monarchen des griechischen Ritus mit seinen Glaubensgenossen zu überwerfen ..., ein Mittel schließlich, ihn dazu zu zwingen, daß er seine Blicke aus dem Westen zurückzieht, um sie gänzlich auf den Osten gefesselt zu halten.»[4] Kurz gesagt, das gleiche Bündnis, das es Metternich ermöglichte, in Italien zu handeln, sollte nun dazu dienen, eine russische Handlung auf dem Balkan zu verhindern. Für das Privileg, Österreich im Westen zu helfen, sollte sich Alexander von einer hundert Jahre alten russischen Ostpolitik abwenden. Freundschaft sollte liefern, was Gewalt nicht geschafft hätte.

Die Erfolge ließen nicht lange auf sich warten. Alexander berichtete Metternich, daß die Revolution in den Donaufürstentümern nichts anderes als ein neuer Brandherd sei, in der Hoffnung entzündet, die Anwendung der christlichen, von der Heiligen Allianz verkündeten Prinzipien zu vereiteln. Ypsilanti wurde aus dem russischen Heer entlassen, seinem Mitarbeiter Wladimerescu wurde die russische Auszeichnung aberkannt. Capodistria, dessen einzige wirkliche Leidenschaft die Unabhängigkeit Griechenlands war, erhielt Weisung, Ypsilanti eine Antwort zu erteilen, die es diesem klar machte, daß man Freiheit nicht durch Verschwörungen erreichen könne, und die ihm riet, zu bereuen und seinen Bestrebungen zu entsagen[5]. Unter diesen Umständen hatten die Türken keine Schwierigkeit, die Revolte zu unterdrücken. Ypsilanti floh nach Ungarn, wo er auf sechs Jahre in einem Gefängnis verschwand.

Der Kongreß von Laibach hatte also drei Revolutionen niedergerungen, zwei durch eine Doktrin der Einmischung und die dritte durch eine Doktrin der Nichteinmischung; und beide Doktrinen waren als Anwendungsformen der Maximen der Heiligen Allianz legitimiert worden. Metternich aber wollte nichts dem Zufall überlassen. Eine Woche, ehe man sich trennte, erhielt er von Alexander das Versprechen, auf dem Balkan keine Schritte ohne Zustimmung seiner Alliierten zu tun. In dem Schlußmemorandum erklärte Metternich die österreichisch-russische Zusammenarbeit und gemeinsame Weisungen an ihre Botschafter zu einem Grundelement der Ruhe in Europa. Es war Metternich gelungen, den Windstoß zu verhindern, der sein Netz zerrissen hätte.

Doch das türkische Problem konnte nicht so einfach und auch nicht von Metternich allein gelöst werden. Denn der erfolglose Aufstand in den Donaufürstentümern wurde zum Signal für den Aufstand und das Verlangen nach Unabhängigkeit bei den «wirklichen» Griechen. In weniger als drei Monaten wurden die Türken von der Halbinsel vertrieben, und die Nahostfrage wurde zu einem zentralen Problem der europäischen Diplomatie.

2

Das Ottomanische Reich war längst kein mächtiger Staat mehr wie noch im siebzehnten Jahrhundert, als es Mitteleuropa Angst und Schrecken eingejagt hatte. Es erstreckte sich über drei Kontinente und stellte eine merkwürdige Mischung von Militärdiktatur und Feudalherrschaft dar. Seine einzelnen Teile wurden von Satrapen regiert, die einen unterschiedlichen Grad von Unabhängigkeit vom Sultan in Konstantinopel genossen. Wenn auch der Bey von Tunis, der Emir von Ägypten, der Pascha von Morea und die Hospodaren in den Donaufürstentümern auf verschiedenen Stufen standen, so waren sie doch alle gemeinsam den verräterischen Angriffen ausgesetzt, mit denen die Zentralregierung ihre eigene Schwäche zu verdecken und ihre Oberherrschaft zu bekunden suchte. Unter den europäischen Vasallen des Sultans nahmen die Griechen eine bevorzugte Stellung ein. Sie beherrschten die Balkanhalbinsel kulturell, wirtschaftlich und in der Verwaltung. Ein Großteil der türkischen Marine bestand aus griechischen Seeleuten. Die Universität von Jassy war griechisch, und die Hospodaren in den Donaufürstentümern waren üblicherweise Mitglieder des griechischen Adels. Der Aufstand der Griechen war deshalb ein tödlicher Angriff auf die Gesamtstruktur des Ottomanischen Reiches. Wenn ihm Erfolg beschieden und die Herrschaft über die Ägäis verloren war, wie konnte die Pforte dann die weiter entfernt liegenden Provinzen bei der Stange halten? Es kann darum nicht überraschen, daß die Türken auf den Verlust von Morea hysterisch reagierten und geradezu rasend wurden, als die Griechen an ihre Glaubensbrüder appellierten. Der alte Geist religiösen Fanatismus brach wieder auf und führte zu einem großen Massenmord an Griechen in der türkischen Hauptstadt. Am Ostersonntag 1821 wurde der griechische Patriarch von Konstantinopel zusammen mit mehreren Bischöfen am Tor seiner Kathedrale aufgehängt.

Das war eine direkte Herausforderung an Rußland, den traditionellen Beschützer des griechisch-orthodoxen Glaubens, und wirkte besonders provokativ auf einen Monarchen von Alexanders religiöser Manie, der ohnehin schon erregt war über Berichte von türkischer Brutalität anläßlich der Niederschlagung des Aufstandes in den Donaufürstentümern. Vor allem aber war Alexander jetzt weit weg von dem Einfluß Metternichs und der Auslegung ausgesetzt, die Capodistria der moralischen Pflicht gab. Sie wirkte um so überzeugender, als sie auch noch zwiefach von unerwarteter Seite unterstützt wurde. Im Juni bestritt Ancillon, der Erzieher des preußischen Kronprinzen, in einem Memorandum, daß das Ottomanische Reich eine «legitime» Regierung sei, und regte an, Rußland solle im Auftrag der Heiligen Allianz die Ordnung wiederherstellen. Diesem Vorschlag wurde noch von einer Stimme aus der Vergangenheit sekundiert. Baronin Kruedener, die schon seit langem in Ungnade gefallen war, meldete sich wieder mit einer Vision eines neuen Kreuzzugs und schrieb beschwörend an ihren einstigen Schüler, sie sei gewiß, er werde die Weihnachtsmesse in Jerusalem zelebrieren können. «Es bedarf einer großen Seelenstärke, dem Einfluß seiner Umgebung zu widerstehen, einer noch größeren, ihn zu brechen», schrieb Metternich. «Der Kaiser [Alexander] hält noch fest, er steht aber allein unter den Seinigen ...»[6]

So zog sich denn Alexander den Sommer hindurch in die charakteristische Pose der Unentschlossenheit zurück, die er mit Stärke verbrämte. Seinen Wankelmut verbarg er hinter dem Mantel der Unnachgiebigkeit. Er wollte Metternichs Freundschaft erhalten wissen, sich aber nicht den Vorwürfen seiner Minister aussetzen. Er wünschte die Einmütigkeit der Verbündeten, wollte aber auch als Retter der griechisch-orthodoxen Religion dastehen. Alexanders Briefwechsel vom Juli spiegelt diese Zerrissenheit wider. Er bekundete seine Treue zu dem Geist von Laibach, appellierte aber unter dem 11. Juli auch an den Kaiser von Österreich mit der Frage, ob Europa wohl erwarten könne, daß er den türkischen Grausamkeiten untätig zusehen würde. Er verdammte den Mord an seinen Glaubensgenossen, versicherte Metternich unter dem 17. Juli aber, er würde nur in Übereinstimmung mit seinen Verbündeten handeln[7]. Doch Metternich, der alte Meister in der Auswertung des Begriffs «Einmütigkeit», konnte keinen Zweifel haben, daß es wohl fast unmöglich sein würde, dem

Erben Katharinas der Großen in den Arm zu fallen, sobald einmal die Feindseligkeiten ausgebrochen wären. Und so, wie sich die Dinge in Konstantinopel abspielten, schien ein Krieg unvermeidlich.

Während der ganzen Zeit hindurch hatte der russische Botschafter in der Türkei, Stroganow, mit der Pforte teils über Verletzungen des Vertrags von Bukarest, teils in der selbstübernommenen Rolle als Schützer des griechisch-orthodoxen Glaubens im Ottomanischen Reich verhandelt. Stroganow war ein Diplomat der alten «Russischen Schule», die in Rußland den Erben des Byzantinischen Reiches und in Konstantinopel das natürliche Ziel der russischen Politik sah. Da er seine Weisungen unmittelbar von Capodistria erhielt, trug sein Verhalten nicht zur Entspannung bei, während die Pforte ihrerseits den Vertreter Rußlands mit mehr als der nur üblichen Unverschämtheit behandelte. Denn während für den Westen Alexanders Schritte zweigleisig wirkten, waren sie für die argwöhnischen Türken nur zu klar. Ihnen erschien die Heilige Allianz als Aufruf für einen neuen Kreuzzug, und die wohlmeinenden Maximen des Zaren als Ausflucht für einen Marsch auf die Dardanellen. Die Beziehungen wurden schließlich so gespannt, daß Stroganow von Konstantinopel nach einem Schwarzmeerhafen zog, von wo aus er unter dem 5. Juni einen langen Bericht über türkische Grausamkeiten abschickte.

Capodistrias Antwort war energisch[8]. Er erwähnte die Ausschreitungen gegenüber dem Christentum und behauptete, hinter Rußland stünde Europa. Die Türken sollten die zerstörten Kirchen sofort wiederherstellen, die Unverletzlichkeit des Gottesdienstes garantieren und denen, die an dem Aufstand nicht teilgenommen hatten, eine friedliche Existenz zusichern. Eine Weigerung würde beweisen, daß das Ottomanische Reich sich moralisch nicht mit den christlichen Staaten gleichsetzen könne, und Rußland würde dann zusammen mit den anderen Staaten der Christenheit seine Glaubensbrüder beschützen. Die Pforte solle auf diese Note innerhalb acht Tagen antworten. Wie Capodistria zweifellos erwartet hatte, weigerte sich der aufgebrachte Sultan, ein Ultimatum auch nur in Erwägung zu ziehen, und nur dank dem Eingreifen des britischen Botschafters Lord Strangford entging Stroganow der Ermordung durch die erregten Türken. Als der russische Botschafter am 10. August schließlich nach Odessa in See stach, schien eine Kriegserklärung unvermeidbar der nächste Schritt zu sein.

Metternich ließ sich aber nicht so leicht aus der Ruhe bringen. Er wußte, daß Alexander nicht nach politischen, sondern nach moralischen Eroberungen strebte, und daß deshalb philosophische Bande ein Gegengewicht zu politischen Beziehungen knüpfen könnten. Es wiederholte sich das Ringen wie damals in Laibach, und wieder löste es sich in eine Exegese der Maximen der Heiligen Allianz auf. Capodistria argumentierte, der Zar habe die moralische Pflicht zu einer aktiven Politik im Nahen Osten. Metternich entgegnete, der Appell an die Religion des Zaren sei Beweis dafür, wie teuflisch geschickt das Böse vorgeht. Da Alexander in Laibach aber versprochen hatte, keine Einzelaktionen ohne seine Verbündeten vorzunehmen, war Metternichs Verhandlungsposition stärker, als es schien, ungeachtet der traditionellen russischen politischen Stoßrichtung und ungeachtet der Halsstarrigkeit der Türken. Denn eine Allianz bietet nur dann eine breite moralische und materielle Grundlage für Handlungen, wenn allgemeine Willensübereinstimmung herrscht. Weil es Metternich gelungen war, Alexander 1821 unter seinen Willen zu zwingen, hatte Österreich Rußland in der Zeit der Befriedung Italiens zu seinem diplomatischen Satelliten herabgedrückt. Weil Alexander jetzt keine entsprechende Zusage von Österreich erhielt, bremste die Allianz Capodistria in seinen griechischen Projekten. Der Kampf zwischen Metternich und Capodistria löste sich in ein Ringen auf, das darum ging, ob die Maxime eines legitimierenden Prinzips stärker sein würde als nationale Ansprüche.

Trotz Capodistrias Drängen ließ sich die Tatsache nicht verbergen, daß, wie Metternich es ausdrückte, «zwei Faktoren sich überall in der Welt gegenüberstehen: die Capodistrias und die Metternichs. Weil der Zar ein Metternich ist, werden seine Gegner die Unterlegenen sein.» Wie sich später noch zeigen sollte, hatte Metternich in seinem brillanten «Porträt» den Zaren und dessen Charakter durchschaut. Die Unentschlossenheit des Zaren verwandelte sich immer zu einem hartnäckigen Festhalten an dem einmal, wenn auch erst nach langem Hin und Her, eingeschlagenen Weg. Weil seine Stimmungen seine Politik bestimmten, neigte der Zar dazu, an unausweichbare Entscheidungen mit einseitigem Fanatismus heranzugehen, den er dann für das Diktat moralischer Überzeugungen hielt. 1807, nach der Niederlage bei Friedland, hatte sich sein Haß gegen Napoleon beinahe über Nacht in enthusiastische Bewunderung verwandelt. Ähnlich war es auch 1812, als er, nachdem er einmal zum Krieg gezwungen war, diesen ungestüm fortsetzte, weil er in ihm eine moralische Rechtfertigung für den Brand von Moskau sah. Ähnlich war es auch nach 1815, als die negativen Ergebnisse von Wien ihn in die Stimmung eines religiösen Mystizismus versetzt hatten. Metternich versuchte darum, einen Meinungswandel in Rußland um jeden Preis zu vermeiden, denn er wußte, daß, wenn Alexander sich einmal zu einem Krieg durchringen würde, er aus ihm einen Kreuzzug machen würde. «Wenn ein Kanonenschuß fällt, entweicht uns der Kaiser an der Spitze oder im Gefolge seines Heeres, und dann gibt es keine Grenze mehr für seine Pläne und für das, was er für seine dort oben geschriebenen Geschicke hält.»[9]

Metternich ließ nun auf den leicht zu beeindruckenden Zaren eine wahre Flut von Berichten niedergehen. Einmal übersandte er ihm so viele Nachrichten hintereinander, daß er keinen einzigen Kurier mehr in Wien zur Hand hatte. Alle Appelle Metternichs liefen auf den einen Gedanken hinaus: Das fundamentale Interesse Rußlands in Europa liegt in der Unterdrückung der sozialen Revolution, nicht aber in der Vergeltung für Grausamkeiten, die das Türkische Reich begangen hat, mögen diese für Alexander persönlich auch noch so schmerzlich sein. Das teuflische revolutionäre Zentralkomitee in Paris habe irgendwie auch die Aufstände in den Donaufürstentümern eingefädelt, um die ihm so gefährliche Allianz zu unterhöhlen. «Das Böse, das wir zu bekämpfen haben», so antwortete Kaiser Franz auf den Brief des Zaren vom 11. Juli, «liegt nicht in der Türkei, sondern in Europa ... Wenn man sich keinen Illusionen über das wahre Wesen der Ziele der anderen hingeben will, braucht man sich nur jene anzusehen, die heute so begeistert die sogenannten christlichen Interessen ins Feld führen: ... Es sind gerade jene Menschen, die nicht an Gott glauben und weder seine Gesetze noch die von Menschenhand geformten achten ... In der Einheit der verbündeten Höfe liegt die letzte Hoffnung, die drohende Gefahr abzuwenden.»[10] Das war ein Appell an den Zaren von Laibach, sein Werk durch Ausharren zu krönen, der Versuchung zu widerstehen, die ein schlau berechnendes Zentralkomitee ins Spiel gebracht hatte, dem es nur darum ging, einen Konflikt zwischen Alexanders moralischer Pflicht und seinen humanitären Vorstellungen aufzureißen. Wo aber in Troppau und anfangs auch in Laibach die Einigkeit der Verbündeten als Ausgangspunkt für gemeinsame Aktionen beschworen worden war, wurde sie jetzt verwandt, um eine Doktrin der Untätigkeit zu entwikkeln. Und auf dieser Grundlage trat unerwarteterweise auch Castlereagh wieder der Allianz näher, so als habe er eigentlich nie abseits gestanden.

Denn die Türkei und die Herrschaft über die Meerengen war kein abgelegenes, «abstraktes» Problem, wie es die Form der Unterdrückung der Revolution in Neapel gewesen war. Hier ging es nicht um einen Fall insularer Sicherheit, der eine Politik selbstherrlicher Abseitsstellung diktierte. Ein Zerschlagen des Ottomanischen Reiches konnte zum Verlust der Herrschaft über das Mittelmeer und mußte beinahe mit Sicherheit zum Verlust des Nahen Ostens führen. Hier ging es zum ersten Mal um eine Sache, die für Großbritannien genauso wichtig war wie für Österreich. Und plötzlich hörte man nichts mehr von Metternichs Ängstlichkeit und von einer Politik der Übervorsicht. Castlereagh kritisierte Metternich jetzt höchstens dafür, daß er nicht vorbeugend genug sei. Ja, Castlereagh verdächtigte Metternich sogar, Seite an Seite mit dem Zaren die Auflösung des Ottomanischen Reiches zu erwägen[11]. Darum verhielt er sich im Juni zunächst kühl abwartend, als Metternich gemeinsame Schritte in Konstantinopel anregte. Unter dem 16. Juli wandte sich Castlereagh jedoch, ohne vorher mit Metternich deshalb Fühlung aufgenommen zu haben, direkt an den Zaren, was erkennen ließ, daß auch Castlereagh an die Allianz, und sei es unter breitester Auslegung ihrer Ziele, zu appellieren verstand, wenn entscheidende britische Interessen auf dem Spiel standen. Denn in der Form eines Privatbriefes an Alexander, der noch dazu in einem für Castlereagh seltenen Ton der beschwörenden Beredsamkeit abgefaßt war, appellierte der britische Minister an den Zaren von Troppau und Laibach, den Schutzherrn der Allianz, den großmütigen Herrscher, dessen Wohltaten Europa die Ruhe sicherten. Vergessen waren die Vorwürfe wegen unnötiger Ausdehnung der Allianz vom vorigen Jahr. Es war nichts mehr von der Kritik zu finden, die sich noch vor ein paar Monaten gegen die Vision des Zaren von einer europäischen Regierung gewandt hatte. Sogar das Prinzip der Nichteinmischung in innere Angelegenheiten anderer Staaten wurde verletzt, denn der Brief enthielt einen kaum verhohlenen Angriff auf Capodistria.

Vorwand für Castlereaghs Brief an den Zaren war eine Bemerkung des Zaren, die dieser drei Jahre zuvor auf dem Kongreß zu Aachen gemacht hatte, wonach Castlereagh sich im Fall besonderer Gefahr notfalls direkt an ihn wenden könnte. Der Brief begann mit einem versteckten Hinweis auf die innenpolitischen Schwierigkeiten des Zaren, bekundete die übereinstimmende Überzeugung Rußlands und Großbritanniens über das universelle Wesen der Allianz – deren Grenzen Castlereagh noch vor kurzem so eng gezogen hatte. Er scheue sich nicht, an den Zaren zu schreiben, bekundete Castlereagh, «weil ich die innerste Überzeugung hege, daß Euer Kaiserliche Majestät trotz dem Einfluß, den territoriale Überlegungen oder die besonderen Anschauungen Ihrer Bevölkerung haben mögen, im Grund genommen mit der britischen Regierung einer Meinung sind. Ich bleibe der festen Überzeugung, daß Euer Kaiserliche Majestät über örtliche Erwägungen hinweg triumphieren und einen weiteren, nicht unerwarteten Beweis für die Entschlossenheit Euer Majestät bringen werden, das durch die jüngsten Friedensverträge konsolidierte europäische System unangetastet zu lassen.» Das war eine merkwürdige Auffassung, die hier angesichts all dessen, was sich vorher abgespielt hatte, vertreten wurde. Die Türkei sollte in den Genuß von Verträgen kommen, denen beizutreten sie sich geweigert hatte, während die Anwendbarkeit gegenüber dem Königreich Neapel, das eine Signatarmacht war, hartnäckig verneint worden war. Auch Castlereaghs Auslegung der wahren Gründe für den Aufstand der Griechen ist nicht weniger beachtenswert. Er bestritt, daß es sich hier um ein isoliertes Phänomen handele. Es gehe vielmehr um «einen Ausfluß jenes organisierten Geistes des Aufstandes, der sich systematisch überall in Europa zeigt und zu Explosionen führt, wo die jeweilige Regierung, gleich aus welchem Grund, sich als zu schwach erweist.» Es war noch nicht neun Monate her, seit Castlereagh die Bestrebungen des Zaren, die Revolution niederzuringen, als «ein schönes Phantom, dem vor allem Großbritannien nicht nachjagen kann», bezeichnet hatte.

Castlereagh bestritt nicht, daß die von den Türken begangenen Grausamkeiten «die Menschheit erschauern lassen». Doch, wie auch Metternich, erklärte er, Überlegungen der Menschlichkeit müßten der großen Aufgabe, «die gesegnete Struktur» Europas zu erhalten, untergeordnet werden, denn Europa würde durch jede radikale Erneuerung tief im Herzen getroffen. Darum appellierte er an Alexander, «der Nachwelt eine stolze Bekundung der Prinzipien Euer Kaiserlichen Majestät zu liefern, indem Sie diesem halbbarbarischen Staat jenes Maß an Großmut entgegenbringen, das eine religiöse Achtung für das System angesichts der Provokationen diktiert, des Respekts vor einem System, das dank des machtvollen Einflusses Euer Kaiserlichen Majestät in Europa entstand.» Der Brief schloß mit der Versicherung, die jüngsten Meinungsverschiedenheiten innerhalb des Bündnisses seien untergeordnete Erörterungen über gemeinsame Ziele gewesen, und Großbritanniens Verbundenheit mit dem Zaren sei davon unberührt geblieben: «Ich bin der Überzeugung, daß jeder Staat trotz seiner Eigenheiten unverändert den fundamentalen Verpflichtungen der Allianz treu bleiben und daß das gegenwärtige europäische System auf lange Zeit hinaus die Sicherheit und Ruhe Europas garantieren wird.»[12]

Angesichts der jüngsten Ereignisse mußte dieser Brief als unglaubliche Frechheit betrachtet werden, würde seine Trockenheit nicht eine entwaffnende Illustration der Mentalität Castlereaghs liefern. Jetzt, wo es um britische Interessen ging, verstand er nicht mehr, daß eine Gefahr nicht offenkundig sein konnte, obwohl er noch vor einem Jahr bereit gewesen war zuzugestehen, daß eine Allianz unterschiedliche Auslegung finden könnte. Hier ging es nun um eine so oft beschworene «überragende Gefahr», und darum war es nur natürlich, daß Castlereagh die Allianz wieder in ihrem glitzernden Ruhm als Hüter des Friedens sah.

Obwohl Alexander anfangs auf Castlereaghs Brief nicht sehr ermutigend reagierte, konnte er sich schließlich doch nicht dem Druck seiner beiden großen Verbündeten entziehen. Die von ihm nahezu eine Dekade lang vergeblich erstrebte Huldigung eines dankbaren Europa lag nun in greifbarer Nähe. Zum ersten Mal beschränkten keine kleinlichen Erwägungen mehr die universelle Anwendung seiner Maximen. Auch wenn der Appell an seine Ideen in der Praxis auf einen Aufruf zu unbegrenzter Selbstbescheidung hinauslief, so war er doch schließlich eine, wenn auch reichlich späte, Bestätigung.

In der Zwischenzeit hatte Metternich den preußischen Außenminister zu der Erklärung bewogen, Ancillons Memorandum habe nur dessen «private Meinung» wiedergegeben. Trotz aller Bekundungen der Freundschaft ließ sich jetzt die Tatsache nicht mehr verschweigen, daß Rußland wieder isoliert war. All das zusammen veranlaßte Alexander nachzugeben. Als Anfang August Capodistria behauptete, ein Krieg auf dem Balkan würde der Allianz ihre einstige Einigkeit wiederbringen, antwortete Alexander in der Sprache von Metternich: «Wenn wir den Türken mit Krieg antworten, wird das Revolutionskomitee in Paris triumphieren, und keine Regierung wird davon unberührt bleiben.» Er verbot Capodistria, in irgendwelchen Weisungen oder Noten auf die Möglichkeit eines Krieges anzuspielen. Als Stroganow sich nach seiner Rückkehr von Konstantinopel meldete, wurde ihm bedeutet, der Zar habe seine Entscheidung bereits gefällt und der Botschafter habe sich zu beugen. Unter dem 29. August antwortete Alexander, wenn auch etwas zweideutig, an Castlereagh: «Ich werde mein Möglichstes tun.»[13] Mit gutem Grund konnte Metternich am 3. September den Satz niederschreiben: «Ich erhalte täglich mehr Beweise davon, daß Kaiser Alexander in meiner Schule Wurzel gefaßt hat... Capodistria wünscht die Bewegung, sein Kaiser aber nicht.»[14]

Nun hatte man zwar einige gute Fortschritte in dem Versuch erzielt, einen Kriegsausbruch zu vermeiden, die Faktoren, die zu der Spannung geführt hatten, bestanden aber noch immer. Die griechische Rebellion ging mit zahllosen Grausamkeiten auf beiden Seiten weiter. Capodistria blieb russischer Minister und hatte bei seinem Drängen auf entscheidende Aktionen nahezu alle russischen Diplomaten hinter sich. Als die Seelennot des Zaren noch größer wurde, zog er sich in mystifizierende Zweideutigkeiten zurück, wobei er jeden Akt der Versöhnung durch kriegerische Erklärungen zu kompensieren suchte. Alexanders erste Entscheidung hatte Castlereagh und Metternich zwar eine Atempause gewährt, aber doch nicht mehr. Alexander sagte zu dem britischen Botschafter, man habe nun den ganzen Winter Zeit für das Bestreben, das Unglück eines Krieges zu vermeiden, doch täten die Verbündeten klug, ihr weiteres Vorgehen miteinander zu erörtern, sollte Rußland ein Krieg aufgezwungen werden[15].

Metternich sah einen Ausweg darin, daß er sich seinem alten Schützling, der Botschafterkonferenz in Wien, wieder zuwandte, welche dem Zaren ein Symbol der Solidarität liefern und ihm selbst die Mittel in die Hand geben würde, Rußlands Ambitionen zu vereiteln. Castlereagh fürchtete jedoch, Metternich könnte zu nachgiebig sein, und hielt das ganze Problem für viel zu kompliziert, um es Botschaftern zu überlassen.[16] Metternich schlug daraufhin ein persönliches Treffen mit Castlereagh vor. Äußeren Vorwand sollte der bevorstehende Besuch des britischen Königs bei seinen Untertanen in Hannover sein.

Als Metternich diesen Gedanken dem britischen *chargé d'affaires* in Wien, Gordon, unterbreitete, fand er eine kühle Aufnahme. Gordon war noch in den Geleisen abwartender Abseitsstellung, wie es Castlereaghs Politik im vergangenen Jahr gewesen war, und erklärte, separate Verhandlungen könnten zu «irrigen Folgerungen und Eifersüchteleien sowie bösartigen Berichten in anderen Teilen der Welt» führen[17]. Er hatte aber mit der Zeit nicht Schritt gehalten. Seine Betrachtung der Allianz basierte noch auf den Ereignissen von Troppau und Laibach, wo keine unmittelbar britischen Interessen auf dem Spiel standen, oder auf Aachen, wo Frankreich als einzige Bedrohung galt. In Sachen Türkei war die Lage aber anders, und es war typisch, daß für Castlereagh der Unterschied darin bestand, daß es bei dem einen um ein praktisches Problem, im andern Fall um eine abstrakte Theorie gehe. Es war eine Betrachtungsweise der Revolution in Neapel, die Metternich bestimmt verblüfft hätte: «Ginge es hierbei um eine Frage, die unsere Aufmerksamkeit erheischt und die von *gewöhnlicher* Art wäre, bei der es um eine bestimmte Regierungsform geht, unter der ein Teil Europas leben sollte (wie es kürzlich in Sachen Neapel der Fall war), hätte ich den gleichen Standpunkt erneut eingenommen, wie Sie ihn in dem Gespräch mit Fürst Metternich vertreten haben... Die Frage der Türkei hat jedoch einen völlig anderen Charakter und wird in England nicht unter *theoretischen,* sondern sehr *praktischen* Erwägungen betrachtet...»[18] So trafen sich die beiden großen Staatsmänner der Ruhe Ende Oktober des Jahres 1821 das letzte Mal, um, wie schon so oft zuvor, einen gemeinsamen Plan auszuarbeiten, der das Gleichgewicht in Europa aufrechterhalten sollte.

3

Metternichs Weg durch Deutschland war eine Triumphreise. An jedem Hof wurde er als der Mann begrüßt, der die Revolution besiegt hatte, und er berichtete, die deutschen Regierungen würden nicht nur um Rat, sondern eher um Weisungen bitten[19]. Auch die Art und Weise, wie ihn der König von England empfing, war nicht dazu angetan, sein Selbstvertrauen zu mindern. Es war geradezu typisch für Metternichs Stellung als konservatives Gewissen Europas, daß die Unterhaltung bei dem ersten Gespräch mit Georg IV. sich eine beträchtliche Zeit lang mehr um innerpolitische Angelegenheiten in Großbritannien als um den Aufstand der Griechen drehte. König Georg war entschlossen, Liver-

GEORG IV.
KÖNIG VON ENGLAND

pool zum Rücktritt zu zwingen, und wollte von dem «Doktor der Revolutionen» gern wissen, wie er das ohne großes Aufsehen erreichen könne. Metternich interessierte Liverpool zwar nicht, er wollte aber sichergehen, daß ein Regierungswechsel nicht auch einen Rücktritt Castlereaghs zur Folge haben würde. Deshalb versuchte Metternich, Castlereagh zu bewegen, Liverpools Abdankung einzuleiten und selbst ein neues Kabinett zu bilden. Castlereagh stimmte unter der Bedingung zu, daß Liverpool freiwillig abtreten müsse, andernfalls würde er mit ihm gehen[20].

Als Castlereagh und Metternich sich schließlich dem griechischen Aufstand zuwandten, stellten sie fest, daß sie im Grund genommen einer Meinung waren. Metternich hatte ein Memorandum mitgebracht, in welchem der russisch-türkische Gegensatz in drei Teilen erörtert wurde. Das Memorandum ging davon aus, daß die Verbündeten, um einen Ausgangspunkt für Verhandlungen zu gewinnen, die Allianz als «in ihrer vollen Kraft existierend» ansehen sollten – ein nur schwach getarnter Hinweis, daß Castlereagh seine selbstherrliche Kritik vom vergangenen Jahr nicht wiederholen möge. Das Memorandum erwähnte ferner, Capodistria sei das Haupthindernis auf dem Weg zu einer Lösung, und die Vertreter Großbritanniens und Österreichs in Konstantinopel sollten der Pforte einige Konzessionen abzuringen versuchen, um jeden Vorwand für einen Krieg zu beseitigen[21]. Castlereagh stimmte diesen Gedanken zu, und die beiden Männer kamen überein, gemeinsame Anstrengungen zur Sicherung des Friedens zu unternehmen, allen russischen Ersuchen, ihre Haltung im Fall eines Krieges darzulegen, auszuweichen, und gleichlautende Weisungen an ihre Botschafter in Rußland zu leiten. Jeder der beiden Botschafter sollte jedoch die Argumente vorbringen, die seiner besonderen Lage entsprachen, um jeden Anschein eines gemeinsamen österreichisch-britischen Vorgehens gegen Rußland zu vermeiden[22]. Lord Strangford, der britische Botschafter in der Türkei, sollte die Verhandlungen mit der Pforte führen.

Gegen Ende Oktober war somit Metternichs Spinngewebe stärker denn je. In Laibach hatte er vom Zaren das Versprechen erhalten, keine einseitigen diplomatischen Aktionen vornehmen zu wollen; in Hannover hatte er gemeinsame Schritte mit Großbritannien abgesprochen. Wie einst in dem krisenreichen Frühjahr von 1813 war Metternich die Brücke zwischen den Gegnern, denn er verfügte über ein legitimierendes Prinzip, das von beiden Seiten anerkannt wurde: das politische Gleichgewicht für Castlereagh und das soziale Gleichgewicht für Alexander.

Castlereagh sollte sich als erster an den Zaren wenden, nahm dabei jedoch die Absprache, die besonderen britischen Argumente vorzubringen, etwas zu wörtlich. Statt an die exaltierten Prinzipien der Allianz zu appellieren, versuchte er, den Zaren von zu energischen Schritten abzuhalten, indem er deren «Unvernünftigkeit» darlegte. Statt Alexanders moralische Maxime so auszulegen, daß sie seine eigenen Argumente stützten, bestritt er deren Anwendungsmöglichkeit schlechthin. Wie in Hannover abgesprochen, weigerte sich Castlereagh, russische Anfragen über Großbritanniens Haltung im Fall eines Krieges zu diskutieren, weil «keine Macht ihre Haltung im Fall eines so folgenreichen Kampfes vorhersagen könnte». Selbst wenn sich ein Krieg als unvermeidbar erweisen würde, dürfte er seiner Meinung nach nicht zur Schaffung eines neuen griechischen Staates führen «der sein Entstehen einem System der Revolution verdanken würde, das der Kaiser so sehr verwirft». Sollte ein russischer Minister einen solchen Plan empfehlen, so fügte Castlereagh hinzu, möge er es in klarer und verständlicher Form tun, aber nicht erwarten, dazu den Rat von Rußlands Verbündeten zu erhalten, die im Gegenteil dagegen protestieren müßten.

Dieser direkte Angriff auf Capodistria erwies sich als unglücklich, weil der Zar die britische Vorstellung von ministerieller Verantwortlichkeit nicht erkannte und glaubte, er selbst sei gemeint. Auch der Rest von Castlereaghs Brief brachte die Dinge nicht weiter voran. Zwar hatte Castlereagh erwähnt, daß die Türken zweifellos Grausamkeiten begangen hätten, doch darauf mit einer Lektion über die Beziehung zwischen Gefühl und staatsmännischer Führungskunst geantwortet, was Alexander nur als Herausforderung gegen alle seine tiefempfundenen Maximen zu deuten wußte: «... Wollte man einem Staatsmann gestatten, sein Verhalten nach Befehlen des Herzens statt Diktaten des Verstandes zu richten, vermag ich wahrlich keine Grenzen zu erkennen, die man seinen Impulsen ziehen könnte... Wir müssen immer daran denken, daß der Staatsmann die schwere Aufgabe hat, für Frieden und Sicherheit der ihm unmittelbar anvertrauten Interessen zu sorgen, und er niemals das Schicksal der gegenwärtigen Generation zugunsten spekulativer Bestrebungen gefährden darf, das Los der nächsten Generation zu verbessern...»[23]

In dem Maß jedoch, in dem Castlereagh darauf verzichtete, die sakrale Sprache des Zaren zu nutzen, verlor er an Überzeugungskraft. Den Herbst hindurch verschlechterten sich die Beziehungen. Das ging zu einem Gutteil auf Capodistria zurück, der noch immer die Noten für den Zaren entwarf und dessen Absichten in schärfstmöglichem Ton formulierte in der Hoffnung, Castlereagh oder Metternich eine unvorsichtige Antwort zu entlocken. Doch auch Zar Alexander wurde störrisch. Er wies darauf hin, daß seine Truppen stets Europa zur Verfügung gestanden hätten, und versprach ominös, selbst mitten in seinem Heer noch so handeln zu wollen, als seien die Vertreter Österreichs, Frankreichs, Großbritanniens und Preußens um ihn versammelt.

Das war jedoch ein Versprechen, das Metternich auf keinen Fall auf die Probe stellen wollte. Unter dem 5. Dezember appellierte er deshalb an Alexander in einer Sprache, die für den Zaren verständlicher war als die umständliche Logik Castlereaghs. Die orientalische Krise, so erklärte Metternich, sei ein letztes Aufflammen des bösen Prinzips vor seinem endlichen Untergang. Er berichtete dem Zaren von seiner Reise durch Deutschland, die so anders gewesen sei als im Jahr 1818, weil heute in Deutschland, dank der Haltung des Zaren in Laibach, Ruhe herrsche. Das war zwar eine gewisse Übertreibung, hob aber Alexanders Reputation und erwies sich als geeignete Einführung für die folgenden Abschnitte, in denen Metternich die Zweifel bei seinem schwankenden Gegenüber zu beseitigen trachtete. «Lassen wir uns durch nichts ablenken. Die Monarchen erwartet ein Lohn, der ihrer Ausdauer und ihrer edlen Bemühungen wert ist. Es geht um nichts Geringeres als darum, die Zivilisation vor einem Weltbrand gerettet zu haben, welchen abwegige Geister so lange Zeit zu schüren gewagt haben ... Die Geschichte wertet moralische Eroberungen anders als jene, die kein anderes Ziel haben, als Provinzen oder Reiche zu erobern.»[24]

Um die Eroberungen, die Alexanders harrten, in ein grelles Licht zu rücken, wurde das Spiel vom letzten Sommer wiederholt. Ein Kurier jagte den anderen mit umfangreichen Berichten über revolutionäre Verschwörungen in Deutschland und Italien. Auch Castlereagh half mit einem Bericht nach, in dem in umständlichen Phrasen von einem revolutionären Golfstrom die Rede war, der sich von den Küsten Südamerikas in Richtung auf die Ägäis ergösse[25]. Diese Berichte führten zwar nicht zu einer unmittelbaren Entspannung, trugen aber mit dazu bei, die Unentschlossenheit des Zaren zu vergrößern. «Alles flößt ihm Mißtrauen und Verdacht ein», berichtete Lebzeltern, und bald darauf trafen im Westen Geheimberichte ein, wonach Alexander dabei sei, eine Geheimpolizei nach österreichischem Vorbild einzurichten. Metternich richtete nun sein Trommelfeuer auf einen weiteren schwachen Punkt in Alexanders Panzer: das Doppelspiel seines Ministerpräsidenten. «Capodistria will den Krieg und will ihn nicht», schrieb Metternich. «Er will den russischen Beistand, um die griechische Sache durchzuführen, aber er will den griechischen Beistand nicht dazu hergeben, um die Sache des russischen Vorteils zu Ende zu bringen. Er sieht eine ungeheure Verantwortung auf sich lasten und hat das peinliche Gefühl, das jeder derartigen Lage anhaftet: zugleich zwei Sachen und einem einzigen Herrn zu dienen... Nun gibt es nichts von Grund auf sich

Widerstrebenderes als diese beiden Sachen; lassen Sie ein griechisches Reich entstehen, und Sie werden sehen, daß es Rußland als den einzigen zu fürchtenden Feind betrachtet.»[26]

Um diesen Zwiespalt deutlich werden zu lassen, antwortete Metternich schließlich unter dem 28. Januar auf Capodistrias drohende Briefe. In einer sehr geschickt abgefaßten Note wies er den Vorwurf zurück, Österreich habe den Geist von Laibach verlassen[27]. Im Gegenteil, Österreich habe den Ausbruch einer weiteren revolutionären Welle im Westen verhindert, weil es sich nicht in die türkischen Affären habe ziehen lassen. Metternich verdammte in der nun schon fast rituellen Form die Revolution und ihre atheistischen Fürsprecher, schlug aber gleichzeitig als Lösung des Dilemmas vor, zwischen den durch türkische Vertragsverletzungen entstandenen Problemen, auf deren Bereinigung Rußland zu bestehen ein Recht habe, und den durch den griechischen Aufstand aufgeworfenen Fragen zu unterscheiden, wobei es im letzteren Fall um eine europäische Angelegenheit gehe, für die ein europäischer Kongreß die geeignete Ebene sei. Metternich versprach, Rußland in den rein russischen Dingen als Beweis seiner Freundschaft zu unterstützen, und faßte diese Probleme unter vier Überschriften zusammen: a) Wiederherstellung der griechischen Kirche; b) Schutz der griechisch-orthodoxen Religion; c) Anerkennung eines Unterschieds zwischen schuldigen und unschuldigen Griechen; d) Räumung der Donaufürstentümer. Durch das Angebot, die «russischen» Forderungen stützen zu wollen, wollte Metternich darlegen, daß Alexanders Minister «griechische» Ziele verfolge und Alexander damit im Grund genommen jedes *besondere* Recht aus der Hand winde, von sich aus in den griechischen Aufstand einzugreifen.

Den ganzen Februar hindurch hüllte sich der Zar jedoch in Schweigen. Und wenn Capodistrias erbitterte Briefe und Noten Ausdruck der Geisteshaltung des Zaren waren, schien ein Krieg unvermeidbar. Als die Verhandlungen Lord Strangfords in Konstantinopel an der Unnachgiebigkeit der Türken scheiterten, sah es aus, als habe Capodistria sein Spiel gewonnen. Er beantwortete Metternichs Note mit solcher Schärfe, daß der österreichische Botschafter glaubte, es handele sich um den Auftakt zum Abbruch der Beziehungen. Doch Capodistrias Note erwies sich als dessen letzter Hieb gegen Metternich. Schon drei Tage später schreckte Zar Alexander wie auch im vergangenen August vor der Aussicht auf isolierte Aktionen zurück. Die Vision einer versöhnten Menschheit konnte selbst zugunsten des traditionellen Zieles der russischen Politik, der Beherrschung der Meerengen, nicht leicht aufgegeben werden. Und es war typisch für Alexander, daß er seinem Dilemma nun durch eine Flucht in alliierte Einmütigkeit zu entweichen gedachte. Er sagte zu Lebzeltern, er sei des Notenwechsels müde und werde einen Bevollmächtigten nach Wien entsenden, um mit Metternich zu verhandeln.

Die Personenwahl, die er dafür traf, war nicht gerade glücklich, denn Tatistschew, der ehemalige Botschafter in Madrid, hatte sich schon durch seine Intrigen gegen Großbritannien im Jahr 1817 hervorgetan. Während der Zar sich noch schmeicheln mochte, ihm stünden alle Wege offen, konnte Metternich keinen Zweifel haben, daß er eine entscheidende Runde gewonnen hatte: Der

Streit war von einer moralischen auf eine politische Ebene gehoben worden, auf der er mit Methoden der Kabinettdiplomatie zu lösen sein konnte, also ein Gebiet, auf dem Metternich Meister war. «Nun wäre sie geplatzt, die Bombe», schrieb er sarkastisch, «gefüllt mit – Baumwolle ... Da man nicht weiß, was man *sagen* soll, denn das Magazin von Torheiten ist erschöpft, so wünscht man sich *auseinanderzusetzen*. Man hat den Mann erwählt, welcher gerade zur Hand war, aus dem einfachen Grund, weil nichts in Rußland so selten ist wie ein Mann ... Nun wird die Geschichte losgehen.»[28]

Die Geschichte ging jedoch nicht los, denn Tatistschews Verhalten war genauso zweideutig wie die Motive, die an dem von ihm vertretenen Hof herrschten. Er kam mit einer von Capodistria entworfenen Note, in der Rußland darauf bestand, den Schutz der Christen in der Türkei ausüben zu dürfen, und in der weiter gefordert wurde, die türkische Souveränität über Griechenland in eine Oberherrschaft umzuwandeln. Tatistschew gab aber auch zu, Capodistrias Note enthalte nicht alle Instruktionen, die er habe, vielmehr habe ihm der Zar gesagt, er möge Rußlands Entschlossenheit zum Ausdruck bringen, nur in Übereinstimmung mit seinen Verbündeten vorgehen zu wollen. Das entsprach Metternichs Wünschen schon besser, denn das Erfordernis der Einmütigkeit gab Österreich ein Veto gegen russisches Vorgehen. War es schon gefährlich genug, einen untergeordneten Bevollmächtigten mit Verhandlungen mit Metternich zu betrauen, so war es besonders gefährlich, als Ort der Gespräche Wien zu wählen. Es war fatal, den Bevollmächtigten mit zweierlei Weisungen zu versehen, was im Ergebnis auf nichts anderes hinauslief, als um die Zustimmung der anderen Seiten nachzusuchen[29]. Tatistschews überdurchschnittliche Eitelkeit ließ ihn darüber hinaus glauben, er könne Metternich düpieren. Metternich wußte aber seit eh und je, wie man Gegner überspielen kann, die einen unterschätzten. Mit Bezug auf Tatistschew meinte er: «Nur wenige wissen, zu welchem Vorteil man Menschen nutzen kann, die sich selbst für schlau halten ... Nur der durch und durch ehrenhafte Gegner ist wirklich schwer zu besiegen.»

Metternich bot sich somit erneut die Chance einer virtuosen Schau reinster Kabinettdiplomatie. Er konnte wieder zeigen, daß er Herr von Verhandlungen war, in denen das Ziel feststand und alles darauf ankam, die Geistesverfassung des Gegners richtig einzuschätzen. Es war das letzte Mal, daß er die Möglichkeit für ein solches Spiel hatte, denn später konnte er nie wieder mit der gleichen Sicherheit auftreten, wie sie ihm das Bewußtsein britischer Hilfe bot. Tatistschew wurde bald zum Mitglied der ehrenwerten Gesellschaft der Narbonne, Aberdeen, Caraman, Hardenberg und Stewart, die mit Metternich verhandelt hatten und feststellten, völlig ausmanövriert worden zu sein, oder die, wie es gleichermaßen oft vorgekommen war, zu Sprechern des schlauen österreichischen Ministers umgarnt worden waren. Bei ihrer nächsten Zusammenkunft überredete Metternich Tatistschew, lieber auf Grundlage der Weisungen des Zaren als der von Capodistria zu verhandeln. Da damit feststand, daß Einmütigkeit erzielt werden sollte, ersuchte Metternich nun Tatistschew, die russischen Maximalforderungen zu formulieren, die erst dem österreichischen Kabinett und dann den Verbündeten vorgelegt werden sollten. Schließlich aber kam Tatistschews Entwurf nie über Metternich hinaus. Metternich strich eine Forderung Tatistschews nach der anderen. Er fand sich zu keinem russischen «Protektorat» über die Griechen bereit; er wollte auch keine türkische Oberherrschaft; auch keine militärische Aktion seitens der Verbündeten. Tatistschew stand vor einem Nichts. Als Tatistschew schließlich Metternich ausdrücklich bat, ein Alternativprogramm zu formulieren, machte er nur sein Dilemma deutlich: Einmütigkeit ist kein Ziel, sondern eine Reihe von Voraussetzungen. Wenn sie zum Ziel wird, führt sie zum Verzicht auf staatsmännische Führungskunst, mit dem Ergebnis, daß das jeweils entschlossenste Mitglied, das Mitglied, das seine Ziele kennt, eine Allianz beherrscht. «Nur zwei Alternativen sind möglich», schrieb Metternich. «Entweder daß man mich betrügen will oder daß man in seinem Land durchaus nicht weiß, was man tun will oder kann. Ersteres wäre zu albern, als daß es in Rechnung stünde, letzteres ist so in Übereinstimmung mit meiner Kenntnis des Landes, daß ich es ohne Zögern als das richtige annehmen kann.»[30]

In diesem Augenblick wäre Metternichs feingesponnenes Netz beinahe durch eine besonders harte Note der Pforte zerrissen worden, in welcher nicht nur die russischen Forderungen abgelehnt wurden, sondern Rußland auch der Vorwurf gemacht wurde, die griechische Revolution angezettelt zu haben. Die ganze Note war in einem Ton geschrieben, der so aussah, als wolle man Capodistria einen Vorwand zur Verschärfung der Beziehungen liefern[31]. Doch Metternich hatte noch nicht alle seine Reserven erschöpft und entwand sich diesem

Dilemma durch eine Demonstration seiner Solidarität mit Rußland: Er las Tatistschew die türkische Note zugleich mit der österreichischen Antwort vor, derzufolge es unter der Würde Österreichs sei, solche Nachricht an Rußland weiterzuleiten. Metternichs erster Akt der Partnerschaft war somit ein Schritt, der den Vorwand für eine Kriegserklärung beseitigte. Tatistschew akzeptierte Metternichs Ausflucht; ja, er gab sogar seiner Überzeugung Ausdruck, die Unverschämtheit der Türken könnte Rußlands ruhige Entschlossenheit nicht beeinflussen. Die Verhandlungen in Wien wurden somit zu einem Katz-und-Maus-Spiel, wobei es nicht darum ging, daß Rußland seine Ziele erreichen möge, als vielmehr den Grund für Tatistschews törichte Nachgiebigkeit herauszufinden. Am 27. März offenbarte schließlich Tatistschew, daß es Metternich in der Tat gelungen war, einen Keil zwischen Alexander und Capodistria zu treiben. Es kam heraus, daß Tatistschew Weisung hatte, Capodistria zu umgehen und dem Zaren unmittelbar zu berichten. Der einzige Wunsch des Zaren, so berichtete Tatistschew, sei, einen ehrenwerten Weg zu finden, diesen Sommer zu überstehen, so daß er im Herbst vor den Kongreß treten könnte, ohne gebundene Hände zu haben. «Die ganze Sache beginnt erst mit dem heutigen Tag», schrieb Metternich. «Nach einigen für die Ruhe der Welt verlorenen Monaten nimmt sich Kaiser Alexander mit beiden Händen am Kopf und stellt sich mit der Bitte vor mich hin, ihm den Inhalt desselben zurechtzusetzen. Die Angelegenheit ist so verwirrt, daß er weder vorwärts noch rückwärts schreiten kann... Kaiser Alexander wollte sich im Labyrinthe zurechtfinden und erbat sich einen Faden bei seiner alten Ariadne.»[32]

Der Faden sollte ihm geliefert werden. Metternich übernahm nun die Verhandlungen auf beiden Seiten des Tisches. Zunächst einmal entwarf er für Tatistschew den offiziellen Bericht für Capodistria, in dem dargelegt wird, es sei unmöglich, Österreichs Zustimmung zu Capodstrias Weisungen zu erlangen. Dieser Bericht wurde durch eine offizielle Note Metternichs gestützt, die, für Capodistria bestimmt, die österreichische Einstellung im Rahmen des Memorandums vom 28. Januar nochmals bekräftigte und die Unterscheidung zwischen den russisch-türkischen Meinungsverschiedenheiten und dem griechischen Aufstand beibehielt. Anschließend folgte ein halboffizieller Brief an den Zaren, in welchem, um die Ungeduld zu dämpfen, vorgeschlagen wurde, den europäischen Kongreß auf August vorzuverlegen. Schließlich wurde Tatistschew ein vertraulicher Brief an den Zaren auf dem Weg über Nesselrode übergeben, in welchem Metternich um Vertrauen bat und unterwürfig sich schuldig bekannte, eine rein österreichische Politik zu führen, falls man mit diesem Begriff sein äußerstes Bestreben umschreiben wolle, zur Säule der Stärke für seine Freunde zu werden[33]. Weil man aber Alexander auch irgendeinen Beweis für den Wert der Freundschaft Österreichs geben mußte, kündigte ein Brief von Kaiser Franz, der von Metternich entworfen war, an, Österreich sei bereit, die Beziehungen mit der Türkei abzubrechen, wenn diese sich weiterhin weigern sollte, die sich aus den bestehenden Verträgen ergebenden russischen Forderungen zu befriedigen, und *falls auch die anderen Alliierten zustimmten*. Dieser letzte Hinweis war eine Sicherheitsklausel, weil Metternich Castlereaghs Haltung nur zu gut kannte. Um die Zielrichtung der Verbündeten festzulegen, schlug Metternich Ministergespräche in Wien vor, die im Juni beginnen sollten. Um also die für militärische Aktionen geeignete Jahreszeit überstehen zu können, erhielt Alexander eine Diät europäischer Solidarität eingeflößt.

4

Capodistria war geschlagen. Die griechische Frage war von der türkischen getrennt, und Rußlands Vorstoß im Namen gerade derjenigen Allianz abgewiesen, um deren weitestmögliche Interpretation sich Capodistria sieben Jahre bemüht hatte. Es half ihm nichts mehr, daß er die Doppelzüngigkeit der Interpretation der Allianz darzulegen versuchte. Vergeblich bemühte er sich und erhielt von Alexander nur die Zustimmung zu einer Doktrin der Selbstbescheidung. Auch seine Rufe nach Aufstellung einer europäischen Armee zur Niederringung der Revolution in Spanien verhallten ungehört. Er hatte auf diese Weise Großbritannien von Österreich trennen wollen. Diesen Vorschlag fügte Metternich einfach der Tagesordnung der Ministerkonferenz hinzu und gab Zar Alexander damit ein weiteres Motiv zum Abwarten. Metternich sorgte sich jetzt nicht mehr so sehr um Capodistria als vielmehr um Castlereaghs pedantische Unnachgiebigkeit. «Castlereagh wird aber den Kern der Frage nie recht verstehen», schrieb Metternich, «welcher darin liegt, daß Kaiser Alexander die türkische Frage nicht will, während Capodistria in der spanischen Frage ein Mittel sucht, um den Kaiser Alexander in die türkische hineinzudrängen ... Wieder ein Fall, wo Castlereagh und ich ganz anders vorgehen werden. Castlereagh wird ein Memorandum niederschreiben, um zu beweisen, daß daß, was absurd ist, nicht vernünftig sein kann; ich dagegen habe mich damit begnügt, eine ganz kleine Einladungskarte zu schicken, worauf das ‹Um Antwort wird gebeten› nicht fehlt... Wenn nun etwas den Kaiser Alexander und die Sache des gesunden Menschenverstandes retten kann, so wird es die Einladungskarte und nicht das Memorandum sein.»[34]

Hier lag in der Tat der Unterschied zwischen Castlereagh und Metternich, zwischen dem Konzept von der offenkundigen Gefahr und den politischen Möglichkeiten einerseits, und den ständigen Bemühungen, einen Rahmen für kontinuierliche Beziehungen zu schaffen, andererseits. Castlereaghs Politik war empirisch, weil Großbritannien als Inselstaat das Gefühl der Unverwundbarkeit hatte. Es konnte darum nur mit seinen Alliierten im Rahmen seiner eigenen Vorstellungen zusammengehen. Es konnte nur gegen unmittelbare Bedrohungen einschreiten, die zu definieren es sich zudem das Recht vorbehalten hatte. Und da das Bewußtsein, eine gemeinsame Handlung sei nötig, nur bei bestimmten Fällen mit klaren Zielen aufkam, neigte die britische Politik dazu, alle Kraft auf die vor ihr liegende Aufgabe zu konzentrieren, ohne die späteren Konsequenzen hinreichend zu beachten.

Eine solche *ad hoc*-Politik war für einen Kontinentalstaat jedoch zu gefährlich, dessen außenpolitisches Problem nicht in einer vorübergehenden Bedrohung, sondern in seiner ständigen Verwundbarkeit bestand. Metternich konnte nicht den Augenblick seiner Entscheidung frei wählen oder allein seine Schlachten ausfechten. Er brauchte ständige Unterstützung von anderen und war daher zu einer Politik gezwungen, «Ansprüche» zu schaffen, einen Rahmen zu bauen, innerhalb dessen es keine grundlegenden Meinungsverschiedenheiten oder zumindest eine möglichst große Zahl potentieller Verbündeter gab. Großbritannien riskierte die Isolierung; Österreich seinen Untergang. Für Castlereagh war der Inhalt einer Lösung alles; für Metternich war die Form gleichermaßen wichtig. Weil Castlereagh sich nach einer Konferenz wieder über den Kanal zurückziehen konnte, sah er in einem Vertragswerk das Ende eines diplomatischen Feldzugs. Weil Metternich in engster Tuchfühlung mit den Gegnern bleiben mußte, sah er in einem Vertragswerk den Rahmen für die Fortführung der Beziehungen. Aus diesem Grund wollte Castlereagh vor allem darlegen, wie «unvernünftig» Rußlands Forderungen waren, und gegen es eine überlegene Streitmacht zusammenbringen, sollten seine Warnungen in den Wind geschlagen werden. Aus dem gleichen Grund war Metternichs Politik von dem Gedanken beherrscht, seinem wankelmütigen Gegner goldene Brücken zu bauen, so daß die Lösung des Konflikts als eine Geste freier Willensentscheidung, nicht aber als Kapitulation wirkte. So kam es, daß der letzte Disput zwischen Castlereagh und Metternich sich wie üblich um die *Form* einer Maßnahme entspann, über deren Kern sie völlig einer Meinung waren.

Denn so sehr Castlereagh auch persönlich mit Metternichs gewandter Ausnutzung des Bündnissystems sympathisieren mochte, die innenpolitische Situation verbot es ihm, sich zu direkt zu binden. Selbst noch in diesem Augenblick, als zum ersten Mal seit Aachen das Bündnissystem sich wieder ein Ziel gesetzt hatte, dem Großbritannien zustimmen konnte, mußte Castlereagh äußerst vorsichtig taktieren, um seine Politik als eine britische und nicht als eine europäische erscheinen zu lassen. «Ich ahne eine große Krise...», schrieb er an Metternich, «die vielleicht Österreich und Großbritannien im Verfolg ihrer gemeinsamen Ziele zwingen kann, wie einst in Laibach unterschiedliche Stellungen zu beziehen, weil die Form und die Kraft ihrer Regierungen unterschiedlich sind. Der besondere Charakter der türkischen Frage hat es uns ermöglicht, unsere ersten Dienste mit besonderer Aktivität einzusetzen, doch wenn die letzte Frage zur Entscheidung ansteht, müssen wir eine Politik betreiben, die uns nicht vor die Notwendigkeit stellt, die ganzen Verhandlungen vor das Parlament zu bringen.»

All das war nur die Einleitung zu dem Eingeständnis, daß Großbritannien nicht an der Maßnahme teilhaben konnte, von der Metternich hoffte, Rußland zu einer Ministerkonferenz zu bewegen: das Versprechen, das Abberufen der Botschafter aus Konstantinopel zu *erörtern*. Wie sich Großbritannien 1813 geweigert hatte, einen Friedensplan zu erörtern, dessen Bedeutung in seiner scheinbaren Mäßigung lag, so konnte es jetzt nicht an einem Manöver teilnehmen, das nur dazu bestimmt war, das Gesicht des Zaren zu wahren. Die Stärke einer empirischen Außenpolitik, daß sie alle Kräfte auf ein einziges Ziel konzentrieren kann, beinhaltet zugleich auch eine Schwäche. Sie muß alle Maßnahmen so nehmen und darstellen, wie sie nach außen hin wirken. Metternich hatte den Abbruch der diplomatischen Beziehungen zur Türkei angeboten, um seine

Neigung zu Rußland zu demonstrieren, einen Vorwand für eine Konferenz zu liefern und vor allem um Zeit zu gewinnen. Angesichts der Schwierigkeiten, denen sich Castlereagh vor dem Parlament ausgesetzt sah, konnte er nicht einmal der *Erörterung* dieses Schrittes zustimmen. Metternich wollte, daß die abweichende Meinung Großbritanniens auf der Ministerkonferenz deutlich werden sollte. Castlereagh hatte aber keine Bewegungsfreiheit mehr, und er war auch nicht bereit, einen britischen Bevollmächtigten an einer Konferenz teilnehmen zu lassen, die vom Parlament als Verletzung der Doktrin von der Nichteinmischung hätte ausgelegt werden können. Darum konnte er Metternich nichts anderes anbieten als weiterhin die guten Dienste von Lord Strangford in Konstantinopel, um Metternich damit «eine Stütze zu bieten, über die Sie Ihren Hebel ansetzen können».[35]

Diese Phrase markiert die Grundlage der Zusammenarbeit zwischen Castlereagh und Metternich: Das Einverständnis zwischen Österreich und Großbritannien lieferte Großbritannien einen Sprecher auf dem Festland, der dort englische Politik mit festländischen Begriffen verteidigen konnte; Metternich hatte den Vorteil einer weiteren Möglichkeit, was die Voraussetzung für die Flexibilität seiner Politik war. In seiner Antwort gab Metternich das deutlich zu verstehen. Er hob die übereinstimmenden Interessen der beiden Höfe hervor und bezeichnete sie als ein grundlegendes politisches Prinzip, selbst wenn man bei der Verfolgung der Ziele gelegentlich andere Wege gehe. Seine Reaktion auf Castlereaghs Zögern bei der Teilnahme an einer Ministerkonferenz ließ erkennen, daß er trotz aller Klugheit die grundlegende Tatsache der innerpolitischen Lage in Großbritannien doch noch nicht verstanden hatte, daß die *Tatsache* der Teilnahme an *irgendeinem* europäischen Kongreß in Großbritannien innenpolitisch immer schwerer zu legitimieren war. Er schrieb daher Castlereaghs Zögern der Sorge vor den *Konsequenzen* eines Treffens bei und versuchte, diese dadurch zu mildern, daß er darlegte, eine Konferenz werde das Zögern des Zaren stärken, das schicksalschwere Wort «Krieg» über die Lippen zu bringen. Gewiß würde die «griechische Partei» am russischen Hof hoffen, die Verhandlungen zu ihren eigenen Zwecken auszunutzen. Doch, so fügte Metternich hinzu, «werden wir dann zu zweit unser Spiel spielen, und ich vermag nicht zu erkennen, daß das russische Kabinett im Jahre 1821 gewonnen hat. An dem Tag, an dem Kaiser Alexander unsere Gedanken aufnimmt, werde ich jedenfalls für meine Person das Gefühl haben, daß die Dinge im Jahr 1822 so verlaufen werden, wie sie 1821 verlaufen sind, das heißt, sie werden gut verlaufen.»[36]

Zar Alexander akzeptierte den Vorschlag. Nach Wochen beunruhigenden Schweigens traf die Nachricht ein, daß die russische Armee den Pruth nicht überschreiten werde und daß statt eines neuen Verhandlungsführers wieder Tatistschew nach Wien entsandt werden würde. Alexanders Unentschlossenheit endete schon bei dem ersten versöhnlichen Schritt der Türken. Er ergriff die Gelegenheit so schnell, daß man daran seine Bereitschaft ablesen konnte, sich den Appellen seiner Bundesgenossen zu fügen. Als zu Beginn des Monats Mai die Pforte schließlich die «Vier Punkte» im Prinzip akzeptierte, übermittelte Strangford diese Geste unmittelbar nach St. Petersburg, ungeachtet der Tatsache, daß die Türken sich über die Zeit ihrer Wiedergutmachung völlig ausgeschwiegen hatten. Um aus seinem Dilemma herauszukommen, erklärte der Zar, er sehe darin einen ausreichenden Grund, um die diplomatischen Beziehungen wieder aufzunehmen. Es läßt sich nicht klar erkennen, ob die Einladung oder das Memorandum die Entscheidung des Zaren herbeigeführt hat, doch steht außer Zweifel, woher die *Form* stammte: «Ich hätte mich durch den allgemeinen Enthusiasmus für die Sache der Griechen hinreißen lassen können», erläuterte Alexander dem preußischen Botschafter, «aber ich habe nie die unreine Quelle des griechischen Aufstandes und die Gefahr meines Eingreifens für meine Verbündeten aus dem Auge verloren. Der Egoismus ist nicht mehr die Basis der Politik. Die Grundsätze unserer wahrhaft Heiligen Allianz sind rein.»[37] Am 25. Juni nahm Capodistria einen ausgedehnten Urlaub, von dem er nicht mehr zurückkehrte.

Und wie reagierte Metternich auf diesen Sieg? Ihn beherrschte das Gefühl eines großen Triumphes. Er sah stolz die Richtigkeit seiner Maxime bestätigt und fühlte sich wie ein Techniker ob seines Könnens gelobt. «Diese Maximen haben sich nun als richtig erwiesen. Politik beruht nicht auf Neuerungen, sondern auf Geschichte, nicht auf Glauben, sondern auf Wissen.»[38] »Ich bin nicht widerspenstiger als andere, wohl aber zäher.» «Der Kaiser Alexander lobt mich über die Maßen und behauptet, er habe nur in mich Vertrauen. Will man wissen, was das auf mich für einen Eindruck macht? Ein Lächeln und sonst nichts.»[39] Metternich interessierte sich im Grunde weder für eine Diskussion über abstrakte Theorien, noch für das Gefühl einer Vision von einer friedfertigen, ausgesöhnten Menschheit. Für ihn, Kind des achtzehnten Jahrhunderts, war Politik eine Wissenschaft, nicht ein Akt des Gefühls. Der Zar war überwunden worden – das war keine moralische, sondern eine politische Tatsache. Rußland war mit seiner eigenen Zustimmung von einer Maßnahme abgebracht worden, die ihm von der ganzen Tradition her diktiert worden war – das war kein ethisches, sondern ein historisches Ereignis. «Das große Werk Peters des Großen hat das heutige russische Kabinett mit einem Schlag vernichtet», berichtete er seinem Kaiser. «Alles ist hier auf einer neuen Basis.»[40]

Der kühle Rechner und Steuermann von Wien dachte nicht daran, den Fehler Alexanders von Laibach zu wiederholen. Der nun bald zusammentretende Kongreß sollte kein Forum werden, um die Solidarität um ihrer selbst willen zu demonstrieren, sondern ein Mittel sein, dem Zaren unwiderruflich die Hände zu binden. Während das türkische Problem nach Meinung des britischen Kabinetts zur Zeit gelöst war und der Zar erwartete, als Retter Europas empfangen zu werden, machte sich Metternich daran, einen Kongreß vorzubereiten, den er in moralische Symbole zu verwandeln gedachte, um allen russischen Plänen auf dem Balkan ein für allemal ein Ende zu setzen. Anders als im vorigen Jahr sollte der Kongreß jedoch nicht die österreichisch-russische Übereinstimmung demonstrieren, sondern ein Paradoxon zum allgemeinen Prinzip erheben: die Pläne des Zaren im Osten zu durchkreuzen und ihn dennoch als eifriges Mitglied der Allianz zu behalten. Und aus diesem Grund war es nötig, die denkbar breiteste moralische Basis zur Schau zu stellen, so daß Österreich nicht die Last der Opposition gegen Alexander zu tragen hätte.

Metternich wandte sich daher mit aller Schläue und aller List an Castlereagh, um diesen zu einem Erscheinen auf dem nach Verona eingeladenen Kongreß zu bewegen. «Rußland hat eine entscheidende Niederlage erlitten», schrieb er an Castlereagh, «doch Kaiser Alexander wird das nicht einsehen. Die schweren Fehler, die sein Kabinett gemacht hat, werden von ihm, wie schon früher, als Opfer gewertet werden, die er im Interesse Europas gebracht habe. Die Kraft, die die russische Politik im Osten eingebüßt hat, wird sie nun durch verstärkte Tätigkeit im Westen wiedergutmachen wollen ... Aber die Gefahren, in welchen sich die Kabinette befinden, sind dennoch viel kleiner, weil sich die Fragen nun auf einer Ebene bewegen, die nicht für materielle Aktionen geeignet ist. Denn die stärksten Gesetze, welche die Staaten regieren, sind die der Geographie ... Die vier Westmächte sind daher Herren ihrer Handlungen. Um es zu bleiben, müssen sie aber Verständnis füreinander haben.» Alles hänge daher davon ab, daß Castlereagh an dem bevorstehenden Kongreß teilnehme, wo es nichts zu tun, aber viel zu verhindern gebe. Der Brief endete mit dem Eingeständnis, daß Metternichs Politik trotz aller Gerissenheit doch so dünn war wie das Netz einer Spinne, so schwankend wie ein Kartenhaus: «Wenn Sie sich mir versagen, werde ich allein stehen – und die Schlacht wird ungleich werden. Gott hat mich mit genug Mut ausgestattet, so daß ich diesem Kampf nicht ausweichen werde. Doch die Probleme werden nicht gut gestellt werden, falls ich allein das auf mich nehmen muß, was von den beiden Kabinetten ausgefochten werden sollte, die einander am besten verstehen, weil ihre politischen Ansichten übereinstimmen.»[41]

Die Götter aber lieben die Hybris nicht, den geistigen Stolz Metternichs in diesem Augenblick größten Triumphes. Castlereagh entschloß sich, nach Verona zu fahren, doch diese Entscheidung diente nur dazu, deutlich zu machen, wie unvereinbar sie mit seiner Stellung war. Eine Allianz, die Schritte in einem Teil Europas nur verhindern konnte durch die Aussicht auf Intervention an anderer Stelle; eine Übereinstimmung in Europa, die von Unterdrückung und ständiger Unruhe lebte – das war wahrlich etwas völlig anderes als das Konferenzsystem, das man so hoffnungsvoll in Paris ins Auge gefaßt hatte. Die Treffen wurden immer mehr zu Sprüngen um bessere Stellungen. Statt die wohltuenden Vorzüge der Harmonie zur Schau zu stellen, wurde aus den einzelnen Kongressen immer mehr eine Kraftprobe, wer am besten manövrieren könnte. In seinem eigenen Land stand Castlereagh von Tag zu Tag mehr allein. Als einziges Mitglied des Kabinetts hatte er die großen Tage der Kriegskoalition erlebt, als in einem flüchtigen Augenblick Europa so sehr eins zu sein schien, daß man übersah, daß die gemeinsame Gefahr das Band geknüpft hatte. Von sich aus hatte er das Konferenzsystem geschaffen. Doch nun, sieben Jahre später, machte die Stabilität seiner Schöpfung es seinem eigenen Land unmöglich, Castlereaghs Vision von Europa zu verstehen. Der bevorstehende Kongreß war nicht eine Bestätigung seiner Politik, sondern ein Zeichen für sein Dilemma: daß einerseits seine Erfolge allmählich als selbstverständlich angesehen wurden, aber andererseits gleichzeitig das, was er als ihre wahre Bedeutung ansah, anderen immer unverständlicher wurde. Denn was konnte Castlereagh in Verona schon erreichen? Metternichs ganze Diplomatie war darauf gerichtet, Alexander die Form zu geben, ihm aber den Inhalt zu verwehren. 1822 herrschte aber in der britischen Öffentlichkeit das grundlegende Gefühl, es sei unmöglich, das Zusammenspiel mit Europa so sehr als britisches Ziel anzuerkennen, daß man überhaupt eine Konzession, und sei sie noch so formaler Art, einzuräumen bereit gewesen wäre. Großbritannien konnte noch weiterhin mit dem Festland zusammenarbeiten, doch nicht um der Zusammenarbeit willen, sondern nur in ganz bestimmten Fragen mit fest umrissenen Zielen, kurz, durch Rückkehr zu jener insularen Betrachtungsweise, die Castlereagh zu überwinden sich so sehr bemüht hatte. Für Castlereagh war Zweck des Kongresses noch immer die Demonstration der Einheit Europas. Für das britische Kabinett bedeutete er eine gefährliche Einmischung in europäische Angelegenheiten. Die Kluft zwischen diesen beiden Grundkonzeptionen wurde unüberbrückbar. Bei seinem letzten Gespräch mit dem König sagte Castlereagh: «Sir, man muß Europa Lebewohl sagen. Nur Sie und ich kennen es; nach mir wird niemand mehr die Probleme des Festlandes verstehen.»

Vier Tage später wählte Castlereagh den Freitod.

SIEBZEHNTES KAPITEL

Das Wesen staatsmännischer Führungskunst

I

Castlereaghs Tod kennzeichnet einen Wendepunkt in der europäischen Politik. Mit Castlereagh schwand das letzte Bindeglied zwischen Großbritannien und dem Bündnissystem: die Erinnerung an die Koalition während des Krieges. Jetzt gab es kein Motiv mehr, die Kluft zwischen der Außenpolitik und der Möglichkeit ihrer innenpolitischen Legitimierung aufrechtzuerhalten. Die britische Politik wurde so insular wie der Geist ihrer Menschen. «Castlereaghs Tod ist ein großes Unglück», schrieb Metternich. «Der Mann ist nicht zu ersetzen, besonders nicht für mich. Alles kann ein geistvoller Mann ersetzen, nur nicht die Erfahrung. Castlereagh war in seinem Land der einzige, der auswärtige Erfahrungen gesammelt hatte; er hatte gelernt, mich zu verstehen; nun wird es Jahre brauchen, bis ein anderer zu demselben Grad von Vertrauen gelangt.»[1] Metternich hatte seinen einzigen zuverlässigen Freund verloren gerade in dem Augenblick, als er seinen gefährlichsten Gegner niedergerungen hatte.

Die Ereignisse sollten bald zeigen, daß Metternichs meisterhafte Manipulationskunst letztlich davon abgehangen hatte, daß Großbritannien auf seiner Seite stand.

LORD GEORGE CANNING

Ohne Zweifel verdankt er seine großen Erfolge seinem beachtlichen diplomatischen Geschick. Es hat ihm ermöglicht, Herr der Ereignisse zu bleiben, indem er den moralischen Rahmen zog. Doch seine Maßnahmen waren nur deshalb kühn und möglich, weil er mit Sicherheit wußte, daß im Ernstfall Großbritannien neben Österreich stehen würde. Das hatte Metternich in die Lage versetzt, bei den Verhandlungen jeweils hartnäckig zu bleiben, bis alle österreichischen Ziele erreicht und Alexander geschlagen war, einmal indem er die Erörterung russischer Vorschläge auf einen weiteren Kongreß verschob, ein andermal dank der Doktrin von der Selbstbescheidung. Natürlich muß man sich fragen, ob dieses Schauspiel unbegrenzt weitergegangen wäre, ob Alexander eine längere Zeit hindurch Konzessionen zugunsten eines Wunschbildes von der europäischen Einheit hätte machen wollen, dessen Erfüllung immer irgendwo in der Zukunft liegen sollte. Die geschickte Kombination, mit der Großbritannien und Rußland Mitglieder ein und derselben Allianz blieben, wobei die rechtlichen Folgerungen einmal so und ein andermal diametral entgegengesetzt interpretiert wurden, hätte wahrscheinlich ohnehin nicht viel länger aufrechterhalten bleiben können, ungeachtet der schier unerschöpflichen Kraft Metternichs, immer neue Formeln zu finden, die das Unvereinbare vereinbar erscheinen ließen. Der Tod Castlereaghs aber brachte das latente Schisma zum Ausbruch, und ein einziger Schlag fegte die Illusion von der Einmütigkeit der Alliierten hinweg, die ein Grundpfeiler Metternichscher Politik war. Unter Canning als Außenminister wandelte sich für Österreich die Freundschaft mit Rußland von einem politischen Akt zur

Voraussetzung der Weiterexistenz. Jetzt konnte Metternich nicht mehr auf Castlereaghs wohlwollende Neutralität zählen, die andere Mächte davon abhielt, von Österreichs Dilemma zu profitieren. Im Gegenteil. Ein vom isolationistischen Geist getragenes, mißtrauisches Großbritannien brannte nun darauf, die traditionelle Rolle des Balanceurs des Gleichgewichts zu spielen, und man mußte daher erwarten, daß es die Meinungsverschiedenheiten auf dem Festland eher vertiefen als mildern würde.

Metternichs Spielraum war von jetzt an so eingeengt, daß er eine allmählich immer starrer werdende Politik betreiben und seine Risiken absichern mußte. Weil es nun vor allem darauf ankam, Rußland in dem Bündnis zu halten, wurde das Erfordernis alliierter Einmütigkeit für Metternich zum Zweck und nicht zu einer Waffe am Verhandlungstisch. Von nun an war er es, dessen Verhandlungsposition dadurch geschwächt wurde, daß Rußland wußte, wie wenig sich Österreich einen Bruch erlauben konnte. So rächen sich die Götter, indem sie unsere Wünsche zu vollkommen erfüllen. Metternich hatte jetzt alles erreicht, was er hatte erreichen wollen. Er war in der Tat Ministerpräsident von Rußland, wie Wellington von Verona aus berichtete; er war die Schlüsselfigur in Europa. Er war aber auch ein Gefangener seines Glaubens, denn er wagte nun nicht mehr, Alexander zu enttäuschen. Angesichts eines mißtrauischen Großbritanniens war Metternich nun gezwungen, den Zaren bei dessen Streben nach Kreuzzügen zu umschmeicheln und damit allmählich Großbritannien von Zurückhaltung in Feindseligkeit zu drängen. Vorbei war die brillante Manipulation, die darauf aus gewesen war, Österreichs Sicherheit durch weitschweifige und kühne Manöver in einer fließenden Situation zu erreichen. Statt dessen wurde die Legitimität überspitzt, man zog die Linien so starr wie möglich, so daß gerade die Starrheit der Beziehungen die Unmöglichkeit eines Wandels symbolisierte. Was die Nachwelt mit der gesamten Zeit nach dem Wiener Kongreß verbindet, dieses doktrinäre Festhalten an dem Status quo um nahezu jeden Preis, datiert in Wirklichkeit erst vom Tod Castlereaghs an. Von diesem Augenblick an suchte Metternich in einer Allianz der drei «Ostmächte» Schutz, einer Allianz, die die Furcht vor sozialen Umwälzungen zusammenhielt und der ein Großbritannien gegenüberstand, das eine Politik der begrenzten Ziele in mehr oder weniger offener Opposition zu den Maximen erstrebte, zu denen sich die, wie man nun sagte, Heilige Allianz zwischen Österreich, Preußen und Rußland bekannte.

Es war paradox, daß Canning, der Großbritannien von den Verwicklungen des Festlandes lösen wollte, damit die volle Wirkung der von ihm abgelehnten Maximen zum Tragen brachte, während Castlereaghs Zögern, es zu einem offenen Bruch kommen zu lassen, ihm die Kritik der Nachwelt eintrug. Und doch war das alles, wenn auch unbeabsichtigt, nur ein Weg gewesen, die soziale Unterdrückung zu mildern. Natürlich war der Unterschied zwischen Castlereagh und Canning mehr eine Frage der Akzente. Castlereagh, der die Allianz für sein eigenes Kind hielt, war eher geneigt, ihre Form aufrecht zu erhalten, selbst wenn sie Schritte ging, denen kein britischer Staatsmann beipflichten konnte; Canning hingegen, der nicht nur die Schritte, sondern auch die Prinzipien der Allianz verneinte, nutzte jede Gelegenheit, um den Unterschied deutlich zu machen. Gerade aber von dieser Nuance hing Metternichs Politik ab. Niemand hat die Bedeutung des Todes von Castlereagh besser in wenige Worte gekleidet als Chateaubriand: «Ich glaube, daß Europa durch den Tod des Ministerpräsidenten von Großbritannien gewinnen wird. Ich habe Ihnen oft genug von seiner gegen das Festland gerichteten Politik erzählt. Lord Londonderry [Castlereagh] hätte in Wien viel Schaden angerichtet. Seine Beziehungen zu Metternich waren dunkel und beunruhigend. Ein dieser gefährlichen Unterstützungen beraubtes Österreich wird nun gezwungen sein, sich uns zu nähern.»[2] Es war die große Ironie in Castlereaghs Leben, daß sein Streben nach der Einheit Europas jetzt, und zwar zu Recht, als gegen das Festland gerichtete Politik gedeutet wurde.

So wurde der Kongreß von Verona, den Metternich sich als hoffnungsvollen Beginn einer neuen Ära österreichisch-britischer Zusammenarbeit vorgestellt hatte[3], zum Anfang ihres Endes. Weelington kam zwar als britischer Botschafter, und die Weisungen, die er mit sich führte, hatte Castlereagh noch für sich selbst entworfen. Weisungen allein helfen aber nicht viel. Wellington fehlte es durchaus nicht an Fähigkeit, wohl aber an Unterstützung in der Heimat. Man war sich völlig darüber im klaren, daß er an dem Treffen nur teilnahm, weil der plötzliche Tod von Castlereagh es unmöglich gemacht hatte, seine Dispositionen vollständig umzuwerfen. Wellington durfte aber nicht Großbritanniens Zustimmung zu irgendwelchen gemeinsamen Maßnahmen geben. Seine Rolle in Verona unterschied sich daher kaum von der, die Stewart in Troppau gespielt hatte, nur mit dem Unterschied, daß das Schisma nun permanent werden sollte. Metternich war damit in eine Lage gezwungen, für die er weder von seinem Temperament her noch aufgrund seiner inneren Einstellung besonders geeignet war: offen und allein mit dem Zaren um die Erfüllung der Allianz zu ringen. Wie Metternich vorhergesehen hatte, wollte Alexander als Ausgleich für seine eigene Zurückhaltung im Osten gemeinsame Handlungen im Westen. Und Metternich, für den nun alles darauf ankam, Rußland in dem Bündnis zu halten, mußte Schritt für Schritt Maßnahmen billigen, die es Frankreich schließlich gestatteten, auf der Iberischen Halbinsel die Rolle zu spielen, die Österreich ein Jahr zuvor in Italien übernommen hatte. Genauso unvermeidlich war es, daß die Intervention in Spanien Großbritannien zum offenen Bruch mit der Allianz trieb.

So fand Castlereaghs Vision eines Europas, das von den offenkundigen Erfordernissen der Harmonie geeint sein sollte, ihr Ende. Doch die Vision hatte lange genug gedauert, so daß man die europäische Ordnung bereits für selbstverständlich hielt. Sie hatte damit den schwierigsten Schritt auf dem Weg zur Dauerhaftigkeit hinter sich gebracht. Vielleicht war die europäische Einheit nie wieder so sehr Wirklichkeit wie zwischen 1815 und 1821; so sehr, daß man schon vergessen hatte, mit welchen schlimmen Kommentaren die Wiener Lösung von Gentz zur Kenntnis genommen worden war, der einen großen Krieg innerhalb von fünf Jahren vorhergesagt hatte, ja auch von Castlereagh selbst, der meinte, es wäre genug, wenn durch die Wiener Ergebnisse ein Konflikt für ein Jahrzehnt vermieden wäre. Ein ganzes

Jahrhundert lang sollte aber Europa nun keinen größeren Krieg mehr erleben, weil in der Zwischenzeit aus dem Mythos des vereinten Europa politische Münze geworden war, die es Metternich ermöglichte, Europa moralisch zu beherrschen, um dann anschließend darauf eine Machtgruppierung zu schaffen, die jeden größeren Krieg schon rein physisch ausschloß.

Zu der Zeit, da sich Großbritannien von dem Bündnis zurückzog, standen die Elemente des Gleichgewichts fest: Das legitimierende Prinzip von Laibach diente den drei Ostmächten Preußen, Rußland und Österreich als einigendes Band einem Frankreich gegenüber, das auf dem Festland gegen den einmütigen Widerstand der anderen nichts ausrichten konnte. Am Rand stand Großbritannien, das sich seiner außereuropäischen Rolle immer mehr bewußt wurde. Weil der moralische Rahmen des Ostblocks von Österreich geschaffen worden war, war die Politik der beherrschenden Mächtegruppe konservativ, war auf den Status quo gerichtet und lieferte daher Großbritannien keine Veranlassung zu aktiver Feindseligkeit. Für eine kurze Zeitspanne nach dem Tod Alexanders verfolgte Rußland allerdings auf dem Balkan eine selbständige Politik, wobei es mit Großbritannien verbündet war. Die Revolutionen des Jahres 1830 in Westeuropa ließen aber auch den neuen Zaren erkennen, wie richtig Metternichs Maxime von der Gefahr sozialer Umwälzungen war, und die Mächtekonstellation blieb nun für länger als eine Generation bestehen. Die «Heilige Allianz» herrschte auf dem Kontinent, und Großbritannien jenseits der Ozeane.

2

Nur wenige Zeitspannen kennen eine so dramatische Gegensätzlichkeit der Persönlichkeiten oder illustrieren so anschaulich die Probleme bei der Schaffung einer legitimen Ordnung wie die Zeit zwischen der Niederlage Napoleons in Rußland und dem Kongreß von Verona. Als Napoleon Europa beherrschte, war keine Politik auf der Grundlage einer eigenen nationalen Strategie möglich. Das Schicksal der Staaten hing von dem Willen des Eroberers ab, und nur das Einfügen in das französische System konnte Sicherheit bringen. Napoleons Niederlage in Rußland machte aber deutlich, daß Europa nicht mehr durch Gewalt zu beherrschen war, daß der Willensmensch Sicherheit nur noch durch Anerkennung von Grenzen finden konnte. Die Auflösung der Grande Armée zwang die europäischen Staaten, sich ihre Stellung in der internationalen Ordnung neu zu suchen, ein Gleichgewicht der Kräfte zu schaffen, das vor künftigen Aggressionen schützen würde, und aus dem Chaos der aufgelösten Struktur des achtzehnten Jahrhunderts Organisationsprinzipien zu entwickeln, die Stabilität zu verleihen vermochten.

Für die Lehren, die die nachfolgenden Generationen von dieser Zeitspanne ziehen können, ist es ein Glück, daß die Hauptakteure Männer von ausgeprägter Individualität waren, wobei jeder einzelne auf seine Weise eine Antwort auf die Problemstellung einer Ordnung symbolisierte: Napoleon durch die Macht; Alexander durch sein Festhalten an einer Politik absoluter moralischer Forderungen; Castlereagh an der Konzeption eines Gleichgewichts, das dadurch aufrechterhalten bleiben sollte, daß alle die Vorzüge des Friedens als selbstverständlich schätzten; Metternich als Anhänger eines Gleichgewichts, das auf der Anerkennung eines legitimierenden Prinzips beruhte. Napoleon und Alexander waren Revolutionäre, weil sie beide den Aufbau Europas nach ihrem eigenen Willen erreichen wollten. Napoleon trachtete allerdings nach einer Ordnung in Form universeller Herrschaft, und Alexander nach einer versöhnten Menschheit. Doch die Forderungen des Propheten sind manchmal genauso zerstörend wie die des Eroberers. Denn die Forderungen des Propheten sind auf Perfektion gerichtet, und Perfektion bedeutet Uniformität. Nur wenn man alles gleichmacht und alle alten Formen über Bord wirft, sind Utopien zu verwirklichen. Es gibt zwei große Symbole des Angriffs auf die legitime Ordnung: den Eroberer und den Propheten, das Streben nach Universalität und nach Ewigkeit, nach Frieden der Ohnmacht und nach Frieden allgemeiner Glückseligkeit.

Der Staatsmann muß jedoch gegen solche Bestrebungen stets mißtrauisch bleiben, nicht weil ihm der Ärger mit der Manipulation Spaß macht, sondern weil er auf das Schlimmste gefaßt sein muß. Wenn man auf die Dauer auf den guten Willen eines anderen Herrschers angewiesen ist, wirkt das demoralisierend, weil es das Eingeständnis der Ohnmacht bedeutet, weil es zur Verantwortungslosigkeit einlädt, die auf der Überzeugung beruht, daß man die Dinge ohnehin aus eigenem Willen nicht ändern könne. Verläßt man sich ausschließlich auf die moralische Reinheit eines Einzelnen, verzichtet man damit auf die Möglichkeit, ihn zu bremsen. Denn moralische Forderungen umschließen das Streben nach dem Absoluten. Sie kennen keine Nuance und verneinen die Geschichte. Das ist im tiefsten Sinn der Streitpunkt zwischen dem Eroberer oder dem Propheten auf der einen und dem Staatsmann auf der anderen Seite; zwischen dem Bestreben, der Zeit zu entfliehen, und der Notwendigkeit, in ihr zu leben. Es ist ein tragischer und notwendigerweise unentschiedener Kampf, denn der Staatsmann wird in dem Propheten eine politische Manifestation sehen, und der Prophet wird den Staatsmann mit transzendentalen Maßen messen. Auch der von reinsten Motiven getragene Prophet hat unter den «falschen» Propheten zu leiden, die vor ihm waren, und gegen diese versucht der Staatsmann Vorsorge zu treffen. Auch sieht sich der Staatsmann stets Dingen gegenüber, die seine Kalkulationen umstoßen können; daß es nicht das Gleichgewicht ist, das die Menschen beflügelt, sondern die Universalität, nicht Sicherheit, sondern Unsterblichkeit.

Es ist ein unausweichliches Element der Geschichte, dieses Ringen zwischen Inspiration und Organisation. Inspiration verlangt, daß das Innere mit der Bedeutung der Ereignisse übereinstimme. Organisation verlangt Disziplin, die Unterordnung unter den Willen anderer. Inspiration ist zeitlos, ihr Wert liegt in ihrem Konzept. Organisation ist zeitgebunden und hängt von den Tatsachen ab, die innerhalb einer gegebenen Zeit verfügbar sind. Inspiration ist ein Appell an die Größe, Organisation erkennt an, daß eine Führung üblicherweise nur von durchschnittlicher Qualität ist. Um politisch wirkungsvoll zu sein, braucht man eine Organisation. Darum verfälscht die Übertragung prophetischer Visionen in politische Begriffe stets die Absichten ihrer

Schöpfer. Es ist kein Zufall, daß große geistige Leistungen religiöser oder prophetischer Bewegungen sich meist dann einstellen, wenn sie noch in Opposition sind, wenn ihre Konzeption noch ihre *einzige* Realität ist. Es nimmt auch nicht wunder, daß alte religiöse oder prophetische Bewegungen die Sehnsucht nach vergangenen Zeiten «wahrer» Innerlichkeit zum Ausdruck bringen. Ursprung von Massenerregungen, von Kreuzzügen, von «Reformationen», von Aufständen ist gerade die Erkenntnis, daß man die Spontaneität individueller Gefühle nicht institutionalisieren kann.

Während der Eroberer seinen Willen der Struktur der Bindungen gleichzusetzen versucht und der Prophet danach trachtet, die Organisation in das Transzendente aufzulösen, kämpft der Staatsmann darum, die Spannung zwischen Organisation und Inspiration latent zu halten, ein Schema zu finden, das zwar so spontan ist, daß die Notwendigkeit der Gewaltanwendung denkbar gering wird, das gleichzeitig aber so fest ist, daß es keiner übertriebenen Legitimation bedarf. Es ist nicht überraschend, daß Castlereagh und Metternich Staatsmänner des Gleichgewichts waren, die die Sicherheit in einem Gleichgewicht der Kräfte suchten. Ihr Ziel war die Stabilität, nicht die Verwirklichung von Idealen, und das Gleichgewicht ist der klassische Ausdruck einer geschichtlichen Erfahrung, daß keine Ordnung Bestand hat, wenn sie nicht auch physisch gegen Aggressionen abgesichert ist. So mußte die neue internationale Ordnung unter der Erkenntnis geschaffen werden, daß diese Beziehungen zwischen Macht und Moral, zwischen Sicherheit und Legitimität gegeben sind. Man versuchte nicht, sie ausschließlich in einem Unterwerfen unter ein legitimierendes Prinzip zu finden; das verlangt der Prophet, und es ist gefährlich, weil es eine fast übermenschliche Selbstbescheidung zur Voraussetzung hat. Man sah aber auch nicht in der Macht allein eine Selbstbeschränkung. Der Eroberer hatte eher das Gegenteil bewiesen. Man schuf statt dessen ein Gleichgewicht der Kräfte, das, weil es eine relative Sicherheit brachte, in das allgemeine Bewußtsein eindrang und dessen Beziehungen allmählich in dem Maß immer spontaner wurden, wie seine Legitimität als selbstverständlich empfunden wurde.

Die internationale Ordnung wurde allerdings auf einem Irrtum und einer Fehlkonzeption gegründet; einem Irrtum, weil das Konferenzsystem, das Castlereagh als Symbol der Harmonie geschaffen hatte, von Metternich als diplomatische Waffe genutzt wurde, um seine Gegner zu isolieren; und einer Fehlkonzeption, weil Castlereagh Stabilität mit einem *Bewußtsein* der Versöhnung gleichsetzte. Der Glaube jedoch, daß *alle* Bedrohungen, nicht nur jene, die von dem Streben nach Weltherrschaft ausgehen, stets von allen Mächten auf die gleiche Weise gedeutet werden würden, erwies sich als tragischer Irrtum. Es liegt im Wesen einer revolutionären Zeit, daß der Angriff auf die «legitime» Ordnung alle Meinungsverschiedenheiten innerhalb derselben in den Schatten stellt; aus dem gleichen Grund liegt es aber auch in dem Wesen einer stabilen Zeit, daß die allgemeine Anerkennung ihrer Legitimität ihr die Sicherheit verleiht, innerhalb derer man um örtliche oder am Rand liegende Probleme ringen kann. Weil die internationale Ordnung nach dem Sturz Napoleons keine revolutionäre Macht umfaßte, gab es für Großbritannien kein echtes Motiv mehr, an dem Konferenzsystem teilzunehmen, um so weniger, als die neuen Gefahren für die internationale Ordnung, die wie Zwillinge zusammengehörenden Bewegungen des Liberalismus und des Nationalismus, in Großbritannien nicht als Gefahr empfunden wurden. Das Konferenzsystem führte daher entweder zu einem Disput über Dinge, die am Rande lagen, was Castlereagh kleinlich und widerwärtig erschien, oder aber es ließ die Einmütigkeit gegen eine Gefahr erkennen, die in den Augen Großbritanniens nicht als internationales Problem anzuerkennen war. Wenn die Einheit Europas zuwege kam, so nicht, weil die Notwendigkeit dazu, wie Castlereagh es sich vorgestellt hatte, sich gleichsam von selbst verstand, sondern weil die Konferenzmaschinerie zynisch dazu genutzt wurde, ein legitimierendes Prinzip sozialer Unterdrükkung zu errichten; nicht aus dem guten Willen Castlereaghs, sondern aus Metternichs Manipulation.

Trotz all dieser Überlegungen muß man sich doch fragen, wie es möglich war, so etwas Ähnliches wie eine europäische Regierung zu schaffen, wobei Großbritannien als Beobachter abseits stand. Was erlaubte es Metternich, sich zum Ministerpräsidenten Europas emporzuschwingen? Es war Metternichs Unglück, daß die Geschichte der zweiten Hälfte des neunzehnten Jahrhunderts von seinen Gegnern geschrieben wurde, für die er ein Fluch war sowohl vom Prinzip als auch von der Politik her und die seine Erfolge der seltenen Kombination von Schläue und Glück, von eigener Mittelmäßigkeit und unfähigen Gegnern zuschrieben, ohne zugleich erklären zu können, wie solch ein Mann es fertig brachte, seiner Zeit seinen Stempel aufzudrücken.

Die aus seiner Zeit stammenden Dokumente lassen keinen Zweifel, daß über eine Generation lang in Europa nichts passiert ist, worauf Metternich nicht Einfluß gehabt hätte, sei es unmittelbar oder durch seinen Widerstand. Gewiß halfen Metternich dabei der Wankelmut des Zaren und die Unentschlossenheit des preußischen Königs. Doch das wechselnde Temperament des Zaren hätte auch zu einem neuen Kreuzzug führen können, und schließlich hätte auch jeder andere Alexanders Wankelmut für sich ausnutzen können. Doch nur Metternich gelang es, die persönliche Oberherrschaft zu gewinnen. Andererseits steht Metternichs eigener Interpretation von der Überlegenheit seiner philosophischen Maximen die Tatsache entgegen, daß sie damals gang und gäbe waren, und nur mit Tricks hätte man Europa auch nicht über ein Jahrzehnt lang düpieren können. Metternichs Erfolge beruhen vielmehr auf zwei Faktoren: daß die Einheit Europas nicht Metternichs Erfindung war, sondern im Bewußtsein *aller* Staatsmänner seiner Zeit lebte; und daß Metternich der letzte Diplomat mit den großen Traditionen des achtzehnten Jahrhunderts war, ein «Wissenschaftler» der Politik, der kühl und unemotional seine Züge vorbereitete und zwar in einer Zeit, in der Politik in zunehmendem Maß von Ideologien bestimmt wurde. Die Maximen, derer er sich so gern rühmte, hatten darum psychologische, nicht aber philosophische Bedeutung: Weil er der felsenfesten Überzeugung war, er habe recht, konnte er gerissen und zynisch die Maximen anderer Menschen für sich ausnutzen. Weil er in der Politik eine Wissenschaft sah, ließ er seine Maßnahmen von keinerlei sentimentalen Regungen beeinflussen. In Metternichs Diplomatie findet sich nicht dieser starre Dogmatismus, der immer dann auftrat, wenn er die Ziele zu setzen hatte. Es findet sich auch nicht die disziplinlose Gefühlsseligkeit Alexanders. Trotz aller Eitelkeit war Metternich dennoch stets bereit, die Form dem Gehalt zu opfern, so daß seine Siege nicht Wunden schlugen, sondern Ausgangspunkte für weitere Beziehungen waren.

Metternich kam dabei die außerordentliche Fähigkeit zustatten, die fundamentalen Dinge einer Situation schnell zu erkennen und ihre psychologische Bedeutung zu erfassen, was ihn in die Lage versetzte, seine Gegenspieler zu beherrschen. 1805 war er nahezu der einzige, der darauf hinwies, daß Preußen nicht mehr der Staat Friedrichs des Großen sei; 1812 zählte er zu den ersten, die die grundlegende Änderung der Situation aufgrund der Niederlage Napoleons erkannten; 1815 verstand er besser als die meisten anderen das Wesen der sozialen Umschichtung, die sich in Europa abzeichnete. Und daß er sich entschloß, sich gegen die Flut zu stemmen, ist vielleicht eher Ausfluß seiner Tätigkeit als Staatsmann, nicht aber seiner eigenen Erkenntnisse. Er war seinen Gegnern überlegen, weil er wußte, was er wollte; seine Ziele waren steril, sie standen aber unverkennbar fest. Auf dem Höhepunkt der griechischen Krise schrieb er: «Alle wollen Etwas, ohne zu wissen, wie die Sache anzupacken sei, und der eigentliche Reiz der heutigen Lage ist, daß niemand recht weiß, wie er das, was er will, erlangen kann. Ich weiß, was *ich* will und was die anderen *tun können*. Ich bin vollständig gewappnet.»[4] So prahlerisch, eitel und überheblich diese Worte sein mögen, sie treffen den Kern.

Doch alle diplomatische Geschicklichkeit hätte Metternich nichts genutzt, hätte er nicht in einem Rahmen spielen können, in welchem seine Vorstellung von der Einheit Europas als etwas anderes erschien als nur eine schöne Umschreibung für den staatlichen Eigennutz Österreichs. Die ersten Jahrzehnte des neunzehnten Jahrhunderts waren eine Übergangszeit, und wie stets in solchen Perioden diente das Auftauchen neuer Maßstäbe zunächst nur dazu, den Gegensatz zu den alten, überkommenen Werten ins grelle Licht treten zu lassen. Die politische Struktur des achtzehnten Jahrhunderts war zusammengebrochen. Doch seine Ideale lebten noch weiter. Und weil diese Ideale auf einer rationellen Philosophie mit dem Anspruch auf Wahrheit basierten, erhoben sie Anspruch auf Allgemeingültigkeit. Für Metternichs Zeitgenossen war die Einheit Europas eine Realität, und gerade die Art, wie man sie betrachtete, beweist, wie stark sie in dem Bewußtsein aller war. Regionale Meinungsverschiedenheiten wurden nicht verneint. Man sah in ihnen aber lediglich örtliche Variationen eines größeren Ganzen. Einheit war noch nicht Gleichmacherei.

Alle Mitspieler Metternichs waren im Grund Produkte der gleichen Kultur, bekannten sich zu den gleichen Idealen und hatten ähnliche Wünsche. Sie verstanden einander, nicht nur weil sie sich mühelos auf französisch unterhalten konnten, sondern weil sie in einem tiefen Sinn sich bewußt waren, daß sie mehr miteinander verband als trennte. Als Metternich die italienische Oper nach Wien oder Zar Alexander deutsche Philosophen nach Rußland brachte, waren beide nicht bewußt tolerant oder sich auch nur darüber im klaren, daß sie etwas «Ausländisches» importierten. Das Ideal von dem «Großartigen» war damals noch wichtiger als die Frage nach seinem Ursprung. Der russische Ministerpräsident Capodistria war ein Grieche. Der russische Botschafter in Paris, Pozzo di Borgo, war ein Korse, und der französische Ministerpräsident Richelieu war früher Gouverneur von Odessa gewesen. Wellington beriet Österreich in seinem Feldzug gegen Murat, und 1815 forderten sowohl Preußen als auch Österreich den Freiherrn vom Stein auf, für sie als Botschafter auf die Bundeskonferenz zu gehen. So kann man sich auch Metternich mit seiner kosmopolitischen Erziehung und rationalistischen Philosophie, den mit Österreich nur zufällig Adelsbande verbanden, genauso gut als Minister irgendeines anderen Staates vorstellen. Sofern er sich überhaupt besonders zu Österreich hingezogen fühlte, so nur aus philosophischen Gründen, nicht aber aus Nationalgefühl, denn die Prinzipien, die Österreich repräsentierte, waren seinen Maximen am nächsten. Österreich, das Vielsprachenreich, war ein Makrokosmos im Sinn seiner kosmopolitischen Werte. «Für eine lange Zeit», so schrieb er 1824 an Wellington, «hat Europa für mich die Eigenschaft eines Vaterlandes gehabt.»

Metternich war erfolgreich nicht nur, weil er überreden konnte, sondern vor allem weil das, was er sagte, plausibel war. Von all seinen Kollegen konnte er am besten an die Maximen des achtzehnten Jahrhunderts appellieren, teils weil sie seinen eigenen Überzeugungen entsprachen, teils aber auch, worauf es hier noch mehr ankommt, weil Österreichs Interessen mit denen der Ruhe in Europa identisch waren. Weil das Endergebnis

Metternichscher Politik Stabilität war und Österreichs Vorteil immer außerhalb der Diskussion stand, führten sein außergewöhnlicher Zynismus und die kaltblütige Art, wie er Meinungen seiner Gegner ausschlachtete, nicht zur Auflösung aller Bindungen, wie es später in den Händen Bismarcks bei Anwendung gleicher Taktiken der Fall war. Metternich betrieb eine Politik des Status quo *par excellence*. Er suchte nicht überlegene Kräfte um sich zu scharen, sondern es gelang ihm, dafür zu sorgen, daß sich die anderen freiwillig seiner Version der Legitimität beugten. Die Folge war eine lange Zeit des Friedens ohne Wettrüsten und ohne größere Kriege. Und als schließlich nach 1848 der Wandel kam, konnte er in den bestehenden Bau eingefügt werden, ohne daß Österreich zerfiel oder in eine permanente Revolution gestürzt wurde.

Doch alle seine Erfolge haben eine Kehrseite. Weil er Stabilität inmitten einer revolutionären Zeit dem Status quo gleichsetzte, verstärkte er die Tendenzen, die zu einer starren österreichischen Innenpolitik, ja schließlich zu einer Versteinerung führten. Gerade weil Metternich diplomatisch so geschickt operierte, war das wirkliche Wesen seiner Erfolge nicht zu erkennen, daß er nämlich nur den immer stärker zutage tretenden Anachronismus Österreichs in einem Jahrhundert des Nationalismus und des Liberalismus verbarg; daß er nur den unvermeidlich kommenden Tag der Erkenntnis hinauszögerte. Gewiß, vielleicht ist überhaupt keine erfolgreiche Politik für ein Vielsprachenreich in einem Jahrhundert des Nationalismus möglich. Der Kaiser hätte sich auch gewiß gegen jede ernstere innenpolitische Reform mit der für ihn typischen Hartnäckigkeit gesperrt. Trotzdem bezeichnet das Ende der napoleonischen Kriege den letzten Augenblick, in dem Österreich sich vor dem drohenden Sturm durch Anpassung hätte retten können. Es war der letzte Moment, in dem es sich von seiner Vergangenheit hätte losreißen können, und wäre der Prozeß auch noch so schmerzhaft gewesen. Metternichs hervorragendes diplomatisches Geschick enthob Österreich der schweren Wahl zwischen innenpolitischer Reform und revolutionärem Ringen. Dank ihm konnte es im Grund genommen in einem Jahrhundert rationeller Verwaltung unverändert weiterleben. Es bestand weiter als Vielnationenstaat in einer Zeit des Nationalismus. Metternichs Leistung war so anpassungsfähig, daß man übersah, daß sie auf diplomatischem Geschick beruhte und daß die fundamentalen Probleme ungelöst geblieben waren; daß sie Manipulation, nicht aber Schöpfung war. Denn in der Diplomatie kann man vieles erreichen, wenn man einfach nur die gegebenen Faktoren internationaler Beziehungen richtig auswertet und geschickt zu nutzen versteht. Das ist aber kein Ersatz für ein klares Konzept. Der Erfolg einer Diplomatie hängt letzten Endes von den Zielen ab, die außerhalb der diplomatischen Sphären gesteckt werden und die die Diplomatie als gegeben hinzunehmen hat. Metternich arbeitete so einfallsreich, daß er eine Weile lang den Eindruck erwecken konnte, als sei Jonglieren die natürlichste Form internationaler Beziehungen; seine Kombinationen waren so umfassend, daß sie ein Jahrzehnt lang die Tatsache verbargen, daß das, was Anwendung universeller Prinzipien zu sein schien, in Wirklichkeit nur die *tour de force* eines Einzelmenschen war.

Nur hohler Historizismus kann behaupten, man könne stets und überall erfolgreiche Politik treiben. Für Österreichs tragisches Dilemma gab es einfach keine billige Lösung. Der Staat konnte sich nicht an die Umwelt dadurch anpassen, daß er sich selbst und seine Seele aufgab. Er mußte Werte verteidigen, die dabei nur noch mehr erstarrten. Jede echte Kritik an Metternich muß sich deshalb nicht gegen sein Versagen, sondern gegen seine Reaktion auf den Fehlschlag richten. Metternichs eitle Selbstzufriedenheit über Dinge, die im Kern rein technischer Art waren und die er meisterlich beherrschte, verhinderte, daß er zu einer tragischen Figur wurde. An Metternich fehlte jenes Attribut, das es dem Geist ermöglicht hat, schon viele Hindernisse im Lauf der Geschichte zu überwinden: die Fähigkeit, einen Abgrund nicht mit den Augen eines Wissenschaftlers zu betrachten, sondern in ihm eine Aufforderung zu sehen, ihn zu überwinden – oder dabei zugrunde zu gehen. Statt dessen trifft man auf eine süßsaure Resignation, die zwar selbst nicht ohne Größe ist, die aber den Staatsmann des anachronistischen Reiches vor der Nachwelt dazu abstempelte, Symbol des Konservativismus zu werden. Denn aus Menschen werden Mythen nicht aufgrund dessen, was sie wissen, nicht einmal aufgrund dessen, was sie erreichen, sondern wegen der Ziele, die sie sich setzen.

Metternich beherrschte die Kabinettdiplomatie des achtzehnten Jahrhunderts zu gut. Sein Gefühl für Proportion entsprach einer Zeit, in der die gesellschaftliche und politische Struktur nicht auf dem Spiel standen und in der die einzelnen Komponenten von dem gemeinsamen Bewußtsein ihrer Geborgenheit beseelt waren. Die

Diplomatie war aber steril für eine Ära des ständigen Auf und Ab. Jedesmal, wenn Metternich in einem bestimmten, fest umrissenen Raum tätig wurde, wenn es galt, ein Bündnissystem zu schaffen oder einen Vertrag auszuhandeln, zeigte sich seine Meisterschaft. Wenn es aber galt, sich Ziele zu setzen, versagte er. Er, der Staatsmann der Ruhe, suchte diese in der Manipulation von Faktoren, die er für gegeben hielt, und wurde so zum Gefangenen der Ereignisse. Weil er sich nie auf einen Kampf einließ, von dem er nicht vorher wußte, daß er ihn gewinnen würde, wurde er nicht zum Symbol. Er kannte die Kräfte, die da am Werk waren, besser als die meisten seiner Zeitgenossen. Doch sein Wissen half ihm wenig, weil er es fast ausschließlich nur dazu nutzte, den unaufhaltbaren Marsch der Dinge abzulenken, statt es sich für eine Aufgabe konstruktiver Art zunutze zu machen. Er als das letzte Überbleibsel des achtzehnten Jahrhunderts sollte nun selbst beweisen, wie falsch eine der Maximen der Aufklärung ist, die da lautet, Wissen sei Macht.

Auch aus diesem Grund gleicht das letzte Ergebnis Metternichscher Politik einer Reihe von Ironien: daß die Politik des Staatsmannes, der sich am lautesten der Universalität seiner Maximen rühmte, mit dem Tod eines einzigen Menschen ihre Flexibilität verlor; daß ihre Struktur durch Preußen zur Auflösung gebracht wurde, also durch die Macht, die sie sich als eine ihrer tragenden Säulen gedacht hatte, und daß ihre Legitimität durch die Bestrebungen nicht einer Volksvertretung im Zug einer sozialen Revolution zusammenbrach, sondern durch den traditionellsten Teil der preußischen Gesellschaft: Otto von Bismarck, dessen Vorfahren älter waren als selbst die der preußischen Monarchen, der aber dennoch das Werk der Revolution vollendete, die Metternich gezähmt hatte.

Beide Staatsmänner der Ruhe scheiterten schließlich an der innenpolitischen Struktur ihrer Staaten: Castlereagh, weil er sie ignorierte, Metternich, weil er sich ihrer Verwundbarkeit zu sehr bewußt war. Ihre Erfolge aber blieben und zeigten sich nicht nur in einer langen Zeit des Friedens, sondern auch in der Wirkung auf ihre Zeit. Das Zusammenspiel Europas, das sich an die Napoleonischen Kriege anschloß, entsprach fast genau ihrer Vorstellung von dem Gleichgewicht, und das Konferenzsystem, das es aufrechterhielt, war Castlereaghs persönliche Schöpfung. Er milderte die Differenzen innerhalb der Koalition, und er war es, der sein ganzes Leben lang das Gewissen der Allianz blieb, selbst noch als er in eine zunehmend passive Rolle gedrängt worden war. Fast ganz auf sich gestellt, hatte er die Sicherheit Großbritanniens an die Stabilität der Verhältnisse auf dem Festland geknüpft. Im Lauf der Zeit erwiesen sich die Realitäten einer insularen Mentalität als die stärkeren. Großbritannien hatte aber doch so lange an dem Spiel teilgehabt, daß die neue Ordnung nun ohne Katastrophe heranwachsen konnte. Metternich mag noch so sehr gegen den Begriff «Metternichsches System» angerannt sein, in ihm verkörpert sich die Bedeutung eines Zeitalters des Ringens. Zwischen 1809 und 1849 konnte man gegen Metternich sein. Man mochte ihn verabscheuen, man konnte sich ihm aber nicht entziehen. Er war der Hohepriester der Heiligen Allianz und der anerkannte Interpret ihrer Maximen. Er war der Manipulator des Konferenzsystems, wo sich seine Gegner plötzlich durch geschicktes Umdrehen ihrer eigenen Vorschläge isoliert sahen. Daß die Angriffe gegen ihn oft mit besonderer Bitterkeit geführt wurden, zeigt, wie sehr er im Mittelpunkt stand. In seiner Art, wie er anonym, hintenherum und indirekt operierte, lehrte er, daß Politik auf Wissen beruhen mag, ihre Verwirklichung aber eine Kunst ist.

3

Welche Rolle hat demnach staatsmännische Führungskunst zu spielen? Die Lehre von der gesellschaftlichen Vorherbestimmung der Ereignisse hat den Staatsmann zu einem Hebel an einer Maschine herabgedrückt, die Geschichte genannt wird. Sie hat ihn zu einem Agenten eines Schicksals gemacht, das er vielleicht erkennt, das er aber vollenden muß, ob er es will oder nicht. Dieser Glaube an die Macht der Umstände und die Ohnmacht des Einzelnen hat Wirkungen auf die Gestaltung der Politik. Man kann sehr viel von der Zufälligkeit und Nutzlosigkeit von Planungen hören, weil Tatsachen nicht zur Verfügung stünden; man hört von Schwierigkeiten, weil man nur begrenzte Kenntnisse habe. Natürlich sei nicht bestritten, daß sich Politik nicht im luftleeren Raum abspielt und daß der Staatsmann mit dem Material fertig werden muß, das ihm zu Verfügung steht. Nicht nur geographische Bedingungen und die Verfügbarkeit von Mitteln setzen jeder staatsmännischen Führungskunst Grenzen, das gleiche gilt auch für den Charakter der Bevölkerung und die Art bisheriger geschichtlicher Erfahrungen. Wenn man aber sagt, Politik schaffe sich ihre Substanz nicht selbst, so ist das nicht das gleiche, als wenn man sagt, die Substanz allein genüge schon.

Die Erkenntnis, daß das Napoleonische Reich ins Wanken geraten war, war 1813 eine *Voraussetzung* der Politik, aber nicht schon *aus sich heraus* Politik. Daß die revolutionäre Zeit durch eine Ordnung des Gleichgewichts ersetzt werden sollte, daß an die Stelle reiner Willkür das Anerkennen einer Legitimität zu treten habe, mag «in der Luft» gelegen haben. Man braucht sich aber nur die schwankenden Schritte der meisten Staaten anzusehen, um zu erkennen, daß weder das Wesen dieses Gleichgewichts noch die zu seiner Verwirklichung notwendigen Maßnahmen von vornherein schon offenkundig waren. Die nationalen Interessen mögen rückblickend «selbstverständlich» gewesen sein. Die Zeitgenossen sahen sich vor einer Vielzahl von Möglichkeiten, von denen jede zu einem anderen politischen Weg zu raten schien: 1813 befürworteten die meisten österreichischen Politiker, sofern sie nicht für eine bedingungslose Neutralität waren, entweder ein weiteres Festhalten an dem Bündnis mit Frankreich, um Österreichs Beziehungen mit dem unbesiegbaren Eroberer zu festigen, oder sie wollten sofort die Pferde wechseln und den nationalen Leidenschaften nachgeben, die Europa aufrüttelten. Es war fast nur Metternich allein, der fest blieb, weil er überzeugt war, daß das Napoleonische System mit einem System des Gleichgewichts zwar unvereinbar war, daß daraus aber nicht notwendigerweise folgen müßte, daß die Existenz eines Vielvölkerreiches mit einer Ära des Nationalismus vereinbar sei. Zur gleichen Zeit spiegelte das britische Kabinett die allgemeine Überzeugung der Nation wider, als es den Sturz Napoleons und später einen geharnischten Frieden verlangte. Es war Castlereagh, der den Frieden des Gleichgewichts und nicht den der Rache, der ein versöhntes, nicht aber ein ohnmächtiges Frankreich entstehen ließ. Die Entscheidung für die eine oder andere Politik lag nicht in den «Fakten» vergraben, sondern beruhte auf deren Interpretation[5]. Dazu gehört im Grund ein moralischer Akt: ein *Abschätzen,* bei dem es darauf ankommt, von welcher Zielsetzung man ausgeht und wie man das vorhandene Material wertet. Es kommt dabei zwar auf Wissen an, ist aber mit diesem nicht identisch.

Prüfstein für einen Staatsmann ist es, ob er die wahren Kräfteverhältnisse zu erkennen und dieses Erkennen seinen Zielen nutzbar zu machen vermag. Daß Österreich nach Stabilität trachten sollte, lag in der geographischen Lage und in der innenpolitischen Struktur begründet. Daß es ihm aber gelang, wenn auch nur vorübergehend und vielleicht sogar törichterweise, sein innenpolitisch legitimierendes Prinzip zu dem beherrschenden Prinzip der internationalen Ordnung zu machen, war die Leistung seines Außenministers. Daß Großbritannien versuchen mußte, Sicherheit durch eine *balance of power* zu finden, war die Konsequenz eines ununterbrochenen Krieges von dreiundzwanzig Jahren. Daß es aber zu einem Partner in dem europäischen Konzert wurde, beruhte auf den Bemühungen eines Einzelnen. Eine Politik ist dabei stets nur so gut wie die Ziele, die sie sich gesetzt hat. Maßstab für Castlereaghs staatsmännische Führungskunst ist die Tatsache, daß er die Integration für den Bau einer legitimen Ordnung für wichtiger hielt als die Vergeltung, so wie es Metternichs

Tat war, daß er bei seinen Erfolgen nie Form und Inhalt verwechselte und erkannt hatte, daß das Reich im Herzen Europas nicht auf Triumph, sondern nur dank Versöhnung mit den anderen weiter leben konnte. Beider Fehler war es, daß sie sich Ziele gesteckt hatten, die jenseits der materiellen Möglichkeiten lagen: Castlereagh durch eine Vision, die außerhalb des Konzepts britischer Politik lag, und Metternich durch sein Bemühen, das Unerreichbare in einem Jahrhundert des Nationalismus zu erreichen.

Doch es genügt nicht, einen Staatsmann nur an seinen Absichten zu messen; denn im Gegensatz zum Philosophen muß er seine Vision in die Tat umsetzen. Dabei sieht sich der Staatsmann unvermeidbar mit den Unvollkommenheiten seines Materials sowie mit der Tatsache konfrontiert, daß die anderen Mächte nicht nur Faktoren sind, die man manipulieren kann, sondern Kräfte, mit denen man fertig werden muß; daß die Erfordernisse der Sicherheit je nach geographischer Lage und innenpolitischer Struktur eines Staates unterschiedlich sind. Sein Instrument ist die Diplomatie, die Kunst, Staaten lieber durch Übereinstimmung als durch Gewaltanwendung miteinander in Beziehung zu setzen, durch Darlegung einer gemeinsamen Ausgangsbasis, bei der sich Sonderwünsche unter das große Ganze einordnen. Weil Diplomatie Überzeugungskunst, nicht aber die Ausübung von Druck bedeutet, verlangt sie einen festen Rahmen, sei es in Form eines gemeinsamen legitimierenden Prinzips oder, zumindest theoretisch, durch gleichartige Einschätzung der Kräfteverhältnisse, obwohl das letztere in der Praxis am schwierigsten zu erreichen ist.

In nicht geringem Umfang beruhten die Erfolge Castlereaghs und Metternichs auf ihrem außergewöhnlichen diplomatischen Können. Beide beherrschten jede Verhandlung, an der sie teilnahmen. Castlereagh dank seiner Fähigkeit, einander widerstreitende Standpunkte näher zu bringen, und dank einer Zielstrebigkeit, die eine empirische Politik verleiht; Metternich durch seine fast unheimlich erscheinende Gabe, seine Mitmenschen und Gegner zu beherrschen, und dank der Kunst, den moralischen Rahmen zu ziehen, innerhalb dessen eine Konzession nicht wie eine Kapitulation, sondern wie ein Opfer im Interesse der gemeinsamen Sache aussah.

Die härteste Probe für jede Politik kommt jedoch erst dann, wenn es gilt, innenpolitische Zustimmung zu gewinnen. Diese hat zwei Aspekte: Wie kann man seine Politik *innerhalb* des Regierungsapparates legitimieren, was ein Problem bürokratischer Rationalität ist; und ferner, wie kann man sie mit der Erfahrung der Nation harmonisieren, was ein Problem historischer Entwicklung ist. Es war zwar paradox, aber kein Zufall, daß Metternich 1821 größere Schwierigkeiten mit den österreichischen als mit den russischen Ministern hatte und daß Castlereagh bei jeder Verhandlung sich mehr mit seinem Kabinett als mit seinen Außenministerkollegen herumschlagen mußte. Denn der Geist der Politik und der der Bürokratie stehen sich diametral gegenüber. Das Wesen einer Politik liegt in den gegebenen Möglichkeiten. Ihr Erfolg hängt davon ab, ob man diese richtig abschätzt, wozu ein Stück Mutmaßung gehört. Das Wesen einer Bürokratie liegt in ihrem Drang nach Sicherheit; ihr Erfolg ist die Vorausberechenbarkeit. Echte Politik gedeiht auf dem Boden nie versiegender

Schöpfungskraft. Sie lebt von ständig neuer Zielsetzung. Eine gute Verwaltung gedeiht auf dem Boden der Routine, der Herstellung von bestimmten Relationen, innerhalb derer auch das Mittelmäßige existieren kann. Politik schließt das Abmessen von Risiken in sich ein; Verwaltung will jede Abweichung vermeiden. Die Beziehungen politischer Maßnahmen zueinander und das Gefühl für Proportionen rechtfertigen eine Politik; Maßstab für eine Verwaltung ist, ob jede einzelne Handlung angesichts des gesteckten Ziels rationell erfolgt. Der Versuch, Politik bürokratisch zu betreiben, verleitet zu dem Streben nach Vorausberechenbarkeit, wodurch man leicht zum Gefangenen der Ereignisse wird. Der Versuch, politisch zu verwalten, führt zu allgemeiner Unverantwortlichkeit, weil die Bürokratie dazu da ist, auszuführen, nicht aber zu planen.

Die Versuchung, Politik administrativ zu führen, ist immer gegeben, weil die meisten Regierungen in erster Linie für die Lösung innerpolitischer Aufgaben zusammengesetzt sind, deren Hauptproblem die Verwirklichung gesellschaftlicher Entscheidungen ist, eine Aufgabe, die nur an dem technisch Möglichen ihre Grenze findet. Macht man sich aber um technische Probleme in der Außenpolitik zu viel Sorgen, führt das zu einem Standard, der die Dinge nicht daran mißt, ob Ziele erreicht wurden, sondern ob man Fehler vermieden hat. Dieses Verhalten führt zu dem Glauben, daß Fähigkeiten daran gemessen werden könnten, ob man Katastrophen vorhergesehen, nicht aber ob man Chancen verpaßt hat. Es ist nicht überraschend, daß Vansittart auf dem Höhepunkt der Auseinandersetzung in Wien im Jahr 1814 einfach bestritt, daß von Rußland eine Drohung ausgehe, und daß Stadion 1821 gegen die schwere finanzielle Belastung protestierte, die ein Feldzug gegen Piemont Österreich aufbürden würde. In beiden Fällen lagen die Risiken offen auf der Hand, während das Gefahrvolle entweder symbolisch war oder man es einfach übersah. Beidemal äußerte sich der Drang nach Beschränkung in der Form, daß die Realität der Gefahr einfach verneint wurde.

Auch aus diesem Grund ist es gefährlich, die Planung von der Verantwortung für die Ausführung zu trennen. Denn Verantwortung verlangt einen Maßstab, eine Legitimität. Der Standard einer Bürokratie ist anders als der sozialer Strömungen. Gesellschaftliche Ziele rechtfertigen sich aus dem legitimierenden Prinzip innerhalb einer Gesellschaft, sei es nun dem der reinen Ratio, der Tradition oder des Charisma, in jedem Fall sieht man in ihm einen der *höchsten* Werte. Bürokratische Maßnahmen mißt man mit im Grunde genommen *instrumentalen* Mitteln. Man fragt sich, ob bestimmte Handlungen geeignet seien, den gesetzten Zielen zu dienen. Jede Gesellschaftsordnung hat nur eine bestimmte Zahl von Wahlmöglichkeiten, weil ihre Werte relativ fest sind; eine ideale Bürokratie sollte in der Lage sein, *jede beliebige* Entscheidung zu verwirklichen, sofern sie administrativ überhaupt zu verwirklichen ist. Der Versuch, soziale Ziele mit bürokratischen Methoden zu umreißen, führt daher immer zu einer Verzerrung, die stets dann auftritt, wenn man rationale Mittel anwenden will, um Ziele aufzustellen. Castlereaghs Politik war so flexibel, weil bei ihm Konzeption und Verantwortlichkeit überwiegend zusammenfielen. Aus dem gleichen Grund konnte auch Metternich geschickt und geschmeidig operieren. Castlereagh und Metternich vermochten ihre Politik als weitreichende nationale Strategie zu planen, weil ihre Handlungen durch die Ziele der gesellschaftlichen Strömungen legitimiert waren, nicht aber durch administrative Routine. Weil sie lange im Amt blieben, konnten sie ihr Konzept unter Berücksichtigung der Relation der einzelnen Schritte zueinander verwirklichen.

Über die sich aus dem Beharrungsvermögen einer Bürokratie ergebenden Hindernisse hinaus wird es jedem Staatsmann immer schwer werden, für seine Politik innenpolitisch Zustimmung zu gewinnen, weil die Erfahrung, die eine Nation auf innenpolitischem Gebiet gemacht hat, ganz anders ist als die auf außenpolitischem Gebiet. Das ganze innenpolitische Streben eines Volkes läßt die Bemühung erkennen, aus Faustrecht auf dem Weg über allgemein anerkannte Rechtsgrundsätze Verpflichtungen werden zu lassen. Je spontaner diese Verpflichtungen, als um so «natürlicher» und «allgemeingültiger» werden die gesellschaftlichen Werte erscheinen. Die außenpolitische Erfahrung eines Volkes stellt aber die Allgemeingültigkeit seiner Vorstellung von der Gerechtigkeit in Frage, weil die Stabilität einer internationalen Ordnung auf Selbstbescheidung, auf das Abstimmen verschiedener Versionen von Legitimität untereinander angewiesen ist. Eine Nation wird jede Außenpolitik an den Begriffen ihrer inneren Legitimation messen, weil sie gar keinen anderen Maßstab hat. Doch der Versuch, das legitimierende Prinzip der internationalen Ordnung mit dem begrenzten Gesichtskreis heimischer Gerechtigkeit gleichzusetzen, führt zu einer revolutionären Lage, besonders wenn die jeweiligen innenpolitisch legitimierenden Ziele stark voneinander abweichen. Wenn sich eine Gesellschaft durch ein Prinzip selbst legitimiert, das Anspruch sowohl auf Allgemeingültigkeit als auch auf Exklusivität erhebt, wenn ihre Vorstellung von der «Gerechtigkeit» also kurz gesagt die Existenz anderer Prinzipien der Legitimität nicht mit umfaßt, werden die Beziehungen zwischen ihr und anderen Gesellschaften allmählich nur auf Gewalt basieren. Darum ist es für einander widerstreitende Systeme der Legitimität so außerordentlich schwierig, füreinander Verständnis aufzubringen, und zwar nicht nur, weil sie sich nicht auf das einigen, was jeder von ihnen als «gerecht» fordert, sondern auch weil sie nicht in der Lage sind, das international Erreichbare innenpolitisch zu legitimieren.

Doch auch wenn keine grundlegende ideologische Kluft klafft, wird eine Nation immer leicht auch außenpolitisch durch ihre eigene innenpolitisch gefärbte Brille sehen. Auf dem Gebiet der Innenpolitik ist das schwierigste Problem, eine allgemeine Überzeugung von dem Wesen der «Gerechtigkeit» zu schaffen. Auf internationaler Ebene aber muß der in der außenpolitischen Zielsetzung von der Innenpolitik herrührende Trieb sich mit ähnlichen inneren Strömungen anderer abfinden. Es ist kein Zufall, daß das Werkzeug der Innenpolitik die Bürokratie ist, welche die Einmütigkeit des Willens und seiner Verwirklichung symbolisiert. Es hat seinen guten Grund, daß so viele Nationen, wenn auch unbewußt, so starke Abneigung gegen Außenpolitik erkennen lassen, weil es eben eine Herzensqual bedeutet, wenn man feststellen muß, daß das, was man im eigenen Haus als «Gerechtigkeit» empfindet, nach außen Objekt von

Verhandlungen ist. Es ist auch kein Zufall, daß so viele Nationen von sich überzeugt sind, im Recht zu sein, während nur das Ausland sie daran gehindert habe, es zu verwirklichen. Der Ansporn jeder Innenpolitik kommt unmittelbar aus gesellschaftlicher Erfahrung, der einer Außenpolitik beruht nicht auf augenblicklicher, sondern auf der potentiellen Erfahrung dessen, was staatsmännische Führungskunst vermeiden will: den Krieg.

Der Staatsmann ähnelt daher einem Helden in einem klassischen Drama, der eine Vision der Zukunft hat, sich aber unmittelbar seinen Mitmenschen nicht verständlich machen, seine «Wahrheit» nicht an den Mann bringen kann. Nationen lernen nur aus Erfahrung; sie «wissen» die Dinge erst, wenn es zum Handeln schon zu spät ist. Staatsmänner aber müssen so handeln, *als ob* ihre Eingebung schon Erkenntnis, als ob ihr Wollen Wahrheit sei. Darum erleiden Staatsmänner oft das Schicksal von Propheten. Sie gelten nichts im eigenen Land und sehen sich vor der schwierigen Aufgabe, für ihre Programme innenpolitische Legitimation zu erhalten. Ihre Größe zeigt sich oft erst später, wenn nämlich aus ihrer Intuition Erkenntnis und Erfahrung geworden ist. Der Staatsmann muß darum ein Lehrer sein; er muß die Brücke zwischen der Erfahrung seiner Mitmenschen und seiner Vision, zwischen Tradition und Zukunft schlagen. Dabei stehen ihm nicht alle Möglichkeiten offen. Schießt er zu sehr über die bisherige Erfahrung seiner Nation hinaus, wird man ihn innenpolitisch nicht verstehen, seine Politik mag so klug sein, wie sie will; Beispiel: Castlereagh. Beschränkt ein Staatsmann seine Politik auf die Erfahrung seiner Nation, verurteilt er sich selbst zur Sterilität; Beispiel: Metternich.

Darum sind die meisten großen Staatsmänner entweder Revolutionäre oder Repräsentanten von im Grunde genommen konservativen Gesellschaftsstrukturen. Der Konservative setzt sich durch, weil er die Erfahrung seiner Nation und die Bedeutung weiterbestehender Beziehungen kennt, die den Schlüssel zu einer stabilen internationalen Organisation liefern. Der Revolutionär hat Erfolg, weil er den Boden der Erfahrung verläßt und das Gerechte mit dem Möglichen verbindet. Der Konservative (besonders, wenn er eine im Grunde genommen konservative Gesellschaftsstruktur verkörpert) erhält seine Legitimation dadurch, daß man über die grundlegenden Ziele der gesellschaftlichen Strömungen und der gesellschaftlichen Erfahrung einer Meinung ist. Darum braucht er auf seinem Weg auch nicht jeden einzelnen Schritt zu begründen. Der Revolutionär wird durch sein charismatisches Wesen «legitimiert», durch eine Legitimierung seiner Person oder der von ihm verkörperten Prinzipien. Seine Mittel sieht man daher als solche zufälliger Art an. Seine Ziele und seine Person legitimieren die Mittel. Eine konservative Struktur führt zu einem Gefühl der *Qualität,* das den Rahmen für eine große Konzeption absteckt; eine revolutionäre Ordnung gebiert ein Gefühl der *Übertreibung,* was zur Auflösung technischer Grenzen führt. In beiden Fällen geht es um das fundamentale Problem staatsmännischer Führungskunst: Wie kann man Verständnis für die *Komplexität* von Politik schaffen, wenn es unmöglich ist, ihren *Gehalt* verständlich zu machen.

Dieses Buch beschäftigte sich mit konservativen Staatsmännern aus Staaten mit althergebrachten gesellschaftlichen Strukturen, aus Gesellschaften, die in sich so hinreichend gefestigt waren, daß man eine zielstrebige Politik verfolgen konnte, weil allgemein die Überzeugung herrschte, daß innenpolitische Auseinandersetzungen im Kern um technische Dinge gehen und man sich nur streitet, auf welchem Weg man das gemeinsam gesteckte Ziel erreichen soll. Aus diesem Grund konnte Metternich zwischen 1809 und 1812 eine Politik der «Kollaboration» treiben, ohne des Hochverrats angeklagt zu werden, und deshalb konnte Castlereagh mit Napoleon verhandeln, ohne daß man ihm vorwarf, sein Land verraten zu wollen. Zu staatsmännischer Führungskunst gehört somit nicht nur das Problem einer Konzeption, sondern auch das ihrer Verwirklichung; eine Abschätzung des Erreichbaren wie aber auch eine Vision des Wünschenswerten. Die Beschreibung von den Bemühungen Castlereaghs und Metternichs, das Gerechte mit dem Möglichen und die internationale mit der innenpolitischen Legitimation in Übereinstimmung zu bringen, war der Bericht über sie als Staatsmänner. Ihr Schicksal als Menschen war es, daß es ihnen nicht gelang, dem Dauerhaftigkeit zu verschaffen, was ihnen am teuersten war.

4

In der Behauptung, historische Ereignisse seien im Grunde genommen einmaliger Art, wirft sich die Frage auf, ob es gültige Schlußfolgerungen aus historischen Erkenntnissen gibt. Es sei zugestanden, daß sich Ereignisse nicht genauso noch einmal abspielen und daß in diesem Sinn die Geschichte sich nicht «wiederholt». Doch das gilt auch für die einfachste physische Erkenntnis. Ein Mensch, der zum ersten Mal einen Elefanten sieht, weiß nicht, was er vor sich hat (es sei denn, er hat ein Bild gesehen oder eine Beschreibung gelesen, was beides Ersatz für Erfahrung ist). Wenn er einen zweiten Elefanten sieht, kann er ihm vielleicht durch Abstraktion von der Einzelerscheinung einen Namen geben, weil er etwas Übereinstimmendes festgestellt hat. Darum sagt ein Konzept niemals «alles» über ein Objekt aus, geschweige denn ein «Gesetz» über eine Gruppe. Man kann dem Newtonschen Gesetz keinen Vorwurf daraus machen, daß es nichts Wesentliches über Äpfel aussagt, denn seine Bedeutung liegt gerade in der Tatsache, daß es von den Äpfeln sowohl ihre «Einmaligkeit» als auch ihr individuelles zeitliches Sein, ihr «Apfel-Sein», ihr Auftreten als Teil einer Gruppe dadurch abstrahierte, daß es eine formelle Beziehung unter den Äpfeln als «fallende Körper» erkannte. Ähnlich widerstreitet es nicht einer Untersuchung der internationalen Beziehungen mit geschichtlichen Begriffen, wenn man darauf hinweist, Napoleon sei nicht genau derselbe wie Hitler, oder Castlereagh wie Churchill. Immer wo Relationen gegeben sind, kommt es nicht auf die genaue Übereinstimmung an, sondern darauf, daß die gestellten Probleme ähnlich sind. Die Schlußfolgerungen spiegeln dann – so wie jede Verallgemeinerung – die Fähigkeit wider, von der Einmaligkeit individueller Erfahrung abstrahieren zu können.

Ein physikalisches Gesetz ist eine Erklärung und keine Beschreibung. Und Geschichte lehrt die Analogie, nicht die Identität. Das heißt, geschichtliche Erkenntnisse kommen nicht automatisch. Man kann sie nur durch das Anlegen von Maßstäben lernen, die zugeben, daß es eine ganze Reihe bedeutender Erfahrungen gibt und daß die Antworten, die wir erhalten, nur so gut sein werden wie die Fragen, die wir gestellt haben. In der Naturwissenschaft kann man keine tiefgehenden Folgerungen ziehen, ehe man die *Bedeutung* einer Erkenntnis der Sinne durch einen im Grunde genommen geistigen Akt freigelegt hat. Auf dem Gebiet außenpolitischer Studien – der Untersuchung von Staaten als handelnden Einheiten – gibt es keine wichtigen Schlußfolgerungen, wenn man sich nicht des historischen Zusammenhangs bewußt ist. Denn Gesellschaften leben mehr in der Zeit als im Raum. Zu jedem beliebigen Augenblick ist ein Staat nur eine Summe von Individuen, wie Positivisten hervorzuheben nicht müde werden. Aus ihnen wird jedoch durch das Bewußtsein einer gemeinsamen Geschichte eine Einheit. Das ist die einzige «Erfahrung», die Nationen haben. Es ist die einzige Möglichkeit, von sich selbst zu lernen. Geschichte ist die Erinnerung der Staaten.

Staaten neigen allerdings dazu, vergeßlich zu sein. Nationen lernen nicht allzu oft aus der Vergangenheit, und noch seltener ziehen sie aus ihr die richtigen Folgerungen. Denn geschichtliche Erkenntnisse sind, wie die der Menschen, nur Möglichkeiten. Man lernt aus ihnen die Konsequenzen bestimmter Handlungen, sie können jedoch nicht zum Erkennen vergleichbarer Lagen zwingen. Ein Mensch mag erlebt haben, daß man sich an einem heißen Ofen verbrennen kann. Doch wenn er sich vor einem metallischen Objekt bestimmter Größe sieht, muß er erst von Fall zu Fall entscheiden, ob es sich in der Tat um einen Ofen handelt, ehe ihm sein Wissen etwas nutzt. Eine Nation mag sich der wahrscheinlichen Folgen einer revolutionären Lage bewußt sein, doch hilft ihr dieses Wissen nichts, wenn sie eine revolutionäre Lage nicht *erkennt*. Zwischen physikalischem und historischem Wissen liegt jedoch folgender Unterschied: Jeder Generation ist nur ein Versuch der Abstraktion erlaubt; sie hat nur eine Deutung und nur ein Experiment frei, denn sie selbst ist das Subjekt. Hierin liegt die große Aufgabe der Geschichte wie auch ihre Tragödie. In ihrer Gestalt tritt das «Schicksal» auf Erden auf. Die Lösung, ja oft schon das Erkennen, ist die vielleicht schwierigste Aufgabe staatsmännischer Führungskunst.

FRED LUCHSINGER

Nachwort

Mit keinem seiner nicht wenigen Bücher ist der Staatsmann und politische Wissenschaftler Henry Kissinger so nachhaltig identifiziert worden wie mit seiner Arbeit über Metternich und Castlereagh. Wann immer etwas in der internationalen Politik des Staatssekretärs* der Nixon-Ära besonders fein eingefädelt, besonders deutlich einem Gleichgewichtsbegriff eher als moralischen Maximen verpflichtet, besonders fern den amerikanischen «grass-roots» schien, hat man an diese Studie über die Rekonstruktion Europas nach den napoleonischen Kriegen erinnert und ihren Verfasser pauschal als Metternichianer apostrophiert, interpretiert oder denunziert.

Man lädt damit wohl beidem, dem Buch wie dem Autor, zuviel auf. Weder ist das Buch als ein politisches Programm konzipiert worden, noch ist sein Verfasser ohne weiteres mit der Hauptperson seiner Schrift in eins zu setzen; weder hatte Kissinger gestaltende Politik im Sinn, als er sich ans Schreiben machte, noch ist seine Studie historisch verkleidete Gegenwartsanalyse.

---

* In den USA ist Secretary of State der Titel für den Außenminister.

A World Restored – dies der Haupttitel der 1954 abgeschlossenen, 1957 publizierten Arbeit über *Metternich, Castlereagh, and the Problems of Peace, 1812–1822* – war nichts anderes als die Doktordissertation Kissingers und, an der Entstehungszeit gemessen, sein wissenschaftlicher Erstling. Der brillante Graduate Student in *Harvard*, der dort 1951 summa cum laude seinen Bachelor of Arts gemacht hatte und sich nun anschließend den Titel eines Doctor philosophiae (Ph.D.) erwarb, wollte sich mit seinem Opus Nr. 1 in einer akademischen Karriere auf dem Feld von «Government» beziehungsweise «International Relations» etablieren. Das für damalige amerikanische Begriffe eher abseitige Thema des Wiener Kongresses war alles andere als eine abgegraste Wiese, versprach also originalen Ertrag, spezielle Kennerschaft und Autorität, fruchtbare Selbstschulung in der noch wenig festgelegten außenpolitischen Disziplin – immer im Hinblick auf eine Universitätslaufbahn. Und es bot, auch ohne jeden Hintergedanken politischer Praxis, als *Case study* und als ein Stück entscheidungsschwerer Geschichte einer wissenschaftlichen Betrachtung Faszination genug.

Kissinger war, um die biographischen Umstände des Buches noch etwas weiter zu skizzieren, spät zur Wissenschaft gekommen. 1923 im bayerisch-mittelfränkischen Fürth geboren, war er als fünfzehnjähriger Schüler mit seiner jüdischen Familie 1938 nach Amerika emigriert. Da die bedrängten materiellen Verhältnisse kein College-Studium erlaubten, lernte er neben der Berufsarbeit in Abendkursen am New Yorker City College Buchhaltung. Zwanzigjährig wurde er zur Armee ausgehoben, wo er in der Person eines älteren deutschen Emigranten, des mehrfach erfolgreichen Talent-Entdeckers Fritz Kraemer, einen geistigen Mentor fand, der ihm einen Begriff von umfassender europäischer Bildung vermittelte. Nach dem Kriegsdienst, den er als gewöhnlicher Soldat auf dem europäischen Schauplatz leistete, blieb er als Nachrichteninstruktor in einem Unteroffiziersrang zwei weitere Jahre bei der US-Army in Deutschland, bis ihn, im Rahmen der Ausbildungsmöglichkeiten für Kriegsveteranen, Harvard 1947 als bereits Siebenundzwanzigjährigen Undergraduate akzeptierte.

Mit welchem Ernst und Eifer er dort in die Bildungswelt eindrang, wieviel Substanz er durch ausgedehnte Lektüre aufnahm, ist in seiner ebenso ambitiösen wie voluminösen Abschlußarbeit, «Reflexionen zu Spengler, Toynbee und Kant», über nichts weniger als den «Sinn der Geschichte» belegt (*Stephen R. Graubard* zitiert ausgiebig daraus in seinem *Kissinger, Portrait of a Mind,* New York 1974). Etwas vom jugendlichen Hang zu tiefsinnig philosophierendem Verallgemeinern, der diese Reflexionen in oft recht anspruchsvollen Sentenzen charakterisiert, ist vereinzelt drei Jahre später in der Dissertation noch spürbar. So sehr sich hier aber nun sein geschichtliches und politologisches Interesse konkretisiert hat, so engagiert und intelligent nüchtern er politische Realitäten kritisch durchleuchtet, so deutlich hat er doch ein Werk der Gelehrsamkeit, der geschichtlich-politikwissenschaftlichen Analyse im Sinn gehabt – nicht einen politisch-strategischen Entwurf. Natürlich steckt darin Diverses, was man später beim Staatssekretär wiederfindet. Aber der Leser stünde dem Umgang mit diesem Buch selber im Weg, wenn er es nur als Prolog einer staatsmännischen Laufbahn und daraufhin ansähe, ob hier in historischer Form künftige Politik vorweggenommen sei.

Es scheint auch müßig, sich lange darüber den Kopf zu zerbrechen, ob man «A World Restored» unter Geschichtsschreibung oder unter Politischer Wissenschaft zu katalogisieren habe. Kissingers Hauptinteresse gilt sichtbar weniger dem Erzählen von Abläufen als ihrer Untersuchung und Beurteilung. Er setzt einen Leser voraus, der insgesamt etwa weiß, worum es geht, und macht ihn zum schweigenden Partner einer permanent gescheiten Diskussion über die Probleme, die er sukzessive ortet und aufrollt.

Er hat also *Fragen an die Geschichte*, die über ihre exakte Rekonstruktion hinausgehen. Das können Politologen und Historiker miteinander gemeinsam haben. Unterscheiden mögen sie sich in ihren Antworten. Die ersten sind auf der Suche nach Systematik, nach Gesetzmäßigkeiten zwischen Ursachen und Wirkungen, die zweiten bleiben in den Konklusionen eher ohne Verallgemeinerung beim Einzelfall und seiner Ergründung.

Bei Kissinger sind beide Ambitionen zu spüren. Die politische Geschichte von 1812, der Niederlage Napoleons in Rußland, bis 1822, der Sicherung der nachrevolutionären Neuordnung Europas, in der dann schon die Ansätze ihres späteren Zerfalles sichtbar werden, diese Geschichte offeriert ihm «Fallstudien» für eine lange Reihe von Fragen: Wie war aus den Komplexitäten und «Vernetzungen» der napoleonischen Herrschaftsstrukturen eine siegreiche Koalition gegen den Usurpator zu bilden, wie eine Kriegskoalition sodann in ein umfassenderes Mächtekonzert, ein Sieg in eine stabil ausgewogene Friedensordnung, Vorherrschaft und hegemoniale Aspiration in ein Gleichgewicht umzuwandeln? Was unterschied – und unterscheidet – den konstruktiven «Zukunftsfrieden» vom Straf- und Rachefrieden? Wie war gegen den insular-isolationistischen Grundzug der britischen Politik ihr volles Engagement in einem kontinentalen System durchzusetzen, und wie zerfiel dieses Engagement innenpolitisch wieder in der persönlichen Tragödie Castlereaghs? Wie vertrugen sich Stabilitäts- und Gleichgewichtspolitik mit den Kreuzzugs- und religiösen Heilsideen der Heiligen Allianz, wie mit der 1815 keineswegs gestoppten sozialen Gärung? Und so weiter.

Einige Kapitelüberschriften deuten auf den Ehrgeiz genereller, systematischer Einsicht in das «Wesen des Friedens» oder «der Sicherheit» oder «der staatsmännischen Führungskunst». Aber das Auge des Autors bleibt auch in solchen Abschnitten dann zumeist doch treu auf dem Einzelfall, auf der historischen Zeit, auf den unverwechselbaren Personen, Situationen, Umständen. Das verwirrende, ränkevolle diplomatische Spiel wird in seinen sich überkreuzenden leitenden Intentionen durchschaubar gemacht, aber nicht mit Generalisierungen überdeckt.

Kissinger hat Respekt vor und Gusto an komplizierten Problemen und ist, wie er wiederholt zum Ausdruck bringt, kein Freund der Vereinfachung beziehungsweise der einfachen Lösung verwickelter Fragen. Dementsprechend geht er mit Analogien vorsichtig um und projiziert nicht aufs späte zwanzigste Jahrhundert, was er im frühen neunzehnten gefunden hat – und umgekehrt.

Was er sich an systematischer Konsequenz versagt, gewinnt er an historischer Nähe. Den Entscheidungen der damals Handelnden wird ihre Einmaligkeit belassen. Was an politischen Resultaten und Fehlschlägen daraus entsteht, ist nicht Zwang des Schicksals, sondern Menschenwerk und als solches zu verantworten und bewertbar. Auch daß nicht alles lösbar ist, hat Platz in diesem insgesamt humanistischen Geschichtsbild. Die Protagonisten Metternich und Castlereagh, deren politisch-diplomatische Könnerschaft und Statur Kissinger bewundert, scheitern schließlich beide; der Autor stellt es ohne Pathos nüchtern fest.

Kein Buch also, in dem man nach Rezepten «für ein andermal» suchen sollte, keines, das sich anerböte, mit der europäischen Gleichgewichtspolitik von gestern die globalen Gleichgewichtsfragen von heute oder morgen zu lösen. Dafür aber ein bewegendes Stück europäischer Geschichte von höchster Bedeutung, neu gesehen mit politologischem Kennerblick aus einer modernen Perspektive, aus der die Stabilitätsproblematik von 1815 wieder vertrauter wirkt, als sie es ein Jahrhundert lang war. Neu gesehen im übrigen nicht von fernher aus amerikanischer Distanz, sondern mit bemerkenswerter Einfühlung und Vertrautheit aus der Mitte europäischer Problematik heraus. Kissingers Buch dürfte für das Europaverständnis Amerikas nach wie vor von Bedeutung sein.

A World Restored – der Begriff umfaßt mehr als das, was man weithin unter Restauration versteht: Wiederherstellung, Wiedereinrenkung einer durcheinander geratenen Welt, nicht bloße Rückverwandlung zum *status quo ante* nach einem Vierteljahrhundert der Umwälzung. Wer in Amerika in den fünfziger Jahren ein, wenn auch historisches, Buch über die internationale Neuordnung nach Art des Wiener Kongresses schrieb, bewegte sich eher gegenläufig zum Zeitgeist. Zehn Jahre nach dem Sieg über das Dritte Reich und den japanischen Militärimperialismus waren die amerikanischen Vorstellungen von Neuordnung keineswegs so, daß das Exempel Metternichs hätte Interesse wecken oder gar Anziehungskraft entfalten können.

Abgesehen davon, daß der Name des Fürsten im traditionellen Geschichtsbild der freiheitlich-revolutionären Republik seit je synoym mit Unterdrückung, antidemokratisch-autoritärem Regiment und Geheimdiplomatie gewesen war, wiesen die Stellung der noch unbestritten ersten Weltmacht, ihr weit überlegenes militärisches Potential, ihr ideologisch-politisches internationales Engagement für Freiheit und Demokratie, ihre globale Rolle als Gegenmacht des Totalitarismus, wies auch die zwischen zwei Polen zerrissene Welt insgesamt nicht in die Richtung eines Mächtekonzerts nach historischer Partitur.

Wenn auch, wie gesagt, Kissinger mit seinem Buch seiner Zeit weder ein historisches Vorbild noch «Lehren der Geschichte» präsentieren wollte, so konnte doch der ungewohnte Blickpunkt Reflexionen neuer Art auslösen. Ob man ihm irgendwelche aktuelle Bedeutung beimessen wollte oder nicht: die «message» aus nicht allzu ferner Zeit berichtete von einer internationalen *Neuordnung, die hundert Jahre lang hielt* und hundert Jahre lang Europa den Frieden sicherte. Zwar ist diese großzügige Bemessung der Haltbarkeit der «Wiener» Struktur, die Kissinger erst in der Katastrophe des Ersten Weltkrieges einstürzen sieht, anfechtbar; sie hat mindestens 1848 und 1870 erheblichen Schaden genommen, behauptet aber doch, so oder so, einen Dauerhaftigkeits- und Stabilitätsrekord in der neueren Geschichte.

Ein zweites konnte an diesem Modell vorgeführt werden, was dem amerikanischen Publikum, und nicht nur ihm, keine geläufige Vorstellung war: die Schwierigkeit, Mühsal, Komplexität des politischen Prozesses, mit dem nach so «bewegter» Zeit nur erst die Voraussetzungen für ein dauerhaftes friedliches Zusammenleben in Europa zu schaffen waren, die hohen Anforderungen an staatsmännische Kunst, die dieser heikle, stets gefährdete Werdegang stellte.

Wäre es allein oder vorwiegend auf den sogenannten guten Willen angekommen, den der emotionale Pazifismus jeweils laut als die Hauptsache zu beschwören pflegt, dann wäre der Friede für die von zwei Jahrzehnten Revolutionskriege schwer heimgesuchten Völker ein kurzer Prozeß gewesen. Ihn jedoch durch *haltbare Strukturen* zu sichern, durch Strukturen, mit denen der Friede zum wohlverstandenen Interesse aller Beteiligten gemacht, Friedensbruch zum hohen Risiko und Nachteil für den Störenfried gestaltet, künftige friedensgefährdende Revindikationen nach Möglichkeit ausgemerzt, Revanche am Verlierer gezügelt, Gewinne unter den Siegern ausgewogen, ihre «historischen» Ansprüche befriedigt werden mußten – diese Art konkretes, auf die Zukunft gerichtetes Friedenswerk als eine anspruchsvolle Kunst der Machtausübung, Machtzähmung, der Disziplin und Selbstdisziplin, der Überwindung von Emotionen, auch der schlauen Manöver und überlegenen Disposition auf dem Schachbrett darzustellen, wird Kissinger nicht müde. Es ist offensichtlich, daß er damit ein Publikum im Auge hatte, das dazu neigt, Politik auf Moral, Prinzipien, guten Willen oder aber auf bloße Machtüberlegenheit zu vereinfachen.

Es ist vor allem die Maxime und Kunst des *Mächtegleichgewichts* als einer gewissermaßen selbsttragenden, sich elastisch ausbalancierenden Struktur, zu der Europa nach dem napoleonischen Einbruch zurückgekehrt ist, die hier bis in die Details der Ausführung hinein mit fast passioniertem Engagement geschildert wird. Sie verlangt kühl-rationales Kalkül und verträgt sich weder mit individuellen noch mit kollektiven Emotionen, beispielsweise denen des Nationalismus, der im Preußen der Befreiungskriege virulent wurde (und der das Habsburger Reich tödlich bedrohen mußte). Ebensowenig verträgt sie sich mit dem irrational religiös-missionarischen Anspruch, der den Zaren mit seiner Idee der «Heiligen Allianz» umtrieb, und mit Kreuzzugsmentalität, wie sie vom griechischen Befreiungskampf ausstrahlte.

Diese Gleichgewichtskunst hatte zur Voraussetzung einen gemeinsamen Nenner aller Beteiligten, den der *Legitimität*, die nach Kissingers Metternich-Interpretation nicht das bloße, wieder in Kraft gesetzte dynastische Prinzip ist, sondern, weiter gefaßt, die Anerkennung der Spielregeln bedeutet, die hinfort kein «Revolutionär» mehr durch sein Ausscheren verletzen soll. Das System sollte ferner der britischen Politik ihren herkömmlichen Isolationismus nicht mehr erlauben, da London als Gleichgewichtselement auf dem Kontinent dringend gebraucht wurde. Aber hier kommen, mit Castlereaghs Scheitern zuhause und mit seinem Tod, schon die Grenzen des Möglichen in Sicht.

An diesen Grenzen bewegt sich aber schließlich die Kunst dieses Systems aufklärerisch-mechanistischer Prägung schon ihrem Wesen nach: Sie beruhte auf professioneller, artistischer *Kabinettspolitik*, die keine Eingriffe unkontrollierter Kräfte, etwa einer ungesteuerten öffentlichen Meinung und spontaner Parlaments- und Parteienpolitik ertrug. Damit geriet sie zwangsweise und sehr bald in Widerspruch zu eben diesen Kräften, die auf dem Kontinent die Französische Revolution freigesetzt hatte. Über dieser Schwäche ist schließlich der große Artist und Manipulator von Wien selber zu Fall gekommen.

Noch bevor das Metternich-Buch erschienen war, hatte sich Kissinger mit einer neuen Publikation als Analytiker nun nicht mehr historischer Prozesse, sondern der internationalen Gegenwartsproblematik, namentlich der sicherheitspolitischen, einen Namen gemacht. Mit der Studie *Nuclear Weapons and Foreign Policy* wurde er 1957 ein Glied jenes akademischen Establishments, das, zwischen Washington und den Universitäten und «Think-Tanks» pendelnd, amerikanische Politik in beratender Funktion intellektuell fundieren half und anreicherte. Zwölf Jahre darauf war er Nixons Sicherheitsberater im Weißen Haus, 1973 Staatssekretär. Acht Jahre hindurch hat er unter zwei Präsidenten die internationale Politik der Vereinigten Staaten an maßgeblicher Stelle mitgeprägt.

Die Welt, wie sie an solcher Stelle nach 1968 aussah, hatte wenig Ähnlichkeit mit der Metternichs und Castlereaghs. Aber sie bot Fragen, die zu denen der historischen Studie durchaus in Beziehung standen. War es, beispielsweise, denkbar, daß sich zwischen den beiden ideologisch konträren Supermächten ein Konsens über eine globale Friedensordnung entwickeln ließe, die Sicherheit und Stabilität auf weitere Sicht versprach? War es möglich, die rigide bipolare Konstellation zu einer «polyzentrischen» Struktur, zu einem umfassenderen Mächtekonzert auszuweiten? War, zwei- oder mehrpolig, im Zeichen der Nuklearrüstung und -strategie ein funktionsfähiges sicherheitspolitisches Gleichgewichtssystem zu konstruieren, womöglich auf einem Niveau geringerer ausbalancierter Rüstung?

Die Fragen stehen für Versuche, die unter Kissingers Mitwirkung tatsächlich unternommen wurden. Ausgehend vom Befund, daß das Machtverhältnis zwischen den USA und der Sowjetunion inzwischen der Parität nahegekommen war, hat Washington den sicherheitspolitischen Konsens in diversen Anläufen gesucht. Es hat, im Zusammenhang damit, das bisher isolierte China in die Mächtekonstellation hereingeholt. Und es hat sich, in einer langen Serie wechselhafter Verhandlungen, um ein vereinbartes, ausformuliertes Rüstungsgleichgewicht zu bemühen begonnen.

Kissinger selber hat Vorstellungen «geopolitischer» Art entwickelt, um das bipolare «System» nicht nur durch das chinesische, sondern auch durch ein europäisches und ein japanisches Element zu einer Art «Pentarchie» auszuweiten, in der freilich die globale Dimension den beiden Weltmächten vorbehalten blieb. Und er hat seinerseits versucht, den missionarischen Zug der amerikanischen Politik abzuschwächen, ihre Freiheits- und Verantwortungsrhetorik, die nach seinem sehr kritischen Urteil im Falle Kennedys die Nation «betrunken» gemacht und auf chimärische Ziele hingeleitet habe, in «realpolitische» Einsicht und Akzeptierung des Möglichen umzuwandeln.

Etwas der Neuordnung von 1815 Vergleichbares ist aus all dem weder damals noch seither herausgekommen. Der Gegensatz der beiden Weltmächte ist nicht gemildert und nicht aufgehoben in einer erweiterten Konstellation. Die prospektiven Zuzügler waren alle zur Übernahme führender Rollen nicht in der Lage; es blieb bei der Hegemonie der Zwei. Ihr Gleichgewicht besteht zwar faktisch mehr oder weniger als Balance der Abschreckung. Faktischer Art ist auch ihr freilich sehr fragmentarischer Konsens etwa in der gegenseitigen Bestätigung jenes *status quo* in Europa, der sich aus dem Zweiten Weltkrieg ergeben hat. Er ist 1975 im europäischen Kongreß von *Helsinki*, sogar mit historischer Reminiszenz, festgeschrieben, aber von manchen betroffenen Völkern innerlich nicht als gültige europäische Neuordnung akzeptiert worden.

Die *Entspannung*, unter deren Signet die Kissinger-Jahre größtenteils standen, ist nicht zu einer Ära gemeinsamer weltpolitischer Konstruktion geworden. Ihren Erträgen, etwa in den begrenzten Vereinbarungen zur Beschränkung der Nuklearrüstung, standen Entwicklungen gegenüber, die das Machtgleichgewicht eher gefährdeten als festigten: einseitige Aufrüstung und

Expansion der Sowjetunion, Abbau und Schrumpfung des internationalen Engagements der Vereinigten Staaten und isolationistische Strömungen im Gefolge des Vietnamkrieges. Auch die Bekehrung Amerikas zu «Entideologisierung» und zu reduzierter politischer Erwartung ist nicht dauerhaft gewesen. Nach der Resignation «post Vietnam» hat vielmehr die alte Idee einer freiheitlichen Mission und Verpflichtung der amerikanischen Politik sowie der Wille zur weltmachtpolitischen Präsenz eine Art Wiedergeburt erlebt. Das Geschäft des internationalen Kompromisses ist dadurch eher härter geworden.

1815 ist kein Modell geworden, an dem sich die politische Realität des späten zwanzigsten Jahrhunderts hätte neu orientieren lassen.

Editorische Notiz

Die vorliegende Ausgabe beruht auf der von Horst Jordan besorgten deutschen Übersetzung des Werkes *A World Restored. Metternich, Castlereagh and the Problems of Peace 1812–1822, London (USA) 1957*, von Henry A. Kissinger (siehe dazu auch das Nachwort). Sie erschien erstmals 1962 unter dem Titel *Großmacht Diplomatie. Von der Staatskunst Castlereaghs und Metternichs*, Düsseldorf und Wien.

Die Übersetzung für diese Ausgabe wurde anhand des Originals kritisch durchgesehen und durch Bildbeigaben ergänzt. Außerdem wurde, um das historisch-politische Interesse des Werkes deutlicher hervorzuheben, der deutsche Titel mit Zustimmung des Autors in *Das Gleichgewicht der Großmächte. Metternich, Castlereagh und die Neuordnung Europas 1812–1822* geändert. Unverändert beibehalten wurden die zahlreichen Anmerkungen und Quellenangaben sowie die kritisch kommentierte Auswahlbibliographie am Ende des Bandes.

Wolfgang Stammler

Anmerkungen

ZWEITES KAPITEL

1 Metternich, Clemens, Aus Metternich's Nachgelassenen Papieren, 8 Bände. Herausgegeben von Alfons von Klinkowström (Wien, 1880). Bd. VIII, S. 186. Im folgenden ist der Titel des Buches mit N. P. abgekürzt.
2 N. P. I, S. 35
3 N. P. III, S. 322
4 N. P. VIII, S. 185
5 NP. VII, S. 635
6 N. P. VIII, S. 184
7 N. P. I, S. 33
8 N. P. III, S. 342, oder N. P. III, S. 357. Eine ausführliche Darstellung von Metternichs politischen Gedanken findet sich in Kapitel XI.
9 Oncken, Wilhelm, Österreich und Preußen im Befreiungskriege, 2 Bände. (Berlin, 1880), Band II, S. 88. Dieser an den Prinzregenten von Großbritannien (er war zugleich Kurfürst von Hannover und drängte auf ein Bündnis mit Österreich gegen Napoleon) gerichtete Bericht wirft ein bezeichnendes Licht auf die Enttäuschung, die Metternichs sorgfältige Machinationen einigen seiner Zeitgenossen einflößten, ist aber zugleich auch ein Kommentar zu Metternichs Methoden.
10 Srbik, Heinrich von, Metternich der Staatsmann und der Mensch, 2 Bände, (München, 1925) Bd. I, S. 144
11 N. P. II, S. 147
12 N. P. I, S. 33/34
13 N. P. II, S. 236
14 N. P. II, S. 4f.

15 Oncken, II, S. 6f.

16 Es verdient festgehalten zu werden, daß bewaffnete Vermittlung gerade auch Metternichs Politik 1813 war. Vgl. die Kapitel IV und V. Preußische Historiker haben behauptet, die bewaffnete Vermittlung sei dazu bestimmt gewesen, Preußen die Möglichkeit zur Mobilmachung zu eröffnen.

17 N. P. II, S. 64

18 N. P. II, S. 92f.

19 Srbik, Metternich I, S. 111

20 N. P. II, S. 192. Vergleiche dies mit Metternichs späteren Äußerungen, z. B. N. P. III, S. 440, oder N. P. VIII, S. 238.

21 N. P. II, S. 122f.

22 Srbik, Metternich, I., S. 129

23 N. P. II, 248f.

24 N. P. II, 178f.

25 N. P. II, 268f.

26 Vgl. beispielsweise N. P. II, 171f., 286f.

27 N. P. II, 270f.

28 N. P. II, 295f.

29 N. P. II, S. 311f.

30 Oncken, II, S. 52. Vgl. auch Luckwaldt, Österreich und die Anfänge des Befreiungskrieges (Berlin, 1898), S. 31.

31 N. P. II, S. 411

32 Vgl. Metternichs ausführliche Analyse für den Kaiser, N. P. II, 410f.

33 Oncken, II, S. 85

34 N. P. II, S. 440

35 Oncken, II, S. 47

36 Oncken, II, S. 824

37 Oncken, II, S. 93. Siehe auch Luckwaldt, S. 39

38 Oncken, I, S. 47

39 Luckwaldt, S. 41

40 N. P. VIII, S. 371

41 N. P. VIII, S. 364f.

42 N. P. III, S. 332

43 Text, Oncken, I, S. 17

44 Die Depesche ist abgedruckt bei Oncken, I, S. 36f.

DRITTES KAPITEL

1 Castlereagh, Viscount, Correspondence, Dispatches and Other Papers, 12 Bände. Herausgegeben von der Marquess of Londonderry. (London, 1845–52), Bd. VIII, S. 355. Künftig als C. C. bezeichnet.
2 Webster, Sir Charles, The Foreign Policy of Castlereagh, 2 Bände, (London, 1931 und 1925). Bd. II, S. 554 (Anhang).
3 Vgl. Kapitel XI und XIV
4 Hansard (Commons), 20. März 1815.
5 Vgl. beispielsweise seine Noten an den französischen König, Webster II, S. 504 (Anhang), oder an den spanischen König, C. C. X, S. 26.
6 C. C. IX, S. 434
7 C. C. IX, S. 431, 3. April 1814.
8 C. C. I, S. 128.
9 C. C. IX, S. 474, 19. April 1814.
10 C. C. IX, S. 39, 14. Juli 1813.
11 Webster, II, S. 106.
12 C. C. XII, S. 56, 20. Oktober 1818.
13 C. C. XII, S. 90, 7. Dezember 1813.
14 Webster, II, S. 240
15 Webster, II, S. 283
16 C. C. VIII, S. 276f. Der Entwurf stammt zwar von Cooke, doch gibt er zweifellos die Gedankengänge Castlereaghs wieder.
17 Webster, I, S. 54f.
18 Der Wortlaut bei Webster, Sir Charles, British Diplomacy, 1813–15, (London, 1921), S. 389f. Künftig mit den Buchstaben B. D. bezeichnet.
19 C. C. VIII, S. 356, 8. April 1813.

VIERTES KAPITEL

1 N. P. VIII, S. 190
2 Oncken, I, S. 80f. 3. Januar 1813.
3 Luckwaldt, S. 62
4 Der Wortlaut bei Oncken, I, S. 390f., 20. Dezember 1812.
5 Oncken, I, S. 69f.

6 Siehe Kapitel II, S. 53 ff.
7 Luckwaldt, S. 72
8 Der Wortlaut bei Oncken, I, S. 400 f.
9 Oncken, I, S. 66.
10 Oncken, I, S. 99. Auch Luckwaldt, S. 68.
11 Für Einzelheiten und Folgerungen des Waffenstillstands vgl. Luckwaldt, S. 83 f.
12 Der Wortlaut bei Oncken, I, S. 405 f.
13 Der Wortlaut bei Oncken, I, S. 407.
14 Oncken, I, S. 107; Luckwaldt, S. 86.
15 Der Wortlaut bei Oncken, I, S. 219 f.
16 Um jeden Zweifel bei Napoleon darüber auszuschalten, wie isoliert er sei und wie wichtig für ihn daher Österreich sei, veranlaßte Metternich den russischen Botschafter in Wien, Stackelberg, eine gemeinsame Note an Napoleon zu unterzeichnen, die von der Unmöglichkeit eines Separatfriedens zwischen Rußland und Frankreich sprach. Luckwaldt, S. 133.
17 Über die preußische Friedenspartei siehe Luckwaldt, S. 97.
18 Oncken, I, S. 132, Knesebeck-Bericht.
19 Oncken, I, S. 135.
20 Der Wortlaut bei Oncken, I, S. 138 f.
21 Oncken, I, S. 141.
22 Der Wortlaut bei Oncken I, S. 154. Vgl. auch Luckwaldt, S. 105.
23 Der Wortlaut bei Oncken, I, S. 416 f.
24 Der Wortlaut bei Oncken, I, 421 f.
25 N. P. VIII, S. 365
26 Der Wortlaut bei Oncken, I, S. 448
27 Luckwaldt, S. 135
28 Oncken, I, S. 354
29 C. C. IX, S. 60. Vgl. auch Luckwaldt, S. 112 f.
30 Oncken, I, S. 359
31 Der Wortlaut bei Oncken, I, S. 306 f. (deutsch), S. 430 f. (französisch), 18. Februar.
32 Der Wortlaut bei Oncken, I, 439 f.
33 Metternich schloß einen Frieden auf dem Festland ohne Großbritannien nicht aus. In diesem Fall hätte es aber an Napoleon gelegen darzulegen, daß eine Fortsetzung des Krieges nur den britischen Interessen gedient hätte. Kurz, er hätte einer so

drastischen Beschränkung der französischen Macht zustimmen müssen, daß sich Europa sogar ohne britische Unterstützung vor ihm hätte sicher fühlen müssen. Das Angebot eines rein festländischen Friedens war ein Wunschbild, eine Demonstration seiner Sinnlosigkeit.

FÜNFTES KAPITEL

1 Der Wortlaut bei Oncken, II, 221 f.
2 Der Wortlaut bei Oncken, II, S. 618 f.
3 Der Wortlaut bei Oncken, II, S. 201 f.
4 Oncken, II, S. 205
5 Luckwaldt, S. 173
6 Luckwaldt, S. 75 f.
7 Oncken, II, S. 215. So zumindest erzählt es Metternich Hardenberg. Es ist das, was er für wahr ausgab, selbst wenn es nicht wahr war.
8 Luckwaldt, S. 199 f. (20. April 1813).
9 Oncken, II, S. 217 f. (Bericht von Hardenberg).
10 Der Wortlaut bei Oncken, II, S. 219 f., S. 630 f.
11 Luckwaldt, S. 215
12 Der Wortlaut bei Oncken, II, S. 630 f.
13 Oncken, II, S. 634
14 Anweisung an Stadion, 7. Mai 1813. Oncken, II, S. 640 f.
15 Oncken, II, S. 311. Vgl. auch Luckwaldt, S. 224.
16 Anweisungen an Bubna, 11. Mai 1813, Oncken II, S. 314 f.; 645 f. (französisch).
17 Luckwaldt, S. 233 f.
18 Luckwaldt, S. 283
19 Wegen Einzelheiten über die militärische Seite des Plans vgl. Oncken, II, S. 320 f. und S. 341 f.
20 Oncken, II, S. 336. Ein weiterer Hinweis über die Einstellung des Kaisers findet sich in dem Bericht, den Stadion Ende Juli an den Kaiser schickte und in dem die gegenwärtig glänzende Lage mit der Verzweiflung sechs Wochen zuvor verglichen wird: «[Nach der Schlacht von Bautzen] verzweifelte der Kaiser an der Sache der Verbündeten. Er war der Überzeugung, das Kriegsziel sei verloren, und man müsse sich darauf gefaßt machen, einem noch größeren Unglück ins Auge zu

sehen, indem man einen Frieden auch unter Bedingungen schließen wird, die in keiner Beziehung zu den großen Zielen stehen, die Seine Majestät im Auge hatte, als er mich auf die Reise schickte.» Oncken, II, S. 443.

21 C. C. IX, S. 21, 31. Mai 1815.

22 Der Wortlaut bei Oncken, II, S. 318f.

23 Oncken, II, S. 340, Bericht von Stadion.

24 Der Wortlaut bei Oncken, II, S. 667f. Vgl. auch B. D., S. 71. Bericht Stewarts.

25 Der Wortlaut bei Martens, Recueil de Traités, S. 106f. Der in Frage kommende Abschnitt lautete: «Nachdem der Kaiser von Österreich Rußland und Preußen eingeladen hat, mit Frankreich bezüglich eines Vorfriedens, der zu einem allgemeinen Frieden führen soll, zu verhandeln, erklärt er sich bereit, Frankreich den Krieg zu erklären, falls dieses nicht bis zum 20. Juli die folgenden Bedingungen akzeptiert ...»

26 Der Wortlaut bei Oncken, II, S. 365

27 Oncken, II, S. 359f. Vgl. auch B. D., S. 78f.

28 Alison, Sir Archibald, The Lives of Lord Castlereagh and Sir Charles Stewart, 3 Bände (London, 1861), Band I, S. 667.

29 Der Wortlaut bei Oncken, II, S. 362

30 N. P. I, S. 151f.

31 N. P. II, S. 462f.

32 Der Wortlaut bei Fain II, S. 454

33 Der Wortlaut bei Oncken, II, S. 392

34 Oncken, II, S. 395

35 Alison, Lives, I, S. 674

36 N. P. II, S. 463f.

37 N. P. II, S. 467f.

38 Oncken, II, S. 440. Vgl. auch B. D., S. 79 (Bericht von Stewart).

39 Während seines Aufenthaltes in Prag sandte Metternich ausführliche Berichte, denenzufolge Caulaincourt und Fouché täuschend ähnliche Argumente vorbringen wie er selbst. Vgl. beispielsweise Oncken, II, S. 433f.

40 Springer, Anton, Geschichte Österreichs seit dem Wiener Frieden von 1809, 2 Bände (Leipzig, 1863). Bd. I, S. 222.

41 Srbik, I, S. 128

SECHSTES KAPITEL

1 Siehe beispielsweise C. C. IX, S. 13, 18. Mai 1813.
2 Hinsichtlich Wessenbergs Rolle in London siehe Luckwaldt, S. 122f.
3 C. C. IX, S. 23, 6. Juni 1813.
4 Der Sinn der Metternichschen Verhandlungen wurde allerdings völlig mißgedeutet. Wir wissen, daß Großbritannien zwar von dem Vorfrieden ausgeschlossen werden, aber an dem allgemeinen Frieden teilhaben sollte und daß Rußland und Preußen das ausdrücklich anerkannt hatten. In diesem Punkt irrt Webster. Vgl. jedoch B. D., S. 78 (Hardenbergs Brief an Stewart.)
5 C. C. IX, S. 30, 6. Juli 1813.
6 B. D., S. 6f.
7 B. D., S. 12.
8 C. C. IX, S. 36, 14. Juli 1813.
9 C. C. IX, S. 40, 7. August 1813.
10 Vgl. B. D., S. 79f.
11 C. C. IX, S. 45, 1. September 1813.
12 Vgl. beispielsweise B. D., S. 103, 15. Oktober 1813.
13 B. D., S. 20, 18. September 1813.
14 B. D., S. 34, 14. Oktober 1813.
15 B. D., S. 105, 15. Oktober 1813.
16 N. P. I, S. 316f.
17 Der Wortlaut bei Oncken, I, S. 226.
18 C. C. VIII, S. 359, 10. April 1813.
19 B. D., S. 32.
20 B. D., S. 19f., 18. September 1813.
21 B. D., S. 30.
22 B. D., S. 35, 30. Oktober 1813.
23 B. D. , S. 37, 11. November 1813.
24 B. D., S. 119, 9. Dezember 1813.
25 Webster, I, S. 175.
26 C. C., IX, S. 105, 19. Dezember 1813.
27 B. D., S. 56f., 18. Dezember 1813.
28 Fournier, August, Der Congress von Chatillon (Wien, 1900), S. 242 (Anhang), 9. November.
29 B. D., S. 43f., 28. November 1813.

30 Webster, I, S. 174.
31 Fournier, Congress, S. 91
32 B. D., S. 110.
33 B. D., S. 107.
34 Fournier, Congress, S. 32.
35 C. C. IX, S. 74, 13. November 1813.
36 C. C. IX, S. 75.
37 B. D., S. 115, 30. November 1813.
38 B. D., S. 117, 7. Dezember 1813.
39 B. D., S. 116f.
40 Fournier, Congress, S. 23f.
41 Der Wortlaut in B. D., S. 123f., 26. Dezember 1813.

SIEBENTES KAPITEL

1 Wellington, Herzog von, Dispatches, 13 Bände. Herausgegeben von Curwood. (London, 1837.) Band XI, S. 306, 21. November 1813.
2 Siehe C. C. IX, S. 137, 5. Januar 1813, und Webster, I., S. 514 (Anhang) 12. Januar 1813.
3 C. C. IX, S. 124, 10. Dezember 1813.
4 C. C. IX, S. 153, 8. Januar 1814.
5 C. C. I, S. 128 (Genaues Zitat siehe Kapitel III).
6 C. C. IX, S. 142, 6. Januar 1814.
7 C. C. IX, S. 148, 8. Januar 1814.
8 C. C. IX, S. 112, 24. Dezember 1813.
9 Fournier, Congress, S. 48, 9. Januar 1813, und S. 251, 20. Januar 1813.
10 C. C. IX, S. 111, 24. Dezember 1813.
11 Fournier, Congress, S. 51
12 Siehe beispielsweise C. C. IX, S. 112, 24. Dezember 1813; S. 149, 8. Januar 1814.
13 C. C. IX, S. 170, 15. Januar 1814.
14 Fournier, Congress, S. 361 (Hardenbergs Tagebuch); C. C. IX, S. 171, 15. Januar 1814.
15 Fournier, Congress (Anhang), S. 250, 17. Januar 1814.
16 C. C. IX, S. 164, 14. Januar 1814.
17 Fournier, S. 61.
18 B. D., S. 133f., 22. Januar 1814.

19 Fournier, S. 62.
20 B. D., S. 160, 26. Februar 1814.
21 B. D., S. 137, 22. Januar 1814.
22 C. C. IX, S. 185, 22. Januar 1814.
23 Fournier, Congress (Anhang) S. 256.
24 Der Wortlaut bei Klinkowström, Alfons, Österreichs Teilnahme an den Befreiungskriegen, (Wien, 1887), S. 810f.
25 C. C. IX, S. 525f., 27. Januar 1814.
26 Fournier, Congress, S. 62f.
27 Fournier, Congress, S. 67f.
28 Cathcart hatte am 16. Januar fälschlich berichtet, der Zar wolle als Grenze nur die Weichsel. Castlereagh scheint das für bare Münze genommen zu haben, denn er zeigte diesen Bericht in Wien dem Zaren als Beweis seines Einverständnisses in dieser Frage. C. C. IX, S. 169.
29 Bericht Castlereagh, B. D., S. 141f., 28. Januar 1814.
30 C. C. IX, S. 224.
31 B. D., S. 146, 6. Februar 1814.
32 Fournier, Congress, S. 93.
33 Fournier, Congress, S. 111.
34 B. D., S. 155f., 13. Februar 1814.
35 Fournier, Congress, S. 121.
36 Fournier, Congress, S. 123f.
37 Münster an den Prinzregenten, 14. Februar 1814, Fournier, Congress (Anhang), S. 298f.
38 Castlereaghs Bericht über die Unterhaltung, B. D., S. 147f., 16. Februar 1814.
39 Fournier, Congress, S. 133f.
40 Fournier, Congress, S. 137.
41 B. D., S. 158f., 18. Februar 1814.
42 C. C. IX, S. 290, 25. Februar 1814.
43 B. D., S. 160, 26. Februar 1814.

ACHTES KAPITEL

1 Fournier, Congress, S. 148, 16. Februar 1814.
2 Fournier, Congress, S. 194, 3. März 1814.
3 Der Wortlaut bei Martens, G. F., Nouveau Receuil de Traités, 16 Bände (Göttingen, 1817–1818), Bd. III, S. 155f.

4 C. C. IX, S. 326, 8. März 1814.
5 C. C. IX, S. 336, 10. März 1814.
6 C. C. IX, S. 322f., 8. März 1814.
7 Der Wortlaut bei Fournier, Congress, S. 226.
8 Webster, I., S. 514 (Anhang).
9 B. D., S. 166, 19. März 1814.
10 B. D., S. 168, 22. März 1814.
11 B. D., S. 170, 22. März 1814.
12 Fournier, S. 231, 23. März 1814.
13 Für eine Vertiefung dieses Gedankenganges sei auf Kapitel XI verwiesen.
14 C. C. IX, S. 449, 6. April 1814.
15 C. C. IX, S. 454, 9. April 1814.
16 C. C. IX, S. 458, 13. April 1814.
17 C. C. IX, S. 459, 13. April 1814.
18 C. C. IX, S. 472, 19. April 1814.
19 C. C. IX, S. 454, 9. April 1814.
20 Webster, I, S. 268.

NEUNTES KAPITEL

1 Siehe beispielsweise Nicolson, Congress of Vienna; Cooper, Talleyrand; Brinton, Talleyrand; Ferrero, The Reconstruction of Europe.
2 C. C. X, S. 96, 19. August 1814.
3 C. C. X, S. 75, 6. August 1814.
4 C. C. X, S. 76, 7. August 1814.
5 C. C. X, S. 93, 18. August 1814.
6 B. D., S. 192, 3. September 1814.
7 Eine ausführliche Darstellung der Verhandlungsfragen findet sich bei Webster, Sir Charles, The Congress of Vienna, (London, 1934) S. 149–165.
8 Castlereaghs Bericht. Siehe B. D., S. 197f., 2. Oktober 1814.
9 Castlereaghs Bericht, B. D., S. 206f., 14. Oktober 1814.
10 Der Meinungsaustausch zog sich noch den ganzen Oktober in Form eines Notenwechsels hin. Castlereagh schrieb dem Zaren unter dem 12. Oktober 1814, W. S. D. IX, S. 332; die Antwort des Zaren erfolgte am 30. Oktober, W. S. D. IX, S. 386; Castlereagh antwortete am 8. November, W. S. D. IX, S. 410.

11 Schwarz, Wilhelm, Die Heilige Allianz, (Stuttgart, 1935), S. 13.
12 B. D., S. 202, 9. Oktober 1814.
13 B. D., S. 203 f., 9. Oktober 1814.
14 Der Wortlaut bei d'Angeberg, Comte de, Le Congrès de Vienne et les Traités de 1815, 2 Bände, (Paris 1863–4), Band II, S. 1934.
15 Der Wortlaut bei d'Angeberg, II. S. 1939f.
16 Der Wortlaut bei d'Angeberg, I., S. 316f.
17 Bericht Castlereaghs, B. D., S. 212, 29. Oktober 1814.
18 Memorandum re procedure, B. D., S. 213 f.
19 B. D., S. 213, 24. Oktober 1814.
20 D'Angeberg, I, S. 406 (Hardenbergs Note an Metternich). Es gibt noch einen weiteren Hinweis, wenn man ihn auch nicht als klaren Beweis bezeichnen kann, daß Metternich die Verhandlungen um Polen niemals als etwas anderes ansah als ein Mittel, Preußen in der sächsischen Frage zu isolieren: seine schmähliche Niederlage im Verlauf des Gesprächs mit Zar Alexander I. Zu keiner anderen Zeit in seiner Laufbahn war Metternich jemals zum Frontalangriff geschritten, hatte nie so schwach verhandelt oder so leicht nachgegeben.
21 D'Angeberg, I, S. 418, 18. November 1814. Auch B. D., S. 238.
22 D'Angeberg, II, S. 1941, 2. Dezember 1814; auch B. D., S. 249.
23 Der Wortlaut bei d'Angeberg, I, S. 505.
24 B. D., S. 248 f.
25 B. D., S. 210 f.
26 B. D., S. 220 f.
27 B. D., S. 229 f.
28 W. S. D. IX, S. 285, 25. November 1814.
29 B. D., S. 247 f.
30 B. D., S. 255, 7. Dezember 1814.
31 N. P. II, S. 503 f.
32 N. P. II, S. 509 f., 19. Dezember 1814.
33 W. S. D. IX, S. 483, 17. Dezember 1814.
34 B. D., S. 270, 24. Dezember 1814.
35 B. D., S. 277 f., 1. Januar 1815.
36 B. D., S. 280.
37 B. D., S. 282, 5. Januar 1815.
38 C. C. X, S. 247, 30. Januar 1815.

39 B. D., S. 295, 29. Januar 1815.
40 D'Angeberg, I, S. 676.

ZEHNTES KAPITEL

1 N. P. I, S. 209.
2 B. D., S. 331, 6. Mai 1815; British and Foreign State Papers, (London, 1841). Bd. II, S. 301. Im folgenden mit B. F. S. P. bezeichnet.
3 C. C. X, S. 285, 26. März 1815.
4 C. C. X, S. 301, 8. April 1815.
5 Webster, I (Anhang), S. 545, 19. April 1815.
6 B. D., S. 324f., 15. April 1815.
7 Hansard (Commons), 29. April 1815.
8 C. C. X, S. 365, 28. Mai 1815.
9 D'Angeberg, II, S. 1482.
10 C. C. X, S. 484f., 17. August 1815. Wellingtons Meinung hierzu: Gurwood, XII, S. 558; B. D. 342f.
11 B. D., S. 353, 29. Juli 1815.
12 C. C. X, S. 431f., 15. Juli 1815.
13 C. C. X, S. 431, 15. Juli 1815; C. C. X, S. 454f., 3. August 1815; C. C. X, S. 479, 11. August 1815.
14 B. D., S. 361, 12. August 1815.
15 C. C. X, S. 484f. 17. August 1815.
16 B. D., S. 375, 4. September 1815.
17 B. D., S. 376, 4. September 1815.
18 B. D., S. 349, 17. Juli 1815.
19 Eine Analyse des Vertrages findet sich in Webster, II, SS. 54–56. Text der Viererallianz bei Martens, Recueil, IV, S. 27ff.
20 D'Angeberg, I, S. 571, 31. Dezember 1814.
21 Schwarz, Die Heilige Allianz, S. 50.
22 Schwarz, S. 52f. Die Kursivstellen wurden später von Metternich gestrichen. Siehe weiter unten.
23 B. D., S. 383, 28. September 1815.
24 Schwarz, S. 57.
25 Für eine Auseinandersetzung mit allen Änderungen, die Metternich anbrachte, vgl. Werner Naef, Geschichte der Heiligen Allianz (Berner Untersuchungen zur Allgemeinen Geschichte), S. 8f.; Vertragstext bei Martens, Recueil, II, S. 656f.

26 B.D., S. 382f., 28. September 1815.
27 B.D., S. 385f., 3. Oktober 1815.

ELFTES KAPITEL

1 N.P. VIII, S. 340.
2 N.P. VIII, S. 562.
3 N.P. III, S. 415.
4 N.P. VIII, S. 288.
5 N.P. VII, S. 633f.
6 N.P. VIII, S. 236.
7 14. März 1848, das Datum von Metternichs Abdankung als Staatskanzler.
8 N.P. VIII, S. 232.
9 N.P. III, S. 542.
10 N.P. VIII, S. 197.
11 N.P. III, S. 52f.
12 N.P. VII, S. 636; VIII, S. 525.
13 N.P. VII, S. 635.
14 N.P. VIII, S. 557f.
15 N.P. VIII, S. 468.
16 N.P. VII, S. 637.
17 N.P. VIII, S. 242.
18 N.P. III, S. 400f.
19 N.P. VIII, S. 217.
20 N.P. III, S. 409.
21 Webster, I, S. 547 (Anhang).
22 Srbik, I. S. 354.
23 N.P. III, S. 375.
24 N.P. III, S. 347f.
25 N.P. VIII, S. 467. Das sollte seiner Meinung nach aber nicht für Großbritannien gelten, wo er die bleibende Kraft der Autorität in der Formulierung sah «His Majesty's Government».
26 N.P. VIII, S. 235.
27 N.P. VII, S. 626; VIII, S. 212.
28 N.P. VIII, S. 424f.
29 N.P. VIII, S. 427, 465, 471 und viele andere Stellen.
30 Springer, I, S. 120.

31 N. P. II, S. 315, 444f.
32 Springer, I, S. 110.
33 Siehe beispielsweise N. P. II, S. 432.
34 Srbik, I, S. 447.
35 N. P. III, S. 333.
36 N. P. VII, S. 619.
37 N. P. VII, S. 640.

ZWÖLFTES KAPITEL

1 N. P. III, S. 297.
2 Der Prinzregent von England hatte in einem persönlichen Brief seine Sympathie für die Ziele des Vertragswerks zum Ausdruck gebracht.
3 C. C. XI, S. 265, 1. Juli 1816.
4 Siehe S. 228f.
5 N. P. III, S. 51–54.
6 Der Wortlaut bei Nicolas Mikhailovitch, Les Rapports Diplomatiques du Lebzeltern (St. Petersburg, 1915), S. 37f.
7 Webster, II, S. 67; C. C. XI, S. 104, 28. Dezember 1815.
8 Webster, II, S. 99.
9 Webster, II, S. 107.
10 Webster, II, S. 72.
11 C. C. XII, S. 54, 20. Oktober 1818.
12 Webster, II, S. 134f.
13 N. P. III, S. 139f.
14 Webster, II, S. 146.
15 W. S. D. XII, S. 723f.
16 Hans Schmalz, Versuch einer Gesamteuropäischen Organisation, 1815 bis 1820, (Berner Untersuchungen zur Allgemeinen Geschichte), S. 38f. Siehe auch N. P. III, S. 160f. wegen Metternichs Unterscheidung zwischen der Viererallianz und einer Allgemeinen Allianz.
17 Wenn auch das Memorandum dazu bestimmt war, dem britischen Kabinett Castlereaghs Wachsamkeit zu zeigen, und dem Zaren nicht vorgelegt wurde, so wurden doch zweifellos ähnliche Argumente im Lauf der Verhandlungen, wenn auch weniger scharf, vorgebracht.
18 Der Wortlaut bei Webster, Congress of Vienna, S. 166f.

19 C.C. XII, S. 394.
20 Dokumente in B.F.S.P. VI, S. 11–19.
21 C.C. XII, S. 71 und 75.
22 N.P. III, S. 159.
23 N.P. III, S. 171f.

DREIZEHNTES KAPITEL

1 N.P. III, S. 69f.
2 N.P. III, S. 175f. (Metternichs Schlußbericht hinsichtlich der italienischen Bedingungen).
3 Stern, Alfred, Geschichte Europas seit den Verträgen von 1815 bis zum Frankfurter Frieden von 1871, 10 Bände (München-Berlin, 1913–24). Band I, S. 298.
4 Stern, I, S. 530.
5 Stern, I, S. 633 (Anhang).
6 N.P. III, S. 227f.
7 N.P. III, S. 234f.
8 N.P. III, S. 243f.
9 N.P. III, S. 250f.
10 N.P. III, S. 256.
11 N.P. III, S. 258f.; Stern, I, S. 568.
12 N.P. III, S. 264f.
13 Stern, I, S. 573.
14 N.P. III, S. 270f.; Stern, I, S. 577f.
15 N.P. III, S. 284.
16 N.P. III, S. 285.
17 Webster, II, S. 192.
18 Stern, I, S. 595.
19 C.C. XII, S. 178f., 14. Januar 1820.
20 C.C. XII, S. 175, 15. Januar 1820.

VIERZEHNTES KAPITEL

1 Schwarz, S. 178f.
2 Schmalz, S. 52f.
3 Webster, II, S. 238f. Text bei Harold Temperley und Lillian Penson, Foundations of British Foreign Policy (Cambridge, 1938), S. 48f.

4 Stern, II, S. 120.
5 Webster, II, S. 211; Schwartz, S. 186.
6 Stern, II, S. 121; N. P. III, S. 382.
7 Schmalz, S. 61 f.
8 Gentz, Friedrich von, Dépêches Inédites aux Hospodars de Valachie, 3 Bände, (Paris 1876–1877), Band I, S. 75.
9 Gentz, Dépêches Inédites, S. 76.
10 Webster, II, S. 262.
11 C. C. XII, S. 311 f.
12 Webster, II, S. 271.
13 Schmalz, S. 66.
14 Des Königs Scheidung: Webster, II, S. 214–215.
15 Schmalz, S. 63.
16 Webster, II, S. 521 f. (Anhang).
17 Schwartz, S. 192.
18 Sbornik der Kaiserlich Russischen Historischen Gesellschaft, Band CXXVII, S. 456 f.
19 Webster, II, S. 278.
20 Webster, II, S. 281.
21 N. P. III, S. 352.
22 N. P. III, S. 351.
23 Schmalz, S. 70 f.
24 Webster, II, S. 290.
25 Schmalz, S. 72 f.
26 Gentz, Friedrich von, Briefe von Friedrich von Gentz an Pilat, 2 Bände (Leipzig, 1868), S. 436.
27 Stern, II, S. 131; Schmalz, S. 76.
28 Schmalz, S. 77.
29 N. P. III, S. 391.
30 N. P. III, S. 356.
31 Schmalz, S. 82.
32 Webster, II, S. 528 (Anhang).
33 Webster, II, S. 302.
34 Webster, II, S. 303 f.
35 Webster, II, S. 305.
36 N. P. III, S. 392 f.
37 Stern, II, S. 135.
38 Siehe oben S. 382 ff.
39 N. P. III, S. 355; Schmalz, S. 77.

40 Webster, II, S. 296.
41 Stern, II, S. 145.
42 Stern, II, S. 137.

FÜNFZEHNTES KAPITEL

1 N. P. VIII, S. 354–417.
2 N. P. III, S. 424
3 N. P. III, S. 424
4 Stern, II, S. 150f.
5 Webster, II, S. 316
6 Stern, II, S. 154f.; Webster, II, S. 318f.
7 Webster, II, S. 315.
8 Webster, II, S. 321f.
9 Webster, II, S. 323f.
10 Hansard (Commons), 21. Februar 1821.
11 Stern, II, S. 155f.
12 N. P. III, S. 429.
13 Schwarz, S. 224.
14 Stern, II, S. 152.
15 N. P. III, S. 438.
16 Schwarz, S. 211 und 225.
17 N. P. III, S. 467f.
18 Siehe oben S. 382ff.
19 N. P. III, S. 480f.
20 N. P. III, S. 486f.
21 «Ich bin wiederum in meiner guten Stadt angelangt», schrieb er sarkastisch nach seiner Rückkehr nach Wien. «Natürlich hatte Jedermann Alles vorausgesehen und vorausgesagt. Heute gibt hier Niemand zu, daß man anders hätte vorgehen können, als man es getan: Die Sache war ja so einfach und klar ... Alles ist ja so einfach gegangen, und Alle haben ja immer dasselbe gewünscht und gewollt ... Nach einem Erfolg ist es nie möglich, zu diskutieren ...» N. P. III, S. 442.
22 Alison, III, S. 223.

SECHZEHNTES KAPITEL

1 N. P. III, S. 444.
2 Der Wortlaut bei Prokesch-Osten, Anton von, Geschichte des Abfalls der Griechen, 5 Bände (Wien, 1867), Band III, S. 61 f.
3 N. P. II, S. 164 f.
4 Schwarz, S. 216.
5 Der Wortlaut bei Prokesch-Osten, III, S. 65 f.
6 N. P. III, S. 444.
7 Der Wortlaut bei N. P. III, S. 416 (Brief an Metternich); Prokesch-Osten, III, S. 124 f. (Brief an den Kaiser).
8 Stern, II, S. 217; Webster, II, S. 355.
9 Schwarz, S. 234.
10 Der Wortlaut bei Prokesch-Osten, III, S. 156 f., 22. August 1821.
11 Webster, II, S. 361.
12 C. C. XII, S. 403 f., 16. Juli 1821.
13 Der Wortlaut bei Prokesch-Osten, III, S. 191 f.
14 N. P. III, S. 448.
15 Webster, II, S. 373.
16 Webster, II, S. 365.
17 C. C. XII, S. 439, 3. Oktober 1821.
18 Webster, II, S. 366.
19 N. P. III, S. 492.
20 N. P. III, S. 494; Webster, II, S. 356 f.
21 Schwarz, S. 239; Phillips, W. A., The Confederation of Europe (London, 1913). S. 225.
22 N. P. III, S. 492 f.; Webster, II, S. 375 f.
23 Webster II, S. 376 f., 28. Oktober 1821.
24 Stern, II, S. 561 f. (Text).
25 C. C. XII, S. 443, 14. Dezember 1821. Dieser Bericht wurde allerdings niemals übergeben, weil der britische Botschafter fürchtete, daß gewisse drohende Passagen das Gegenteil des beabsichtigten Zweckes bewirken könnten.
26 Schwarz, S. 245.
27 Text, N. P. III, S. 531 f. Siehe auch Webster, II, S. 379. Trotz aller Zurückhaltung, die Webster Metternich entgegenbringt, lobt er hier die «Aufrichtigkeit» dieser Note.
28 N. P. III, S. 505.

29 Wegen der Gespräche Metternich-Tatistschew vgl. Prokesch-Osten, III, S. 303 f.; auch N. P. III, S. 549 f. Metternichs Darstellung über die Verhandlungen findet sich in Noten an seine Botschafter, besonders an den in der Türkei. Es dürfte kein Motiv erkennbar sein, warum diese Berichte gefärbt sein sollten. Es spricht vielmehr alles dafür, daß sie zutreffend sind.

30 N. P. III, S. 506.

31 Der Wortlaut bei Prokesch-Osten, III, S. 278 f.

32 N. P. III, S. 507, 3. April 1822.

33 N. P. III, S. 539 f. Alle Mitteilungen tragen das Datum des 19. April 1822. Siehe auch Prokesch-Osten, III, S. 363 f.

34 N. P. III, S. 512.

35 Der Wortlaut bei Webster, II, S. 537 f. (Anhang), 30. April 1822.

36 Der Wortlaut bei Webster, II, S. 538 f., 16. Mai 1822.

37 Stern, II, S. 250.

38 N. P. III, . 542.

39 N. P. III, S. 520.

40 N. P. III, S. 554.

41 Der Wortlaut bei Webster, II, S. 541 (Anhang).

SIEBZEHNTES KAPITEL

1 N. P. III, S. 522.

2 Webster; II, S. 488; d'Antioche, Chateaubriand, S. 342 und 348.

3 Webster, II, S. 541 (Anhang).

4 N. P. III, S. 511.

5 Die Behauptung, Politik sei «objektiv», weil sie die Erfordernisse der Sicherheit widerspiegelt, läuft auf eine Binsenwahrheit hinaus, in welcher der abgeschlossenen Handlung Motive zugeordnet werden. Denn das große Problem staatsmännischer Führungskunst liegt nicht darin, eine formgerechte Definition für eine vollendete Politik zu finden, sondern ihren *Gehalt* in der jeweiligen Zeit zu erkennen. Meinungsverschiedenheiten politischer Art drehen sich niemals um die Richtigkeit der Sicherheit, sondern über deren Wesen. Sie gehen nicht darum, ob Sicherheit wünschenswert sei, sondern wie man sie am besten erreichen könne.

Bibliographie

I. Dokumentarische Quellen

A. Britische Quellen

CASTLEREAGH, Viscount, *Correspondence, Dispatches and Other Papers,* (12 Bände). Herausgegeben von seinem Bruder, dem Marquess of Londonderry (London, 1848–52). In diesem Buch in Fußnoten zitiert als C. C. – Die Sammlung ist so vielseitig wie ihr Titel. Die Bände 8–12 befassen sich mit Castlereaghs Außenpolitik. Sie sind eine wertvolle Ergänzung für Sekundärquellen, doch kann man die Ereignisse, besonders nach 1815, nach den Dokumenten nicht rekonstruieren.

–, *British and Foreign State Papers.* Herausgegeben von The Librarian of the Foreign Office (London, 1841). In diesem Buch in Fußnoten zitiert als B. F. S. P. – Offizielle Dokumente bis zum Jahr 1841. Man sollte sie nur mit Zurückhaltung benutzen, weil Castlereagh in seiner Haltung dem Parlament gegenüber nicht immer völlig offen war. Die Bände 1–9 betreffen den in Frage stehenden Zeitabschnitt.

–, *Parliamentary Debates.* Zitiert als «Hansard». – Besonders nützlich, um die Schwierigkeiten zu erkennen, vor denen sich Castlereagh bei der Legitimierung seiner Politik innenpolitisch sah. Die Bände 20–41 der ersten Reihe und die Bände 1–7 der neuen Reihe behandeln die in Frage stehende Periode.

TEMPERLEY, Harold, und Lillian PENSON, *Foundations of British Foreign Policy* (Cambridge, 1938). – Eine Sammlung besonders aufschlußreicher Dokumente. Es handelt sich zwar nur um wenige, dafür aber um besonders gut ausgewählte Dokumente, die sich mit diesem Thema aus der fraglichen Zeit befassen.

WEBSTER, Charles, *British Diplomacy, 1813–15* (London, 1921). Zitiert als B. D. – Eine Sammlung außenpolitischer Dokumente, die durch Auszüge aus Castlereaghs Korrespondenz ergänzt ist. Sie vermittelt ein ausgezeichnetes Bild von der genannten Zeit.

WELLINGTON, Duke of, *Dispatches* (13 Bände). Herausgegeben von Gurwood (London, 1837). Zitiert als «Gurwood». – Da Wellington sowohl als Soldat wie auch als Diplomat mit den Ereignissen seiner Zeit eng verbunden war, liefern seine Berichte ein nützliches Hintergrundmaterial. Die Bände 8–13 erstrecken sich über die in Frage stehende Zeitspanne.

–, *Supplementary Dispatches, Correspondence and Memoranda* (15 Bände). Herausgegeben von seinem Sohn (London, 1858–76). Zitiert als W. S. D. – Mit der hier behandelten Zeit befassen sich die Bände 6–14. Sie sind eine Zusammenstellung von Dokumenten anderer führender Persönlichkeiten, mit denen der Herzog direkt oder indirekt Fühlung hatte. Die Sammlung umfaßt viele Berichte und Memoranden von Castlereagh. Es handelt sich um eine bunte, aber recht hoch einzuschätzende Quelle. Sie ist in vieler Beziehung nützlicher als Castlereaghs Korrespondenz.

B. Österreichische Quellen

GONSALVI und METTERNICH, *Correspondance 1815–23 du Cardinal Gonsalvi avec le Prince de Metternich*. Herausgegeben von Charles Van Duerm (Löwen, 1899). – Metternichs Briefwechsel mit dem Kardinalstaatssekretariat bei der Kurie. Besonders nützlich für die Erkenntnis von Metternichs Italienpolitik und seiner nüchternen Haltung der Kirche gegenüber.

GENTZ, Friedrich von, *Dépêches Inédites aux Hospodars de Valachie* (3 Bände). Herausgegeben von Anton Prokesch-Osten (Paris, 1876–77). Zitiert als «Dépêches Inédites».

–, *Briefe von Friedrich von Gentz an Pilat* (2 Bände). Herausgegeben von Karl Mendelssohn-Bartholdy (Leipzig, 1868).

–, *Tagebücher, aus dem Nachlaß Varnhagen von Ense* (4 Bände, Leipzig, 1873–74). – Dokumente eines der engsten Vertrauten Metternichs, die auch einige Memoranden Metternichs umfassen. Zwar neigt Gentz dazu, seine eigene Rolle etwas zu übertreiben, doch bietet die Sammlung ein brauchbares Bild von den Ereignissen besonders für die Zeit nach 1815.

Hanoteau, Jean, *Lettres du Prince de Metternich à la Comtesse de Lieven* (Paris, 1909). – Metternichs Liebesbriefe an die Frau des russischen Botschafters in London. Sie interessieren vor allem wegen des Bildes, das Metternich von sich selbst zeichnet, und zum Kennenlernen seiner rationalistischen Philosophie.

Klinkowström, Alfons, *Österreichs Theilnahme an den Befreiungskriegen* (Wien, 1887). – Eine Geschichte von Österreichs Teilnahme an dem Krieg von 1813, geschrieben von Gentz. Besonders wertvoll ist der Anhang, in welchem ein Briefwechsel zwischen Metternich und Schwarzenberg wiedergegeben ist.

Kuebeck, Max, *Metternich und Kuebeck, Ein Briefwechsel* (Wien, 1910). – Briefwechsel aus den Jahren 1849/50 zwischen Metternich und diesem österreichischen Diplomaten zu Fragen des Deutschlandproblems. Besonders nützlich zur Erkenntnis von Metternichs Meinung über die Frage der deutschen Einheit.

Metternich, Clemens, *Aus Metternich's Nachgelassenen Papieren* (8 Bände). Herausgegeben von Alfons v. Klinkowström (Wien, 1880). Zitiert als N. P. – Von Metternich anstelle einer Autobiographie nachgelassene Dokumente. Der erste Band enthält Metternichs selbstbewußtes und oft schiefes autobiographisches Fragment sowie seine glänzenden «Portraits» von Napoleon und Zar Alexander. Der Rest ist eine Sammlung diplomatischer Dokumente, privater Briefe und Noten. Zwar ist die Genauigkeit dieser Dokumente zum Teil in Frage gestellt worden, doch sind die Abweichungen ausschließlich unbedeutend, und die Dokumente stimmen mit den sonstigen schriftlichen Meinungsäußerungen Metternichs überein, sofern sie bisher bekannt geworden sind (vgl. Baillieu, III D). Die Sammlung liegt auch als «Mémoires» auf französisch vor und die ersten fünf Bände auch auf englisch. Doch nur die oben angezogene Ausgabe bringt die Dokumente in ihrer Originalfassung mit Manuskripten auf französisch und deutsch.

–, *Briefe des Staatskanzlers Fürst Metternich-Winneburg an den Österreichischen Minister des Äußeren Graf Buol-Schauenstein aus den Jahren 1852–59.* Herausgegeben von Carl J. Burckhardt (München, 1934). – Metternichs Briefe an seinen Nachfolger als Außenminister, in welchen er diesen zu Fragen der österreichischen Politik berät. Eine ausgezeichnete Quelle für das Verständnis von Metternichs grundlegender außenpolitischer Doktrin.

–, *Metternich-Hartig, ein Briefwechsel* (Wien, 1923). – Korrespondenz aus den Jahren 1848–51 zwischen Metternich und dem früheren österreichischen Gouverneur der Lombardei. Sie ist wegen Metternichs Meinungsäußerungen über das Wesen staatsmännischer Führungskunst und der Verwaltung interessant.

ONCKEN, Wilhelm, *Österreich und Preußen im Befreiungskriege* (2 Bände, Berlin, 1880). – Ein Bericht über die österreichische und die preußische Politik in den ersten sechs Monaten des Jahres 1813, mit einem umfangreichen Anhang bedeutender diplomatischer Berichte sowie der deutschen Übersetzung sonstiger Berichte im Text. Die Erzählung selbst ist etwas verworren, aber die Dokumente sind sehr hoch einzuschätzen.

PROKESCH-OSTEN, Anton von, *Geschichte des Abfalls der Griechen* (5 Bände, Wien, 1867). – Eine Geschichte über das Erreichen der griechischen Unabhängigkeit aus der Feder des österreichischen Diplomaten, der mit den Verhältnissen im Ottomanischen Reich am besten vertraut war. Die Bände 1 und 2 haben die Form von Darstellungen, der Rest sind Dokumente. Diese sind besonders für die zwielichtige Diplomatie der Jahre 1821–22 von besonderem Wert.

–, *Aus dem Nachlaß Prokesch-Osten's* (2 Bände, Wien, 1881). – Band 2 enthält den Briefwechsel zwischen Metternich und dem Autor, der Metternichs Experte für Fragen des Nahen Ostens war. Das Werk ist besonders für die Zeit nach 1848 gut geeignet.

C. Weitere Quellen

Acte du Congrès de Vienne (Wien, 1815). – Offizielle Schlußakte des Wiener Kongresses.

ANGEBERG, Comte d', *Le Congrès de Vienne et les Traités de 1815* (2 Bände, Paris, 1863–64). – Eine der grundlegenden Quellen über den Wiener Kongreß. Sie enthält außerdem weitere Dokumente über den Kongreß von Chatillon und den Kongreß von Aachen.

Caulaincourt, *Mémoires*. Herausgegeben von J. Hanoteau (Paris, 1933). – Die Memoiren von Napoleons Botschafter in Rußland und seinem letzten Außenminister. Sie sind nicht sehr tiefgründig, aber gut geschrieben, und liefern einen feinen Überblick über die letzten Stadien des Napoleonischen Reichs.

Klüber, Johann, *Acten des Wiener Congresses* (9 Bände, Erlangen, 1815). – Eine sehr umfangreiche, vielseitige Sammlung von Dokumenten ab dem Vertrag von Chaumont, mit ausführlichen Protokollen aus dem Wiener Kongreß.

Martens, G. F., *Nouveau Recueil de Traités* (16 Bände, Göttingen, 1817–1842). Zitiert als Recueil. – Eine nahezu vollständige Sammlung aller bedeutenden Verträge zwischen 1808 und 1839, die von Rußland mit unterzeichnet worden sind, ergänzt durch eine Sammlung verschiedenster anderer wichtiger Dokumente. Die Bände 3–10 umfassen die in Frage stehende Zeitspanne.

Muenster, Ernst, Count von, *Political Sketches of the State of Europe, 1814–1867* (Edinburgh, 1868). – Berichte des Gesandten von Hannover bei den verbündeten Heeren und auf dem Wiener Kongreß von 1814–15; geschrieben für den damaligen Prinzregenten von Großbritannien in seiner Eigenschaft als König von Hannover. Sie sind besonders für die Deutschlandprobleme nützlich.

Nesselrode, Graf von, *Lettres et Papiers* (11 Bände). Herausgegeben von A. von Nesselrode (Paris, 1904). – Nachgelassene Papiere des langjährigen russischen Außenministers. Die Bände 3–7 befassen sich mit der in Frage stehenden Zeit.

Pasquier, Duc du, *Mémoires du Chancellier Pasquier* (6 Bände). Herausgegeben von d'Audiffret-Pasquier (Paris, 1893–94). – Memoiren des französischen Außenministers aus der Zeit von Laibach und Troppau. Eine nützliche, wenn auch einseitige Quelle über diese Zeit.

Sbornik der Kaiserlich Russischen Historischen Gesellschaft (Bände XXXI, CIV, CXII, CXIX, CXXVII, St. Petersburg, 1880–1904). – Eine fast erdrückend umfassende russische Dokumentenveröffentlichung von 148 Bänden. Sie ist nur mäßig brauchbar, weil die Zusammenstellung von Zufälligkeiten abhängt.

Talleyrand, C. M. de, *Mémoires de Talleyrand* (5 Bände). Herausgegeben von dem Duke of Broglie (Paris, 1891–92). – Die

Memoiren des großen, Metternich von allen seinen Zeitgenossen ähnlichsten französischen Diplomaten. Wie Metternichs Selbstbiographie sind Band 1 und Teile des Bandes 2 von Talleyrands Memoiren eine fragmentarische Darstellung. Der Rest besteht aus offizieller Korrespondenz. Eine besonders wertvolle Quelle für die Zeit des Wiener Kongresses. Talleyrands Berichte an seinen König muß man dennoch mit einer gewissen Zurückhaltung lesen, denn als früherer Außenminister Napoleons trachtete er danach, seine Unentbehrlichkeit zu demonstrieren.

–, *Correspondance Inédite pendant le Congrès de Vienne*. Herausgegeben von G. Pallain (Paris, 1905). – Mehr eine Rechtfertigungsschrift.

Anmerkung: Einige Sekundärwerke wie Webster, Fournier oder Luckwaldt verfügen über Anhänge mit Primärmaterial in beachtlichem Umfang. Hinweise darauf finden sich an den entsprechenden Stellen dieser Zusammenstellung.

II. Biographien oder biographische Monographien

A. Über Castlereagh

Alison, Sir Archibald, *The Lives of Lord Castlereagh and Sir Charles Stewart* (3 Bände, London, 1861). – Ein erster Versuch, Castlereagh zu rehabilitieren, angeregt durch Castlereaghs Halbbruder, Sir Charles Stewart. Das Werk baut in erster Linie auf der *Castlereagh Correspondence* und zeitgenössischen Quellen auf. Es fehlt ihm aber an ausreichender Dokumentation und tiefgehender Analyse. Die Erkenntnisse des Autors lassen sich an der Tatsache ablesen, daß er Castlereagh und Stewart als gleichberechtigt nebeneinanderstellt. Das Werk wird durch Websters klassisches Buch überschattet, der bis auf wenige Ausnahmen aus den Archiven der Londonderry das gesamte Material von Alison bringt.

Hyde, H. M., *The Rise of Castlereagh* (London, 1933). – Eine sehr nützliche Darstellung von Castlereaghs Laufbahn in Irland und der Rolle, die er bei der Niederwerfung des irischen Aufstandes spielte. Castlereagh gegenüber sehr wohlwollend.

LEIGH, Jane, *Castlereagh* (London, 1951). – Eine etwas oberflächliche Biographie. Für die politischen Ereignisse nutzlos. Bedingt zur Charakterisierung von Castlereagh und der Ereignisse, die zu seinem Freitod führten, geeignet.

MARRIOTT, Sir J. A. R., *Castlereagh, The Political Life of Robert, Second Marquess of Londonderry* (London, 1936). – Eine späte Rechtfertigung seitens eines Historikers, der in seinen jungen Jahren Castlereagh heftig angegriffen hatte. Bezüglich der diplomatischen Geschichte dürftig, wohl aber eine ausgezeichnete Beschreibung von Castlereaghs Persönlichkeit sowie seiner innenpolitischen Schwierigkeiten.

SALISBURY, Marquess of, *Biographical Essays* (London, 1905). – Die klassische Verteidigung von Castlereagh durch einen späteren Außenminister in der *Quarterly Review* (Januar 1862). Sie beruht auf unzureichenden Unterlagen, weil der entsprechende Band von Wellingtons *Supplementary Dispatches* noch nicht erschienen war. Der Aufsatz wirkt daher in gewissem Grad polemisch. Es ist das Verdienst des Autors, als erster die grundlegende Bedeutung von Castlereaghs europäischer Vision erkannt zu haben.

WEBSTER, Sir Charles, *The Foreign Policy of Castlereagh* (2 Bände), Band I: 1812–15 (London, 1931); Band II: 1815–22 (London, 1925). – Das Standardwerk über Castlereaghs Außenpolitik, basierend in erster Linie auf Archivmaterial des Außenministeriums und ergänzt durch Unterlagen aus anderen Archiven. Das Material wird mit einer fast pedantischen Objektivität verwertet, die jede Wertung in einem solchen Maß vermeidet, daß das Buch als Primärquelle wegen seiner ausführlichen Zitate nützlicher ist als etwa als Bericht über den Ablauf der Geschehnisse. Die Darstellung von Castlereagh ist recht abgewogen, wenn auch vielleicht der britische Standpunkt etwas zu sehr betont. Der ständige Hinweis auf Metternichs Behutsamkeit als Klotz am Bein des klügeren Castlereagh ist irreführend sowie auch Websters Darstellung der Motive der Festlandstaaten im allgemeinen. Der ausgezeichnete Anhang enthält viel Originalmaterial, das nirgendwo anders zur Verfügung steht.

B. Über Metternich

Wegen der Reichhaltigkeit der Literatur über Metternich, die allerdings zu einem erheblichen Teil rein polemischer Natur ist, sind im nachfolgenden nur die repräsentativsten Werke aufgezählt.

AUERNHEIMER, Raoul, *Metternich, Statesman and Lover* (New York, 1940). – Eine schmeichelnde Biographie. Ein törichter psychologischer Versuch, Metternichs Liebesleben in Relation zu seiner Diplomatie zu bringen.

BIBL, Victor, *Metternich, der Dämon Österreichs* (Leipzig, 1936). – Wie der Titel schon andeutet, ein polemisches Traktat aus der Feder eines bedeutenden Historikers. Da Bibl sich einer Textexegese von einzelnen Sätzen verschreibt und jedes Manöver Metternichs für bare Münze nimmt, fällt es ihm leicht darzulegen, daß Metternich ein Lügner, ein Verräter, ein Feigling und ein Dummkopf war. Das Werk ist eine gute nachträgliche Illustration über die Reaktion der liberalen Schule der Geschichtsschreibung Metternich gegenüber.

–, *Metternich in Neuer Beleuchtung* (Wien, 1928). – Ein weiterer Beitrag in Bibls endlosem Kampf gegen den konservativen Staatsmann. In diesem Band befaßt sich Bibl mit dem Briefwechsel zwischen Metternich und dem bayrischen Minister Wrede aus den Jahren 1831 bis 1834. Unter den geschickten Händen von Bibl wird Metternich zum Lügner, Verräter, Feigling und Tor.

CECIL, Alger, *Metternich* (London, 1933). – Eine kurze, freundliche Biographie. Bei rein geschichtlichen Ereignissen und hinsichtlich der österreichischen Innenpolitik etwas schwach, wohl aber eine befriedigende Darstellung von Metternichs Motiven.

DU COUDRAY, Helen, *Metternich* (New Haven, 1936). – Eine weitere, durch Srbiks Monumentalwerk inspirierte Biographie. Ein wenig emotional, aber eine gefühlvolle Charakterisierung Metternichs.

MALLESON, C. B., *Life of Prince Metternich* (London, 1881). – Erste Biographie über Metternich in englisch. Als typisches Werk der liberalen Geschichtsschreibung schildert es Metternich als Intriganten, der den Soldaten stürzte – wie der Jesuit, der Attila nachfolgte – und damit Europa für über eine Generation in Knechtschaft stieß.

MAZADE, Ch. de, *Un Chancellier d'Ancien Régime. Le Règne Diplomatique de Metternich* (Paris, 1889). – Ein Versuch von französischer Seite, Metternich dem Fürsten Bismarck zuungunsten des Letztgenannten gegenüberzustellen. Etwas dürftig, aber gut in der Analyse von Metternichs Verwurzelung im achtzehnten Jahrhundert.

PALEOLOGUE, Maurice, *Romantisme et Diplomatie* (Paris, 1924). – Eine Studie über Talleyrand, Metternich und Chateaubriand. Enthält einen besonders anerkennenden Abschnitt über Metternich.

SANDEMANS, G. A. C., *Metternich* (London, 1911). – Die erste Metternich relativ freundlich gegenübertretende Biographie in englisch. Sie wurde geschrieben in einer Zeit, als noch nicht sehr viel Material zur Verfügung stand, bleibt aber trotzdem das vielleicht ausgewogenste Werk eines englischen Historikers.

SOREL, Albert, *Essais d'Histoire et de Critique* (Paris, 1883). – Enthält ein ausgezeichnetes Kapitel über Metternich und ist besonders wegen des Wertes bedeutungsvoll, der auf Metternichs diplomatische Geschicklichkeit gelegt wird. Die französischen Historiker sind im allgemeinen Metternich freundlicher gesinnt als ihre deutschen Fachkollegen, denn um Napoleon einzuschätzen, mußten sie seinem Hauptgegner entsprechenden Respekt erweisen.

SRBIK, Heinrich von, *Metternich der Staatsmann und der Mensch* (2 Bände, München, 1925). – Ein Monumentalwerk, das eine außerordentliche Gründlichkeit und kraftvolle Analysen zeigt. In vieler Beziehung die umfassendste Biographie. Leider schmälert Srbik Metternichs diplomatische Geschicklichkeit, indem er seine philosophischen Erkenntnisse überbewertet, so daß das Bild, das so entsteht, nahezu genau Metternichs Vorstellung von sich selbst entspricht als dem Philosophen auf dem Königsthron im Sinn des achtzehnten Jahrhunderts. Das Buch enthält weiterhin eine ausgezeichnete Analyse der innenpolitischen Schwierigkeiten Österreichs.

–, *Meister der Politik* (Band 3). Herausgegeben von Erich Marcks (Stuttgart, 1924). – Das lange Kapitel über Metternich in dieser Buchreihe ist eine Synopsis seines Hauptwerkes und in jeder Beziehung bewunderungswürdig.

WOODWARD, E. L., *Three Studies in European Conservatism* (London, 1929). – Eine brauchbare, kurze Beschreibung von Metternichs Gedanken, basierend fast nur auf dem «Glaubensbekenntnis» in den *Nachgelassenen Papieren*. Nicht sehr tiefschürfend, aber als Einführung ausreichend.

III. Spezialuntersuchungen und Monographien

Über Napoleon existiert eine umfangreiche Literatur, die sich auch mit der Koalition von 1814 vom französischen Standpunkt aus befaßt, wie etwa die Werke von Thiers, Bignon, Houssaye, Fain usw. Doch weil sie meist die Dinge nur von einem engen Gesichtswinkel betrachten, sind diese Bücher hier nicht aufgeführt.

A. Die Zeit von 1812–15

BRYANT, Arthur, *Years of Victory* (London, 1944). – Eine etwas triviale Darstellung des Krieges Großbritanniens gegen Napoleon zwischen 1802 und 1812, offenbar unter dem Eindruck von Großbritanniens Erfahrung im Zweiten Weltkrieg geschrieben.

BUCKLAND, C. S. B., *Metternich and the British Government* (London, 1932). – Eine höchst interessante Darstellung von Metternichs sorgfältiger Politik gegenüber Großbritannien in den Jahren 1809 bis 1813 und über sein geschicktes Spiel mit einer ganzen Reihe britischer Abgesandter mit mehr oder weniger amtlichem Status. Eine ausgezeichnete Quelle über Österreichs prekäre und verwickelte innenpolitische Lage in der folgenreichen Zeitspanne bis zur Gründung der Vierten Koalition.

DEMELITSCH, Fedor von, *Metternich und seine Auswärtige Politik* (Stuttgart, 1898). – Das Werk war als abschließende Studie über Metternichs Außenpolitik gedacht, doch wurde bis zum Tod des Autors nur der erste Band abgeschlossen. Eine glänzende Analyse von Metternichs Außenpolitik zwischen 1809 und 1812. Es stützt sich vor allem auf die Archive in Wien.

FOURNIER, August, *Der Congress von Chatillon* (Wien, 1900). – Eine pedantische, sorgfältige Untersuchung Metternichscher Diplomatie zwischen dem Vertrag von Teplitz und dem Sturz Napoleons. Sehr brauchbare Anhänge bringen Metternichs Briefwechsel mit Hudelist, die militärischen Absichten der Verbündeten, Dokumente zur Krise von Troyes, Hardenbergs Tagebuch, Berichte von Muenster an den Prinzregenten.

LUCKWALDT, Friedrich, *Österreich und die Anfänge des Befreiungskrieges von 1813* (Berlin, 1898). – Sehr gut geschriebene und exakte Studie über Metternichs geschickte Politik, die zum Eintritt Österreichs in die Koalition führte. Basierend in erster Linie auf Dokumenten aus den Wiener Archiven. Das Buch enthält einen kleinen, aber brauchbaren Anhang diplomatischer Dokumente.

MACUNN, F. J., *The Contemporary English View of Napoleon* (London, 1914).

OMAN, Carola, *Napoleon at the Channel* (New York, 1942). – Ein weiterer, in der Kriegszeit entstandener oberflächlicher Versuch, offenkundige Vergleiche zwischen Großbritanniens Erfahrungen mit Hitler und mit Napoleon zu ziehen.

ONCKEN, Wilhelm, *Österreich und Preußen im Befreiungskriege* (2 Bände, Berlin, 1880). Siehe auch oben unter I B.

–, *Die Krisis der letzten Friedensverhandlungen mit Napoleon.* Raumers Historisches Taschenbuch VI, 5, (Leipzig, 1886). – Eine ausgezeichnete Monographie über Metternichs Diplomatie in den letzten drei Monaten des Jahres 1813.

ROSE, John Holland, *Napoleonic Studies* (London, 1904). – Betrachtungen zu verschiedenen Aspekten der Zeit Napoleons mit einem recht brauchbaren, wenn auch nicht zu detaillierten Kapitel über Metternichs Politik im Jahre 1813.

–, *The Revolutionary and Napoleonic Era, 1789–1815* (Cambridge, 1894). – Eine recht brauchbare Zusammenstellung. Die Jahre 1812–1815 sind relativ ausführlicher in diesem Abriß behandelt als die andere Zeit.

SOREL, Albert, *L'Europe et la Révolution Française* (Paris, 1904). – Band 8 dieses hervorragenden Werkes befaßt sich mit der Vierten Koalition. Das Bild, das hier von Metternich gezeichnet wird, übertreibt wohl ein wenig in Richtung auf Machiavelli, wobei der Held nicht immer gut wegkommt. Doch das Werk ist in vieler Beziehung eine bewunderungswürdige Studie. Es enthält darüber hinaus auch eine im allgemeinen freundliche Würdigung Castlereaghs.

B. Der Wiener Kongreß

Ferrero, Gugliemo, *The Reconstruction of Europe* (New York, 1941). – Ein flott geschriebener Bericht über den Wiener Kongreß, der fast ausschließlich auf Talleyrands Memoiren aufbaut. Der Autor behandelt das Thema ein wenig zu moralisierend und zieht die Parallelen zur modernen Geschichte etwas zu oberflächlich. Talleyrand erscheint fast als Übermensch.

Fournier, August, *Die Geheimpolizei auf dem Wiener Kongreß* (Wien, 1913). – Ein interessanter Bericht über die Operationen der sehr erfolgreichen österreichischen Geheimpolizei und über die von ihr herbeigeschafften geheimen Dokumente. Das Werk dient vor allem als Beweis dafür, daß die meisten Geheimdokumente nicht wert sind, gestohlen zu werden.

La Garde-Chambonas, Comte A. de, *Souvenirs du Congrès de Vienne* (Paris, 1901). – Eine geistreiche Reminiszenz über die gesellschaftlichen Ereignisse in Wien seitens eines Mitglieds der französischen Delegation. Es hält sich im Rahmen der Literatur über den «tanzenden Kongreß». Eine unterhaltende Beschreibung von Schürzenjägern wie etwa dem Prinzen von Lüttich. Ist auch in deutscher Übersetzung erschienen.

Nicolson, Harold, *The Congress of Vienna* (London, 1945). – Eine Studie über die diplomatische Aktivität der Vierten Koalition und des Kongresses. Der Autor sieht die Dinge durch die Brille des Berufsdiplomaten und schreibt vieles dem Verhandlungsgeschick zu, was wohl auf andere Faktoren zurückzuführen ist. Auch hier ein hohes Loblied auf Talleyrand.

Webster, Sir Charles, *The Congress of Vienna* (London, 1934). – Das Werk wurde im Auftrag des britischen Außenministeriums zur Vorbereitung auf die Versailler Friedenskonferenz geschrieben, um aus dem großen alten Friedenswerk Lehren zu ziehen. Ein direkter, fast pedantischer Bericht, der Castlereaghs Rolle etwas überbetont. Das Buch ist eine Illustration, daß die Lehren der Geschichte nicht so einfach zu ziehen sind wie mathematische Beispiele und daß der Erfolg nicht notwendigerweise das genaue Gegenteil eines Fehlschlages sein muß. Websters Schlußfolgerung, daß die Irrtümer von Wien Frankreich Verhandlungsspielraum gewährt hätten, und der darauf aufbauende Vorschlag, diesen Fehler in bezug auf Deutschland nun nicht zu wiederholen, erwies sich als grundlegender Mißgriff des Versailler Vertragswerkes.

WELL, Commandant M-H, *Les Dessous du Congrès de Vienne* (2 Bände, Paris, 1917). – Eine weitere Veröffentlichung vertraulicher Dokumente, die die österreichische Geheimpolizei aufgebracht hat. Es gilt im großen und ganzen das gleiche, was weiter oben über Fourniers Buch gesagt wurde.

C. Die Zeit nach dem Wiener Kongreß bis 1822

Eine wirklich erstklassige Studie gibt es weder über den Wiener Kongreß noch über seine Nachwirkungen. Zu der Zeit, als die Dokumente zur Verfügung standen, waren die Historiker gerade dabei, die ganze Zeit zu verdammen.

BRYANT, Arthur, *The Age of Elegance* (London, 1950). – Ein gut geschriebener und recht nützlicher Bericht über das Leben in Großbritannien zwischen 1812 und 1822. Nicht sehr tief, aber doch als Hintergrundmaterial brauchbar.

CRESSON, W. P., *The Holy Alliance* (New York, 1922). – Eine Studie über die Beziehungen zwischen der Heiligen Allianz und der Neuen Welt, die schließlich zur Verkündung der Monroe-Doktrin führten. Für ein Verständnis der bedeutsamen Ereignisse in Europa allerdings nicht sehr aufschlußreich.

MARIOTT, Sir J. A. R., *The Eastern Question* (Oxford, 1925). – Ein brauchbarer Überblick über die Ostfrage, aber recht knapp bezüglich der hier genannten Zeit. Gutes Hintergrundmaterial.

MOLDEN, Ernst, *Zur Geschichte des Österreichisch-Russischen Gegensatzes* (Wien, 1916). – Ein aufschlußreicher Bericht über die österreichisch-russischen Spannungen zwischen 1815 und 1818, allerdings etwas unter dem Eindruck des Ersten Weltkrieges und seiner Entstehungsgeschichte geschrieben. Fußt auf Wiener Archivmaterial.

MUEHLENBECK, E., *Étude sur les Origines de la Sainte Alliance* (Paris, 1887). – Eine interessante, gut erzählte Studie über Alexanders zunehmende religiöse Überspanntheit und seine Beziehungen zur Baronin Kruedener.

NAEF, Werner, *Zur Geschichte der Heiligen Allianz* (Bern, 1928). – Eine ausgezeichnete Monographie über den Ursprung der Heiligen Allianz. Eine sehr gute Analyse über das Wesen und die

Wichtigkeit der textlichen Änderungen, die Metternich an Alexanders Entwurf vornahm.

Phillips, W. A., *The Confederation of Europe* (London, 1913). – Der erste systematische Versuch, Castlereagh zu rehabilitieren. Das Buch fußt zwar auf Dokumenten des britischen Foreign Office, ist aber bei weitem nicht so umfassend wie das Werk Websters, die Analyse aber vielleicht etwas schärfer.

Rieben, Hans, *Prinzipiengrundlage und Diplomatie in Metternichs Europapolitik, 1815–48* (Bern, 1942). – Eine sehr gute Darstellung des grundlegenden Konzepts in Metternichs Politik. Eine befriedigende Zusammenstellung seiner Diplomatie.

Schenk, H. G., *The Aftermath of the Napoleonic Wars* (London, 1947). – Eine neomarxistische Darstellung des Sozialkampfes in der Zeit nach dem Wiener Kongreß. Eine gute, wenn auch etwas einseitige Doktorarbeit. Als diplomatische Geschichte allerdings nutzlos.

Schmalz, Hans, *Versuche einer Gesamteuropäischen Organisation, 1815–20* (Bern, 1940). – Eine brauchbare dokumentierende Monographie über Metternichs Einmischungspolitik mit besonderem Ton auf dem Kongreß von Troppau. Beruht in erster Linie auf Wiener Archiven.

Schwarz, Wilhelm, *Die Heilige Allianz* (Stuttgart, 1935). – Eine außerordentlich gut geschriebene Darstellung über die Zeit nach dem Wiener Kongreß, die allerdings unter der Tatsache leidet, daß sie nicht zwischen der Heiligen Allianz und der Viererallianz unterscheidet und auch leider dazu neigt, die Genauigkeit dem journalistischen Effekt zu opfern.

Ward, Sir A. W., *The Period of the Congresses* (New York, 1919).

D. Verschiedene Quellen

Baillieu, Paul, *Die Memoiren Metternichs.* Historische Zeitschrift, 1880. – Ein vernichtender Angriff auf das autobiographische Fragment Metternichs in Band I der *Nachgelassenen Papiere,* fußend auf den in den übrigen Bänden abgedruckten Dokumenten. Es entwertet Metternichs Autobiographie als historische, wenn auch nicht als psychologische Quelle. Die anderen Bände der *Nachgelassenen Papiere* bleiben wegen ihres dokumentarischen Wertes unübertroffen.

BRINTON, Crane, *The Lives of Talleyrand* (New York, 1936). – Ein gut geschriebenes, gelegentlich brillantes Buch, aber für eine ernste Untersuchung doch zu dünn.

COOPER, Duff, *Talleyrand* (London, 1932). – Eine gute Lebensbeschreibung Talleyrands, die allerdings etwas einseitig Talleyrands Selbsteinschätzung übernimmt.

CROWE, Eyre Evans, *History of the Reigns of Louis XVIII and Charles X* (2 Bände, London, 1854). – Das Buch ist besonders nützlich wegen der Darstellung über die zwei Restaurationen, in Band 1. Der Anhang ist nur klein, aber brauchbar.

HALL, John R., *The Bourbon Restoration* (London, 1909). – Ein gut geschriebener und brauchbar mit Dokumenten ausgestatteter Bericht.

LOCKHARDT, J. G., *The Peacemakers* (London, 1932). – Eine Sammlung von Essays über Talleyrand, Metternich, Alexander, Pitt, Castlereagh, Canning und Wilberforce. Mittelmäßig und oberflächlich.

MEINECKE, Friedrich, *Weltbürgertum und Nationalstaat* (München, 1928). – Eine außergewöhnliche Studie eines angesehenen Historikers über den Konflikt zwischen kosmopolitischen und nationalistischen Werten im neunzehnten Jahrhundert.

MIKHAILOVITCH, Le Grand Duc Nicolas, *L'Empereur Alexander I* (2 Bände, St. Petersburg, 1912). – Die umfassendste Biographie dieses merkwürdigen Menschen. Die Analyse geht selten tief, aber die Dokumente sind wertvoll.

–, *Les Rapports Diplomatiques du Lebzeltern* (St. Petersburg, 1913). – Eine außergewöhnlich interessante Erörterung und Zusammenstellung der Berichte des österreichischen Botschafters in St. Petersburg. Die Analyse Metternichscher Politik ist allerdings schwach.

ONCKEN, Wilhelm, *Das Zeitalter der Revolution, der Kaiserreiche und der Befreiungskriege* (2 Bände, Berlin, 1886). – Eine ausgezeichnete Darstellung der Zeit der Revolutionskriege. Band II behandelt die Zeit von 1800 bis 1815. Die Analyse der österreichischen Politik ist besonders gut gelungen.

SCHIEMANN, Theodor, *Geschichte Rußlands unter Nikolaus I.* (4 Bände, Berlin 1904). – Band I ist eine recht gut gelungene Lebensbeschreibung Alexanders mit einem nützlichen Anhang von Primärquellen.

Schmidt-Phiseldek, *Die Politik nach den Grundsätzen der Heiligen Allianz* (Kopenhagen, 1822). – Eine zeitgenössische Verteidigung der Heiligen Allianz. Aus diesem Grund interessant.

Srbik, Heinrich von, *Deutsche Einheit* (4 Bände, München 1936). – Eine tiefgreifende Studie des Drangs nach deutscher Einheit und des Kampfes zwischen Österreich und Preußen. Band I behandelt die Zeit Metternichs.

Temperley, Harold, *The Foreign Policy of Canning* (London, 1925).

Viereck, Peter, *Conservatism Revisited* (New York, 1949). – Eine polemische Untersuchung über Metternich, Kaiser Franz und andere Zeitgenossen, die alle als repräsentative Typen unter dem besonderen Anliegen des Autors dargestellt werden. Ein interessanter Versuch, doch mehr in Richtung des französischen Essays, keine ernste historische Forschung.

IV. Standardwerke

Cambridge History of British Foreign Policy (5 Bände). Herausgegeben von A. W. Ward (Cambridge, 1907). – Band 2 behandelt die hier in Frage stehende Zeitspanne. Das Kapitel über die Jahre von 1816–22 schrieb W. A. Phillips und bildete die Grundlage für sein Werk *Confederation of Europe*. Auch die bibliographischen Hinweise sind sehr brauchbar.

Cambridge Modern History. Herausgegeben von Sir A. W. Ward und G. P. Gooch (New York, 1922–23). – Die Bände 9 und 10 behandeln die hier zur Diskussion stehende Zeit. Besonders umfangreich sind die Literaturhinweise. Das Werk ist in vieler Beziehung besser als die *Cambridge History of British Foreign Policy*.

Schnabel, F., *Deutsche Geschichte im Neunzehnten Jahrhundert* (3 Bände, Freiburg, 1929–37). – Ein ausgezeichneter Überblick über die deutsche Geschichte im neunzehnten Jahrhundert. Bezüglich der diplomatischen Geschichte reichlich dürftig, aber als Untersuchung der innenpolitischen Institutionen und der geistigen Entwicklung außergewöhnlich nützlich.

Springer, Anton, *Geschichte Österreichs seit dem Wiener Frieden von 1809* (2 Bände, Leipzig, 1863). – Eine ausgezeichnete Darstellung besonders der österreichischen innenpolitischen Probleme. Die

Untersuchungen über Metternich und den Kaiser sind wohlabgewogen.

STÄHLIN, Karl, *Geschichte Rußlands von den Anfängen bis zur Gegenwart* (4 Bände, Berlin, 1935). – Band 3 behandelt die hier erörterte Zeit.

STERN, Alfred, *Geschichte Europas seit den Verträgen von 1815 bis zum Frankfurter Frieden von 1871* (10 Bände, München/Berlin, 1913–24). – Ein Standardwerk im Typ des geschichtlichen Abrisses mit ausgezeichneten dokumentarischem Material. Kleine, aber nützliche Anhänge enthalten aufschlußreiches dokumentarisches Material. Die Zeit, welche das vorliegende Werk behandelt, findet sich in den Bänden 1 und 2.

TREITSCHKE, Heinrich von, *Deutsche Geschichte im Neunzehnten Jahrhundert* (5 Bände, Leipzig, 1880). – Die klassische nationalistische Geschichte über Deutschland. Überflüssig festzustellen, daß Metternichs kosmopolitische Vorstellungen dem Autor zuwider sind und daß seine Schilderung der Metternichschen Politik giftig ist. Die Bände 1 und 2 behandeln die hier in Frage stehende Zeit.

V. Weitere Hinweise

BRINTON, Crane, *Anatomy of Revolution* (New York, 1938).
FERRERO, Gugliemo, *The Principles of Power* (New York, 1942).
JOUVENEL, Bertrand de, *On Power* (New York, 1949).
MORGENTHAU, Hans, *Politics among Nations* (New York, 1950).
PETTER, George, *Process of Revolution* (New York, 1938).

Untersuchung [illegible] gen.

Strauss, Karl: Geschichte [illegible] Band [illegible] Zeit.

Strauss, Alfred: [illegible] Leipzig [illegible] 1911–24). – Die Sinfonie [illegible] Formen und [illegible] Form, oder [illegible] komponierten [illegible] Materials. [illegible] Werk [illegible] Band [illegible]

Thurn, [illegible] ische Gesch [illegible] und [illegible] zwei [illegible] Polen [illegible] Die [illegible] [illegible]

[illegible]

[illegible] 1961.

Bildnachweis

Die beiden Kartenwerke auf dem vorderen und hinteren Vorsatz, «Europa zur Zeit Napoleon's I. (um 1810)» und «Europa nach dem Wiener Congress 1815», sind dem *Hand-Atlas für die Geschichte des Mittelalters und der neueren Zeit* von K. v. Spruner, neu bearbeitet von Th. Menke, dritte Auflage, Gotha 1880, entnommen. Sie stehen dort unter den Nummern 11 und 12.

Seite 18:
Klemens Fürst von Metternich. Gemälde von Thomas Lawrence. Bildquelle: Bildarchiv Preußischer Kulturbesitz, Berlin.

Seite 37:
Begegnung des Zaren Alexander I. mit Napoleon auf dem Njemen. Zeichnung von Ludwig Wolf. Bildquelle: Historia Archiv, Hamburg.

Seite 58:
Henry Robert, Viscount Castlereagh, Marquis of Londonderry. Gemälde von Thomas Lawrence. Bildquelle: Bourgoing, Der Wiener Kongress, Brünn 1943.

Seite 75:
William Pitt. Anonymer Kupferstich. Bildquelle: Wilhelm Oncken, Das Zeitalter der Revolution, des Kaiserreiches und der Befreiungskriege, Band 2, Berlin 1886, Seite 31.

Seite 89:
Feldmarschall Karl Philipp Fürst von Schwarzenberg. Schwarzkunstblatt von Pichler, 1798, nach dem Gemälde von August Friedrich Oelenhainz (1749–1804). Bildquelle: Oncken, a.a.O., Seite 745.

Seite 95:
Feldmarschall Michail Ilarionowitsch Kutusow Fürst Smolenskij. Kupferstich von F. Bollinger (1777–1825) nach dem Gemälde von Rosentreter. Bildquelle: Oncken, a.a.O., Seite 521.

Seite 137:
Napoleon 1813. Gemälde von Georges Rouget. Collection de Madame Rouget. Bildquelle: Bildarchiv Deutsche Verlags-Anstalt, Stuttgart.

Seite 170:
Zar Alexander I. Gemälde von George Dawe. Bildquelle: Bourgoing, a.a.O., Seite 112.

Seite 185:
Gebhard Leberecht Fürst Blücher von Wahlstatt, preußischer Feldmarschall. Nach dem im Juni 1814 von F. Fleischmann in London nach dem Leben gemalten und gestochenen Bildnis. Bildquelle: Oncken, a.a.O., Seite 611.

Seite 186:
Handschrift des Fürsten Blücher. Die Worte: «Wenn der Hund von zigeuner nicht sofort erscheint, so muß in daß heilig kreuz granaden bomben Donnerwetter klein schlachen», beziehen sich auf Bernadotte, Kronprinz von Schweden, und entstammen einem von Blücher für die Schlacht bei Möckern am 16. Oktober 1813 ausgegebenen Tagesbefehl. Bildquelle: Oncken, a.a.O., Seite 625.

Seite 193:
Charles Maurice Herzog von Talleyrand-Périgord, französischer Außenminister. Gemälde von François Gérard. Bildquelle: Bourgoing, a.a.O., Seite 177.

Seite 205:
Arthur Wellesly, Herzog von Wellington. Gemälde von Thomas Lawrence. Bildquelle: Bourgoing, a.a.O., Seite 209.

Seite 219:
Jean-Baptiste Bernadotte, französischer Feldmarschall. Kupferstich von P. M. Alix nach dem Gemälde von Hilaire le Dru. Bildquelle: Oncken, a.a.O., Seite 661.

Seite 229:
Louis de Caulaincourt, französischer Außenminister. Kupferstich von Belliard. Bildquelle: Bildarchiv Deutsche Verlags-Anstalt, Stuttgart.

Seite 258/259:
Einzug der Verbündeten in Paris am 31. März 1814. Kupferstich von F. Jügel nach der Zeichnung von L. Wolf. Bildquelle: Oncken, a.a.O., Seite 798.

Seite 266/267:
Napoleon nimmt Abschied in Fontainebleau. Gemälde von Horace Vernet. Bildquelle: Photographie Giraudon, Paris.

Seite 268:
Die Abdankungsurkunde Napoleons vom 6. April 1814. Bildquelle: Bildarchiv Deutsche Verlags-Anstalt, Stuttgart.

Seite 276/277:
Der Wiener Kongreß. Stahlstich von J. Godefroy nach einer Sepiazeichnung von Jean Baptiste Isabey, angefertigt im Auftrag Talleyrands, 1815. Bildquelle: Bildarchiv Deutsche Verlagsanstalt, Stuttgart.

Seite 291:
Ludwig XVIII., König von Frankreich. Stahlstich von P. Audoin, 1818, nach dem Gemälde von A. J. Gros, 1815. Bildquelle: Theodor Flathe, Das Zeitalter der Restauration und Revolution, 1815–1851. Berlin 1883, Seite 18.

Seite 301:
Karikatur auf den Wiener Kongreß. Zeitgenössisches Flugblatt. Bildquelle: Pflugk-Harttung, Weltgeschichte. Neuzeit 1650–1815. Berlin 1908, Seite 632.

Seite 325:
Karl August Fürst von Hardenberg, preußischer Staatskanzler. Kupferstich von H. Sintzenich nach dem Gemälde von F. G. Weitsch. Bildquelle: Oncken, a.a.O., Seite 307.

Seite 342/343:
Zusammentreffen Blüchers und Wellingtons nach der Schlacht bei Waterloo. Kupferstich von Lumb Stocks nach dem Freskogemälde

im Westminster-Palast zu London von Daniel Maclise. Bildquelle: Oncken, a.a.O., Seite 932.

Seite 395:
Franz I., Kaiser von Österreich. Gemälde von Thomas Lawrence. Bildquelle: Bourgoing, a.a.O., Seite 32.

Seite 413:
Anton Graf Capodistria, russischer Außenminister. Kupferstich von Johann Friedrich Bolt. Bildquelle: Pflugk-Harttung, Neuzeit seit 1815, Berlin 1910, Seite 137.

Seite 449:
Friedrich von Gentz. Gemälde von Thomas Lawrence. Bildquelle: Bourgoing, a.a.O., Seite 80.

Seite 457:
Friedrich Wilhelm III., König von Preußen. Gemälde von Thomas Lawrence. Bildquelle: Bourgoing, a.a.O., Seite 160.

Seite 495:
Sir Charles Stewart. Gemälde von Thomas Lawrence. Bildquelle: Bourgoing, a.a.O., Seite 224.

Seite 553:
Georg IV., König von England. Stahlstich von S. W. Reynolds nach dem Gemälde von T. Phillips. Bildquelle: Flathe, a.a.O., Seite 162.

Seite 578:
Lord George Canning, englischer Außenminister neben Castlereagh. Zeichnung von S. Bendigsen. Bildquelle: Pflugk-Harttung, Neuzeit seit 1815, Seite 140.

Register

Inhaltsverzeichnis

CIP-Titelaufnahme der Deutschen Bibliothek

Kissinger, Henry A.:
Das Gleichgewicht der Großmächte: Metternich, Castlereagh und die Neuordnung Europas 1812–1822 / Henry A. Kissinger.
Mit e. Nachw. von Fred Luchsinger.
[Übertr. aus d. Amerikan.: Horst Jordan].
– 2. Aufl. – Zürich: Manesse Verlag, 1990
(Manesse Bibliothek der Weltgeschichte)
Einheitssacht.: A world restored ⟨dt.⟩
Lizenz d. ECON-Verlag, Düsseldorf, Wien
ISBN 3-7175-8062-0 Gewebe
ISBN 3-7175-8063-9 Ldr.

Umschlag und typographisches Konzept:
Hans Peter Willberg, Eppstein

Übertragung aus dem Amerikanischen:
Dr. Horst Jordan, Wiesbaden
Titel der im Verlag Houghton Mifflin Company, Boston,
erschienenen Originalausgabe:
A WORLD RESTORED.
Castlereagh, Metternich and the Problems of Peace, 1812–1822.

EUROPA
nach dem
WIENER CONGRESS 1815.
Von K. v. Spruner. Revision von Th. Menke.
Mafsstab 1:15.000.000.
Deutsche geogr. Meilen.
Deutscher Bund.
ISLAND
ATLANTISCHER OCEAN
NORD SEE
KGR. GROSS-BRITANNIEN & IRLAND
SCHOTTLAND
ENGLAND
LONDON
Shetland Inseln
Orkney Inseln
Hebriden
KGR. NORWEGEN
KGR. SCHWEDEN
KGR. DAENEMARK
KGR. FRANKREICH
PARIS
KGR. SPANIEN
KGR. PORTUGAL
SCHWEIZ
KGR. BAIERN
Böhmen
KSRTH. OESTERREICH
PREUSSEN
Adriatisches Meer
MITTEL LAENDISCHES MEER
FEZ UND MAROCCO
ALGERIEN
TUNESIEN
TRIPOLITANIEN
Bosnien
Mallorca
Minorca
Sardinien
Malta
Corfu
Cephalonia